长沙·雨花
CHANGSHA·YUHUA

YUHUA YEARBOOK

雨花年鉴 2020

长沙市雨花区年鉴编纂委员会　编

方志出版社
Publishing House of Local Records

图书在版编目（CIP）数据

雨花年鉴. 2020 / 长沙市雨花区年鉴编纂委员会编. — 北京：方志出版社，2020.12
ISBN 978-7-5144-4709-5

Ⅰ. ①雨… Ⅱ. ①长… Ⅲ. ①区（城市）—长沙—2020—年鉴 Ⅳ. ①Z526.44

中国版本图书馆CIP数据核字（2021）第004441号

雨花年鉴（2020）

编　　者：长沙市雨花区年鉴编纂委员会
责任编辑：齐　笑

出 版 者：方志出版社
地址　北京市朝阳区潘家园东里 9 号（国家方志馆4层）
邮编　100021
网址　http://www.zgfzcb.cn
发　　行：方志出版社图书经销中心
电话（010）67110500
经　　销：各地新华书店
印　　刷：湖南省美如画彩色印刷有限公司

开　　本：889×1194　　1/16
印　　张：27.875
字　　数：991千字
版　　次：2020 年 12 月第 1 版　　2020 年 12月第 1 次印刷
印　　数：001～400册

ISBN 978-7-5144-4709-5　　定价：120.00元

重要会议

2019 年 1 月 17 日，雨花区重点项目观摩点评会　　（区委宣传部　提供）

2019 年 1 月 22 日，雨花区 2018 年度绩效考核述职测评大会　　（区委宣传部　提供）

2019 年 1 月 24 日，雨花区委经济工作会议　　（区委宣传部　提供）

2019 年 1 月 24 日，中共长沙市雨花区第五届纪律检查委员会第四次全体会议

（万时舟 摄）

2019 年 1 月 24 日，雨花区"扫黄打非"工作会议

（黄靖宇 提供）

2019 年 1 月 30 日，雨花区 2018 年度财政工作总结大会

（陈 璐 摄）

2019 年 2 月 11 日，雨花区开局工作动员会

（区委宣传部　提供）

2019 年 2 月 21 日，雨花区武装工作会议

（区委宣传部　提供）

2019 年 2 月 22 日，雨花区征拆工作推进会

（区委宣传部　提供）

2019年3月1日，雨花区“产业项目建设年”“营商环境优化年”暨城市管理、卫生健康、农村人居环境整治、禁毒工作会议
（区委宣传部　提供）

2019年3月1日，雨花区卫生健康工作会议
（刘思敏　提供）

2019年3月6日，雨花区深化机构改革动员大会
（区委宣传部　提供）

2019年3月7日，雨花区“三八红旗手(集体)”“优秀巾帼志愿者工作室”评选总结大会

（区委宣传部　提供）

2019年3月7日，雨花区公安工作会议

（区委宣传部　提供）

2019年3月8日，长沙雨花经济开发区产业项目建设年暨营商环境优化年推进大会

（区委宣传部　提供）

2019年3月22日，雨花区委政法工作会议

（龚洁颢　摄）

2019 年 3 月 25 日，雨花区安全生产工作部署会
（区委宣传部　提供）

2019 年 3 月 28 日，雨花区农贸市场管理讲评会
（区委宣传部　提供）

2019 年 3 月 29 日，雨花区统一战线（民族宗教）工作会议　（吴文静　摄）

2019 年 4 月 1 日，雨花区“蓝天保卫战”工作调度会
（区委宣传部　提供）

2019 年 4 月 16 日，雨花区第十四届“4·20”廉政文化节开幕暨廉政专题教育大会　（万时舟　摄）

2019 年 4 月 19 日，雨花区学校建设专题调度会
（区委宣传部　提供）

2019 年 4 月 25 日，雨花区组织工作暨深化城市基层党建工作部署会
（区委宣传部　提供）

2019 年 5 月 7 日，雨花区委全面依法治区委员会第一次会议
（黄丽丽　提供）

2019 年 5 月 24 日，雨花区“产业项目建设年”“营商环境优化年”工作调度会
（区委宣传部　提供）

2019 年 5 月 28 日，雨花区特约人员工作推进暨“营商环境特约监督团”成立大会
（区委宣传部　提供）

2019 年 5 月 29 日，雨花区民政工作推进会暨社区全面提质提档工作总结会（谭慧乔　提供）

2019 年 6 月 11 日，雨花区委财经委员会第一次会议（区委宣传部　提供）

2019 年 7 月 3 日，雨花区文明委全体会议（区委宣传部　提供）

2019 年 7 月 11 日，雨花区禁毒工作会议（区政府办　提供）

2019 年 7 月 17 日，雨花区 2019 年上半年政情通报会（区委宣传部　提供）

2019 年 8 月 8 日，雨花区法治政府建设推进工作会议（黄丽丽　提供）

2019 年 7 月 24 日， 2019 年上半年长沙市“一府两院”工作通报会 （区委宣传部　提供）

2019 年 9 月 12 日，雨花区基层社会治理重点工作推进会 （区委宣传部　提供）

2019 年 9 月 30 日，雨花区庆祝人民政协成立 70 周年座谈会 （罗　宁　摄）

2019 年 10 月 29 日，雨花区迎接 2019 年全国文明城市测评工作动员部署会 （区委宣传部　提供）

2019 年 11 月 1 日，雨花区“12345”市民服务热线工作调度会 （孙　琴　提供）

2019 年 12 月 10 日，雨花区教育大会暨师德养成教育推进会 （区委宣传部　提供）

2019 年 12 月 17 日，中共长沙市雨花区委五届二十一次全体（扩大）会议
（区委宣传部 提供）

2019 年 12 月 19 日，长沙市雨花区第五届人民政府第三次全体（扩大）会议
（区委宣传部 提供）

2019 年 12 月 25 日，长沙市雨花区第五届人民代表大会第四次会议第一次全体会议 （区委宣传部 提供）

2019 年 12 月 24 日，政协长沙市雨花区第五届委员会第四次会议第一次全体会议 （区委宣传部 提供）

重大活动

2019 年 1 月 17 日，雨花区重点项目流动观摩（区委宣传部　提供）

2019 年 1 月 19 日，湖南省副省长陈飞（前中）慰问雨花区消防救援队员（刘　莉　摄）

2019 年 1 月 23—27 日，雨花区参加 2019YFL 青少年足球冬令营邀请赛（区教育局　提供）

2019 年 3 月 14 日，长沙市政协副主席、市体育局局长李平（左一）调研狮子山公园（黄靖宇　提供）

2019 年 3 月 15 日，长沙市委副书记朱健（中）调研雨花区社区提质提档工作 （区委宣传部 提供）

2019 年 3 月 20 日，湖南省委常委、长沙市委书记胡衡华（左三）调研雨花区经济社会发展工作 （区委宣传部 提供）

2019 年 4 月 23 日，雨花区企业家学院第一期培训班开班 （曾 旭 摄）

2019 年 4 月 26 日，长沙市副市长唐向阳（右一）调研雨花区新型智能门禁系统试点工作 （李 波 摄）

2019 年 4 月 30 日，雨花经开区 20 个重点项目系列开工 （雨花经开区 提供）

2019 年 5 月 27 日，民政部调研雨花区街道社工站建设工作 （谭慧乔 提供）

2019 年 5 月 29 日，雨花区生命教育区域特色开放展示活动　　（区教育局　提供）

2019 年 5 月 16 日，雨花区重大科技项目集中签约　　（赵　昊　摄）

2019 年 5 月 14 日，雨花区开全省先河实现企业开办“一日办结”　　（区委宣传部　提供）

2019 年 5 月 16 日，雨花区与邮储银行长沙市分行签署战略合作协议　　（陈　璐　摄）

2019 年 5 月 21 日，长沙市政协主席文树勋（前右二）一行视察雨花区绿心保护工作　　（区委宣传部　提供）

2019 年 5 月 22 日，雨花区全国科技工作者日活动　　（李　杨　摄）

2019 年 5 月 31 日，湖南省人大常委会副主任王柯敏（右二）看望慰问儿童
（区委宣传部　提供）

2019 年 6 月 3 日，2019 年湖南省非物质文化遗产宣传展示主场活动暨雨花区非遗展演展示活动
（区委宣传部　提供）

2019 年 7 月 10 日，雨花区与长沙银行股份有限公司签署战略合作协议
（陈　璐　摄）

2019 年 7 月 12 日，长沙市委常委、组织部部长张宏益（左一）检查督导雨花区防汛工作
（区委宣传部　提供）

2019 年 6 月 20 日，民政部党组书记、部长黄树贤（前左一）调研雨花区民政工作　　（黄　磊　提供）

2019 年 6 月 25 日，最高人民检察院党组副书记、副检察长邱学强（左二）考察雨花区人民检察院　　（伍珍玉　摄）

2019 年 7 月 19 日，长沙市委副书记、市长、湖南湘江新区党工委书记胡忠雄（右四）调研雨花区推进垃圾分类和“一圈两场三道”建设工作　（区委宣传部　提供）

2019 年 7 月 22 日，湖南省人大常委会党组书记、副主任刘莲玉（右一）到雨花区调研中南智能　　（张文香　提供）

2019年8月14日，长沙市人民政府副市长邱继兴（前左二）调研雨花区便民生鲜农产品供应体系建设工作

（罗立志　提供）

2019年9月9日，雨花区县处级领导到中国共产党长沙历史馆开展革命传统教育

（区委宣传部　提供）

2019年9月18日，雨花区委“不忘初心，牢记使命”主题教育读书班　（区委宣传部　提供）

2019年9月19日，雨花区全国科普日活动　（李　杨　摄）

2019 年 9 月 19 日，湖南出口产品全球对接会在湖南高桥大市场举行　　　　（区商务局　提供）

2019 年 9 月 21 日，“2019 中泰（长沙）经贸合作论坛”在湖南高桥大市场召开　　　　（区商务局　提供）

01 / 2019 年 9 月 25 日，长沙市副市长李蔚（右四）检查雨花区社会福利中心工作　（谭慧乔　提供）

02 / 2019 年 10 月 1 日，雨花区升国旗仪式　（区委宣传部　提供）

03 / 2019 年 7—10 月，雨花区“美好七十年·雨花幸福‘视’”短视频大赛　（区委宣传部　提供）

04 / 2019 年 10 月 10 日，人民网、新华网、中国网、央视网等 14 家中央网络媒体采访雨花区河长制工作　（区委宣传部　提供）

05 / 2019 年 10 月 12 日，长沙市委常委、市委组织部部长张宏益（右一）调研圭塘街道城市山水豪园小区 “小区党建引领小区治理” 工作　（吴　伟　摄）

06

07

08

06 / 2019 年 10 月 18 日，中国（雨花）创新设计战略联盟成立 （陈 倩 提供）

07 / 2019 年 12 月 12 日，湖南省委常委、长沙市委书记胡衡华（左三），市委副书记、市长、湖南湘江新区党工委书记胡忠雄（左四）带队观摩点评全市重大产业项目雨花经开区可孚医疗 （区委宣传部 提供）

08 / 2019 年 12 月 16 日，雨花区委全会现场观摩活动 （区委宣传部 提供）

09 / 2019 年 10 月 25 日，第二十一届中国中部（湖南）农业博览会开幕式 （区委宣传部 提供）

10 / 2019 年 10 月 25 日，湖南省委副书记、省长许达哲（前中），省委副书记乌兰（前左一），中国农业科学院党组书记张合成（前右一）巡察第二十一届中国中部（湖南）农业博览会 （区委宣传部 提供）

09

10

2019年10月25日，第二十一届中国中部（湖南）农业博览会签约仪式
（区委宣传部　提供）

2019年10月27日，湖南省委书记杜家毫（中）巡察第二十一届中国中部（湖南）农业博览会
（区委宣传部　提供）

2019年12月9日，教育部基础教育司调研雨花区教育工作
（何兵生　摄）

财富雨花

地区生产总值及增速

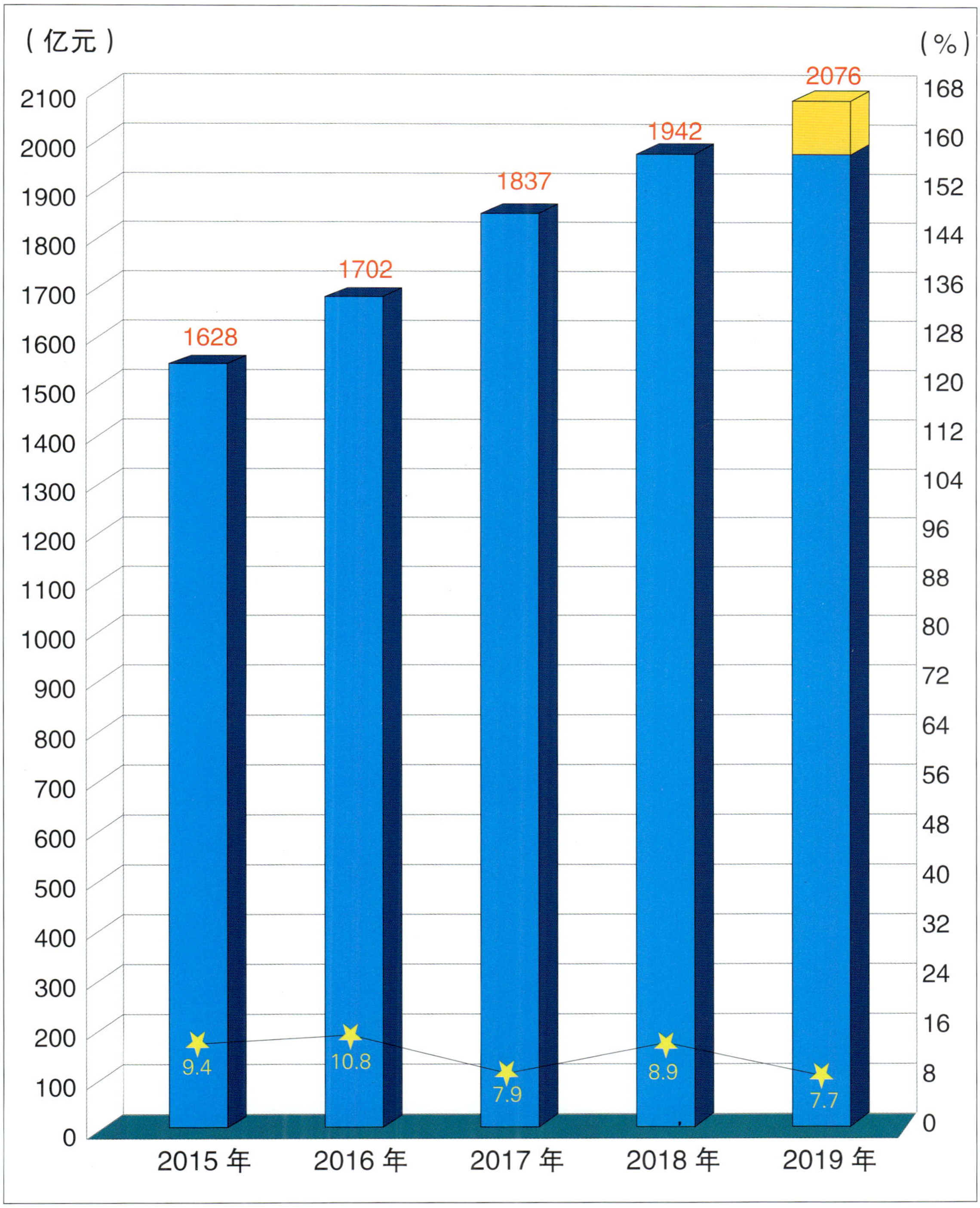

2015—2019 年长沙市雨花区地区生产总值及增速示意图

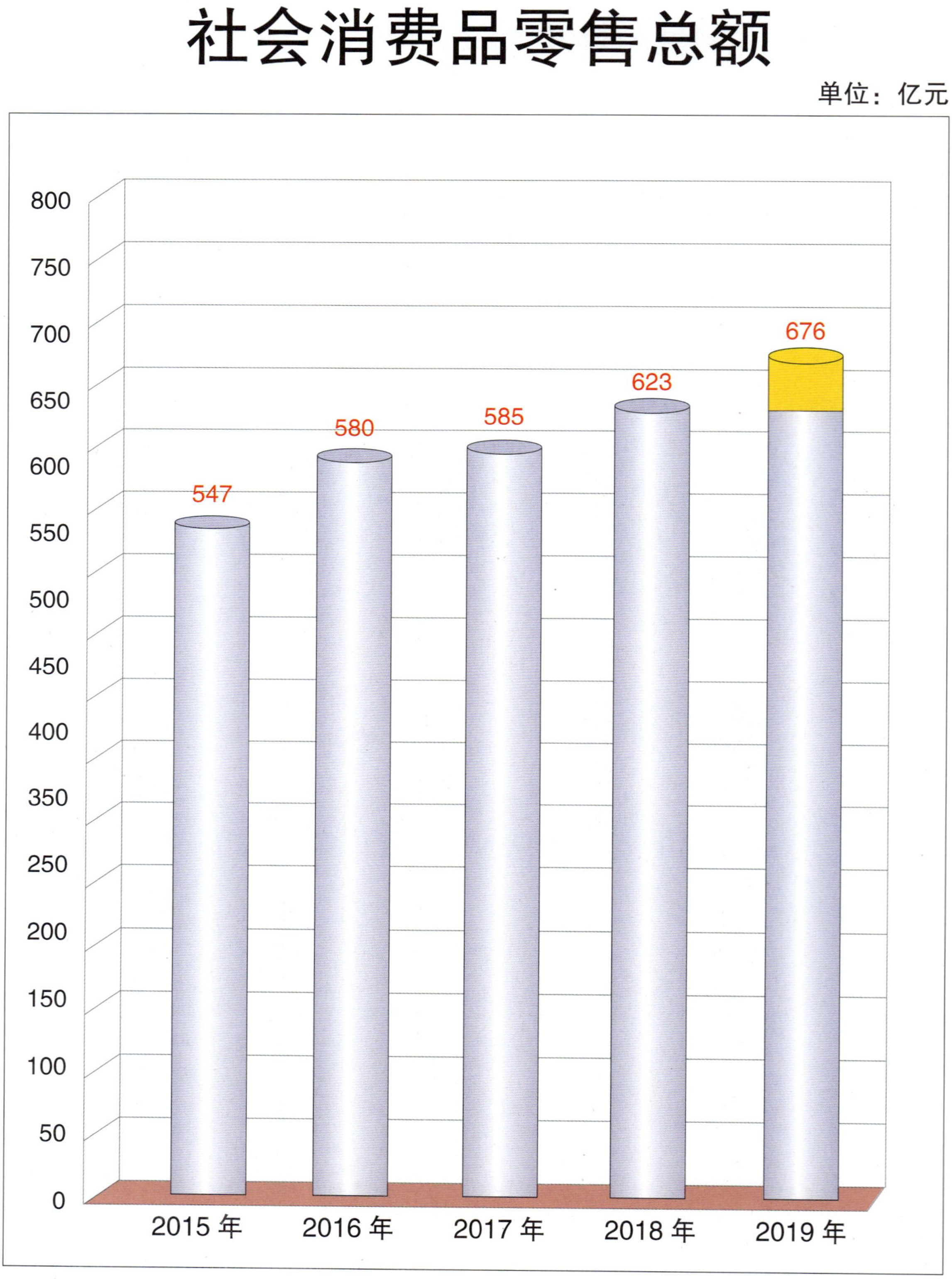

2015 — 2019 年长沙市雨花区社会消费品零售总额示意图

地方一般公共预算收入

单位：万元

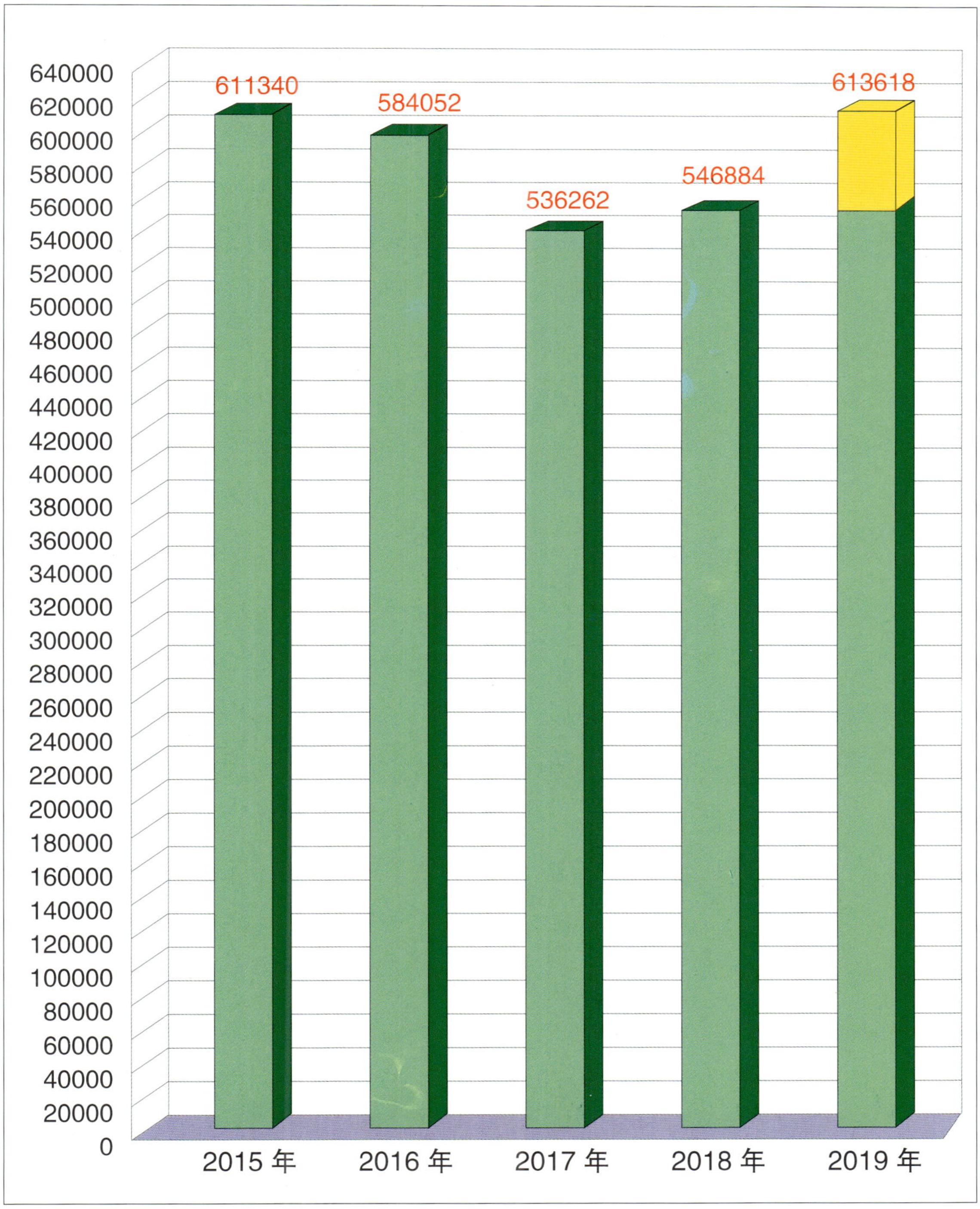

2015 — 2019 年长沙市雨花区地方一般公共预算收入示意图

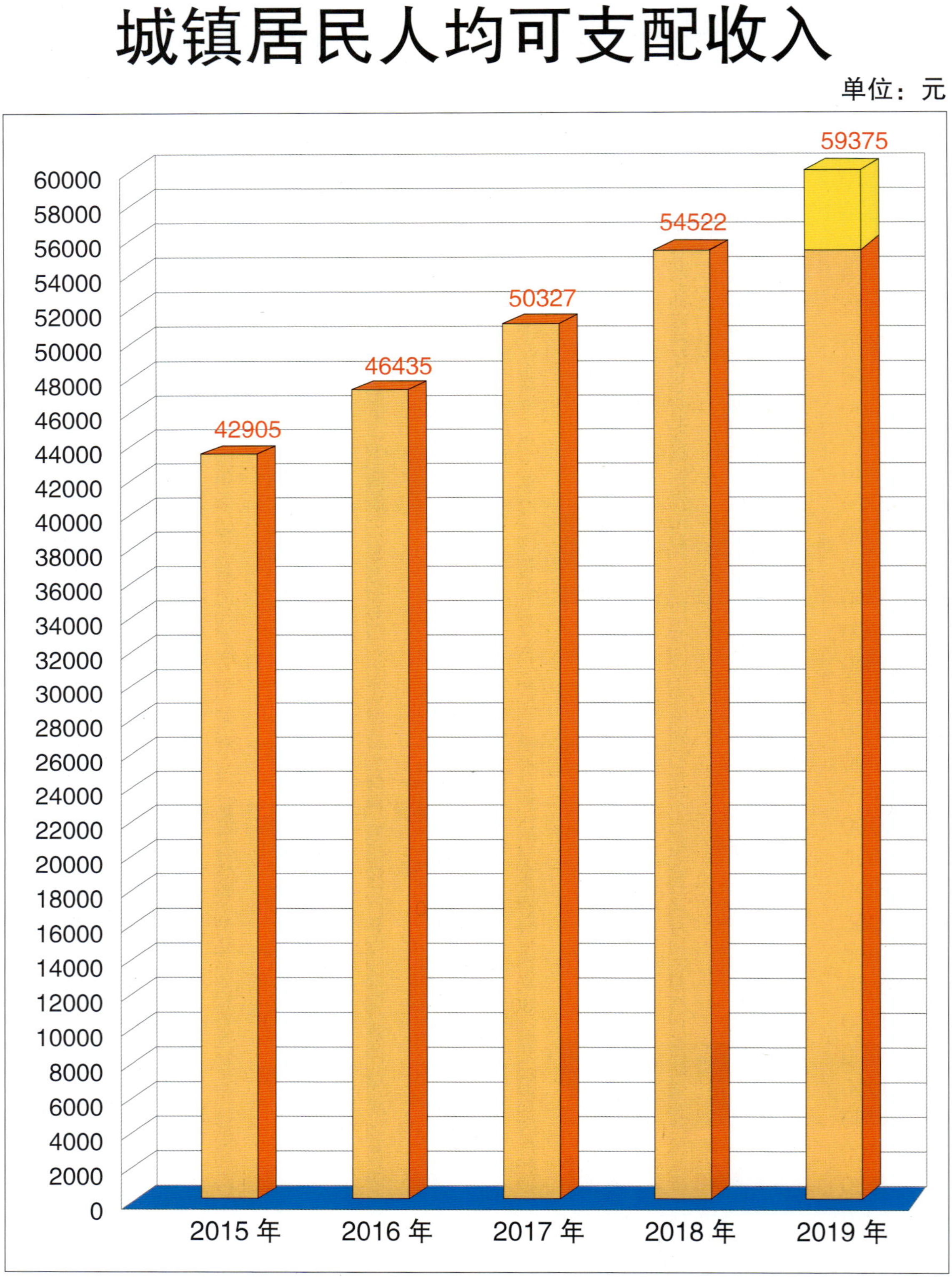

2015 — 2019 年长沙市雨花区城镇居民人均可支配收入示意图

湖南机器人产业集聚区　（张文香　提供）

比亚迪轿车生产基地　（张文香　提供）

工匠学院　（张文香　提供）

可孚医疗科技股份有限公司　　（张文香　提供）

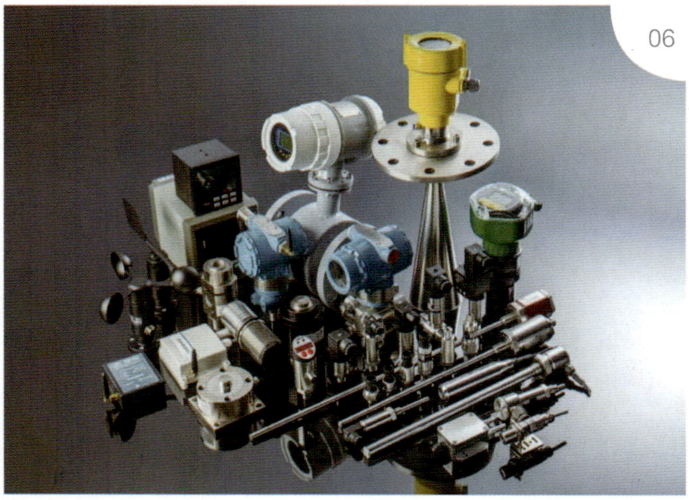

04 / 长步道机器视觉光电产业生产基地　（张文香　提供）

05 / 大族激光智能装备集团　（张文香　提供）

06 / 菲尔斯特工业传感器产品　（张文香　提供）

湖南工业 4.0 创新中心 （张文香　提供）

2019 年 1 月 6 日，雨花区到北京参加“湘商崛起智胜未来”投融资论坛暨长沙招商推介会
（罗立志　提供）

2019 年 3 月 22 日，长沙农商银行银企对接会 （张文香　提供）

2019 年 4 月 12 日，雨花区开展纳税服务日活动　　（彭 芳 提供）

2019 年 4 月 23 日，2019 年湖南—粤港澳大湾区投资贸易洽谈周——湖南出口产品全球对接会在第 125 届春季广交会上举行
（罗立志 提供）

2019 年 6 月 25 日，长沙雨花经开区小微企业信贷风险补偿基金签约仪式
（张文香 提供）

01 / 2019 年 6 月 28 日，湖南宏禹工程集团总部基地项目开工 （张文香 提供）

02 / 2019 年 6 月 29 日，中非经贸博览会开幕式 （罗立志 提供）

03 / 2019 年 6 月 29 日，湖南高桥非洲商品展销馆开馆 （罗立志 提供）

01

02

03

04 / 2019 年 7 月 23 日，湖南工业 4.0 创新中心投入运营暨人工智能及机器人产业链交流对接会 （张文香 提供）

05 / 2019 年 7 月 26 日，雨花区税务局特约监察员聘任仪式暨座谈会议 （彭 芳 提供）

06 / 2019 年 8 月 29 日，湖南高桥大市场市场采购贸易方式试点推介会 （罗立志 提供）

04

05

06

品质雨花

长沙职教城 （张文香 提供）

长沙雨花经济开发区 （张文香 提供）

同升湖　　（张文香　提供）

长株潭城市绿心　　（张文香　提供）

智庭园 （张文香 提供）

桃花苑保障住房 （贺 莹 提供）

悦享会书屋 （刘桃红 提供）

东山全民健身中心 （刘桃红 提供）

李洞中学　　（邹　蛟　提供）

黎郡小学　　（刘桃红　提供）

枫树山中航城小学体育场　　（区教育局　提供）

砂子塘万科魅力之城小学足球场　　（区教育局　提供）

南雅中学　　（刘桃红　提供）

鄱阳小学　　（邹　蛟　提供）

雨花区政府机关大院

黎托街道办事处

（陈 月 提供）

圭塘河夜景

（吴 伟 提供）

左家塘街道办事处　　　（罗 娟 提供）

（吴 伟 提供）

喜盈门·范城
（吴 伟 提供）

圭塘街道
（樊 斌 摄）

左家塘街道夜景
（罗 娟 提供）

高铁高架桥
（吴 伟 提供）

香樟路
（吴 伟 提供）

红花坡品质园　（陈　飞　摄）

狮子山体育公园智能健身亭　（黄靖宇　提供）

石燕湖智慧健身步道　（黄靖宇　提供）

上海城小区智慧健身驿站内景（黄靖宇　提供）

跳马镇农村饮水工程　（李　卫　提供）

川河路施工　　（邹　蛟　提供）

高升路　　（邹　蛟　提供）

圭星小学建设　　（邹　蛟　提供）

2019 年 2 月 2 日，长沙曙光路（车站路—雅塘冲路）正式建成通车　　（谢长贵　摄）

2019 年 3 月 4 日，雨花区委书记张敏（左三）调研“邻帮一号通”项目运行情况和首个长沙市社区蓝天办以及垃圾分类工作开展情况 （贺艳友 摄）

2019 年 5 月 20 日，雨花区动用直升机防治松褐天牛

2019 年 4 月 19 日，江西省委常委、副省长刘强（前左三）考察调研雨花区井巷社区提质提档工作 （贺艳友 提供）

2019 年 6 月 12 日，第二届雨花区产业创新创业大赛决赛 （区委宣传部 提供

2019 年 6 月 27 日，雨花经开区庆祝建党 98 周年表彰大会 （张文香 提供）

2019 年 4 月 23 日，第 11 届“书香雨花”读书节暨“世界读书日”系列活动启动仪式

（肖奇伟　提供）

2019 年 7 月 12 日，“书香雨花”读书节传统文化之“家教家风”知识讲座　（黄靖宇　提供）

2019 年 6 月 14 日，长沙市商务局调研雨花区农贸市场建设和改造工作　（罗立志　提供）

2019 年 7 月 13 日，长沙市民协剪纸专业委员会首个剪纸文化传承基地　（吴　伟　提供）

（黄靖宇　提供）

2019 年 7 月 25 日，雨花区・桑植县“携手奔小康”行动第三次联席会议　（杨国栋　提供）

2019 年 8 月 8 日，同升街道区域化党建联盟联席会议 （陈 岚 摄）

2019 年 8 月 9 日，长沙市体育局督查雨花区场馆暑期免费开放工作 （黄靖宇 提供）

2019 年 8 月 27 日， 雨花区图书馆“书香雨花”读书节 暑假系列活动 （黄靖宇 提供）

2019 年 9 月 16 日 ，雨花区最美基层医务工作者优秀事迹展示 （刘思敏 提供）

2019 年 9 月 24 日，雨花经开区 “海外创新人才行“合作对接大会 （张文香 提供）

2019 年 9 月 26 日，井湾子街道三湘社区家风家训之孝亲尊老主题活动
（肖 映　提供）

2019 年 9 月 29 日，长沙市图书馆验收融城苑社区学习型示范社区
（刘 娟　提供）

2019 年 9 月 30 日，井湾子街道德馨园社区“崇德向善庆国庆・孝老爱亲贺重阳”文艺汇演暨“好人好店一条街”协会成立仪式
（肖志芳　提供）

2019 年 9 月 30 日，雨花区宗教教职人员培训会
（吴文静　摄）

2019 年 10 月 12 日，德馨园社区“放大好人效应・打造好人长沙”主题活动
（肖志芳　提供）

2019 年 10 月 23 日，雨花区生活垃圾分类宣传活动（刘思敏　提供）

2019 年 10 月 25 日，长沙市体育局检查雨花区健身步道建设情况（黄靖宇　提供）

2019 年 10 月 25 日，雨花区人防宣传进校园活动（秦　俭　提供）

2019 年 10 月 25 日，雨花区创建国家慢性病综合防控示范区迎检（刘思敏　提供）

2019 年 10 月 30 日，湖南省委第一巡回指导组副组长首建中（左二）调研指导圭塘街道景程社区主题教育工作（吴　伟　提供）

2019 年 11 月 21 日，长沙市全民健身知识大赛雨花区代表队（黄靖宇　提供）

2019 年 11 月 1 日，雨花杯老年人象围棋比赛（黄靖宇　提供）

幸福雨花

2019 年 1 月 8 日，雨花亭街道五江天街美食文化节
（姚园园　摄）

2019 年 1 月 8 日，雨花区人民政府副区长陈怀宇（前左二）慰问左家塘街道赤岗社区百岁老人（罗　娟　提供）

2019 年 1 月 9 日，雨花亭街道迎春文艺演出　（姚园园　摄）

2019 年 1 月 22 日，井湾子街道井湘社区百家宴活动　　（贺昕　摄）

2019 年 1 月 27 日，“我们的中国梦·湖湘文化进万家”暨第三届“飞梦雨花”文化艺术节系列活动“红色印象·幸福同升”同升街道第四届乡情文化节　　（陈岚　摄）

2019 年 1 月 27 日，井湾子街道“我们的中国梦 湖湘文化进万家”暨第三届“飞梦雨花”文化艺术节　　（李雷　提供）

2019 年 3 月 8 日，雨花亭街道趣味运动会（姚园园　摄）

2019 年 3 月 8 日，同升街道“健康同我行，欢乐半边天”主题趣味运动会（陈　岚　摄）

2019 年 1 月 9 日，同升街道与长沙职教基地共同举办 2019 年“崇德向善迎新春·红红火火过大年”主题学雷锋志愿服务系列活动启动仪式（陈　岚　摄）

2019 年 3 月 22 日，雨花区老年人体育协会工作会议　（黄靖宇　提供）

2019 年 5 月 24 日，首场 2019 年全国男子篮球联赛（NBL）在民政学院启动　（黄靖宇　提供）

2019 年 5 月 9 日，雨花区税务局趣味运动会　（彭　芳　提供）

2019 年 6 月 4 日，雨花区承办庆祝中华人民共和国成立 70 周年长沙市老年人柔力球比赛　（黄靖宇　提供）

2019 年 6 月 22 日，雨花区承办湖南省首届“创业、创新杯”企业乒乓球赛　（黄靖宇　提供）

2019 年 6 月 14 日，雨花区组队参加长沙市区县（市）“公仆杯”篮球赛　（黄靖宇　提供）

2019 年 6 月 28 日，东山街道全民健身广场舞大赛暨雨花区“新时代文明实践”主题宣传活动　（刘桃红　提供）

2019 年 6 月 28 日，同升街道“红色印象·幸福同升”活动　（陈　岚　摄）

2019 年 7 月，暑期免费开放场馆调研　（黄靖宇　提供）

2019 年 7 月 29 日，雨花区“爱母语爱中国”2019 名家经典朗诵会　（曾　旭　摄）

2019 年 7 月 30 日，雨花区太极健身活动月培训班现场教学
（黄靖宇　提供）

2019 年 8 月 3 日，东山街道“东山杯”男子蓝球赛　（刘桃红　提供）

2019 年 8 月 6 日，雨花亭街道“欢乐潇湘·品质长沙·幸福雨花”文艺演出　（姚园园　摄）

2019 年 6 月 25 日，雨花亭街道“我和我的祖国”惠民演出活动　（姚园园　摄）

2019 年 8 月 7 日，雨花区汉式集体婚礼颁证活动

（谭慧乔　摄）

2019 年 8 月 20 日，雨花区“以舞筑梦”全民健身广场舞选赛

（黄靖宇　提供）

2019 年 8 月 20 日，雨花亭街道全民健身广场舞比赛　（姚园园　摄）

01 / 2019 年 8 月 21 日，雨花亭街道“祖国颂”合唱比赛（姚园园　摄）

02 / 2019 年 9 月 3 日，雨花区庆祝中华人民共和国成立 70 周年合唱比赛（黄靖宇　提供）

03 / 2019 年 9 月 6 日，长沙农商银行雨花支行“情暖金秋 · 爱心助学”爱心助学基金发放仪式（余素梅　提供）

01

02

03

04

05

06

04 / 2019 年 9 月 8 日，湖南省首届社区趣味运动会雨花区选拔赛（黄靖宇　提供）

05 / 2019 年 9 月 8 日，雨花区社区趣味运动会（姚园园　摄）

06 / 2019 年 9 月 12 日，雨花区侨联参加百岁老人颜腾芳生日宴，为社区老人过集体生日（肖 映　提供）

01 / 2019年9月20日，雨花区税务局表演文艺节目《雨润花开向阳红》（彭 芳 提供）

02 / 2019年9月23日，雨花区税务局“心系税收·爱我中华”合唱比赛（彭 芳 提供）

03 / 2019年9月25日，雨花亭街道群众文艺演出（姚园园 摄）

01

02

03

04

05

04 / 2019年9月27日，长沙雨花经开区合唱比赛（张文香 提供）

05 / 2019年9月30日，东山街道渔场社区第三届“致敬重阳青春行”活动（刘桃红 提供）

06 / 2019年10月1日，雨花区高铁南站国庆快闪歌唱祖国活动（杨思宇 摄）

06

01

02

03

01 / 2019 年 10 月 10 日，雨花区敬老、爱老、助老主题活动（谭慧乔　摄）

02 / 2019 年 10 月至 12 月，雨花区送戏下乡系列活动（黄靖宇　提供）

03 / 2019 年 11 月 11 日，雨花区广播体操比赛（黄靖宇　提供）

04

05

06

04 / 2019 年 11 月 3 日，长沙市 2019 全民健身广场舞大赛雨花区代表队（黄靖宇　提供）

05 / 2019 年 11 月 6 日，跳马镇百团进百村文艺演出（黄靖宇　提供）

06 / 2019 年 11 月 16 日，雨花区代表队参加长沙市首届智力运动会（黄靖宇　提供）

2019 年 11 月 30 日，雨花区参加长沙市“羽协杯”羽毛球赛友谊赛 （黄靖宇　提供）

2019 年 12 月 3 日，雨花亭街道送戏下乡活动 （姚园园　摄）

2019 年 12 月 3 日，雨花区“绿房子——妇女儿童关爱服务”项目验收 （谭慧乔　摄）

2019 年 12 月 4 日，雨花亭街道迎新春联欢活动 （姚园园　摄）

《雨花年鉴》编纂委员会

顾　问	张　敏	龚景顺	冯聪龙	
主　任	刘素月			
副主任	陈永高	郭四军	王清政	龚　畅
	余宏卿	成　钢	王明玖	李　颖
	黄健元	陈怀宇	刘江红	易　静
	蔡泽敏	吴平辉	周凌云	
委　员	谢冬波	钟　波	彭劲宇	钟智宏
	刘　波	周红雨	尹亿民	向　斌

《雨花年鉴（2020）》编辑部

主　编	刘科明			
副主编	曾六元			
编　辑	唐清明			
编　务	程景华	刘　玲	贺　娟	唐雅婷
	李侃如	涂　珍	唐慧芳	

《雨花年鉴（2020）》组稿人员

（按篇目顺序排列）

柯　戈	刘科明	柳　旻	李　灿	张胜娟	任启友	毛　明
谭　洁	康　韬	曾　鑫	李　文	丁雨晨	谢　炼	曾　锦
刘　麟	蔡琳琼	唐清明	夏　青	罗奇林	文湘琳	刘青帝
刘雅婷	周　煜	孙　琴	陈婷婷	罗　佳	刘　莉	唐　信
罗　宁	万时舟	彭玥莹	凌　敏	杨思宇	邝　鋈	李　杨
戴　鹰	曾　慧	龚洁颢	黄丽丽	李　波	丁　翔	罗大钧
朱晓云	邓　星	秦　俭	邹　蛟	贺　莹	张　丽	彭菊芬
周永平	张珊珊	余　意	吴峥嵘	黄　芳	黎　英	李龙燕
张　波	颜　丹	陈小兰	李　欣	刘子溶	栗常云	张文香
刘超超	吴欣宇	王慧娟	张海波	汤　丽	刘　柠	胡　予
彭　浪	李　刚	杨茂富	王　艳	熊　娟	刘　庆	袁鑫欣
彭　礼	邓　庭	黄水平	谭宇红	钟智敏	罗立志	石文龙
胡　靖	陈　璐	彭　芳	邓　袒	余素梅	何兵生	陈　倩
黄靖宇	刘思敏	卓华英	刘国军	唐品佳	邓颖晴	何　静
李　元	吴文静	刘希贤	姚园园	黄　琼	黄　磊	叶　圆
杨梦婷	文　涛	宋彧颖	吴　伟	陈　月	张丽云	唐良云
刘桃红	陈　岚					

编 辑 说 明

一、《雨花年鉴》以马克思列宁主义、毛泽东思想、邓小平理论、"三个代表"重要思想、科学发展观、习近平新时代中国特色社会主义思想为指导，坚持辩证唯物主义和历史唯物主义的立场、观点和方法，记述雨花区自然、政治、经济、文化、社会等方面情况。《雨花年鉴(2020)》记载2019年雨花区各部门、各行业的主要工作、重要事件，收录若干文献和统计资料。

二、本年鉴采用分类编辑法，设部目、分目、条目3个层次，部分分目下设子目，条目为记述基本层次。正文体例有概况、条目、附录、资料、图表等。

三、统计资料由区统计局提供。年鉴中有些地区性、部门性数据，由于统计数据的来源、口径、方式、时间不同等原因，与统计局公布的可能不完全一致，请读者在查阅和引用时注意，以统计局提供的统计资料为准。

四、本年鉴资料收录时间为2019年1月1日至2019年12月31日；县级以上领导和区直单位、各街道负责干部名单以2019年12月31日在职者为准，有任免的分别予以注明。

五、本年鉴时间表述采用公元纪年。各种名称，第一次出现时用全称，名称过繁者，括注简称，再次出现用简称。计量单位使用国家法定计量单位。凡文中"党""党组织"如无特殊说明，均指中国共产党及其各级组织。

总　目

TOTAL DIRECTORY

目 录

中共雨花区委员会

重要会议

重大活动

工作纪要

组织

宣传

统战工作

机构编制

党校教育

雨花区人民代表大会

雨花区人民政府

民主党派

群众团体

法　　治

军　事

人民武装

人民防空

城乡建设

建设管理

重点工程

城市管理

经济监督管理

产业经济

财政·税收·金融

教育·科技

文化·旅游·体育

医疗卫生

人　物

统计资料

附　录

索　引

Main Contents

Chronicle of events

Overviews of Yuhua District

Yuhua District Committee of the CPC

Yuhua District Standing Committee of people's Congress

Yuhua District people's Government

Yuhua District Committee of the CPPCC

Yuhua District Discipline Committee of the CPC

Democratic parties

Social groups

Public Security and Administration of Justice

Local Military

Urban and rural Construction

Urban Management

Industrial Park Construction

Economic Management and Supervision

Industrial economy

大事记

1 月

1 日　雨花区部署应对低温雨雪天气有关工作。

4 日　中央电视台综合频道《新闻联播》以《创新服务模式，多渠道增加养老服务供给》为题，报道雨花区养老工作。

12 日　《工人日报》刊发《【百城百县百企调研行】凡人之光照亮幸福长沙》，介绍冷昭鲜、刘兴国、游端霞等普通人物的感人事迹，描绘雨花区在生态环境建设、城市文明创建、社区帮扶等方面取得的突出成效。

14 日　区机关后勤服务中心被评为国家级 2017—2018 年度节约型公共机构示范单位。

17 日　雨花区 2018 年重点项目观摩活动，观摩督导全区项目建设推进工作。

18 日　“三湘名博雨花行”2019 年网络主题活动启动仪式举行，湖南省委网信办副主任屈贵全，雨花区委书记张敏，区委副书记、区长刘素月，区委常委、宣传部部长余宏卿等参加。

19 日　湖南省人民政府副省长陈飞看望慰问雨花区消防救援大队指战员。

21 日　长沙市政协党组书记、主席文树勋，市委常委、长沙警备区政治委员曹友华，市人民政府副市长、市公安局党委书记、局长唐向阳慰问砂塘街道梨子山社区老红军吴国厚及 2 名困难群众。

同日　区人力资源公共服务中心被评为“湖南省人力资源服务机构示范单位”。

22 日　雨花区 2018 年度党政领导班子和领导干部绩效考核测评大会召开。

23 日　雨花区 2019 年教育工作会议召开。

24 日　区委经济工作会议暨安全生产、生态环保工作会议召开。

同日　中共长沙市雨花区第五届纪律检查委员会第四次全体会议召开。

27 日　2019 年“我们的中国梦 湖湘文化进万家”暨第三届“飞梦雨花”文化艺术节系列活动启动仪式在雨花非遗馆非遗大舞台举行。

31 日　2018 年区属党（工）委、党组书记抓基层党建暨落实意识形态工作责任制述职评议考核会议召开。

同日　湖南省退役军人事务厅副厅长周笑春走访慰问圭塘街道大塘社区退役军人代表。

2 月

1 日　湖南省委书记、省人大常委会主任杜家毫，省委常委、长沙市委书记胡衡华慰问长沙南站站区坚守一线的工作人员。

同日　湖南省市场监督管理局党组书记、副局长刘湘凌考察雨花区食品安全工作。

同日　区委副书记、区长刘素月暗访检查东山黎托农贸市场、黎托广益农贸市场、高桥一号小区农贸市场、侯家塘活力生鲜农贸市场和砂子塘农贸市场。

同日　《经济日报》刊发《长沙雨花区：重奖建设功臣　贴心服务企业》，报道介绍雨花区委经济工作会议，雨花区为 231 家企业和个人派发近 6000 万元扶持资金，展示雨花区用实际行动扶持企业发展、优化营商环境、助推区域高质量发展的作为，突出雨花区围绕“项目大攻坚、管理大提质”主题取得的工作成效。

3 日　湖南省副省长、公安厅厅长许显辉慰问长沙南站派出所民警。

11 日　雨花区 2019 年开局工作动员会召开。

同日　中共雨花区委书记张敏率区委、区人大、区政府、区政协领导开展“新春第一访”活动，走访看望全区各民主党派、区工商联、区知联会和统战社团组织负责人，并召开新春协商座谈会。

13 日　雨花区组织系统参与扫黑除恶专项斗争工作交流推进会召开。

14 日 区委书记张敏，区委副书记、区长刘素月带队深入农贸市场和社区公共服务中心，实地督导“一圈两场三道”建设管理和推进“最多跑一次”改革工作。

18 日 文化和旅游部产业发展司调研组考察调研湖南雨花非遗馆。

19 日 雨花区移风易俗工作联席会议召开，会议现场选取 9 个参会单位就 2018 年工作做法及 2019 年工作思路进行汇报，并下发任务清单，提出工作要求。

同日 雨花区印发《“学习强国”学习平台建设推广使用工作方案》。

20 日 区委常委会 2019 年第 4 次会议召开，听取全区“产业项目建设年”“营商环境优化年”等工作汇报，审议《长沙市雨花区农村人居环境整治村庄清洁行动方案》《长沙市雨花区农村人居环境整治工作分工方案》，研究部署相关工作。

21 日 刘素月调研全区禁毒工作。

同日 雨花区生态环境保护委员会第一次全会召开 。

同日 2019 年雨花区干教领导小组会议召开。

22 日 雨花区 2019 年征拆工作推进会召开。

26 日 雨花区委副书记、区长、区电力设施建设和保护工作领导小组组长刘素月出席雨花区和国网长沙供电公司电网建设框架协议签约仪式。

同日 雨花区党建引领基层社会治理工作座谈会召开。

27 日 张敏、刘素月冒雨深入堤垸堤防、河流沿线、在建涉水工程等地，专题调研全区防汛及河长制工作，进行实地巡河，并召开区第一总河长调度会。

同日 雨花区“真情五助、财富雨花”暨“春风送岗惠民生，精准服务真扶贫”春风行动专场招聘会在喜盈门范城喷泉广场举行。

28 日 湖南省人大常委会副主任、省总工会主席周农一行调研雨花区基层党建和基层工会建设情况。

同日 雨花区统一战线赴桑植县开展“同心助学·情暖桑植”行动。

同日 区委启动第六轮巡察工作。

3 月

1 日 雨花区“产业项目建设年”“营商环境优化年”暨城市管理、卫生健康、农村人居环境整治、禁毒工作会议。会议下发《长沙市雨花区“营商环境优化年”实施方案》（简称“25 条”），从企业开办、施工许可、要素资源获得、简政放权等方面对优化营商环境工作进行细化。

5 日 湖南省委组织部副部长蔡建和调研雨花区街道管理体制改革、基层党建四级联动体系建设、社区减负增能、社区工作者队伍建设等工作。

6 日 雨花区深化机构改革动员大会召开，全区机构改革工作全面启动。

7 日 雨花区“巾帼建新功·献礼七十周年”——雨花区“三八红旗手（集体）”“优秀巾帼志愿者工作室”评选总结大会。

同日 雨花区公安工作会议召开。

7—8 日 雨花区政协主席冯聪龙、副主席彭可佳带领部分区政协委员，到龙山县石牌镇开展“同心互助·携手奔小康”暨同心绿色书屋授牌活动。

8 日 雨花区人社局获“长沙市三八红旗集体”奖牌。

11 日 江苏省妇联考察团到雨花区洞井街道中航“山水间”社区公园考察交流儿童友好型城区建设工作情况。

同日 中央电视台新闻频道《两会特别报道》播出《让老年人拥有幸福晚年》，报道雨花区左家塘街道鑫天鑫城小区邻家照护“嵌入式”养老院。

12 日 湖南省委党校习近平生态文明思想研讨班到圭塘河生态公园现场教学。

13 日 雨花区镇、街道机构改革工作会议召开。

14 日 长沙市政协副主席、市体育局局长李平调研雨花区泰禹小学。

15 日 湖南省人大常委会副主任杨维刚调研雨花区人大工作。

16 日 雨花区委统一战线工作领导小组会议召开。

19 日 爱尔兰华人华侨协会前会长、永远荣誉会长鲍绍钧一行专程到雨花区政协交流对接合作开展爱心公益帮扶活动。

20 日 胡衡华调研雨花区经济社会发展和全年工作铺排推进情况，强调要以党建引领城市基层治理，扎实做好产业转型升级、城区转型升级、社会治理转型升级的文章，在加快新旧动能转换中推动高质量发展。

21 日 雨花区开展新时代文明实践系列活动之“学习强国”学习平台推广使用主题活动。

25 日 雨花区安全生产工作部署会召开。

28 日 雨花区农贸市场管理讲评大会召开。

4 月

2 日 省委第二巡视组巡视雨花区工作动员会议召开。

同日 美国华盛顿州中文电视台台长陈晓红一行考察调研湖南雨花非遗馆。

同日 《经济日报》以《“个体户”在家门口“卖全球”——湖南高桥大市场见闻 》为题，以湖南高桥大市场酒店用品城“醴润陶瓷”实现“让家乡瓷器为世界所知晓”的故事为切入点，报道介绍湖南高桥大市场“市场采购贸易方式”为商户带来的便利，让个体户在家门口“卖全球”，展现雨花区深入推进市场采购贸易方式试点工作，打造湖南对外开放新窗口的工作成果。

3 日 《人民日报》刊发《湖南长沙探索党建引领城市基层治理，解决群众操心事、烦心事，有了主心骨 幸福更靠谱》，报道中讲述雨花区侯家塘社区开展“红管家”志愿服务，将“城中村”变“桃花源”的故事。《工人日报》刊发《长沙市雨花区人民检察院依法对一位民企负责人作出的不起诉决定释放暖意——“保护民营企业已经成了我们所有人的共识”》，报道雨花区为民营企业发展保驾护航的故事。

同日　雨花区配合中央扫黑除恶专项斗争督导工作部署会召开。

5 日　湖南省教育厅党组成员、副厅长、工委委员王玉清一行调研雨花区师德师风建设工作。

7 日　雨花区“践行十九大·翰墨润雨花——历届中国书法兰亭奖湘籍作者作品展”在雨花非遗馆举行，展出书法作品 80 余件。

9 日　雨花区信访、扫黑除恶、防汛防火、“四经普”等工作调度会召开。

12 日　雨花区政企恳谈会召开。

同日　红星片区城市更新项目调度会召开。

13 日　重庆市政协副主席周克勤率考察组一行 10 人考察调研雨花区非遗馆文物保护利用及红色文化保护传承等工作。

16 日　雨花区第十四届“4·20”廉政文化节开幕式暨廉政专题教育大会召开。

17 日　张敏到中国香港地区参加 2019 年雨花区（香港）招商引资推介会系列活动。

同日　天津市人大常委会副秘书长杨蔚东考察雨花区代表联系群众平台建设情况。

19 日　“到人民中去·寻找源头活水”雨花区文艺工作者采风研讨活动在跳马镇石燕湖举行。

同日　雨花区学校建设专题调度会召开，专题研究部署学校建设项目进度、片区规划用地、学校配建、报建审批，以及征拆腾地和配套道路建设等工作。

21 日　湖南电视台卫视频道《湖南新闻联播》头条播出《攀岩种草 70 米深矿坑峭壁会“变脸”》，讲述在长株潭“绿心”区域，为让废弃矿坑生态复绿，一支特殊的“整容师”队伍每天攀爬在 70 多米的悬崖峭壁上，坚持绿水青山就是金山银山，在岩壁上播撒“绿色”，为实现绿色雨花作出贡献。

23 日　雨花区印发《关于加强和改进党（工）委（党组）理论学习中心组学习的十条措施》。

同日　雨花区企业家学院第一期培训班正式开班。来自辖区房地产、建筑业、工业、商贸、港资和文化产业等企业的 94 名企业家及相关管理人员参加。

同日　湖北省委组织部副部长蔚盛斌一行考察侯家塘街道韶山路社区党支部“五化”建设、党建引领基层社会治理等基层党建工作。商丘市委常委、组织部部长罗军一行考察雨花区小区党建、党建引领基层社会治理、楼宇党建等基层党建工作。

24 日　雨花区委全面深化改革委员会第一次会议召开。

25 日　雨花区组织工作暨深化城市基层党建工作部署会召开。

26 日　长沙市副市长、市公安局党委书记、局长唐向阳率队考察和调研洞井街道新型智能门禁系统试点工作。

同日　“五四爱国情·青春奋斗者”纪念“五四运动”100 周年暨“户帮户亲帮亲”雨花志愿服务实训基地成立大会在长沙职教城举行。

28—29 日　张家界市委常委、市委统战部部长匡华玉率张家界市统战工作考察团参观考察雨花区群英公益发展促进中心（群英会）和雨花非遗馆等地。长沙市委常委、市委统战部部长谭小平陪同调研考察 。

29 日　雨花区蓝天保卫战工作推进会召开。

30 日　雨花区机构改革推进会暨 2019 年雨花区党建工作调度会召开。

同日　雨花区“奋战 60 天，项目大攻坚”上半年重点产业项目系列开工活动举行。

5 月

5 日　全区村、社区后备干部精英班培训开班。

6 日　全区村、社区（筹委会）书记培训班开班。

7 日　雨花区委全面依法治区委员会第一次会议召开。

8 日　张敏、刘素月专题研究“营商环境优化年”有关工作。

10 日　财政部湖南监管局局长肖翔调研雨花区一季度经济发展和财政运行情况。

11 日　《瞭望》客户端刊发《黑臭水体治理莫成“造景”工程》，正面报道雨花区圭塘河治理中的典型经验做法和工作成效。

15 日　杨松林家庭获“2019 年度全国最美家庭”称号，成为长沙市 6 户获此称号的家庭之一。

同日　长沙市政协副主席石长松、市民政局副局长范凤芝调研金地社区和润老年人日间照料中心居家养老工作。

21 日　长沙市政协主席会议成员专题视察雨花区“完善绿心地区科学合理补偿机制”工作。22 日　雨花区委网络安全和信息化委员会第一次会议召开。

同日　湖南省委老干部局局长龚健一行调研政院社区离退休干部党建工作。

24 日　雨花区棚改和城市人居环境工作调度会召开。

28 日　雨花区成立营商环境特约监督团。

29 日　雨花区退役军人事务局集中对全区 13 个街道（镇）退役军人服务站授牌。

30 日　雨花区意识形态工作联席会暨分析研判会召开。

同日　胡衡华到枫树山小学 调研儿童友好型城市建设。

6 月

1 日　雨花区开展 “爱国兴邦·儿童友好”主题教育活动暨庆祝“六一”儿童活动。

4 日　湖南省妇联党组书记、主席姜欣，湖南省妇联家庭与儿童工作部部长黄兰香一行实地调研侯家塘街道廖家湾社区孟妈妈青少年保护家园。

5 日　“美丽中国，我是行动者” 2019 年“六五”世界环境日长沙主场活动在雨花区圭塘河生态公园举行，胡衡华出席并见证活动启动。

11 日　雨花区党政正职政治建设考察回头看调度会

召开。

12日　雨花区委财经委员会第一次会议召开。

同日　雨花区社会救助局被授予“全省民政系统先进集体”称号。

13日　长沙市政府副市长刘明理，市城管执法局局长邓鹏宇、副局长胡刚调研雨花区生活垃圾分类工作。

13日　长沙市政府副市长廖建华调研雨花区棚户区改造工作。

14日　雨花区考核指标体系意见征求座谈会召开。

16日　长沙市2019年安全宣传咨询日活动在雨花区黎托街道举行。

17日　雨花区召开全区6个重点社区（村）党组织帮扶工作部署会。

20日　民政部党组书记、部长黄树贤调研雨花区民政工作。

21日　雅塘片区综合改造项目概念规划方案汇报会召开。

同日　湖南省、长沙市、雨花区政协社会和法制委员会委员履职实践基地在长沙市雨花区跳马镇育景园揭牌，省政协副主席胡旭晟出席。这是全省三级政协专门委员会的第一个履职实践基地。

25日　雨花区专题调度中非经贸博览会有关工作，调度市容市貌、重点线路、氛围营造、展馆准备、驻地保障、安全保障等工作筹备情况。

28日　张敏、刘素月参加2019湖南与央企对接合作活动长沙专场大会。

7月

1日　雨花区庆祝中国共产党成立98周年暨区域化党建联盟第二次联席会议召开。

3日　雨花区精神文明工作指导委员会全会召开。

5日　湖南省退役军人事务厅唐勇考察左家塘街道退役军人服务站，调研雨花区退役军人服务保障体系建设。

10日　雨花区电网2019年“630攻坚”总结暨2020年“630攻坚”动员会召开。

12日　刘明理组织开展全市生活垃圾分类和“三改”工作现场观摩。

同日　长沙市政协副主席文丽霞、省委党史研究室原巡视员夏远生、市委党史研究室主任宋俊湘实地考察红军攻打长沙纪念园建设情况，评审红军攻打长沙纪念园建设方案。

13日　长沙市民协剪纸专业委员会首个剪纸文化传承基地在圭塘河畔止间雨岸书屋正式挂牌。

15日　湖南省政府副秘书长、省信访局局长许忠建带领督查组到圭塘街道督查指导信访工作。

同日　李剑川、徐佐林被评为“全国模范退役军人”。

17日　雨花区基层减负工作调研座谈会。

17日　雨花区2019年上半年政情通报会召开。

22日　湖南省人大常委会党组书记、副主任刘莲玉调研中南智能。

8月

1日　雨花区委2019年上半年经济形势分析会召开。

6日　“不忘初心、牢记使命”主题教育中央第一指导组组长冯健身调研雨花区韶山路社区。

7日　湖南省副省长陈文浩考察区城管环保网格化管理中心，调研雨花区网格化城市管理工作。

同日　雨花区“金玉良缘·文明婚嫁·情定雨花”汉式集体婚礼活动在圭塘河风光带举行。

9日　全国政协常委、致公党中央副主席、国家市场监督总局副局长甘霖到雨花区考察调研昭泰医疗集团。

11—16日　宋旦汉字艺术博物馆应俄罗斯伊尔库茨克国立理工大学邀请，开启宋旦汉字艺术海外百城展的第57场海展览交流活动——“‘锦绣湖南·美丽长沙·幸福雨花’庆祝新中国成立70周年暨中俄建交70周年宋旦汉字艺术俄罗斯展”系列展览交流活动。巡展交流团先后赴俄罗斯伊尔库茨克、莫斯科和圣彼得堡三个城市与伊尔库茨克政府、伊尔库茨克国立理工大学、中俄文化教育发展交流协会、圣彼得堡中国留学生会、中俄青年创业协会、圣彼得堡中国博士生联谊会等组织进行“1场展览+6场交流+1家汉字体验”基地建设教具捐赠仪式系列活动。

14日　长沙市政府副市长邱继兴一行调研雨花区便民生鲜农产品供应体系建设工作。

15日　胡衡华现场考察花侯路两厢及西广场整体情况，调研国庆节前长沙南站环境整治相关工作。

16日　2019年刚果（金）广播电视媒体工作研修班一行现场观摩雨花区融媒体中心。

17日　长沙市委副书记、市长胡忠雄调研红星片区和汽车南站综合交通枢纽规划建设有关工作。

20日　雨花区委审计委员会第二次会议审议《关于2018年度区本级预算执行和其他财政收支的审计工作报告》，研究部署区委审计委员会工作。

21日　“祖国颂”雨花区庆祝中华人民共和国成立70周年百万群众合唱比赛在长沙实验剧场举行。

同日　“开放雨花”APP上线启动仪式举行。

27日　国家统计局雨花调查队成立。

30日　湖南电视台都市频道《都市1时间》头条播出《长沙雨花区首推企业开办“五合一”登记：提交材料到领取证件印章，一个工作日办结》，报道雨花区5月初开始，实行企业一套材料、一窗受理、一次办结的并联式服务模式，设立登记、印章刻制、发票申领、银行开户等多个环节只需要6个小时就可完成，真正实现“零成本”一日办结。

9月

2日　雨花区开展“希望工程·圆梦行动”，提供“一元捐”为家庭困难的准大学生们募集爱心资金72000元，12名学生受助。

6 日　雨花区召开省委巡视雨花整改工作部署会，全面部署巡视整改落实工作。会议要求，全区各级各部门要统一思想、强化措施，以整改落实的实际成效体现对党绝对忠诚。

11 日　雨花区委“不忘初心、牢记使命”主题教育领导小组第一次全体会议召开。

12 日　雨花区基层社会治理重点工作推进会议召开。

17 日　雨花区委“不忘初心、牢记使命”主题教育专项整治暨省委巡视雨花整改工作推进会召开。

18 日　雨花区庆祝中华人民共和国成立 70 周年宣讲报告会召开。

18—20 日　雨花区委“不忘初心、牢记使命”主题教育读书班举行。

19 日　王润虎被评为“全省模范退役军人”。

20 日　雨花区举行庆祝中华人民共和国成立 70 周年纪念章颁发仪式，为全区 45 名新中国成立前参加革命工作的老战士、因参战荣立一等功以上奖励的老军人，颁发“庆祝中华人民共和国成立 70 周年”纪念章。

23 日　区委主题教育领导小组办公室第二次会议召开。

同日　长沙市委副书记朱健一行调研火车南站地区。

26 日　湖南省委常委、政法委书记李殿勋率长沙市委常委、政法委书记钟钢，省公安厅副厅长李介德，长沙市副市长、市公安局党委书记、局长唐向阳等检查督导火车南站国庆特护期安保维稳工作，听取情况汇报，慰问执勤民辅警。

27 日　市委主题教育第五指导组到雨花区侯家塘街道活力社区开展调研。

28 日　雨花区举行庆祝中华人民共和国成立 70 周年暨区老干大学第二届“秋韵”校园文化艺术节。区诗词书画协会在区老干部活动中心羽毛球馆举办“颂祖国 赞雨花”庆祝中华人民共和国成立 70 周年诗词书画展，展出作品 160 幅。

29 日　长沙市委常委、组织部部长张宏益一行调研雨花区党建引领小区治理工作。

同日　雨花经开区先惠智能装备（长沙）有限公司成为长沙市“第 100 万家市场主体”。

10 月

1 日　雨花区举行升国旗仪式和集中收看国庆庆典活动，庆祝中华人民共和国成立 70 周年。

10 日　人民网、新华网、中国网、央视网等 14 家中央网络媒体采访雨花区河长制工作。

12 日　雨花区迎接中央扫黑除恶督导“回头看”工作调度会召开。

同日　长沙市委常委、市委组织部部长张宏益调研圭塘街道城市山水豪园小区“小区党建引领小区治理”工作。

13 日　湖南省第五届生态文明论坛雨花年会开幕，与会行业主管部门领导、专家学者、企业代表等群策群力，共同探讨“保护生态环境，推动绿色发展”的重要举措、实现路径，助推湖南生态文明建设。

14 日　雨花区委“不忘初心、牢记使命”主题教育领导小组第二次会议召开。

20 日　雨花区第三季度蓝天保卫战工作讲评会召开。

21—22 日　张敏赴桑植县、龙山县石牌镇开展对口帮扶“携手奔小康”工作。

24 日　雨花区党员分类管理试点工作座谈会召开。

25 日　第二十一届中国中部（湖南）农业博览会在长沙国际会展中心开幕。

27 日　湖南省委书记杜家毫参观农博会。

29 日　雨花区 2019 年全国文明城市测评工作动员部署会召开。

30 日　雨花区委省委巡视整改落实和主题教育专项整治工作推进会召开。

11 月

1 日　雨花区落实省委全面加强基层建设“1+5”文件第一次联席会议召开。

13 日　雨花区绩效考核工作推进会召开。

15 日　雨花区人大常委会召开优化营商环境工作专项评议大会，区委常委、常务副区长邹春林代表区人民政府做优化营商环境工作专项报告。

同日　砂子塘社区联合民建湖南省委、湖南中医药大学第一附属医院、砂子塘小学等 8 家单位，成立“颐美荟”同心联盟，为社区居民提供法律援助、家门口的医疗服务、家庭困难学生学业指导等服务。

18 日　胡忠雄督导雨花区文明城市建设工作。

19 日　雨花区农村集体产权制度改革领导小组会召开。

21 日　国家市场监督管理总局副局长甘霖调研督导雨花区打击传销工作。

同日　《非公有制企业党建》杂志总编辑、红旗出版社社长褚定华一行调研雨花区非公党建、楼宇商圈市场党建工作。

22 日　雨花区落实省委全面加强基层建设“1+5”文件〔《关于全面加强基层建设的若干意见》及《规范乡镇（街道）职责权限实施方案》等 5 个配套文件〕第二次联席会议召开。

25 日　雨花区完成全区 13 个乡镇（街道）、68 个区直行政（参公）单位 930 余人的公务员职务职级套转工作。

25 日　雨花区印发《关于在全区组织开展党的十九届四中全会精神集中宣讲工作的通知》。

同日　中央电视台新闻频道《24 小时》播放《从一碗“好人粉”到一条“好人街”，好人多粉店“爱心米粉”免费吃》，报道雨花区井湾子街道德馨园社区“好人多粉店”从 2011 年开业以来，免费为学龄前儿童、无劳动能力、无生活来源、无赡养人和抚养人或者其赡养人或抚养人确无赡养或抚养能力的年满 60 周岁的“三无”老人提供早餐的爱心举动。

26 日　雨花区委全面依法治区委员会第二次会议暨

法治政府建设讲评会召开。

12 月

1 日　《光明日报》刊发《如何治理城镇小区配套幼儿园——重庆、长沙攻坚经验谈》，报道雨花区开展城镇小区配套幼儿园治理的工作成效。

3 日　雨花区“宪法宣传周”主题宣传活动在黎托街道粟塘社区举行。

同日　长沙市暨雨花区《中华人民共和国安全生产法》宣传周智跑宣传活动在湖南省森林植物园举行。

5 日　雨花区 2020 年重点项目投资计划研究会召开。

9 日　教育部基础教育司司长吕玉刚一行调研雨花区教育工作。

10 日　雨花区教育大会召开。

11 日　湖南省副省长陈飞带队督查高铁沿线安全环境整治工作。

14 日　中央电视台《新闻联播》以《为全面建成小康社会而奋斗——中央经济工作会议精神在各地干部群众中引起热烈反响》为题，报道雨花区第一时间贯彻落实中央精神，“打好污染防治攻坚战，坚持方向不变、力度不减，突出精准治污、科学治污、依法治污，推动生态环境质量持续好转”的典型做法和担当作为。

16 日　雨花区 2019 年区委全会现场观摩活动举行，由区“四大家”领导、区直部门单位、街道（镇）负责人，以及全体区委委员等组成的百人观摩团，现场观摩全区 10 个重点项目。

17 日　区委五届二十一次全体（扩大）会议召开。

18 日　雨花区政府审议通过《雨花区区本级权力清单》《雨花区区本级公共服务清单》《雨花区区本级中介事项清单》《雨花区区本级“最多跑一次”清单》《雨花区区本级特别程序清单》《雨花区区本级四办事项清单》6 类清单，确保雨花区“一件事一次办”工作顺利推进。

22 日　长沙市人民政府副市长廖建华、副秘书长张跃先督查吾悦广场、武广新城建设有限公司活动板房两处重点隐患。

24—27 日　政协长沙市雨花区第五届委员会第四次会议召开。

25—27 日　区五届人民代表大会第四次会议召开。

26 日　长沙雨花经开区与韶山高新区携手打造的“飞地园区”项目——长沙雨花经开区（韶山）智能制造产业园开工建设。

27 日　湖南省民政厅副厅长蒋建华、养老服务处副处长李永胜一行考察雨花区乐来龄红花坡老年养护院，调研养老服务工作。

28 日　雨花区城管执法大队开出新修订的《长沙市城市绿化条例》实施后全市首张“违停毁绿”罚单，责令时代阳光大道轻盐阳光城小区外围绿化带违停毁绿轿车车主刘某立即将车驶离绿化带，并依法处以 700 元罚款。

30 日　张敏、刘素月督导省植物园免费对外开放、汽车南站综合交通枢纽试运营工作有关情况。

31 日　2019 年区委常委议军会暨党管武装工作述职会议召开。

（柯　戈）

雨花区概况

自然理地

【区域位置】 长沙市雨花区位于湖南省东部偏北，长沙市东南部，是1996年7月长沙市行政区划调整设立的新城区。雨花区名源自长沙城东南古佛道圣地之名胜雨花亭，建制沿革于原长沙市郊区。2014年，境域范围为北纬28° 02′ 30″ ~ 28° 11′ 30″，东经112° 57′ 30″ ~ 113° 06′ 30″。边界线全长67.72千米，其中，与芙蓉区边界线13.10千米，与天心区边界线18.80千米，与长沙县边界线35.82千米。2015年，长沙县跳马镇划归雨花区，全区面积扩大至304.9平方千米。东面以浏阳河为界，与长沙县榔梨镇和黄兴镇相望，以跳马镇为界，与浏阳市柏加镇相邻；南部以跳马镇为界，与株洲市石峰区相邻，与湘潭市昭山镇接壤；西面以芙蓉路、韶山路（至井湾子）和井湾子街道与文源、青园两街街界、洞井街道与桂花坪街道街界、同升街道与先锋街道街界、跳马镇与暮云街道街界为界，与天心区接壤；北以人民路（识字岭至花桥）和浏阳河为界，与芙蓉区毗邻。至2019年，雨花区无区域变化。 （刘科明）

【地质地貌】 雨花区地域呈南北长、东西较窄的地理走向。地形呈波状起伏，地势南高北低，境内最高点为跳马镇金坑岭，海拔274.6米，最低点为浏阳河曙光垸，海拔35米。全区地貌类型多样，主要为堆积地貌（平原）、侵蚀剥蚀地貌（岗地、丘陵）和侵蚀构造地貌（低山）。平原主要分布在洞井街道的白田铺至圭塘的溪谷平原和浏阳河黎托冲积平原；岗地主要分布在雨花亭街道、井湾子街道、同升街道、洞井街道、黎托街道和东山街道及跳马镇，跳马镇南边诸山与株洲隆起带相接。境内分布红色砂岩、砂砾岩、粉砂岩和页岩。全区成土母质以第四纪红土、河流冲积物为主。第四纪红土主要分布在洞井街道、井湾子街道、雨花亭街道一带，经垦殖后成为浅红黄泥、红黄泥、耕型红土红壤等土属，一般土层深厚，质地料黏，养分缺乏，呈酸性，耕性较差；河流冲积物主要分布于浏阳河两岸冲积平原，由其发育而成的土壤有河沙泥、耕型河潮土等土属，一般土层深厚，质地沙壤至壤土，呈酸性、微酸性或中性，肥力高，适种性广；紫色风化岩风化物零星散布于同升街道全境，洞井街道的和平、鄱阳、天华、牛头，黎托街道的大桥，东山街道的边山、侯照，由其发育而成的紫色土构成，土壤抗蚀力差，土层较浅，不耐旱、易坼裂，磷、钾含量较丰富。（刘科明）

【气候河流】 雨花区属亚热带季风性湿润气候区，由于位居盆地内部、距海较远、受冬夏季风转换、地势向北倾斜等因素的影响，冬冷夏热，季节变化明显。年平均气温为17.2℃，积温为5457℃。全年日照充足，年平均日照时数为1762.64小时，年平均无霜期为296 ~ 298天。全年雨水充沛，多集中在春夏两季，年均降水量为1361.6毫米。夏冬季长，春秋季短，夏季约118 ~ 127天，冬季117 ~ 122天，春季61 ~ 64天，秋季59 ~ 69天。春温变化大，夏初雨水多，伏秋高温久，冬季严寒少。3月下旬至5月中旬，冷暖空气相互交绥，形成连绵阴雨低温寡照天气。从5月下旬起，气温显著提高，夏季日平均气温在30℃以上有85天，气温高于35℃的炎热日，年平均约30天，盛夏酷热少雨。9月下旬后，白天较暖，入夜转凉，降水量减少，低云量日多。从11月下旬至第二年3月中旬，节届冬令，长沙气候平均气温低于0℃的严寒期很短暂，全年以1月最冷，月平均气温为4.4℃ ~ 5.1℃，越冬作物可以安全越冬，缓慢生长。2019年，雨花区年平均气温为18.23℃，极端最高温度为42℃，极端最低气温为-4℃；3月25日入春，4月6日入夏，10月6日入秋，12月22日入冬；年降水量1588毫米。境内有浏阳河、圭塘河、双溪港三大水系。浏阳河自长沙县团头河入境跳马镇，经黎托街道花桥进入芙蓉区后注入湘江，蜿蜒32.6千米；圭塘河位于长沙市的东南部，系浏阳河一级支流，也是最后一条支流，发源于雨花区跳马镇鸭巢冲（石燕湖水库），由南向北贯穿雨花区，在人民东路浏阳河大桥处汇入浏阳河，起止均在雨花区境内，全程约28千米，是长沙唯一的城市内河；双溪港水系发源于跳马镇百倍冲水库，流经复兴、关刀、三仙岭、喜雨、团然、冬斯港6个村进入浏阳河，全长22千米。（刘科明）

建置·区划

【建置沿革】 清末，长沙市郊区境地分属长沙、善化两县。民国元年（1912）起，统属长沙县管辖。民国前期，长沙城郊属长沙县管辖。民国16年（1927）3月，国民党湖南省党部正式划定长沙近郊区管辖范围。5月21日长沙“马日事变”后，长沙近郊区被迫撤销。民国17年（1928）8月，长沙市政筹备处划勘市区范围，在沿界设立32处钢筋水泥标界，城区与标界之间地域成为郊区正式区划的基础。民国22年（1933），长沙市政府成立。重新划勘市区范围。城郊从长沙县划归长沙市内4区管辖。民国27年（1938）8月，长沙市改区坊保甲制为镇（乡）保甲制，因城区难以管辖城郊农村，故实行城区与城郊分治，城区划为8镇，城郊从城区划出，改建为文艺、金盆、岳麓、会春4乡，由市政府直辖，即为郊区建置之始。1939年2月，裁撤长沙市政府，城区镇和城郊4乡划归长沙县管辖。1941年10月，恢复长沙市政府，城区镇和城郊4乡重归长沙市管辖，并将4乡改建为4镇。1943年12月，废镇改区，4镇改为相应的4区。1949年8月4日，长沙和平解放，辖城东、城南、城西、城北、文艺、金盆、会春、岳麓8个区。10月，设立文艺、金盆、岳麓、会春人民区公所，直属长沙市人民政府领导。1950年3月30日，设立长沙市人民政府郊区办事处，统辖文艺、金盆、岳麓、会春4区，是为郊区建置之始。6月，撤销郊区办事处，成立郊区工作委员会。1954年9月，撤销郊区工作委员会，恢复郊区办事处。1959年1月，撤销郊区并入长沙县。1962年1月12日，恢复长沙市郊区建置。1968年4月，郊区办事处改为郊区革命委员会。1980年，郊区革命委员会改为长沙市郊区人民政府。1996年6月19日，长沙市市辖区调整，撤销郊区，设立雨花区。7月10日，雨花区挂牌成立。（刘科明）

【行政区划】 1950年3月30日，设立长沙市人民政府郊区办事处，统辖文艺、金盆、岳麓、会春4区。8月，废除保甲制，农业、半农业地区划分为18个乡，分别建立乡人民政府，居民区设立11个居民委员会。郊区始有真正的政权体系和独立的行政区划。1951年5月，从长沙县辖划入5个乡，改建为9个乡，郊区调整为4区27乡。1952年调整为4区24乡4街。1953年3月，郊区区划调整为4区22乡6个街道办事处。8月，郊区调整为4区25乡1镇。1956年5月，郊区撤区并乡，撤销文艺、金盆、岳麓、会春4区，所辖各乡镇调整为文艺、金盆岭、雨花亭、会春、岳南、岳北6乡和溁湾镇，管辖长沙农场。10月，会春乡划分为会春、洪山2乡。7个乡下设24个高级农业合作社。11月，建立44个居委会，分属各乡镇人民委员会管辖。次年，析出洪山乡太阳升高级农业社，成立长沙市国营综合农场。1958年3月，长沙农场收归省、市管理。1958年9月，郊区撤销乡镇，建立工农兵学商五位一体、政社合一的人民公社体制，实行人民公社化。全郊设立东风、万年红、岳麓山3个公社，下辖19个大队和3个街道居委会，保留市国营综合农场。1959年1月，郊区并入长沙县。1962年，恢复长沙市郊区建置，郊区辖岳麓区和雨花亭、东屯渡、伍黑路、岳麓山、洞井、南托、大托、高塘、榔梨、长冲、黎托、望仙桥、望岳、谷山14个公社及榔梨镇，共193个大队和3个居委会。10月，望仙桥公社分为望新、东岸两个公社，望岳公社分为望岳、天顶两个公社，天顶、大托、南托、洞井、望新、榔梨、高塘、长冲8个公社和榔梨镇划归长沙县。次年10月，划出黎托、谷山、望岳3个公社，郊区下设1个区5个公社共48个大队和3个居委会。1964年，伍黑路公社改为上大垅公社，并将东屯渡公社渔场、岳麓山公社岳麓渔场、上大垅公社史家湖渔业队从所在公社划出，扩建为国社合营湘湖渔场、岳麓渔场和史家湖渔场（1966年更名为红色渔场）。1965年在岳麓山公社大干岭兴建长沙市养鹿场。1968年2月，雨花亭公社改名韶山路公社。3月，岳麓山公社湘江大队划归西区管辖。12月，综合、东屯渡2个国营农场和长沙市园艺场、市养鹿场划归郊区管辖。1970年，湖南农学院、农科院所属农场划归郊区，改建为团结、立新两个大队，划归东岸公社管辖。望城县境内国营东方红农场划归郊区，省高级兽医研究所下放郊区管辖，并与市园艺场合并为长沙市良种繁殖场。郊区下辖5个公社、5个农场、3个渔场、1个养鹿场，共50个大队，16个管区。1971年10月，市良种繁殖场划归市管（1973年分设为市园艺场和市畜牧农场）。1972年5月，岳麓山公社、岳麓渔场划归岳麓区。1973年6月重新划归郊区。12月，将岳麓山公社咸家湖、望麓桥2个大队和麓山大队及望岳公社望岳大队一部分划出，建成国社合营西湖渔场。1974年3月，国营综合、东方红农场划归市管，1975年，国营综合、东屯渡、东方红、畜牧农场，园艺场、养鹿场重归郊区管辖。1978年1月，长沙县大托、洞井、黎托公社和望城县望岳公社划归郊区管辖。至此，郊区行政区划相对稳定，辖9个公社、5个国有农场、4个国社合营渔场、1个养鹿场。1983年5月，郊区开展政社分设，建立乡、村政权的试点工作。韶山路公社改称雨花亭乡。1984年2月，历时25年的人民公社体制改制为乡人民政府。东屯渡公社更名为马王堆乡、上大垅公社更名福安乡，其余仍原名命乡，原大队改为村民委员会，生产队改为村民小组。1990年，经市政府批准，成立火星镇。1993年6月，福安乡胜利村划归北区。10月，雨花亭乡石马村划归南区，望岳乡咸嘉湖划归西区。1994年12月，马王堆乡五一村划归东区管辖。

1996年7月10日，雨花区挂牌成立。雨花区下辖左家塘、侯家塘、井湾子、圭塘4个街道，黎托、洞井、雨花亭3个乡和高桥乡筹备领导小组。12月，雨花区本着“优化配置，城乡一体，成块连片，界限分明，便于管理，有利发展”的原则，进行区域微调，新设立东塘、砂子塘两个街道，保留左家塘、侯家塘、圭塘、井湾子4个街道建制，对城区街道作切块调整，以东塘广场为中心，以韶山路和劳动路为轴划为4块，东北角为左家塘街道，西北角为侯家塘街道，西南角为东塘街道，东南角为砂子塘街道，井湾子街道与雨花亭乡合并以乡建制，将洞井乡大塘、圭塘、月塘3个村划归圭塘街道。洞井乡改称为洞井镇。新建高桥乡，保留黎托乡。1997年7月，长沙市政府决定设立雨花亭街道和高桥街道，两乡建置撤销。2010年，雨花区撤销洞井镇、黎托乡，以街道建制；撤销全区行政村建制成立社区筹委会。雨花区辖9个街道办事处、90个社区、37个社区筹委会。2011年，雨花区调整部分街道行政区划，将洞井街道析置为洞井、同升两个街道办事处，将黎托街道析置为黎托、东山两个街道办事处，同时启用原与雨花亭街道合署办公的井湾子街道办事处，将雨花亭街道拆分为雨花亭、井湾子两个街道办事处。2012年1月，同升街道、东山街道、井湾子街道分别挂牌成立。2015年，长沙市区划微调，长沙县跳马镇整体划归雨花区管辖。2019年年末，雨花区辖洞井镇1个镇，雨花亭、高桥、左家塘、侯家塘、东塘、砂子塘、圭塘、洞井、黎托、同升、东山、井湾子12个街道；计13个行政村、114个社区、16个社区筹委会、3个社区筹备组,11个农村经济合作社、7个集体资产管理委员会。其中，雨花亭街道辖曲塘、雨新路、路桥、正圆、新星、自然岭、华云、雅塘村、香南郡、麻塘桥10个社区，井塘1个社区筹委会，自然、石马两个集体资产管理委员会。高桥街道辖火焰、金环、怡园、高桥大市场、五一、永定、永祥、鑫华8个社区，友谊、高桥两个社区集体资产管理委员会。左家塘街道辖赤岗、长钢、曹家坡、长岭、阿弥岭、桂花、官塘冲、嘉园、红花坡、湖橡、荷叶塘、牛角塘、曙光、树木岭、车站南路、长铁、狮子山、王公塘、窑岭、营山巷、左家塘21个社区。侯家塘街道辖梓园、湘农桥、电院、枫树岸、韶山路、活力、麻园湾、广济桥、廖家湾、侯家塘、水院、泉塘12个社区。砂子塘街道辖茶园坡、野坡、砂子塘、桔园、梨子山、金地、白沙、金科园8个社区。东塘街道辖七里庙、牛婆塘、枫树山、新雨、东塘、芙蓉南路、省人大、政院、浦沅、华银园10个社区。圭塘街道辖长重、劳动东路、雨花家园、美林景园、体院路、中南院、大塘、景程、泰安、圭塘、金福、升达12个社区，和润、广顺源两个社区筹备组，圭塘、月塘、大塘湾3个经济合作社。黎托街道辖辖广益、东澜湾、体育新城、黎锦苑4个社区，粟塘、合丰、潭阳、川河4个社区筹委会，花桥、大桥、平阳3个集体资产管理委员会，幸福里1个社区筹备组。洞井街道辖高升、新城、商贸城、丰园、新裕、湘天、植物园、南庭、龙庭、歇马亭、星苑、天际岭、仙岭13个社区，牛头、洞井、桃花、和平、鄱阳5个社区筹委会，天华、板塘两个经济合作社。井湾子街道辖冯家冲、赤岗岭、三湘、香樟路、德馨园、井湾子、融城苑、红星村、井湘、井圭路、井巷、井旺、湘莲、农博14个社区。东山街道辖东山镇、黎雅、高铁新城、南雅、东恒、黎郡6个社区，东山、渔场、黎托、长托4个经济合作社，边山、侯照两个社区筹委会。同升街道辖景环、同升湖、古樟树、联盟、新聚园、仙姑岭6个社区，白田、洪塘、金井、新兴，4个社区筹委会，同升、桃阳两个经济合作社。跳马镇辖辖金屏、斑竹塘两个社区，跳马、关刀新村、杨林新村、复兴、三仙岭、石桥、喜雨、团然村、冬斯港、白竹、石燕湖、新田、田心桥13个行政村。（刘科明）

【区治】 郊区区治位于人民中路245号、芙蓉路与人民路相交处的东南角，占地8229平方米。原有办公楼3栋，建筑面积9492.14平方米。因场地窄小，中栋办公楼于1991年下半年爆破拆除。1995年4月爆破拆除前栋办公楼，兴建综合楼。综合楼原设计为框剪结构，主楼28层，裙楼5层。因财力问题，1995年7月至1997年4月，建成主楼10层（地下3层，地上7层）、裙楼5层，建筑面积3万平方米。雨花区成立后，规划将区治从区的西北角迁建于区腹地。2002年2月与湖南弘欣置业有限公司联合，续建30层综合楼，面积2.6万平方米，由弘欣置业有限公司独资续建23层，其中8～14层归区政府所有，并将综合楼改成雨花大厦。

雨花新区治位于全区中心腹地、万家丽路与香樟路交汇处的东南角，东靠香莲路，南接玉竹路，西临火星大道（万家丽路），北傍香樟路。雨花区建区以后，原区治处在区的西北角顶端，且办公场地狭小，近半数的直属部门在区治外办公，群众到机关办事十分不便。同时，为加速雨花区腹地城市化进程，1997年12月，雨花区第一届人民代表大会一次会议提出抓好新区治的规划和建设，5年内完成整个机关搬迁的设想。2000年，新区治选址圭塘，2002年9月新区治奠基，2004年4月竣工。整个区治占地22万平方米，11个单体建筑，总建筑面积13.4万平方米。大院内还建有2万平方米的水、旱喷泉和1.2万平方米的山水园艺景观，大院西北角建有1.3万平方米水体喷泉和市民休闲广场。院区内绿化面积11.2万平方米，绿化率为53%。主楼及中心广场地下建有人防设施和356个车位的停车库。2014年，区政府接收位于香樟路的原湖南省武警总队直属支队营院，改建为区政府“二办”，区民政局、区城市管理和行政执法局及其城市管理执法大队、区征地办公室、区残联等单位迁往办公。（刘科明）

国民经济和社会发展

【综合】 2019年，雨花区经济发展质量和效益明显提升，主要指标稳居中部省会城区前列，综合实力、投资潜力、新型城镇化质量分别排名全国百强区第29位、第14位、第16位。工业实力排名全国百强区第20位；

综合竞争力排名全国百强区第17位，是前二十强中唯一一个非沿海省份城区。全区实现地区生产总值（GDP）2075.77亿元，同比增长7.7%。第一产业实现增加值5.35亿元，下降2.2%；第二产业实现增加值1118.90亿元，增长6.4%；第三产业实现增加值951.51亿元，增长9.4%。一、二、三次产业分别拉动GDP增长0个、3.6个、4.1个百分点，对GDP增长的贡献率分别为-0.1%、46.6%、53.5%，实现一般公共预算收入158.13亿元，同比下降0.1%，其中地方一般公共预算收入61.36亿元，增长12.2%。一般公共预算支出91.61亿元，增长7.8%。29项重点民生实事项目全面完成。其中新增城镇就业、减少义务教育大班额、农村及城镇低保适龄妇女“两癌”免费检查、改（新）建农村户用厕所等7个项目超额完成。 （柳　旻）

【人口】 2019年，雨花区年末常住人口为94.98万人。户籍总人口73.84万人，其中城镇人口69.77万人，乡村人口4.07万人；男性36.23万人，女性37.61万人；人口出生率为13.36‰。城镇化率为97.7%。（柳　旻）

【农业】 2019年，雨花区传统农业退出历史舞台，现代都市农业成为雨花农业的新面貌，以全域旅游为统揽，建设美丽乡村，北部跳马镇，初步形成布局美、产业美、环境美、生活美、风尚美的乡村格局；中心城区神农茶都文化产业园，打造集购物、品茗、休闲、旅游为一体的文化消费综合体。实现农林牧渔业增加值5.56亿元，同比下降2.4%，其中农业增加值5.18亿元，下降2.0%；牧业增加值0.08亿元，下降9.1%；渔业增加值0.09亿元，增长1.1%；农林牧渔专业及辅助性活动增加值0.21亿元，下降8.4%。 （柳　旻）

【工业和建筑业】 2019年，雨花区持续发力“一主一特”产业链，重点打造新能源汽车、机器人、电子信息等产业集群，以新能源汽车及零部件主导产业、机器人及智能装备特色产业为代表的智能产业蓬勃发展，新能源汽车及零配件产业链实现产值320亿元、增长9%，智能工业型机器人及传感器产业链实现营业收入102亿元、增长27%。比亚迪新能源乘用车生产线智能化改造、湖南工业4.0创新中心、大族激光研究院、可孚智慧医疗（一期）、大捷智能、精一自动化投入运营，长步道（二期）主体工程完工。建筑业增加值同比增长9.2%。规模以上工业增加值同比增长5.5%，其中雨花经开区规模以上工业增加值增长13.5%。全年资质等级建筑企业实现建筑业总产值1912.53亿元，增长12.6%，其中在外省完成产值1246.67亿元，增长19.2%；房屋施工面积17698.53万平方米，增长13.7%。 （柳　旻）

【固定资产投资】 2019年，雨花区深化产业项目建设年，完成重大项目投资272亿元，为年度计划的130%，其中产业投资增长25%。全市重大产业项目观摩连续三年排名中心城区第一。固定资产投资同比增长10.9%，其中房地产开发投资增长9.4%。商品房销售面积355.01万平方米，同比增长29.6%，其中住宅销售面积316.21万平方米，增长36.4%；实现商品房销售额363.82亿元，增长25.7%，其中住宅销售额304.42亿元，增长29.9%。 （柳　旻）

【国内贸易】 2019年，雨花区实现实现社会消费品零售总额827.85亿元，同比增长8.8%，增速较上年提升0.4个百分点。按经营地统计，城镇消费品零售额816.45亿元，增长8.7%；乡村消费品零售额11.4亿元，增长15.0%。按行业统计，批发业实现零售额98.63亿元，增长9.7%；零售业实现零售额659.7亿元，增长8.4%；住宿业实现零售额5.69亿元，增长8.8%；餐饮业实现零售额63.82亿元，增长11.2%。限额以上单位实现社会消费品零售额284.29亿元，同比增长5.4%，占社会消费品零售总额的34.3%。大型商品交易市场稳定发展，全区拥有亿元以上商品交易市场11个。在限额以上批发零售单位中，粮油、食品类同比增长26%；服装、鞋帽、针纺织品类下降1.4%；化妆品类增长57.2%；金银珠宝类下降12.3%；体育、娱乐类增长7.3%；中西药品类增长26.1%；石油及制品类增长2.5%；通信器材类增长23.4%；家用电器和音像器材类下降11.8%；汽车类增长2.6%。 （柳　旻）

【对外经济和旅游】 2019年，雨花区实现进出口总额19.50亿美元，同比增长64.3%。其中，出口总额18.29亿美元，增长68.2%；进口总额1.21亿美元，增长21.1%。高桥大市场市场采购贸易方式出口正式走单，完成外贸出口6.5亿美元，位居中西部地区同类型市场前列。首届中非经贸博览会分会场活动圆满完成，中非经贸博览会唯一长期线下展销平台——非洲商品展销馆正式开馆，湖南出口产品集聚区（一期）基本建成。圆满完成第21届中国中部（湖南）农业博览会，交易额达150亿元。实际利用外资8.13亿美元，同比增长9.3%；实际到位省外境内资金170.90亿元，增长17.8%。全年新签对外承包工程、劳务合作和设计咨询合同共实现营业额4.45亿美元，同比增长22.7%；引进亿元以上省外境内项目28个。实现旅游总收入394.40亿元，同比增长3.5%。国内旅游人数为2920.11万人次，实现国内旅游收入386.02亿元。境外入境人数26.02万人次。（柳　旻）

【其他服务业】 2019年，雨花区实施服务业占比提升两年计划，服务业占GDP比重提高1个百分点。长沙高铁会展新城、中国（长沙）创新设计产业园获批全省第三批服务业示范集聚区，湖南商会大厦、万博汇云谷、御溪国际等商务楼宇纳入“三百工程”重点楼宇库，税收5000万元以上楼宇15栋，商务楼宇去库存35万平方米。引进盒马鲜生、中铝国际、红星美凯龙及爱琴海购物公园等500强企业（项目）9个。 （柳　旻）

【教育和科学技术】 2019年，雨花区拥有普通高中4所，初中学校15所，普通小学72所，幼儿园228所，增加28所。普通高中在校生4195人，初中在校生 21674 人，普通小学在校生 88243 人，幼儿园在园幼儿 40170 人。全区各类民办学校 160 所，在校学生 43214 人。小学适龄儿童入学率 100%，初中适龄人口入学率 100%，高中阶段教育毛入学率 100%。落实义务教育保障资金 13.11 亿元，增长 23.22%。义务教育阶段合格学校建设 2 所。专利申请 4889 件，同比增加 494 件；授权专利 2845 件，增加 112 件；签订技术合同 178 项，成交金额 46.40 亿元，增长 36.5%。实现高新技术产业增加值增长 12.6%。在全省率先成立区总商会商事调解中心，设立全省首个 24 小时法院。办理知识产权行政执法案件 84 件、商标侵权案件 38 件，企业申请专利 4061 件，企业合法权益保障更加有力。（柳　旻）

【文化体育卫生】　2019 年，雨花区完成省公共文化服务体系三年行动计划任务，打造示范性社区文化服务中心 5 个。拥有艺术表演团体 22 个，文化馆 1 个。拥有公共图书馆（区级）1 个，图书分馆（含街道、社区两级）11 个。拥有档案馆 1 个，已开放各类档案 1.3 万卷（件）。投放全民健身器材 72 处，开展全民健身项目 34 项次，全区全民健身运动参加人数 60.9 万人。全区共有体育场地面积 265 万平方米，比上年增加 65 万平方米，拥有体育馆 19 座，增加 7 座。拥有卫生机构 612 个。卫生技术人员 18831 人，同比增长 2.7%，注册护士 3261 人，增长 15.3%。医院、卫生院 55 个，床位 1510 张；社区卫生服务中心 11 个，床位 607 张；拥有疾病预防控制中心（防疫站）、卫生监督机构、妇幼保健院各 1 个。新增家庭医生社区工作室 25 个。（柳　旻）

【环境保护】　2019 年，雨花区碧水保卫战取得历史突破，圭塘河水质年平均值近十年来首次达到Ⅳ类标准。浏阳河（雨花段）、双溪港、官桥撇洪渠水质稳定达到Ⅲ类。水利部组织 14 家央媒对圭塘河流域综合治理经验做法进行推介，中央电视台《新闻联播》采访报道雨花区黑臭水体治理。水清、岸绿、景美的圭塘河正成为雨花一张亮丽的名片。建成烟尘控制区 5 个，面积 47.60 平方千米；建成环境噪声达标区 5 个，面积 29 平方千米。空气质量良好天数为 277 天，达标率 75.9%；工业项目环保“三同时”执行合格率 100%；工业固体废物综合利用率 100%。总体水质满足Ⅲ类标准的断面比例（省控）100%。开工各类水利工程 21 处，投入资金 11253.75 万元，完成土石方 28 万立方米。农村居民安全饮水率 100%。城市生活垃圾无害化处理率 100%。城市公园绿地面积 354.33 万平方米，同比增长 1.2%。（柳　旻）

【三大攻坚战】　2019 年，雨花区三大攻坚战取得突破。打好防范化解重大风险攻坚战，消化关注类债务 8.08 亿元，偿还隐性债务 1.9 亿元，政府性债务风险总体可控。区属国有企业市场化转型迈出坚实步伐，区城投公司被评为全省区县首家信用 AA+ 级平台公司。坚决打击非法集资，化解非法集资苗头 8 起。落实“房住不炒”要求，房价保持整体平稳。打好精准脱贫攻坚战，全面落实“两不愁三保障”，扎实推进产业扶贫、就业帮扶等措施。发展水果种植、容器苗种植、蜜蜂养殖等项目 30 个，惠及贫困户 961 人。加强技能培训和就业服务，实现 244 人稳定就业。做好桑植县、龙山县石牌镇、浏阳市社港镇和镇头镇对口帮扶，被评为“湖南省携手奔小康先进单位”。打好污染防治攻坚战，全面落实“六控十严禁”举措，燃气锅炉低氮改造 132 台，清理整治“散乱污”企业 51 家，实施老旧小区餐饮油烟治理 1 万户，建成园区大气污染防治监控平台，空气质量综合指数排名中心城区前列。全面落实“河长制”，石碑大港智能化末端排口投入使用，劳动路北污水提升泵站主体工程完工，时代阳光大道北幅截污干管扩容工程启动建设，花桥污水处理厂（三期）加快征拆，水环境质量持续改善。（柳　旻）

【安全生产】　2019 年，雨花区发生各类安全生产事故 5 起，死亡人数 6 人，全区亿元 GDP 生产安全事故死亡人数 0.0028 人。发生道路交通事故 101 起，同比下降 9%。（柳　旻）

【人民生活】　2019 年，雨花区城镇居民人均可支配收入 59375 元，同比增长 8.9%。其中，工资性收入 31334.6 元，经营净收入 8931.8 元，财产净收入 5230.3 元，转移净收入 13878.3 元。全年城镇居民人均消费支出 49202.2 元。分类别看，食品烟酒消费 12355.8 元，占比 25.1%；衣着消费 3005.8 元，占比 6.1%；居住消费 9338 元，占比 19.0%；生活用品及服务消费 6303.8 元，占比 12.8%；交通通信消费 4488.6 元，占比 9.1%；教育文化娱乐服务消费 9317.5 元，占比 18.9%；医疗保健消费 3462.7 元，占比 7.04%；其他用品和服务消费 930 元，占比 1.9%。（柳　旻）

【社会保障】　2019 年，雨花区统筹推进低保提标、城市特殊困难群体帮扶、特困人员供养等工作，落实特困人员住院、门诊等费用兜底保障。进一步完善退役军人管理服务保障体系，落实双拥优抚安置政策。持续推进全国居家和社区养老服务改革试点，新建民办养老机构 2 家、社区居家养老服务中心 6 个。川河苑、桃花苑等保障住房项目完成分房。新增就业 1.88 万人，同比增长 2.01%。其中，城镇新增就业 1.63 万人，增长 4.93%。年末城镇登记失业率 2.06%，实现失业人员再就业 6538 人。城镇职工基本养老保险参保人数 23.01 万人，城乡居民社会养老保险参保人数 6.61 万人，工伤保险参保人数 17.99 万人，失业保险参保人数 15.60 万人，生育保险参保人数 16.30 万人。

全区各类收养性社会福利单位收养人员 1032 人，共有床位数 1426 张。城镇各种社区服务设施 1027 个，其中综合性社区服务中心 134 个。筹集社会福利资金 307.07 万元，直接接受社会捐赠 160 万元。全年发放城镇居民最低生活保障经费为 2138.93 万元，城镇居民得到政府最低生活保障人数为 3603 人；发放农村居民最低生活保障经费 409.59 万元，农村居民得到政府最低生活保障人数为888人，农村低保覆盖率100%。

（柳 旻）

【城乡品位】 2019年，雨花区有效提升城乡品质。高铁会展新城片区10个项目征拆清零，吾悦广场准备满铺开业，绿地长沙城际空间站建设加快推进。红星片区首开区拆迁腾地、合作开发前期工作有序推进，步步高星城天地、华悦广场等项目进展顺利。雅塘片区雅塘冲路（韶山南路至曙光路段）完成建设，车站南路、环线小学加快征拆。南部融城片区提质改造跳茅线、白金公路等县乡道30千米，硬化村组道路42千米。完成农村“五治”无害化厕所改造3037户，打造金屏小微水体示范片区，垃圾分类减量示范村创建达100%，创建美丽屋场10个、美丽庭院50个。地铁4号线开通试运营，地铁5号线加快通车试运行准备，湘府路快改工程主线竣工通车，汽车南站综合交通枢纽建设竣工，高升路、侯照路、柳树塘路等13条市政道路完成建设，沙湾路（曲塘路至长沙大道）、梓园路、洞和路、同升湖路等道路完成提质改造。长仪棚改项目实现腾地，汽制、大吉、省机械化（一期）等棚改项目签约清零。提质改造老旧小区10个。新建15分钟生活圈64个，新（改）建农贸市场15个、停车场20个、新增停车泊位8339个，新（改）建人行道58.66千米、自行车道93.5千米、健身步道6.5千米、文化步道1.2千米。建成牛栏山公园（一期）、红一方面军红色文化主题公园等公园5个。圆满完成电网“630攻坚”年度任务。做实城管环保网格，依托网格平台处置各类问题46万件。全面推进垃圾分类，完成93座老旧站厕改造，144个社区（筹委会）实现垃圾分类“全覆盖”，完成生活垃圾减（控）量年度目标。火车南站在全国率先开通地铁免检通道、网约车通道、城市航站楼，“智慧站区”建设有序推进。

（柳 旻）

深化改革

【概况】 2019年，雨花区严格按照中央和省委、市委全面深化改革工作的部署要求，从人民群众最关心的“环境、教育、就业、社会保障、社会治理”等方面进行多方探索，完成重点攻坚事项7项，统筹实施改革事项34项。4月，雨花区全面深化改革领导小组调整为全面深化改革委员会，完成由一般议事协调机构向成建制的固定机构转变，召开全面深化改革委员会第一次会议，制定《中共长沙市雨花区委全面深化改革委员会工作规则》《中共长沙市雨花区委全面深化改革委员会工作细则》《中共长沙市雨花区委全面深化改革委员会2019年工作要点》等一系列顶层文件，明确工作的职能职责，确保改革决策和规划的战略性、科学性、整体性、协调性、有效性。坚持改革目标为导向，建立项目推进、动态管理、督查问责等工作机制。组织面向全社会的“为改革点题”活动，通过“飞梦雨花”“雨花政务网”面向全社会、全区各部门、街道（镇）征集2019年改革课题，鼓励大众对改革事项公开论辩。5月，组织全区召开全面深化改革工作推进会，铺排《中共长沙市雨花区委全面深化改革委员会2019年工作要点》中明确的改革事项改革任务，攻坚克难，确保各项改革任务落地见效。7—8月，联合政研室、信息科对各涉改单位开展走访调研，推进改革事项落实。11月6日，召开全面深化改革培训会暨台海形势报告会，邀请省改革专家为全区涉改单位的分管领导及专干进行授课，启迪广大干部群众的改革思维方式。雨花区深挖细掘，发现典型、改革亮点举措。向省、市委改革办及中央、省级各类媒体积极推送典型经验，《长沙改革交流》刊登雨花经验4期，《雨花区实现企业开办“一日办结”》《雨花区深入推进“双随机、一公开”监管机制》《雨花区成立新的社会阶层人士服务团》等改革举措被《湖南日报》、红网等省级媒体报道。编辑《2018—2019雨花改革年鉴》《开放雨花 梦想直达》画册。深化城市基层党建引领基层治理，深化街道管理体制改革，建立蓝天保卫战、碧水攻坚战，从严管控绿心长效机制，融媒体中心和新时代文明实践中心建设走在全市前列；创新优化营商环境机制，率全省之先实现企业开办“一日办结”。加强和改进新的社会阶层人士统战工作、推进教师“县管校聘”工作获得国家相关部门及领导肯定。

（李 灿）

【区委全面深化改革委员会第一次会议】 2019年4月24日，雨花区委全面深化改革委员会2019年第一次会议召开，雨花区委书记、区委全面深化改革委员会主任张敏主持，区委副书记、区长刘素月，区委全面深化改革委员会委员及相关区领导，各改革专项小组组长参加。会议传达学习中央和省委、市委全面深化改革委员会有关精神和部署要求，原则通过《中共长沙市雨花区委全面深化改革委员会工作规则》等相关文件。会议指出，2019年是中华人民共和国成立70周年，是决胜全面建成小康社会第一个百年奋斗目标的关键之年，也是“三个雨花”建设攻坚之年，要把全面深化改革推向深入，把改革举措转化为发展推动力和群众获得感。会议强调，要以更高站位谋划改革工作，把讲政治贯穿到全面深化改革各方面，聚焦省委“创新引领、开放崛起”战略和全面建设现代化长沙部署，以及“产业项目建设年”“营商环境优化年”，结合雨花实际，认真谋划、精心部署、狠抓落实，解决事关雨花战略全局、长远发展、人民福祉的问题。要以精准发力推动改革攻坚，加快推进园区改革和创新发展，理顺体制机制，推动“一主一特”产业持续发展壮大；创新优化营商环境机制，推动政府承诺兑现、干部作风转变；切实打造“最多跑一次”改革升级版；深化城市基层党建引领基层治理，以“三零”社区（村）创建为抓手，将抓党建与促发展、强治理、保稳定、推民生有机结合；深化街道改革，强化服务职能、优化经济职能，更好地服务群众、推动发展；围绕群众关切的教育、医疗等持续发力，提升群众幸福感和获得感。要以狠抓落实促进改革见效。对相关改革事项，要层层压实责任，明确工作要求、细化分解任务，以“钉钉子”精神推动落实，确保改革举措落地见效。同时，及时发现典型、总结经验，力争全区改革特色、亮点工作得到肯定推介，以更高标准、更实举措，推动全区全面深化改革工作再上新台阶。

（柯　戈）

【深化机构改革动员大会】 2019年3月6日，雨花区深化机构改革动员大会召开，标志着全区机构改革工作全面启动。会议宣读全区机构改革方案，部分涉改单位作表态发言。区委副书记、区长刘素月指出，要提高政治站位，全面铺开改革任务；要做好结合文章，确保工作平稳过渡；要强化责任担当，凝聚机构改革合力，确保高标准、高效率、高质量完成好机构改革各项任务。区委书记张敏强调，要提高政治站位，凝聚广泛共识，以高度的政治自觉抓好全区机构改革；坚持加强党的全面领导，坚持以人民为中心的发展思想，坚持优化协同高效，坚持统筹兼顾、协调联动。要坚持分类指导，统筹协调推进，实现全区机构改革规范有序、上下贯通，精准有力推进区本级党政机构改革，做到抓准关键、环环相扣、盯准节点，有条不紊推进事业单位改革，明确目标导向、保持协调联动、健全配套政策，统筹协调推进其他各项改革，做好人大、政协机构改革、群团组织改革、综合行政执法改革、街道（镇）改革等工作。要压实工作责任，严守纪律规矩，确保全区机构改革各项任务圆满顺利完成。（柯　戈）

【雨花区机构设置】 2019年3月6日，雨花区全面启动全区机构改革工作。3月18日，雨花区发布《雨花区机构改革实施方案》《关于长沙市雨花区区级党政机关机构设置的通知》，雨花区设置党政机构35个，其中区委机构9个，区政府工作部门26个。雨花区建立健全和优化区委对重大工作的领导体制机制，中共长沙市雨花区纪律检查委员会与长沙市雨花区监察委员会合署办公，实行“一套工作机构、两个机关名称”，不再保留区监察局。组建、调优议事协调机构，区委全面深化改革领导小组改为区委全面深化改革委员会，区法治雨花建设工作领导小组改为区委全面依法治区委员会；区委网络安全和信息化领导小组改为区委网络安全和信息化委员会，区委网络安全和信息化委员会办公室加挂区互联网信息办公室牌子；区财经工作领导小组改为区委财经委员会；组建区委外事工作委员会，区委办公室对外使用区政府外事办公室、区政府港澳事务办公室、区委保密委员会办公室（区国家保密局）、区委机要局（区国家密码管理局）名称。区委巡视工作领导小组办公室设在区纪委，作为区委工作机关；组建区委审计委员会，不再保留区领导干部经济责任审计工作领导小组及其办公室；组建区委教育工作领导小组。加强区委职能部门的统一归口协调管理职能，区直属机关工作委员会并入区委办公室，区委办公室加挂区直属机关工作委员会、区档案局牌子，区委办公室对外使用区委台湾工作办公室（区政府台湾事务办公室）名称；区委组织部统一管理区委机构编制委员会办公室、公务员工作，区委老干部局并入区委组织部，区委组织部加挂区委非公有制经济组织和社会组织工作委员会、区委老干部局、区公务员局牌子；区委宣传部统一管理新闻出版、版权工作，加挂新闻出版局（区版权局）、区精神文明建设指导委员会办公室牌子；区委统战部统一管理侨务工作，对外使用区政府侨务办公室名称，组建区民族宗教事务局，作为区政府工作部门，由区委统战部统一领导和管理，不再使用事业建制的区民族宗教和外事侨务局。不再建立区委社会管理综合治理委员会及其办公室、维护稳定工作领导小组及其办公室，有关职责交由区委政法委员会承担；区委防范和处理邪教问题领导小组办公室，加挂区人民政府防范和处理邪教问题办公室职责交由区委政法委员会、市公安局雨花分局承担。优化机构设置和职能配置，重新组建区司法局，区政府办公室不再加挂区政府法制办公室牌子；组建市自然资源和规划局雨花分局，由市自然资源和规划局直接管理，不再保留市国土资源局雨花区分局、市城乡规划局雨花区分局；组建市生态环境局雨花分局，不再保留区环境保护局；组建区农业农村局，对外加挂区林业水利局、区扶贫开发办公室牌子，区农村工作领导小组办公室设在区农业农村局，不再保留区农业林业水利局（区委农村工作办公室）；组建区文化旅游体育局，对外使用区文物局名称，不再保留区文化体育新闻出版局；组建区卫生健康局，不再保留区卫生和计划生育局；组建区退役军人事务局；组建区应急管理局，对外加挂区防汛抗旱指挥部办公室牌子，不再保留区安全生产监督管理局；组建区市场监督管理局，对外加挂区知识产权局牌子，承担区食品安全委员会日常工作，不再保留市工商行政管理局雨花分局、市质量技术监督管理局雨花分局、区食品药品监督管理局，区发展改革局不再加挂区物价局牌子、区科学技术局不再加挂区知识产权局牌子；组建区医疗保障局；组建区工业和信息化局，不再保留区经济和信息化局；组建区住房和城乡建设局，不再保留区城乡建设局，区人民防空办公室与区住房和城乡建设局合署办公，实行一套工作机构、两个机关名称；组建区行政审批局、区城市人居环境局；区商务和旅游局更名为商务局、区城市管理和行政执法局更名为区城市管理和综合执法局；事业建制的区交通运输局调整为区政府工作部门，不再加挂市交通运输行政执法局雨花区分局牌子；区信访局由区委工作机构调整为区政府工作部门；与市委市政府机构基本对应的区人民政府办公室、区发展改革局、区教育局、区财政局、区人力资源和社会保障局、区统计局作为区政府工作部门。雨花区委设置中共长沙市雨花区纪律检查委员会长沙市雨花区监察委员会机关和区委办公室、区委组织部、区委宣传部、区委统一战线工作部、区委政法委、区委全面深化改革委员会办公室（设在区委办公室）、区委全面依法治区委员会办公室（设在区司法局）、区委网络安全和信息化委员会办公室、区委财经委员会办公室（设在区委办公室）、区委外事工作委员会办公室（设在区委办公室）、区委机构编制委员会办公室、区委审计委员会办公室（设在区审计局）、区委教育工作领导小组秘书组（由区教育局承担职责）、区委农村工作领导小组办公室（设在区农业农村局）、区委巡视工作领导小组办公室，计入几个限额的工作机关8个。雨花区人民政府设置区政府办公室、区发展改革局、区教育局、区科学技术局、区工业和信息化局、区民族宗教事务局、区民政局、区人力资源和社会保障、区住房和城乡建设局（人民防空办公室）、区交通运输局、区农业农村局、区商务局、区文化旅游体育局、区卫生健康局、区审计局、区退役军人事务局、区市场监督管理局、区统计局、区城市管理和综合执法局、区行政审批局、区信访局、区医疗保障局、区城市人居环境局26个工作部门。深化区人大机构改革，组建区人大社会建设委员会，作为区人大专门委员会；组建区人大监察和司法委员会，作为区人大专门委员会，区人大法制委员会不再加挂区人大常委会内务司法工作委员会牌子，区人大法制委员会与监察和司法委员会合署办公；组建区人大民族华侨外事委员会。作为区人大专门委员会；组建区人大常委会预算工作委员会，与区人大财政经济委员会合署办公；区人大常委会教育科学文化卫生工作委员会更名为区人大教育科学文化卫生委员会，作为区人大专门委员会；区人大常委会城乡建设环境与资源保护工作委员会更名为区人大环境与资源保护委员会，作为区人大专门委员会；区人大常委会农业农村工作委员会更名为区人大农业与农村委员会，作为区人大专门委员会；区人大常委会办公室加挂区人大常委会信访办公室牌子。区人大设立常委会办公室（信访办公室）、选举任免联络工作委员会，区人大民族华侨外事委员会、监察和司法委员会、财政经济委员会、教育科学文化卫生委员会、环境与资源保护委员会、农业与农村委员会、社会建设委员会。优化区政协专门委员会设置，组建区政协农业农村与人口资源环境委员会，作为区政协专门委员会；组建区政协社会法制与民族宗教委员会，作为区政协专门委员会；区政协群团联络委员会更名为区政协委员学习联络委员会；区政协文化教育卫生体育委员会更名为区政协文教卫体和文史委员会；区政协经济科技委员会更名为区政协经济科技和外事委员会；区政协提案法制委员会更名为区政协提案委员会。区政协设立办公室、委员学习联络委员会、经济科技和外事委员会、农业农村和人口资源环境委员会、文教卫体和文史委员会、社会法制和民族宗教委员会。统筹推进、同步实施事业单位改革，区委党校（区行政学校）改为区委直属正科级公益类事业单位；区接待办公室更名为区接待服务中心，为区委直属正科级公益类事业单位，归口区委办公室管理；区后勤服务中心的行政职能划入区发展和改革局，改为区机关事务中心，为区政府直属正科级公益类事业单位；区征地办行政职能划入区政府办公室，改为区征地服务中心，为区政府直属正科级公益类事业单位；区金融工作办公室行政职能划入区政府办公室，改为区金融事务中心，为区政府直属正科级公益类事业单位；区工务局更名为区公共建筑建设中心，为区政府直属正科级公益类事业单位；区现代服务业发展办公室更名为区现代服务业发展中心，加挂区市场采购贸易服务中心牌子，为区政府直属正科级公益类事业单位；区物业中心（区城建投融资中心）更名为区国有资产事务中心，为区政府直属正科级公益类事业单位；区两型社会建设综合配套改革办公室行政职能划入区发展和改革局，组建区两型社会建设服务中心，为区政府直属正科级公益类事业单位，不再保留区两型社会建设综合配套改革办公室；不再保留区经济和信息化局、事业建制的交通运输局（市交通行政执法局雨花区分局）、区民族宗教和外事侨务局。区史志档案局行政职能划入区委办公室，改为区档案馆，对外加挂区委党史研究室、地方志编纂室牌子，为区委办公室所属正科级公益类事业单位；区群众工作指导办公室更名为区网格化综合服务中心（区群众工作服务中心），为区委办公室所属正科级公益类事业单位。区市政工程管理局行政职能划入区城市管理和综合执法局、区住房和城乡建设局，改为区市政设施维护中心为区城市管理和综合执法局所属正科级公益类事业单位；区园林管理局行政职能划入区城市管理和综合执法局，改为区园林维护中心，为区城市管理和综合执法局所属正科级公益类事业单位；组建区属直机关党员学习教育中心，为区委办公室所属副科级公益类事业单位；区事业单位登记管理局并入区委机构编制委员会办公室；组建区优化营商环境协调事务中心，为区政府办公室所属副科级公益类事业单位；区法学会办公室（区法制教育中心）更名为区法制教育中心（区法学会办公室），为区委政法委员会所属副科级公益类事业单位；区生活无着人员救助管理站行政职能划入区民政局，改为区生活无着人员救助站，为区民政局所属副科级公益类事业单位；区财政国库管理局（区工资统发中心）更名为区国库集中支付中心（区工资统发中心），为区财政局所属副科级公益类事业单位；区非税收入管理局行政职能划入区财政局，不再保留区非税收入管理局；组建区财政服务中心，为区财政局所属副科级公益类事业单位；区劳动就业培训服务中心（区创业指导事务中心）行政职能划入区人力资源和社会保障局，改为区就业服务中心（区创业服务中心），为区人力资源和社会保障局所属副科级公益类事业单位；区社会保险服务中心行政职能划入区人力资源和社会保障局，为人力资源和社会保障局所属副科级公益类事业单位；区住房保障局行政职能划入区住房和城乡建设局，改为区住房保障服务中心，为区住房和城乡建设局所属副科级公益类事业单位；区妇幼保健计划生育服务中心（区妇幼保健所）行政职能划入区卫生健康局，为区卫生健康局所属副科级公益类事业单位；区政务服务中心调整为区行政审批局所属副科级公益类事业单位；区医疗保险服务中心（区新型农村合作医疗管理中心）行政职能划入区医疗保障局，改为区医疗保障事务中心，不再加挂区新型农村合作医疗管理中心牌子，为区医疗保障局所属公益类事业单位。区委、区政府设置直属事业单位9个：区委党校（区行政学校）、区接待服务中心、区机关事务中心、区征地服务中心、区金融事务中心、区公共工程建设中心、区现代服务业发展中心（区市场采购贸易服务中心）、区国有资产事务中心、区两型社会建设服务中心。街道统一设置党政综合办公室、基层党建办公室、城市管理办公室（区域建设办公室）、公共服务办公室（行政审批服务办公室、优化环境服务办公室）、公共安全办公室5个党政机构，综合行政执法队1个执法机构，街道政务服务中心（党群服务中心）、街道网格化综合服务中心两个街道所属事业单位；根据实际，设置街道纪检监察室、财政所、司法所、人力资源和社会保障服务站、社会救助工作站、退役军人服务站等机构。跳马镇设置纪委、党政综合办公室、基层党建办公室、社会事务办公室（卫生健康办公室）、自然资源和生态环境办公室、经济发展办公室（农业农村工作办公室）、公共安全及应急管理办公室、村镇建设服务中心、农业农村服务中心、政务便民服务中心、财政所。

（柯　戈）

精神文明建设

【文明创建】 2019年，雨花区坚持目标不变、工作不松、劲头不减，更加注重创建的常态长效，确保文明创建工作稳中求进。出台《雨花区2019年全国文明城市年度测评工作方案》，成立测评工作指挥部，区委常委会定期研究文明创建工作，区主要领导多次带队督查，现场解决问题，层层压实责任。区文明创建办对照测评体系全面排查问题，下发交办函督促各街镇、职能部门、指挥部工作小组落实整改。文明创建工作制作成视频彩铃运用于全区干部职工手机，提升群众的知晓率，确保文明创建常态长效，促进城市文明程度的提升。推进新时代文明实践中心建设，把文明实践行动作为创新社会管理、改善公共服务的有效平台，着力为群众做好事、办实事、解难事。创办新时代文明实践站示范点，实现一点一品牌一主题。全面推进文明城市、文明村镇、文明社区、文明单位、文明家庭创建“五大创建”工作，广泛挖掘先进人物。开展丰富多彩的文明创建主题活动，推进“文明雨花”建设。检视问题，落实整改，凝心聚力为长沙建设更高水准全国文明城市作出贡献，顺利通过2019年全国文明城市各项指标测评工作。

（柯　戈）

【品质雨花建设】 2019年，雨花区每周通过短信、微信平台向全区干部发送2期文明创建工作动态简讯。将重点工作、重要会议、活动开展、重要媒体上稿等情况定期整理为重要工作报告，向市文明办和区领导书面报告。实施《雨花区文明城市建设以奖代拨经费实施细则》，每季度从活动开展、宣传上稿、品牌打造等方面对各部门单位提供384.4万元经费支持。制作“五福文明礼”H5、排队礼让电子倡议书等产品，制作文明创建手机视频彩铃应用于雨花全体干部手机。拍摄中国好人宣传片，被中国文明网首屏头条和“学习强国”学习平台推介。指导辖区内13个街道（镇）在辖区范围内的电子显示屏、社区宣传橱窗、主要大街、背街小巷、社区楼道广泛开展中非经贸博览会、庆祝中华人民共和国成立70周年、国防教育、征兵、营商环境、智能制造大会、庆祝教师节等重要社会宣传。国检测评申报点位217个，较上年增加61个，区创建办下拨1100万元用于国检，为国检工作提供强有力的经费保障。全体县级领导靠前指挥，所有街镇部门积极履职，群众广泛发动，提质改造微地生鲜农贸市场、树木岭农贸市场、白田小区、职教城周边等重点难点区域。

（张胜娟）

【典型推评】 2019年，雨花区建成雨花区新时代文明实践中心，搭建志愿服务供需对接平台，通过点单、派单、接单、回访、评估五步工作法实现供需对接，并与“开放雨花”APP深度融合实现掌上点单。结合各社区实际，精心打造宣讲理论政策的“追梦人”宣讲团、培育核心价值观的“星星点灯”课堂、弘扬时代奉献精神的“四季歌”驿站、推动未成年人教育的“恰同学少年汇”、倡导移风易俗的“稻花香”新风室、推进志愿服务的“红管家”工作吧六大新时代文明实践站品牌，辐射和带动全区新时代文明实践工作水平提升。推选梁非获得“全国道德模范”提名奖，成功推介“中国好人”1名、“湖南好人”4名、“长沙好人”9名、湖南省“新时代好少年”1名、长沙市“新时代好少年”4名。打造市级家庭教育服务示范站两个，市级乡村学校少年宫1所，重点培育浦沅、井湘两个市级社区志愿服务中心，省人大社区、高铁南站周边2个《长沙市文明行为促进条例》宣传示范点。雨花区新时代文明实践工作经验文章《长沙市雨花区融通需求与供给打通文明实践“最后一公里”》在《精神文明导刊》《湖南宣传》《湖南精神文明建设》《长沙通讯》刊发，雨花区移风易俗经验文章《在“三个强化”中扎实推进移风易俗工作》在《湖南宣传》刊发。圭塘河流域生态文明治理经验被中央电视台《新闻联播》报道，“中国好人”刘国兴、肖卓作的房子被秘密改造的活动被央视财经频道专题报道，好人一条街被中央电视台综合频道晚间新闻报道。

（张胜娟）

【志愿服务活动】 2019年，雨花区建立志愿者招募、注册登记、积分管理、考核激励、退出等工作机制，将11万余名注册志愿者按照移风易俗、政策宣讲、文化服务等14个服务类别进行分类，录入志愿服务供需对接平台，开展志愿服务228次。以每月“排队日”“礼让日”为契机，开展系列排队礼让活动，抓好57个排队礼让示范点建设。与重点行业和场所如高铁南站合作，“和谐号”高铁志愿服务联盟每天安排20名志愿者在长沙南站开展咨询引导、文明劝导、指导购票等志愿服务，实现志愿者引导常态化。雨花非遗馆、市群众艺术馆被

评为2018年长沙市公共文化设施学雷锋志愿服务十大先进站点，雨花群英会被评为2018年全国最佳志愿服务组织。（张胜娟）

【未成年人工作】 2019年，雨花区整合各中小学校、培训机构、社会团体、热心人士、区直部门、驻区单位等有效资源，搭建好未成年人思想道德建设的校外平台，涌现出东澜湾社区未成年人工作先进品牌，东澜湾社区未成年人思想道德建设工作经验被中央文明办第11期未成年人工作简报和《湖南精神文明建设》刊发。完善“家、校、区”互动互联模式，着力强化学校在未成年人思想道德建设工作中的主体和核心作用，畅通家庭和社会两个环节的沟通与交流，未成年人思想道德建设工作成绩显著。在全区149个社区建立社区家庭教育辅导站、社区未成年人心理健康辅导站，新打造2个市级社区家庭教育服务站，构建区、街、社区（学校）三级心理辅导体系，实现未成年人心理健康教育网络化和全覆盖。（张胜娟）

【区文明委全体会议】 2019年7月3日，雨花区文明委全体会议召开，深入学习贯彻习近平总书记关于宣传思想工作和精神文明建设的重要思想，认真落实中央和省、市相关部署要求，进一步推进全区精神文明建设工作。区委书记、区文明委主任张敏强调，全区上下要精心部署，齐心协力把精神文明建设各项工作抓紧抓实，为加快建设“三个雨花”贡献更多力量。要提高政治站位，进一步深化思想认识，紧扣中心大局，结合“两个年”活动，以精神文明建设为抓手，在城市环境改善、群众素养提高、政府办事效率等方面下功夫，不断提升城市文明水平，展示良好区域形象；坚持问题导向，针对存在的问题，采取有力措施，加大整改力度，确保改进和提升引领基层治理，做到站位更高，从建设宜居城市和城市长远发展的角度抓工作，引导群众广泛支持参与，共同弘扬正能量、营造好风尚。要明确目标任务，进一步夯实工作举措，牢牢把握全年工作主线，有机结合庆祝活动与文明创建，通过开展庆祝中华人民共和国成立70周年等群众性活动，集中展示雨花成绩和特色，激发群众热情，引导群众参与；按要求抓好国旗悬挂等工作，着力营造良好氛围；以开展“不忘初心、牢记使命”主题教育为契机，提前谋划、统筹实施，结合主题教育抓实精神文明建设，做到措施实、作风实、效果实。要认真迎接文明创建测评，切实夯实基础、补足短板、抓住重点、浓厚氛围，拿出最好状态、展现最实作风、交出最佳答卷；广泛开展文明创建活动，围绕创建文明城市、文明村镇等全面发力，抓紧抓实道德模范评选表彰、学雷锋志愿服务活动等工作；要着力推进新时代文明实践中心（所、站）建设，在共建共享中提升城市文明程度和市民文明素养。要强化责任担当，进一步凝聚工作合力，层层压实责任，通过履职上肩、主动作为，形成党委统一领导、党政齐抓共管、文明委统筹协调、有关部门各负其责、全社会共同参与的工作机制；改进工作作风，力戒形式主义、官僚主义，抓载体建设和工作创新，推动精神文明建设真正落实见效。要营造浓厚氛围，凝聚各方力量，广泛发动社会组织、公益组织、志愿组织、广大群众积极参与配合，形成全民参与、全民支持良好工作氛围。（张胜娟）

【全国文明城市测评工作动员部署会】 2019年10月29日，雨花区迎接2019年全国文明城市测评工作动员部署会召开。会议出台《雨花区2019年全国文明城市年度测评工作方案》，成立测评工作指挥部，区委常委会定期研究文明创建工作，区主要领导多次带队督查，现场解决问题，层层压实责任。区文明创建办对照测评体系全面排查问题，下发交办函督促各街镇、职能部门、指挥部工作小组落实整改。同时，把文明创建工作制作成视频彩铃运用于全区干部职工手机，提升群众的知晓率，确保文明创建常态长效，促进城市文明程度的提升。区委副书记、区长刘素月主持会议，指出，创建全国文明城市是一场考验干部责任担当和作风能力的攻坚战，要以“志在必得”的决心全力冲刺，以“从严从实”的标准抓好整改，以“舍我其谁”的担当主动履职，要以“军令如山”的要求强化督查，主动担责、迅速行动、严格对标、整改提升，全力以赴抓好工作落实。区委常委、宣传部部长余宏卿部署各项文明创建工作，指出，深入推进文明城市创建工作要做到筹备部署到位、方案细化到位、标准熟悉到位、全面排查到位、整改落实到位、验收把关到位、应急准备到位、应对技巧到位，全方位促进文明城市创建工作提档升级。区委书记张敏强调，做好文明创建工作，要坚定目标，狠抓推进落实，紧扣时间节点，提高紧迫感，迅速集结力量，确保各项工作落实落细；要紧盯短板问题，对发现的问题迅速整改到位；要强化工作统筹，把文明创建工作与“不忘初心、牢记使命”主题教育结合起来，以文明创建的工作成效检验主题教育的实效。要聚焦重点，拿出过硬举措，对标对表，确保每一个项目落实到位；要狠抓集中整治，下沉检查、督促整治；要认真申报材料，各单位负责人对上报的材料把关负责，保证材料真实准确；全面营造氛围，广泛发动社会组织、公益组织、志愿组织、广大群众积极参与配合，凝心聚力形成全民参与、全民支持的良好工作氛围。责任上肩，务求工作成效。全区各级各部门要对照测评工作方案，把任务领回去、把责任扛起来、确保取得务实成效，在全国文明城市测评中取得优异的成绩。（张胜娟）

【区委调研全区文明创建工作】 2019年11月5日，雨花区委书记张敏深入一线，现场督查全区文明创建工作开展情况，要求对照标准、查漏补缺，推动文明创建工作责任上肩、落实到位。相关区领导，部分街道、部门单位负责人参加。张敏考察区公安分局出入境接待大厅；察看育新小学学生教室、心理咨询室、校保安室，了解消防安全、食品安全、卫生环境等情况，并叮嘱学校切实抓好校园安全，检查湖南金源阳光酒店；考察雨花家园社区综合文化服务中心，学雷锋志愿服务站、党员服务中心、社区文体活动中心、政协委员工作室，了解社区综合文化服务中心建设情况，就完善文化基础设施、公益宣传等工作要点交办了完善意见，要求推动社区文明创建工作再上新台阶。张敏强调，要压实领导责任，履行好属地责任、行业责任和主体责任，县级领导要示范带头，带队下沉到各联点街镇开展调度和督查；要抓住抓牢关键重点，各督查组要铁面无私开展督查，抓好问题交办与落实整改；要畅通信息交流，区创建指挥部要进一步畅通问题交办机制和双向信息沟通机制，促进效果提升；做细群众工作，动员群众参与进来，知晓和支持创建，真正通过文明创建工作来让群众的幸福感在家门口升级，让文明行为成为市民自觉。（张胜娟）

主要组织机构及负责人名录

·中共雨花区委员会·

书　记	张　敏
副书记	刘素月（女）
	陈永高
常　委	王清政
	龚　畅
	王维宁（11月免）
	邹春林
	郭四军（挂职）
	余宏卿
	周海毅
	成　钢
	刘端平
	王明玖（11月任）

·雨花区人大常委会·

党组书记、主任	龚景顺
副书记、副主任	谢爱龙
党组成员、副主任	杨　平（女）
	杨仕斌
	李劲松
副主任	叶　松（女，12月免）
	莫志刚（12月任）

·雨花区人民政府·

党组书记、区长	刘素月（女）
副书记、常委副区长	邹春林
党组成员、副区长	黄健元
	陈怀宇
	王明玖（12月免）
	刘江红
	蔡泽敏
	吴平辉（12月任）
副区长	易　静（女）

·政协长沙市雨花区委员会·

党组书记、主席	冯聪龙
副书记、副主席	康长萍（女）
党组成员、副主席	彭可佳
副主席	周凌云（女）
	廖云伟
	罗艳辉（女）
党组成员、秘书长	彭谱诚（3月免）
	钟智宏（3月任）

·雨花区人民武装部·

部　长	刘瑞平
政　委	胡　斌
副部长	温利锋

·中共雨花区纪委、雨花区监察委员会·

区纪委书记、区监委主任	王清政
纪委副书记、监委副主任	谢国富
	许耀明（12月免）
	尹　红（12月任）
区纪委常委	张建平
	谢新德
	李　婷（女）
	何红辉（女，3月任）
区纪委常委、监委委员	王　勇
	傅丹成（女）
区监察委员会委员	宁　毅
	曾爱云
办公室主任	何红辉（3月免）
	赵　铭（3月任）
党风政风监督室主任	陈伯华（3月任）
信访室主任	刘显明（3月免）
	周德平（3月任）
第一纪检监察室主任	宁　璐（3月免）

	乔雪峰（3月任）
第三纪检监察室主任	黄　洪
第四纪检监察室主任	曾伟波（3月免）
	吴志坚（3月任）
第五纪检监察室主任	陈　集
纪检干部监察室主任	张艳君（女）
案件监督管理室主任	李　婷（女，3月免）
	曾伟波（3月任）
案件审理室主任	宁　静（女）
派驻区委办公室纪检监察组组长	胡永谦
派驻区委组织部纪检监察组组长	朱旻芙（女）
派驻区委宣传部纪检监察组组长	黄够多
派驻区委政法委机关纪检监察组组长	段　萍（女）
派驻区政府办公室纪检监察组组长	梨　薇（女）
派驻区发展和改革局纪检监察组组长	廖丽莉（女）
派驻区住房和城乡建设局纪检组组长	陈　超
派驻区财政局纪检监察组组长	郭　勇
派驻区城市管理和综合执法局纪检监察组组长	刘中华
派驻市场监督局纪检监察组组长	蔡建双（3月任）

·长沙雨花经济开发区·

党工委书记	郭四军
副书记、管委会主任	曾红鹰（女）
委员、管委会副主任	李剑刚
	邓　波
委员、工会联合会主席	傅建辉
委员、纪工委书记	姜泽红
委员、纪检监察室主任	李逾之
委员、规划建设局局长	刘　庄（女，2月免）
办公室主任	张　磊
办公室副主任	沈　敏（2月免）
	王　健（2月任）
	谢　曙（2月免）
	杜　江（2月任）
	何健泉
招商合作局局长	余　忠（1月免）
	董玲玲（女，2月任）
招商合作局副局长	刘黎黎（女）
经济发展局局长	宁　丽（女，2月免）
	沈　敏（2月任）
经济发展局副局长	高志勇
	董　卫
	谢文勇（2月免）
规划建设局局长	刘　庄（女，2月免）
	蔡贤俊（4月任）
规划建设局副局长	彭　晖（2月任）
工务局局长	廖昌规（2月免）
	莫　伟（2月任）
工务局副局长	文霄乾（2月免）
社会事务局局长	杜　江（2月免）
	黄红军（2月任）
社会事务局副局长	王　浪（2月免）
	丁恒秋（2月任）
企业党委书记	傅建辉
专职副书记	张蛟龙（3月免）
	戴江南（女，3月任）
纪检监察室副主任	余锡辉

雨花经开开发建设公司

党委书记、董事长	廖昌规（2月任）
副书记、副董事长、总经理	王　坤（2月任）
党委委员、监事会主席	谢　曙（2月任）
党委委员、董事、副总经理	郭兆捷（2月任）
	杭　东（2月任）
董事、副总经理	黄　宇（2月任）
副总经理	汪武静（2月任）

雨花经开创新投资有限公司

党委书记、董事长	刘　庄（女，2月任）
副书记、副董事长、总经理	谢文勇（2月任）
监事会主席	谢　曙（兼）（2月任）
党委委员、纪委书记	李登高（2月任）
董事、副总经理	胡　杨（常务）（2月任）
	杜明鲜（2月任）
	盘　瑶（6月任）
副总经理	吴　磊（2月任）
	洛　杨（2月任）

·长沙火车南站地区综合管理办公室·

党工委书记、主　任	吴平辉
党工委委员、副主任	肖建璋
副主任	夏晓波
党工委委员、纪工委书记	游　伟
社会事务部部长	李朝晖
执法协调部部长	邓文欢
综合管理部部长	黄　磊
综合管理部副部长	范年慧
社会事务部副部长	袁　首（女）
执法协调部副部长	陈建军（3月免）
	刘　旺（3月任）

·区委工作机构·

区委办公室〔区直属机关工作委员会、区档案局、区委台湾工作办公室区（政府台湾事务办公室）〕

主　任	周海毅
常务副主任	周洪灵
副主任	言自平（兼）（3月免）
	黄春艳（兼）（女，3月免）
	杨　平（女，3月免）

夏　杨（3—6月任）
谢冬波（兼）
单东霞（兼）（3月免）
单东霞（3月任）
肖　瑞（6月任）
尹美娜（女，12月任）
主任会议成员　杨　平（女，3月任）
周红雨（女，3月任）
黄利萍（女，6月任）

区直属机关工作委员会

书　记　王　坤（3月免）
周海毅（7月任）
副书记　王　石（女，3月免）
黄文钦（3月免）
纪委书记　刘铁山（3月免）

区接待办公室

主　任　黄春艳（女，3月免）
副主任　杨　莎（女，3月免）

区接待服务中心

主　任　杨　平（女，3月任）
副主任　杨　莎（女，3月任）
何　明（7月任）

区史志档案局

党组书记、局　长　夏　杨（3月免）
副书记、副局长　周红雨（女，3月免）
副局长　尹亿民（3月免）

区档案馆（区委党史研究室、区地方志编纂室）

馆　长　周红雨（女，3月任）
副馆长　尹亿民（3月任）
向　斌（3月任）

区群众工作指导办公室

主　任　曾振环（6月免）
黄利萍（女，6月任）
副主任　喻浩浩
李　茜

区直属机关党员教育服务中心

主　任　黄子彧（女，3月任）

区委全面深化改革委员会办公室

副主任　刘　艺（女）
罗　宇（女）

区委外事工作委员会办公室

主　任　夏　杨（兼）（3—6月任）
肖　瑞（兼）（6月任）

区委政策研究室

主　任　钟　波（3月免）

区委政策研究室（区委财办财经科）

主　任　单东霞（兼）（4月任）
副主任　单东霞（3月免）
专职副主任　刘希颖（7月任）

区委督查室

主　任　谢冬波
副主任　罗　宇（兼）
李　茜（女）（3月任）

区委办信息科（档案工作管理科）

科　长　李　文

区委办行政科

科　长　胡　焱

区委办秘书科

科　长　李　茜（兼）（女）

区委办文电科

科　长　尹兰君

区委机要局

局　长　尹美娜（女，11月免）
副局长　李章博（3月免）
刘　群（专职）（女，12月任）

区委办机要保密科（专用通信科）

科　长　谭　洁

区委办法规室（外事和港澳台事务科）

科　长　丁雨晨（女）

区委组织部（区委非公有制经济组织和社会组织工作委员会、区委老干部局、区公务员局）

部　长　龚　畅
副部长　刘　虎（常务）
喻思旭（女，3月免）
李杏仁（兼）（女）
蒋多利（兼）（女，3月免）
蒋多利（女，3月任）
李　敏（女）
部务会成员　张锡泉（3月免）
徐　安（女，3月免）
肖　瑞（3月免）
胡国强（3月任）
毛玉生（11月任）

区委基层党建工作领导小组办公室

主　任　李　敏（兼）（女）
副主任　李　娜（女，3月免）
彭　帅（7月任）

区委非公有制经济组织和社会组织党建服务中心

书　记　李　敏（女）
副书记　周　扬（女）
方　婷（女，3月免）
彭　帅（3—7月任）
黄金山（兼）
程　缅（兼）
尹江华（兼，3月免）

区绩效考核工作办公室

主　任　喻思旭（女，3月免）
胡国强（3月任）
副主任　徐　安（女，3月免）

李　娜（女，3月任）

区委组织部党员教育中心（区委党员干部现代远程教育中心）

主　任　　肖　瑞（6月免）
　　　　　贺　耀（11月任）

人才队伍建设工作中心

主　任　　贺　耀（11月免）

区委老干部局

局　长　　蒋多利（兼）（女，3月免）
副局长　　徐科华（3月免）
　　　　　李　奕（女，3月免，11月任）
　　　　　王海军（3月免）

区离退休干部党工委

书　记　　蒋多利（兼）（女，3月任）
副书记　　李　奕（女，3—11月任）
区老干部活动中心主任　　李玉琴（女）

区委宣传部〔区新闻出版局（区版权局）、区文明办〕

部　长　　余宏卿
常务副部长　　李绍萍（女）
副部长　　戴江南（兼）（女，3月免）
　　　　　别必雄
　　　　　吕名林（3月任）

区文明办

主　任　　戴江南（女，3月免）
　　　　　吕名林（兼）（3月任）
副主任　　常　晖（3月免）
专职副主任　　钟吉星（12月任）

区新闻中心（区融媒体中心）

主　任　　李鳗芝（女，3月免）
　　　　　吴　潇（3月任）

区文化产业发展办

主　任　　彭　畅（女，7月免）
区文创中心主任　　彭　畅（女，7月任）

区未成年人思想道德建设办公室

主　任　　开　拓（3月免）
　　　　　张达唯（3—7月任）

区未成年人思想道德建设中心

主　任　　张达唯（7月任）

区委统战部

部　长　　成　钢
副部长　　李　芳（常务）（女）
　　　　　程　缅
　　　　　唐荣欢（女，3月任）
区台办主任　　唐荣欢（女，3月免）

区委政法委员会

书　记　　王维宁（11月免）
　　　　　王明玖（11月任）
副书记　　王恩铣（常务）
　　　　　陈大勇
　　　　　潘　武（兼）（3月免）
　　　　　黄建文（7月任）
委　员　　周　晨（3月任）
　　　　　徐国武（3月任）
　　　　　黄建文（3—7月任）
　　　　　李练红（3月任）
防范办主任　　陈大勇（3月免）
防范办副主任　　周　晨（3月免）
综治办主任　　王　强（3月免）
综治办副主任　　徐国武（3月免）
　　　　　李练红（3月免）
维稳办主任　　潘　武（3月免）
维稳办副主任　　黄建文（3月免）

区法制教育中心（区法学会办公室）

主任　　陈石泉（3月任）

区委网络安全和信息化委员会办公室（区互联网信息办公室）

主　任　　易方顿（3月任）
副主任　　常　晖（3月任）
　　　　　廖　莎（女，3月任）

区委机构编制委员会办公室

主　任　　章　波（女）
副主任　　黄　超（3月免）
　　　　　李伟才（3月任）
　　　　　邹希敏（女，3月任）
区事业登记管理局局长　　张俊飞（3月免）
区实名制信息中心主任　　邹希敏（女，3月免）
　　　　　邓　滴（3月任）

区委巡察工作领导小组办公室

主　任　　章志刚
副主任　　张新其
　　　　　彭　芬
第一巡察组组长　　姚正清
第一巡察组副组长　　李健球
第二巡察组组长　　郑迎春（女）
第二巡察组副组长　　刘非平
第三巡察组组长　　赵振平
第三巡察组副组长　　蒲新林

区委党校（区行政学校）

校　长　　陈永高（兼）
常务副校长　　周　敏（女）
副校长　　李富山（3月免）
　　　　　毛玉生（11月免）
　　　　　张兴义
　　　　　龚剑新（兼）
教研室主任　　龚剑新
办公室主任　　邓集林

区信访局

党组书记、局长　　言自平（3月免）
党组成员、副局长　　张贻俊（3月免）
　　　　　张　良（3月免）
党组成员　　黄　乐（3月免）
　　　　　张　奎（3月免）

副局长　宁资国（3月免）
陈　明（3月免）
王　卓（3月免）
陈石泉（挂职）（3月免）

·区人大工作机构·

区人大常委会办公室
党组成员、主任　朱映凯（3月免）
彭劲宇（3月任）
副主任　周　宁
佘宗龙
区人大法制委员会
主　任　刘松山（12月免）
区人大常委会内务司法工作委员会
主　任　刘松山（12月免）
副主任　陈　伟（女，12月免）
区人大监察和司法委员会（区人大法制委员会）
主任委员　刘松山（12月任）
副主任委员　陈　伟（女，12月任）
区人大民族华侨外事委员会
主任委员　赵　灿（12月任）
区人大财政经济工作委员会
主　任　仇　莹（女，12月免）
区人大常委会预算工作委员会
主　任　仇　莹（女，3—12月任）
区人大财政经济委员会（区人大常委会预算工作委员会）
主任委员（主任）　仇　莹（女，12月任）
区人大常委会教育科技文化卫生工作委员会
主　任　邹开其（12月免）
区人大教育科学文化卫生委员会
主任委员　邹开其（12月任）
区人大常委会城乡建设环境保护工作委员会
主　任　刘素娟（女，12月免）
副主任　蒋　平（女，12月免）
区人大环境与资源保护委员会
主任委员　刘素娟（女，12月任）
副主任委员　蒋　平（女，12月任）
区人大常委会农业农村工作委员会
主　任　赵　灿（女，12月免）
区人大农业与农村委员会
主任委员　彭　知（女，12月任）
区人大社会建设委员会
主任委员　黎大强（12月任）
区人大常委会选举任免联络工作委员会
主　任　郭彤莉（女）
副主任　王赞谊（女）

·区政府工作机构·

办公室
主　任　钟　波
党组书记　钟　波（7月任）
副主任　李　文（3月免）
言自平（兼）（3月任）
万　多（3月任）
王铁龙
杨　胜
黄　桦（女）
黄　坚（4月任）
黄　坚（兼）（4月免）
王　卓（5月任）
张业武（9月任）
刘　伟（11月任）
张辉煌（兼）（3月免）
朱江梅（兼）（女，3月免）
彭　灿（女，3月免）
石　华（3月免）
钟　波（4月任）
钟　波（兼）（4月免）
熊　灿（6月免）
区金融办公室主任　李　文（3月免）
区法制办公室主任　朱江梅（女，3月免）
区法制办副主任　周子贤（3月免）
区优化营商环境协调事务中心主任　黄行健（4月任）
区会展办主任　禹　婕（女，4月免）
区会展业发展中心主任　禹　婕（女，4月任）
区电子政务办公室主任　张辉煌（3月免）
电政办副主任　叶　坚（3月免）
电政办总工程师　周观佑（聘）（3月免）
区数据资源中心
主　任　钟　波（4月任）
副主任　李最好（4月任）
总工程师　周观佑（4月任）
区政府研究室（政府办综合科）
专职副主任　黄　坚（4月免）
叶　坚（4月任）
区政府督查室（政府办督察科）
主　任　钟　波（4月免）
杨　龙（4月任）
行政科
科　长　邱　维
秘书科
科　长　罗　央
文电科
科　长　肖　恒
区政府值班室
主　任　谢佳曦

区政府禁毒办公室

常务副主任 王铁龙

副主任 喻英俊

区发展和改革局

党组书记、局长 贺　芳（女）

副书记、副局长 黄　杰

黄　芳（女，3月任）

党组成员 周秋国

副局长 王庭松（3月免）

肖　英（女）

区教育局

党委书记、局长 张新卫

副书记、副局长 李长青（12月免）

许慧芝（女）

委员、副局长 谢述飞

委员、主任督学 朱紫彪（女）

委员 李宏伟

刘翔贵

黄　华（12月任）

副局长 李长青（12月任）

区考试中心主任 周环香（女）

区教育科学研究所（区中小学教师发展中心）

所　长 谭志军

区科学技术局

党组书记、局长 易光明（3月免）

彭谱城（3月任）

副书记、副局长 周德平（3月免）

刘望峰（女，3月任）

党组成员、副局长 黄小元

副局长 李江涛

余　伍（女，3月免）

区经济和信息化局

党委书记、局长 易方顿（3月免）

副书记、副局长 魏　然（3月免）

党委委员 喻向东（3月免）

副局长 吴海平（3月免）

李跃权（3月免）

廖　莎（女，3月免）

区工业和信息化局

党组书记、局长 张辉煌（3月任）

副书记、副局长 魏　然（3月任）

党组成员 喻向东

党组成员、副局长 吴海平（3月任）

副局长 李跃权（3月任）

赵春芳（4月任）

梅响利（12月任）

区民族宗教和外事侨务局

党组书记、副局长 谢　锋（3月免）

副书记、局长 冯　粤（女，3月免）

党组成员、副局长 刘　霞（女，3月免）

区民族宗教事务局

党组书记、局长 冯　粤（女，3月任）

副书记、副局长 谢　锋（3月任）

党组成员、副局长 王海军（3月任）

副局长 周　剑（女，3月任）

李　雄（12月任）

区民政局

党组书记、局长 尹江华（3月免）

易光明（3月任）

副书记、副局长 汤　勇

副局长 余铁光

党组成员、社会救助事务中心主任 赖庆龙

党组成员、副局长 周果平（3月免）

欧阳伟军

区生活无着人员救助管理站站长 李　玲（女，3月免）

区生活无着人员救助站站长 李　玲（女，3月任）

区政府督办员 李应强

区司法局

党组书记、局长 梁云伟（3月免）

党组副书记、局长 梁云伟（3月任）

党组书记 朱江梅（女，3月任）

副书记、副局长 杨　涟（女）

李　博（11月任）

党组成员、副局长 吴振明（3月免）

副局长 姚万军（3月免）

周子贤（3月任）

党组成员 黄　滔

贺立云

胡东晖

区财政局

党组书记、局长 周　宏

副书记、副局长 喻小健

党组成员、副局长 张孟晗

方金莲（女，3月免）

党组成员 陈　清（女）

文艺明

刘勇志（3月免）

副局长 张　柱

党组成员、总会计师 史　良（4月任）

经开区财政分局

局长 陈　清（女）

副局长 曾伟平

区非税收入管理局局长 游　斌（4月免）

区财政事务中心主任 游　斌（4月任）

区财政评审中心主任 黄　华（4月免）

区国库集中支付管理局局长 刘勇志（3月免）

区国库集中支付中心（工资统发中心）主任

周海林（4月任）

区财政监督管理局局长　傅　嵘（4月免）

区人力资源和社会保障局

党组书记、局长　李杏仁（女）
副书记、副局长　李金国（3月免）
党组成员、副局长　颜怀亮
周　亮（女）
方　婷（女，3月任）
党组成员　彭　彬（女，3月免）
副局长　李小冬
党组成员、社保中心主任　肖跃武（3月免）
区劳动就业培训服务中心主任　刘　宏（4月免）
区就业服务中心（区创业服务中心）主任
刘　宏（4月任）
区社会保险服务中心主任　王微艳（女，4月任）

区城乡建设局

党委书记、局长　张学军（3月免）
副书记、副局长　吴军红（3月免）
党委委员、副局长　黎顺利（女，3月免）
党委委员、总工程师　孔建军（3月免）
党委委员　罗　能（3月免）
罗明军（3月免）
副局长　李　勇（3月免）
区建筑工程质量安全监督站站长　湛　滨（3月免）
区城乡建设执法监察大队大队长　严　磊（3月免）
区物业维修资金管理中心主任　王　冰（女，3月免）

区人民防空办公室

党组书记、主任　彭劲宇（3月免）
副书记、副主任　周小英（女，3月免）
黄国富（3月免）

区住房保障局

党委书记、副局长　李伟才（3月免）
局长　莫志刚（3月免）
副局长　何　军（3月免）
付光雄（3月免）
刘真logue（女，3月免）
党委委员　赵文武（3月免）

区住房和城乡建设局（区人民防空办公室）

党组书记、局长（主任）　张学军（3月任）
副书记、副局长　周小英（女，3月任）
黄国富（3月任）
党组成员、总工程师　孔建军（3月任）
党组成员、副局长　付光雄（3月任）
何　军（3月任）
刘真logue（女，3月任）
党组成员　罗　能（3月任）
赵文武（3月任）
罗明军（3月任）
副局长　余　伍（女，3月任）
李　勇（3月任）
区建筑工程质量安全监督站站长　湛　滨（3月任）
区城乡建设执法监察大队大队长　胡　波（3月任）
区物业维修资金管理中心主任　王　冰（女，3月任）
区住房保障服务中心主任　刘　霞（女，3月任）

区交通运输局

党组书记、局长　赵正坤（3月任）
党组书记、副局长　陈春华（女，3月免）
副书记、局长　赵正坤（3月免）
副书记、副局长　陈春华（女，3月任）
党组成员、副局长　谭　波（女）
赵　迪
副局长　许用方（女）
杨国辉

区农业林业水利局（区委农村工作办公室）

局长　陈伟奇（3月免）
党组书记、副局长　陈　智（3月免）
党组成员、副局长　周　文（女，3月免）
石　浩（3月免）
伍　勇（3月免）
戴　阳（3月免）
党组成员、总工程师　刘　群（女）（3月免）
副局长　向荣立（3月免）

区农业农村局（区林业水利局、区扶贫开发办公室）

党组书记、副局长　陈　智（3月任）
局长　陈伟奇（3月任）
党组成员、副局长　刘　娟（女，3月任）
石　浩（3月任）
伍　勇（3月任）
党组成员、总工程师　刘　群（女，3—12月任）
谢志强（12月任）
副局长　向荣立（3月任）
戴　阳（3月任）
区动物卫生监督所（区动物疫病预防控制中心、跳马镇动物防疫站）
所长　王光辉
区跳马电排站（区圭塘河生态引水调度运行中心）
站长　马　宁

区商务和旅游局

党组书记、局长　舒　畅（女，3月免）
副书记、副局长　李泽友（3月免）
党组成员、副局长　周　彬（3月免）
陈　敏（女，3月免）
副局长　胡　凯（3月免）
宁　丽（女，3月免）
易　蓓（挂职）（3月免）
李　奕（3月免）
唐妙玲（挂职）（女，3月免）

区商务局

党组书记、局长　黄春艳（女，3月任）
副书记、副局长　李泽友（3月任）
党组成员、副局长　陈　敏（女，3月任）

副局长	胡　凯（3月任）
	唐妙玲（挂职）（女，3月任）
	骆　毅（借调）（7—10月任）
	骆　毅（11月任）

区文化体育新闻出版局

局长	王　琳（女，3月免）
党组书记、副局长	程　献（3月免）
副书记、副局长	刘望峰（女，3月免）
党组成员、副局长	邓　波（3月免）
党组成员	陈　珊（女，3月免）

区文化旅游体育局

局长	王　琳（女，3月任）
党组书记、副局长	程　献（3月任）
副书记、副局长	黄　超（3月任）
党组成员、副局长	陈　珊（女，3月任）
	邓　波（3月任）

区文化市场综合执法局

局长	邓　波（兼）（5月免）
	曾振环（5月任）
副局长	李景明（女）
	李士杰
区图书馆馆长	汤海清
区文化馆主任	唐天明

区卫生和计划生育局

党委书记、局长	周宏伟（女，3月免）
副书记、副局长	龚文波（3月免）
副局长	陈云清（3月免）
	武振刚（3月免）
	李春云（女，3月免）
	罗　宁（女，3月免）
	陈泽香（3月免）
	张丽娜（女，3月免）
	陈　军（兼）（3月免）
	陈　谨（兼）（3月免）

区卫生健康局

党组书记、局长	周宏伟（女，3月任）
副书记、副局长	龚文波（3—4月任）
党组成员、副局长	陈云清（3月任）
	武振刚（3月任）
	李春云（女，3—12月任）
	罗　宁（女，3月任）
	陈泽香（3月任）
	张丽娜（女，3月任）
副局长	陈　军（兼）（3月任）
	陈　谨（兼）（3月任）

区疾病和预防控制中心

主任	周建湘
书记	李中华（女，3月免）
	周建湘（7月任）
副主任	何　韬
	黄　芬
	范文广

区卫生计生综合监督执法局

支部书记	陈琳波（女）
局长	黎雪军

区妇幼保健计划生育服务中心（妇幼保健所）

支部书记 所长	尹　平（9月免）
	肖　卫（9月任）
副所长	张　玲（女，2月免）
	刘建伟（女）
	陈　霞（女）

区计生协会

专职副会长	尹　平（女）
秘书长	李丽萍（女）

区审计局

党组书记、局长	罗春晖（3月免）
	舒　畅（女，3月任）
副书记、副局长	吴海林
副局长	杨胜艳（女）
党组成员、副局长	周　群（女，3月免）
	刘勇志（3月任）
政府投资审计中心主任	蔡　栋（3月免）
	张倍源（3月任）

区退役军人事务局

筹备组组长	潘　武（3月免）
筹备组副组长	王　卓（3月免）
	周果平（3月免）
党组书记、局长	潘　武（3月任）
党组成员、副局长	周果平
	王　卓（3—5月任）
	彭　彬（女，3月任）
	邱　明（3月任）
区退役军人服务中心主任	李　田（5月任）

区安全生产监督管理局（安全生产委员会办公室）

党组书记、局长	刘　归（3月免）
副书记、副局长	王映东（3月免）
党组成员、副局长	周克难（3月免）
	刘　伟（3月免）
	杨绍炎（3月免）
	杨飞宇（女，3月免）
	喻海奎（3月免）
党组成员	刘建新（3月免）
副局长	杨自强（3月免）
	刘志伟（3月免）

区应急管理局（区防汛抗旱指挥部办公室、开发区（园区）应急管理局）

党组副书记、局长	刘　归（3月任）
党组书记	杨　忠（3月任）
副书记、副局长	陈乾坤（3月任）
党组成员、副局长	喻海奎（3月任）

	杨飞宇（兼）（女，3月任）
	开　拓（3月任）
党组成员	刘建新（3月任）
副局长	杨自强（3月任）
	刘志伟（3月任）
	周永浩（3月任）

区食品药品监督管理局（区食品安全管理办公室）

党组书记、局长	韩　哲（3月免）
副书记、副局长	王　强（3月免）
党组成员	张海清（3月免）
	陈晓东（3月免）
党组成员、副局长	宋　明（3月免）
	王　强（3月任）
	邱晓峰（3月免）
	李海舟（3月免）
副局长	李志忠（3月免）
	魏学峰（3月免）
副主任	吴伟民（3月免）
党组成员、稽查大队大队长	肖佐邦（3月免）

长沙市质量技术监督局雨花分局

局长	杨　忠（3月免）
副局长	汤正国（3月免）
	吴　冕（3月免）

长沙市工商行政管理局雨花分局

党委书记、局长	王金山（3月免）
副书记、副局长	蒋苏阳（3月免）
委员、副局长	周雄伟（3月免）
	李小群（3月免）
	胡逐波（3月免）
委员、纪检书记	蔡建双（3月免）

区市场监督管理局（区知识产权局）

党组副书记、局长	王金山（3月任）
党组书记	韩　哲（3月任）
副书记、副局长	王　强（3月任）
党组成员、副局长	周雄伟（3月任）
	李海舟（3月任）
	李小群（3月任）
	蔡建双（3月任）
	胡逐波（3月任）
	宋　明（3月任）
	周舞云（女，3月任）
	邱晓峰（3月任）
副局长	吴　冕（3月任）
	汤正国（3月任）
	李志忠（3月任）
	吴伟民（3月任）
	魏学峰（3月任）
党组成员	张海清（3月任）
	陈晓东（3月任）
区食品药品稽查大队大队长	沈　静（女，3月任）

区统计局

党组书记、局长	刘　波（女）
党组成员 副局长	钱永刚
	韩彬彬（女）
副局长	朱　慧（女）
党组成员	吕　伟（3月免）
区普查中心主任	吕　伟（3月免）
	程钰超（3月任）

区城市管理和行政执法局

党委书记、局长	石远康（3月免）
副书记 副局长	张　勇（3月免）
副书记	喻鹏飞（兼）（3月免）
委员、副局长	易恒良（3月免）
党委委员	刘新辉（兼）（3月免）
	陶静湘（兼）（3月免）
	刘鹏飞（兼）（4月免）
	李　勇（兼）（3月免）
副局长	周祖辉（3月免）
	李　浬（3月免）
	赵红专（3月免）

区城市管理和综合执法局

党组书记、局长	石远康（3月任）
副书记 副局长	张　勇（3月任）
副书记	喻鹏飞（兼）（3月任）
党组成员、副局长	易恒良（3月任）
副局长	周祖辉（3月任）
	李　浬（3月任）
	赵红专（3月任）
	刘　勇（3月任）

区城管执法大队

党委书记、大队长	石远康
委员、教导员	喻鹏飞
委员、常务副大队长	周新元
委员、副大队长	季正章（3月免）
	夏勇文
	姜胜才
委员（兼）、副大队长	徐　浪
党委委员	陶建华
	张　靖（女）
	冀治宇

区市容环境卫生管理局

党委书记、副局长	刘新辉（3月免）
副书记、局长	黎大强（3月免）
党委委员、副局长	陈　锐（3月免）
副局长	罗志德（3月免）
	高稳固（3月免）
	郑　谨（3月免）

区市容环境卫生维护中心

主任	石　华（3月任）
党委书记	刘　伟（3—11月任）

石　华（11月任）
委员、副主任　陈　锐（3—11月任）
副主任　罗志德（3月任）
肖佐邦（3月任）
郑　谨（3月任）

区市政工程管理局

党委书记、副局长　罗龙忠（3月免）
副书记、局长　陶静湘（3月免）
副局长　孙三林（3月免）
宋兴武（3月免）
周清香（女）（3月免）
王志爱（3月免）
骆　毅（3月免）

区市政设施维护中心

党委书记、副主任　罗龙忠（3月任）
委员、副主任　孙三林（3月任）
宋兴武（3月任）
王志爱（3月任）
副主任　周清香（女，3月任）
骆　毅（3—6月任）
林　畅（女，9月任）

区园林管理局

党委书记、副局长　刘鹏飞（4月免）
副书记、局长　李　勇（4月免）
副局长　杜令德（4月免）
唐术江（4月免）
杨　志（4月免）
于新鑫（4月免）

区园林绿化维护中心

党委书记、副主任　刘鹏飞（4—11月任）
副书记、主任　李　勇（4—11月任）
党委书记、主任　李　勇（11月任）
副书记、副主任　刘鹏飞（11月任）
委员、副主任　杜令德（4月任）
副主任　唐术江（4月任）
杨　志（4月任）
伍金国（4月任）

桂花公园管理处

党支部书记、管理处主任　曹锟宇
党支部委员、副主任　徐小青（女）
何　明（月免）
马　芳（女，月任）
党支部委员、纪检员　彭　超

沙湾公园管理处

党支部书记　周　伟（11月免）
副书记、主任　许　军（11月免）
党支部书记、主任　许　军（11月任）
副书记　周　伟（11月任）
副主任　彭晓林
涂安娜

陈　珊（3月任）

区政务服务中心

党组书记、主任　李建华（3月免）
副书记、副主任　吴敌之（3月免）
易　强（3月免）
副主任　袁鸿斌（3月免）

区行政审批服务局

党组书记、局长　朱映凯（3月任）
副书记、副局长　陈　琳（女，3月任）
党组成员、副局长　袁鸿斌（3月任）
区政务中心主任　贺丽琴（女，3月任）

区信访局

党组书记、局长　言自平（3月任）
副书记、副局长　黄　乐（3月任）
党组成员、副局长　张贻俊（3月任）
党组成员　张　奎（3月任）
副局长　宁资国（3月任）
陈　明（3月任）
陈志刚（3月任）
周晓辉（3月任）

区医疗保障局

党组书记、局长　彭　灿（女，3月任）
副书记、副局长　李金国（3月任）
党组成员、副局长　肖跃武（3月任）

区城市人居环境局

党组书记、局长　尹江华（3月任）
副书记、副局长　陶静湘（3月任）
党组成员、副局长　张锡泉（3月任）
副局长　蒋勇壮（3月任）

区机关后勤服务中心

党组书记、副主任　周佳祥（3月免）
副书记、主任　陈伯华（3月免）
党组成员、副主任　钟小平（3月免）
李普得（3月免）
王玉文（3月免）
李朝晖（女，3月免）
政府督办员　邱小定（3月免）

区机关事务中心

党组书记、副主任　周佳祥（3—12月任）
副书记、主任　周智婷（3—12月任）
党组书记、主任　周智婷（12月任）
副书记、副主任　周佳祥（12月任）
党组成员、副主任　钟小平（3月任）
李普得（3月任）
王玉文（3月任）
李朝晖（女，3—7月任）
党组成员　何　芳（女，7月任）
副主任　李朝晖（女，7—9月任）
何　芳（女，9月任）
政府督办员　邱小定（3月任）

区征地办公室
党组书记、副主任　彭聪颖（女，3月免）
主任　吴海军（3月免）
党组成员　彭　文（3月免）
副主任　柏珍柱（3月免）
蒋福山（3月免）
黄子洋（挂职）（女，3月免）

区征地服务中心
党组书记、副主任　彭聪颖（女，3月任）
主任　吴海军（3月任）
党组成员　彭　文（3月任）
副主任　柏珍柱（3月任）
彭炬勋（3月任）
黄子洋（挂职）（女，3月任）

区棚户区改造工作办公室
主任　黄红军（2月免）
副主任　胡　杨（2月免）
黄子彧（挂职）（女，3月免）
张　康（3月免）

区金融办公室
主任　李　文（3月免）
副主任　林　畅（3月免）
曾宪锋（3月免）
罗　琳（女，3月免）

区金融商务中心
党组书记、主任　李　文（3月任）
副主任　林　畅（女，3—9月任）
曾宪锋（3月任）
罗　琳（女，3月任）
李朝晖（女，9月任）

区工务局
党组副书记、局长　黄练文（3月免）
党组书记、副局长　李　博（3月免）
副局长　李清红（女，3月免）
邓　卓（3月免）
张达唯（挂职）(3月免)
党组成员、副局长　胡祥松（3月免）
涂柏林（女，3月免）
黄姿子（女，3—4月任）
党组成员　邓　卓（3月免）
总会计师　缪卉芬（女，3月免）
总工程师　资　伟（3月免）

区公共工程建设中心
党组副书记、主任　黄练文（3月任）
党组书记、副主任　李　博（3—11月任）
党组书记、主任　黄练文（11月任）
副主任　李清红（女，3月任）
党组成员、副主任　邓　卓（3月任）
涂柏林（女，3—11月任）
黄姿子（女，3月任）
总会计师　缪卉芬（女，3月任）
总工程师　资　伟（3月任）

区现代服务业发展办公室
主　任　万　多（3月免）
副主任　谢建姣（女，3月免）

区现代服务业发展中心（区市场采购贸易服务中心）
党组书记、主任　周　彬（3月任）
副主任　谢建姣（女，3月任）
陈志龙（3月任）

区物业管理中心（雨花城市建设投资集团有限公司）
党组副书记、主任、董事长　董正军（1月免）
副主任、总经理　刘双果（3月免）
副主任、副总经理　邓　友（女，3月免）
彭　晖（2月免）
罗红星（3月免）
马　晖（女，3月免）
纪检组组长　李俊龙（3月免）

区国有资产事务中心
党组书记、主任　邹　鹏（3月任）
党组成员、副主任　李俊龙（3月任）
罗红星（3月任）
副主任　王　琪（女，9月任）

区两型社会建设综合配套改革办公室
主任　杨万敏（4月免）
副主任　龚　错（4月免）

区两型社会建设服务中心
主任　杨万敏（4月任）
党组书记　杨万敏（7月任）
副主任　龚　错（4月任）
杨　旦（女，3月任）

长沙雨花现代电子商务物流管委会
党工委书记　李国庆（1月免）
董正军（1月任）
副书记、主任　黄　超（1月免）
余　忠（1月任）
委员、副主任　方明星（1月免）
肖建国
副主任　张　康（3月任）

区城市房屋征收和补偿办公室
党组书记、主任　张希林
党组成员、副主任　钟吉星（11月免）
副主任　刘　琨（女）
陈　泽（11月任）

·政协工作机构·

办公室主任　彭谱诚（3月免）
钟智宏（3月任）
办公室副主任　侯　莉（女）
委员学习联络委员会主任　汤艳辉（女）

委员学习联络委员会副主任　聂庆媛（女）
提案委员会主任　邓运娥（女）
提案委员会副主任　李晓梅（女）
经济科技和外事委员会主任　袁　林
农业农村和人口资源环境委委员会主任　谢国文
文教卫体和文史委员会主任　谢淑贞（女）
社会法制和民族宗教委员会主任　莫志刚（4月任）

·长沙市雨花区人民法院·

党组书记、院长　凌　云
副书记、副院长　彭智勇
副院长　梁　平
党组成员、副院长　宋月清（女）
肖述华
党组成员　钟红梅（女）
党组成员、执行局局长　黄　淼
党组成员、跳马法庭庭长　聂志强
党组成员 、政治部主任　赵红霞（挂职）（女）
审判委员会专职委员　蒋忠良
张朝晖

·长沙市雨花区检察院·

党组书记、检察长　马贤兴
副书记、副检察长　吴正文
党组成员、副检察长　李　勇
曾永清
副检察长　张明秀（女）
党组成员　杨　东
党组成员、专职委员　姜　农

·群团组织·

区总工会
主席　杨　平（女）
党组书记、常务副主席　李　悦（女）
党组成员、副主席　谭洪波
刘　伟
副主席　杨金花（兼）（女）
党组成员　郭绍炎

区妇女联合会
主席　周智婷（女，3月免）
喻思旭（女，3月任）
副主席　刘　娣（女）
龚　政（挂职）（女，12月任）

共青团雨花区委员会
书记　余静雯（女）
副书记　钟之兴
傅　利（挂职）
吴希欣（兼）（女）
徐　卓（兼）
彭　泽（兼）

工商业联合会（总商会）
主席（会长）　叶　松（女）
党组书记、副主席（副会长）　程　缅
副主席（副会长）　戴　鹰（女）

区残疾人联合会
理事长　张福新
副理事长　肖曙光
蒙正国

区归侨侨眷联合会
主席　邹　霞（女）
副主席　唐　平（女）

区科学技术协会
主　席　彭　知（女，3月免）
刘新辉（3月任）
副主席　彭飞龙
翔　贵（兼）

区红十字会
常务副会长　陈　军

·垂直管理单位·

长沙市公安局雨花分局
党委书记、局长、督察长　黄健元
副书记、政委　杜　剑
副书记、副局长　师建伟
党委委员、副局长　全志勋
祝新喜
成劲林
何建文
陈昌和
周　巍
李振宇
委员、副政委、纪委书记　范　竹

长沙市国土资源局雨花分局
党组书记、副局长　文新平（7月免）
副书记、局长　朱　光（7月免）
副书记、副局长　杨凌云（7月免）
党组成员、副局长 执法大队队长　张立强（7月免）
党组成员、副局长　汤　菁（女，7月免）
党组成员、纪检组长　邓　勇（7月免）

长沙市城乡规划局雨花区分局
局长　李定平（7月免）
支部书记　全学文（7月免）
副局长　孔　昶（7月免）
执法大队大队长　刘朝晖（7月免）
执法大队副大队长　陆　君（女，7月免）

长沙市自然资源和规划局国土资源局雨花区分局

党组书记、局长　朱　光（7月任）
副书记、副局长　贺念虎（7月任）
党组成员、副局长　文新平（7月任）
张立强（7月任）
全学文（7月任）
杨凌云（7月任）
汤　菁（女，7月任）
邓　勇（7月任）
孔　昶（7月任）

区环境保护局

党组书记、局长　钟智宏（3月免）
副书记、副局长　蒋朝东（3月免）
党组成员、副局长　刘佩良（3月免）
王　强（3月免）
周吉成（3月免）
党组成员　邓光明（3月免）
副局长　邹志军（3月免）

长沙市生态环境局雨花分局

党组书记、局长　陈　昊（3月任）
副书记、副局长　蒋朝东（3月任）
党组成员、副局长　刘佩良（3月任）
王　强（3月任）
党组成员　邓光明（3月任）
副局长　周吉成（3月任）
邹志军（3月任）

国家税务总局长沙市雨花区税务局

党委书记、局长　周　兵
党委副书记、副局长　吕雅君
李文虎
党委委员、副局长　邓　明
张左文
张　靖
周　歌（女）
冯　斌
邓曙光
彭　欣（女）
饶玉华
党委委员、纪检组长　董　谦（女）
工会主席　郝　玲（女）

国家统计局雨花调查队

队长　廖晓明
副队长　吕　伟（2月任）
纪检员　张海亚（2月任）

区消防救援大队

党委书记、教导员　高　涛
副书记、大队长　刘立宪
教导员　李　乐
副大队长　李　林
彭星顺
李　卫
李拓宇

区交警大队

大队长　陶里新

长沙农商银行雨花支行

总支书记、行长　张　锴
委员、副行长　邓志刚
委员、协理员　张中豪

·民主党派·

民革雨花区工委

主　委　陈　泽

民盟雨花区工委

主　委　叶　松（女）

民建雨花区工委

主　委　莫志刚

民进雨花区工委

主　委　夏晓波

农工党雨花区工委

主　委　罗发明

致公党雨花区工委

主　委　易　静（女）

九三学社雨花工委

主　委　吴海军

·镇、街道·

跳马镇

党委书记　谭爱兵
副书记、镇长　刘志平
副书记　张四平（女，1月任）
黄杰刚（1月免）
张业武（挂职）（7月免）
曾　理（兼）
党委委员、人大主席团主席　陈　萍（女，1月免）
黄杰刚（1月任）
党委委员、政协联络处主任、副镇长　林中胜
党委委员、纪委书记　乔雪峰（3月免）
黄文钦（3月任）
党委委员、副镇长　张四平（女，1月免）
党委委员　张新良（3月任）
党委委员、组宣委员　文霄乾（11月免）
殷　昊（11月任）
副镇长　张新良
李　娜（女，1月任）
殷　昊（11月免）
严　磊（提名）（11月任）
人大主席团副主席　李　奕

武装部部长　殷　浩（11月任）

雨花亭街道

工委书记　张杰军
副书记、办事处主任　王广安
副书记、人大工委主任　杨　丹（3月免）
工委委员、人大工委主任　杨　丹（3月任）
副书记　韦育华（女，3月任）
　肖　朗（兼）
工委委员、政协联络处负责人　鲁伏华（3—11月任）
　陈　锐（12月任）
工委委员、纪工委书记　刘　娟（女，3月免）
　宁　璐（3月任）
工委委员、组织委员　韦育华（女，3月免）
工委委员、组宣委员　周　智（5月任）
工委委员　彭　伟
　李　娜（兼）（女，1月免）
　陈　锐（11月任）
办事处副主任　鲁伏华（3月免）
　曹永忠
　刘贤兵
　蒋福山（3月任）
人大工委副主任　周　智（5月免）
武装部部长　鲁伏华（3—11月任）
　陈　锐（11月任）

高桥街道

工委书记　向　星（女）
副书记、办事处主任　罗　闽
副书记、人大工委主任　刘曙林
副书记、纪工委书记　陈燕武（5月免）
工委委员、纪工委书记　邹建姣（女，5月任）
副书记　彭　飞（兼）
工委委员、副主任、政协联络处负责人　肖上峰
工委委员、副主任　杨远高
　李铁新
工委委员、组宣委员　黄　河（5月任）
办事处副主任　周　剑（女，3月免）
　何伟华
　黄　河（6月免）
　彭益波（4月任）
人大工委副主任　黄　庆（女）
武装部部长　杨远高

左家塘街道

工委书记　周建雄
副书记、办事处主任　聂文涛
副书记、政协联络处主任　常　曙
副书记　徐建文
　高文武（兼）（1月免）
　田海浪（兼）（1月任）
工委委员、人大工委主任　莫正文
工委委员、纪工委书记　王　炯
工委委员、组宣委员　苏继纯
工委委员、办事处副主任　李德祥
　余勇峰
办事处副主任　李文昭
人大工委副主任　陈丹丹（女，12月免）
　王　宇（女，12月任）
武装部部长　徐建文

侯家塘街道

工委书记　王青春
副书记、办事处主任　刘助斌
副书记、政协联络处主任　陈　勇
工委委员、人大工委主任　喻伯正
副书记、纪工委书记　李　勇
副书记　喻运科（3月免）
　杨　勇（3月任）
工委委员　杨建立
工委委员、办事处副主任　孙　雷
　于新鑫（3月任）
工委委员、组织委员　田　莺（女）
办事处副主任　陈志刚（4月免）
　沈　静（挂职）（女，3月免）
人大工委副主任　刘　炯（女，12月免）
　周湘玉（女，12月任）

砂子塘街道

工委书记　刘燕妮（女）
副书记、办事处主任　苏　波
副书记　徐　安（女，3月任）
　彭　冰（兼）
　杨大有（兼）（2月任）
　董玲玲（女，2月任）
工委委员、人大工委主任　朱海波
工委委员、副主任　丁志勇
工委委员、政协联络处主任　石　斌（3月免）
工委委员、副主任、政协联络负责人　鲁伏华（11月任）
工委委员、纪工委书记　吴志坚（3月免）
　李章博（3—12月任）
工委委员、组宣委员　丁志勇
工委委员　谢志强（3月任）
办事处副主任　谭　琰
　井　璟
　谢志强（9月任）
　陈　伟（6月任）
人大工委副主任　陈　伟（6月免）
　李杏红（女，6月任）

东塘街道

工委书记　黄　金（女）
副书记、办事处主任　胡　开
工委委员、人大工委主任　黄利萍（女）
　熊　灿（6月任）

工委委员、政协联络处主任 宁世平
副书记 张　卫（兼）
工委委员、纪工委书记 邹建娇（女，5月免）
陈燕武（5月任）
工委委员 王　况
刘伟峰（3月任）
工委委员、组宣委员 匡喜乐（女，6月任）
办事处副主任 刘伟峰
寻伟阳
匡喜乐（女，6月免）
陈建军（11月任）
邹　祎（3月任）
人大工委副主任 黄金山（女，3月免）
陈建军（3—11月任）
涂柏林（女，11日任）

圭塘街道

工委书记 肖向东
副书记、办事处主任 刘明生
副书记 张　良（3月任）
工委委员、人大工委主任 黄　蔚
副书记、政协联络处主任、武装部长 昌名林（3月免）
工委委员、纪工委书记 李应飞（3月免）
杨　柳（女，3月任）
工委委员　办事处副主任 罗飞跃
工委委员、组宣委员 彭　可
办事处副主任 陈　泽
杨　勇（3月免）
贺丽琴（女，3月免）
李　盛（3月任）
黄金山（女，3月任）
人大工委副主任 朱红梅（女）

黎托街道

工委书记 王润虎
副书记、办事处主任 段灿军
副书记 孙俊宗（7月任）
副书记、人大工委主任 胡国强（3月免）
工委委员、人大工委主任 刘泳麟（3月任）
工委委员、办事处副主任 张光祥
张俊飞（3月任）
工委委员、办事处副主任、政协联络工作负责人
邹　鹏（3月免）
兰川烨（3月任）
副书记、纪工委书记 彭　芬（女）
工委委员、纪工委书记 袁师泽（6月任）
副书记 李建军（兼）
工委委员、组宣委员 陈　朔（7月免）
王庭松（7月任）
工委委员 谈奕麟（5月任）
办事处副主任 邹轶亮
史　良（4月免）
王　磊
黄　宇（挂职，2月免）
张文斌（挂职）
人大工委副主任 兰川烨（3月免）
王庭松（4月任）

洞井街道

工委书记 张小军
副书记、办事处主任 宋　电
副书记、人大工委主任 文健雄
副书记、武装部长 王金柱
副书记 石永强（兼）
工委委员、办事处副主任、政协联络处负责人 万建军
工委委员、纪工委书记 杨　文
工委委员 张　琳（兼）
肖　骞（挂职）（3月免）
工委委员、组织委员 王　杨（女）
办事处副主任 周永浩（3月免）
孙军涛
张　莹
张　睿
黄　桦（女）
张　科（挂职）
王徽艳（挂职）（女，4月免）
肖　骞（3月任）
人大工委副主任 周凭姿（女）

井湾子街道

工委书记 龙峥嵘
副书记、办事处主任 陈建良
工委委员、人大工委主任 陈　昊（3月免）
工委委员、宣传委员、人大工委主任 李应飞（3月任）
副书记、政协联络处主任 李　卫
副书记、纪工委书记 陈　琳（女，3月免）
刘舜乾（3月任）
副书记 罗　跃（兼）
王曙光（兼）
曾　频（女，3月任）
工委委员、组宣委员 曾　频（女，3月免）
许文智（3月任）
工委委员 胡　刚（挂职）（3月任）
工委委员、办事处副主任 许文智（5月免）
办事处副主任 杨铁辉
刘舜乾（3月免）
黄　芳（女，3月免）
高稳固（3月任）
胡祥松（3月任）
人大工委副主任 黄赤松

同升街道

工委书记 刘昌军
副书记、办事处主任 邓　星

副书记、人大工委主任	曹旭鑫
副书记、政协联络处主任、武装部部长	陈　明
副书记、纪工委书记	王红艳（女）
副书记	陈乾坤（3月免）
	刘革新（3月任）
工委委员、组织委员	刘革新（3月免）
	刘小龙（5月任）
工委委员、办事处副主任	侯　宇
	雷灵军
工委委员	王东山（兼）
办事处副主任	刘小龙（5月免）
	师　俊（挂职）
	曾　涛（4月任）
人大工委副主任	王　宇（女，11月免）
	彭　特（12月任）

东山街道

工委书记	杨钦涵（12月免）
副书记、办事处主任	周少敏
副书记	刘泳麟（3月免）
	陈　朔（7月任）
工委委员、人大工委主任	张　浩
工委委员、政协联络处主任	李　继
委员、纪工委书记	张　敬
工委委员、组宣委员	孙俊宗（7月免）
	王　芳
工委委员、副主任	黎　华
	王　芳（女）
办事处副主任	许　浩
	谭振波（6月任）
人大工委副主任	谭振波（6月免）
	龚雅莉（女，6月任）

中共雨花区委员会

重要会议

【区委全体会议】 2019年，中共长沙市雨花区委员会第五次代表大会召开全体会议5次。1月4日，区委五届十七次全体会议审议通过《长沙市雨花区机构改革方案》。3月16日，区委五届十八次全体会议通过相关人事任免决议。5月14日，区委五届十九次全体会议通过相关人事任免决议。7月15日，区委五届二十次全体会议通过相关人事任免决议。12月17日，区委五届二十一次全体会议（扩大）召开，区委书记张敏向全会作工作报告。全会回顾总结2019年全区经济社会发展情况，确定2020年工作主题是“聚焦发展、奋力攻坚”，并就2020年工作进行安排部署。全会强调，要科学分析研判，保持战略定力，坚定高质量建设“三个雨花”的信心决心；要突出精准施策，奋力攻坚突破，不断厚植雨花高质量发展优势；要提高政治站位，夯实党建基础，推动全面从严治党向基层延伸向纵深发展。 （任启友）

【区委常委会议】 2019年，雨花区委召开常委会议31次。主要内容是：集中学习党的十九届四中全会精神，集中学习《中国共产党章程》《关于新形势下党内政治生活的若干准则》《中共中央关于加强党的政治建设的意见》《中国共产党纪律处分条例》《中国共产党政法工作条例》《中国共产党问责条例》《中国共产党农村工作条例》《中共湖南省委关于树牢“四个意识”坚决做到“两个维护”进一步加强党的政治建设的意见》。学习中共中央总书记习近平2019年新年贺词，习近平在《告台湾同胞书》发表40周年纪念会上的讲话，在十九届中央政治局第十一次、第十五次、第十七次、第十八次集体学习时的讲话精神，在庆祝中华人民共和国成立70周年大会上的讲话精神，在中央全面深化改革委员会第二次会议上的讲话精神；传达学习习近平在中央党校（国家行政学院）中青年干部培训班开班式上的讲话，在中央政协工作会议暨庆祝中国人民政治协商会议成立70周年大会上的讲话精神，对全国党委秘书长会议作出的指示；学习贯彻习近平关于宗教工作重要论述、关于统计工作的重要论述，《习近平关于狠抓落实做好督查工作论述摘编》精神。传达学习省委书记杜家毫在省委党校讲专题党课《做一名守纪律讲规矩重自觉的共产党员》精神、在湖南庆祝中华人民共和国成立70周年大会上的讲话精神；学习长沙市委十三届八次全会精神，市“两会”精神和省委常委、长沙市委书记胡衡华在雨花代表团审议时的讲话；学习贯彻胡衡华调研雨花区、调研高铁会展新城、调研人工智能及机器人产业链工作讲话精神。传达学习中发电〔2019〕5号、湘办发电〔2019〕52号、湘办发电〔2019〕53号、湘办发电〔2019〕63号文件精神，听取全区整治形式主义官僚主义工作情况汇报，研究部署有关工作；传达学习长发电〔2019〕1号文件精神，部署以向力力案、李晓宏案为镜鉴开展警示教育和“以案促改”工作。传达学习全市基层党组织书记座谈会精神，研究部署有关工作。

分析全区经济形势，研究部署相关工作。审议区委经济工作会议相关事项，审议《关于2018年度促进区域产业发展政策兑现的决定》《关于印发〈2019年全区“千人帮千企”联点帮扶实施方案〉的通知》《关于2018年度服务经济发展工作考评结果的通报》《关于2018年度安全生产工作考核结果的通报》《关于2018年度生态环境保护工作考核结果的通报》《关于表彰2018年度“零上访、零事故、零发案”社区的通报》《关于2018年度文化产业工作考评结果的通报》。学习巡视工作有关文件精神，研究部署配合省委巡视工作；研究省委第二巡视组巡视雨花区反馈交办问题整改落实工作；研究关于落实省委第二巡视组巡视雨花区反馈意见整改方案、雨花区三大攻坚战专项巡视反馈意见整改方案、雨花区落实意识形态工作责任制专项巡视反馈意见整改方案、雨花区选人用人巡视检查发现问题整改方案，审议《关于省委第二巡视组巡视雨花区反馈意见的整改方案》，听取省委第二巡视组交办问题整改落实情况汇报；传达学习全市中央巡视湖南和上轮省委巡视重点问题整改调度会精神，审议区《关于省委第四巡视组巡视长沙反馈意见的整改方案》。听取2018年区属党（工）委、党组书记抓基层党建和意识形态工作述职评议考核结果汇报。传达学习党中央、省委、市委“不忘初心、牢记使命”主题教育工作会议精神，研究部署“不忘初心、牢记使命”主题教育；听取2018年度区委常委班子民主生活会会前准备、区委常委班子“不忘初心、牢记使命”专题民主生活会有关情况、全区开展“不忘初心、牢记使命”主题教育有关情况汇报，研究亟须解决民生问题和推进民生事项等工作，深入推进“不忘初心、牢记使命”主题教育；听取党内监督情况汇报。审议《区委五届二十一次全会工作报告》；审议《关于进一步加强和规范向区委请示报告的通知》《区委、区政府领导安全生产工作责任清单》，审议区委议事协调机构相关事项。传达学习全市深化机构改革动员大会精神，审议《长沙市雨花区机构改革方案（送审稿）》；听取关于机构改革中区直部门有关单位党组（党委）设置的建议方案汇报、全区深化机构改革工作情况汇报；审议街道（镇）“三定”规定及相关事项。研究审议雨花区庆祝中华人民共和国成立70周年总体活动安排；审定2019年度市考体系责任分解、区内考核体系、雨花经开区2019年度绩效考核工作目标。审议《关于进一步规范全区编外人员管理工作的补充通知》《雨花区关于从优秀村（社区）党组织书记、乡镇（街道）事业编制人员和选调生中择优选拔乡镇（街道）及事业单位领导班子成员工作方案》《中共长沙市雨花区委关于建立区人民政府向区人大常委会报告国有资产管理情况制度的意见》《关于2018年度全区卫生和计划生育工作考核评估结果的通报》。

2019年2月20日，雨花区委常委会2019年第4次会议 （区委宣传部 提供）

听取区人大常委会党组工作汇报、区政府党组工作汇报、区政协党组工作汇报、区法院党组工作汇报及区法院两个“一站式”建设工作汇报、区检察院党组工作汇报，研究部署有关工作；研究第五届人大代表、政协委员补选建议人选。审议《在区五届人大四次会议上的政府工作报告》；听取有关干部工作政策汇报。

传达学习全省信访重点县市区工作调度会议精神、全省信访工作重点区县市联席会议精神，研究部署全区信访工作。传达学习全国全省全市宣传部部长会议、2018年度区县（市）和市直行业系统党（工）委书记抓基层党建暨落实意识形态工作责任制述职评议会议、全市组织部部长暨深化城市基层党建工作部署会议精神，听取全区组织工作情况、宣传思想工作情况、区新时代文明实践中心建设情况汇报；审议2018年精神文明建设表彰决定，研究部署全区党建和意识形态工作；听取全区政法工作、统战工作、宗教工作、区委第五轮巡察、区委第六轮巡察、扫黑除恶专项斗争、信访工作情况汇报，全区上半年党风廉政建设和反腐败工作情况汇报，研究部署相关工作。传达学习习近平总书记关于脱贫攻坚重要论述摘要，研究雨花区2019年脱贫攻坚工作；听取跳马镇防汛救灾情况汇报，研究部署防汛救灾工作；听取关于开展全区2019年党内关怀帮扶工作和走访慰问老党员、生活困难党员的情况汇报；传达学习习近平总书记在中央和国家机关党的建设工作会议上的重要讲话精神、《中共湖南省委关于全面加强基层建设的若干意见》精神；听取关于落实《中共湖南省委关于全面加强基层建设的若干意见》及5个实施方案精神和集中整顿软弱涣散基层党组织情况汇报，研究部署有关工作；传达学习全市意识形态工作第二次联席会议精神，听取学习贯彻《中国共产党宣传工作条例》情况汇报，研究部署有关工作；传达学习《关于加强新时代基层人民武装部、村级民兵营（连）建设的意见》精神，研究部署有关工作。

听取区“产业项目建设年”“营商环境优化年”（合称“两个年”）工作汇报；审议《雨花区平台公司整合转型实施方案》《长沙市雨花区贯彻落实湖南省第一环境保护督察组反馈意见整改方案》《长沙市雨花区农村人居环境整治村庄清洁行动方案》《长沙市雨花区农村人居环境整治工作分工方案》《关于对黎托街道体育新城社区等6个重点社区（村）党组织开展帮扶工作的实施方案》。审议《关于进一步加强全区党政机关办公用房管理的通知》。听取安全生产工作情况汇报、全区办公室工作情况汇报、国家统计执法整改工作情况汇报、全区退役军人事务工作汇报、全区学生军训和国防教育工作汇报、区融媒体中心建设情况汇报、区文明委全会筹备情况汇报、全区食品安全工作汇报、全区绩效考核工作情况汇报，研究部署有关工作。审定2018年度党政领导班子和科级干部绩效考核结果及奖励方案；审议《关于加强雨花区网络评论工作的实施办法（送审稿）》《雨花区关于落实公办中小学教师备案制管理改革的实施方案（送审稿）》；研究部署春节期间有关工作，研究部署中秋国庆特护期反恐和扫黑除恶、安保维稳信访、安全生产、校园安全；研究红星片区有关工作；研究部署“蓝天保卫战”工作；研究部署“双联”暨城市困难职工解困脱困、新时代产业工人队伍建设改革相关工作。

研究干部人事有关工作，讨论区管干部处分决定。听取长沙市第二十一次劳动模范先进工作者推荐情况汇报；研究审定全国、省五一劳动奖等拟推荐名单。讲解公务员职务与职级并行有关政策，传达学习全省公务员职务与职级并行制度实施工作推进会精神，研究部署有关工作。

（任启友）

【纪念中国共产党成立98周年大会】 2019年7月1日，雨花区庆祝中国共产党成立98周年暨区域化党建联盟第二次联席会议召开。会议贯彻落实中央和省、市委关于城市基层党建的部署要求，与驻区单位、企业共同研究推进区域化党建工作，努力形成共建共治、共享共赢良好发展局面。会议强调，要提升融合意识，推动共驻共建。要强化党建引领，夯实党建基础。要抓实共建项目，办好民生实事。要提升服务水平，优化发展环境。省人大常委会副秘书长、机关党组成员龙朝阳，省核工业地质局党组成员、副局长刘向明出席，市委基层办常务副主任王妍到会指导。区委书记张敏，相关区领导，区域化党建联盟成员单位、区直部门单位、街道（镇）负责人参加。（任启友）

【庆祝人民政协成立70周年座谈会】 2019年9月30日，雨花区庆祝人民政协成立70周年座谈会召开。区委书记张敏强调，要深入学习贯彻习近平总书记在中央政协工作会议暨庆祝中国人民政治协商会议成立70周年大会上的讲话精神，凝心聚力、奋发有为，奋力开创全区政协事业发展新局面，为加快建设“三个雨花”提供坚实保障、凝聚强大合力。张敏代表雨花区委向投身雨花发展、作出积极贡献的广大政协委员、各党派团体、各街道（镇）政协组织、老干部表示敬意和感谢，充分肯定历届区政协在中共雨花区委领导下，团结引领全区各级政协组织、各党派团体、工商联和广大政协委员，为人民政协事业以及雨花经济社会发展作出的重要贡献。张敏强调要毫不动摇坚持党的全面领导，一以贯之发挥政治协商作用，积极主动服务雨花发展大局，从严从实加强政协自身建设。（任启友）

【履行基层党建和意识形态工作责任述职测评大会】 2019年1月13日，全区履行基层党建和意识形态工作责任述职测评大会召开。13名街道（镇）党（工）委书记和6名区属党（工）委、党组书记述职，总结2018年抓基层党建和意识形态工作的做法和成效，深入分析存在的问题，提出下一步工作打算。区委书记张敏一一进行现场点评，肯定成绩点出不足，并提出下一步工作建议。张敏强调，要切实履行第一责任，夯实基层党建基础，加强党员教育管理，深化基层社会治理，严守意识形态底线。（任启友）

【组织工作会议】 2019年4月25日，雨花区组织工作暨深化城市基层党建工作部署会召开。区委书记张敏强调，要以习近平新时代中国特色社会主义思想为指引，不忘初心、牢记使命，积极进取、不懈奋斗，全面加强党的建设和组织工作，为建设财富品质幸福雨花提供更加坚强的组织保障。要把党的政治建设摆在首位，并贯穿到新时代组织工作全过程。要把组织体系建设落到实处，不断夯实基层党建基础。要把干部队伍建设抓紧抓实，激励干部新时代新担当新作为。要把全面从严治党引向深入，构建风正劲足的良好政治生态。（任启友）

【政法工作会议】 2019年3月22日，雨花区委政法工作会议召开，会议总结2018年工作，部署2019年工作。区委书记张敏强调，要提高政治站位，把握时代要求；要增强忧患意识，坚决维护稳定；要压实工作责任，锻造过硬队伍。（任启友）

【区委常委议军会议】 2019年12月31日，雨花区委常委议军会暨党管武装工作述职会议召开，区委书记、人武部党委第一书记张敏，区委副书记、区长、区国动委主任刘素月等区领导出席，相关区直部门单位、街道（镇）负责人参加。张敏强调，要全面压实党管武装政治责任，认真履行主责主业，坚决推动改革落地，切实强化组织保障；要加快推动国防事业

2019年2月11日，雨花区委书记张敏作开局动员讲话　（区委宣传部　提供）

转型升级，始终聚焦备战打仗，持续夯实基层基础，着力营造崇军尚武浓厚氛围，加强国防教育，做实拥军优属，推动共建共促。要坚持以习近平强军思想为指导，坚持党管武装基本原则，以更大力度、更实举措推动全区武装工作再上新的台阶，为高质量建设“三个雨花”提供坚实保障。

（任启友）

【武装工作会议】 2019年2月21日，雨花区武装工作会议召开。会议总结2018年武装工作，安排部署2019年工作。区委书记、区人武部党委第一书记张敏强调，要突出政治引领，加强政治建军；要聚焦强军主题，提升备战能力；要服务中心大局，推进融合发展。（任启友）

【开局工作动员大会】 2019年2月11日，雨花区2019年开局工作动员会召开。会议强调，全区上下要收拢心思，以饱满精神状态迅速投入工作，一开局就精神十足、干劲十足，展现担当作为，拿下各项工作“开门红”，为实现全年工作目标打下坚实基础，奋力开创“三个雨花”建设新局面。做好2019年开局相关工作，要抢抓开局，赢得主动；要突出重点，精准发力；要勠力同心，合力共为。

（任启友）

【经济工作会议】 2019年1月24日，雨花区委经济工作会议召开，会议总结全区2018年经济工作，部署2019年经济工作。会议宣读相关考核结果通报和政策兑现决定，为发展区域经济贡献奖、2018年度促进区域产业发展政策兑现企业代表、2018年度安全生产和生态环境保护考核先进单位颁奖，为2018年度“零上访、零事故、零发案”“三零”街道创建工作先进单位、“三零”社区授牌。区委书记张敏强调，要加强党对经济工作的领导，进一步增强雨花发展的信心与决心。要切实优化营商环境，进一步提升雨花的吸引力、创造力和竞争力。要充分发挥企业家优势，切实担当好雨花高质量发展的排头兵。

（任启友）

【经济形势分析会】 2019年8月1日，2019年上半年区委经济形势分析会召开，会议贯彻落实2019年上半年市委经济形势分析暨产业链建设工作推进会，以及全省产业项目建设推进现场观摩会议精神，总结分析全区经济运行情况，安排部署下阶段经济工作。会议强调，要聚焦中心大局，攻坚重点难点，要突出抓产业项目、营商环境、市场主体、民生实事；要科学统筹兼顾，做好当前工作，要提前谋划主题教育，加快推进项目建设，持续把牢安全生产。（任启友）

【“产业项目建设年”“营商环境优化年”工作会议】 2019年3月1日，雨花区“产业项目建设年”“营商环境优化年”暨城市管理、卫生健康、农村人居环境整治、禁毒工作会议召开，总结2018年相关工作，全面铺排部署2019年相关工作。会议强调，要以只争朝夕的劲头，攻坚产业项目建设，突出抓产业、突出抓项目推进、突出抓要素保障。要以实实在在的举措，优化营商服务环境，自我革命、优化服务、转变作风；要以精细精致的标准，提升城市品质形象，持续打好“蓝天保卫战”，深化城市管理网格化，加快“一圈两场三道”建设，提升日常维护作业水平；要以便民惠民的导向，加快建设“健康雨花”，要夯实基层基础、完善服务体系、注重全民健康；要以共建共享的合力，大力优化农村环境，紧盯目标、持续发力，因地制宜、分类推进，要强化引领、凝聚合力；要以决战决胜的姿态，打赢禁毒人民战争，要坚持“严防”、突出“严打”、强化“严控”。（任启友）

【区重点项目流动观摩会】 2019年1月17日，雨花区重点项目流动观摩会举行，与会人员实地观摩项目建设现场，督导全区项目建设推进工作。区委书记张敏指出，2018年全区项目建设领域广、规模大、亮点多，产业项目对区域经济发展贡献显著；2019年的项目建设工作，要坚持项目为王的发展理念，坚持以问题为导向，形成强抓项目的浓厚氛围。各街镇、各部门要竭尽全力增加项目数量、加大招商力度、加强后期服务，以锲而不舍的精神大抓项目、抓大项目，助推财富品质幸福雨花建设迈向新征程。

（任启友）

【征拆工作推进会】 2019年2月22日，雨花区2019年征拆工作推进会召开。会议总结2018年全区征拆工作成效，安排部署2019年征拆工作任务。会议强调，征拆工作关系着项目建设的进度、城市品质的提升和群众利益的保障，各部门单位要以饱满的激情、昂扬的斗志、顽强的精神，全面吹响2019年征拆工作“集结号”，迅速掀起全区征拆工作新高潮，力争交出年度征拆工作满意答卷。2019年征拆工作，要提高认识、坚定信心，注重方法、全面推进，形成合力、协同作战。（任启友）

【新春协商座谈会】 2019年2月11日，雨花区委书记张敏率区委、区人大、区政府、区政协等领导开展“新春第一访”活动，走访看望全区各民主党派、区工商联、区知联会和统战社团组织负责人，并召开新春协商座谈会。张敏指出，过去一年，全区各民主党派、工商联、无党派人士以及统一战线广大成员，敢于担当、奋发作为，为“三个雨花”建设作出突出贡献。希望大家继续发挥优势，与区委、区政府心往一处想、智往一处谋、劲往一处使，齐心协力，开拓前进，围绕“强化党建引领、攻坚项目建设”工作主题，奋力开创“三个雨花”建设新局面。要始终维护核心，提高政治站位；要坚持围绕中心，担当发展主力；要突出协力同心，抓好自身建设。（任启友）

【党建引领基层社会治理工作座谈会】 2019年2月26日，雨花区党建引领基层社会治理工作座谈会召开。会议强调，要以党建引领基层社会治理，必须明晰职责、全面覆盖、共建互补、强化服务、锤炼队伍；要加强和创新社会治理，必须化解矛盾问题，抓好安全生产，强化治安防控，做好心理引导，加强体系

建设；要进一步提升志愿者服务，必须做到机制建立要出实招，平台搭建要下实功，服务活动要出实效。（任启友）

【公安工作会议】 2019年3月7日，雨花区委公安工作会议召开，全面总结2018年雨花公安工作，研究部署2019年公安工作。区委书记张敏强调，全区公安机关和公安干警要始终维护大局、保障大局，为“三个雨花”建设作出更大贡献；要坚持党的领导，强化政治引领；要依法担当作为，服务雨花发展；要突出政治建警，加强队伍建设。（任启友）

【区教育大会】 2019年12月10日，雨花区教育大会暨师德养成教育推进会召开，深入贯彻落实习近平总书记关于教育的重要论述和全国、全省、全市教育大会精神，全面总结和部署全区教育工作。区委书记张敏充分肯定全区教育改革发展取得的成绩，强调要提高政治站位，毫不动摇坚持教育优先发展；要务实工作举措，全面推进教育现代化和教育强区建设；要加强组织领导，凝聚齐抓共管的强大合力。（任启友）

【政企恳谈会】 2019年4月12日，雨花区政企恳谈会召开，驻湘异地商会代表、区内商（协）会代表、驻区国企和重点企业代表、驻区重点商贸企业代表、驻区文化旅游体育企业、港商、台商、侨商和新媒体代表、驻区酒店企业、民办教育企业代表、市场管委会代表等共115人参加会议。区委书记张敏强调，召开政企恳谈会，就是落实“产业项目建设年”和“营商环境优化年”的要求，进一步了解企业需求，切实解决存在难题。全区各级各部门要在兑现承诺上见决心；要在优化环境上见行动；要在转变作风上见实效。（任启友）

【村、社区（筹委会）书记培训班】 2019年5月6日，雨花区村、社区（筹委会）书记培训班开班。区委书记张敏作开班动员讲话，围绕《中国共产党支部工作条例（试行）》相关内容和要求，作专题党课辅导。张敏强调，要夯实基层党组织的战斗堡垒作用，强化党建引领，夯实基层基础，敢于担当作为。（任启友）

【电网“630攻坚”工作会议】 2019年7月10日，雨花区电网2019年“630攻坚”总结暨2020年“630攻坚”动员会召开。区委书记张敏，区委副书记、区长刘素月，国网长沙供电公司党委副书记、总经理李艺波出席，相关区领导，区直部门单位、街道（镇）负责人参加。张敏指出，要提高站位抓攻坚，要务实举措抓攻坚，要强化保障抓攻坚。（任启友）

2019年12月24日，雨花区两会中共党员会议　　（区委宣传部　提供）

重大活动

【省委巡视雨花区】 2019年4月1日至5月31日，中共湖南省委对雨花区开展巡视。4月2日，雨花区召开省委第二巡视组巡视雨花区工作动员会，湖南省委第二巡视组组长张正，省纪委常委、长沙市委常委、市纪委书记、市监委主任蔡亭英讲话。区委书记张敏代表雨花区表态，将以高度的政治自觉，主动接受省委巡视监督；以坚决的态度行动，贯彻落实政治巡视要求；以强烈的责任担当，全力配合省委巡视工作；以严实的工作作风，推动各项工作再上台阶。8月30日，湖南省委第二巡视组向长沙市雨花区委反馈巡视情况，指出存在的5个方面的15个问题。张正传达省委书记杜家毫关于巡视工作的讲话精神，代表巡视组反馈巡视情况，对结合主题教育抓好巡视整改工作提出要求。张正指出，雨花区委坚持以习近平新时代中国特色社会主义思想为指导，贯彻落实中共十九大精神，统揽全局、协调各方能力较强，政治生态良好。张正要求，进一步增强“四个意识”，坚决维护习近平总书记核心地位、维护党中央权威和集中统一领导；进一步强化党的政治建设，严肃党的政治纪律和政治规矩；进一步强化党的组织建设，扎实开展“不忘初心、牢记使命”主题教育；进一步落实中央八项规定精神，坚决破除形式主义、官僚主义顽疾；进一步强化管党治党政治责任，巩固发展反腐败斗争压倒性胜利；加强巡视整改，下大力气做好巡视“后半篇文章”。蔡亭英代表长沙市委讲话，要求雨花区委以高度的政治自觉抓好巡视整改，以实实在在的成效回报省委对雨花区的关心。要切实提高政治站位，认真对待巡视整改工作；坚决扛起整改责任，见底见效抓好巡视整改。张敏主持反馈会议并作表态讲话。张敏表示，雨花区委对省委巡视反馈的问题和意见坚决拥护、诚恳接受、照单全收、坚决整改。强化政治担当，以高度的政治自觉主动担起巡视整改责任；坚持立行立改，坚决把巡视反馈的问题及时全面整改到位；巩固整改成果，推动全面从严治党向基层延伸向纵深发展。省委第二巡视组副组长谢卫国、莫国才出席会议。9月6日，张敏主持召开省委巡视雨花整改工作部署会，全面部署巡视整改落实工作。他强调，全区各级各部门要统一思想、强化措施，以整改落实的实际成效体现对党绝对忠诚。要提高站位抓整改落实，顶真碰硬抓整改落实，强化责任抓整改落实。全体区委常委，相关区领导，区直部门单位、街道（镇）负责人参加。10月30日，雨花区召开省委巡视整改落实和主题教育专项整治工作推进会，张敏强调，要进一步责任上肩，进一步狠抓落实，进一步务求实效。

（任启友）

【主题教育】 2019年9月9日，雨花区委书记张敏率全区县处级领导到中国共产党长沙历史馆开展革命传统教育，全区“不忘初心、牢记使命”主题教育正式拉开帷幕。9月11日，张敏主持召开区“不忘初心、牢记使命”主题教育领导小组第一次全体会议。9月16日，雨花区召开“不忘初心、牢记使命”主题教育专项整治暨省委巡视雨花整改工作推进会。张敏强调，要提高站位，坚定态度；要一体推进，一抓到底；要扛牢责任，务求实效。9月18—20日，雨花区委举办“不忘初心、牢记使命”主题教育读书班，并开展集中研讨交流。10月14日，张敏主持召开区委“不忘初心、牢记使命”主题教育领导小组第二次会议。10月16日，张敏主持区委“不忘初心、牢记使命”主题教育第二次学习研讨交流暨新时代雨花大学堂第5期讲座，特邀中国领导科学研究会副秘书长、中国领导网执行总编辑程冠军作专题授课，围绕习近平总书记在庆祝中华人民共和国成立70周年大会上的重要讲话精神，以《从“三个伟大飞跃”看中国共产党人的初心和使命》为主题，阐述中国共产党领导中华民族从站起来、到富起来、到强起来的伟大历程。张敏强调，要始终坚定政治方向，认真学习、深刻领会习近平总书记在庆祝中华人民共和国成立70周年大会上的重要讲话，始终坚持中国特色社会主义道路，始终坚持和加强党的全面领导，树牢“四个意识”、坚定“四个自信”、坚决做到“两个维护”，为党和国家的伟大事业接续奋斗；要始终践行初心使命，通过开展主题教育，在守初心、担使命、找差距、抓落实中取得实效，要践行以人民为中心的发展思想，努力解决一批群众身边的操心事、烦心事、揪心事，以为民尽责的实际行动诠释初心和使命。要始终坚持担当作为，全区广大党员干部要认真贯彻中央和省、市决策部署，紧盯“三大攻坚战”、制造业高质量发展、“两个年”等中心工作，加快推进产业升级、项目建设、改革创新、城市建管、生态环保、民生实事等各项任务，尤其进入到四季度，各项工作进入攻坚冲刺阶段，各级各部门要围绕年初制定的目标任务，一项一项做实抓好，努力交出雨花经济高质量发展的优异答卷。10月18日，区委常委会“不忘初心、牢记使命”主题教育第二次学习研讨交流暨对照党章党规找差距专题会召开。全体区委常委、区委副调研员和区委副县级干部进行第二次学习研讨交流，集中学习党章、党规，以及习近平总书记、省委书记杜家毫有关重要讲话精神，围绕“守纪律、讲规矩、清正廉洁作表率”主题开展讨论，并对照党章党规找差距。张敏强调，作为党员领导干部，要坚持以身作则，发挥表率作用，把遵守党章党规、恪守纪律规矩摆在更加突出的位置，以学促行、知行合一，将纪律和规矩意识落实到具体工作中、体现在日常行为上，带头营造风清气正、风正劲足的政治生态，为加快建设“三个雨花”提供坚实保障。10月21日，雨花区委常委会“不忘初心、牢记使命”主题教育调研成果交流会召开。张敏主持，市委主题教育第五指导组相关领导出席，全体区委常委、区委副调研员、区委副县级干部参加交流。交流会上，大家结合自身工作实际和调研课题，围绕“用活资金、盘活资产、激活资源，增强区域发展新动能”“关于圭塘河新一轮综合治理的思考与建议”等12个主题，交流调研成果，分析症结所在，提出有针对性的思路措施。就做好调研成果的转化运用，张敏指出，要推动成果的转化，要推动问题的解决，要推动作风的转变。10月23日，张敏调研跳马镇“不忘初心、牢记使命”主题教育开展情况，并围绕“高标准高质量打赢脱贫攻坚战”讲授专题党课。张敏强调，要开展好主题教育，为群众解决实际问题；要认认真真检视问题，抓好整改落实；要分类指导，上下一体推进。要做好跳马的脱贫攻坚工作，在对标对表中找准差距，在精准发力中下足功夫，在履职尽责中展现担当。11月1日，雨花区委召开“不忘初心、牢记使命”主题教育工作推进会，会议总结前段工作，安排部署后段工作进行。张敏强调，要进一步深化工作举措，进一步加强分类指导，进一步体现实际效果，进一步聚焦群众感受，进一步浓厚宣传氛围。11月12日，张敏主持区委“不忘初心、牢记使命”主题教育第三次学习研讨交流暨区委理论学习中心组（扩大）学习，传达学习全省党员领导干部专题警示教育大会上的精神。会议特邀湖南省委党校科社教研部副主任、教授、博士、博士生导师王蔚作专题授课。全区副科实职及以上领导干部参加学习。张敏指出，全区广大党员干部要切实强化政治担当，认真学习相关重要讲话精神，按照省委部署和要求，进一步增强管党治党的责任感和紧迫感，认真抓好以案明纪、以案说法、以案促改工作。要深入开展自查自纠，把自己摆进去、把职责摆进去、把工作摆进去，来一次全面“体检”。同时，要进一步完善制度建设、严格监督管理，健全完善“不敢腐”“不能腐”“不想腐”的体制机制。要持续净化政治生态，以开展主题教育为契机，认真落实学习教育、调查研究、检视问题、整改落实各项措施，坚决抓好省委巡视整改、主题教育专项整治、民生实事办理各项任务，推动党员干部思想素质不断提升，党风政风作风持续好转，为雨花经济社会发展提供坚实保障。贯彻落实中共十九届四中全会精神，要站在讲政治的高度抓好学习贯彻，站在“两个维护”的高度，认认真真学习《中共中央关于坚持和完善中国特色社会主义制度、推进国家治理体系和治理能力现代化若干重大问题的决定》，入脑入心领会。要结合工作实际抓好推进落实，深刻把握精神实质，紧密结合工作实际，全面推进经济、政治、文化、社会、生态文明等领域的制度建设和改革创新，统筹抓好产业发展、项目建设、生态环保、城市治理、民生实事等工作，把制度优势转化为治理效能。要结合主题教育抓好常态长效，自觉将中共十九届四中全会精神贯穿到主题教育的全过程各方面，推动形成践行初心使命的长效机制。12月3日，雨花区委常委班子召开“不忘初心、牢记使命”专题民主生活会。（任启友）

【县处级领导革命传统教育】 2019年9月9日，雨花区委书记张敏率全区县处级领导到中国共产党长沙历史馆开展革命传统教育，深入学习贯彻习近平总书记在“不忘初心、牢记使命”主题教育工作会议上的重要讲话精神，通过重温历史记忆、追忆先辈故事、弘扬革命传统、继承红色基因，推动全区“不忘初心、牢记使命”主题教育深入开展。张敏指出，重温革命历史，就是要深刻感悟初心使命，以绝对忠诚深扎信仰之根；重温革命历史，就是要时刻牢记初心使命，以奋斗姿态走好前进之路；重温革命历史，就要是深入践行初心使命，以群众路线筑牢执政之基。张敏强调，要提高政治站位，坚持带头示范，注重分类指导。（任启友）

【区委主题教育读书班】 2019年9月18日，为期3天的雨花区委“不忘初心、牢记使命”主题教育读书班开班，区委书记张敏为全体学员作辅导报告。市委“不忘初心、牢记使命”主题教育第五指导组组长杜中塔出席，区委副书记、区长刘素月主持开班式，相关区领导，市委“不忘初心、牢记使命”主题教育第五指导组有关成员出席。张敏在辅导中围绕“守初心、担使命、找差距、抓落实，争做新时代合格共产党员”主题，结合庆祝中华人民共和国成立70周年主题宣讲，联系自身学习体会，从要在知行合一中守初心、践初心，要在砥砺奋进中担使命、勇作为，要在对标对表中找差距、转作风，要在干事创业中抓落实、求实效4个方面，与读书班学员们深入交心交流。张敏勉励全区广大党员干部，要坚定理想信念，要站稳人民立场，要勤政务实作为，要敢于攻坚克难，要坚决守住底线；要解决思想认识的问题、解决组织领导的问题、要解决学深悟透的问题、要解决统筹推进的问题、要解决实际效果的问题。9月20日，读书班结业。结业式上，张敏表示，该读书班主题鲜明、形式多样、研讨深入、学风严谨，达到预期效果。张敏强调，要以理论学习锤炼绝对忠诚品质，将理论学习贯穿主题教育始终，用理论学习推动中心工作开展。（任启友）

【区委常委班子民主生活会】 2019年12月3日，雨花区委常委班子召开“不忘初心、牢记使命”专题民主生活会。区委书记张敏主持会议并作总结讲话。张敏通报会议准备情况和2019年省委巡视反馈问题整改落实情况。市委主题教育领导小组办公室联络组副组长何晓芳对开好会议提出聚焦主题主线，弘扬斗争精神，确保取得实效要求。张敏代表区委常委班子作检视剖析，并带头作个人检视剖析，其他常委依次进行个人检视剖析，相互之间开展批评与自我批评。市委主题教育第五指导组组长杜中塔作点评讲话，杜中塔认为，雨花区委常委班子专题民主生活会的自我批评照了镜，洗了澡，扫了尘，有深度；相互批评红了脸，出了汗，有辣味，有温度。通过这次会议有利于自我提升，有利于相互了解，有利于事业发展。自我批评要引起共鸣，放下包袱，心里透亮，提升担当，影响他人，赢得尊重；相互批评要出于公心，将心比心，真心诚意，推心置腹，心平气和，语重心长；接受批评要摆正心态，开阔胸怀，打开心扉，牢记心底，成为心声。张敏总结讲话并表态：在对党绝对忠诚上作表率，在勇于担当作为上作表率，在全面从严治党上作表率，在推进整改落实上作表率。市委主题教育第五指导组成员到会指导。（任启友）

【区“蓝天保卫战”季度讲评】 2019年4月29日，雨花区“蓝天保卫战”一季度讲评会召开，区委书记张敏强调，要坚持问题导向，紧盯既定目标，坚决打赢“蓝天保卫战”，要提高站位，要强化举措，要压实责任，要加强巡查。7月9日，雨花区第二季度“蓝天保卫战”工作讲评会举行，会前，张敏采取随机抽查、突击检查等方式，深入区交通管理指挥中心、湘府路快改项目沿线等地，实地察看交通优化组织、工地扬尘整治等情况，并对全区大气污染治理情况问诊把脉。张敏强调，下阶段“蓝天保卫战”工作，要坚持问题导向，夯实治本举措，强化责任担当。10月20日，雨花区召开第三季度“蓝天保卫战”工作讲评会，贯彻落实2019年长沙市“蓝天保卫战”三季度工作讲评暨特护期污染防治工作动员会精神，总结全区“蓝天保卫战”前段工作，部署下阶段工作，张敏强调，务必要认清形势，务必要找准症结，务必要强化举措。（任启友）

工作纪要

【政策研究】 2019年，雨花区委政研室撰写各类文稿300余篇，完成领导讲话、会议文稿、重要汇报等文字起草任务。省委常委、长沙市委书记胡衡华调研汇报材料、省委巡视汇报材料、主题教育汇报材料、区委全会报告等一批重大材料稿件，得到领导的肯定。组织服务区委常委会议31次，办理《区委常委办公会议纪要》6期、《区委通报》1期、《雨花调研》1期。注重抓好区委重大工作成果和经验的总结，加大与中央、省、市各类媒体的对接力度，在各级报刊发表经验材料和署名文章20余篇。对区委和区委办布置的中心工作任务，全力参与，认真完成。做好市委、市人大、市政府、市政协等领导考察调研雨花区的文稿

任务，做好市对区项目观摩、农博会等重大活动服务；加强与各部门协调合作，完成区委和区委办领导交代的各项任务。 （任启友）

【综合调研】 2019年，雨花区坚持把调查研究作为服务区委和全区工作大局的重要抓手，区“四大家”班子成员围绕“三大攻坚战”“两个年”、制造业高质量发展等中心工作确定25个调研课题，带头开展调查研究，形成高质量的调研报告。其他单位党政负责人确定115个调研课题、副科职以上干部确定249个调研课题，通过研讨交流、问题交办等，加快成果转换。区委办公室时刻关注区委和区委主要领导关心的点，深入基层，积极参与区委、区政府的重大决策的落实，了解各方面的反映，为领导出台政策提供重要依据。推动调研成果进决策、进讲话、进文件，及时转化为推动当前工作和长远发展的政策意见、工作计划和具体措施，为区委科学决策、民主决策、依法决策当好参谋。 （任启友）

【督查工作】 2019年，雨花区制定《雨花区2019年督查检查考核事项年度计划清单》，保留督查检查考核事项20项，比申报数量精简63%，比上年减少70%；设立督查检查考核基层观测点，组织到街道、社区、学校、企业等基层单位进行抽样调查，切实推动为基层减负落在实处。组织开展“责任状”及“一票否决”事项专项清理，排查梳理出“责任状”及“一票否决”事项36项，经认真审核、精简、合并，仅保留“安全生产工作责任书”1项，对其余8项责任状在签订限期内继续执行，到期不再续签，后续凡中央、省市区没有明确规定的，一律不再签订。将梳理出来的7项“一票否决”事项全部纳入年度绩效考核统筹考虑，坚决防止通过签订“责任状”及实行“一票否决”将工作责任转嫁给基层。办理各级领导批示指示件236件，含省、市领导批示指示件23件；办理“问政湖南”事项308件，其中市委书记留言199件、区委书记留言109件；承办各级人大代表建议、政协委员提案4件；迎接省市专项督查10余次，开展区内决策督查、专项查办等20余次；编发《雨花督查》（专报）24期、（通报）6期，确保中央和省、市各项决策部署在雨花落地生根。 （毛 明）

【保密工作】 2019年，雨花区推进保密宣传教育，每周一在机关大院电子显示屏上滚动播放保密常识，通过每周推送手机短信的方式，向全区科级以上领导干部普及保密法规5400余次。邀请上级领导到区授课3次，举办各类保密知识培训4次，参训干部职工1000余人次。9月16日至11月30日，实地查看走访重点涉密单位、部门，开展一对一保密指导，对部分重点涉密单位开展“回头看”回访，确保全区机要密码工作安全稳定。对高考考场保密措施等主要环节进行全程监督和指导，对考点保密安全情况进行实地考察，实现“三考”（高考、中考、学考）、“新三考”（成考、自考、教考）保密工作无漏洞、无失误、无差错。全面清理政府网站，建立严格信息公开保密审查制度，确保全区所有政务网站、微信公众号、微博做到“一事一审”，实现每条发布的信息都登记在案，无一纰漏。 （谭 洁）

【全面建成小康社会推进工作】 2019年，雨花区紧扣全省全面建成小康社会的总体目标，主动作为，扎实推进。全面梳理区全面小康指标，调研困难指标责任单位，调度所有指标，及时了解掌握全面小康推进情况，及时查找到工作推进薄弱环节，及时提出可操作合理化工作建议，及时加大向上对接力度。在任务更重、挑战更大、难度更高的不利条件下，确保小康工作高质量、高标准、高效率推进，主要指标都保持良好态势，稳中有增。 （康 韬）

【群众工作】 2019年，雨花区网格中心会同相关部门街镇，认真开展调查研究，多方多轮会商研讨，外出考察学习借鉴外省和全市相关区县经验，结合雨花实际做好顶层设计，形成“1+1+7”的顶层设计实施方案。建立区—街镇—社区（筹委会）三级网格化工作领导机构，成立由区委书记任组长、区长任常务副组长、相关常委任副组长、网格化综合服务中心具体负责的区基层治理网格化工作领导小组；由街道（镇）书记挂帅的网格化工作领导小组和网格化服务中心；设立社区网格化工作服务站（群众工作服务站），全区149个社区（筹委会）划分175个社区网格、999个单元网格。将网格化工作同群众工作深度融合，建立县级领导联街道（镇）、区直部门联片区（将街道以社区为单位分为若干片区）的新型群工联点机制，联点部门主要负责人任片长，班子成员任片区内社区的点长，进一步密切联系群众，开展群工联点，全年共解决民生难题273个。 （曾 鑫）

【信息工作】 2019年，雨花区委办信息科创新服务平台，编发《雨花要情》249期，《雨花要情（形式主义官僚主义专报）》7期，其中一批信息得到区委、区政府主要领导的批示；连续8年被评为省、市党委信息工作先进单位。召开业务培训会议两次，邀请省委办公厅信息处副处长进行党委信息授课；加强向上对接，了解省市信息采用的方向和热点。联系街镇和区直部门，定期收集整理信息课题，通过约稿的方式，鼓励基层从实际工作出发，总结归纳工作亮点和提出创新思路。通过加强与街镇、公安、信访、应急等部门的联系，及时掌握重大紧急事件的发展态势，重大紧急信息报送更加迅速和准确。把报送重大紧急信息放在信息工作的首位，采取有力措施，确保信息报送及时、准确、全面。严格按照紧急信息报送要求，及时上报紧急信息200余条，未出现一起迟报、漏报、瞒报、误报情况，为党委、政府及时了解和处置重大突发事件提供参考和依据。加大对产业项目建设、蓝天保卫战、三大攻坚战、片区建设、普惠教育等方面的亮点信息报送力度。其中多篇正面经验信息被省市先后采用，多条热点信息被单条采用，多篇基层反映被综合采用，使信息工作成为上级领导了解雨花区工作的重要渠道。 （李 文）

【外事和中国港澳台地区工作】 2019年，雨花区优化完善外事和中国港澳台地区工作机制，组建区委外事工作委员会，办公室设在区委办公室，区委办公室对外使用区政府外事办公室、区政府港澳事务办公室、区委台湾工作办公室（区政府台湾事务办公室）名称。召开区委外事工作领导小组第一次会议。组织专题学习贯彻习近平外交思想两次，邀请市委台办主要领导授课两次。完善全区公务人员因公出国（境）及入台审批、备案流程，制定"雨花区公务人员因公出国（境）审批表""雨花区因公临时赴台人员备案表"。审批科级干部因公出国（境）团组（个人）3批次，备案县处级干部团组（个人）3批次。筹划并组织区委第14次赴台湾交流考察活动，学习台湾在全域旅游打造和美丽乡村建设方面的成功经验。派员赴台湾开展长沙台湾两地基层交流3次，着力增进台湾同胞对长沙雨花的认知了解，增进两地人民的心灵契合。完成中非经贸博览会湖南（高桥）非洲商品展销馆开馆仪式、第二十一届中国中部（湖南）农业博览会主体活动"大国朋友圈·大使逛农博"的外事服务和组织保障工作，接待来自保加利亚、立陶宛、乌拉圭、尼日利亚等31个国家的外宾代表团，其中副部级以上外宾团组9个，接待外宾人数2100余人次。参与完成湖南省省长许达哲，副省长何报翔、隋忠诚，长沙市市长胡忠雄、市委副书记朱健等省、市领导的外宾会见、座谈、宴请等外事交流活动的组织协调工作。接待中国台湾基层（村里长）参访团、中国香港童军总会参访团、中国台湾鲲鹏会高中生文创研习营、中科院地质考察外宾专家组、台湾花莲县寿丰乡参访团等交流参访团组，接待各领域团组5批220余人次。做好安迪国际集团荣誉顾问杨台川携台湾农业产业公司考察雨花区、长沙高校台湾青年学生参访雨花经开区的组织保障工作，全面展示雨花经济社会发展成果。编印《台胞权益保护常用法规政策选编（2019版）》《习近平总书记对台工作重要讲话汇编》。调研走访全区外资、以及中国台资企业12家。

（丁雨晨）

组　织

【概况】 中共长沙市雨花区委组织部负责全区党的基层组织建设、领导班子建设、干部队伍建设、人才队伍建设、公务员管理、党员教育、老干部工作等。2019年，内设办公室（研究室）、干部科、组织科（党代表联络处）、公务员管理科、老干科。设区人才队伍建设工作中心、区绩效考核工作办公室、区委非公有制经济组织与社会组织工作委员会办公室、区党员干部现代远程教育管理中心、区老干部活动中心5个二级事业单位。单位编制数55名，在职干部48人；离退休干部13人；党员39人。办公地点设在雨花区人民政府机关大院1号楼外弧3层。

2019年，区委组织部学习贯彻习近平新时代中国特色社会主义思想，全面落实各级组织工作会议精神，扎实推进"不忘初心、牢记使命"主题教育，建强班子队伍，加强党的建设，坚持从严治部，机关党建、机构改革、绩效考核、公务员管理、老干部服务等各项工作取得新突破、新成效。按照"讲政治、重公道、业务精、作风好"的要求，不断提升自身建设水平，持续推进模范部门建设。打造政治过硬的模范部门，把党的政治建设摆在首位，组织班子成员、中层骨干、普通干部职工通过中心组理论学习、集中学习或分组讨论等方式，增强党员干部的理论素质和政治敏锐性。用好"学习强国""红星云"、省干部教育培训网络学院等教育平台，持续在深入学、系统学、跟进学、联系实际学上下功夫，教育引导党员干部树牢"四个意识"，坚定"四个自信"，坚决做到"两个维护"。打造公道正派的模范部门，以部机关"三定"为契机，理顺内部职能，开展中层岗位竞争上岗和"雨花组工好干部"评选活动，调优配强骨干力量。严格执行《"绝对忠诚"雨花组工队伍建设十条规定》、部风监督员制度，全面开展责任教育、廉政教育、保密教育"回头看"。在工作中不存私心、不徇私情，敢于坚持原则，敢于反映真实情况，牢固树立组工干部公道正派的良好形象。打造业务精湛的模范部门，按照"走前列、作表率"的要求，常态化开展"组工讲坛"和机关学习研讨活动，激发干部活力，不断提高组工综合素质。开展业务知识技能竞赛活动，不断提升政策业务水平，注重用好信息技术，建好用好各类信息系统和服务平台，发挥大数据和互联网在优化管理服务、提升工作质效方面的重要作用。加大调查研究力度，要求组工干部深入基层，开展调研活动，对全区组织工作存在的热点、难点问题做到心中有数，形成高质量的调研报告，着力提升研究解决问题的能力。打造作风严实的模范部门，狠抓作风建设，带头贯彻中央八项规定，力戒形式主义、官僚主义。推行部领导联系服务群众、谈心谈话制度，继续开展组工干部"直联支部"活动。持续强化钉钉考勤、日志管理和开门办公，规范党员干部的统一管理，着力提升组工队伍建设质量。加强工作落实的跟踪督察，确保抓紧抓实抓出成效。带头改进文风会风，带头改进调查研究，从严控制检查评比，把为基层减负落到实处。强化重点任务办结制度，加强部门效能建设。

（谢　炜）

【党内统计】 2019年年末，雨花区党员总数30359名，其中女党员12637名，占42%；少数民族党员387名，占1.27%。年度党员增加3196名，其中发展党员398名，转入组织关系2798名；党员减少2312名，其中出党17名（开除党籍14名，退党除名1名，取消预备党员资格1名，不予承认1名），死亡269名，转出组织关系2022名。党员中，1937年7月7日至1945年9月2日（抗日战争期间）入党的5人，1945年9月3日至1949年9月入党的13人，1949年10月及以后入党的30341人。在岗职工党员10589名，占35%；离退休党员9536名，占31%；其他党员8173名，占27%。

研究生学历1495名，占4.9%；大学本科学历9690名，占32%；大专学历6480名，占21%；中专、高中、中技学历6773名，占22.30%；初中及以下5921名，占19.5%。35岁及以下党员7968名，占26.24%；36至45岁5699名，占18.77%；46至60岁6415名，占21.13%；61岁至70岁4880名，占16.07%；71岁及以上5199名，占17.13%。新发展党员中，女党员212名，占53.27%；少数民族党员10名，占2.51%；在岗职工257名，占64.57%；农牧渔民19名，占4.77%；离退休人员4名，占0.01%；其他118名，占29.65%；大学本科及以上党员186名，占46.73%；大学专科138名，占34.67%；中专、高中及中技56名，占14.07%；初中及以下18名，占4.52%；35岁及以下258名，占64.82%；36岁至59岁137名，占34.42%；60岁及以上3名，占0.07%。发展对象213名，其中，在岗职工126名，占31.65%；农牧渔民2名，占0.09%；其他85名，占39.90%。入党积极分子1161名，其中，在岗职工911名，占78.47%；农牧渔民66名，占5.68%；离退休人员8名，占0.06%；其他301名，占23.41%。

（谢　炼）

2019年7月12日，长沙市委常委、市委组织部部长张宏益（前左二）检查督导雨花区防汛工作

（区委宣传部　提供）

【组织建设】 2019年，雨花区推进“不忘初心，牢记使命”主题教育，全区各单位组织革命传统教育416场次、形势政策教育712场次、先进典型教育628场次、警示教育590场次。推出“百堂党课送基层”活动，各级领导干部深入基层讲授专题党课383场次，集中轮训基层党支部书记1894人次。全区党员领导干部确定调研课题近400个，破解一批制约发展的问题、群众身边的难题。开展主题教育与省委巡视整改紧密联合，结合专项整治梳理的问题、学习调研发现的问题、自我检视发现的问题、群众反映强烈的问题、向力力案“以案促改”工作等一体推进、一抓到底。区委常委班子检视整改问题25个，常委班子成员检视整改问题188个，其他党员干部检视整改问题2518个，“八个方面”专项整治整改问题41个，切实推进整改落实，确保常态长效。区“四大家”班子成员带头深入基层，牵头实施42件重点民生事项，有效解决一批教育公平、困难帮扶、交通出行等民生问题。

切实加强党建引领，在全市率先开展科级班子政治建设考察，对全区13个街镇、143名街镇科级干部开展政治建设考察，形成党政正职政治建设考察综合报告，推动党的政治建设落实落地。加强党对经济工作的领导，进一步推进产业链党支部、项目党支部建设，打造潇影大厦等楼宇商圈市场党建示范点11个，创建一批党员经营示范户、示范街。开展“亮身份、强服务、争先锋”主题实践活动，176个窗口单位党组织设立党员先锋岗、党员示范窗口。加大年轻干部培养力度，选派优秀年轻干部到征拆一线锻炼成长。深入推进基层减负，力戒形式主义、官僚主义，让基层干部把更多的时间放在服务群众和推进发展上来。机关干部下基层主动作为，火车南站“和谐号”党建联盟服务品牌、党建引领城市特殊困难群体“五帮扶”专项活动等得到基层群众积极点赞。探索党建引领网格化治理模式，设立区网格化综合服务中心，科学划分社区网格175个、单元网格999个。实行“党建引领、互助五兴”农村基层治理，重点解决村民矛盾纠纷、集体经济发展等问题。推进精准扶贫，实施一批扶贫项目，做好桑植县等对口帮扶和跳马镇驻村帮扶工作。

夯实基层基础，深化“五化”（支部设置标准化、组织生活正常化、管理服务精细化、工作制度体系化、阵地建设规范化）支部建设，紧扣“五化”党支部建设目标，压实区属各党（工）委、党组主体责任，分批分类开展认定工作，创建“五化”党支部1071个。落实省委加强基层建设“1+5”文件精神，投入社区（村）运转经费1.6亿元，全面实行社区“一门式”受理，落实社区错时延时服务制度。建立社区工作准入机制，全区社区事项由123项核减到107项，核减近15%。实施头雁工程，组织社区（村）党组织书记培训班和社区（村）“两委”班子成员轮训。实施社区（村）党组织书记备案管理，规范书记选任调整程序，严格实行区级八部门联审和区委组织部考察批复。出台《雨花区社区党组织书记档案管理操作流程》，规范社区（村）党组织书记人事档案。择优选拔4名社区（村）书记进入街镇班子。率先开展员额管理人员公开招聘。稳妥完成机构改革，率先制定并印发街镇“三定”规定，各街镇内设机构及事业单位全部及时挂牌履职，实现“职责梳理零遗漏、机构优化显特色、人员编制保重点”的工作目标。

全面提升基层治理，完善“四位一体”小区治理模式，累计建立小区党支部248个（含联合党支部），全区428个物业管理小区实现党的组织和工作全覆盖。依托小区党支部，成功化解居民矛盾问题和群众关注难点问题670余个，打造韶山路紫金苑小区等60个小区治理样板，受到中央第一巡回督导组的高度肯定。以“三零”建设为抓手，完善5个方面11项建设标准，实行动态评定，东塘街道和93个社区（村）实现“三零”。开展扫黑除恶专项斗争，完成同升湖社区等5个软弱涣散党组织整顿，引入第三方评估机构开展软弱涣散党组织整顿效果评估工作。出台在职党员“双报到”“双报告”制度，14860名在职党员全部在社区报到，并参与志愿服务。鼓励离退休党员积极参与基层治理，当好社区（村）的宣讲员、信息员、调解员、巡防员。全面开展“四类”党员兜底管理，探索实施党员分类管理，深化直管党员积分管理办法。探索流动党员流出地与流入地双向管理机制，设立责任岗、服务区，鼓励流动党员亮身份、争表率。加大困难党员关怀帮扶力度，走访慰问帮扶困难党员836人，慰问金额92.6万元。做实做细区域化党建，与31家党建联盟成员单位、269家驻区单位建立共建机制，吸纳128名驻区单位党组织负责人兼任街镇大工委委员，585名辖区单位党组织负责人兼任社区党组织委员，充分发挥党代表的作用，凝聚区域化党建的强大合力。做实民生项目，成员单位主动承接的重大民生实事项目超过20个，共建项目增至181个。长沙航空职业技术学院航空馆、晓光工匠学院等5家党员教育培训示范基地，全年免费向党员群众开放，提供红色教育资源。着力完善机制、搭建平台、整合资源，与驻区单位联合开展党员教育、阵地管理、服务群众等活动。街镇、社区（村）为驻区单位解决环境卫生、城市管理等问题，驻区单位为社区解决办公阵地不足等问题，形成区域化党建生动局面。（谢　炼）

【“两新”组织党建】 2019年，雨花区围绕“不忘初心，牢记使命”主题教育，抓实“两新”党务工作队伍建设。选派专（兼）职党建指导员307名。开展“两新”党组织党务工作者培训3次，培训党组织书记347名、两新党建指导员31名。开展“百堂党课送基层”活动，送百堂党课到街道、非公企业及社会组织。现场听课党员逾3万人次。按照一企（社）一策原则，推进“两个覆盖”。新建“两新”党组织3个，调整清理“空壳”党组织9个，整顿软弱涣散党组织1个。规范联合党支部设置，严格按照《中国共产党支部工作条例（试行）》“联合党支部覆盖单位一般不超过5个”的要求，摸清底数，加强指导。考核验收“两新”组织党支部“五化”建设，打造明珠旅游市级“五化”建设示范党支部。打造市级楼宇党群服务中心3个，持续打造砂子塘街道潇影大厦、东塘街道湖南商会大厦、黎托街道保利MALL3个新增楼宇商圈党建示范点。启动社会组织党建示范点建设，建立社区社会组织培育基地、党建基地、服务基地。结合省委巡视，已建成的8个楼宇商圈市场党建点以优化营商环境为重点，根据楼宇商圈市场的实际情况和服务需求，下沉服务资源，服务“两新”组织高质量发展。率先成立区委优化营商环境示范监督组，向全区“两新”党组织书记下发问卷调查500份，收集16家企业37个具体问题，牵头相关职能部门，召开调度协调会5次，协调解决湖南养天和大药房企业集团党委党员档案遗失、唯一实业党组织接转、水利水电党委换届等疑难问题13个，全年区级投入“两新”组织党建专项经费390余万元。

（谢　炼）

【干部工作】 2019年，雨花区强化政治担当，营造风清气正政治生态。立足优化班子结构、提升整体功能，提前测算调配空间，为合理安排干部、选优配强班子提供数据支撑。机构改革中，调整科级干部200余名，做到严格在职数限额内提拔任用，稳妥有序推进领导班子调整配备，确保思想不乱、工作不断、队伍不散、干劲不减，切实保证机构改革在组织实施上的有机衔接、有序推进。对镇、街道开展为期3个月的蹲点调研，采取自查自评、问卷调查、深度访谈、查阅资料、实地察看等多种方式，调阅资料1400余份，深度访谈1283人次，全面掌握科级班子和干部队伍情况，形成13个镇、街道领导班子及班子成员综合分析研判报告、班子政治建设评价鉴定材料、26个党政正职政治建设评价鉴定材料，并充分运用考察成果，调优配强领导班子。对全区31家持股或参股公司进行整合，成立雨花城投集团、经开开发建设2家平台公司和国资经营集团、经开创新投资2家经营性公司，采取委任制和聘任制相结合的方式，组建高层管理团队，优化管理架构，初步完成国有企业改革工作。对省委第二巡视组选人用人专项检查反馈的28个问题，细化整改清单，以坚决的态度、迅速的行动、有力的措施实现26个问题的销号，2个问题的阶段性销号。

坚持好干部标准，落实区委“不唯资历唯能力、不看背景看背影、不讲成规讲成绩、不论口舌论口碑”的用人导向，坚持事业为上、依事择人、人事相宜的原则，着力调优配强领导班子，优化和提升班子的年龄结构、学历层次和专业化程度，调整干部8批次，统筹消化干部65名，提拔干部91名，重用干部59名，提拔重用干部中80后年轻干部60名，重点考虑“产业项目建设年”“营商环境优化年”“三大攻坚战”等重点中心工作中表现突出的干部。80后年轻干部在科级干部中占比18.19%。加强党性教育、后备培养和素质提升，以“新任科级干部培训”“对口扶贫龙山县基层干部培训”“营商环境优化企业骨干业务提升培训”等为重点，组织本地主体培训14个班次，依托厦门大学、南开大学等高校，组织纪检监察、党务、政法等系统干部异地培训7个班次，4127人次受训。选派15名年轻干部参加全市优秀年轻干部培训班、中青班和选调生培训班，全面提升干部综合素质能力。开展全区1140余人的因私出国（境）备案清理工作，核查领导干部的因私出国（境）持证和出入境情况。对领导干部在企业兼职情况进行全面清理，对领导干部违规在企业兼职（任职）进行专项整治。对8名领导干部分别开展离任经济责任审计、任中经济责任审计、自然资源资产任中审计。结合干部提醒函询诫勉等工作从严从紧加强管理，形成从严管理监督的常态化、长效化机制。对80后科级领导干部、80后全日制本科以上学历正科职干部、85后科级领导干部、85后正科职干部、90后科级领导干部、90后年轻干部、选调生等实行分类建库，根据了解的情况动态调整和常态储备。建立优秀年轻干部推荐机制，向区属各党（工）委、党组征求意见，及时了解年轻干部情况。对有潜力的年轻干部，有计划、有针对性地安排到重要岗位、复杂环境去磨炼，选派80后年轻干部64人次参与征地拆迁、农博会等工作，提高年轻干部驾驭复杂局面和处理问题的能力。

注重对干部政治上激励、工作上支持、待遇上保障、心理上关怀，关心爱护基层干部，主动排忧解难，把干部队伍建设得更有理想、更有力量、更有干劲。全面摸清行政编制底数，认真核准人员身份，对1300余本干部人事档案进行核查；细化工作安排，按照政策规定纳入实施范围单位、核定各单位机构规格和编制数，指导各单位测算各层级公务员职数，并建立台账，严格审核拟套转人员的身份、现职务层次、现职级等信息，确保应套尽套和套转信息的准确性，对于出现的特殊问题，宣传政策，耐心解释，确保平稳，完成全区13个街镇、68个区直行政（参公）单位900余人的职级套转。全面测算全区分级分类职级职数，摸清掌握符合晋升人员名单，在全市区县（市）中率先开展职级晋升工作，充分发挥职级的激励作用。制定《机关事业单位中层岗位干部竞争上岗实施办法（试行）》，通过竞聘演讲、班子打分、会议研究等程序，把一批讲政治、重公道、业务精、作风好的优秀干部选拔到中层岗位，拓宽选人用人渠道，为有能力有想法敢担当的干部提供展示平台，激发干部奋发进取的热情，进一步形成公平、公正、规范、有序透明的用人机制。通过公开选拔等方式，拓宽社区（村）干部等基层优秀人才的发展空间。面向社区（村）党组织书记公开选拔街道（乡镇）班子成员2名，面向社区（村）党组织书记、乡镇（街道）事业编制人员和选调生公开择优选拔班子成员6名。注重了解干部的思想、工作、生活状态，推行干部家访，对家庭困难的干部加强关心，有计划地开展走访慰问，落实好带薪休假、异地调配、走访慰问等政策，主动排忧解难，让广大干部安心、安身、安业。落实干部谈心谈话制度，全年开展任前谈话、退休谈话300余人次，加强心理关怀，及时给予帮助，达到疏导思想、鼓舞干劲的良好效果。

以坚持和加强党的全面领导为统领，以推进机构职能优化协调高效为着力点，调整优化机构职责，健全完善工作机制，持续巩固和扩大深化机构改革成果，更好地为推动区域经济社会发展服务。出台《进一步规范行政事业单位工作人员借抽调工作管理办法》，从严规范借抽调范围、条件、权限和程序等环节，对全区借抽调工作人员情况进行全面摸底核实，对违规借抽调的82名工作人员予以清退或完善手续，严肃组织人事纪律，确保基层干事人员充足、为基层减负的同时，切实保障"不忘初心、牢记使命"主题教育、重点片区征拆工作等各项中心工作的顺利开展。按照扎实推进统战工作的有关政策要求配备党外干部。加强全区基层宣传思想文化队伍建设，在乡镇（街道）配备宣传委员。根据基层武装部长配备的要求，对于年龄超过50周岁或不是党工委委员的乡镇（街道）武装部部长进行调整。完成环保局的领导班子、干部管理权限的交接工作。对原市工商局、市质监局雨花分局的135名干部人事档案进行审核，扎实做好市场监督管理局人员划转等工作，确保人事和职责顺利交接，工作有序开展。（谢　炼）

【绩效考核】　2019年，雨花区加强与市绩效办的纵向对接，加强与区直相关部门的横向对接，积极介入市考指标的拟制过程，组织相关部门在考核指标设置上建言献策，提出修改意见25条，采纳18条，采纳率72%。将市考指标分解落实到具体的责任部门以及分管区领导，建立精准调度机制，每周由分管副区长调度线上绩效考核指标，区主要领导每月定期调度重难点考核指标，有效地推动指标运行。落实中央减轻基层负担、精简规范考核督查检查、《党政领导干部考核工作条例》等有关要求，切实抓好区考体系的拟制，通过大量的走访沟通，充分听取各方建议，科学拟制2019年区考体系。指标总量排名制指标减少2个，负面清单减少1条。删除项目观摩、开放型经济、美丽乡村建设、依法治区（法制工作）、社区提质提档等指标，财政收入考核重点从收入总量转为税收专项清理工作，更加符合街镇实际。根据发展差异，对8个指标或考点实施差异化考核。考核结果与考核评等、绩效奖励、评优评先、选拔任用、培养教育、管理监督、追责问责等紧密结合。举办全区优秀干部培训班，把绩效考核排名优秀的单位和个人作为重点培训培养对象。将绩效考核工作与主题教育紧密结合，开展全区对照绩效找差距、真抓实干促发展的大讨论，通过绩效考核发现一批担当作为的干部，调整一批不适岗、状态不佳的干部。根据《党政领导干部考核工作条例》和省市关于绩效考核工作的最新精神，拟制完善绩效考核管理办法，进一步调整优化考核内容指标，改进考核方式方法，强化考核结果运用，最大限度调动广大干部的积极性、主动性、创造性，推动树立讲担当、重担当、改革创新、干事创业的鲜明导向。

（谢　炼）

【老干部工作】　2019年，雨花区将讲政治贯穿老干部工作始终，引导全区广大老干部坚决维护以习近平为核心的党中央权威和集中统一领导，在思想上政治上行动上始终同党中央保持高度一致，在离退休干部队伍中营造良好的政治生态。坚持在每月11日开展全区离休及副县级以上退休干部政治学习，6次邀请国防科大、省市委党校专家学者专题授课，组织开展"我看新中国70年变化"专题讨论，下发主题教育学习读本千余册，统筹推进全区97个离退休干部党支部同步开展集中学习。及时调优离退休干部党工委班子，主持召开联席会议，定期向部务会专题汇报，开展全区性业务培训、座谈交流、现场观摩，区直部门和街道机关43个离退休党支部运行良好；左家塘街道长钢社区佳润新都党支部被评为“全省示范离退休干部党支部”，成功创建政院“老首长”、枫树岸“老年协会”等5个全市示范化“五化”离退休干部党支部；政院社区接受全省省直离退休干部党建工作经验现场交流暨离退休干部党支部书记“不忘初心、牢记使命”主题教育网络培训班的检阅。

认真落实中央和省市关于老干部工作各项制度，建立“结对联系”和“三必访、六慰问”制度，走访慰问老干部1000余人次，电话慰问1600余人次，收集老干部意见建议30余条，解决看病就医、医药费报销等生活实际困难20余起，发放慰问物资1.08万元、慰问金5.6万元。保障省属企业离休干部和遗孀活动经费32万元，帮扶离退休干部无固定收入配偶（遗属）23人、慰问经费3.6万元，为离休干部报销医药费和住院费，离休干部“三个机制”运行顺畅。组织全区离休和副县级以上退休干部到醴陵、炎陵、汝城等地开展“重走红军长征路、重温‘半条棉被’感人故事”现场教学；组织开展“一圈两场三道”民生实事和重大产业项目现场观摩活动；围绕中华人民共和国成立70周年和区老干部大学建校20周年，策划组织第二届“秋韵”艺术节；深化巩固区老干部大学教学管理，优化学员学籍“专人专机”动态管理等制度，为80个班级、5039名学员提供优质服务。推动基层老年教学点建设，向街道社区、社会组织充分挖潜，新增丰园、金地等5个基层老年教学点，全区挂牌基层教学点12个，进一步畅通老年人学习服务“最后一公里”；同步扶持快乐老人大学教学总部和30个社区教学点发展壮大，支持村社网络课堂示范点创建，新增正圆、长重、黎郡等老年教育站点10余个，三湘、梨子山、自然岭被评为市级老年教育网络课堂示范点。“老干部大学＋基层教学点＋网络课堂”的立体化老年教育格局基本成型。

深化联动工作模式，区关工委实行联点包干责任制，3位执行主任对片区单位进行点对点联系指导，启动片区特色项目观摩竞赛，“区本级—街镇（部门）—村社”三级联动运行。创新项目扶持机制，采取梯度培植的方式，分类指导、分档投入，拨付扶持资金37万元，孵化特色项目27个。加大精准帮扶力度，注入资金12万元，与区残联、侯家塘社区、省水利厅幼儿园等各类单位联办主题活动13场，向雨花亭街道香南郡社区等20个社区（村）“四点半课堂”投放20万元图书，组织跳马镇70名留守儿童到长沙市“三馆一厅”开展研学活动，“五老”助力、校社联动，开展“腾飞中国·辉煌70年”主题活动70余场，为儿童友好型城市创建添砖加瓦。区老年保健协会持续深化“健康养生·争做阳光老人”主题活动，带动140余个社区推动健康养老事业，健康兴趣小组活动经常，健康生活理念深入民心。区诗词书画协会秉持讲政治、讲规矩、讲团结、讲大局、讲安全、工作争一流的“五讲一争”办会理念，引导广大会员讴歌新时代，举办“庆祝中华人民共和国成立70周年”大型主题诗书画展。深化和拓展“五老四教添新彩，言传身教润长沙”主题活动，广大基层“五老”结合自身优势，参与“百堂党课进基层”活动，深入学校、机关、社区、企业、农村讲授党课10场次，开展宣讲400余场，受众达万余人。积极引导组建“秋韵红”志愿服务团队，支持“五老”为文明创建、社会治理、纠纷调解、环境整治、垃圾分类等各项工作献计献力，浦沅社区“老口子”亲情服务队、金福社区“五老”红管家志愿者服务队、井湘社区帮帮志愿者队被评为市级“五老”志愿服务队。（谢　炼）

宣　传

【概况】 中共长沙市雨花区委宣传部（简称“区委宣传部”），正科级，负责全区宣传思想文化和意识形态工作。2019年3月，区文化体育新闻出版局的新闻出版以及区科学技术局（区知识产权局）的版权管理职责划入区委宣传部，区委宣传部统一管理新闻出版、版权工作，对外加挂区新闻出版局（区版权局）、区精神文明建设指导委员会办公室牌子；对中共长沙市雨花区委网络安全和信息化委员会办公室（区互联网信息办公室）互联网宣传和信息内容管理方面的工作实施指导。归口领导区文化旅游体育局。受区委委托，指导区文化艺术界联合会、区社会科学界联合会、区文产协会、区书法家协会、区美术家协会、区中国字拟人书写研究会、区诗词书画协会。区委宣传部内设办公室、理论教育科、群众文化艺术科、出版印刷发行和版权管理科、精神文明建设指导科。7月，长沙市雨花区未成年人思想道德建设工作办公室更名为长沙市雨花区未成年人思想道德建设中心，为区委宣传部所属副科级公益一类事业单位，核定全额拨款事业编制5名；长沙市雨花区新闻中心不再加挂长沙市雨花区网络管理办公室牌子，为区委宣传部所属副科级公益一类事业单位，参公管理，核定全额拨款事业编制6名。长沙市雨花区文化产业发展办公室更名为长沙市雨花区文化创意产业发展中心，为区委宣传部所属公益一类事业单位，核定全额拨款事业编制9名；区委宣传部下属长沙市雨花区未成年人思想道德建设中心、长沙市雨花区文化创意产业发展中心、雨花区新闻中心。9月，长沙市雨花区新闻中心加挂长沙市雨花区融媒体中心牌子，其他机构编制事项维持不变。核定编制数30名，其中行政编9名、工勤编1名、事业编14名、参公编6名。实有43人，其中在职在编人员25人、退休人员4人、雇员14人。宣传部机关党支部党员30人，其中在职党员27人，退休党员3人。办公地点设在雨花区人民政府机关大院1号楼B座4层。

2019年，雨花区委宣传部贯彻落实《中国共产党宣传工作条例》，

2019 年 7 月 24 日，雨花区委宣传部主题党日活动　　（区委宣传部　提供）

全面落实宣传文化系统重大事项报告制度，进一步做好街镇宣传委员配备工作。坚持党建引领，坚持抓党建与抓业务同谋划、同部署、同实施，落实机关党建工作责任制。严格坚持机关支部“三会一课”、组织生活会、民主评议党员、主题党日等制度，推进支部“五化”建设，完成“五化”支部验收工作。联合区委党校举办宣传思想工作研修班，召开新闻宣传工作推进会，举办雨花通讯课堂，开展全覆盖式培训。严格落实“中央八项规定”精神，开展廉政警示教育 6 次。严格落实作风建设，强化干部考勤、学习、请假、外出请示报告等制度落实。开展“不忘初心、牢记使命”主题教育，通过中心组学习、研讨交流、专题党课、先进典型报告会、“原著今日读”等活动，不断深化学习。深入基层开展调研，着力解决民生实事 2 件，探索建立新时代文明实践中心建设机制、印刷行业管理“十项规定”、小额项目采购办法等一批制度机制。基本实现理论学习有收获、思想政治受洗礼、干事创业敢担当、为民服务解难题、清正廉洁作表率的目标，确保主题教育的实效。（张胜娟）

【理论教育】 2019 年，雨花区印发《关于加强和改进党（工）委（党组）理论学习中心组学习的十条措施》，持续深化理论学习。组织区委理论学习中心组学习 17 次（含新时代雨花大学堂 6 次），学习次数、参学人数、邀请知名专家人数居历年之首。新时代雨花大学堂覆盖全区副科级以上领导干部，邀请韩庆祥、金灿荣、罗援、叶小文授课。首次组织区委理论学习中心组到浏阳市胡耀邦故居、纪念馆现场体验学习。中心组学习经验被中宣部党建网刊发。抓好“学习强国”学习平台推广使用工作，组织开展新时代文明实践系列活动之“梦想从学习开始 事业从实践起步”——“学习强国”学习平台推广使用主题活动，雨花区用户总数 29137，党员覆盖率 99%，日人均积分 8.88 分，活跃度 31.23%。开展中共十九届四中全会精神主题宣讲，成立区委宣讲团并召开集体备课会，开展区级“六进”宣讲活动 130 场，组织庆祝中华人民共和国成立 70 周年宣讲活动和“学习新思想 礼赞新中国 奋进新时代”雨花区理论微宣讲活动，承办长沙市理论微宣讲“营商环境优化年”专题赛，选手张莉获得长沙市理论微宣讲“坚决打好污染防治攻坚战”专题赛第一名，选手张莉、唐雅兰、彭龙入围全市总决赛。开展潇湘红色故事汇宣讲，组织主题教育先进典型报告会先后走进机关、校园、社区开展宣讲。创新理论宣讲形式，结合长沙市第七届公益电影放映月活动，开展红色电影宣讲。接受省委第二巡视组落实意识形态工作责任制情况专项巡视，巡视反馈的 3 个方面 12 个问题全部整改到位。创新出台《长沙市雨花区关于强化意识形态工作联席会议实效的工作机制》，实行“每次会议聚焦一个主题，强化一些举措，完善一套制度，规范一项工作，解决一类问题”。着眼解决实际问题，改革意识形态工作联席会议，实行议题申报、会前会商等。聚焦加强户外广告（信息发布）阵地监管，出台《雨花区关于加强户外广告（信息发布）领域监督管理的规定》。首次举行全区意识形态知识专题考试，由区委宣传部、区委党校联合出题，区委宣传部负责考试监考、阅卷等组织工作，围绕习近平总书记关于意识形态工作重要论述、区委宣传部理教科编写的《意识形态工作应知应会知识手册》等内容出题，区直各部门单位、市垂直管各单位分管意识形态工作领导，各街道（镇）宣传委员、意识形态工作专干、网信专干参加考试，考试达到“以考促学、以学促用、学用结合”的目的。（张胜娟）

【新闻宣传】 2019 年，雨花区构建新媒体融合大格局，构建多维、立体、快捷、高效的区域宣传传播体系。由区政府办管理的雨花政务网、外包给第三方机构的雨花手机报、“飞梦雨花”微信公众号全部收归融媒体中心统一采编管理。改版提升雨花新闻网，开设“@雨花发布”微博号、“雨花发布”抖音号，实行官网、官微、官博、官抖一体化运营。与《湖南日报》、红网和长沙广电等省市主流媒体合作，增加“新湖南”雨花频道、“时刻新闻”雨花频道、“智慧长沙”雨花频道，借势造势，扩大宣传面。坚持“新闻立端、服务强端、惠民兴端”的原则，自主开发集“新闻资讯、政务办理、便民服务”于一体的综合性客户端——“开放雨花”APP，该平台 8 月底上线，下载用户数突破 20 万，累计活跃用户 65 万。“开放雨花”APP 推稿 4500 条，总访问量超 1000 万人次，“飞梦雨花”公众号推送 1218 期，部分精品文章获多次转发，影响力在全省政务类微信公众号排名中居前列；雨花手机报推送 260 期，雨花新闻网发布政务信息 1600 余条；雨花发布官方微博发布 3300 条，阅读量破 1400 万人次，获“2019 湖南省十大政务发布微博”，是唯一一个入选的区县级政务官方微博。区委常委、宣传部部长余宏卿在2019中国新媒体大会县级融媒体中心建设与发展专题研讨会上推介融媒体中心建设“雨花经验”；长沙市委网信办9月17日阅评简报以《打造新型融媒标杆，展示政务为民新貌》为题，高度评价“开放雨花”APP建设，认为“版式新颖、阅读便利、更新快捷，内容实用、采编结合、声屏并用，定位明确、互动充分、凝心聚力”，“给其他区县政务新媒体群提供了可资借鉴的经验”。围绕“中华人民共和国成立70周年”、“十九届四中全会”、“不忘初心、牢记使命”主题教育、农博会、“蓝天保卫战”、“一圈两场三道”等重点热点内容，挖掘特色亮点，组织策划有重大影响力的宣传报道，在各主流电视、纸质、网络等媒体平台播出、刊发稿件7511条，其中央媒报道370条；在主流纸质媒体刊发1469条，其中《人民日报》8条，《湖南日报》头版头条2条、头版30条，《长沙晚报》头版头条7条、头版112条、专版26个；在主流电视、电台媒体播发1862条，其中中央电视台《新闻联播》2条，《湖南新闻联播》112条。

（张胜娟）

【舆论引导】 2019年，雨花区落实《雨花区网络舆情管理工作实施办法》《雨花区重大事项舆情风险评估制度》等制度，有效提升全区舆情管理工作水平。及时发现、挖掘、推介典型人物、感人事迹，开展新闻策划，用好人好事带动社会好风尚。人民网报道《雨花区铲雪除冰在行动 民营企业“有力量”》《雨花区一早餐店免费为铲雪环卫工人提供早餐》，展现雨花区积极抗击雨雪冰冻天气中的温暖力量；中央电视台新闻频道《24小时》栏目、《朝闻天下》栏目、《新闻直播间》栏目、央视综合频道《晚间新闻》连续推出重磅报道《从一碗“好人粉”到一条“好人街”，好人多粉店“爱心米粉”免费吃》，央视新闻客户端、央视新闻微信公众号连续刊发报道《央视新闻今天为长沙这家米粉店做个硬广，它叫：好人多》，报道雨花区“好人多米粉店”从一店到一条街做好事、做善事的故事；央视财经频道《秘密大改造》播出的，“中国好人”肖卓作的事迹让设计师王湘苏感动又感慨，他决定为她改造一个温馨又浪漫的婚房，为身边的榜样人物献上特殊大礼；湖南都市频道、《长沙晚报》头版刊发报道《曾获“中国好人”的截瘫妈妈早产 星城大爱守护》，报道肖卓作孩子早产引发5000市民爱心接力的故事。落实中央、省委、市委对社会宣传的工作要求，根据重要时间节点统筹做好社会宣传工作。指导各街道（镇）在辖区范围内的电子显示屏、社区宣传橱窗、主要大街、背街小巷、社区楼道广泛开展中非经贸博览会、庆祝中华人民共和国成立70周年、国防教育、征兵、营商环境、智能制造大会、庆祝教师节等重要社会宣传。全区征订《人民日报》1029份，《光明日报》427份，《求是》934份，《经济日报》487份，《湖南日报》2893份，《新湘评论》1238份，《新华每日电讯》522份，《中国日报》109份，《中国新闻周刊》55份，《长沙晚报》20514份。

（张胜娟）

【文化建设】 2019年，雨花区文化企业数量3800余家，其中线上文化企业84家，比上年增加2家。雨花区加快文化产业发展，推荐30余家企业申报2019年度全市文化产业发展专项引导资金，共获资金补助500余万元。修改完善《长沙市雨花区促进文化产业发展扶植奖励办法》，完善优秀作品扶持奖励机制，扶持优秀文艺团队14个、文艺精品37个、文艺人才3个、民办非企业文化服务机构4个，发放扶持奖励资金195.7万元。推动鼓风机厂文创产业园和红影文化产业园项目建设，红影产业园一期项目全部完成，开展“红色露天电影节”“红色文创产品设计大赛”等系列活动。通过“非遗＋文创”“非遗＋研学”等形式加速非遗融合发展，开展各类演出200余场，设立研学体验馆30余个，策划端午节、七夕等一系列传统节日活动，吸引超过10万人次参与。重点在“文化＋旅游”“文化＋科技”等形式上发力，石燕湖景区的《关公战长沙》，通过体验式互动观演模式，接待游客5万人次；天闻数媒率先将区块链技术应用在教育领域，提出“区块链＋大数据＋教育”的应用模式，进一步实现“文化＋科技”的成功融合。围绕“一线一河五组团多楼宇”文化产业规划布局，发挥德思勤、汇艺文创中心等集聚引领作用，打造文化产业核心腹地，推动产业集聚融合发展。引入湖南嘿马教育科技有限公司等文化企业15家。召开现场办公会3次，为潇影集团等企业解决实际困难12个。发挥文创协会的纽带作用，组织辖区范围内文化企业开展茶叙会24期，企业互访9次，利用微信公众号推送近50篇文章。打造汇艺文创、中国（长沙）创新设计产业园等文化创意产业示范楼宇（基地）6个，建设雨花非遗民俗艺术特色街区，擦亮“天下非遗聚雨花”文化名片；扶持打造和＋共享图书馆、宋旦汉字艺术博物馆等民间公益文化场馆4个。举办“欢乐潇湘 品质长沙 幸福雨花”群众文艺会演、合唱比赛、广场舞大赛、戏曲进校园、“百姓大舞台 有艺你就来”“弘扬家国情，礼赞新时代”家风季等系列活动，庆祝中华人民共和国成立70周年。区凤传奇艺术团原创的舞蹈《初心》在湖南省“欢乐潇湘”文艺会演中获得二等奖，选送演唱曲目《在太行山上》参加长沙市庆祝中华人民共和国成立70周年群众合唱比赛获金奖，承办长沙市“戏曲进校园”活动3场；在长沙市戏曲进校园活动总会演中，砂子塘湘天小学合演的《我爱你中国》获三等奖、长塘里阳光小学合演的《梨园代代传》获优秀奖。举办“飞梦雨花”艺术节，组织开展“我们的节日”文化进万家、农民工春晚、非遗展演等各类文化文艺活动，丰富广大群众的精神文化生活。结合“文化扶贫”开通“文化直通车”，开展“送戏下乡”等各类文化惠民活动1000余场，将文化活动送进社区、企业，送到边远农村和市民家门口，送进市民心坎里。组织创作的红色电影《半条被子》获邀参加第二十八届中国百花电影节民族电影展，并获第四届金童象国际儿童电影周红色经典单元优秀影片；舞虹艺术团创作的群舞

《五星红旗》在中国社会艺术协会大众文化艺术委员会（中国社会艺术协会分支机构）组织的《相聚大美青海·唱响丝路花儿》暨“我爱你中国”2019年青海文艺会演中获银奖；群星艺术团创作的群舞《我爱祖国》在湖南省老干部局组织的“点赞新中国、银发耀三湘”文艺会演中获金奖；肖康创作的《活在当下——哈伯德人生手记之三》入选中国美术家协会举办的中国第二届插图艺术展，并获得中国美协会员资格。雨花非遗馆刘金铎瓷刻作品《齐白石》获得中宣部、文化和旅游部、商务部、国家广电总局联合主办的第十五届中国（深圳）国际文化博览交易会“中国工艺美术文化创意奖”铜奖。推进“书香雨花”体系建设，组织开展“书香雨花”读书节系列活动，在“书香长沙”——第38届全市少年儿童庆祝中华人民共和国成立70周年系列读书活动中获“先进集体”。建设街道综合文化站2个，建成示范性社区综合文化服务中心5个、社区自助图书馆2个，公共文化服务体系更加完善。组织开展“践行十九大·翰墨润雨花——历届中国书法兰亭奖湘籍作者作品展”。6届书法兰亭奖湘籍获奖作者50余人，展出书法作品80余件。组织宋旦汉字艺术博物馆参加俄罗斯“锦绣湖南·美丽长沙”活动和东盟媒体合作论坛，接待200余个海外华裔青少年参与汉字体验寻根之旅；参加中非文化博览会，举办“和+音乐盛宴”活动，与20余个国家和地区的国际友人进行文化艺术交流。开展精准扶贫帮困，组织对龙山县石牌镇、桑植县的部分贫困学生开展“放飞希望 为梦启程”爱心公益湘西助学活动；开展“百名山里娃 爱国微梦想”公益活动，组织龙山县石牌镇、桑植县84名贫困学生在长沙研学，16名学生在北京研学。

（张胜娟）

【雨花“非遗”民俗艺术特色街区建设】 2019年，雨花区推进雨花“非遗”民俗艺术特色街区建设，完善非物质文化遗产代表性项目名录体系，评选湘剧脸谱、湖湘榫卯结构小木作技艺、雨花剪纸 、洞井龙舞等4个项目的5个传承人为雨花区第二批区级非物质文化遗产代表性传承人。指导雨花“非遗”馆完成综合展示馆改造，加大“非遗”传承人培育和引进力度，进一步擦亮“雨花非遗”文化品牌。以“非遗”夜市为载体，打造夜间经济网红点，扩大雨花非遗馆的知名度、影响力。雨花非遗馆新引进挑花娘子、浏阳油纸伞、龙泉宝剑、湘绣研究所4个“非遗”传习所和湖南甲骨文协会、江辉国际、大球泥、阿苗千千、瑶族特色餐饮等15家商铺，从吃、住、玩、乐、购等方面积极引进商家，推进雨花“非遗”民俗艺术特色街区繁荣发展。街区通过国家AAA级旅游景区标准验收。雨花非遗馆入选“2019非遗与旅游融合十大优秀案例”。雨花非遗文化传播有限公司董事长郭存勇获“2019非遗年度人物提名”。雨花“非遗”参展“外交部湖南全球推介会”“中非经贸博览会”等国际性展会，得到中共中央政治局委员、中宣部部长黄坤明，外交部部长王毅等领导的高度赞扬；连续第4年参展深圳文博会，11项雨花“非遗”作品参选中国工艺美术文化创意奖，揽获1金1银3铜，并与40余家企事业单位达成合作意向。受邀拍摄中央电视台的《挑战不可能》《是真的吗》、湖南卫视的《我家小两口》《你是湖南人不咯》、长沙政法频道的《非洲朋友在长沙》《共享价值之旅》、长沙公共频道帮女郎的《传承好家风》、芒果TV的《崽崽YO礼貌》等一系列“非遗”宣传节目。雨花非遗馆与抖音携手打造运营剪纸、皮影戏、香道、湘西竹编4个账号，发布作品100余个，总播放量上千万次。与中南大学、湖南大学、湖南师范大学、长沙理工大学等高校达成意向合作，并被授予“中南林业科技大学教学实习基地”。多次与长沙创新创意产业园对接交流，探索“非遗”与文创结合的新内容、新方向、新路径，设计开发纸艺、木艺、布艺三大品类的20余件文创产品。接待研学体验及公益课堂体验2485批次82831人，开展“非遗进校园”系列活动，竹编、棕编、剪纸、茶艺等11个项目进入区内砂子塘万境水岸小学、雅礼实验中学等18所学校开展40堂课程；在娄底、株洲等地21所学校，开展“非遗”公开课30余场，影响师生15000余人；雨花非遗馆接待包括来自文旅部（非遗司、产业发展司），湖南省政府外事侨务办、省文旅厅，济南市委宣传部，政协重庆市委员会以及中南大学、湖南大学等地的政务团90批次，总人数2300人。（张胜娟）

【出版印刷发行和版权管理】 2019年，雨花区出台《长沙市雨花区出版物审读管理办法（试行）》《长沙市雨花区印刷行业管理“十项规定”》等制度。下发《关于落实全区出版印刷电影行业安全管理责任的通知》，层层分解任务、落实行业意识形态管理和安全生产管理责任。组织开展全区印刷电影行业安全管理培训，全面提升从业者加强企业内部管理、提升风险防控能力的自觉性和主动性。组织承办长沙市第七届公益电影放映月活动，工作经验被《中国电影报》《湖南电影动态》、红网等报道。（张胜娟）

统　战

【概况】 2019年，中共长沙市雨花区委统一战线工作部（简称“区委统战部”）是区委正科级工作机关，主管雨花区统一战线工作，统一管理侨务工作，对外使用长沙市雨花区人民政府侨务办公室名称，统一领导和管理区民族宗教事务局。区委统战部设立办公室、研究室、侨务办公室3个内部机构，设二级事业单位雨花区党外人士服务中心。在职在编人员14人，其中县级领导1人，正科实职人员4人，正科职待遇人员1人，科员2人，工勤编制1人，机关全额事业编制5人。部机关与区工商联机关设立联合党支部，党员12人，其中在职党员9人（统战部8人，工商联1人）。办公地点设在雨花区人民政府机关大院1栋外弧2层。

2019年，雨花区加强党对统一战线的领导，充分发挥统战工作领导小组作用，出台《领导小组工作规则》《领导小组办公室工作细则》，召开两次专题会议研究部署相关工作。区委统战部聚焦“两个年”工作主题，以政治引领为抓手，以服务大局为主线，以合作共事为重点，以大统战格局为驱动，推动工作纵深发展。进一步完善大统战工作格局，抓强系统自身建设，抓严党风廉政建设，实现统战系统部门机构、职责、人员深度融合，推进广大统一战线资源力量深度融合。以机构改革为契机，实现各民主党派（知联会）和统战系统单位合署办公，形成工作职能深度融合、工作资源充分整合、工作力量高度聚合的大统战格局。筑牢廉洁防线，坚持廉政建设和业务工作两手抓、两促进，开展形式多样的廉政教育活动，在纪检部门的监督指导下，对统战系统单位开展扫黑除恶专项斗争线索自查工作和统一战线领域乱象自查自纠工作，单位主要负责人每月按时签署无涉黑涉恶腐败及“保护伞”问题责任承诺书，持续深入推进扫黑除恶专项斗争工作，开展党员、干部涉“黄赌毒”专项摸查工作，加大廉政风险点排查力度，强化全体干部职工纪律规矩意识，筑牢廉洁防线。开展“不忘初心、牢记使命”主题教育，领导班子全部完成调研课题和讲授党课，为群众办实事好事（含志愿服务活动）。支持引导各民主党派、知联会开展“不忘合作初心，继续携手前进”主题教育，各民主党派（知联会）区工委及各基层组织开展主题教育32次。组织党外代表人士举行“升国旗、观庆典、迎国庆”爱国主题活动、赴省社会主义学院参加共识教育，不断深化思想共识、增进政治认同。（曾　锦）

【多党合作】 2019年，中共雨花区委继续强化大统战格局，继续突出政党协商优势。持续开展“新春第一访”，区委书记张敏率领“四大家”主要领导在春节后上班第一天走访慰问各民主党派、区工商联、区知联会和统战组织负责人，并举行政党协商座谈会。组织开展“暑期政党协商会”，各统战团体负责人和党外代表人士开展谈心谈话和实践学习。组织召开雨花区统一战线调研协商座谈会，围绕“基层如何做好新时代党外代表人士思想政治引领工作”，邀请民主党派、知联会负责人及部分党外代表人士、街道统战委员广泛征求意见建议，为工作开展建言献策。以“参政党基层组织建设年”为契机，支持各民主党派（知联会）完善自身建设，健全理论中心组学习制度、组织生活会制度等系列制度建设，提升参政议政履职能力，撰写提案建议、调研报告、社情民意等135篇。拓宽建言献策渠道，引导支持各民主党派开展专项监督，成立全区“营商环境特约监督百人团”，开展专项民主监督工作223次。召开特约人员工作专题协商座谈会，组织民主党派成员参加区政协民主评议“蓝天保卫战”“集中观察日”活动、“关于统筹推进高铁会展新城建设”专题协商会、重点片区“多规合一”专题协商会议。（曾　锦）

【经济统战】 2019年，雨花区健全政企沟通机制，举办全区高规格政企恳谈会，区“四大家”主要领导、36家职能部门和115名辖区内企业家代表面对面沟通交流、现场交办问题；组织召开街道、部门单位等座谈会10余场。完善企业诉求交办制，受理企业各类诉求问题211个，办结203个，8个因特殊情况一时无法办结的问题及时反馈答复。设立全省首家区级总商会商事调解中心，成功调解纠纷112起，涉案标的2773万余元。成立全区“营商环境特约监督百人团”，开展专项民主监督223次。实现全区市级“四好”商会全覆盖。成立雨花区企业家学院并组织辖区内96名企业家代表参加首期培训班。联合区金融事务中心召开银企对接会3场，为5家企业融资2100万余元；协调邮政银行到红星冷库召开银企对接会议，发放贷款1500万元。动员基层商会和会员企业投身招商引资一线，引进腾讯（长沙）智慧产业总部、景园大厦、上海建纬（长沙）律师事务所等项目，总投资3亿余元。举办“雨花小微直通车、为创业梦想提速”“减负宣讲进市场、企业赋能增活力”及雨花区创新创业大赛等系列活动。（曾　锦）

【党外干部工作】 2019年，雨花区委坚持把党外干部的教育培养、履职考察、提拔使用纳入重要议事日程，与全区干部工作统一部署，统筹安排，统一推进。各民主党派（知联会）不断加强代表人士队伍建设。贯彻落实党中央和省市委关于党外干部选拔任用有关要求，对人大、政府、政协、两院领导班子和人大、政协委室主任、副主任党外领导干部全部实现应配尽配。推荐傅强、邓运姣、宋旦3人入选市首届“同心人物”称号，孟繁英等11名被评为长沙市统一战线“70年70人”主题宣传典型人物。（曾　锦）

【民族宗教工作】 2019年，中共雨花区委常委会、区委理论学习中心组专题学习两次，举办全区民族宗教工作业务培训会5期，推动民族宗教法规政策纳入区委党校专题教学计划，实现区级、高校、街镇、社区全覆盖，培训500余人次，赠送印发书籍1500余本。落实“三级网络两级责任制”〔区、镇（街道）、村（社区）三级网络，镇（街道）、村（社区）两级责任〕，“去三化”（宗教化、神秘化、庸俗化）专项整治实现全覆盖。通过举办书法比赛、参加升旗仪式等引导宗教界人士弘扬爱国爱教优良传统。指导左家塘街道牛角塘社区、湖南高桥大市场股份有限公司被评为全国、全省民族团结进步创建示范单位，井湘社区被评为全市民族团结进步创建示范社区。（曾　锦）

【“同心”工程】 2019年，雨花区指导湖南雨花非遗馆被评为省级同心项目；长沙群英会、砂子塘街道砂子塘社区、宋旦汉字艺术博物馆和跳马镇石燕湖村被评为市级同心创建工作点。对接乡村振兴、脱贫攻坚等战略部署，引导统一战线组织和成员积极开展“同心活动”，实地调研同心美丽乡村建设情况7次，牵头草拟《雨花区同心美丽乡村建设实施方案》，组织开展系列活动，助力乡村振兴战略，举办“美丽石燕湖·同心奔小康”系列主题活动，为跳马镇脱贫攻坚、产业发展、生态环保、乡风文明、基层治理等工作献计献策，开展公益服务。组织各民主党派、工商联、无党派人士聚力脱贫攻坚，筹集137万余元爱心物资和助学款对口帮扶桑植县。牵头负责社会扶贫工作，组织开展系列帮扶活动；聚力共建同心美丽乡村。（曾 锦）

机构编制

【概况】 中共长沙市雨花区机构编制委员会办公室（简称“区委编办”）是区机构编制委员会的正科级办事机构，承担区委编委日常工作，负责全区行政体制机制运行和机构改革以及机构编制日常管理等工作，列入区委工作机关，对外使用长沙市雨花区事业单位登记管理局名称，正科级，归口区委组织部管理。核定行政编制7名，领导职数3名，实配领导3人；全额拨款事业编制4名，实有人员3人。下设雨花区机构编制实名制信息中心，负责全区机构编制实名制工作，核定领导职数为主任（副科职）1名，实配领导1人。2019年，全体在职干部职工数10人，其中行政编制7人，事业编制3人；雇员1人；退休干部4人。党员共14人，其中在职党员10人。

2019年，区委编办为促进全区经济社会发展提供坚强的体制机制保证。严格落实党风廉政建设责任制，贯彻落实“三重一大”事项决策制度和“一岗双责”制度要求，严格执行“一把手”不直接分管人事、财务、工程建设等制度。定期向派驻纪检组报告领导干部廉政谈话情况和提醒谈话情况，及时完成廉洁家访活动。通过“微党课”和观看警示教育片等形式，进一步加强廉政宣传教育。加强党建工作，开展“不忘初心、牢记使命”主题教育，持续推进“两学一做”学习教育常态化制度化，全面落实新时代党的建设总要求。重视党员学习教育。组织党员干部认真学习政治理论，充分用好报刊、板报、宣传栏等传统媒体和“学习强国”APP，做大做强正面宣传。以“主题党日”活动为抓手，注重实地学习与理论学习相结合。严格执行“三会一课”制度，及时听取党员意见。落实“双报到”“双报告”制度，党支部前往联点街道报到，党员前往社区报道，实现联系服务群众常态化；坚持每月按时开展“主题党日”活动，进一步增强党员理想信念；发展1名预备党员、确定1名入党积极分子；组织开好支部组织生活会，持之以恒查摆和解决突出问题；及时做好支部委员换届选举，12月，单独成立区委编办党支部。区委编办被授予“重点工程建设协调服务先进单位”、雨花区“全面深化改革创新奖”、“党风廉政建设工作考核一类单位”、全区综治工作考评优秀等级单位。（刘 麟）

【机构改革】 2019年，雨花区立足单位权责禀赋，有序推动机构改革工作，率内五区之先完成“四子”到位、党政机构“三定”规定拟订工作以及街道、镇机构改革工作，各项工作走在全市前列，高质量完成机构改革任务。突出党的领导，规范行政机构职能和机构设置，对涉及党中央集中统一领导和国家法制统一、政令统一、市场统一职能的机构对标对表、不打折扣地设置。新设区委网信办、区委巡察办等行政机构，将区民宗局等事业单位调整为行政机构。全区改革后，区委、区政府共设置党政机构35个，其中区委机构9个，区政府工作部门26个，切实保障党对各项工作的全面领导。在“三定”拟订过程中，以“机构精简、避免重叠、职责统一、避免交叉、各司其职、高效运转”为指导思想，划转调整职责130项，为发改、民政、应急管理等部门厘清职责边界29项，为全区各单位协同高效运转奠定坚实的基础。坚持按照“精简效能、从严从紧”的原则审核各单位内设机构的设置，简化各单位办事层级，有效推动各部门单位业务骨干回归工作一线。突出去行政化，引导事业单位回归公益属性。全面调研全区事业单位，收集、梳理、剥离18家事业单位的93项行政职能。改革后，除行政执法机构外，不再保留或新设承担行政职能的事业单位。撤并事业单位41个，收回事业编制296名，初步解决事业单位总体规模偏大、资源配置不合理等突出问题。加强对民生事业单位资源配置，充分考虑各部门单位工作实际情况，对职能增加的部门，通过增设事业单位或核增事业编制的方式，使编制核定与工作任务相匹配，新建全额拨款事业单位12家，为妇幼保健计划生育服务中心、应急事务中心等服务基层民生的事业单位核增事业编制194名。根据全面深化改革的总体要求和部署，深入各街道（镇）调研，全面了解各街道（镇）在机构设置、职能职责划分等方面存在的问

2019年10月18日，雨花区机构编制工作调研座谈会　（刘 麟 提供）

题和困难，搜集街道（镇）建议和意见65条，为街道（镇）机构改革决策部署提供依据。按照贴近基层、就近管理、服务便捷的原则，突出街道（镇）基层党建、公共管理服务、公共安全等职能，取消街道招商引资、协税护税职能，将街道（镇）工作重心转化为优化公共服务，引导街道（镇）回归民生服务主业。全面推行街道（镇）大部门制改革，对应街道（镇）职责，打破街道（镇）与区职能部门一一对应的机构设置模式，对街道（镇）各类机构设置进行优化重组和归并整合。将原“7办+6中心”整合瘦身为街道的“5办+1队伍+3中心”和跳马镇的“6办+1队伍+4中心”。理顺街道（镇）条块关系，出台《关于进一步规范街道（镇）内设机构职能职责对应、中层干部管理相关事项的通知》和“雨花区街道机构改革职能对应表”，明确区直部门与街道（镇）内设机构、事业单位的联系对应原则，确保街道（镇）机构减少，工作质量不降低。（刘　麟）

【机构编制管理】　2019年，雨花区强化机构编制管理，统筹谋划并全面优化全区公办幼儿园机构设置与编制核定，将原核定的全区公办幼儿园差额拨款事业编制予以上收，重新核定其全额拨款事业编制，系统梳理集团化办学经验情况并形成专题调研报告，通过集团化办学及编制再配备举措，为解决公办幼儿园“缺口大”“师资紧”“运转难”等难点问题提供机构编制保障。统筹调整区纪检监察信息中心、区人大代表服务中心、区政协委员服务中心、区人才队伍建设工作中心等系列重点领域的编制事项，为各项工作顺利开展做好服务保障。以机构编制实名制管理为依托，实现机构清、编制清、领导职数清、实有人员清，开具编单312份，涉及人数735人。统筹使用编制资源，积极主动服务大局，收回部分单位节余事业编制，缓解重点领域用编的供需矛盾。（刘　麟）

【事业单位登记管理】　2019年，雨花区办理事业单位法人设立登记21家，变更登记119家，补领登记1家，注销登记11家，完成全区176家事业单位法人年度报告公示。为16家利用国有资产举办的幼儿园办理设立登记，赋予其独立法人地位，助力解决社会急需的公益服务问题，更大程度地满足群众生活的实际需求。完成机关统一社会信用代码赋码14家，变更机关、群团办理统一社会信用代码信息14家，注销机关统一社会信用代码7家。有序推进中文域名注册和网站挂标工作，办理中文域名288条，挂标网标87个，进一步提升全区网上名称管理工作规范化水平。（刘　麟）

【编外合同制人员管理】　2019年，雨花区规范全区编外人员管理，印发《关于进一步规范全区编外人员管理工作的通知》，通过规范管理模式和明确管理要求，有效破解编外人员“数量不清、类别不明、管理责任不到位”的难题。对2013年以来未经区委机构编制委员会审批，通过其他途径进入的408名编外人员管理方式进行明确和分类，并对其中76名编外人员核定雇员实名管理数额。明确各街道（镇）本级编外人员限额，核定街道（镇）雇员实名管理数额502名，有效解决基层用工不足和编外人员管理不规范问题。开展编外人员抽借调审核备案工作，办理编外人员抽借调40起。有效规范编外人员跨单位使用。探索协管员向网格员身份转变，按照区网格管理服务工作需求，将200名符合条件的城管协管员转变为网格员，进一步激发编外人员队伍活力，提升用人效率。（刘　麟）

【数据库建设】　2019年，雨花区按照“严控总量、统筹使用、有减有增、动态平衡、保证重点、服务发展”的思路，结合实际，制定《雨花区区直党政群机关控编减编工作方案》。完成机构改革人员（含编外人员）转隶审核、全区事业单位招聘余编审核、区内人员流动调配审核等多项人员编制的审核工作，以机构编制实名制管理为依托，实现全区人员编制调整流动清楚有序，开具个人编单515份，单位集体编单56份，涉及人数1092人。统筹谋划调整使用各类人员编制，采取在数额内，先行借用50个全额拨款事业编制用于教育系统教师的招考，缓解逐年递增的就学需求和现有教师编制数量严重不足的矛盾。调整优化乡镇卫生院机构编制管理，将跳马镇中心卫生院原备案管理的46名工作人员全部调整为差额拨款事业编制实名制管理，并明确今后跳马镇卫生院在编制数额内通过公开招考的方式进入的人员可一并纳入实名制管理，实现乡镇卫生院人、编、岗一一对应的目标。（刘　麟）

【群众工作】　2019年，雨花区委编办与廖家湾社区实行结对帮扶工程。坚持每月27日、28日到社区开展群众工作，倾听社区党员群众心声，帮助解决实际困难。结合党员志愿服务工作，定期组织党员前往社区开展志愿服务活动。同时利用春节、端午节、中秋节等节日，对社区困难党员、群众进行3次慰问。精准帮扶浏阳市社港镇新光社村贫困户4户，通过开展入户调查，逐户上门填报各类统计资料，调查了解帮扶对象生活开支、居住条件、家庭劳力和产业发展等情况，及时补充和完善档案内容，实现‘一户一档”动态调整。坚持传统节日慰问帮扶对象，鼓励贫困户树立脱贫信心，发扬自力更生精神，激发改变贫困面貌的干劲和决心，靠自己的努力改变命运。（刘　麟）

【区委机构编制委员会会议】　2019年7月1日，雨花区委机构编制委员会第一次会议传达学习习近平在中央机构编制委员会第一次会议上的讲话精神；审议通过《中共长沙市雨花区委机构编制委员会工作规则》《中共长沙市雨花区委机构编制委员会办公室工作细则》《长沙市雨花区机构编制审批程序》《长沙市雨花区2019—2023年控编减编方案》。8月29日，雨花区委机构编制委员会第二次会议审议通过《关于进一步规范全区编外人员管理工作有关事项补充通知》；明确区直部门部分编外人员管理方式分类；审核认定涉改区直部门编外人员转隶后数额；审核明确街道（镇）

本级编外人员限额；决定升级改造编外人员实名制管理系统。10月17日，召开区委机构编制委员会第三次会议，审议通过区行政审批服务局、区公共工程建设中心划转雇员实名管理人员数额的申请；审议通过跳马镇和左家塘街道增核雇员实名管理人员数额的申请。（刘　麟）

党校教育

2019年2月21日，雨花区干教领导小组会议　（蔡琳琼　摄）

【概况】 中共长沙市雨花区委党校是区委领导下培养党员干部和理论骨干的学校；长沙市雨花区行政学校是雨花区公务员和专业技术人员的重要培训基地，承担全区党员干部的培训和教育工作。两校合署办公，一套人马、两块牌子，简称“党校”。总建筑面积12500平方米，拥有办公楼一层13间，教学楼（教室5间），能容纳300人学习的多功能报告厅1个，装配电脑40台的多媒体教室一间，实训室一个，图书藏量2万册，光纤网络和教学监控相连，天地两网设备齐全。党校实行校委负责制，校长由区委副书记担任。下设办公室、理论教研室，核定编制15名。2019年，在编在职干教职工12人，其中：副县级领导干部1人，正科实职领导干部2人，副科实职干部1人，专业教学科研人员7人，后勤保障人员1人。

2019年，雨花区委党校贯彻落实《中国共产党党校（行政学院）工作条例》，围绕“打造一流品牌、创新一套机制、锤炼一支队伍、推出一批经验”的“四个一”办学目标，紧密结合区委、区政府的中心工作设置主体班次，科学安排培训内容，紧密结合雨花实际，积极开展难点、热点问题研究，致力将科研成果转化为决策依据。利用教学资源优势，积极开展送课下基层活动，推进学习宣传贯彻习近平新时代中国特色社会主义思想和中共十九届四中全会精神，提升学员们的党性修养、履行岗位职责等能力。（蔡琳琼）

【干部培训】 2019年，雨花区委党校建立和完善包括高校教师、上级党校教师、各级领导干部、专家顾问团成员、本校优秀教师、普通党员干部在内的师资信息库，为教学提供有力的师资保障。举办主体班24期（其中异地主体班7期），培训3552人次，承办联合班56期，培训8266人次；5月，率全省区级党校之先，开办为期9个月的2019年雨花区社区（村）后备干部精英班和为期1周的雨花区村、社区（筹委会）书记培训班，区委书记张敏为村、社区（筹委会）书记培训班作开班动员讲话，并以《中国共产党支部工作条例》相关内容和要求授课，全区各村、社区（筹委会）书记167人参加培训。举办异地培训班8期，分赴延安、梁家河、井冈山、西安、深圳、厦门、上海、杭州、苏州等全国知名党性教育基地和双一流大学开展党性锻炼和理论业务素养提升，得到区委的认可。（蔡琳琼）

【教学管理】 2019年，雨花区委党校按组织之需、岗位之需、个人之需设置培训内容，党的理论教育和党性教育课程纳入各培训班教程，形成以党的理论、党性修养、领导艺术、省市区情为主要内容的教学结构体系，以适应形势任务的发展变化和干部知识更新、能力提高的需要。实行“统一申报、统一标准、统一审核、统一管理”，规范经费管理。健全制度体系，优化工作流程，确保各项工作有章可循。严格落实考勤制度、重大事项民主决策制度、新课试讲评教制度、科研论文研讨审核制度及科研项目申报制度，提高党校工作服务大局的效能。科学制定教学方案，精选名师名课，提高培训的针对性、实效性。严格执行学员考核制度，对学员的综合考评更加科学，更加全面。把从严治学，“讲纪律、守规矩”严格落实在异地培训全过程，试行钉钉考勤定位平台，建立学员动向实时跟踪系统，提高学员管理效率和监控效果，未出现一例违纪现象和安全事故。党校教师人均授课40堂以上，7月，4名教师被市委组织部聘请担任长沙市党员教育培训骨干讲师，聘期5年，被聘请人数居全市区县级党校第一。（蔡琳琼）

【科研工作】 2019年，雨花区委党校坚持科研服务区域中心工作，教师深入基层、面向一线，掌握最新一手资料，促使科研成果更加落地务实。借助宣传部门、政研部门、省市党校及科研院校的宣传推介平台，加快成果转化，有效地将科研成果用到实处。《雨花区坚持基层党建引领创建“零上访、零事故、零发案”街道社区的调查与思考》《党建引领集体经济发展的经验与启示——以雨花区红星村为例》《雨花区基层党员干部担当精

神培育路径的探索与思考》3篇课题调研论文获得2019年湖南省委党校系统理论研讨会二等奖。（蔡琳琼）

【学习研讨会】 2019年10月13日，雨花区委党校（区行政学校）举办《中国共产党（行政学院）工作条例》学习研讨会。学习研讨会由区委党校常务副校长周敏主持，副校长毛玉生全文领学《中国共产党党校（行政学院）工作条例》，副校长张兴义领学《2019—2023年全国党员教育培训工作规划》，副校长龚剑新领学《新时代爱国主义教育实施纲要》。全校教职员工结合科室工作做交流发言。雨花区委副书记、党校校长陈永高参加研讨会。（蔡琳琼）

史志档案

【概况】 长沙市雨花区史志档案局为区委直属事业单位，主要职能是负责全区档案管理和保护、利用、档案宣教执法、史志编研及党史、区志宣传教育工作。2019年3月，区史志档案局承担的行政职能划入区委办公室，改为区档案馆，对外加挂区委党史研究室、区地方志编纂室牌子，为区委办公室所属正科级公益类事业单位。区委办公室对外加挂区档案局牌子。区档案馆内设办公室、档案科、史志科。核定编制8名，其中领导职数3名；全体在职干部职工数13人，其中引进人才1人，雇员5人；退休9人；党员20人，其中在职党员11人。办公地点设在雨花区人民政府机关大院文化中心。

2019年，区档案馆加大史志、档案宣教力度，加强编史修志和档案管理利用工作，以数字档案建设与年鉴编纂、街镇简志编纂工作为重点，推动史志档案工作不断向前发展。实现《雨花年鉴（2018）》公开出版，《红色记忆（第五辑）》出版，完成《雨花街镇简志》政府采购相关工作，协调推进《黎托乡志》与《洞井镇志》的编纂工作，完成档案馆馆藏数字化（二期）项目，接收8家涉改单位的档案移交，接待档案查阅人员2700余人次。（唐清明）

【党史工作】 2019年，雨花区委党史研究室开展党史“四进”活动，向社区赠送大量党史宣传资料。充分利用微信、微博等新媒体，宣传正能量的党史事件和党史人物，努力与“历史虚无主义”作斗争。结合“不忘初心、牢记使命”主题教育中认真学习党史、新中国史的要求，党史联络组成员多次到区直单位、街道、社区等以党史为主题讲党课。推进红军攻打长沙纪念园建设，完善园区设计方案，彰显红色主题。协助配合中国共产党长沙历史馆建设，开展党史文物征集工作，收集相关照片130余张。其中，通过搜寻馆藏资源获得华国锋在郊区、原长沙市郊区办公楼、郊区渔场、郊区生产队等照片；实地拍摄长沙鼓风机厂、长沙卷烟厂、友谊商场、长沙市妇幼保健院等照片，通过区直部门及街道征集长沙火车南站、浦沅机械总厂、砂子塘小学、提质前后的高桥大市场、省植物园等照片。原长沙市郊区办公楼、浦沅机械总厂、东塘百货大楼、火车南站先锋队等20余张文物照片被中国共产党长沙历史馆采用陈列。收集整理70名革命烈士的有关资料，相关图片共370张。配合《湖湘红色基因文库》之《红军两次攻打长沙》的书稿撰写工作，提供有关红军攻打长沙的资料。以“中华人民共和国成立70周年”为主题，完成《红色记忆（第五辑）》编印工作。加强党史理论研究，到刘少奇天华调查纪念馆、陈树湘烈士事迹陈列馆、影珠山抗战遗址文化公园、浏阳县苏维埃第一次工农兵代表大会旧址、红一方面军成立旧址（李家大屋）、唐亮故居遗址和生平事迹陈列室等地参观学习，深化对长沙党史资源的认识把握。区委党史研究室和党史联络组组织相关人员赴云南省腾冲市，考察中国远征军抗战遗址，深入研究和把握中国军民浴血奋斗的抗战经历。撰写党史相关文章20篇，其中关于“党史答疑”的文章有《毛泽东在1920年——毛泽东是如何走上革命道路的？》，关于“红军攻打长沙”的文章有《红军攻打长沙纪念园红色主题的打造与提升》《红军二次攻打长沙中的相关人物》等4篇，关于“郊区革命与经济发展”的文章有《不忘革命先驱老书记滕代远的英雄足迹》《计划经济时期的农村生产力与生产关系——长沙市郊区农村实录》。（唐清明）

【地方志工作】 2019年，雨花区开展庆祝国务院颁布《地方志工作条例》13周年地方志宣传活动。推进《洞井镇志》与《黎托乡志》编纂工作，与洞井街道、黎托街道相关负责人专门就出版印刷相关工作进行联络、座谈，业务指导《洞井镇志》与《黎托乡志》的评审、招标、印刷、出版等工作，从出版物规定、地方志事业发展形势要求、保证志书质量、志书宣传和利用等多个方面建议两本乡镇志书公开出版。修改补充乡镇（街道）简志稿件，重点补充完善能够代表地域特点、历史文化、发展成果等内容，全方位反映雨花区各个街、镇的发展历程，并推进《雨花街镇简志》公开出版，完成政府采购并实现与方志出版社签订出版协议。按照“一年一鉴”要求，完成《雨花年鉴（2018）》公开出版。召开史志业务培训会，对全区史志专干进行培训。下发年鉴报送通知，收集到全区各单位年鉴文字资料102万余字，图片资料2100余张。完成《雨花年鉴（2019）》初稿编辑和政府采购工作，进入校审及印刷阶段。在全区开展雨花区2018年度人物、年度事件推荐活动，收集整理年度人物4个、年度事件14个，并向市地方志编纂室推荐报送。（唐清明）

【档案工作】 2019年，雨花区档案馆出台《机构改革档案处置管理办法》，对各涉改单位的档案进行分类统计，对重点单位进行上门调研，业务指导，8家涉改单位移交文书档案2149盒，目录133盒，会计档案219卷（盒），声像档案11盒，实物（奖牌、奖杯、锦旗等）299件，专业档案（法制办案件档案）229卷，公务档案4人共217篇文件资料。档案馆馆藏数字化（二期）项目全面完成并通过专家组验收工作。完成长沙市“四级九统”政务服务事项目录清单、权利清单及实施清单的填报工作。开展“邻里一家亲，欢乐百家宴”暨“6·9”国际档案日宣传活动。组织开展“新中国的记忆”主题征文活动，收集并上报文章20篇。完成全国档案信息统计工作，35家区直部门单位参加统计数据的录入。做好库房温湿度记录。不定时对库内档案进行数量和保管状况全面检查、记录，定期对档案进行除尘、消毒，定期清理库房卫生。完善档案数字化工作的进出库管理制度，做好档案数据备份等工作。开展档案工作人员业务知识培训。区档案馆接收婚姻档案670卷、农村土地确权档案近2000卷。接待档案查阅人员2700余人次，其中婚姻档案查询1962人次，建房档案查询196人次，查阅招工分配工作档案381人次，电话咨询、查档485人次，利用卷宗近3527卷，复印档案2万余页，为档案利用者办理出国、养老保险、退休、房产交易、机关干部档案核查等事项服务。（唐清明）

【红军攻打长沙纪念园红色主题打造】 红军攻打长沙是雨花区重要党史资源。2016年，长沙市郊委党史办原主任毛步高、湖南省军区党史办原主任曾纪荣联名撰写《关于要求恢复红军攻打长沙革命遗址为爱国主义教育课堂和红色旅游基地的建议》。2017年，长沙市委党史研究室主任、市政协委员宋俊湘向市政协提交《长沙市政协十二届一次会议第339号提案》，建议尽快在雨花区原址恢复红一方面军总前委指挥部旧址。2017年10月12日，雨花区委、区政府宣布将在红一方面军总前委指挥部原址周边的白田社区建红色文化公园，由区园林局负责建设。2018年，完成该项目立项等前期手续。2019年3月进场施工，5月完成游廊、路面、广场、绿化等基本建设。2019年，雨花区委党史研究室针对由区园林绿化维护中心承建的红军攻打长沙纪念园（以下简称“纪念园”）红色主题不足、文化内涵挖掘不够等问题，采取多种措施，完善设计方案，彰显红色主题。4月11日，同升街道邀请毛步高到红一方面军总前委指挥部遗址接受《长沙晚报》记者的采访，区委党史研究室安排专人陪同并间接了解红色文化公园的建设情况。5月22日，雨花区党史老专家肖学源（原郊区人大常委会主任）、毛步高、易凤高实地考察红一方面军主题游园建设情况，要求纪念园建设必须主题鲜明，充分展现红军攻打长沙的英雄壮举，体现红军攻打长沙的意义，将该游园打造成红色教育基地，彰显雨花红色历史资源特色。6月21日，区委党史研究室召开“红一方面军主题游园”征求意见座谈会，重点听取区党史老专家对设计公司修改后的《红一方面军主题游园增补文化内涵设计方案》的意见建议，在采用红一方面军军旗造型建设雕塑、展示毛泽东关于“红军攻打长沙”的词、不在仿肖家祠堂主厅上方挂“作战指挥部”的匾额等方面达成一致。6月26日，区档案馆馆长周红雨向市委党史研究室汇报公园建设，就《红一方面军主题游园增补文化内涵设计方案》征求意见。宋俊湘对设计方案中有关纪念园名称、伟人雕塑等方面提出意见建议。7月2日，长沙市绿洲风景园林技术开发有限公司代表陈件明建议区委党史研究室聘请专门的文化设计公司对纪念园进行红色文化注入。7月3日，周红雨向市委党史研究室汇报公园建设，就《关于建设红军攻打长沙主题公园的报告》征求意见。7月4日，区委办常务副主任周洪灵实地考察公园建设情况，表示区委办将全方位支持区委党史研究室打造和提升好公园红色主题。同日，区委党史研究室召开座谈会，陈件明对已修改的设计方案进行介绍；毛步高建议在园区内展示红军攻打长沙的地图，将红军攻打长沙的经验教训示之后人。7月9日，区委常委、区委办主任周海毅实地考察公园建设情况，强调要充分挖掘红色主题的意义，做好与设计公司的对接，让专业的人做专业的事；要严格各项报批程序，抓好规范化建设；要把握好进度和质量，将其打造成雨花党史教育阵地。7月12日，市政协副主席文丽霞、省委党史研究室原巡视员夏远生及宋俊湘、毛步高等组成的评审组，实地考察公园建设情况，召开评审会。评审组提出意见建议：要提高站位，结合“不忘初心，牢记使命”主题教育，纪念好这一历史事件，成为雨花区乃至长沙市红色文化、党性教育的金字招牌；要完善方案，重点要对红色主题的内容和元素进行设计和打造；要加大投入，可以进行二次立项，解决好经费保障、用地扩规等问题；要加快推进，要把握时间节点、彰显纪念价值，在规定时间内完成建设；要发挥作用，将公园作为雨花区红色教育基地发挥作用，加大宣传，教育群众。7月15日，市委党史研究室回复雨花区《关于建设红军攻打长沙主题公园的报告》，强调该项目切实可行，分别从把握政治方向、扩增面积、突出时间节点、精选耐用材料、后期运维5个方面提出意见建议。8月1日，区委党史研究室考察浏阳市红一方面军成立旧址（李家大屋）等地，为公园建设积累红色素材，提供有利参考借鉴。8月23日，区委党史研究室召开红军攻打长沙纪念园专家复审会。夏远生、宋俊湘对湖南柏加建筑园林（集团）有限公司的设计方案进行评审，从军旗雕塑、浮雕、沙盘以及文字内容等方面提出意见建议。会后，夏远生、宋俊湘对设计方案进行反复修改完善，分别于8月29日、9月4日向区委党史研究室反馈修改意见，表示经修改完善后，同意公园按照设计方案进行打造和建设。9月5日，区委党史研究室在区政府大院文化中心召开红军攻打长沙纪念园专家终审会，邀请肖学源、毛步高、易凤高对设计方案进行终审。专家认为该设计方案已能较为全面、客观、真实地反映红军两次攻打长沙的历史事实，一致同意该设计方案通过评审，并从景观散石、后期宣传等方面提出意见建议。修改后的设计方案明确以“红军攻打长沙纪念园”为主题打造园区建设，通过军旗雕塑（精神堡垒）、情景沙盘、场景浮雕、刻字景石、历史陈列展示长廊等多种形式，全面、客观、真实展现红军攻打长沙的指挥场景、战役场景、战役精神、历史史实及思想意义等，作为雨花区红色爱国主义教育基地来打造。此后，区园林绿化维护中心根据评审意见，出具

公园施工图，加快项目建设进度，打造具有雨花特色的红色主题纪念园。（唐清明）

【雨花区革命遗址普查】 2019年7月，雨花区委党史研究室对辖区内革命遗址遗迹概况、现状、作用开展调研，以2009年至2013年原省委党史研究室牵头组织的全省革命遗址普查成果（雨花部分）为基础，全面准确收集相关信息，普查革命遗址6个，形成“雨花区革命遗址明细表”并上报。革命遗址分别为：环保东路红一方面军总前委指挥部遗址、左家塘街道红花坡社区近郊区农民复仇大队成立会遗址、同升街道桃阳社区筹委会长沙南乡苏维埃临时政府成立会遗址、黎托街道潭阳社区筹委会潭阳州战役遗址、跳马镇石燕村石燕支部遗址、跳马镇关刀新村杨春林墓。

（唐清明）

【《红色记忆（第五辑）》出版】 2019年3月，雨花区史志档案局以“中华人民共和国成立周年70”为主题，向全区印发《红色记忆》征稿通知，启动《红色记忆（第五辑）》编印工作。收集文稿40余篇。12月，由中共长沙市雨花区委员会主办、区档案馆（区委党史研究室）组织编纂的《红色记忆（第五辑）》完成出版。全书设党史答疑、历史主题、赤子情怀、兰台记忆、民生巨变、探索发展6个板块，共333页，24.7万余字，图片51张。（唐清明）

【《雨花年鉴（2018）》公开出版】 2019年2月，由长沙市雨花区人民政府主办，长沙市雨花区年鉴编纂委员会编纂的《雨花年鉴（2018）》，由方志出版社公开出版发行。该书系统反映雨花区2017年度自然、政治、经济、文化、社会等方面情况。《雨花年鉴（2018）》设29个部类118个分目1400余个条目。全书568页，103.9万余字；彩页46页，图片145张；正文插图189张；表格33个。

（唐清明）

【史志业务培训会】 2019年3月13日，雨花区史志档案局召开史志业务培训会。全区各部门单位、街道（镇）年鉴组稿人参加培训。区史志档案局副局长尹亿民主持会议，回顾2018年雨花区史志工作所取得的成绩，安排部署2019年史志工作。史志科科长刘科明宣读《关于报送〈雨花年鉴（2019）〉稿件的通知》，对相关撰稿要求进行说明；史志科刘小华宣读《关于雨花党史丛书〈红色记忆〉的征稿通知》，对征稿要求进行说明；史志科唐清明以《如何编写好〈雨花年鉴（2019）〉》为题授课，通过具体实例有针对性地指导各单位年鉴组稿人编写稿件。（唐清明）

【档案业务知识培训】 2019年7月25日，雨花区档案馆开展为期1天的档案工作人员业务知识培训，72个区直部门、街道（镇）和165个社区（筹委会）、村的档案专干参加培训。区档案馆副馆长向斌要求在机构改革之后，及时做好2018年的档案归档工作。培训主要讲授机关档案管理规定、城市社区档案管理办法、村级档案管理办法以及文书档案、声像档案归档整理规则，并围绕档案保管期限、归档范围、档案整理流程、档案的鉴定与销毁和档案的利用等，理论联系实际，讲解实际操作中遇到的各种问题，结合实体档案解答问题。（唐清明）

【“5·18”地方志宣传活动】 2019年5月21日，雨花区档案馆（区地方志编纂室）在洞井街道植物园社区组织开展地方志进社区暨《洞井镇志》座谈会，纪念国务院颁布《地方志工作条例》13周年。区档案馆馆长周红雨、副馆长尹亿民及全体干部职工，洞井街道工委副书记文健雄、工委委员王扬，《洞井镇志》编辑部及社区相关人员参加活动。区档案馆在植物园社区宣传栏悬挂地方志宣传横幅，参观社区的党建红色展览馆并提出意见建议，向社区赠送《雨花区志》《雨花年鉴》《长沙史话》《红色记忆》等宣传资料及地情书籍，宣传依法修志，介绍长沙市和雨花历史文化。在社区邻里中心会议室召开座谈会，会议由尹亿民主持。植物园社区书记邓敏介绍社区基本概况，重点说明植物园社区“红色党建”与“绿色环保”两大特点。《洞井镇志》编辑部代表唐静介绍《洞井镇志》进展情况，所遇到的困难以及下一步的打算。区档案馆业务人员有针对性地就如何推进《洞井镇志》早日出版发行提出意见建议。尹亿民指出，要重视地方志；要宣传地方志；要做好地方志各项工作。周红雨强调要将《洞井镇志》打造成雨花区地方志书的特色亮点。文健雄代表街道做表态发言。（唐清明）

【“6·9”国际档案日宣传活动】 2019年6月4日，雨花区档案局、区档案馆联合圭塘社区开展“邻里一家亲，欢乐百家宴”暨“6·9”国际档案日宣传活动。活动围绕“新中国的记忆”主题，宣传《中华人民共和国档案法》，普及民生档案知识，汇聚新老邻里，喜度传统佳节，共忆激情岁月。现场，悬挂档案宣传横幅、张贴档案宣传图片、发放《长沙史话》《红色记忆》等书籍及宣传资料，对档案法律法规以及与百姓息息相关的档案知识进行系统的宣传展示，引导广大居民关注档案、走近档案，增强档案意识。区档案馆副馆长向斌致辞，强调档案存凭、留史、资政、育人的重要作用。活动上演舞蹈《祝福祖国太平吉祥》、走秀《黄鹤楼》、太极拳《陈式十三太极》、大合唱《最美的歌唱给妈妈》等节目，节目中穿插档案知识问答。区档案馆对社区困难群众和优秀志愿者进行节日慰问。圭塘社区总支部委员会向馆长周红雨颁发社区红管家工作室“党的政策宣讲员”聘书。宣传活动后，档案馆干部职工与社区居民一起包粽子、包饺子，共享百家菜。（唐清明）

【市地方志编纂室调研地方志工作】 2019年10月12日，长沙市地方志编纂室党组书记、主任王习加一行4人调研雨花区地方志工作。会议由区委办常务副主任周洪灵主持，区档案馆副馆长尹亿民专题汇报全区地方志工作开展情况。市地方志编纂室相关负责人分别从中国名镇名村志、乡镇街道简志、地方志信息化建设等各方面进行业务指导。区委常委、区委办主任、区直机关工委书记周海毅从领导重视、经费保障、编纂成效等方面对雨花区地方志工作进行介绍，表示雨花区委、区政府将进一步提高站位强信心，提高把关强质量，服务大局强责任，优化保障强队伍。王刁加认为雨花区地方志工作具有领导重视、保障有力、主业抓得紧、任务完成出色、服务经济社会发展显著等特点，对地方志工作机构职责、挂牌、任职等方面提出意见建议，强调要将地方志工作当成事业来抓，切实做到依法治志，进一步围绕中心全面推动地方志工作。（唐清明）

【市党史部门调研雨花区】 2019年11月11日，长沙市委党史联络组副组长唐得之、市委党史研究室副主任蒋志飞一行4人调研雨花区党史和党史联络工作，实地考察同升街道白田社区红军攻打长沙纪念园项目现场，了解项目实际进展情况及特点。蒋志飞主持召开座谈会，区档案馆馆长周红雨汇报雨花区党史暨党史联络工作情况，杜正国介绍党史联络组老同志在史料征集、宣传教育、党史研究等方面所发挥的作用。区委常委、区委办主任、区直机关工委书记周海毅表示将写好党史，用好党史，抓好结合；创新党史工作，坚持开门写党史、合力抓党史、服务用党史；落实保障责任，确保党史工作顺利开展。唐得之要求，要充分结合“不忘初心、牢记使命”主题教育活动，打造党史宣教阵地，发挥党史应有作用；要重点抓好红军攻打长沙纪念园建设，确保高质高效完成建设任务。（唐清明）

机关党建

【概况】 2019年，中共长沙市雨花区直属机关工作委员会（简称“区直机关工委”）并入区委办公室，区委办公室加挂区直属机关工作委员会牌子，负责区直机关党务、党建工作。组建区直属机关党员学习教育中心，为区委办公室所属副科级公益类事业单位。

2019年，雨花区直机关工委加强机关党建指导和督查，强化机关意识形态建设，扩大党建宣传，浓厚机关党建氛围，深化党风廉政建设，不断提升党员干部政治思想水平，规范机关党组织建设，加强区直机关各党支部的组织力、战斗力、凝聚力，促进机关党建质量不断提升。开展“五化”支部建设，组织区直机关在职党员进社区，发展新党员18人，按期转正党员15人，组织18名发展对象和52名入党积极分子参加区委组织部、区委党校联合举办的集中培训班，党建基层基础进一步夯实，机关党建质量进一步提升。（夏 青）

2019年6月4日，雨花区“6·9”国际档案日宣传 活动 （唐清明 提供）

【基层组织建设】 2019年，雨花区推进“五化”党支部建设，打造过硬支部，全面提升基层党组织的组织力。认定“五化”党支部1071个，占全区党支部总数的83.6%。3月，建立区直机关入党积极分子信息库，收集区直机关各总支、支部《长沙市入党积极分子信息库台账》和《长沙市入党申请人信息库台账》。4月，组织区直机关各部门单位党总支（支部）书记召开以党建工作—扫黑除恶工作为内容的部署会。9月，组织区直机关党组织书记60余人到西安、延安参加党性教育研修班，到延川县梁家河村开展《习近平总书记的七年知青岁月》现场教学，学习和感受总书记群众工作方法。规范党费的收缴、使用、管理。返还2018年度离退休党支部党费3.88万元至各离退休党支部；对照中组部相关文件要求，组织区直机关各党总支、支部按要求按时提交2016年至2019年一季度党费资料上交区委组织部接受审查，并对2019年党费收缴和管理进行自查，及时发现和整改党费管理和使用中的问题。64个机关党支部完成换届或补选工作，对27个涉改单位进行机关党建指导。认真细致做好党员统计工作。12月，组织区直机关55个单位完成党员统计工作。（夏 青）

【党员干部教育】 2019年，雨花区直机关工委组织全区机关单位深入开展“不忘初心、牢记使命”主题教育，专题轮训区直机关党组织书记124名，区委组织部、区直机关工委共同组织区直机关1400名党员干部分两期集中轮训，邀请前湖南省直属机关工作委员会常务副书记徐晨光、湖南省韶山市武装部部长余旭东给党员专题授课，激发党员干部强担当、敢作为，为财富、品质、幸福雨花建设贡献力量的热情。举办雨花区“不忘初心、牢记使命”主题教育先进典型巡回报告会进机关专场活动。邀请首届全国道德模范提名奖获得者——“当代孟母”田秀英进雨花区机关作宣讲，弘扬中华民族传统美德。8月，组织区直机关56个总支、支部党建专干赴浏阳开展党支部“五化”建设学习交流活动。10月，开展“不忘初心、牢记使命”主题教育中发展党员违规违纪问题排查，提高发展党员质量，保持党员队伍先进性和纯洁性。12月，组织区直机关54个部门、单位党建专干召开2019年度党员统计工作培训会议，部署党员统计工作。（夏 青）

【群团组织活动】 2019年，雨花区加强机关精神文明建设，坚持党建带群建，活跃机关党建文化氛围。组织区直机关党员干部签订《文明节俭操办婚丧喜庆事宜承诺书》，增强机关党员干部的节俭意识、法纪意识。为女干部、职工发放收纳与整理的书籍、电影券及生日蛋糕券、两张电影票，特聘请专家举办以“女性色彩风格诊断”为主题的知识讲座，庆祝“三八”妇女节。组织50名机关干部代表参加雨花区第11届“书香雨花”读书节暨“世界读书日”主题活动启动仪式。开展区直机关“最美家庭”评选活动，推荐3户“最美家庭”参与2019年度雨花区“最美家庭”评选。开展区直机关“我和我的祖国”征文征集活动。组织100名机关干部职工合唱队队员参加“祖国颂”雨花区庆祝新中国成立70周年群众合唱比赛；组织区直机关20支队伍报名参加“祖国颂”雨花区庆祝新中国成立70周年群众广场舞大赛；组织区直机关干部职工参与百万市民禁毒签名主题宣传活动；开展“平语近人”小楷书法竞赛活动，区直机关全体在职干部、职工参赛；组织区直机关62个机关党总支、支部组织全体公职人员签订《公职人员无违规参与娱乐服务场所经营活动承诺书》并如实填写“自查自纠工作登记表”；组织区直机关党建专干开展“传统文化与爱国教育”讲座。（夏 青）

【党员志愿服务】 2019年，雨花区直机关工委做好2018年度区级群众性精神文明创建活动先进集体和先进个人申报的推荐工作，向区文明委申报推荐区级文明单位8个、学雷锋优秀志愿服务组织4个、学雷锋优秀志愿者5人；制定2019年“重温雷锋精神·打造爱心之城”主题党日志愿服务活动方案，全年组织区直机关干部到长沙市爱福自闭症儿童教育中心、长沙市希望之家脊髓损伤者服务中心、长沙市恒爱之家助残公益服务中心、雨花区社会福利中心、跳马镇敬老院、跳马镇复兴村党支部、雨花区雨聆聋儿康复中心、雨花区晨阳自闭症康复中心8个志愿服务基地开展医疗义诊、文艺演出送健康、送文化等志愿活动；组织区直机关1691名在职党员“进社区”参与志愿服务活动，征集和展评主题党日优秀案例，并向长沙市直机关工委推送区工信局党组织的优秀主题党日案例；做好党内帮扶各项工作，春节期间走访慰问困难党员、老党员、连点社区困难群众共计60余人，发放慰问金4万元，发放慰问物资2万元。9月，组织区直机关干部职工无偿献血，107名机关干部职工参加，经过初筛体检，85人成功献血。（夏 青）

【主题教育先进典型巡回报告会】 2019年11月11日，雨花区直机关工委承办的《长沙市“不忘初心、牢记使命”主题教育先进典型巡回报告会》雨花区专场在雨花大礼堂举行，雨花区全体在职县级领导、雨花区机关各部门负责人参加报告会。贺光明、余海艳、甘厚美、陈剑、游端霞、刘映先、曹述球等11名报告团成员讲述自己的初心故事，为800余名党员干部带来一场入耳入脑入心的报告会，传递振奋人心的榜样力量。（夏 青）

【“当代孟母”田秀英宣讲】 2019年11月27日，雨花区直机关工委邀请被誉为“当代孟母”的首届全国道德模范提名奖获得者、山东省“十大优秀母亲”“十大孝老爱亲模范”“十大新闻人物”、泰安市“十大文明市民标兵”田秀英进行“雨花区感动人物进机关”宣讲活动。田秀英是山东省一名普通农村妇女，她用孱弱的双肩抚养严重烧伤的残疾儿子，儿子成长为北京师范大学经济教育管理学硕士；她毫无怨言地独自照顾瘫痪多年的公公，多次把失去生存欲望的丈夫从死神手中拉回，领养陌生人家重度烧伤的女孩…… 她用朴素真诚的语言，讲述自身家庭与命运抗争的感人经历，她用自己的行动教给孩子大爱、乐观、自信和感恩，展现人性的光辉，诠释母爱的伟大，弘扬传统文化大爱的精神。（夏 青）

雨花区人民代表大会

主要工作

【概况】 2019年，长沙市雨花区人民代表大会（简称“区人大”）设民族华侨外事委员会、监察和司法委员会、财政经济委员会、教育科学文化卫生委员会、环境与资源保护委员会、农业与农村委员会、社会建设委员会。雨花区人民代表大会常务委员会（简称“区人大常委会”）设办公室、选举任免联络工作委员会和办公室二级机构代表服务中心。机关干部35人。12个街道设立人大工作委员会，跳马镇设人大主席团。

2019年，雨花区召开人民代表大会1次，区人大常委会召开常委会议9次、主任会议14次，作出决议决定12项，任免地方国家机关工作人员152人次，开展专项工作评议2次、专题询问1次，组织视察和调研13次。（罗奇林）

【监督工作】 2019年，雨花区人大常委会按照《中华人民共和国各级人民代表大会常务委员会监督法》的规定，依法监督、突出重点、注重实效，认真行使监督职权。开展“项目推进雨花行”活动，听取区公共工程建设中心关于全区重点工程项目工作汇报，调研圭星小学及幼儿园、红星路、林科路、川河路等重点项目，提出针对性的意见建议，充分激发项目建设在高质量发展中的强劲动力。视察全市首个海绵城市建设示范项目——圭塘河井塘段城市“双修”及海绵示范公园PPP建设项目，支持政府开展圭塘河流域综合治理；视察雅塘冲路、石马文化公园、中城苑等项目，督促雅塘片区综合改造如期推进。听取区棚改工作汇报，察看左家塘街道劳动路BCD地块、雨花亭街道雅塘片区汽制和大吉棚改项目建设情况，提出加大保障投入、加快项目进度、改善群众居住环境的建议。组织5个调查组，收集反馈优化营商环境19个方面的问题，对10个区直部门开展优化营商环境专项工作评议，提出强化制度创新、强化整改问效、强化督促落实等审议意见，用更好的营商环境提升雨花的创造力、影响力、竞争力。深化财政预算审查监督，推动经济社会持续健康发展，听取和审议预算执行、预算调整、决算等报告，指出面对经济下行压力增大、财政收入增长困难的不利形势，区人民政府及其部门要坚定信心，树立过“紧日子”的思想，科学统筹财力，合理安排支出，做到稳增长、促改革、调结构、惠民生。听取政府性债务、税收征管、统计工作汇报，督促政府防范债务风险，强化征收调度，依法科学统计，精准服务高质量发展。优化区人大常委会预算联网监督系统，实时动态高效掌握财政收支情况。听取和审议区人民政府关于2018年度审计查出问题整改情况报告和审计查出问题的14个责任单位整改情况报告，并进行满意度测评，实现审计查出问题有效整改。创新建立区人民政府向区人大常委会报告国有资产管理情况制度，实现人大对国有资产监督的法治化、制度化、规范化，推动国有资产更好地服务雨花发展、造福人民群众。常委会组织被征地农民“两安”工作专题询问，围绕保障性住房、社保资金、村集体项目开发等方面，向区人民政府及相关部门、街镇提出14个问题，问出被征地农民“两安”的难点。发放调查问卷1876张、收集意见建议86条，开展教育专项工作评议，指出存在“保障力度不够、队伍建设有待加强、周边环境有待优化”等三大问题，并提出4条建议，助推教育工作高质量发展。听取全区2018年度生态环境保护工作报告，依法呵护蓝天白云、绿水青山。支持区人社局开展农民就业创业工作，举办技能培训2期，提供就业服务1258人次。开展防汛救灾专题询问和基层医疗卫生专项工作评议“回头看”，督促相关问题如期整改到位。视察全区社会救助工作，推动政府提高社会救助保障水平。听取民族工作汇报，持续开展“三湘农民健康行”“民族团结进步行”等活动，主任会议成员调研区公安分局扫黑除恶专项斗争工作，提出深挖彻查线索、形成工作合力等建议，推动扫黑除恶专项斗争向纵深发展。主任会议听取区人民检察院关于公益诉讼工作汇报，提出加大部门间线索共享、行动协作力度，护航经济社会发展等建议。配合上级人大完成对《中华人民共和国大气污染防治法》《中华人民共和国反家庭暴力法》《中华人民共和国归侨侨眷权益保护法》等4部法律的执法检查和4部法规决议草案的征求意见工作。审查规范性文件2件，处理涉法涉诉信访案件10件。以“推进刑事案件认罪认罚从宽制度，促进社会公平正义”为主题，推进“司法公正长沙·雨花行”活动。调研全区“谁执法谁普法”责任制落实情况和涉农共性案件审前会商机制，推动法治雨花建设取得新进展。（罗奇林）

【决定重大事项】 2019年，雨花区人大常委会坚持议大事决大事，听取和审议预算、审计、财政、环境保护、代表述职、议案建议等工作报告16个，并作出决议决定，实现坚持党的领导、人民当家做主和依法治国的有机统一。如听取和审议区人民政府关于旧城改造的有关议案，作出《关于批准雨花区人民政府将宏大家园旧城改造项目纳入区国民经济和社会发展计划报告的决议》，用法治的力量保障旧城改造顺利进行。（罗奇林）

【决定与任免工作】 2019年，雨花区人大常委会支持全面深化改革，坚持党管干部和人大依法任免干部的有机统一，根据机构改革后部门调整变化的需要，任免政府及其部门负责人33人次，为机构改革提供人才保障；贯彻党中央深化司法体制综合配套改革部署，任免区人民法院内设机构负责人45人次；落实新颁布的《中华人民工和国人民陪审员法》，改变由法院遴选提名的方式，采取以司法局为主、公安分局和法院配合遴选再由法院提名的程序，新任命人民陪审员61人。接受市、区人大代表辞职10人、补选9人。（罗奇林）

【代表工作】 2019年，雨花区人大常委会坚持尊重代表、依靠代表、服务代表，按照拓展平台、完善机制、促进履职的思路，进一步发挥代表主体作用，确保代表为人民掌好权、履好职、服好务。升级履职活动平台，指导完成13个街镇人大代表活动室升级改造，实现履职平台建设的制度化、标准化、规范化。创新履职激励机制，出台《雨花区人大代表优秀议案和建议评选表彰办法》《2019年优秀人大代表和先进人大工作者评选活动方案》，评选出优秀人大代表25名、先进人大工作者10名。突出履职宣传工作，《长沙人大》报道方荣国、李章等代表的先进履职事迹，展示人大代表风采。落实“人大常委会联系代表，代表联系人民群众”的“双联”制度，常委会领导多次深入街镇，走访省、市、区三级人大代表248人次。组织55名市、区人大代表分别向区人大常委会和原选区述职，督促代表自觉接受监督。组织代表小组活动，围绕破解义务教育阶段“三点半”课后服务难题、营商环境、精准扶贫、社区治理、科技科普、文化创意等主题，开展视察调研56次。拓展履职渠道，邀请代表列席市、区人大常委会议和政情通报会，组织186名代表参加被征地农民“两安”工作专题询问、教育和优化营商环境专项工作评议，保障代表的知情权、监督权、建议权。推进代表建议办理“领衔督办、重点交办、跟踪查办”工作机制，代表提出的84件建议全部办结，基本解决或已经解决的A类件占53件，与上年同比增加19.1%，代表建议办理质量进一步提高，解决一批人民群众反映强烈的重点、难点、热点问题。圭星小学及幼儿园完成整体建设，确保2020年秋季开学投入使用；区人民政府确定砂子塘街道社区卫生服务中心选址，将投入1040万元进行整体搬迁；开展养老机构服务质量专项整治行动，新建5个社区居家养老服务中心；加大对普惠性幼儿园教师的培训力度，下拨普惠性幼儿园资金2222万元。（罗奇林）

【省市人大代表会前活动】 2019年12月18—19日，雨花区组织省十三届人大代表雨花小组、市十五届人大代表雨花联组全体代表，开展为期两天的会前集中视察活动，视察和+共享图书馆、井巷社区燕子岭公园、湖南大族激光智能制造基地等项目。召开集中视察座谈会，区委副书记、区长刘素月通报雨花区2019年经济社会发展情况和2020年工作思路，区人大常委会主任龚景顺说明建议提交、参加代表大会等有关事项。区委书记张敏希望省、市人大代表一如继往关心、支持雨花发展，多为雨花发展鼓与呼、多为雨花发展建言献策、多为雨花传递好声音。他表示，要为代表依法履职做好服务保障工作，认真办好代表提出的建议议案。（罗奇林）

【雨花区开通预算联网监督系统】 2019年，雨花区人大常委会创新预算监督工作，在全市区（县）率先建成人大预算联网监督系统。12月14日，雨花区人大常委会举行区人大预算联网监督系统开通仪式。区人大常委会副主任杨平主持开通仪式。区人大财经委主任委员仇莹汇报人大预算联网监督系统筹备和建设情况，广东铨泰公司技术人员演示系统，区委常委、常务副区长邹春林讲话。区人大常委会主任龚景顺指出，人大预算联网监督系统的开通，标志着雨花区预算监督工作开启“互联网+大数据+监督”新模式，预算联网监督工作踏入全省“第一方阵”。预算联网监督系统的开通，提升了人大预算监督的针对性、实效性、及时性，更好地守护“国家账本”。龚景顺要求，要高度重视，充分肯定成绩；围绕难点热点，开展正确有效监督；规范使用管理，确保数据安全。龚景顺宣布，雨花区人大预算联网监督系统正式开通。区人大常委会主任会议全体成员，区发改局、财政局、人社局、审计局、统计局、税务局、金融办、电子政务办主要负责人出席开通仪式。（罗奇林）

重要会议

【人民代表大会】 2019年12月25日至27日，长沙市雨花区第五届人民代表大会第四次会议召开。会议听取和审议区《政府工作报告》、区《2018年1—11月财政预算执行情况和2019年财政预算（草案）的报告》、《区人大常委会工作报告》、《区人民法院工作报告》、《区人民检察院工作报告》，并通过关于5个报告的决议。大会依照法定程序补选莫志刚为长沙市雨花区第五届人民代表大会常务委员会副主任；表决通过关于《长沙市雨花区第五届人民代表大会有关专门委员会设立和更名的决定（草案）》；表决通过《长沙市雨花区第五届人民代表大会各专门委员会组成人员名单（草案）》。区委书记张敏在闭幕式上发言，要求学习贯彻习近平新时代中国特色社会主义思想，确保人大工作正确政治方向；加强政治建设，深入学习习近平新时代中国特色社会主义思想，以及党的十九大和十九届二中、三中、四中全会精神，树牢“四个意识”、坚定“四个自信”、坚决做到“两个维护”，不断增强做好人大工作的政治自觉、思想自觉和行动自觉；要坚持党的领导，切实将党的领导和主张体现在人大工作各个方面，坚决贯彻党的路线方针政策以及党中央和省委、市委、区委决策部署。将人大工作置于发展大局中来思考谋划，始终与区委目标同向、事业同心、工作同步；要站稳人民立场，践行以人民为中心的发展思想，为人民用权，为人民履职，为人民服务，发挥好桥梁纽带作用，积极反映群众的呼声和期盼；从群众的利益出发，推动解决群众最关心最直接最现实的实际问题，让群众共享改革发展成果。要聚焦高质量建设财富品质幸福雨花的发展重任，在新征程中展现担当作为；围绕“聚焦发展，奋力攻坚”主题全力以赴攻坚克难、务求实效。人大工作要服务全区大局，积极谋划发展、参与发展、推动发展；要在服务大局上担当作为，紧紧围绕全区发展大局，用发展的眼光审视形势，按发展的思路谋划工作，靠发展的办法解决问题，做到监督问效紧扣中心工作，重大决定体现发展要求，把区委的重大决策部署通过法定程序变成全区人民的共同意志；要在攻坚克难上担当作为，围绕重点难点工作，深入开展调研，积极建言献策，奋战一线攻坚，出实招、办实事、求实效；要在监督问效上担当作为，进一步完善专题询问、专项工作评议、代表视察等工作机制，改进监督方法，拓展监督内容，规范监督行为，确保区委决策部署得到全面贯彻和高效执行；要不断激发人大工作的生机与活力，在加强自身建设上取得新的成效；要加强能力建设，切实提高依法履职能力，运用法治思维和法治方式开展工作、解决问题；强化服务保障，进一步发挥代表主体作用，提高代表履职能力，提升议案、建议质量和水平；要加强制度建设，完善工作制度和运行机制，健全议事规则和程序，推动人大工作创特色、上水平；要加强作风建设，带头遵守宪法和法律，严守政治纪律和政治规矩，认真落实人大工作各项规章制度，力戒形式主义、官僚主义，树立良好形象。（罗奇林）

【常委会议】 2019年，雨花区人大常委会召开常委会议9次。2月27日，区五届人大常委会第二十二次会议听取和审议区人民政府《关于2018年财政预算调整方案（草案）》的报告，表决通过《长沙市雨花区人民代表大会常务委员会关于批准长沙市雨花区2018年财政预算调整方案（草案）的决议》；听取2018年全区生态环境保护工作报告；审议通过区五届人大常委会2019年工作要点（草案）。3月25日，区五届人大常委会第二十三次会议讨论通过有关人事任免事项；听取区人民政府关于基层医疗卫生专项工作评议整改落实情况的汇报。5月22日，区五届人大常委会第二十四次会议讨论通过有关人事任免事项。7月31日，区五届人大常委会第二十五次会议开展被征地农民“两安”工作专题询问，讨论通过有关人事任免事项，组织市人大代表雨花联组代表述职评议，审议通过《雨花区人民政府关于2018年财政决算草案和2019年1—6月预算执行情况的报告》以及《雨花区人民政府关于2018年度区本级预算执行和其他财政收支的审计工作报告》。9月29日，区五届人大常委会第二十六次会议审议批准区人民政府《关于提请审议将宏大家园旧城改造项目纳入区国民经济和社会发展计划的议案》；听取和审议区人民政府关于2018年度审计查出问题整改情况汇报；听取区人大财经委关于区人大预算联网监督工作情况汇报。10月30日，区五届人大常委会第二十七次会议听取和审议区财政局局长周宏受区人民政府委托所作的《关于雨花区2019年1—9月财政预算执行情况和2019年财政预算调整方案（草案）的报告》，表决通过《雨花区人大常委会关于批准雨花区2019年财政预算调整方案的决议（草案）》；听取和审议区人民政府办公室主任钟波受区人民政府委托所作的《关于区五届人大三次会议议案和建议办理情况汇报》。会议讨论通过有关人事任免事项。12月2日，区五届人大常委会第二十八次会议听取和审议区人民政府关于2018年度区本级预算执行情况和其他财政收支情况的审计报告指出问题整改情况的报告；讨论通过有关人事任免事项。12月18日，区五届人大常委会第二十九次会议听取和审议雨花区第五届人民代表大会第四次会议筹备工作报告（草案）、日程和议程（草案）、区人大常委会工作报告（草案）、质询案的提出和办理程序（草案）、议案和质询案提出截止时间的决定（草案）、主席团成员和秘书长名单（草案）、特邀和列席人员建议范围（草案）。会议听取和审议关于长沙市雨花区2019年1—11月财政预算执行情况和2020年财政预算（草案）的报告。会议讨论通过有关人事任免事项。12月24日，区五届人大常委会第三十次会议听取和审议关于长沙市雨花区2019年1—11月财政预算执行情况和2020年财政预算（草案）的报告；讨论通过有关人事任免事项。（罗奇林）

雨花区人民政府

重要会议

【区政府全体会议】 2019年12月19日，长沙市雨花区第五届人民政府第三次全体（扩大）会议召开。会议审议通过提交至区五届人大四次会议上的《政府工作报告》，会议肯定2019年全区稳中求进，践行新发展理念，深入推进产业项目建设年、营商环境优化年，紧紧围绕“强化党建引领、攻坚项目建设”工作主题，凝心聚力，开拓进取，较好完成了区五届人大三次会议确定的各项目标任务。会议明确，2019年政府工作的总体要求是，以习近平新时代中国特色社会主义思想为指导，深入贯彻党的十九大和十九届二中、三中、四中全会精神，坚决落实中央、省、市和区委决策部署，坚持稳中求进工作总基调，坚持新发展理念，围绕“聚焦发展，奋力攻坚”工作主题，以供给侧结构性改革为主线，以改革开放为动力，推动高质量发展，坚决打赢“三大攻坚战”，全面做好“六稳”工作，统筹推进稳增长、促改革、调结构、惠民生、防风险、保稳定，不忘初心、牢记使命，砥砺前行、奋发作为，确保全面建成小康社会和“十三五”规划圆满收官，奋力开创财富品质幸福雨花建设新局面。 （文湘琳）

【区政府常务会议】 2019年，雨花区人民政府召开常务会议11次。1月21日，审议《长沙市雨花区人民政府关于2018年度促进区域产业发展政策兑现的决定》《雨花区产业建设领导小组办公室关于印发〈2019年全区“千人帮千企”联点帮扶实施方案〉的通知》《中共长沙雨花区委办公室 长沙市雨花区人民政府办公室关于2018年度服务经济发展工作考评结果的通报》《长沙市雨花区人民政府办公室关于下达雨花区2019年度“一圈两场三道”工作任务的通知》《长沙市雨花区生态环境保护委员会关于2018年度生态环境保护（“蓝天保卫战”、绿心地区工业企业退出、河长制工作）考核结果的通报》《中共长沙雨花区委办公室 长沙市雨花区人民政府办公室关于表彰2018年度“零上访、零事故、零发案”社区的通报》；审议《关于成立区民兵组织整顿工作领导小组的通知》《关于成立雨花区第三次国土调查工作领导小组的通知》；研究关于区隐性债务认定情况及化债方案有关工作，审议《雨花区平台公司整合转型实施方案（送审稿）》；审议《长沙市雨花区政府法律顾问管理办法》；听取区扫黑除恶专项斗争有关工作情况汇报，研究全区信访有关工作；研究关于区拟新成立社区有关工作，审议通过《凤凰山陵园整体移交协议》，研究关于绕城高速万家丽南收费站迁建有关工作；审议《长沙市雨花区农村人居环境整治村庄清洁行动方案》和《长沙市雨花区农村人居环境整治工作分工方案》，研究“大棚房”问题专项清理整治行动有关工作；研究牛头村农民生产安置项目建设有关工作；审议《关于2018年度全区卫生和计划生育工作考核评估结果的通报》。2月22日，审议《关于规范长沙市雨花区政府举办会展活动报批程序》；研究2018年雨花区促进群众文化发展扶持奖励有关工作；研究跳马镇吴辉跃等3人纳入新机关养老保险和职业年金相关工作，研究解决同升街道刘某文丧葬费待遇等有关工作；审议《长沙市雨花区关于深入推进“产业项目建设年”活动的通知》和《长沙市雨花区“营商环境优化年”实施方案》；研究白竹水乡二区848-851栋后方山体滑坡重大安全隐患有关工作；研究区人民满意农贸市场有关工作、区企业办社会职能分离移交有关工作；研究省人大机关本院及桃阳苑小区进行提质改造有关工作、2019年区环卫设施设备“两改两年”的项目实施有关工作；研究神农茶都项目帮扶有关工作。3月28日，通报区政府班子2018年民主生活会情况，研究《长沙市审计局审计报告》有关工作、2019年第一季度审计查出问题的整改工作；研究区统计有关工作、争创“真抓实干成效明显地区”有关工作、2018年度奖金和生活补助发放有关工作；研究省委巡视组反馈问题整改有关工作；研究给予设立“港澳联营律师事务所”打造“长沙港澳法律大厦”政策支持有关工作；研究2019

年燃气锅炉低氮改造有关工作、家庭油烟净化器有关工作、交通整治有关工作；研究雨花区脱贫攻坚有关工作；研究时代阳光大道项目大坤公司段土地征收补偿有关工作、洞井村农民安置房建设有关工作。5月9日，审议《区委区政府领导安全生产工作责任清单》；审议《雨花区国有公司融资及资金使用管理暂行办法》《雨花区政府投资项目工程变更管理办法》《雨花区绿心地区退出工业用地处理工作方案》；研究审计有关问题整改工作；研究续签区机关二院物业管理服务合同有关工作；审议《进一步加强农村地区道路交通管理工作实施方案》；审议《长沙市雨花区市政道路政企合作建设实施办法（修订版）》；研究砂子塘街道社区卫生服务中心搬迁选址有关工作、请求同意采用政府购买服务和社会资本合作的方式打造区级全民健身中心有关工作；研究养天和总部医药产业园项目拟享受的扶植政策有关工作、电商物流园道路基础设施PPP项目一期补充施工图预算有关工作；研究2019年城管系统项目建设计划铺排情况有关工作、2019年度自行车道改建有关工作。5月30日，研究请求注入资金防范化解债务风险有关工作、信用评级相关工作；研究采用政企合作方式修建支路30-1、沙禾路有关工作，研究侯照北路（湘府路—牛角冲路）相关设计变更事项；研究高桥街道教育配套项目征拆有关工作；研究劳动东路两厢棚改项目C地块原长沙汽车配件厂门面确权有关工作；研究圭塘村103号令拆迁村民安置扫尾有关工作；研究长沙卷烟厂职工医院移交有关工作；研究拨付圭塘河防汛救灾补助先期垫资有关工作。6月14日，研究2018年度市、区开放型经济发展专项兑现情况的工作；审议《雨花区国有企业负责人薪酬待遇方案》《雨花区绿心地区工业企业退出常态长效管理实施办法》；研究请求增加湖工家园、官塘冲边坡抢险加固工程造价有关工作，研究请求拨付同升湖应急保障资金有关工作，研究同升街道2018年绿心地区工业企业退出奖励补偿有关工作；研究圭星小学及幼儿园工程增加赶工费用有关工作；审议《雨花区集体土地拆迁安置对象保障住房建设及申购办法》；审议《长江保护修复攻坚战八大重点专项行动雨花区落实方案》，研究雨花区生态环境保护有关工作。8月2日，研究区食品监管有关工作、区打击传销有关工作、金融领域扫黑除恶和防范处置非法集资有关工作，部署雨花区"互联网+群防群治"工作；审议《雨花区部分农贸市场环境整治实施方案》及研究赤新农贸市场提质改造相关工作，审议《关于湖南高桥大市场市场采购贸易方式试点扶持资金实施细则》；研究中建五局、广东南粤银行长沙分行高管奖励有关工作，研究企业职工基本养老保险资金上解有关工作，研究新建区网格化综合管理平台有关工作，审议《长沙市雨花区党政机关办公用房管理实施办法（试行）》，研究圭建公司垫付利璞大厦维稳经费有关工作，审议《合丰两安用地项目合作开发协议》；研究雨花区关于中央扫黑除恶专项斗争督导组反馈意见问题整改工作进展情况；研究全区脱贫攻坚工作，审议《圭塘河流域管理办法》，研究圭塘河井塘段PPP项目社会资本方实际承担的征拆资金上限事宜有关工作；审议《长沙市雨花区工程建设项目审批制度改革工作实施方案》，研究川河路建设有关工作，审议《雨花区违建别墅问题清查整治专项行动工作方案》；审议《长沙市雨花区促进文化产业发展扶植奖励办法》；研究加快雨花区学前教育发展相关工作、湖南省泰禹实业有限公司举办民办初级中学有关工作，研究砂子塘街道社区卫生服务中心搬迁选址相关工作，研究创建国家慢性病综合示范区有关工作；研究长沙市环保大道东延线（振东路—红旗路）道路建设工程项目云昊机械、雅宜科教未登记建筑合法性认定工作；研究举办湖南省第五届生态文明论坛雨花年会有关工作。8月14日，研究雅塘村社区棚改项目长沙军代室房屋征收《补充协议》及《备忘》有关工作。9月30日，研究区民政工作，审议《雨花区农村集体经济组织管理办法》(送审稿）；听取省委第二巡视组"三大攻坚战"专项巡视反馈问题整改工作情况汇报；研究红星片区城市更新项目有关工作；研究跳马镇山体滑坡、泥石流等地质灾害及交通设施水毁工程治理有关工作，研究跳马镇水利损毁修复建设资金有关工作；研究拨付高桥街道火焰社区神农茶都应急维稳资金有关工作，研究高桥社区高双湖商贸城22栋安置房提质提档有关工作、桃花社区筹委会B-01地块恢复生产有关事项；研究采用政企合作方式建设规划支路3有关工作，研究莲湖村请求区政府支持"两安"用地回购补偿款有关工作；审议通过《跳马地区土地从严从紧管理规定》(送审稿），研究推进永久基本农田异地代保和落实相关经费有关工作；研究给予长沙屈臣氏个人用品商店有限公司政策支持有关工作；研究根治拖欠农民工工资和稳就业工作。11月7日，审议《雨花区政府和社会资本合作项目监管办法（试行）（送审稿）》和《雨花区政府性债务风险应急处置预案（试行）（送审稿）》；学习习近平总书记重要论述和上级重要文件、部署省对市安全生产和应急管理年度考核有关工作；审议《雨花区国有企业负责人经营业绩考核办法（试行）（送审稿）》和《雨花区国有企业负责人经营业绩考核评分细则（试行）（送审稿）》，审议《长沙市雨花区国有资产事务中心关于下达区属所管理企业2019年度目标任务的通知(送审稿）》；研究跳马镇离任村干部补助有关工作、莲湖农贸市场有关工作；学习《重大行政决策程序暂行条例》；研究湖南省泰禹实业有限公司建校有关工作、校园周边安全隐患治理及安全设施完善有关工作；研究区渣土事务中心70名编外人员有关工作、城管系统项目调整变更事项有关工作；研究请求对参与2019年全国"两会"特护期安保工作人员进行奖励有关工作，研究解决长重二户公房确权历史遗留问题有关工作，研究雨花区违建别墅清查整治专项行动有关工作。12月12日，审议《政府工作报告（送审稿）》；研究区2020年财政预算有关工作；研究《2020年雨花区重点

项目投资计划》编制情况。（文湘琳）

【民主生活会】 2019年1月31日，雨花区政府班子召开2018年度民主生活会，深入查摆问题，动真碰硬开展批评和自我批评。区政府党组书记、区长刘素月通报民主生活会有关准备情况、2017年度民主生活会整改落实情况，并代表区政府班子作对照检查，带头作自我批评，其他班子成员逐一对其开展批评。其他班子成员逐一做对照检查发言，开展严肃认真的批评和自我批评。刘素月进行总结讲话，指出在本次民主生活会上，大家本着对自己、对他人、对组织、对事业高度负责态度，直面问题、开诚布公，开展批评与自我批评，达到相互促进、共同进步的目的。她要求，要狠抓理论学习，深入学习贯彻习近平新时代中国特色社会主义思想，进一步筑牢“四个意识”、坚定“四个自信”，坚决做到“两个维护”，不断强化政治认同、理论认同和情感认同；要狠抓工作落实，全面落实中央、省市和区委决策部署，紧扣“强化党建引领、攻坚项目建设”工作主题，积极推进三大攻坚战、“最多跑一次”工作改革、“一圈两场三道”建设等工作，奋力推动雨花经济社会发展迈上新台阶；要狠抓作风建设，把从严要求贯穿政府工作全过程，全面落实党风廉政建设责任制，带头遵守中央八项规定及实施细则，做到抓在日常、严在经常；要狠抓问题整改，对查摆出来的问题进行再梳理，建立明细台账，一个一个地改，一件一件地抓，以工作的实际成效检验整改成果，让全区广大干部群众真正感受到民主生活会带来的成效。（文湘琳）

重大活动

【生活垃圾分类工作讲评】 2019年8月8日，雨花区召开生活垃圾分类工作讲评会，通报总结前期工作，安排部署下阶段工作。会议通报，7月以来，全市启动社区垃圾分类“组织发动、设施投放、居民参与、分收分运”全覆盖考核验收工作，雨花区18个社区通过“市考”。区委副书记、区长刘素月强调，要提高认识，把推行生活垃圾分类作为重要的政治任务和民生实事来抓；要明确目标，按照“三步走”工作计划，7月实现贴标分类容器配置到位，8月实现垃圾桶投放干湿分类到位，9月实现垃圾站干湿分类处理到位，力争9月30日前率先全市实现垃圾分类全覆盖；要落实责任，牵头部门和各街镇要按照各自分工，责任上肩，共同发力；要务实推进，积极宣传发动物业公司和广大群众主动参与，提高入户率、参与率，凝聚合力推动全区生活垃圾分类全覆盖工作。（柯　戈）

【安全生产工作部署】 2019年3月25日，2019年雨花区安全生产工作部署会召开，传达学习中央、省、市有关精神，再部署、再落实全区安全生产工作。区委副书记、区长刘素月指出，要提高政治站位、切忌形式主义、整改必须到位，做实做细做好安全生产相关工作。区委书记张敏强调，要提高政治站位，责任部门单位和街道（镇）要认真学习习近平总书记关于安全生产工作的重要论述精神，切实提高政治站位，充分认识加强安全生产工作的重要意义，以高度的政治自觉、思想自觉和行动自觉抓好安全生产工作，把安全生产责任扛在肩上，落实在行动上，做到警钟长鸣，常抓不懈。要进行全面排查，深入分析影响安全生产的问题隐患，按照“管行业必须管安全、管业务必须管安全、管生产经营必须管安全”的要求和属地管理原则，开展全面排查，确保不留死角；相关区领导要深入一线督查，及时排查问题，做到有备无患；严格按照“一单四制”要求加大事故隐患治理，对重点行业、重点领域和重点场所查漏补缺，发现问题，不留盲区，确保及时整治到位。要开展强力整治，对安全生产各个领域，深入开展“强执法防事故”行动和“打非治违”工作。企业生产安全方面，依法停产安全不达标企业，依法关闭停产后拒不整改企业，从严从重追责顶风作案企业。道路安全方面，对客运车辆、危险品运输车辆等加强监管，对交通流量大的路段、事故易发多发路段，加强隐患治理。消防安全方面，对商场、市场、学校等人员密集场所，切实加强整治。建筑施工安全方面，全面开展整治，安全不达标的停工整改，违规作业的追究责任。危化品安全方面，加强物流市场、仓储等治理，认真细致排查隐患，严厉打击违法违规行为，严防事故发生。地质灾害方面，对可能发生的山体滑坡等，做好隐患排查、值班值守和险情预警等工作。同时，严格管控旅游、特种设备、森林防火、食品药品、燃气、加油（气）站、烟花爆竹等领域和场所安全，确保整治到位。要提升应急能力，做实做细人员值班值守、应急预案完善、应急演练开展等基础工作，确保细致到位；健全快速反应机制，完善发现事故、报告事故、处置事故、事故善后等响应机制，确保快速应对、妥善处理。要压实工作责任，街道（镇）和部门“一把手”要时刻绷紧安全生产之弦和稳定之弦，严格落实好《地方党政领导干部安全生产责任制规定》，坚决杜绝形式主义和官僚主义，将行动落实到具体工作中，做到抓到位、抓认真，确保工作逐项落实到位，坚决防止发生较大以上安全生产事故。（柯　戈）

【“两个年”工作调度】 2019年5月24日，雨花区“营商环境优化年”“产业项目建设年”（简称“两个年”）工作调度会召开，会议听取全区“产业项目建设年”“营商环境优化年”相关工作推进情况，与会人员提出意见建议。区委书记张敏强调，全区各级各部门要贯彻落实好市委关于做好“两个年”工作的指示精神，以营商环境的不断优化推动项目建设，促进经济高质量发展。要对照检查，责任部门单位和街道（镇）要全面优化窗口办证、办事流程，进一步做实免费邮寄、上门送达等举措，做好后续配套服务，让群众和企业“最多跑一次”；要敢于刀刃向内、自我革命，认真梳理现行行政权力下放事宜，做好事项落实和衔接工作，让企业真受益、群众得实惠。要紧盯目标，紧盯主要经济指标完成情况，抓好项目建设进度和项目集中开工等，确保工作走在前列；要对标相关指标体系，抓好行政效能提速、实体经济降成本、政策落地、企业家权益保护等，充分释放政策红利，增强企业获得感；要紧扣入规、升高、上市、扩面，在宣传发动、政策推动等方面下功夫，确保实现“双过半”（时间过半，任务过半），为完成全年目标任务打好坚实基础。要抓紧时间，相关区领导要采取“四不两直”（不发通知、不打招呼、不听汇报、不用陪同接待、直奔基层、直插现场）方式，深入各街道（镇）政务服务中心，以及社区公共服务中心等重点窗口单位和场所，一旦发现问题，及时督促整改。要提升党员干部服务营商环境的意识，引导按照“人人事事处处都是营商环境”要求，主动查找问题，务求立行立改，推动工作作风、思想状态等持续转变；要将做好“两个年”工作，与反对形式主义和官僚主义等有机结合，推动全区营商环境不断向好。要讲好企业家、投资者、党员干部的典型示例和故事，突出深度报道，推介典型做法和经验，将“两个年”各项工作引向深入。（柯　戈）

【人民满意农贸市场建设管理讲评】
2019年8月20日，雨花区召开“人民满意农贸市场”建设管理讲评会。会议通报农贸市场建设、改造、管理、执法等方面的情况，通报第二季度人民满意农贸市场考评结果，鼓励市场再接再厉，积极适应新形势、新要求，求真务实，争创先进，努力提升雨花区农贸市场整体形象和服务管理水平。区人民政府副区长易静要求，市场开办方要坚持管理和服务并重，适当让利经营户，加强与电商合作，努力将农贸市场打造成“线下体验店，线上提货仓”。街道要抓早抓小，做到管理常态化。各监管部门要进一步加大执法力度，加强对全区农贸市场的执法监管。各街道（镇）要再次对照农贸市场考核评分及操作细则的标准，对农贸市场的管理工作进行全面的梳理，特别是在重点扣分项上要高度重视、查漏补缺，真正建设人民满意的农贸市场。（柯　戈）

2019年11月29日，雨花区交通问题顽瘴痼疾集中整治行动动员部署会议
（区政府办　提供）

【《圭塘河流域管理办法》出台】
2019年8月2日，雨花区委副书记、区长刘素月主持召开第五届人民政府第36次常务会议，审议通过《圭塘河流域管理办法》，圭塘河管理实现“有规可依”。会议指出，自开展圭塘河治理以来，各部门单位存在重建设、轻管理的现象，且缺乏统一的管理办法和约束机制，《圭塘河流域管理办法》的出台，有利于全面规范管理、形成长效机制。会议要求，要加强《圭塘河流域管理办法》的宣传力度，提高广大人民群众的知晓率；要严格执行管理制度，对违反管理规定的行为予以严肃处罚和追责。8月13日，长沙市雨花人民政府公布《圭塘河流域管理办法》。《圭塘河流域管理办法》分审批与许可、维护与管理、执法与处罚、分工与责任等六大板块，对流域管理范围工程项目生产建设、取水取土、排口新改扩建、岸线卫生保洁、标识标牌管理、入河排口维护管理等作出明确规定与要求。明令禁止破坏、损毁河道、堤防工程及其附属设施；移动、侵占、损毁测量标志、观测设备、标牌界桩等设施；围河造田、种菜、修池养殖；随意设立标识标牌；盗伐、损毁河道林木植被；使用电鱼、炸鱼、毒鱼等破坏生态资源的方法进行捕捞；设置垃圾堆放场、填埋场；摆摊设点及烧烤；乱占、乱采、乱堆、乱建、乱排行为；其他影响河道行洪及水污染安全的行为。（柯　戈）

【交通问题顽瘴痼疾集中整治部署】
2019年11月29日，雨花区召开交通问题顽瘴痼疾集中整治行动动员部署会议，会议贯彻落实省、市交通顽瘴痼疾集中整治行动动员部署电视电话会议精神，分析研究安全形势，找准存在问题，寻找解决路径，精准发力、持续推进、治根治本。区政府副区长陈怀宇主持会议。区政府副区长、区公安分局党委书记、局长黄健元从重点车辆隐患较大、马路市场依然存在等方面指出当前全区交通突出问题，围绕降事故、保安全、保畅通的总体目标部署全区交通问题顽瘴痼疾集中整治行动工作。区委常委、区政府常务副区长邹春林强调，要从空间维度看到上级的决心；要从现实维度看到形势的严峻；要从时间维度看到任务的紧迫。要聚集重点节点，严防死守；聚焦重点路段，管控结合；聚集重点对象，防治并举。区级层面要统筹协调，切实履行牵头抓总责任；部门层面要协同配合，切实履行行业监管责任；街镇层面要主动担当，切实履行属地管理责任。区政府办、区委宣传部、区委政法委、区教育局、区交通运输局、区交警大队等22家区直部门单位有关负责人和各街镇行政主要负责人参加会议。（柯　戈）

工作纪要

【综合调研】 2019年，雨花区政府办公室积极协助领导处理日常事务，参与协调各类重大事项。精心筹备区长办公会、区政府常务会，会前广泛收集议题、充分准备资料，会后整理决策意见、归纳存档，为议事决策、督办落实提供参考。紧盯“三大攻坚战”“两个年”等中心任务，组织开展调研10余次，形成一系列调研成果，为领导决策提供参考。做好综合文字材料起草工作，完成经济社会发展情况通报、《政府工作报告》等各类文稿500余篇、120余万字。做好雨花形象推介，组织申报全国百强区创建工作，向上级报送政务信息120余篇，被国务院办公室、省政府办公室采用10余篇。（文湘琳）

【政令畅通】 2019年，雨花区政府办公室进一步提升精细办文、高效办会、协调服务的能力，严格规范办文程序，依托办公协同平台，审核制发各类公文1029件，办理收文3000余件，处理涉密文件51件，做到“案无积卷，事不过夜”。按照“零差错、零失误”要求，完成区政府常务会议、区长办公会议等重要会议会务组织。合理安排区政府领导公务活动，协助制订区领导周工作安排表48份，编撰大事记76条。严格落实“基层减负年”相关要求，政府系统会议、发文分别减少30%、34.7%。（文湘琳）

【督查工作】 2019年，雨花区政府办公室统筹规范督查考核，实行督查检查清单管理，围绕区委、区政府重大决策，深入一线、真督实查、跟踪问效开展产业项目建设、三大攻坚战、电网“630攻坚”、省委巡视反馈问题整改、“一圈两场三道”建设等专项督查，强化鼓励真抓实干的导向，保障政令畅通、令行禁止。提升建议提案办理水平，承办市、区人大建议107件、政协提案89件，满意率、基本满意率100%。2019年7月获评市政府2018年度人大代表建议人民政协提案办理工作综合管理优秀单位。落实制造强省建设、园区产业发展、开放崛起、养老服务、铁路沿线安全环境整治等5项工作，获得省政府2019年度督查表扬激励，获奖数量居全市前列，居内五区（芙蓉区、天心区、岳麓区、开福区、雨花区）第一名。（文湘琳）

【优化营商环境】 2019年，雨花区政府办公室履行区“营商环境优化年”工作领导小组办公室职责，制定区级优化营商环境25条、“营商环境优化年”实施方案等文件，构建“企业（项目）服务日”制度，形成“区级牵头抓总、部门各司其职”的工作格局。承办“长沙市场主体破百万”庆祝仪式，企业开办“1110”改革、成立区总商会商事调解中心入选2019年长沙“营商环境优化年”先进事迹经典案例。代表长沙市迎接国家发改委测评，营商环境优化工作在年底绩效考核排内五区第一名。（文湘琳）

【会展工作】 2019年，雨花区政府办公室指导举办各类展会54个，其中国家级展会2个，省级展会13个，市级展会39个，参展人数226.38万人次，展览面积75.4万平方米，成交总额为195.6亿元。获第二十一届中国中部（湖南）农业博览会“最佳组织奖”。（文湘琳）

【禁毒工作】 2019年，雨花区政府禁毒办公室完成人员转隶、职能承接，以政府购买服务形式招聘禁毒专干20名，开展污水涉毒成分监测、社区戒毒（康复）等工作，组织各街道推进吸毒人员排查管控专项行动，推动禁毒示范城市创建工作，禁毒工作全市绩效考核排名内五区第一。（文湘琳）

【电子政务工作】 2019年，雨花区初步完成政务数据中心建设，运营维护好区政府网站、15分钟生活圈电子地图、“幸福雨花便捷生活”微信公众号等平台，区政府网站的“政民互动”栏目获“2019年政府网站政民互动类精品栏目”奖，“幸福雨花便捷生活”微信公众号获“2019年‘微政府’‘微法院’‘微服务’卓越奖”奖，在“2019数字政府服务能力暨第十八届中国政府网站绩效评估结果发布会”上，雨花区政府网站排名全国第23名。（文湘琳）

【应急值班】 2019年，雨花区严格落实值班制度，实行一般干部24小时坐班、“两办”主任、县级领导节假日值班的三级值班制度，值班值守工作进一步规范化、科学化、制度化。全力保障信息畅通，及时准确处置雨雪冰冻灾害天气、“9·27”交通事故、“11·5”疑似精神病杀害9岁学生等应急突发事件。（文湘琳）

信　访

【概况】 长沙市雨花区信访局负责受理、交办、转送、协调处理信访人提出的信访事项，承办上级和本级人民政府交由处理的信访事项，指导本级人民政府其他工作部门和下级人民政府信访工作机构信访工作。下设区人民来访接待中心，承担接访、办信、办案、复查复核、网络信访、督查督办等职能。核定行政编制5名，事业编制7名。2019年，在职干部职工21人，其中班子成员8人，一般干部6人，雇员7人；退休5人。局党支部，党员22人，其中在职党员17人，退休党员5人。办公地点设在雨花区政府大院人民来访接待中心1、2层。

2019年，雨花区召开区委常委会5次、区政府常务会两次，专题研究信访工作，召开全区性信访会议12次。接待信访群众上访1353批3335人次，初访办结率100%，接待批次同比上年上升124%。区信访局妥善劝返进京赴省到市非访群体，做好全国、省、市、区“两会”，中华人民共和国成立70周年大庆，十九届四中全会等特护期信访工作任务。按照控增量、去存量、减总量的总体思路，强化源头防控、积案化解、交办件办理，信访总量明显下降，信访积案数量下降明显，全区没有发生重大涉访

2019年5月9日，区委副书记陈永高（右二）接待到访群众　（刘青帝　提供）

群体性事件和极端恶性事件。区信访局获2019年度长沙市信访积案化解工作优秀单位，信访“三无”乡镇（街道）创建优秀组织单位称号。

（刘青帝）

【领导接访】　2019年，雨花区坚持县级领导坐班接访制度，印发《雨花区2019年县级领导坐班接访工作时间安排表》，每个工作日和重大特护期（含节假日）均安排一名副县级职以上（含）领导干部到区人民来访接待中心接待信访群众。落实领导接访日223个，接待群众798批1604人次。按照县级领导包案化解信访问题的安排，把坐班接访与包案约谈、预约接访相结合，通过党政领导接访集中解决中央、省、市、区交办的信访老案难案。区信访局做好会前准备、保障对接，交办反馈，确保领导接访批示迅速传达到责任单位，办理情况及时反馈到领导手上，推动接访领导的再次调度和协调，确保上访人的合理诉求得到有效维护。　（刘青帝）

【复查复核】　2019年，雨花区信访局接到复查复核申请40件，同比上升32.5%，其中不予受理31件，同比下降32.2%；经沟通自愿撤销复查转协调途径5件，通过协调化解3件。出具告知书40份，出具复查意见书4份，撤销重新办理告知书4份，不予受理告知书31份，所有书面材料均送达信访人。　（刘青帝）

【领导包案】　2019年，雨花区落实突出信访问题及重点人员领导包案制度，全区向各街道、镇及相关区直部门交办信访积案70个，对所有案件全部落实区领导包案，严格落实定期约访、定期会商、定期督办机制。建立健全领导包案“八个一”（即至少上一次门，见一次面，谈一次话，组织一次情况调查，召开一次协调会，对所反映的问题作出一个明确的处理结论，提出一个合理的化解方案，出具一份答复处理意见）、“三个不放过”（即问题不查清不放过、问题不解决不放过、稳控措施不落实不放过）、“四个重新”（即重新组织专班、重新受理接访、重新调查审理、重新研究处理）、“五包”（包发案情况掌握，包解决方案制定，包矛盾调处化解，包思想教育稳控，包落实停诉息访）的工作机制，推动县级包案领导带案下访，面对面听取信访人诉求，帮助查找问题症结，制定化解措施，做好解决诉求、解疑释惑、引导教育、帮扶救助等工作，确保问题妥善化解。包案领导，通过领导接访日、约谈会、上门走访等方式与所包信访对象见面，组织工作组召开协调会研究问题解决方案、救助方案、依法处理方案，成功化解信访积案46个。（刘青帝）

【积案化解】　2019年，雨花区开展重点领域、重点地区、重点群体、重点人员“四重攻坚”信访积案化解活动。所有案件全部由县级领导包案、牵头单位领办。通过攻坚活动，全区共化解信访案件46件，其中国家、省、市交办件全部办结，息访息诉4件，区重点交办件化解11件。落实领导包案制度，区委书记张敏和区委副书记、区长刘素月切实履行“第一责任人”责任，包全区最难“钉子案”“骨头案”，上门走访信访对象，主动与包案对象见面座谈，深入一线慰问困难群众，所包信访积案全部化解。区委、人大、政府、政协其他县级领导落实信访积案化解百日攻坚部署要求，下访、调度、研究、协调，促使一部分沉积多年的信访老案得以彻底化解。区委工作碰头会5次专题研究信访积案个案处理方案，区联席会议坚持“一周一研究、一周一调度、一周一通报”工作机制，区信访局创新建立化解结案报告由责任部门主要负责人签字背书、积案化解结果纳入全区绩效考核工作机制，点对点短信报告制度，区信访局主要负责人带领干部主动带头参与所有责任单位积案化解工作，与街道部门协同配合，有喊必到、尽职尽责，多方协调，全程跟进，全力推动积案攻坚。对涉法涉诉问题、企业军转干部问题、涉众型金融问题、征地拆迁及物业地产问题、企业改制问题、复退士兵优抚安置问题、城市出租车问题、教育资源配套问题8个热点领域信访问题进行妥善排查化解，妥善处置群体性事件160起。通过走访慰问、帮扶解困、成立军人之家等措施，做好军队退役人员矛盾纠纷化解，确保该群体基本稳定。按照应救尽救的原则，为确保所有息访息诉对象稳定，区政府常务会研究决定，对积案化解完成案件拨付救助资金上不封顶，全年救助信访群众21人，支付救助金47.3万元，全部拨付到位。雨花区联席办、区信访局联合区委、区政府督查室，分四组对雨花区各街道（镇）信访维稳工作和交办件办理工作开展专项督查。雨花区街道（镇）对信访维稳工作及交办件办理工作高度重视，对交办的重点信访案件进行全面铺排，开展见面约谈、走访慰问工作。对各单位在工作中出现的台账资料不完善、隐患排查不深入、慰问成效不明显等工作问题进行总结，提出思想上高度重视，责任上清晰明确，痕迹上完整细化的工作要求。通过此次专项督查，让各责任单位进一步加深思想重视程度，促进工作落实到位，确保工作成效明显。

（刘青帝）

【信访问题调研】 2019年，雨花区信访局与区政协成立专门课题组开展信访工作调研活动。分析总结信访工作中的主要做法，化解典型信访问题的难点和症结。走访浏阳市、望城区，重点收集上海、宁波、杭州、绍兴先进地区的典型做法，整理出一些较为成功经验做法供雨花区参考借鉴。提出深抓思想统一，提升积案化解共识；力抓机制创新，提升规范运行水平；狠抓源头治理，提升初信初访处置能力；精抓科学铺排，提升治理攻坚效能；实抓协同配合，提升共管共治合力；硬抓综合保障，提升管理服务质量的“六抓、六提升”化解典型信访问题的建议。（刘青帝）

【巡视组交办件办理】 2019年1月至6月，雨花区信访局负责承办湖南省委第二巡视组交办案件。成立省委第二巡视组交办信访事项办理工作领导小组，下设综合协调、督查督导、追责问责三个专项工作小组。建立责任单位自办、升级提档再办、领导交办领办、区委问责查办的四档交办件办理工作机制。办理过程中按照责任要厘清、事实要查清、群众要讲清、文字要写清、到期要办清的要求落实责任。通过对重点信访问题的再次办理、再次调查、再次见面、再次答复，对信访人合理诉求进行解决，对无理诉求进行解释，对确实存在困难的给予帮扶，真正做到“件件有着落、事事有回音”。（刘青帝）

【信访法治宣传月活动】 2019年5月，雨花区组织开展“信访法治宣传月”活动，学习宣传和贯彻执行国务院《信访条例》，落实中共中央办公厅、国务院办公厅《关于进一步加强信访法治化建设的意见》（中办发〔2017〕51号）和中共湖南省委办公厅、湖南省人民政府办公厅《关于进一步加强信访法治化建设的实施意见》（湘办发〔2018〕6号）。印发《雨花区2019年度“信访法治宣传月”活动方案》，成立以雨花区信访工作联席会议召集人为组长，联席会议其他成员为组员的信访法治化建设领导小组，领导小组下设办公室，由雨花区信访局党组书记、局长任办公室主任，雨花经开区、各街道（镇）信访办主任、雨花区直各单位信访专干及雨花区信访局各科室长任办公室成员。实行主要领导负总责、亲自抓，分管领导负全责、直接抓，其他领导“一岗双责”具体抓，各科室负责人各负其责的组织领导体系，将宣传工作列入所有业务口，并在年度工作目标考核中落实责任追究。雨花区人民来访接待中心每天安排一名县级领导坐班接待来访群众，在接访过程中向信访群众发放《信访条例》《依法分类处理信访诉求工作规则》《湖南省信访事项复查复核办法》《网上信访全知晓》等宣传手册，利用大屏幕对各种信访法律法规进行滚动播出，进行信访法治宣传。区信访局聘请专职律师任法律顾问，实行每周两天定期窗口坐班接待信访群众，参与领导接访、案件讨论、案件复查，为信访群众提供法律咨询，引导群众依法合理维权，进一步将法治概念贯穿信访事项处理全过程，利用法律法规监督，确保信访案件办理、答复依法依规。在雨花区人民来访接待中心建立便民信箱、查询机器、投诉电话、网上信访等方式，对《网上信访操作规程》进行宣传，张贴操作流程图。设立网上信访专用电脑，安排工作人员帮助群众进行网上投诉，提供投诉便利，确保民情、民意、民智顺畅上达。区信访局结合主题党日活动，由法律顾问为全局党员干部授课，对信访工作中法治运用的重要性和引导信访人依法维权进行培训，做到“人人懂政策，个个能引导”，坚持以人为本、以法服人、以礼待人、以情暖人的原则，对群众反映的问题，做到“件件有回音、事事有落实”。各街道（镇），以及国土、征地、环保、司法、公安、法院等部门单位，开展信访法治宣传活动。全区共悬挂宣传标语、横幅324条，展出宣传展板134块，发放宣传单25740张，宣传册41051本，通过电子显示屏滚动播出宣传标语683条，广播宣传15条，内部报刊宣传1条，网络宣传3条，通过手机短信宣传14330条，曝光典型案例5例，组织送法下乡13场，户外宣传活动31场，法治讲堂36场。（刘青帝）

人力资源和社会保障

【概况】 2019年，长沙市雨花区人力资源和社会保障局（简称“区人社局”）为正科级政府工作部门，负责全区社会保障、就业服务、事业单位人事管理、事业单位工资福利、人才服务、劳动监察、仲裁维权等工作。行政编制15名，其中领导职数5名。内设办公室、行政审批和政务服务科、劳动争议仲裁科、社保管理科、就业促进科、政策法规科、综合管理科7个科室，下设社会保险服务中心、就业服务中心（创业服务中心）、劳动保障监察大队、人力资源公共服务中心，设置人力资源和社会保障经办大厅对外业务经办窗口14个。全体在职干部职工91名，其中在职在编人员51名（含区人武部地方安置专项事业编制3名）、引进人才2名、雇员24名、劳务派遣人员8名、经区政府同意抽调社保站工作人员6名；离退休干部职工数19名。局党总支部下设两个机关支部，党员77人，其中离退休党员18人。办公地点设雨花区万家丽路朝晖路499号。

2019年，区人力资源和社会保障局落实“营商环境优化年”要求，切实降低企业用工成本、强化企业人才保障、增强人社公共服务能力，为全区经济社会发展作出积极贡献。开展丰富多彩的党建文化活动，打造“春风夜读——习语导航”“党建+就业扶贫”等独具特色的党建品牌。开展主题教育，组织中共十九届四中全会优秀学习笔记、优秀学习心得评比，局机关第一党支部通过区级示范化“五化”党支部验收，被推荐申报市级示范化“五化”党支部。严格贯彻执行党风廉政各项规定，认真落实主体责任、监督责任。支持群众工作，将区委、区政府奖励5万元全额支持联点村跳马镇田心桥村建设。组织近300名基层人社平台工作人员进行业务培训。开展全区人社系统人社技能大比武活动，实现参加对象、业务范围全覆盖，全省网络热身赛成绩平均95分。开展中层岗位竞争上岗，鼓励全局干部职工特别是编外人员积极参与，对参加方式、年龄更是放宽尺度，选拔一批优秀干部。区人社局被评为“湖南省人力资源机构示范单位”“长沙市三八红旗集体”“长沙市模范职工之家”“长沙市优化营商环境群众最满意青年文明号”“雨花区国防教育先进单位”等。区人力资源公共服务中心代表湖南省参评“国家人力资源诚信服务机构示范单位”。局就业服务中心（人力资源公共服务中心）作为内五区唯一代表，被长沙市推荐为全省人社工作先进集体，被人民网、新湖南等媒体报道。

（刘雅婷　周　煜）

2019年10月1日，雨花区人力资源和社会保障局升国旗仪式　（刘雅婷　提供）

【人事人才】　2019年，雨花区坚持“以人为本、组织统筹、单位协商、分步实施、确保稳定”的原则，按“两批三联审七步法”完成31个区级党政部门和9个区委、区政府直属事业单位1453人的转隶工作，其中在编干部555人，离退休人员547人，编外合同制人员356人，实现人员划转工作平稳过渡。坚持凡进必考、过程公开、全程监督，面向社会组织事业单位招聘（选调）工作3次，为雨花区公开招聘（选调）工作人员、文字综合人员84名，选聘特殊人才10名、名优骨干教师20名、招聘教师120名，招聘卫生专业技术人员38名，考试规模、人员数量、历时时长、工作效率均居长沙市内五区之首。率全市之先，面向社会公开招聘社区专职工作人员25名，指导区属部门招聘雇员10余次，保持公开招考“零事故”记录。全区人才服务窗口发放3648位人才的租房、生活补贴3484万元。38人通过长沙市高层次人才认定、获得人才绿卡。全区有外籍专家87人、国内专家513人。

（刘雅婷　周　煜）

【就业创业】　2019年，雨花区落实“优化营商环境年”工作要求，开展“雨花小微直通车，为创业梦想提速”系列融资、税务、社保综合服务活动。指导全区133个项目向市人社局申报创业资金，推荐20个创新创业带动就业项目、13个租金场所补贴、7个一次性创业补贴，获市级资金扶持184.16万元。支持企业开展职业培训，对符合补贴政策的企业和个人给予培训补贴，完成2000余人次。贴心服务失业人员和就业困难对象，为3163位就业困难人员、高校毕业生等发放灵活就业社保补贴1783.62万元。采取“稳就业、促创业、聚人才、重培训、抓改革”五位一体的新模式，以就业之稳促进雨花经济之稳、社会之稳。组织招聘会50场，城镇新增就业15491人，失业人员再就业6220人，就业困难人员再就业2380人，失业率仅2%，远低于4%目标任务。实名制管理全区6.2万名毕业生及区内6500名失业人员，发放用工服务手册、就业政策口袋书2.8万份，确保零就业家庭动态清零。将劳务协作与打造“雨花家政金字品牌”相结合，通过“免费培训+考证+就业”的模式，为龙山、桑植100名贫困学员送技能、送岗位。选拔金职伟业、天池家政等4家企业为“长沙市家庭服务业吸纳就业重点企业”，各奖励10万元。围绕打赢脱贫攻坚战，认定育景园为绿色扶贫车间，在跳马镇开发22个扶贫公益性岗位。全年为贫困劳动力推荐岗位1.8万个，吸纳2000余名贫困劳动力就业；为1.3万个家庭和企业提供家政服务，培训家政人员8310名。

（刘雅婷　周　煜）

【社会保障】　2019年，雨花区确保社会保障全面覆盖，启动扩面征缴专项行动，依法推进扩面征缴工作。全年新增参保单位5008家，企业基本养老、医疗、工伤、失业、生育保险参保人数分别为18.58万人、18.71万人、13.1万人、12.17万人、12.94万人，机关事业单位养老保险参保1.05万人，城乡居民养老保险参保6.7万人。全区企业养老保险征缴基金15.78亿元、同级财政补助160万元。被征地农民纳入46个项目1755人。区人力资源社会保障局在区市场监督管理局注册大厅设置社保专窗、指导雨花经开区“一站式”服务中心开展“帮代办”服务，实现新注册企业开办“一门办理、一日办结”；率全市之先，推出行政审批网上申请、上门服务，实现办事群众“零跑路”，将全市第一张区级民办职业学校许可证发给长沙市雨花区时代阳光职业培训学校有限公司。提质改造社保大厅，为群众提供更舒适的办事体验。内五区首创，将灵活就业人员参保、社保转移等42项高频业务纳入综合窗口，改变17个窗口分线办理业务、重复排队的问题。将灵活就业人员参保、社保卡办理等群众最关注的16项业务下放至13个街道（镇）。将个人退休审批业务由固定时间办理改为及时办理，同步审批养老和医保退休业务，办理机关和企事业单位职工退休3588人，其中医疗保险退休1841人。引入第三方社会机构“快乐老人大学”进入18个社区。开展雨花区退休人员痕迹化管理，退休人员报名登记即视同认证，实现人性化认证。第一批企业退休人员社会化管理服务经费96万元拨至街道（镇）。（刘雅婷　周　煜）

【社保基金工作】　2019年2月，雨花区启动养老保险缴费费率过渡试点政策，三批次137家企业获得批准。5月1日，全国性养老保险降低费率政策实施，同时阶段性降低工伤、失业保险费率继续实施，其中养老保险单位缴费费率由19%降至16%，失业保险缴费费率由1.5%降至1%，工伤保险缴费费率降低20%，为雨花区参保企业节省社保费支出1.1亿元。开展社会保险基金专项检查，按照“日常自查自检为主、重点专项检查为辅”的内控制度，业务经办分人分岗，实行AB岗复审制度。加强社会保险基金监管软件的实施应用，严厉打击社会保险欺诈违法犯罪行为，确保基金绝对安全，为全区2.38万人发放企业养老金4.39亿元，发放率100%。

（刘雅婷　周　煜）

【劳动维权】　2019年，雨花区重视意识形态工作，发挥思想引领、舆论推动、精神激励的作用，推动各项工作落实到位。新招聘兼职仲裁员30名，有效提高办案效率和办案质量。在立案窗口采取即收材料即立案制度，并当场确定开庭时间。全年接待到访和电话咨询的劳动争议6000余起，正式立案1100件，为劳动者挽回经济损失4000万余元。承办21项省市重点民生实事项目均提前超额完成。“12345”热线、信用体系建设、依法行政等工作收效良好，进一步提升群众对人社政策法规的知晓度，各类工作被人民网、《湖南日报》等主流媒体报道48篇次。全面排查，开展集中执法检查，组织项目培训，实施源头防控和有效监管，全区未发生重大集体讨薪事件和极端讨薪事件。严格监察执法，发生欠薪案件实行“连带清偿”，同时追究建设单位、施工单位、分包单位清欠责任和连带责任，处置讨薪事件及欠薪案件10起，为500余名农民工讨回工资2000万余元。落实根治欠薪长效机制，全年督促104个项目缴存工资保证金1.2362亿元，督促162个项目建立工资代发账户并完成欠薪预警系统对接。连续两年在市级保障农民工工资支付工作专项督查考核中被评为A类。组织举办3场企业劳动保障法律法规培训和1场建设领域“根治欠薪”相关政策制度培训，1400余家企业、2000余名企业法人、人资主管参加培训。通过法律知识培训和典型案例分析，不断提升企业法人、人资主管学法用法能力，进一步规范企业用工管理，帮助企业从源头防控用工风险，减少劳动纠纷与劳动争议的发生，使企业将更多的时间精力用于生产经营和谋求发展。（刘雅婷　周　煜）

【精准扶贫工作】　2019年，雨花区围绕打赢脱贫攻坚战，认定育景园为绿色扶贫车间，在跳马镇开发22个扶贫公益性岗位。全年为贫困劳动力推荐岗位1.8万个，吸纳2000余名贫困劳动力就业；为1.3万个家庭和企业提供家政服务，培训家政人员8310名。以“春风送岗稳就业，精准扶贫惠民生”为主题，组织百余家重点企业到湘西龙山、泸溪、花垣、吉首、张家界桑植以及本地招聘会9场，达成就业意向1000余人。

（刘雅婷　周　煜）

【春风夜读——习语导航】　2019年，雨花区人力资源和社会保障局党组建立微信读书群，打造“春风夜读——习语导航”党建品牌。全体党员每天20时利用微信群学习20分钟，主持人告知大家当晚学习内容和领学人，由领学人朗读学习习近平讲话原文原句内容，写出感悟文字；其他人接龙分享领学人朗读内容，积极互动。通过领学领读、交流互动，天天学、天天深，运用党的创新理论指导、提高人社全局干部职工为人民服务的实践能力。通过领学领读、交流互动，增强干部职工学习热情，有效提高政治站位和理论素养，开展活动50期。该做法被“学习强国”APP重点推介。针对离退休党员实际困难，采取微信群录制视频、在线同步学习的方式，保证学习不留死角。

（刘雅婷　周　煜）

行政审批服务

【概况】　2019年3月，长沙市雨花区行政审批服务局挂牌成立，为区政府正科级工作部门，负责贯彻落实中央、省、市和区关于行政审批服务工作的方针政策和决策部署。内设办公室、政策法规科、审批服务管理科、效能监督科；单位编制数5名，领导职数3名。雨花区政务服务中心由区政府直属事业单位调整为区行政审批服务局副科级公益一类事业单位，单位编制数8名，领导职数1名。全体在职干部职工数21人，其中在职在编干部12人、引进人才1人、雇员8人；退休干部1人；党员17人，其中在职党员16人。办公地点设在雨花区人民政府机关大院2号楼B栋一层。

2019年，雨花区行政审批服务工作以“不忘初心、牢记使命”主题教育为动力，紧扣市、区“营商环境优化年”工作要求，围绕行政审批制度改革、政务服务、市民服务热线和政务公开等各项改革任务，抓推进、重落实，初步构建全面深化改革新形势下具有雨花竞争力的科学审批服务体系。（孙　琴）

2019 年 5 月 7 日，雨花区营造“更高效能的政务环境”工作调度会

（孙 琴 提供）

【机构挂牌】 2019 年 3 月 19 日，长沙市雨花区行政审批服务局正式挂牌成立。区委常委、常务副区长邹春林，区政府副调研员陈立，区行政审批服务局书记、局长朱映凯揭牌。挂牌仪式由区政府办副主任杨万敏主持，区行政审批服务局班子成员，原区政务服务中心全体机关干部参加。邹春林表示，行政审批服务工作是党和政府的一项重要工作，是新时期推进行政职能转变改革，强化现代政府治理能力建设、促进社会长治久安、增强各级组织凝聚力和执行力的重要举措，是打通服务群众“最后一公里”的重要途径，希望区行政审批服务局以挂牌成立为新起点，坚持以习近平新时代中国特色社会主义思想为指导，认真贯彻落实关于行政审批服务工作的方针政策和决策部署，在履行职责过程中坚持和加强党对行政审批服务工作的集中统一领导。朱映凯代表班子作表态发言，将不辜负区委、区政府的重托和人民群众的期盼，为全区经济社会发展作出新的更大贡献。区行政审批服务局的成立，标志着全区行政审批制度改革步入全新阶段，对于进一步提高全区行政审批效能、优化经济发展环境、促进经济社会发展具有重要意义。

（孙 琴）

【行政审批】 2019 年，雨花区推进行政审批制度“最多跑一次”工作改革深层化。“只看一张表”，按照政务服务事项“四级九统”〔即政务服务事项的事项名称、设定依据、事项类型、事项编码、办理时限、办理流程、提交材料、表单内容及办理结果要素在市、县（区）、乡镇（街道）、社区（村居）四级的统一〕工作要求，系统开展区本级权力清单、公共服务清单、中介事项清单、“最多跑一次”清单、特别程序清单、“四办”事项清单的调整、梳理和编制工作。区本级保留的权力事项为 2258 项，其中涉及部门审批业务的依申请类事项 447 项，涉及行业监管的依职权类事项 1811 项；区本级“最多跑一次”（含零跑腿）事项为 312 项；区本级行政审批中介服务事项 35 项；区本级公共服务事项 157 项；区本级“特别程序”事项 92 项；“四办”清单中，“马上办”75 项、“网上办”200 项、“就近办”49 项、“一次办”290 项。全区按照 116 项乡镇权力和责任、52 项赋权事项开展街道（镇）“放管服”改革工作并进行动态管理。“只上一张网”，提升“互联网 + 政务服务”系统的运用，完成全市政务服务成效管理系统中 768 项政务服务事项环节确认、流程配置以及审批人员账号设置等内容并开始运行。其中，“一件事一次办”事项已配置并落地事项 80 项。“只进一个厅”，率先全市打造全科型政务服务大厅，设置 13 个“全科综合窗”和 7 类“专科综合窗”，按照“窗口综合受理、后台分类审批、统一窗口出件”工作模式，将原来由商务、卫健、城管、环保等 22 个单位的近 200 项政务服务事项整合，由 13 个窗口实行无差别受理，所有依申请类政务服务事项实现 100% 分类“一窗受理”。全区自上而下，区、镇（街）、社区（村）三级政务服务平台全部完成综合窗改革工作，《长沙晚报》、长沙新闻频道等多家主流媒体跟踪报导雨花区综合窗改革工作。建立园区企业服务中心，将“最多跑一次”工作改革范围扩大到所有依申请类政务服务事项，实现“最多跑一次”工作改革全覆盖。（孙 琴）

【政务服务】 2019 年，雨花区拓宽“网上办”领域。全面推进各类网上政务服务平台高度融合，在全市政务服务成效管理系统内同步对接电子监控系统，严格监控“电子红黄牌”，杜绝体外循环和超时审批；同步链接政府门户网站和区级移动办事终端“开放雨花”APP，推动实现审批服务“掌上办”“指尖办”。增加“就近办”事项，按照“利企便民”的原则，实现“就近办”事项 189 项，占网办事项比例 31%，较上年提高 7.3 个百分点。园区所有政府投资项目审批和企业投资项目备案下放至雨花经开区自行办理，做到企业办事不出园。加大“减证办”的力度，按照减证专项行动要求，进一步在“减证办”上便民利民，梳理证明事项 225 项，取消 123 项。创新“帮代办”形式，建立健全“帮代办”制度，雨花经开区新增“帮代办”事项 51 项；结合工程项目建设审批改革的专业性要求，以政府购买服务的方式，增加聘用专业机构和人员，为企业提供各类报建手续的专业服务；群众办事可以“进门不再找，远处不再跑”。全区配备“帮代办”队伍 180 余人，为企业、群众服务 10 万次以上。组织开展省级第一批、第二批“一件事”事项的梳理、流程再造等工作，编制区级首批“一件事”事项办事指南。在全市率先推出“我要在老旧社区加装电梯”一件事一次办事项。区级市场准入综合窗以“证照联办”为核心，牵头办理“一件事一次办”事项共45项，涉及卫生健康、住房城乡建设、文化和旅游等11个区直部门，实行“一窗受理、并联审批”。在“3545”提速方面，率先全省实现企业开办“零成本”“一日办结”，实行企业“一套材料、一窗登记、一日完成、零成本办结”的“1110”模式。企业投资项目备案实行全过程告知承诺制及全程网上办，时限缩短为0.5个工作日办结。对建设项目实行质安提前介入，帮助企业加速建设，为企业节约投入成本。（孙　琴）

【政府信息公开】 2019年，雨花区政府信息公开目录管理系统覆盖全区46个区级部门单位和街道（镇），工作平台及工作流程进一步统一，政府信息公开目录分类体系和填报格式进一步规范，全区政府信息公开目录管理系统后台数据库初步实现通过数据交换平台互联互通、信息共享。主动公开政府信息1万余条；办理政府信息依申请公开34件；因政府信息公开申请而引起的行政诉讼4起，无行政行为被撤销和败诉的情况。

（孙　琴）

【综合服务窗口改革】 2019年，雨花区开展综合服务窗口改革，通过重新梳理、整合、公示区级行政审批事项各环节流程标准和操作指南，实现“按部门、按事项设窗”到“一窗受理”，由“一事跑多窗”变为“一窗办多事”，进一步提升政务大厅综合服务功能。设置13个全科综合窗口，将区级政务大厅22个区直部门单位200余项业务进行调整合并，实现群众办事无差异化受理；设置7个部门综合窗口（市场准入、工程建设项目审批、不动产登记、水电气报装、社会保障、社会事务、户证管理），其中区级市场准入综合窗以“证照联办”为核心，牵头办理“一件事一次办”事项共45项，涉及卫生健康、住房城乡建设、文化和旅游等11个区直部门，实行“一窗受理、并联审批”。坚持“利企便民、提速增效、流程优化、部门协同、规划统筹”的原则，把推进综合窗改革作为提高便民利企服务水平的重要抓手，由区领导带队，积极协调省、市部门，将19套系统综合运用于13个全科综合窗，确保任一事项可在任一窗口进行办理。将审批流程设计为受理、行政审批科审批、首席代表决定、办结告知四个环节（第三方特别程序需额外增加环节），强化行政审批科室职能，充分赋权窗口、行政审批科及首席代表到位，提高行政审批效能。开展政务服务的免费“快递送达”服务，全行业、全领域为企业、群众免费提供“快递送达”服务4.5万件。设立首席代表，启用行政审批专用章（专线账号），各部门单位首席代表、行政审批科长定期到窗口现场办公，使窗口既受又办，增强窗口办事能力，切实提高工作效率。为顺利完成，采取交互跟班学习、业务技能培训、系统操作演练方式开展窗口人员业务培训，确保既能做新办注册，也能做变更注销，综合窗口人员从“专业岗”向“全能岗”的转变；既能做前台全程咨询受理，也能做后台数据操作录入，窗口业务“一口清”。推行政务服务“好差评”，“首问负责制”全程办理等措施，强化窗口工作人员业务能力和责任意识。综合服务窗口改革的主要成效体现在为雨花“一件事一次办”改革工作注入新的活力、动力。整合全区基层服务点，按“15分钟生活圈”配备服务网点；以区级设置全科、专科综合窗，街道（镇）设置2至4个综合窗口，社区（村）设置1至2个综合窗口的模式，向信访、综治、城管等外勤工作释放大量人力资源，提高社会服务能力。通过审批环节“多审变一审”、审批窗口“多窗变一窗”、审批站点“多点变一点”，雨花区综合服务窗口改革实行无差异化受理让企业群众办事体验感更好，幸福感更强。（孙　琴）

【“12345”市民服务热线】 2019年度，雨花区“12345”市民服务热线工作坚持把群众呼声作为第一信号，把解决群众诉求作为第一使命，听民情、解民困、分民忧，为广大群众解决实际问题。签收长沙市“12345”市民服务热线平台工单49603件，工单数量为全市最多。回访工单41227件，回访满意工单39913件，回访满意度96.81%，工单办结率和满意率双达标。将“12345”市民服务热线工作诉求多、协调部门多、诉求满意率低的典型工单进行分类。就环保类、公共安全类等类型工单进行专题调度，实行热线工单联合办理，由各自办理变为牵头单位与配合单位协作办理，从“单兵突进”到“协同作战”，全面提升工作实效。（孙　琴）

【“12345”市民服务热线工作调度会议】 2019年11月1日，雨花区行政审批服务局组织召开区“12345”市民服务热线工作调度会议。全区“12345”市民服务热线工单承办部门单位行政负责人参加会议，区纪委监委、区政府办、区委编办、区网格办、区绩考办相关负责人出席会议，会议由区委常委、常务副区长邹春林主持。会议强调，“12345”市民服务热线工作是优化营商环境的重要考核指标，是党和政府与人民群众沟通联系的桥梁，各部门单位一定要引起高度重视，把工作做实做细。要加强领导，明确责任；及时调度，强化考核；资源共享，形成合力；领导约谈，问责追责。全区各部门单位务必要全力提升市民群众满意度，确保工作取得实效。会议通报全区2019年1—9月“12345”市民服务热线工作开展情况，5个工单承办部门单位进行表态发言。

（孙　琴）

【营造更高效能的政务环境工作调度会】 2019年5月7日，雨花区行政审批服务局组织召开全区“营造更高效能的政务环境”工作调度会，全区所有涉改部门单位分管负责人和工作专干参加会议。会议研究、部署全面推进“一件事一次办”改革、政务服务事项目录清单核对确认工作和政务服务事项实施清单标准化填报工作。会议要求，各部门要强化“一件事一次办”改革是进一步增强区域竞争力的思想认识，把工作落实到服务企业发展，推动项目建设上来；把握“一件事一次办”改革是“最多跑一次”改革升级版的总体原则，在巩固原有改革工作成果的基础上，进一步推进“一张表、一张网、一个厅、跑一次”和“网上办、就近办、减证办、帮代办”。明确“一件事一次办”是深化商事制度改革、简化企业投资审批、加快不动产登记制度改革的标准要求，推进审批效能提速。

（孙　琴）

数据资源

【概况】 长沙市雨花区电子政务管理办公室为区政府直属事业单位，负责全区电子政务、新型智慧城市发展战略拟定、规划和计划编制、项目实施管理，信息资源开发、电子政务建设应用以及智慧城市应用推进工作，区政府门户网站及集约化体系的建设与管理、政府信息公开工作以及信息安全保障等工作。内设综合科（办公室）、网络管理科、网站管理科、应用推进科、资源管理科5个职能科室。核定编制11名，其中主任1名，副主任1名。2019年7月，区电子政务管理办公室更名为区数据资源中心，为区人民政府办公室所属正科级公益一类事业单位。全体在职干部职工数11人，其中雇员6人；党员5人，其中在职党员5人。办公地点设在雨花区人民政府机关大院区委党校二楼。

2019年，雨花区推进和发展大数据产业和智慧雨花建设，推进为民服务体系标准化建设。深化政务服务深度，提升群众办事体验，优化基层政务服务人员工作。在做好日常运维保障工作的基础上，及时解决工作人员在办事服务中所遇到的各类平台操作问题。部署电子监察系统，利用电子监察系统督促全区各部门及时办理，进一步提高公共服务效率及群众办件满意度。做好“互联网＋监督”工作，负责区级业务部门、街道平台账号管理以及平台的日常技术指导、网络保障等工作。完成智慧雨花运行管理中心平台建设，其中政务数据中心整理入库各类数据598万条，基础人口2019689条，基础法人175185条，共享城市管理、市民热线、政务服务、产业经济、环境生活等专题数据近377万条；完成数字城管系统、空气质量检测等18个业务系统汇接；新建“雪亮工程”（视频监控共享平台）、互联网＋群防群治网格化管理平台、智慧巡河平台、智慧环卫、智慧教育（学生德育平台）、智慧医疗（数字化预防接种门诊系统）等项目，不断推进智慧城市项目建设，全面构建智慧雨花体系建设。（陈婷婷）

【网络管理】 2019年，雨花区改善基础网络环境，提高网络管理水平，维护网络及终端2645次，现场会议网络保障112次，及时发现并整改加固托管系统高危漏洞21个，测试新上线系统12个；保障“护网行动”“应急演练”“国庆70周年”等活动顺利进行，搭建全区服务器虚拟化平台，完善并扩容防病毒安全软件，全年未发生网络安全事件。完成办公用房调整后的终端设备和网络的调试1500余次，保障各单位办公设备的正常运行。制作国庆期间特护值班表，对外网所有公网IP进行安全扫描，并将扫描结果告知各个应用单位，在整个攻防演练和国庆特护期间未发生一起安全事故。（陈婷婷）

【项目审查】 2019年，雨花区落实《雨花区电子政务工程建设项目管理办法（试行）》，严格执行“统一规划、统一标准、统一平台、集约高效、共享协同、安全可靠”的电子政务项目建设原则，优化项目技术审查和管理工作，为项目建设把好“技术关”和“廉洁关”，避免重复建设和重复投资，切实提高财政资金使用效益。全年审查电子政务项目200件，全面把控信息化项目建设方案，为区级财政节约资金近200万元。（陈婷婷）

【网站管理】 2019年，雨花区全新建设政府网站。开设“雨花区优化营商环境专题”，全面介绍各部门单位贯彻落实优化营商环境工作精神、落实各项政策措施的生动实践和取得的成果，深入宣传优化营商环境建设的正面典型和先进经验。快速完成机构改革后区政府网站内容调整工作，高效完成区政府网站各部门单位页面图标更新工作。完成“网上办事”栏目更新为“政务服务旗舰店”工作。雨花区政府网发布信息1.5万条，上传市政府网站信息2434条，办理“区长信箱”信件1258封，推送微信信息634条，连续9个月在市对区政府网站常态化监测结果通报中获得满分。雨花区政府网站排名第十八届中国政府网站绩效评估全国区县政府第23位。“区长信箱”栏目、“幸福雨花便捷生活”微信公众号被全国电子政务理事会评为“2019年政务网站政民互动精品栏目”“2019年微服务卓越奖”。“雨花区十五分钟生活圈电子地图”被长沙市多家媒体报道。（陈婷婷）

【资源管理】 2019年，雨花区全面完成市政务信息资源目录管理系统数据录入工作，录入目录2289条、信息项33645条，实现市、区政务信息资源目录管理系统数据同步。对全区36个部门单位报送的电子证照目录清单进行一一梳理，收集整理电子证照181项。建立智慧平台，完成智慧雨花政务数据中心建设，并对入库数据资源进行清洗融合。整理入库各类数据598万条，其中基础人口2019689条，基础法人175185条，共享城市管理、市民热线、政务服务、产业经济、环境生活等专题数据近377万条。（陈婷婷）

【智慧雨花调度指挥中心建设】 2019年，雨花区推进“智慧雨花”建设，打造集“应急指挥中心”“网格化管理中心”和“大数据分析展示中心”于一体的智慧雨花调度指挥中心。建设完成智慧雨花运行管理中心，整理入库各类数据340万余条，拥有各类人口数据194万条、法人数据11万余条。共享城市管理、市民热线、政务服务、产业经济、环境生活等专题数据130万余条，并完成数据资源统计分析APP开发；完成对接包括数字城管系统、空气质量检测、水情检测系统等13个业务系统，完成视频汇集，整合公安天网、住建等视频资源近9000路；完成指挥调度、今日雨花、政务大数据、智慧政务、智慧民生等界面整体架构，实现城市管理可视化呈现。对接“雪亮工程”视频信息共享平台和综治视联网，完成350路人脸识别点位建设和2960路社会视频接入，搭建完成雨花区公共安全视频信息共享平台、移动指挥调度系统，实现应急指挥调度可视化。

（陈婷婷）

【“15分钟生活圈”电子地图】 2019年，雨花区建设维护“15分钟生活圈”电子地图，补充设施点位数据、完善电子地图功能，增加电子地图App版本。录入各类公共服务设施数据2500余条，发布消息420余条，收到市民评论2100余条。该地图利用公众服务电子地图信息技术手段，集成雨花区“15分钟生活圈”公共服务设施等特有资源，通过雨花区政府网站、微信公众号“幸福雨花便捷生活”、微信小程序3个途径为社会公众提供具备雨花特有信息资讯的新型公众地图服务，便利群众出行、提升生活品质。公众通过电子地图，不仅能知晓家门口“15分钟生活圈”里的公共服务设施，还能根据地图提供的路径导航，第一时间找到停车场、农贸市场，精准显现人行道、自行车道、历史步道等。（陈婷婷）

应急管理

【概况】 2019年3月，长沙市雨花区安全生产监督管理局更名为区应急管理局，负责应急管理工作，指导全区各级各部门应对安全生产类、自然灾害类等突发事件和综合防灾减灾救灾工作；负责安全生产综合监督管理和工矿商贸行业安全生产监督管理工作；负责贯彻实施相关法律法规、部门规章、规程和标准，组织编制全区应急体系建设、安全生产和综合防灾减灾计划；负责牵头推进全区统一的应急管理信息系统建设；负责统筹全区应急救援力量建设，负责组织协调消防、森林火灾扑救、抗洪抢险、地震和地质灾害救援、生产安全事故救援等专业应急救援力量建设等。承担区安全生产委员会、区防汛抗旱指挥部、区减灾委员会、区抗震救灾指挥部、区森林防火指挥部的日常工作。内设办公室，宣教科，人事财务科，救援协调和预案管理科（应急指挥中心），重点行业安全监督管理科（行政审批和政务服务科），工贸行业安全监督管理科，安全生产综合协调科，防火防汛救灾和信息化科，执法大队（政策法规科）9个职能科室。核定编制28名（其中行政编制11名，事业编制16名，工勤编1名）。在职干部、职工47人，其中正式干部职工30人，引进人才1人，雇员9人，劳务派遣7人；退休3人。局内设立一个党支部，共有党员33人，其中退休党员3人。办公地点设在雨花区人民政府机关大院综合楼B栋第一层和第二层。

2019年，雨花区应急管理局围绕“减少一般事故、防范和遏制较大事故”的工作目标，推进严格执法、打非治违、“三大行动”（大排查、大体检、大整治）、夯实企业安全生产主体责任年等工作。（罗　佳）

【安全宣教】 2019年，雨花区制作春节安全微视频《安全出行篇》《安全用电用气篇》和《春节安全拜年篇》，每日循环播出300次，持续播放1个月，覆盖3038个电梯媒体点位，覆盖人次超过2000万人次；联手红网、抖音等新媒体、利用雨花安监公众号、微信朋友圈以及户外多媒体等平台，同时联动，多屏播放，形成全媒体矩阵立体化的宣传声势。举办“安全宣传进社区·平安幸福千万家”系列活动，表演民舞串烧《鱼儿的欢歌》、诗朗诵、拉丁串烧、牛仔舞、街舞Popping等节目；播放警示宣传片；举行安全知识有奖抢答、安全情景剧《橙色先锋队》、心肺复苏演示。区安委办联合晓光模具公司工匠学院打造雨花区首个安全体验培训基地；投入360万元打造全市首家占地约9800平方米的交通安全主题文化公园，接待学生和群众13万余人次。制作“开车严防酒驾”“开车禁止玩手机”“防火防电防气”等安全系列微视频，获得50万网民浏览观看。针对雨花区接连发生因小区电动车充电引发火灾事故的情况，由区政府下拨90万专项工作经费，制作公益宣传片和宣传海报，利用电视等媒体渠道滚动播放，受众2000万人次。推出“我是安全小主播，我为安全代言”第二季活动，选取10名安全小主播作为雨花区“安全代言人”，参与安全公益视频的拍摄和参加安全为主题的夏令营。承办长沙市暨雨花区第18个安全生产咨询日活动，发放宣传资料4.72万份，接受群众咨询59981人次。举办全国防灾减灾日安全宣传活动，承办市级第30个国际减灾日宣传演练活动。雨花经开区针对园区企业“厂中厂、园中园”特点，多次组织召开专题培训班；区商务局多次组织行业领域重点企业举办观摩交流会；区教育局联合公安、交警等部门定期组织开展“十万学生百万市民同上交通安全课”等培训活动。开展雨花安全流动课堂197场，受众3.88万余人次。流动课堂以书记局长讲安全、监管员当宣传员的形式，通过典型事故案例、操作程序讲解、政策规范解读等提高企业监管人员安全意识，提升基层应急人员发现隐患问题能力和监管执法水平。深刻吸取因电气火灾引发各类安全事故教训，年初，区安委办在红星市场推广“智慧烟感”安装，8月7日，区安委办下发《关于推广使用智慧用电安全监管服务系统的通知》，全区推广使用“智慧烟感”“智慧用电”系统，包括高桥、同升、东山等9个街道安装217个点。雨花区利用“智慧用电”系统消除事故隐患26起。

（罗　佳）

【安全监管】 2019年，雨花区应急管理局大排查企业19282家、大体检企业13467家、实施经济处罚861.46万元、责令停产停业整顿43家、提请关闭企业47家、主流媒体曝光21家、警示约谈278人。办理危化品经营许可 61 件；备案非药品类易制毒化学品经营 7 件；备案重大危险源 2 件；填报政务服务 327 项，发放烟花爆竹经营许可证 53 件。组织 93 批执法人员 837 人次对跳马片区进行 24 小时交通专项整治行动；对作业人数多、爆炸风险高的 5 家粉尘涉爆企业开展集中整治；立案处罚 37 起，委托执法 152 起，处罚金额约 55.396 万元。组织开展组织集中执法行动 4047 次，检查生产经营单位 24774 家，取缔非法生产经营单位 66 家，实施经济处罚 619.77 万元。（罗 佳）

【应急救援】 2019 年，雨花区“智慧雨花”应急管理指挥中心，汇集公安、应急、交通、教育、住建、水利等部门视频资源近 9000 路。壮大应急救援队伍，成立应急事务中心作为区应急管理局的二级机构，核定 8 名事业编制。调入 3 名业务骨干，招录 3 名年轻干部。吸收社会救援力量，成立 300 余人的民兵常备应急分队，投入 20 万元为雨花区蓝天应急救援队提供办公场地及装备支持。3 月 28 日，区应急管理指挥中心组织开展应急指挥运行演练，区应急局、区电子政务办及 13 个街镇通过“智慧雨花”应急管理指挥中心系统在线进行安全工作互动响应，区委副书记、区长刘素月进行视频调度，调看浏阳河沿线水情视频和区内建筑工地现场监管情况，对各街镇近期安全工作逐一进行工作部署。刘素月要求各街镇，必须高度重视森林防火工作，加强防汛工作，完善社区微型消防站和组建小区义务消防队。刘素月针对现场应急指挥互动过程，指出一些细节问题，强调要打造好联动应急管理指挥中心，实现智慧安全管理，要做好预警，实现实时数据对比分析，畅通调度。5 月 21 日，雨花经开区安监局联合区消防救援大队、同升派出所，在长沙市比亚迪汽车有限公司模拟涂装车间油漆突发火灾事故，进行消防应急演练。同升消防中队、红星消防中队、高桥消防中队现场出动高喷消防车、抢险救援车、器材装配车、水罐车共 10 台。演习开始，公司消防监控室接到涂装工厂监控员电话报告火警后，公司消防队员迅速赶到现场，发现火势难以控制，随即拨打 119 火警电话，组织涂装工厂人员迅速撤离，辖区同升消防中队到场进行灭火，面对巨大的火势，请示区消防大队进行支援，大队随即派出红星中队、高桥中队消防车到现场进行救援，三个中队将整个厂房进行一个半小时的灭火，火势得到控制。（罗 佳）

【防灾减灾】 2019 年，雨花区有省级综合减灾示范社区 19 个、国家级综合减灾示范社区 13 个。高桥街道永定社区、砂子塘街道金科园社区分别申报创建省级、国家级综合减灾示范社区。6 月 21 日，受特大暴雨袭击，造成雨花区跳马镇部分群众住房严重毁损，区领导多次专题调度并到一线督查，第一时间统筹各级财政资金 231.6 万元用于灾害救助，为 107 户受灾群众修缮房屋，为 17 户因灾倒损房屋群众进行重建，有 7 户房屋封顶、2 户房屋竣工入住。（罗 佳）

【安全生产检查】 2019 年 2 月 14 日，雨花区组织行政执法人员对湖南红星冷冻食品有限公司、湖南红星盛业食品股份有限公司、长沙市莲湖医用氧厂春节后复工复产的安全生产情况进行检查。行政执法人员对企业的复工复产方案落实情况进行逐一核实，确保企业严格按照安全生产方案复工复产；查阅企业在复工复产与上岗员工签订的安全生产责任状；查阅企业在复工复产前召开安全专题班前会的相关资料；核查企业在复工复产前组织的全员安全教育培训工作，对培训内容进行点评与指导；查验企业在复工复产前实施的全面安全检查，突出检查企业车间水管、料管和风管等流体管道是否完好。2 月 15 日，区安委办组织区交警大队、区交运局、区安监局对长沙汽车南站、武广黎托汽车站、长沙龙骧巴士旅运公司、长沙宾利汽车客运有限公司、长沙大蓬汽车客运有限公司进行联合安全检查。联合检查组一一察看旅客进站安检口、GPS 视频监控中心、车辆检测平台、车辆出站检查站，查阅企业安全宣传培训的相关资料。联合检查组要求，企业要定期组织司乘人员进行安全培训；要严格对车辆进行维护、检测；要加强 4G 网络对路上车辆进行的实时监控。3 月 28 日，区委书记张敏到雨花区雷锋校车服务有限公司、中天星耀城项目建筑工地和湘府东路油气合建站进行安全生产工作检查。张敏询问工作人员安全设施的使用情况、员工的教育培训情况和应急处置能力情况，重点察看校车视频监管、灭火器和安全锤，建筑工地塔吊、脚手架、低坑、机械设备使用以及油气站防火设施、安全标志等情况，对发现的问题进行现场交办整改。张敏强调，要时刻绷紧安全生产这根弦，管理严格，提升应急处置能力，层层压实责任。8 月 1 日开始，区应急局副局长刘建新带队对辖区工贸行业企业开展高温季节安全生产专项执法检查。检查组先后到中南智能装备有限公司、长沙影珠山油脂有限公司、湖南西湖电线电缆有限公司等 10 余家企业进行执法检查，查看企业对从业人员安全生产教育培训、特种作业人员持证上岗等情况；了解企业是否制定生产安全事故应急救援预案和是否定期组织应急救援演练情况，对企业生产车间的安全管理情况进行现场体检。该次针对高温季节的安全检查，共检查出隐患 30 余处，下达责令整改指令书 10 份，并对 2 家问题较为严重的企业依法进行移交。（罗 佳）

【安全生产督查】 2019 年春节前，雨花区督查街镇传达区委常委会第 2 次（扩大）会议及张敏书记讲话精神、专题调度部署春节期间安全生产工作、在辖区内醒目地点张贴安全宣传海报、对群众发放安全宣传册等情况。督查组现场发现并督促整改问题隐患 60 余项。5 月 15 日开始，雨花区对全区 15 个重点部门、13 个街镇安全生产工作落实情况进行巡查，巡查区安委会各重点成员单位、街镇大办、社区（村）和企业，突出检查夯实企业安全生产主体责任年、“三大行动”、“强执法防事故”、“有限空间专项整治”、打非治违等重点工作，巡查结果纳入 2019 年各单位安全生产年度绩效考核内容，作为社区（村）安全生产工作经费拨付的依据，巡查结果全区通报。9月3—4日，省安委办督查组突击暗访雨花区在建工地项目和汽车站等人员密集场所，随机查看雨花区3个行业部门的直管行业领域，对重点行业部门安全生产工作落实情况开展专项巡查，对督查发现的问题，在现场反馈会上逐一进行交办。9月9—10日，长沙市安全生产第三巡查组随机抽取雨花区2个区直部门、2个乡镇街道和3家企业作为巡查对象，专项巡查雨花区安全生产。11月4日，市应急管理局考核雨花区2019年度安全生产和消防工作，考核组听取雨花区关于安全生产和消防的工作汇报，分4个小组抽查部门、乡镇（街道）、企业和消防工作资料，随机抽选部门、乡镇及企业进行现场查看；检查雨花亭、井湾子街道在属地责任的落实、隐患治理和打非治违等各方面的工作情况，抽查交警、文体局日常安全检查、隐患治理台账及监管执法情况，检查高桥大市场和湖南立承建设有限公司夯实企业主体责任年活动的开展情况；抽查东塘街道、枫树山社区消防工作开展及监管情况，查看长沙市华庭物业管理有限公司的小区消防安全落实情况，检查消防安全重点单位湖南省脑科医院的消防安全开展情况，对重点火灾隐患单位长沙市安融物业管理有限公司的隐患整改情况进行检查。（罗　佳）

【烟花爆竹监管】 2019年，雨花区堵疏管宣结合，为烟花爆竹行业营造安全、健康的营商环境。以奖代补，以政策宣传开路，以政府专项资金奖励促动，三环内烟花爆竹零售门店全部退出经营。引导城区烟花爆竹门店转型经营，烟花爆竹零售门店转型经营率超过45%，其中13家转型经营花烛；7家转型经营南食；4家转型经营餐饮；2家转型经营烟酒；2家转型经营鲜花。规范雨花区三环外57家烟花爆竹零售门店安全经营，利用村、社区网格化管理网络，调动街（镇）安全管理资源，对销售门店的安全经营状况逐一进行现场核查。区安监局在春节及两会期间，牵头交通、质监、各街镇开展全方位、多渠道的立体宣传，每天在全区3038个电梯视频滚动播放自制宣传视频300次，覆盖人数超2000万，抖音点击量超过50万频次，发放温馨安全提示2.7万张，实现烟花爆竹春节期间安全销售、安全燃放。（罗　佳）

【应急管理培训】 2019年1月，雨花区举办两期安全生产计划行政执法专题培训班，100家计划执法单位的负责人和安全员200余人参训。区安监局副局长刘建新作训前动员。区安监局梳理执行、管理、服务所依据的法律法规、部门规章及规范性法律文件，制定执法"内容清单"，解读2019年度安全生产行政执法要求和标准，重点告知企业监督检查的18项内容。培训班印发《2019年度雨花区工贸企业安全生产行政监管执法检查通知》《雨花区工贸企业重点查处安全生产违法违规行为告知书》文件等学习资料共840份。3月12—14日，雨花区举办应急管理安全生产知识培训班，220余家规模以上企业主要负责人参加培训。培训企业安全生产主体责任、安全生产法律法规和标准、应急管理与有限空间作业、安全管理与案例分析、消防安全知识等内容，解读《湖南省生产经营单位安全生产主体责任规定》。3月18—20日，雨花区组织全区80余名乡镇安监员开展应急管理人员培训，培训安全意识与行政执法、安全生产法律法规和标准、应急管理与有限空间作业、安全管理与案例分析、消防安全知识等内容。4月28—29日，黎托街道组织辖区160余家物流门店负责人，开展集中培训和应急演练，长通安全科技机构讲师从事故案例分析、危险化学品的分类与辨识、物流场所消防安全知识、叉车及搬运工操作规程、仓储安全作业等方面授课。培训课程结束后，全体培训人员在大桥村安置四区大通道开展消防应急演练。5月9日，雨花经开区组织辖区500多家企业安全负责人或安全员开展安全生产教育培训，组织观看"3·21"江苏响水重特大事故安全警示教育片，12家企业代表负责人向管委会主任递交《安全生产责任书》和《安全生产承诺书》。6月26日，区应急局组织召开全区危险化学品安全监管警示培训会。会议由区应急局副局长周永浩主持，来自全区13个街镇的安全生产负责人及辖区内200余家危险化学品经营单位负责人（气体充装企业、危化贸易公司、加油站、油漆门店、涉氨制冷企业）参加会议。中石油长沙分公司、中石油赤岗加油站和长沙赛弗莱气体有限公司三家企业相关责任人针对前期雨花区检查发现的安全管理制度不落实、隐患排查整改不到位和违规运输等问题进行检讨发言。周永浩传达通报全国发生的安全生产事故，就事故原因、事故教训进行剖析和经验总结。市应急管理局调研员梁明孝强调，认清安全生产形势，认真学习法规政策，不断创新务实。7月17—19日，雨花区举办2019年第二批普通类企业负责人和安全员培训班，辖区84家企业参加，重点针对安全生产法律法规、安全管理知识、安全意识与典型事故案例分析、应急管理与事故救援等内容进行培训，最后以闭卷考试来检验学员的学习成效。12月12—13日，区应急局组织一场工贸企业安全生产应急管理专项脱产培训，雨花区辖区范围内宾馆、商场、娱乐场所、旅游景区等人员密集场所经营单位的主要负责人近200人参加培训。工贸行业安全监管科对《工贸企业应急管理手册》进行解读，要求企业务必熟悉生产安全事故应急工作的权利与义务，务必掌握应急准备要求和应急救援措施，务必提高事故先期处置能力。（罗　佳）

【安全生产测评】 2019年1月21日，长沙市安委办委托第三方专业安全技术服务机构湖南星鹏技术有限公司，采取实地考察、现场评估的方式对雨花区"落实企业安全生产主体责任年"活动开展效果进行测评，通过发放调查问卷，对区内行业监管部门、街道和社区安全生产工作落实情况进行专题调研。湖南星鹏技术有限公司实地抽查雨花区湘旺风机有限公司、国龙大酒店、武广和顺加油站、运达中央广场、湖南红星建设有限公司与湖南省宾利旅游运输发展责任公司6家企业的“落实企业安全生产主体责任年”活动开展情况，查阅企业安全生产教育培训、安全生产责任制、班前会制度等有关工作内容，向企业发放调查问卷，了解存在的疑虑与困难，给企业提供意见。6月4日，市安全生产监察支队支队长陈志求带队到雨花区街道和企业，对雨花区“夯实企业安全生产主体责任年活动”开展情况进行专题调研。陈志求肯定街道针对高桥大市场这样小微企业多、人员流动性大的市场主体，安全生产“舍得念、舍得查、舍得投”的九字诀；到雨花经开区湖南普天科比特电子科技有限公司，听取公司“夯实企业安全生产主体责任年”活动开展情况，提醒公司要进一步加强日常管理，注重细节，将工作抓实。（罗 佳）

【安全生产工作会议】 2019年1月24日，雨花区委召开经济工作暨安全生产工作大会。会上通报2018年度全区安全生产工作考核结果，20个单位，99名个人获得表彰，共发放奖金49.9万元。3月25日，雨花区召开安全生产工作部署会。区委副书记、区长刘素月主持，区委常委、常务副区长邹春林通报“3·21”“3·22”事故，传达中央、省市批示指示精神并部署当前安全应急工作。区委书记张敏强调，要高度引起重视，坚决杜绝重特大事故；要进行全面排查，确保重大隐患及时排查整治到位；要开展强力整治，确保整治到位；要提升应急能力，确保快速应对、妥善处理；要压实工作责任，确保工作逐项落实到位。4月30日，区安委办召开全区安全生产工作调度会，部署做好国务院巡查迎检、“强执法防事故”“夯实企业主体责任年”“三大行动”“有限空间专项整治”等安全生产重点工作。会议下发《长沙市雨花区安全监管“强执法防事故”行动实施方案》《长沙市雨花区有限空间作业安全生产专项整治行动方案》《关于做好2019年全国防灾减灾日有关工作的通知》等文件，通报全区一季度安全生产行政执法工作和“三大行动”工作开展情况，要求各单位结合对本领域、本辖区全面开展检查排查。会议对“三大行动”“夯实企业主体责任年”等工作进行动员部署。区安委办常务副主任、区应急管理局局长刘归强调，“三大行动”要真实开展，监管执法要强化手段，夯实企业责任年活动要逐个夯实，迎国考巡查工作要高度重视，有限空间要专项整治成套建档，防灾减灾日要扩大影响，“五一”节假日期间，各部门、各街镇要切实加强监管。5月9日，雨花区2019年度易燃易爆危险物品联合执法行动暨消防安全工作调度会召开，专题部署迎接国务院考核巡查、开展易燃易爆危险物品联合执法和“防风险保平安迎大庆”消防安全执法检查专项行动暨“排雷行动”等安全生产重点工作。下发《关于做好近期安全生产领域有关事项的通知》《关于开展“防风险保平安迎大庆”消防安全执法检查专项行动暨“排雷行动”的通知》《长沙市雨花区2019年度易燃易爆危险物品联合执法行动工作方案》，区消防救援大队大队长刘立宪部署“防风险保平安迎大庆”消防安全执法检查专项行动和“排雷行动”工作。刘归要求，要高度重视，汲取开福区“5·2”较大事故教训；要真检实查，实现执法检查范围全覆盖；要严格执法，形成安全生产执法的强大震慑力。6月21日，雨花区召开安全生产工作调度会，全面铺排部署中非经贸博览会期间安全生产工作，对“强执法防事故”“夯实企业主体责任年”“三大行动”“打非治违专项整治”等重点工作落实情况和加强汛期、高温时段安全生产工作进行强调。会议通报雨花区各街镇、各部门“打非治违”“三大行动”等各类执法行动开展情况，要求各单位务必提高政治站位部署应急预案，落实安全防范措施，进行检查排查，做好应急处突准备。区政府副调研员、区安委办主任陈立强调，要强化防汛、防火、防城市内涝能力，加强道路交通安全管控，确保电动车充电安全，抓好各类事故安全防范工作，做好市对区半年度考核准备工作。7月7日，邹春林主持召开全区防汛防渍应急工作调度会，紧急部署当前防汛排涝等工作。邹春林强调，要科学研判，防止因短期强降雨导致的山洪、泥石流等地质灾害；精心组织，防止出现因山洪、城市内涝和护坡垮塌等造成人员伤亡的情况；积极应对，做好防汛物资准备。8月5日，区应急局传达落实市委常委、常务副市长夏建平关于全市危险化学品风险管控及非煤矿山依法整顿工作推进会上的工作部署；传达学习市应急管理局党组副书记、局长胡春山的讲话。区应急局重点推动消防安全及危险化学品安全风险防控工作，强化宣传教育，推进“三大行动”。8月9日，雨花区召开安全生产和消防工作调度会。区安委办副主任杨自强传达贯彻省市近期相关会议精神；通报市对区半年度安全生产考核情况，进行问题交办；分析近期安全生产工作形势，对推广使用“智慧用电”安全监管服务系统、做好住宅小区消防安全专项整治、暑期泳池防溺水和高温时期安全生产有关工作进行动员调度。区消防救援大队大队长刘立宪通报全区上半年火灾事故情况及各街镇火情处置情况，对全市发生的多起典型火灾案例进行分析，要求各街镇要吸取火灾亡人事故教训，加强对老旧小区的电路电线、电动车违规充电、建筑工地的施工安全进行摸排整治，做好火灾安全防范工作。区应急局党组副书记陈乾坤要求，各街镇要务必切实提高政治站位，迅速开展摸排整治，督促各级尽职履责。9月6日，张敏主持召开区委常委会2019年第18次（扩大）会议，传达有关会议精神，专题研究部署中秋、国庆“两节”期间，扫黑除恶、安全生产、校园安全等有关安全防范工作。刘归就安全生产和应急管理工作开展情况作情况汇报。会议要求，全区各级各部门要提高站位，确保雨花社会大局和谐稳定；夯实举措，确保安全生产形势平稳可控；责任上肩，确保分管行业领域各项安全工作落实到位。9月23日，区安委办组织区安委会相关成员单位、各街镇主要负责人召开安全工作会议，分析当前安全生产形势，要求全区上下再加压再过细，做好国庆安全工作，确保平安迎大庆。邹春林要求，全区各级部门要以“9·22”事故为警戒，落实安全工作“五抓”要求（抓责任落实、抓带队检查、抓专项整治、抓检查排查、抓应急值守）；要时刻绷紧安全生产这根弦，开展好“三大行动”和专项整治，将“防风险、保平安、迎大庆”相关工作落实落细。10月24日，区安委办组织区安委会相关成员单位、各街镇、相关行业主管部门“12345”热线有关负责人召开市对区安全生产考核暨“12345”热线涉及安全领域问题交办调度会。会议通报全区安全生产工作情况，分析当前安全生产形势。刘归对“12345”市民服务热线反映的涉及安全领域问题进行调度部署。11月13日，刘素月主持召开第五届人民政府第39次常务会议，学习长沙市新的《安全生产监督管理办法》，专题部署省对市安全生产年度考核巡查工作。区安委办汇报雨花区安全生产和应急管理工作，安排省安委会对全省各市州现场考核巡查的迎检准备工作。刘素月强调，要全面加强学习，严控事故发生，做好省考准备。12月17日，刘素月主持召开全区安全生产工作会议，传达近期国家、省、市有关电视电话会议精神，对开展安全生产集中整治行动等有关工作进行动员部署。邹春林通报和分析省内外一些安全生产责任事故，传达近期省、市有关电视电话会议和文件精神，对雨花区开展安全生产集中整治行动进行全面铺排部署。刘素月指出，各单位要始终绷紧安全生产之弦，扎实开展安全生产集中整治行动，落实落细安全生产责任。区委书记张敏强调，全区上下务必要深刻吸取教训，务必要树牢红线意识，务必要扛牢监管职责。（罗　佳）

【张敏调研安全生产和应急管理工作】　2019年6月4日，雨花区委书记张敏，区委常委、常务副区长邹春林和区委常委、区委办主任周海毅到区应急管理局现场调研安全生产和应急管理工作，召集应急、住建、交通、农业农村、交警、消防等部门主要负责人在区委常委会议室对应急工作进行座谈。区安委办从复工复产、监管执法、三大行动、夯实企业主体责任年、一单四制、宣传教育、应急救援等七个方面汇报安全生产工作，参会各部门对2019年各行业领域安全生产工作开展情况进行汇报。周海毅表示，要加强应急信息报送工作，归口统一，严格把关。邹春林要求，要坚决遏制较大事故、进一步加强监管执法、夯实主体责任。张敏指出，要警钟长鸣，居安思危；工作要抓在平时，抓好全民安全意识宣传、应急值班、演练培训、督查检查、安全隐患整改5个方面；注重源头防控，从事故源头开始整治；快速救援，熟记救援方案，快速反应；责任落实，把工作抓实抓细抓到位。（罗　佳）

【智跑宣传活动】　2019年12月3日，长沙市暨雨花区《中华人民共和国安全生产法》宣传周智跑宣传活动举行。该次活动将《中华人民共和国安全生产法》的内容与智跑比赛相融合，现场设置“一体两翼、防风险、遏事故、除隐患”等10个安全生产专业知识关。活动现场，30支参赛队伍要在90分钟内团队协作闯关完成5个以上“安全生产任务点”关卡，方能“安全生产达标”。通过角逐，最终决胜出比赛名次，其中和顺石油代表队获得第一名，雨花区应急管理局、洞井街道办事处获得第二名；区委政法委、比亚迪代表队、区公共工程建设中心获得第三名。（罗　佳）

【安全知识竞赛活动】　2019年7月4日，雨花区应急管理局与区总工会联合组织辖区企业开展“防风险、除隐患、遏事故”为主题的安全生产知识竞赛总决赛。赛前，组织现场观众观看警示教育宣传片《痛思》。比赛现场，12家企业经过必答、抢答、风险选答三个环节角逐，红星实业集团有限公司红星农副食品大市场代表队以190分夺冠。（罗　佳）

【安全宣传咨询日活动】　2019年6月16日，由长沙市安委会主办，雨花区政府承办的长沙市暨雨花区2019年安全宣传咨询日活动在雨花区黎托街道保利MALL举行。市政府副秘书长卢兴映，雨花区委副书记、区长、区安委会主任刘素月，长沙市、雨花区安委成员单位和市区两级社会应急救援队，雨花区各街镇及企业代表等共计300余人参加。活动分内外场同时进行。内场以“平安你我共同守护”“安全就在我们身边”和“应急救援枕戈待旦”三大板块串联，通过脱口秀、快板、歌舞等方式呈现。启动“安全宣教进社区·平安幸福千万家”系列宣教活动；通报表彰“自律的员工最美丽—企业班组安全早会”获奖摄影作品；对代表长沙参加“全国首届社会救援力量技能竞赛”获奖的社会救援组织进行表彰。市级社会应急救援队伍亮相活动。设置活动外场安全生产咨询台和设置展板的工作人员，向市民发放安全知识宣传单和宣传品，解答市民关于安全的各类疑问；向市民宣传各类安全知识，以各类安全生产典型事故案例，警示市民注意身边的危险。展示体验区展示各类高科技设备，让市民了解到科技对安全生产和应急救援的支撑作用。智慧用电系统可以实现电器火灾隐患早发现、早预警、早治理；高精度导航定位产品可以为灾害救援、应急响应提供高精度的定位导航监控信息；防灾减灾科技产品、水上救援设备等高科技设备运用在提升安全保障能力和应急救援水平等方面发挥着积极作用；展示区设有烟道逃生、灭火处置和心肺复苏互动体验区。在企业安全早会摄影获奖作品展览区，市民们可以一览企业员工自己拍、拍自己的安全早会获奖摄影作品。（罗　佳）

【全国两会期间安全生产】　2019年全国两会召开期间，雨花区多措并举，确保全区安全生产工作。2月22日，区委书记张敏召开全区信访维稳安全生产工作调度会，要求全区上下强化政治担当，严密安排部署，强力推动，打好打赢安全生产“攻坚战”。各行业部门、各街镇将工作部署到社区单位，对全区重点行业、重点区域、重点部位、重点环节、重点岗位开展排查检查和隐患整改。区委、区政府督查室，区安委办组成联合督查组，对13个街镇传达贯彻省、市、区“两会”期间安全防范工作会议精神、安全生产检查排查部署、节后企业复工复产、企业“班前会”落实情况以及一季度

"打非治违"开展情况进行专项督查。开展复工复产大检查大排查活动，严厉查处未经隐患排查治理、未经安全验收、盲目复工复产等违法行为。全区出动检查复查人员4356人次，排查生产经营单位2035家次，责令改正限期整改87家，停产停业整顿2家，实现"两会"特护期零安全事故的目标。加大抽查暗访力度，督促各级各部门，确保值班值守工作要求切实落实到位，加大监测预警力度和安全生产舆情监测，确保遇有突发情况能及时准确上报。（罗　佳）

【市应急局检查调研雨花区】 2019年2月26日，长沙市应急管理局副局长喻志珊一行对雨花区复工复产和全国"两会"期间安全防范工作进行专题检查调研。检查调研组查看雨花亭街道全国"两会"期间安全生产工作、节后复工复产工作部署及所做的工作，抽查湖南万坤图逸诚大酒店有限公司和湖南金太阳印刷有限公司，了解企业节后复工复产落实情况及全国"两会"期间安全防控工作，要求企业落实企业复工复产要求。喻志珊指出检查中发现的一些问题，提出建议：做好两会安保工作；做好复工复产工作；做好机构改革；夯实企业主体责任；做好专项整治；做好创新整改。6月5日，市应急管理局党组书记骆正平带队对雨花区安全生产领域"大排查、大体检、大整治"行动、"强执法防事故"、年度计划执法和"产业项目建设年、营商环境优化年"活动开展情况进行调研。骆正平要求，要切实提高思想认识，加大隐患排查力度，抓好计划执法和"双随机、一公开"执法举措，创新方式方法，开展"强执法防事故"行动。（罗　佳）

消防救援

【概况】 长沙市雨花区消防救援大队（简称"区消防大队"）集火灾防控、火灾扑救、抢险救援、社会救助等多种功能于一体，担负辖区496个消防重点单位、298.23平方千米、140万人口的消防安保任务。机关位于雨花区卉园路洞井小学旁。辖红星、高桥、同升三个消防救援站，执勤车辆20辆，皮卡车3台，执法检查车2台，各类装备器材5096件，在建消防站2个。2019年，在编干部22人，国家队消防员40名，合同制消防员35名，消防文员13名，大队党委共产党员54人。

2019年，雨花区共发生火灾43起，死亡2人，受伤1人，直接经济损失2798351元。同比上年，火灾起数下降59.81%，死亡人数上升100%，伤人数下降80%，直接财产损失下降47.89%。区消防救援大队被区委区政府评为"2019年度安全生产和应急管理工作优秀单位""2019年度重点工程建设协调服务先进单位"，被长沙市消防支队评为"2019安全防事故先进大队""2019年度防火监督工作先进大队"；高桥消防救援站、红星消防救援站被评为管理教育先进消防救援站、后勤工作先进大队。（刘　莉）

【执勤备战】 2019年，雨花区消防队伍接警1797起，出动2006次（含增援），出动消防车3184辆次，消防人员19132人次，抢救被困人员232人，疏散人员1244人，抢救财产价值10452.4万元。同比上年，接警起数上升10.38%，出动次数上升8.14%，出动车辆数上升8.56%，出动消防人员数上升7.45%，抢救被困人员数上升87.1%，疏散人员数上升1267.03%，抢救财产价值上升8757.97%。制定和完善灭火预案139份，开展灭火演练129次，夜间演习38次。完成2019年春节、元宵节、"两会"、中华人民共和国成立70周年、2019中国孕婴童产业博览会、2019第一届中国—非洲经贸博览会、中华人民共和国成立98周年等活动消防安全保卫。（刘　莉）

【基础建设】 2019年，雨花区消防救援大队按照"保障有力"的总目标，规范后勤管理，提高装备建设水平，加强基层基础设施建设，为指战员日常生活和执勤训练提供充分保障。改善消防站营区环境，开展红星消防救援站文化建设和正规化建设，改造提质营区西护坡、营房等基础设施；改造高桥消防救援站健身房；同升消防救援站进行正规化建设及健身房建设，建立并开放科普教育馆，为消防队员提供环境优美，心情舒畅的营区。推进洞井中心消防站建设和跳马消防站的建设，洞井消防站已主体完工；跳马消防站获得可研批复。（刘　莉）

【消防宣传】 2019年，雨花区政

2019年6月16日，长沙市暨雨花区安全咨询日活动　（罗　佳　提供）

府购买消防宣传培训教育服务采购总金额为300万元，用以保障培训机构人员薪资、福利、交通办公、教学器材、资料印刷等各项费用的开支，由湖南省协成消防职业培训学校、湖南省人人居安消防安全服务有限公司和湖南省清大东方消防安全职业培训学校具体承办实施。通过“雨花消防”官方微信公众号和消防安全重点单位QQ群、微信群，抖音发送最新消防工作要求，定期开展提示性、警示性消防宣传。大队消防监督员全年不间断开展每周半日消防宣传活动，并记录备案。招募对消防工作热心、具有一定社会影响力的各界人士开展“全民消防我代言”活动。在各社区评选“社区消防宣传大使”，指导家庭居民开展火灾隐患自查自纠自改；开展“消防教育进军训”活动，提高辖区群众消防安全意识及火灾自防自救能力，受训70万余人，其中开展五类场所入户宣传培训50万余人，社会化普训消防疏散演练267场，重点岗位人员消防安全培训15场。（刘　莉）

【消防整治】 2019年，雨花区政府召开区长消防专题办公会2次，完成上海城小区、泰禹家园三期等5家重大火灾隐患整改销案，对茂华国际湘小区、雨花大厦、QQ生活馆等15家重大火灾隐患进行挂牌督办。区消防救援大队检查各类单位和场所1538处，发现火灾隐患1738处，督促整改1681处，下发《责令改正通知书》615份，下发处罚决定书51份，责令“三停”7家，下发临时查封23家，罚款70.96万元，拘留2人。3月15日，区消防救援大队联合区工商、质监部门深入雨花区机电大市场开展消防产品专项整治突击检查。联合检查组严格按照《消防产品现场检查判定规则》《中华人民共和国消防法》和《消防产品质量监督管理规定》等规定，对消防产品进行现场检查及抽样送至法定检测机构进行检验。对检查过程中发现的假冒伪劣消防产品，按程序以及消防法规，依法予以严肃处理。消防监督人员对发现的违法行为，当场下发法律文书，并按照有关规定依法进行处置。《朝闻天下》、长沙政法频道及湖南经视频道对本次行动全程跟踪报道。（刘　莉）

【雨花区委督查消防安全工作】 2019年1月21日，雨花区委副书记陈永高、区人大常委会副主任杨仕斌率队督查岁末年初消防安全工作，检查雨花区延年福润酒店消防控室值班人员值守情况、微型消防站建设、消防通道及疏散标志、灭火器、自动报警系统、自动喷淋系统等消防设施运行情况，查看和顺加油站消防安全制度制定落实、员工掌握消防基本知识，持证上岗、熟练使用灭火器材等情况。针对检查中发现的问题，监督人员当场指导进行整改，消除火灾隐患。陈永高强调，要深化认识、落实责任、宣教结合。（刘　莉）

【陈飞慰问消防人员】 2019年1月19日，湖南省政府副省长陈飞慰问长沙市雨花区消防救援大队，听取区消防救援大队关于春节期间执勤备战等方面的情况汇报，看望慰问红星消防救援站一线指战员并赠送春节慰问物资，代表省政府向全省消防救援指战员致以亲切慰问和新春祝福，勉励消防指战员时刻保持应急值守状态，发扬优良作风，树牢战斗力标准，确保队伍随时拉得出、冲得上、打得赢。省应急管理厅厅长李大剑陪同慰问，湖南消防总队总队长高宁宇、政治委员李浩，长沙市消防救援支队支队长温国坤等参加慰问。

（刘　莉）

【雨花区消防救援大队揭牌】 2019年12月31日，长沙市雨花区消防救援大队揭牌仪式举行，副区长黄健元与大队主官为“长沙市雨花区消防救援大队”揭牌。黄健元强调，全体消防指战员要深刻认识救援大队揭牌的重要意义，切实担当护航雨花经济社会发展的职责使命，坚持服务安全发展这个大局，立足实战、科学训练，努力建设一支优秀的消防队伍，不断提高应急处突能力，当好党和人民的“守夜人”，为维护社会稳定和保障人民安居乐业作出新的更大的贡献。（刘　莉）

机关事务

【概况】 2019年3月，长沙市雨花区机关后勤服务中心更名为雨花区机关事务中心，区政府直属正科级事业单位，负责区直机关大院机关食堂管理、安全保卫、物业管理、公务车辆管理、公共机构节能、垃圾分类、办公用房及设施改造维修、国有资产管理、计划生育等后勤服务保障工作。内设办公室、服务保障管理科、安保物业科、公务车辆管理科、基建维修管理科、财务科、绿色节能科。核定事业编制27名，其中领导职数4名。在职干部职工数职工27名（其中病休1名），政府雇员7名，退休干部职工29名。单位设党总支，辖在职党支部和退休党支部，党员43人，其中在职党员25人，退休党员18名。办公地点设在雨花区人民政府机关大院三号楼。

2019年，区机关事务中心按照财富品质幸福雨花建设主题，抓深精细管理、做优精品服务、带实精干队伍，以“优质、品质”的保障服务要求抓队伍建设和食堂管理、以“精细、精美”的管理标准抓物业日常工作和机关大院整体环境、以“规范、规矩”的严格程序抓基建维修、节能改造项目，以“建制、创新”的工作要求抓垃圾分类工作，从而不断推动区机关事务中心的工作发展。全面调整涉改单位办公用房。对全区13个街道(镇)、59个区直部门及9个垂管部门办公用房进行督查，对存在的问题进行整改并设立台账，确保全区办公用房达标合规。制定停车管理暂行办法，通过重新登记管理、调整车辆收费标准等方式，缓解机关大院停车难问题。有序抓好物业安保秩序。把大院消防、治安、安全管理责任落到实处，有效处理解决各类上访工作；依法依归抓好公车管理。确定餐饮服务统一服务标准，建立信息反馈，开展厨艺比武练兵和菜品创新，推进绿色餐饮，创建健康食堂，保证服务水平提档、用餐满意提升。区机关事务中心被评为国家级节约型公共机构示范单位、湖南省园林式单位、长沙市文明标兵单位、长沙市公共机构垃圾分类先进单位、创建全国慢性病综合防控示范区。（唐　倩）

【食堂管理】　2019年，机关事务中心对机关食堂从环境秩序、食品安全、菜谱菜品、员工素质、基础设备等方面确定统一服务标准，丰富菜肴品种，推动餐饮服务标准化建设。收集多方面意见建议，建立“食堂工作交流平台”，对存在的问题，集体号脉会诊，提出整改建议，提高服务水平。开展“不忘初心、牢记服务保障使命”厨艺大比武活动，提升技术水平，强化食堂人员管理，推行绩效工资，同时开展“月度评星”活动，激发员工干事热情。开展“绿色生活 全民参与”“自备餐具 吃出健康”活动，倡导拒绝使用一次性餐具，打造绿色机关食堂。创建全国慢性病综合防控示范食堂，开展合理膳食健康生活、“三减三健”（减盐、减油、减糖；健康口腔、健康体重、健康骨骼）健康饮食宣传活动，在机关食堂设立膳食宝塔模型、BMI尺（体重指数大转盘）、体重器引导干部职工合理饮食、科学膳食，主动防控慢性疾病。机关食堂接待就餐75万人次，保障会议、培训用餐30余批次，干部职工满意度90%以上。（唐　倩）

【安全保卫】　2019年，雨花区机关服务中心从严落实落细安全管理制度，强化安全管理责任落实和督促检查，做好各项安全保障工作。健全安防、消防、物防、技防安全监督管理网络，及时发现、排除各类安全隐患。实行每月、每季度、节假日、极端天气预警前对各办公区域建筑物、护坡、围墙等安全情况进行排查，对视频监控室、电梯控制机房、食堂锅炉房、中央空调设备房等操作间进行全面检查，确保办公区域安全，消防、电梯、水电气设施设备正常运行。定期对各部门单位进行消防安全宣传，节假日进行消防安全书面提醒和督促检查。动态开展消防安全隐患排查，对各类消防设施、消防应急通道、用电线路等进行检查，加强消防器材、水电线路、电器等设施设备的维护。每月定期组织物业人员开展消防安全知识培训和演练。消防安全严密防范，确保了各办公区域安全无事故。加强安全巡查和人员出入管理。在区治管理方面，实行24小时定时巡查制度，实行静态站岗和动态巡查相结合，确保第一时间发现机关院内存在的问题和突发情况。多举措缓解机关大院“停车难”问题。（唐　倩）

【公车管理】　2019年，雨花区除市政、园林、环卫、公安等部门外的公务车辆300台。其中纳入平台化集中管理车辆96台，满足雨花区47个部门的机要应急、接待调研、老干等用车。雨花区公务用车服务管理中心整合车辆资源，集中管理，统一管理车辆档案、加强车辆运行经费管理注重节能降耗、严格派车制度提高公务车辆的使用效率，规范公务车辆的使用，保障全区的中心工作、合理保障部门的业务工作，有效提升保障范围。强化驾驶员队伍管理，组织体检，续签劳务派遣合同，改每月安全培训为每周晨会，不定期举行职业能力比赛，对驾驶员注重提升“守法、安全、责任”意识，着力推进服务保障能力建设。为全区各参改单位提供用车服务调度4200余次派出4730余台次，提供大中型车辆租赁服务410台次，实现公务用车全年安全无事故。（唐　倩）

【物业管理】　2019年，雨花区机关服务中心按照“环境优美、保洁到位、操作规范、管理科学”的要求，加强对各办物业服务部门的监督和考核。建立全面的保洁、绿化、设施设备维修等监管服务网络，对每日、每周、每月、每季度服务保障情况进行监督管理、考核登记；绿化植物实行分类管理和定时跟踪，加大养护、修剪、补栽力度，保证大院绿树成荫、碧草如茵的优美环境，绿化完好率98%，院内古树存活率100%；公共区域实行分楼层分区域监督检查，保证清扫及时、路面干净、窗明几净的办公环境；各物业服务机构坚持实行24小时值班制，实现“一站式”即时服务；制定会务管理制度和会议服务流程，对会务服务人员进行专业训练，规范会务服务。保障区“一府两院”上半年工作通报会、市委领导组督查调度浏阳河、圭塘河河长制工作、市“不忘初心，牢记使命”主题教育工作会议、中华人民共和国成立70周年庆典等区委政府大型会议、活动顺利进行，完成会务保障433次，其中大型会议活动147次，满意率达100%。雨花区机关大院物业管理项目被评为“湖南省五星级物业服务项目”。制定《雨花区政府机关大院车辆出入停放管理暂行办法》，对机关干部车辆重新摸底统计严把关录入系统，录入系统的车辆减少近3000台，通过调整车辆收费标准、分类管理进出车辆、增加值守人员、增加停车位、开通西门与万家丽路通道等方式，加大车辆引导力度，方便办事群众车辆分流，一定程度缓解“停车难”问题。（唐　倩）

【办公用房管理】　2019年，雨花区规范办公用房管理，制定《长沙市雨花区党政机关办公用房管理实施办法（试行）》，建立全区党政机关办公用房基础信息数据库，区直机关部门单位办公用房实现统一管理、统一调配、统一维修，实现办公用房常态化动态化管理。以“优化现有办公用房资源”为目标，按照公平公正、资源尽用的原则，做好办公室的管理调配工作。调整涉改部门（单位）27家办公用房176间，做到既满足单位需求，又合理利用办公场地。建立区直机关各部门单位办公用房台账和闲置办公用房台账，做到底子清，情况明。定期配合区纪委监委、区委督查室、区政府督查室开展办公用房清理整改“回头看”工作，对全区59个区直部门及9个垂管部门办公用房情况进行全方位、地毯式清理排查，对存在的问题进行全面整改。针对房屋安全隐患、各部门单位改造需求，按照单位申请、现场勘查、集体审议、严格审批的流程，注重勤俭办事，优化施工方案，加强施工监督，杜绝重复施

工、超标维修及改扩建，提高办公用房维护管理水平。（唐　倩）

【基建维修】 2019年，雨花区坚持基建维修管理工作“规范、用心、满意、及时”原则，细化目标责任，完善基建维修工程施工程序，加强项目管理，不断优化维修方案，统筹安排各项基建维修项目，狠抓基建维系安全管理，提升基建安全质量水平，确保工程项目顺利完成。受理各部门单位基建修改造项目及招标报告82份，签订基建维修改造合同66份。完成部分涉改单位办公用房维修改造、机要局视频会议室改造、部分街道市监所办公阵地改造等项目46个。（唐　倩）

【计划生育】 2019年，雨花区机关事务中心注重强化沟通联系，建立48个部门单位计生工作联系网，宣传女性免费“两癌”筛查、免费产前筛查和新生儿疾病筛查等惠民政策，推进区机关大院晚婚妇女机关生育管理服务和人员计生审核工作。对区机关大院育龄妇女随访、全面放开“二孩”政策解释工作，做好机关大院和流动人口中婚育妇女的计划生育管理及优质服务；开展“生育关怀”活动，经常性地开展跟踪随访慰问服务，及时上报人口计生信息。（唐　倩）

【垃圾分类】 2019年，雨花区公共机构生活垃圾分类工作纳入目标管理，纳入单位年度考核内容，加强组织领导，抓好协调配合，明确岗位职责，建立督导员、志愿者队伍，形成齐抓共管、各司其职的工作格局。结合单位实际和工作要求，研究制定生活垃圾强制分类管理制度和工作措施，建立激励机制，强化行为约束，细化生活垃圾分类、存放、回收、运输、处置等流程和制度。多次走访各办公区域单位，制定具有指导性和操作性的《雨花区政府机关大院生活垃圾分类全覆盖工作方案》及考核细则，建立分类工作流程，确定4种垃圾的不同处置方式，与有资质的分类运输公司和分类处置公司签订合作合同，达到资源化利用。依托电子显示屏、宣传展板、宣传栏、易拉宝、宣传手册等形式，广泛宣传普及垃圾分类知识，强化干部职工垃圾分类理念，营造垃圾分类的浓厚氛围。组织机关大院开展培训讲座4场，各部门单位自行开展宣传培训60余场次，印发宣传手册1500余份、志愿者1200余人。并合理配备设施、定期督查评比等方式完善垃圾分类管理体系。在垃圾分类方面形成雨花特色和亮点，设计垃圾分类宣传形象“花花”，通过联名承诺、志愿服务、强化督查、奖励积分等方式引导干部职工主动践行垃圾分类。区机关大院被评为长沙市“垃圾分类公共机构示范单位”。（唐　倩）

【绿色节能】 2019年，雨花区按照“绿色节能”的理念，主动树立过紧日子的思想，带头节约行政成本，降低能耗，推进绿色办公、绿色出行、持续做好节水、节电、节气工作。通过张贴节能提示小标识、设置节能宣传栏，发动“绿色食堂”“文明餐桌”行动，提高机关干部职工节约节能意识。强化节能管理，从细节入手，加强对水电气使用的管理。合理调控办公空调温度和开放时间，合理控制阀门、龙头出水量，加强水电气相关设施设备维护和故障维修，尽量杜绝“跑、冒、漏、滴”现象出现。创新探索能源托管工作，通过与亿利达合作，推进中央空调能源托管工作，有效节约空调用电和用气，节约人力、物力、财力。在办公楼顶部探索改造雨水收集系统，节约利用水资源。机关人均综合能耗下降3.0%，单位建筑面积能耗下降2.5%。（唐　倩）

【生活垃圾分类工作推进会】 2019年9月26日，雨花区机关事务中心组织召开区政府机关大院生活垃圾分类工作推进会，会议解读《雨花区政府机关大院生活垃圾分类全覆盖工作方案》，安排部署区直机关生活垃圾分类的具体工作，区农业农村局、锦峰物业公司作为单位代表进行表态发言。副区长蔡泽敏强调，要正确认识公共机构垃圾分类工作，生活垃圾分类工作是大势所趋，是一项长期性的重要工作；精准把握公共机构生活垃圾分类工作的基本要求，抓好宣传动员、基础工作，精准投放、体系构建；认真落实公共机构垃圾分类工作责任，强调落实监督组织责任、部门实施责任、物业管理责任。（唐　倩）

【换轮胎竞赛】 2019年11月4日，雨花区机关事务中心开展公务用车管理服务中心的驾驶员安全驾驶拆换轮胎竞赛活动。宣讲更换轮胎的操作流程和细节，详细说明比赛规则和注意事项。比赛设定车辆行驶中轮胎突发状况后进行应急更换，而且要求全手动操作，禁用电动工具。参赛队伍从拧螺丝，卸轮胎，装轮胎到“确认完成”，整个过程动作娴熟、规范到位。车管中心队长对螺丝拧紧、备胎是否安装到位等安全问题进行检查、纠正，讲解容易出现的问题，经过2个多小时的比拼，王陵以2分56秒的成绩获竞赛第一名。比赛活动旨在提高驾驶员维修技能，展示驾驶员的技能魅力，提升驾驶员的动手能力，提升驾驶员操作能力。（唐　倩）

政协雨花区委员会

主要工作

【概况】 2019年，中国人民政治协商会议长沙市雨花区委员会(简称“区政协”)设办公室(委员服务中心)和委员学习联络、经济科技和外事、文教卫体和文史、农业农村和人口资源环境、社会法制和民族宗教5个专门委员会。街道、镇设政协工作联络处。区政协机关行政编制17名，工勤编制3名，事业编制10名。在职在岗人员26人，雇员1人；退休干部24人；机关党支部党员38人。

2019年，区政协开展“不忘初心、牢记使命”主题教育，通过理论中心组示范学、主席会议集体学、常委会专题学、选派委员培训学、全体委员集中学、机关党员带头学等形式推动主题教育走深走实，开展学习教育活动30余次，形成调研报告3篇，收集意见建议64条，狠抓检视问题的整改落实。邀请省委党校专家给全体委员专题授课，组织委员收看全国政协宣讲团报告会。在中国海洋大学举办政协履职能力提升班，撰写心得60余篇。举办庆祝“人民政协成立70周年”座谈会，学习习近平人民政协成立70周年讲话精神，增进全区政协系统及社会各界对中国共产党和中国特色社会主义的政治认同、思想认同、理论认同、情感认同。区委常委会两次专题研究，听取汇报，明确要求。区政协切实增强“四个意识”，坚定“四个自信”，做到“两个维护”，确保党中央大政方针和决策部署在区政协贯彻落实。坚持党组把方向、管大局、保落实，严格执行党组向区委请示报告制度，切实把党的领导贯穿于政协工作的各方面、全过程。全面落实“两个责任”，狠抓廉政教育，发挥党建工作的政治引领作用。落实联点责任，帮扶软弱涣散基层党组织整治。常态化开展机关党支部“三会一课”、主题党日等活动。坚持“党建+履职”，落实外出培训、重大活动等设立临时党组织的要求。加强意识形态工作，建立制度，落实领导责任制，强化意识形态工作对委员的全覆盖。开展专委会、街镇委员活动100余次，委员参与1500余人次。27个界别活动丰富，各民主党派、工商联、残联和经济、教育、科技等界别开展城市环保监督、圭塘河保护与巡查、扶贫帮困志愿服务、就业创业帮扶、公益宣传、防汛抗灾、化解信访矛盾纠纷等活动，涌现一大批实干作为的政协委员。推选出井湾子等7个“三好”政协联络处和吴建安、邹异明、陈明等22名“六优”委员。坚持走访慰问困难群众、退休党员干部、退役军人等特殊群体，与民主党派、残联、众焱公益组织等开展联谊、联智、公益展览、公益拍卖系列活动，加深友谊，凝聚共识。参与服务第一届中国—中非经贸博览会，架设中非经贸合作新“高桥”，助力中非商贸合作。接待上海、重庆、天津等30余个省市区级政协组织到区考察交流。省政协机关全体干部专程考察雨花区基层社会治理等工作，促进交流联谊，展示雨花好形象。 （罗 宁）

【政治协商】 2019年，雨花区政协确定年度重点调研协商课题为“化解典型信访问题，助推和谐社会治理”。区政协领导班子成员带头抓好调研协商，历时3个多月深入20余个区直部门、街镇调研，围绕区十大类信访问题召开20余次专题座谈会，学习兄弟区(县)及外地信访工作经验，提出“六抓六提升”(深抓思想统一，提升积案化解共识；力抓机制创新，提升规范运行水平；狠抓源头治理，提升初信初访处置能力；精抓科学铺排，提升治理攻坚效能；实抓协同配合，提升共管共治合力；硬抓综合保障，提升管理服务质量)，56条建议在专题协商会上协商，区委、区政府高度重视、高度肯定，不少建议通过社情民意等渠道得到转化和落实。对往年重点课题“回头看”，助推高铁会展新城建设高质量发展，“筹改居”工作纳入全区改革重点内容，区“两馆一中心”等现代公共文化服务体系建设扎实推进。各街镇发挥政协联络处与“和”系列智慧委员工作室的平台作用，围绕小区自治、民生服务、圭塘河人行道修复等20余个问题召开民情协商会，解决一批民生难题。采取“三级六步”“四微”等工作方法，完善协商机制，拓展协商优势。

《加强和改进县级政协协商，促进基层协商民主建设》工作经验在全省政协推介，入选湖南省“习近平总书记关于加强和改进人民政协工作的重要思想”研修班培训教材。跳马镇政协联络处组织关于农村居民建房问题的基层民情协商会，政协委员、职能部门、基层干部和特邀专家与10余名群众代表一起现场交流汇集意见10条，迅速以社情民意、提案等形式上报，《关于绿心地区分类施策执行村民建房问题的建议》等两条社情民意得到市政府、市政协领导高度重视。

（罗　宁）

【视察调研】　2019年，雨花区政协主席会议、常委会议围绕城市更新、圭塘河生态引水、湘府路快改、园区“一主一特”产业链发展、绿心保护与发展、“最多跑一次”工作改革、“一圈两场三道”建设、招商安商、检察院司法责任制改革、减税降费、残疾人保障、基层医疗、扫黑除恶等工作开展调研视察18次。参与市政协“聚焦企业关切问题，营造一流营商环境，促进实体经济高质量发展”专题调研协商，主席会议成员带队走访企业30余家，把协商会开到企业现场。40位政协委员担任雨花区营商环境特约监督员，助推行政效能提升。各专委会就全区交通安全、卫生与健康、水环境保护、乡村振兴、智能产业链建设等工作开展对口协商、界别协商。各街镇政协联络处结合实际，组织委员开展监督视察协商96次。（罗　宁）

【民主监督】　2019年，雨花区政协将蓝天保卫战”重点、难点、热点问题作为评议内容，将协商与监督、参与和合作有效融合，公益组织参与、专家联动、委员集中查看、新技术监测、现场网络测评等多种方式助力民主评议。动员益友会、绿色湘军等10余家公益组织及湖南师大专家等社会各界400余人共同参与。组织200余名政协委员、政协之友现场督查环保重点问题整改落实情况，聚焦问题78个，助推解决63个，提出建议50余条。创新搭建社会联合协商平台，被评议单位与委员面对面交流，10余家环保企业和专家介绍绿色先进环保技术，为政府决策提供参考。进一步完善现场讲评和线上测评，被评议的6个环保重点责任部门的评议结果现场发布，并提出30条针对性建议，民主监督“蓝天保卫战”经验得到市区领导点赞，《湖南日报》《长沙晚报》等媒体推介，政协系统媒体深度报道，成为省政协云平台热度最高的话题。

（罗　宁）

【参政议政】　2019年，雨花区征集提案129件，立案85件，全部办复，对办理态度满意和基本满意率为100%，对办理结果满意和基本满意率为98.8%。区党外知识分子联谊会和陈志刚、陈勇、刘翔委员提出的《关于制定〈雨花区推进家庭医生签约服务工作方案〉进一步做实做优家庭医生签约服务工作的建议》《关于规范“进校园”活动的建议》《关于加快绿心地区废弃矿山矿坑生态修复的建议》被列为重点提案，带动解决一批人民群众最关心、最直接、最现实的问题。向省、市政协提交《关于用“点状供地”政策破解跳马全域旅游建设用地难问题的提案》等多项建议，推动乡村振兴和城市化建设。协同省政协人口资源委及省政协委员专题考察调研圭塘河生态环境情况。收到委员社情民意122篇。《加强基层“微协商”的建议》《设立退役军人关爱援助专项基金的建议》《〈中华人民共和国治安管理处罚法〉第五十条修法的建议》（加大对阻碍应急救援行为处罚修法）被全国政协采用。黄晖、彭谱诚、王东华等委员撰写的《延伸处方促进医联体落实》《多措并举，帮助老年人融入互联网时代》《尽快出台对既有建筑安全管理制度》等10多篇信息被省市政协采用并转办，受到省市有关部门的重视，许多问题得到有效解决。政协云平台的“三微联动”功能被激活，微建议、微协商、微监督越来越多地走进委员的履职和生活，委员网上提交微建议200多条。刘强武等委员提出的《关于加强高铁建设、运营、管理的系列建议》受到各级高度重视，全国政协副主席杨传堂批示，省政协主席李微微亲自召开现场督办会。周湘玉委员工作室协同省政协委员政协云线上值班，开展省、市、区三级政协网上专题联动协商。邓子云、何新海、张瑗等委员提交的《建议在长株潭地区建设中小运量轨道交通》《左家塘曙光中路水管爆裂》《职业资格与职称评定挂钩》等微建议转至省长信箱、“12345”市民服务热线等，迅速得到解决和答复，微建议的转交、办理、答复、回头看等机制走向制度化、常态化。

（罗　宁）

【公益活动】　2019年，雨花区发挥政协资源优势，与桑植县、龙山县石牌镇开展“同心互助·携手奔小康”活动，主席会议成员与爱心委员、公

2019年7月9日，雨花区政协视察调研区人民检察院　（罗　宁　摄）

益人士一起“同心助困·助学·助业”，捐建同心绿色书屋、改善文体设施、帮扶贫困家庭、对接企业农博会参展等，全区政协系统对口捐款捐物144万元、捐书4.8万册。委员陈容出资组织100名贫困学子到长沙、北京开展公益研学。委员龙燕组织500名农民到区培训先进苗木种植技术。东塘街道、区教育局等单位、益友会等公益组织与刘雄、陈旭、李湘伟、张恩深、廖劲等委员和政协之友积极参与对口帮扶，为全区对口扶贫贡献政协力量。区政协系统持续开展助老、助残、助学、助业、助困等“真情五助 服务社会”活动65场次，捐赠金额338万元，帮扶对象4877人次，提供服务就业岗位1607个。井湾子街道政协联络处服务高校毕业生，举办环保类企业专场招聘会；黎托、圭塘街道政协联络处持续关注困难群体就业，举办“真情五助·财富雨花”暨“春风送岗稳就业，精准扶贫惠民生”专场招聘会。委员仓萍组织多场“沁心幸福大讲坛”公益讲座，为广大市民提供免费优质的心理服务。委员李运良举办书法讲座、进行作品义卖，将活动所得全部捐助帮扶困难家庭。委员刘雄多年捐建中山希望书屋，委员陈旭带领帮女郎团队，长期致力于扶贫帮困，分别被评为2019年“长沙市十佳爱心个人”和全国“助人为乐中国好人”。

（罗　宁）

【“和”系列智慧委员工作室】 2019年，雨花区打造“和”系列智慧委员工作室品牌。驻室委员与省政协委员在“和馨园”智慧委员工作室现场互动，网上网下同步值班，推动“三级联动”服务走向基层、走向深入。“和”系列智慧委员工作室促成解决黎雅苑垃圾站的改扩建、商贸旅游技术学院东门修建过街天桥、原省农机公司造化塘24户居民用水难等问题。全区委员工作室顺应民生关切，接待居民群众1000余人次，反映问题300余个。“四微活动”“帮女郎”志愿服务、讲习服务等特色品牌的影响力不断扩大。委员吴军生日当天临时退票放弃旅行，带领企业员工加入除雪救灾行动；委员曾建勋利用专业优势和公司优势参与“蓝天保卫战”； 委员彭拥军投入大量时间精力带领民间河长义务巡河，保护圭塘河水环境；左立人、罗炜豪、任洪斌等委员积极参与社会综合治理、信访矛盾化解、区总商会商事调解中心建设等。建立第一个省市区三级社会法制委员会委员履职实践基地、第一个新农村建设“和育”智慧委员工作室。广大驻室委员在反映民情、建言资政、基层协商、团结联谊等方面作用凸显，“和”系列智慧委员工作室在人民群众心中的地位更高、分量更重。省政协主席李微微安排专题调研，并就省政协研究室《关于雨花区“和”系列社区智慧委员工作室的调研报告》予以批示，充分肯定和推介雨花经验。

（罗　宁）

【庆祝人民政协成立70周年】 2019年，雨花区政协开展庆祝中华人民共和国成立70周年暨人民政协成立70周年系列活动。专题制作“雨花区政协庆祝人民政协成立70周年宣传片”“庆祝人民政协成立70周年宣传专栏”，组织“美丽雨花”书画摄影展，协助编撰《长沙政协70年史事纪要》，集中展示历届雨花政协人砥砺奋进的生动实践，回望历史、总结经验、继续前行。委员优秀文章入选长沙市政协《庆祝人民政协成立70周年理论证文选编》。雨花区经验入选《湖南省习近平总书记关于加强和改进人民政协工作的重要思想研究课题成果汇编（2019）》。全体委员集中听取全区政情通报。省市区三级政协委员联动开展“感恩70周年”双庆活动。委员积极参加庆祝中华人民共和国70周年文艺会演、老侨重阳节活动、群众合唱比赛等，组队参加市级乒乓球、羽毛球、篮球、摄影等比赛活动，展示雨花政协人蓬勃向上的精神风貌，营造政协事业发展的良好氛围。组织历任区政协领导、政协委员代表召开庆祝人民政协成立70周年座谈会。

（罗　宁）

【雨花政协读书会】 2019年，雨花区政协在和+共享图书馆创建雨花政协读书会，由委员吴尚、朱移生等牵头，举办“三晨会”“巾帼读书会”“政协课堂”等活动，开展“文化字信视听汇”“《道德经》读书会”“和+阅读马拉松”等特色读书活动。政协之友、委员兴趣小组、同心汇论坛及各类协会开展专题座谈、主题沙龙、理事议政会与调研协商、民主监督等活动，充分释放委员履职热情。政协云平台全面接入“飞梦雨花”官微和“开放雨花APP”，编发动态资讯270多条，畅通委员咨情明政渠道，增进雨花发展共识。

（罗　宁）

【市政协调研绿心保护工作】 2019年5月21日，长沙市政协主席会议成员考察雨花区绿心保护工作，考察跳马镇湖南固泰混凝土有限公司旧址、新田村兰惠小筑和石燕湖公园等地，实地了解绿心地区工业企业退出、特色民宿建设和全域旅游发展情况，专题视察“完善绿心地区科学合理补偿机制”工作。市政协主席文树勋强调，要全力支持绿心保护工作，进一步提高绿心地区的发展品质，提升百姓的生活水平，让群众享受到更多生态红利。保护好生态绿心就是在践行“绿水青山就是金山银山”的发展理念，要全力支持绿心保护、工业企业依法退出、生态补偿和产业发展等工作。市政协将积极呼吁省、市逐年提高绿心地区生态补偿标准，在基础设施建设、产业发展和民生改善等方面出台更多优惠政策。雨花区要进一步开拓工作思路，依托现有的良好生态环境，科学合理引进绿色、环保产业，确保绿心地区保护与发展协调推进，进一步提高绿心地区的发展品质，提升百姓的生活水平，确保群众享受到更多的生态红利。市政协副主席龚振湘、邓自力，秘书长谭志参加视察。区委书记张敏，相关区领导陪同。（罗　宁）

政协会议

【区政协五届四次会议】 2019年12月24—26日，政协长沙市雨花区第五届委员会第四次会议在雨花区会议中心召开。区委书记张敏，区委副书记、区长刘素月，区委副书记陈永高，区人大常委会主任龚景顺，区政协主席冯聪龙，及区委、区人大、区政府、区政协班子成员、区人武部部长、区人民法院院长、区人民检察院检察长，历届区政协主席和全体区政协常委出席；来自全区各条战线的243名政协委员及所有特邀、列席人员、政协之友成员参加会议。会议由区政协副主席康长萍主持。区政协主席冯聪龙受政协长沙市雨花区第五届委员会常务委员会委托，全面总结2019年的工作情况，提出2020年的工作思路。区政协副主席周凌云受政协长沙市雨花区第五届委员会常务委员会委托，向大会报告2019年提案工作。与会委员列席区五届人大四次会议，听取并协商讨论区人民政府工作报告、区人民法院工作报告、区人民检察院工作报告和区财政工作报告，并对以上报告表示赞同。会议补选区政协秘书长和政协常委。会议期间，全体委员以高度的政治责任感和历史使命感，紧紧围绕经济社会发展的重大问题和人民群众普遍关心的热点问题，提出许多富有建设性的意见和建议，并开展专题学习会。区委书记张敏在闭幕会上强调，全区政协组织和广大政协委员自觉服从区委的统一领导，牢牢把握团结和民主两大主题，坚持围绕中心、服务大局，为全区经济社会发展和民主政治建设作出了重要贡献。要切实提高政治站位，始终维护核心、坚持党的领导、坚定正确方向；要主动服务发展大局，积极建言献策、聚力改革发展、助推民生改善、共同维护稳定；要深入推动协商民主，搭好平台、打开大门、健全机制；要不断增强履职能力，坚持自我革命、勇于改革创新；以一流标准、作风和干劲建设一流政协工作队伍、干出一流工作业绩。会议号召，全区各级政协组织和广大政协委员，要以习近平新时代中国特色社会主义思想为指引，紧紧围绕区委“聚焦发展，奋力攻坚”工作主题，在中共雨花区委的坚强领导下，牢牢把握新时代人民政协的新方位新使命，坚持团结和民主，突出建言资政和凝聚共识双向发力，全面、创新、科学履行政治协商、民主监督、参政议政三大职能，不忘初心牢记使命，凝心聚力同心奋进，为高质量建设财富品质幸福雨花再作新贡献。

（罗　宁）

【“蓝天保卫战”民主评议】 2019年5月25日，雨花区政协在喜盈门范城喷泉广场召开雨花区政协民主评议“蓝天保卫战”重点热点难点工作推进会，区政协副主席、区政协民主评议“蓝天保卫战”工作领导小组副组长彭可佳简要介绍区政协民主评议工作的情况，区政协委员刘雄结合自己近两年的民主评议实践以“打好攻坚战、配合战、科技战、群众战”向社会各界发出倡议，区住房和城乡建设局局长张学军代表被评议单位作表态发言，区政府副区长蔡泽敏对该项工作给予充分肯定，并对被评议单位提出明确要求，区政协党组书记、主席冯聪龙讲话。会后举行快闪《明天会更好》活动。12月6日，区政协召开民主评议“蓝天保卫战”重点热点和难点问题工作测评大会。彭可佳主持。蔡泽敏从专业性、权威性、针对性和实效性4个方面高度评价区政协此次民主评议活动，对6个责任单位提出以制度化促进常态化、以专业化推进精准化、以多元化实现社会化的工作要求，并呼吁广大政协委员继续全力支持和深度参与“蓝天保卫战”工作。

（罗　宁）

中共雨花区纪委

工作纪要

【概况】 中共长沙市雨花区纪律检查委员会（简称“区纪委”）是党内监督专责机关，履行监督执纪问责职责；长沙市雨花区监察委员会（简称“区监委”）是行使国家监察职能的专责机关，履行监督调查处置职责。区纪委与区监委合署办公，简称“区纪委监委”。区纪委监委内设办公室、党风政风监督室、信访室、案件监督管理室、第一至第五纪检监察室、案件审理室、纪检监察干部监督室11个科室，下设纪检监察信息中心。2019年，核定编制数80名，其中行政编制65名，事业编制15名。核定纪委领导职数11名，其中纪委常委9人（含纪委书记1人，常务副书记1人、副书记1人），监委设主任1名（由纪委书记兼任），副主任2名（由纪委常务副书记和副书记兼任），委员4名（其中2名由区纪委常委兼任）。派驻纪检监察组组长9人；在职在岗干部78人，党员72人，退休干部6人。办公地点设在雨花区机关大院2号楼4层。

2019年，雨花区纪委监委贯彻落实中央、省市纪委全会精神和区委决策部署，忠实履行党章和宪法赋予的职责，协助区委全面从严治党，坚持稳中求进、实事求是、依规依纪依法，一体推进不敢腐、不能腐、不想腐，推动纪检监察工作高质量发展，不断巩固和发展反腐败斗争压倒性胜利。

（万时舟）

【组织建设】 2019年，雨花区纪委监委坚守协助区委全面从严治党职责定位，严格执行请示报告制度，立案审查调查决定、党纪政务处分都严格按程序向区委请示汇报，向市纪委监委请示报告，既报告结果也报告过程。健全派驻组参加（列席）驻在单位会议工作办法，以督促驻在单位整改巡视巡察反馈问题等为抓手，持续强化日常监督，促进驻在单位“一把手”落实“两个责任”。落实“两个提前介入”模式，探索不依赖留置突破职务犯罪案件工作机制，推进纪法贯通、法法衔接，完善反腐败协调小组体制机制，形成反腐合力，制定《雨花区委反腐败协调小组工作规则（试行）》《雨花区委反腐败协调小组案件线索管理制度（试行）》等制度，在线索处置与移送、案件审查调查等方面积极协调公安、司法、行政等部门提供协助，形成工作合力。着力加强自身建设，锻造政治过硬、本领高强的纪检监察铁军。用“拙诚笃实”机关文化涵养纪检监察干部精气神，评选纪检监察年度人物，增强干部队伍凝聚力。强化全员培训，举办9期业务培训班、19次中心组学习，培训千余人次，以教促学、以考促学、以案代训，强化学习效果。强化实战练兵，将业务“能手”和纪检“新兵”搭配，充实到执纪审查和监察调查一线，全员参与审查调查工作。探索建立科级以下纪检监察干部“推—审—考”模式，加强日常管理，坚持“刀刃向内”，办理纪检监察干部问题线索6条，发出函询2封，谈话提醒2人次。

（万时舟）

【宣传教育】 2019年，雨花区纪委监委聚焦主业，加强廉政文化建设，开展以案明纪、以案促改，做好执纪执法“后半篇文章”，把警示教育贯穿监督执纪全程、融入日常学习教育，推动不敢腐的斗争成果、不能腐的制度设计转化为不想腐的内在敬畏和行动自觉。举行“有贪必知，有腐必反”第十四届“4·20”廉政文化节，结合主题教育召开警示教育大会，组织现场观看《勿忘初心2》《代价》《黑洞》等警示教育片，教育震撼全区领导干部。把领导班子民主生活会作为警示教育的一项重要载体，要求领导干部将个人受到谈话函询、组织处理、诫勉谈话、党纪政务处分等相关情况在民主生活会上进行说明。在重大节假日前，向全区党员领导干部发送廉政提醒短信，开展节前警示教育公开通报曝光7起违规收送红包礼金典型问题，指名道姓通报典型案例，用身边事教育身边人。定期对群众信访举报、监督检查情况和违纪违法案件梳理汇总、分析研判，针对问题易发高发领域，“量身定制”阶段性警示教育主题，密集通报曝光相关典型案例，加大警示教育力度。研究起草《雨花区纪委监委处分决定送达规程》，重大、典型案件的处分决定以警示教育大会的形式宣布，通过剖析案情、查找问题根源、明晰党规党纪，把处分决定由单纯的“一张纸”变为触及灵魂的“一堂课”。传达学习市委《关于以向力力案、李晓宏案为镜鉴开展警示教育和“以案促改”工作的通知》研究制定全区实施方案，对5个方面15项问题展开自查自纠和整治整改。依托区委党校教育平台，警示教育列为科级干部、中青年干部、村支两委干部等各类培训班必修课程，纳入结业考核，深化对党纪国法的学习教育培训，强化干部纪律观念和法治意识。大力弘扬优良家风。扎实开展廉洁家访和“清廉好家风”主题活动，向党员干部家属发放廉洁倡议书，赠送《家庭腐败警示录》《贪官忏悔录》等警示教育读本，组织领导干部家属参观廉政警示教育基地，开展参观感受征文活动，征集家风故事，鼓励家属严把廉洁关、当好“廉内助”，以良好家风助推党风政风。（万时舟）

【党风廉政建设】 2019年，雨花区全面落实党风廉政建设责任制，推动党委主体责任和纪委监督责任（简称“两个责任”）的落实，专项督查部门单位落实主体责任情况，督促相关单位针对主体责任缺失问题整改落实、建章立制。全年对3起“两个责任”落实不力问题，问责追责13人。区纪委区监委学习贯彻落实习近平新时代中国特色社会主义思想，坚持学原文读原著悟原理，不断增强“四个意识”、坚定“四个自信”、自觉扛起“两个维护”重大政治责任，深入开展“不忘初心、牢记使命”主题教育。主要负责人带头深入基层调研，带头讲授专题党课，带头对照党章党规找差距。领导班子及成员深入检视问题，共查摆135个问题，全部整改并长期坚持。专项整治违反中央八项规定精神问题、“提篮子”“打牌子”问题、漠视侵害群众利益突出问题。以向力力案、李晓宏案为镜鉴，开展以案促改和警示教育。参与、监督全区73个党（工）委、党组民主生活会，严格审核班子成员的对照检查材料，对接受函询在民主生活会上作说明的领导干部进行再监督，要求受到问责和因“四风”问题被查处的领导干部必须在会上作出深刻检查。聚焦中心大局，围绕“三大攻坚战”、保障和改善民生、营商环境优化年、产业项目建设年等重大决策部署开展监督，开展4轮优化营商环境专项督查，下发专题通报2期。（万时舟）

【党风政风监督】 2019年，雨花区纪委区监委集中力量开展专项督查，对违规收送红包礼金、违规公款吃喝等问题寸步不让，深入治理“提篮子”“打牌子”等问题。撤销廉政账户，不给违规收送红包礼金留“缓冲区”。查处违反中央八项规定精神问题14起，党纪政务处分15人，组织处理1人，通报曝光典型问题5期16起。整治形式主义官僚主义，将整治贯穿日常监督、专项检查、执纪审查等工作全程，督促全区对9条36个问题进行自查自纠、强化整改，区级层面会议、发文分别减少31.82%、38.12%。查处相关典型问题5起16人。聚焦监督首要职责，全面提升监督质效。畅通举报渠道，实行班子成员坐班接访和包案办信，规范群众来访接待流程，开展初信初访工作，全年没有一起因初信初访工作不到位导致的越级访、重复访。建立全区领导干部廉政档案并动态更新，严把选人用人党风廉政意见回复关，建立领导干部开展谈话提醒情况报告制度，对受处分人员开展回访教育。运用“四种形态”，运用约谈函询、谈话提醒处理266人次，占比76.7%。打好纪律监督、监察监督、派驻监督、巡察监督组合拳，推动“四个全覆盖”相互衔接。推动党内监督与国家机关监督、舆论监督等的有效贯通，构建严密的监督网。（万时舟）

【案件查办】 2019年，雨花区纪委区监委一体化推进不敢腐、不能腐、不想腐，持续深化标本兼治，巩固发展反腐败斗争压倒性胜利。坚持无禁区、全覆盖、零容忍，坚持重遏制、强高压、长震慑，进一步加大审查调查力度，持续保持惩腐肃贪高压态势，坚决惩治腐败，在减存量、遏增量上持续发力，处置问题线索372件，立案75件，涉及科级干部15人，移送司法机关10人。强化程序意识，进一步优化工作流程和证据收集，规范使用审查调查措施，高质量查处上级纪委指定管辖案件4件。加大打击涉黑涉恶腐败和“保护伞”力度，持续完善长效机制。建立健全工作报告、督办和通报机制。开展2轮专项督导并专题通报，办结中央督导组交办件18件，组织开展“回头看”。按照“一案三查”总要求，对12件涉黑涉恶团伙案件，逐案过筛，核查清零。全

2019年11月8日，雨花区纪检干部培训班（万时舟 摄）

年立案2件2人。紧盯以王某和涉黑案为主的重点案件线索。及时组织核查问题线索，加大督办力度，对涉案人员之一的同升湖社区党总支书记徐某君违纪违法问题立案调查，移送司法机关审查起诉。加强与相关部门协作配合。畅通问题线索双向移送、线索核查反馈等机制，向区扫黑办、区公安分局移送问题线索3件，提请或召集召开案件协调会3次。用好纪检监察建议书，推进“以案促改”，督促区人社局、区城管局等单位针对权力运行中存在的问题，堵塞制度漏洞，完善体制机制，起到查处一案、警示一片的效果。推进廉政文化建设，强化思想道德和党纪国法教育，发挥廉洁文化和中华民族传统美德潜移默化的教育意义，浓厚崇廉尚廉氛围，增强不想腐的自觉。（万时舟）

【专项整治工作】 2019年，雨花区纪委区监委巩固拓展扶贫领域腐败和作风问题专项治理成果，围绕产业扶贫、生态扶贫、涉黑涉恶腐败、教育扶贫和社会兜底保障5个方面，深入开展扶贫领域“一季一专题”集中治理，组织专项督查，查处相关问题3起，党纪政务处分6人，组织处理7人。以实地查看和上户走访为主要方式，深入跳马镇担负精准扶贫任务的14个村（社区），交办相关问题8个，提醒谈话5人。利用“互联网+监督”平台公开相关信息，督促职能部门进行民生资金清查和数据上传，强化对民生资金的动态监督和全程监督，从政策源头上杜绝截留挪用的空间。全面清理惠民惠农补贴项目，建立“一卡通”发放管理项目库，对13大类、67项审核，最终确定42项补贴先期纳入“一卡通”发放。开展民生领域专项整治。结合“不忘初心、牢记使命”主题教育专项整治、调查研究、环保督查、扫黑除恶、巡视反馈问题，找差距、剖根源，重点关注教育、环境保护、食品药品安全等领域突出问题。保障贫困户基本住房安全，做好危房改造等工作。区领导班子成员带头梳理42件全区亟待解决民生问题事项，逐项明确解决方案、牵头领导、解决措施。《长沙晚报》头版头条重点推介雨花区建立“42条民生实事清单”的做法。着力解决教育、医疗、社会保障等领域的突出问题，开展查处欺诈骗保行为专项行动。专项治理教育领域，开展师德师风专项督查、违规征订教辅资料专项督查、违规补课专项督查、学校食堂管理专项督查等，查处在职教师违规补课问题8起8人。（万时舟）

【初信初访工作】 2019年，雨花区深入推进全民监督模式，做好纪检监察信访举报分级录入扫描试点工作，优先办理初信初访件，提高办信质量和效率，及时梳理分析数据，充分发挥“主渠道”“晴雨表”“情报部”作用。按照“四个严格”的要求扎实做好初信初访工作，全年没有出现初信初访件办结后再次举报的情况，有力推进纪检监察信访举报工作高质量发展。着力队伍建设，严格程序规范要求。制定《雨花区纪委监委群众来访接访流程》，编印《纪检监察信访举报工作指南》，出台《关于区纪委监委领导坐班接访的通知》等文件，实行规范接访、文明接访，形成领导带头接访、全员接访机制。着力压实责任，严格督办确保实效。严格落实“两告知”要求，实名举报均进行受理告知和结果告知。对一些举报件较多的辖区、领域，进行专题分析，压实党组织的主体责任，并将信访举报相关情况供巡察参考。着力提升质量，严格审核层层把关。业务内信访举报件全部提级审核，实行层层审核把关制度，在层层审核过程中，信访举报件如果存在调查不够深入、反馈不到位等情况，将发回重新调查处理，个别举报件多次发回重新处理，坚决做到质量不过关不结案。着力提级办理，严格查处问题线索。由班子成员牵头，案件室和镇（街道）纪（工）委组成联合调查组进行调查，提高信访举报成案率，增强群众对纪检监察机关的信任，全年举报属实（含部分属实）13件，提醒谈话4人，诫勉谈话1人，党纪处分2人。（万时舟）

【案件管理】 2019年，雨花区纪委区监委学好用好《中国共产党纪律检查机关监督执纪工作规则》（以下简称《规则》）、《监察机关监督执法工作规定》（以下简称《规定》），突出“四规范”，严把案件管理“程序关”，确保审查调查依规依纪依法。规范工作流程，健全完善线索处置、谈话函询、初步核实、审查调查等各环节流程图，形成相互衔接、相互协调、相互制约、运转高效的工作流程。规范证据收集，坚守依法取证“红线”，严格依规依纪依法收集、鉴别证据，避免出现非法证据被排除的问题。2019年10起因涉嫌职务犯罪被移送司法机关的案件中，未出现一例非法证据被排除的情况。规范措施使用，坚持宽打窄用15项审查调查措施，统一编印各类常用文书式样，并将询问、调取、查询等常用文书下发各室。2019年，纪委监委机关使用重要调查措施1298人次。规范办案安全，严格落实“走读式”谈话的有关规定和要求，通过“四抓四促”扣牢“走读式”谈话“安全带”。全年未发生一起审查调查安全事件或事故。做到抓教育促安全意识提升、抓程序促防范意识提升、抓制度促责任意识提升、抓督查促红线意识提升。（万时舟）

重要会议

【中共雨花区第五届纪委第四次全会】 2019年1月24日，中共长沙市雨花区第五届纪委第四次全体会议召开。区委副书记、区长刘素月主持会议，全会深入学习贯彻习近平新时代中国特色社会主义思想和中共十九大精神，按照十九届中央纪委三次全会、十一届省纪委四次全会、十三届市纪委四次全会部署和区委要求，总结2018年纪检监察工作，部署2019年任务。区委常委、区纪委书记、区监委主任王清政代表区纪委常委会作《坚持稳中求进，忠诚履职担当，推动新时代纪检监察工作高质量发展》工作报告。王清政表示，要坚决扛负起“两个维护”重大政治责任，把党的政治建设摆在首位；要深入纠“四风”治陋习树新风，坚决整治形式主义、官僚主义；要深化纪检监察体制改革，不断把制度优势转化为治理效能；要做细做实监督职责，全面提升监督质量；要坚守政治巡察定位，强化联动协同配合；要有力削减存量、有效遏制增量，深化标本兼治；要大力整治群众身边腐败和作风问题，不断增强群众获得感幸福感安全感；各级纪检监察机关和广大纪检监察干部切实加强自身建设，按照政治过硬、本领高强的要求，全面加强政治建设，提高精准履职水平，为推动雨花纪检监察工作高质量发展，将全面从严治党不断引向深入。区委书记张敏强调，要学习贯彻中央和省、市纪委全会精神，持续发力，推动全面从严治党向基层延伸、向纵深发展。张敏指出，做好纪检监察相关工作，要实现“四个自我”，永葆党的先进性和纯洁性；要清醒认识形势，始终保持反腐败斗争的定力；要务实各项举措，推动纪检监察工作高质量发展。出席全会的区纪委委员15人，列席196人。区委常委、区人大、区政府、区政协领导人出席会议。（万时舟）

【廉政教育大会】 2019年4月16日，雨花区第十四届“4·20”廉政文化节暨廉政专题教育大会举行，湖南省委党校副教授牛磊授课。牛磊从中共十八大以来的反腐败形势，谈到树立底线思维防范化解党建风险的重要性，并指出建设反腐败长效机制的必要性。本届廉政文化节以“有贪必知，有腐必反”为主题，持续三个月时间。期间，全区各部门单位通过开展“廉洁家访”、廉洁主题活动、推进廉洁文化进社区、学校、农村、企业、家庭方式，持之以恒学习贯彻习近平新时代中国特色社会主义思想，开展党章党纪和法律法规宣传教育活动，不断推动基层廉洁教育阵地建设，推动廉洁文化深入社会领域。

（万时舟）

巡　察

【概况】 2017年4月，雨花区委成立巡察办，开展党组织巡察。2019年3月，中共长沙市雨花区委巡察工作领导小组办公室成立，简称“区委巡察办”，是区委巡察工作领导小组的日常办事机构，作为区委工作机关，为正科级，设在中共长沙市雨花区纪律检查委员会。区委巡察办的主要职责是，向区委巡察工作领导小组、市委巡察工作领导小组办公室（以下简称为市委巡察办）报告巡察工作情况，传达贯彻中央、省委、市委、区委和区委巡察工作领导小组的决策和部署；承担巡察工作有关政策研究、制度建设等工作；统筹、协调、指导区委巡察组开展工作；对区委、区委巡察工作领导小组决定的事项及巡察移交事项进行督办；配合有关部门对巡察工作人员进行培训、考核、监督和管理等。内设综合科、业务科。核定机关行政编制8名，其中主任（乡科级正职）1名，副主任（乡科级副职）3名，巡察组4名。设区巡察工作信息中心，核定事业编制7名。

2019年，雨花区委开展第六轮、第七轮、第八轮常规巡察，信访问题专项巡察，巡察党组织59家，发现问题339个，问题线索41条（第八轮巡察问题及线索未计入）。开展巡察整改回头看一次，清退违规发放及开支的费用约404.87万元，巡察工作稳步推进。存在的主要问题：巡察组设置数量与巡察全覆盖任务不相匹配，高质量完成全覆盖压力较大。巡察抽调干部的压力较大；巡察发现问题的日常整改和巡察线索办理质效有待进一步加强。（彭玥莹）

【组织建设】 2019年，雨花区委深化政治巡察，及时组织学习贯彻习近平总书记关于巡视工作重要讲话及中央、省市有关会议精神，学习领会十九届四中全会精神，强化政治监督，发挥巡察监督优势，强化治理效能，注重从政治上找偏差，把“两个维护”作为巡察工作的根本政治任务。召开区委常委会两次，领导小组会两次，听取区委第六、第七轮巡察工作综合情况汇报，主要领导明确要求各分管领导和被巡察单位压实责任，按期整改落实。区委书记根据区委巡察工作领导小组拟定的建议名单，亲自选定重点巡察的村级党组织，开展第七、八轮村级巡察，推进全面从严治党向村级延伸。“不忘初心、牢记使命”主题教育落实情况纳入巡察范围，巡察办班子成员全部抽调至主题教育指导组，推进政治监督具体化和常态化。巡察办参加上级组织的培训2次，自行组织业务培训3次，参与市、区纪检监察系统培训2次。政治巡察的水平、发现问题和推进巡察治理的能力均得到较大的提升。挑选8名政治素养高、专业能力强的巡察干部，配合参与省委巡视第二巡视组对岳麓区的巡视；从巡察干部人才库中选派2人参与省委巡视、选派5人参与到市委三轮巡察。通过学习省市好的做法、经验等，进一步把中央、省市委的精神，外化于行，内化于心，提升效能。在每轮巡察期间和巡察结束，均组织巡察组开展经验交流会，分享发现问题的方法和巡察小故事，及时固定、推广各组好的经验和做法，不断推进队伍专业化水平的提升。定期对巡察干部进行廉政警示教育，定期向被巡察单位收集对巡察工作和巡察干部的意见建议，做到常打招呼常提醒，纪律作风常抓不懈。（彭玥莹）

【业务建设】 2019年，雨花区委巡察工作领导小组办公室严格执行《关于全市村级党组织巡察全覆盖的实施意见》《巡察工作五年规划》等，合理制定方案，明确重点，合理铺排常规巡察、专项巡察，稳步推进巡察全覆盖。启动对49个村级党组织的常规巡察，有效运用“一拖三”巡察模式，将3个巡察组有效整合为6支队伍，抽调9名街镇纪（工）委书记、27名政治靠得住、作风过得硬、工作能力强的干部充实到巡察组中，配优配强巡察队伍。分清主次，以一个重点村为主，聚焦民意，整治群众身边的不正之风和微腐败，打通全面从严治党的“最后一公里”。坚持“信访+巡察”相结合模式，结合信访调查，组织对4个信访村级党组织开展信访相关问题专项巡察；承办省委巡视信访交办件7件，移交线索1条，监督合力有效增强。组织对前五轮23个被巡察党组织开展巡察整改督查，被巡察单位整改率为93.2%，第六轮巡察问题清单按要求移交相关纪检监察室、派驻纪检组，巡察办跟踪、督促整改落实。对省委巡视组、市委巡察工作专项检查组等指出的问题，区委巡察办对照反馈意见，深入查摆剖析，明确整改方向，强化整改到位。对巡察中发现的问题线索，分类移交纪委、组织、审计等相关部门，提出有针对性的巡察建议，纪委按照“四种形态”严格线索处置，有针对性地开展审计。综合分析相关信息，建立巡察数据台账，列明每轮问题数、线索数、立案查处数、整改率等信息，筹划建立巡察发现集中的突出问题、重点个案大数据台账，便于横向纵向比较每轮巡察工作，及时精准查找问题，提升巡察实效。（彭玥莹）

2019年11月13日，雨花区委第八轮巡察业务培训 （彭玥莹 摄）

民主党派

民革雨花区工委

【组织建设】 2019年，中国国民党革命委员会雨花区工作委员会（简称“民革雨花区工委”）组织学习中共十九大会议精神、民革省委、市委相关文件要求及民革的历史。深入开展“不忘合作初心，继续携手前进”主题教育活动，中共长沙市委统战部副部长刘佳勇，中共雨花区委常委、统战部部长成钢到区工委调研指导，充分肯定主题教育活动成果。邀请雨花区民族宗教局局长冯粤参加二支部组织生活会。发展新党员9人，全年党员98名。雨花民革四支部被评为民革中央“全国示范支部”。（曾　锦）

【参政议政】 2019年，民革雨花区工委有长沙市人大代表1名，长沙市政协委员1名，雨花区政协委员9名，省级机关特约人员1名，区级营商环境特约监督员8名。吴建安，彭拥军，刘雄，梁赛，蒋茂森5人获得雨花区政协表彰奖励。蒋志军当选邵阳市侨联兼副主席。四支部撰写社情民意40余篇，一支部撰写社情民意20余篇。徐煦《恢复公办小学午餐午托的建议》被市政协采用，得到长沙市政协主席文树勋批示。常航、田小勇、王振林撰写的社情民意被民革省委采用。《关于构建高效大学生网络防护体系》获得民革省委调研报告二等奖。

（曾　锦）

【服务社会】 2019年，民革雨花区工委积极服务社会，开展一系列志愿服务活动。组织高铁南站志愿者服务活动、植树节植树活动、洞国学校对口教育结对帮扶活动、新老党员交流活动、慰问抗战老兵活动，在雨花区对口扶贫地区建立多个希望书屋，通过形式多样的活动凝聚人心、奉献社会。彭拥军担任圭塘河河长。工委羽毛球队在中山杯羽毛球比赛再获冠军。（曾　锦）

民盟雨花区工委

【组织建设】 2019年，中国民主同盟雨花区工作委员会（简称“民盟雨花区工委”）召开区工委班子工作会议，学习中共十九大、十九届二中、三中、四中全会精神，以及民盟省市委相关文件精神。开展“不忘合作初心，继续携手前进”主题教育活动，参加民盟长沙市委“不忘合作初心，继续携手前进”主题教育宣讲、文艺会演、雨花区统一战线共识教育、升国旗仪式以及集中收看国庆庆典等活动，广泛凝聚共识。组织盟员祭扫国民革命军第七十三军抗战阵亡将士公墓，观看主题教育片，到民盟传统教育基地雨花非遗馆、浏阳、长沙县等地开展爱国主义教育，缅怀先烈，重温历史。召开民主评先评优会议，利用网络平台，在支部QQ群、微信群，做好各种活动的宣传报道，把学习教育活动和积极宣传民盟结合起来。

（曾　锦）

【参政议政】 2019年，民盟雨花区工委有营商环境特约监督员5名，黄尚喜、孟繁英2人入选全市统一战线“70年70人”主题宣传典型人物评选。组织盟员撰写人大、政协建议，提案和社情民意14个，完成调研课题2个，宣传报道8篇。民盟雨花区工委联合雨花区人大农业农村委在跳马镇开展3次农村“五治”（治厕、治垃圾、治水、治房、治风）专题调研座谈会。商贸旅游职院支部被民盟中央评为“中国民主同盟高校基层组织盟务工作先进集体”，民盟雨花区第十一中学支部获评民盟省委先进基层组织，多人获先进盟务工作者和优秀盟员称号。王华被教育部授予“全国优秀教师”称号，《关于在长沙商贸旅游职业技术学院东门建人行天桥的建议》被民盟市委采纳。（曾　锦）

【服务社会】 2019年，民盟雨花区工委发挥智力资源优势，助力脱贫攻坚，发动各支部25名爱心盟员注册中国社会扶贫网助力精准扶贫。结对帮扶雨花区雅塘村小学，启动民盟雨花区工委同心工程“童心氧吧”关刀小学驻校社工项目，发挥民盟教育服务优势关爱中小学生健康成长。制作独立展板参加“庆祝新中国成立70周年和人民政协成立70周年”摄影

图片展，区工委队在盟市委“同心杯”气排球比赛获得季军，充分展现盟员风采。（曾　锦）

民建雨花区工委

【组织建设】 2019年，中国民主建国会雨花区工作委员会（简称“民建雨花区工委”）组织召开工委会、扩大会安排工委的各阶段性工作。深入开展“不忘合作初心，继续携手前进”学习教育活动，把学习习近平新时代中国特色社会主义思想、贯彻落实中共十九大精神作为主题教育活动的核心内容，及时传达市委会和区委统战部的会议精神，组织开展区工委中心组学习2次，发放学习资料167册，参加省社会主义学院共识教育1次。（曾　锦）

【参政议政】 2019年，民建雨花区工委会员167人，新发展会员1人，社法委专委会成员4人。开展建言献策，参加区政协和区委统战部“不忘初心，牢记使命”学习教育活动意见征求会，2条意见被采纳。老年化社会的养老问题与长株潭绿心保护区的跳马农村发展调查研究列入区政协大会发言申报课题，开展“典型信访问题”的专题协商调研活动，《切实加大信访工作保障的建议》列入政协重点发言。（曾　锦）

【服务社会】 2019年，民建雨花区工委持续开展“双联双创”工作，打造“青年手艺人联盟”“民建立承抗洪应急抢险队”等民建品牌，组织开展一系列社会服务活动。组织会员参加民建省委、市委组织的迎国庆系列活动，刘佳获得民建市委“我和我的祖国”演讲比赛第2名。（曾　锦）

民进雨花区工委

【组织建设】 2019年，中国民主促进会雨花区工作委员会（简称“民进雨花区工委”）围绕基层组织建设主题年，规范阵地建设，建立健全各项制度，积极缴纳会费，发展优秀会员，积极营造领导班子内部有序联系的氛围。打造党派办公室氛围，返聘会员担任党派专职义工，促进工委各项工作有序推进。制订年初工作计划，定期召开工委班子、支部主委会议，建立会员档案和人才库，完善“工委牵头、支部积极响应、会员踊跃参与”的工作局面。各支部以不定额的形式向会员收取会费，全年共收取会费32650元，会费全部用于会内活动开展。全年发展新会员9名。参加民进省委、市委以及雨花区委统战部理论学习10余次，区工委召开理论学习2次。开展“不忘合作初心，继续携手前进”主题教育活动，民进长沙市委专职副主委李素娥、雨花区侨联主席邹霞到会指导。组织班子成员和部分骨干会员赴厦门、深圳进行考察学习。（曾　锦）

【参政议政】 2019年，民进雨花区工委人大代表、政协委员积极履行参政议政职能，夏晓波在区政协成立70周年大会以《做政协舞台上的奋斗者》为题作主题发言，在区政协蓝天保卫战测评会上作主题发言。袁首参加区基层教育工作评议，形成评议报告并在雨花区基础教育评议大会上作发言。组织会员撰写高质量提案和社情民意10余篇。夏晓波《关于出台全国高铁站区管理标准和条例的建议》被民进中央、中共长沙市委统战部采用，《关于加大扶持规范力度，培育课后服务品牌的建议》《关于设立长沙火车南站地区物业统一管理运营中心的建议》被评为区政协优秀提案，《雨花区蓝天保卫战重点难点热点问题调研报告》得到市区政府主要负责人高度重视，参加中央社院智库课题调研《新时代民主党派代表性人士政治安排和实职安排的制度化研究》，入选全市统一战线“70年70人·同心耀星城”主题宣传典型人物评选，参加民进湖南省委“我身边的先进”宣讲活动，到张家界、岳阳、郴州市等地巡讲。陈红的《关于对中小学校“督查迎检”工作减负提质的建议》被中共长沙市委统战部采纳。夏晓波、曾建勋获评雨花区“十佳政协委员”，邹异明获“六优”政协委员，曾建勋获真情“五助”活动先进个人，袁首获“蓝天保卫战”先进个人，陈红被评为“社情民意”先进个人，杨伯群被评为中共长沙市委统战部庆祝建国70周年有突出贡献党外知识分子。编印《同心圆》《正道之行》等系列画册。报送宣传信息10余条，分别被和网、民进中央、湖南民进、市政协等采纳。28名会员担任营商环境特约监督团成员。（曾　锦）

【服务社会】 2019年，民进雨花区工委积极开展服务社会的活动。在火车南站成立民进志愿者工作室。开展“民进有情，师者有爱”的关爱白血病患儿活动22次。参加“城乡牵手爱心仓”“美丽石燕湖·同心奔小康”等社会帮扶活动，开展“戏润心田，助建心桥”“同心百课进基层，舞动乡邻乐重阳”“文化大家享，同心火焰高”等群众活动。开展支边支教活动，举办义诊咨询活动。公益活动显爱心，开展重阳节志愿服务活动，在圭塘河畔开展爱绿护绿活动。（曾　锦）

农工党雨花区工委

【组织建设】 2019年，中国农工民主党雨花区工作委员会（简称“农工党雨花区工委”）组织党员参加农工党省委、市委及中共雨花区委统战部开展的理论学习和社会服务活动10多次。组织5名新党员参加农工党省委培训班，4名新党员参加农工党市委培训班，3名党员参加农工党市委庆祝新中国成立70周年知识竞赛。组织党员分批次参加新春协商座谈会、“不忘合作初心，继续携手前进”主题教育活动、党外中青年骨干培训班、统一战线共识教育培训、暑期谈心、升国旗仪式及集中收看国庆庆典等活动。全年新发展党员3人。召开全体党员大会，开展支部活动，集中学习习近平总书记系列重要讲话精神和农工党省委重要精神，引导党员认真履职尽责，做好脱贫攻坚民主监督工作。持续开展春节走访慰问活动，走访抗战老兵，增强支部基层组织的凝聚力。傅强、李建军获“长沙市首届同心人物”。肖博文获“湖南援藏”勋章和省援藏荣誉奖状。尹江柳获湖南省卫健委重点课题立项150万元。李湘伟作为“一带一路”建设先锋，在老挝承建基础设施项目，为湖南与老挝经济和交往搭建桥梁。（曾 锦）

【参政议政】 2019年，农工党雨花区工委结合工作实际和存在的问题开展多次社会调研活动，向农工党市委、区政协、区统战部提交提案、社情民意、通讯稿件20余篇。《关于橘子洲开发建设建议提案》入选人民政协70年优秀提案，《新媒体环境下加强民主党派思想建设研究》得到农工党市委肯定，《长沙城市精细化管理研究——以雨花区为例》申报农工党市委专题调研课题。选派党员参加市工委社情民意培训班。特约人员积极履行民主监督职责，多次去对口单位听取情况介绍，提出意见和建议，发挥监督作用。（曾 锦）

【服务社会】 2019年，农工党雨花区工委充分发挥行业优势，服务社会。积极参与跳马精准脱贫工作，向跳马镇贫困户刘正茂捐赠55寸液晶电视机一台。傅强组织长沙群英会为雨花区低保家庭的儿童居住空间做改造，向邵阳新宁县金石镇月汉村35名建档立卡贫困户家庭儿童发放壹基金温暖包，开展春节“和谐号”高铁志愿服务活动，向怀化通道侗族自治县灾害易发区的733个家庭发放价值20万余的保障箱，向平江县捐赠价值80万元的儿童乐园，带领群众会为衡东、耒阳、祁阳、茶陵、醴陵等地受灾百姓直接捐赠发放值约600万元救灾物资。各支部在雨花区、望城区、湘西多地积极开展义诊、文艺表演、健康教育讲座等活动。曾如、谭晓、李鑫尧等社会组织负责人，组织和参与社会服务100余次。（曾 锦）

致公党雨花区工委

【组织建设】 2019年，中国致公党雨花区工作委员会（简称“致公党雨花区工委”）推进党组织规范化建设，工委班子专题研究部署，定期开展学习活动，对4个支部进行活力指数测评，激发各支部工作积极性。通过培训会、座谈会等形式，组织全体党员认真学习贯彻习近平新时代中国特色社会主义思想和中共十九届四中全会精神，鼓励引导党员立足本职工作，筑牢多党合作思想基础。分批次组织党员参加长沙市民主党派代表人士素质提升班、新的社会阶层代表人士“百人会”部分成员综合能力提升高级研修班、以及本党省委理论学习中心组（扩大）专题学习等培训班，全年培训党员近百人次。充分调动党员参与宣传工作的积极性，贾如意在致公党省委2019年宣传骨干培训班暨“不忘合作初心，继续携手前进”演讲比赛中获得第五名，申志华在长沙市各界人士中秋国庆茶话会上做代表发言，禹雪梅参加致公党第三届摄影赛，刘海明设计的“贺龙体育场”项目入选建国七十周年《中国当代青年建筑师》专题报道特刊。区工委紧密结合“不忘合作初心，继续携手前进”的主题教育活动，开展形式灵活多样，内容丰富多彩的教育实践活动，赴红色革命教育基地参观学习，参加共识教育培训，观看中华人民共和国成立70周年升国旗仪式和国庆典礼实况，激发党员的爱国热情。组织党员参加民主党派党员培训班、雨花区党外中青年骨干培训班、暑期谈心会等活动，在培训学习中通过党员之间、党派之间的沟通交流，提升党员参政履职能力。全年新增党员8名。（曾 锦）

【参政议政】 2019年，致公党雨花区工委18名市区两级人大代表、政协委员积极履职，提交建议、提案39篇，社情民意21篇、政协微建议9篇。蒋福山先后挂职党派省委和党派中央，参与“粤港澳大湾区背景下衡阳先进制造业发展”专题调研和建言献策专题会，负责并完成全国社情民意信息编选工作。推荐莫艳芝担任雨花区政协常委。贾如意当选湖南省预防医学会第六届卫生统计专业委员会常务委员。昭泰集团董事长汤朝阳入选新中国70周年百名湖湘人物。申志华、宋旦入选长沙统一战线“70年70人·同心耀星城”主题宣传典型人物评选。蔡鑫莹获“湖南省发展非公有制经济和中小企业先进个人”“长沙市新的社会阶层代表人士”“真情互助活动先进个人”等称号。刘洪斌获中国改革开放40周年烘焙食品糖制品产业“杰出人物奖”。方荣国获2019年优秀区人大代表称号。黄晖、罗炜豪获2019年雨花区政协“六优政协委员”称号。三支部获2019年致公党湖南省委“先进基层组织称号。”谢娴、蔡鑫莹获“致公党湖南省委优秀党员”，禹雪梅、杨健等八名党员获“致公党长沙市委优秀党员”称号。《关于垃圾分类实施过程中的意见和建议》《关于进一步集约规范现代医药物流，确保民众用药安全的建议》的提案，得到市政府有关部门重视，优化相关管理的新制度进行研究制定。《关于进一步提升民办幼儿园普惠办学的建议》获区人大优秀建议。《建议采用延伸处方分流慢性病患者推动分级诊疗制度落实》被省政协采用，《农民安置小区垃圾分类工作重在强化村规民约提升居民自觉》等3篇社情民意被党派省委采用，《关于改善大中城市小学师资水平，促进义务教育高质量发展的建议》报送到致公党中央，《关于疫苗管理法〈征求意见稿〉的几点建议》获中共长沙市委统战部采用，《基层治理亟需率先实现村规民约现代化——关于有效发挥村规民约作用的调查与思考》获中共湖南省委领导的批示，并报送到致公党中央。罗炜豪参加党派中央与省委、市委联动调研课题“加快发展康养农业产业，促进乡村振兴”，党派中央甘霖副主席带队来长沙到其产业基地调研。申志华参与党派省委课题调研，就医药产业发展提交专门报告。蒋福山主持的《优化营商环境下市场监督管理如何作为》课题报告，提交党派市委研究。《长沙市先进储能产业链研究》计划2020年作为重

点课题开展调研。（曾 锦）

【服务社会】 2019年，致公党雨花区工委按照“工委牵头、专委会+支部为主、党员参与”的运作模式，着力创新社会服务工作机制，实现社会服务工作的常态化。一支部坚持每年看望、慰问雨花区社会福利院老人，春节慰问三湘社区困难家庭，送去1.5万元慰问金，端午节、中秋节前夕，送去1万元慰问物资。二支部每年牵头组织致公党省直工委及区工委各支部参加雨花区高铁志愿者活动。三支部多次对雨花区跳马村的贫困村民进行慰问。四支部党员贾如意代表企业家受邀参加寸草心年会，并进行爱心捐赠；持续跟进关注和助力绿房子“青少年心理矫正”爱心公益项目。在区政协牵头的“真情五助，幸福雨花，温暖行动”中，区工委捐帮扶多个困难家庭。党员企业众义康生物爱心公益团队在湖南省军区干休所组织举办“关爱老年人·幸福全家人”健康科普爱心巡讲主题活动，获锦旗。参与中国发展研究基金会“一村一园”山村幼儿园计划，筹集600余本绘本以及50件玩具捐赠桑植县。蔡鑫莹代表区工委在致公党省委“一家一”致公班签约仪式上，签下“云畅班”，并实现开班。方荣国携公司成员向邵阳市城步县捐赠药品3批次，价值9万元，捐赠现金3万元。申志华所在国药集团派出代表考察桑植中药产业，并指导帮扶。贾如意和贾传坤赴新加坡开展“致公万里行”活动，被《人民日报》（海外版）头版报道。宋旦向“2019中国—东盟媒体合作论坛”东盟60余位嘉宾赠送“中国印”汉字艺术特礼。蔡鑫莹牵头发起成立长沙市企业海外利益保护促进会，承办首届长沙市企业深化海外投资合作论坛。欧阳帆参与中国驻柬埔寨大使馆“新春招待会”、第二届柬埔寨国际博览会和柬埔寨港澳侨商总会举办的“庆中秋，迎国庆”晚宴等活动，出席华人华侨欢迎致公党中央主席万钢和中共中央统战部副部长谭天星访问柬埔寨的招待会，积极为祖国“一带一路”建设和中柬文化交流做贡献。（曾 锦）

九三学社雨花区工委

【组织建设】 2019年，九三学社雨花区工作委员会（简称“九三学社雨花区工委”）积极参加社市委和中共雨花区委统战部组织的学习活动，深入开展“不忘合作初心，继续携手前进”主题教育活动，召开区工委理论学习中心组（扩大）学习，深入学习中共十九大四中全会、九三学社十四届三中全会、中央经济工作会议精神，跟进学习习近平最新重要讲话精神，指导各支社围绕中华人民共和国成立70周年进行丰富多彩的庆祝活动。发展新成员6名。组织社员赴浏阳市胡耀邦故居、秋收起义纪念馆、宁乡少奇故居、杨开慧纪念馆、黄兴纪念馆等地进行爱国主义现场教学，增进政治共识。（曾 锦）

【参政议政】 2019年，九三学社雨花区工委积极参加区委、区政府和区委统战部召开的各种协商会、座谈会，广泛收集意见。引导区工委人大代表和政协委员关注民生和热点问题，提出建议和提案7份。参加各种协商会、座谈会和征求意见会，就政协工作、政府工作、城市建设等提出50余条建议和意见。全年共向社市委提交信息26篇，社情民意10篇，其中邓子云撰写的《关于教育强国的建议》被中央统战部《零讯》综合采用，《职业教育技能比赛应予规范》被省政协采用，《关于提升我省电子政务统筹能力的建议》，得到中共省委常委、统战部部长黄兰香批示，提交的《建议在长株潭地区建设中小运量轨道交通》微建议转至省长信箱，《大数据时代的长沙市统战协商民主机制创新与改革策略研究》获全市统战理论政策研究创新成果二等奖，《激发企业参与产教融合热情的若干问题分析与对策建议》获湖南省教育科学研究工作者协会2019年度优秀论文评选二等奖。《区域人工智能产业发展战略研究》获第九届湖南省社会科学界学会年会优秀论文一等奖。《关于加强全区违法用地整治和管理的建议》，被评为政协优秀提案。邓子云、吴丽、刘选端、昌南燕、吴海军被评为参政议政优秀个人，王练文、邓运姣、仓萍获评长沙市统一战线“70年70人”主题宣传典型人物评选。黄湘、仓萍获评雨花区“六优”政协委员。邓子云被确定为湖南省121创新人才培养工程第三层次人选，纳入湖南省中青年骨干人才专家库。（曾 锦）

【服务社会】 2019年，九三学社雨花区工委组织承办社市委“九三青训营”第一期培训班。支持开展“美丽石燕湖，同心奔小康”雨花区统一战线同心美丽乡村建设主题活动。“沁心幸福大讲堂”开展公益讲座近30余次，为社会各界人士提供免费婚姻家庭类公益讲座，被评为“优秀巾帼志愿者工作室”。“国学公益课堂”开展《论语的智慧》主题活动4期。“老爷说法”微信公众平台为有需要的人士提供免费法律咨询及帮助。敖耀寰在“庆祝新中国70周年离退休干部猜谜大赛”中获二等奖，在“海峡两岸汉字节诗词联谜大赛”中获谜部优秀奖。（曾 锦）

群众团体

总工会

【概况】 长沙市雨花区总工会（简称“区总工会”）为群团组织，主要职能是维护广大职工的合法权益；建立和发展各级基层工会组织，协助各级党组织对工会干部进行管理；参加企事业单位的民主管理；帮助职工提高综合素质；组织实施送温暖工程开展扶贫帮困活动，维护全区的改革、发展和稳定；做好女职工保护工作，维护女职工的特殊利益。下设区职工服务（帮扶）中心。2019 年，区总工会在职干部职工 13 人，其中行政编制 4 人，事业编制 2 人，改非 1 人，兼职副主席 1 人，挂职干部 1 人，雇员 4 人；退休 6 人；党员 14 人，其中在职党员 9 人。办公地点设雨花区政府机关大院信访大楼三层。

2019 年，雨花区总工会引导职工立足岗位建功立业，大力弘扬劳模精神，开展中国工会十七大精神宣传活动，深入开展劳动竞赛活动，加强职工文化建设，开展工人阶级宣传活动；夯实基础，扎实推进基层工会规范化建设，进一步扩大工会组织覆盖面；规范工会组织建设，规范工会经费管理；多措并举，积极打造职工信赖之家，扎实推进精准帮扶，开展服务帮扶职工工作，大力推进民主协商，开展职工技能培训。开展形式多样活动，促进职工身心健康。

（凌　敏）

【组织建设】 2019 年，雨花区总工会推进“两新”组织、小微企业等重点领域的建会工作，探索和完善楼宇工会、一条街工会等建会新模式，新组建基层工会 331 家，工会小组 902 家，发展工会会员 1.5 万余人。做好全市工会组织和工会数据库采集和录入工作，推动工会组织和工会会员管理制度化、规范化、信息化、网络化。围绕“两个信赖”，深入开展“五型”职工之家创建活动。加强“职工书屋”建设，深入开展职工学习活动。加强人文关怀，选树典型创建“EAP”示范单位。培育建立母婴（亲子）关爱室，解决落实职工子女托育难题。召开社会化工会工作者述职测评会，雨花经开区、各街道（镇）工会联合会 15 名社会化工会工作者围绕 2018 年重点工作及 2019 年工作思路进行述职。

（凌　敏）

【职工素质】 2019 年，雨花区总工会组织“关爱女性、关注健康”女职工健康讲座、育婴师职业技能培训班等。筹建职工文体协会，组建歌唱队、瑜伽队等，并面对全区职工免费开办歌唱、瑜伽培训班。举办“展翅行动”中级茶艺师职业技能培训班，女职工花艺、礼仪、健康知识讲座等培训。开展“尊法守法·携手筑梦”服务农民工公益法律服务活动，进一步提高职工依法维护自身合法权益的能力。区总工会协助省总工会在晓光模具公司车间开展全省“工人阶级宣传月”暨“工匠精神三湘行”活动启动仪式。在长沙市比亚迪汽车有限公司组织举办全区“工人阶级宣传月”活动。举办“凝心聚力、建功雨花”职工气排球比赛，基层工会 64 支队伍 700 余名职工参赛。举办“强身健体庆国庆、团结奋进建雨花”职工广播体操比赛，联合区委宣传部等部门开展庆祝新中国成立 70 周年系列活动之合唱、广场舞大赛等文体活动，开展“打赢蓝天保卫战·共同守护雨花蓝”企业职工蓝天保卫战知识竞赛活动。雨花教师合唱团获长沙市总工会庆祝中华人民共和国成立 70 周年“我和我的祖国·湖南百万职工同声唱”长沙市职工合唱比赛二等奖。

（凌　敏）

【经济技术工作】 2019 年，雨花区总工会组织劳模到成都进行疗养。开展劳模事迹宣讲报告会，举办雨花区总工会“中国梦·劳动美”职工劳动模范大讲堂，邀请全国劳动模范董志平到湖南晓光汽车模具有限公司宣讲，晓光模具公司近 100 名职工参加活动。吴平辉获得全国五一劳动奖章，罗跃获得省五一劳动奖章，唐博杰被评为优秀班组长，刘洁等 6 名职工被评为市劳动模范先进工作者。指导创建“示范劳模创新工作室”，开展高技能领军人才和劳模工匠师徒“结对子”活动，结对 20 对，进一步发挥劳模工匠传帮带作用。开展工业企业、服务行业、重点工程、女职工芙蓉杯“四位一体”的劳动竞赛。通过创建“工人先锋号”活动、组织“名师带高徒”等活动，发动职工积极参与技术创新、科研成果创新活动，发挥职工的智慧力量，提升企业核心竞争力。近100家企业5000余名职工投身劳动竞赛活动。组织选送各类技能人才参加市总工会“十行状元、百优工匠”技能大赛，1人获“十行状元”、8人获“百优工匠”称号，雨花区总工会被评为“十行状元、百优工匠”技能竞赛活动优秀组织单位。（凌　敏）

【职工权益维护】 2019年，雨花区总工会组织开展工资集体协商工作培训班暨“春季要约行动”启动仪式。全年签订工资集体协议72份，覆盖企业2227家、职工23467人，50人以上已建工会的非公有制企业厂务公开民主管理和职代会建制率80%以上。加强劳动关系预警监测点建设，在长沙市威龙保安服务有公司、湖南天福景观建设有限公司设立监测点。长沙市雨花区三之三托斯卡纳幼儿园获“市职代会和工资集体协商典型企业”称号。（凌　敏）

【职工帮扶】 2019年，雨花区总工会大力开展春送岗位、夏送清凉、秋送助学、冬送温暖，医疗互助、大病救助、就业扶助、法律援助“四送四助”活动，为职工提供“一站式”精准帮扶。开展春节送温暖活动，慰问困难职工、一线职工300余人。开展“清凉一夏、关爱同行”高温活动，慰问环卫、市政、园林、重点工程等6700余名一线高温作业劳动者，发放物资57万余元。推进职工医疗互助活动，1200余人次申请医疗补助金86万余元，为6名女职工申请女职工特殊疾病保障补助金6万元。与律师事务所签订协议，为职工特别是困难职工提供免费法律咨询。探索“一户一产业工人”培养模式，与晓光工匠学院建立合作机制，培训一批技术工人，提高职工收入。晓光工匠学院被评为首批“长沙工匠培育和竞赛基地”。（凌　敏）

【“雨花工会”微信公众号活动】 2019年4月28日，雨花区总工会组织2019年全区“工人阶级宣传月”暨“雨花工会”微信公众号活动在长沙市比亚迪汽车有限公司启动，雨花区人大常委会副主任、区总工会主席杨平致辞，区委副书记陈永高讲话，长沙市总工会党组成员、副主席汪中会为劳模志愿服务队授旗。（凌　敏）

【“蓝天保卫战”知识竞赛活动】 2019年5月22日，雨花区总工会在区会议中心中型会议室举办“打赢蓝天保卫战·共同守护雨花蓝”企业职工蓝天保卫知识竞赛，来自湖南湘府新都大酒店有限公司、红星实业集团有限公司、深圳市华鑫保安服务有限公司湖南分公司、唐智科技湖南发展有限公司、湖南中惠旅石燕湖管理有限公司等28支企业职工代表队参加竞赛。5月24日，第二阶段抢答赛在区会议中心中型会议室举行。（凌　敏）

【安全生产知识竞赛】 2019年6月27日，雨花区总工会在区委党校一楼多功能厅举办“防风险、除隐患、遏事故”企业职工安全生产知识竞赛第一阶段笔试。湖南晓光汽车模具有限公司、长沙克明面业有限公司、红星实业集团有限公司、长沙市雨花区三之三托斯卡纳幼儿园、长沙咿呀实业有限公司等27支企业职工代表队参加竞赛。7月4日，第二阶段抢答赛在区会议中心中型会议室举行。（凌　敏）

【省总工会调研雨花区】 2019年2月28日，湖南省人大常委会副主任、省总工会主席周农一行调研雨花区基层党建和基层工会建设情况。周农一行先后实地调研雨花区东塘街道浦沅社区、鑫融国际楼宇党建带工建工作及长沙火车南站地区综合管理办公室工会工作、湖南晓光汽车模具有限公司工会工匠学院、红星实业集团有限公司工会工作，深入了解雨花区党建及工会工作情况。（凌　敏）

【市总工会开展高温慰问】 2019年7月29日，长沙市总工会副主席鲁承钢带队到雨花区开展高温慰问，到长沙比亚迪汽车有限公司、湖南晓光汽车模具有限公司看望慰问在高温中坚守岗位、辛勤劳动的一线职工，为他们送上工会“娘家人”准备的防暑降温慰问品。（凌　敏）

【市总工会到雨花区调研】 2019年10月18日，长沙市总工会党组成员、副主席鲁承钢带领权益保障部相关人员，调研雨花区工会普惠性、常态性、精准性工作开展情况。鲁承钢表示，雨花区工会工作开展得好，有成效、有亮点、有创新，希望雨花区总工会继续创新举措带领全区各基层工会做好普惠性、常态性、精准性工作。（凌　敏）

【职工广播操比赛】 2019年10月31日，雨花区总工会在雅礼雨花中学体育馆举办“强身健体庆国庆、团结奋进建雨花”职工广播体操比赛，全区各基层工会25支队伍千余名职工参加比赛。雨花区人民政府副区长蔡泽敏致辞，区人大常委会副主任、区总工会主席杨平宣布比赛开始。区教育局、黎托街道队夺得本次比赛的一等奖；评选出二等奖5个，三等奖10个。（凌　敏）

共青团

【概况】 中国共产主义青年团长沙市雨花区委员会（简称“团区委”），为正科级行政单位，是雨花区各级团组织的领导机关，核定行政编制3名，领导职数2名，2019年，在职干部3人，雇员2人；党员4人。办公地点设雨花区人民政府机关大院1号办公楼。

2019年，团区委团结带领广大雨花青年建功立业，完成区委主要领导交办重要批示任务4次，得到区委主要领导高度评价。60余个先进集体和个人获得国家、省、市、区级团组织的表彰和荣誉。团区委获长沙市“五四红旗团委”称号。（杨思宇）

【组织建设】 2019年，雨花区坚持党建带团建，全面开展从严治团，树立雨花共青团、雨花青年形象。团区委向每个街道划拨3万元的团组织建设专项经费，为夯实全区基层团组织规范化建设，提供经费保障。智慧团建工作完成13个街道、镇团（工）委、329个团支部、15所雨花区辖管中学的组织信息完善和团干部、团员信息录入工作，完成2019年新建非公企业团支部信息录入，开展基层团组织软弱涣散整顿工作，团员发展编号录入实现100%，团费收缴任务完成率100%，全区基层团干配备率100%，基层团建工作排名在全市前列。各级团组织推优入党89人，通过优化团干部配备、规范共青团推优入党程序，不断提高基层团组织工作水平。开展“青年文明号”“青年之家”创建工作，树立团建阵地标杆。打造夸克仓库、麦当劳叔叔之家两个省级示范青年之家，东山街道南雅社区、跳马镇斑竹塘社区团支部两个市级“青年之家”。推选圭塘街道青年讲习所、中国（长沙）创新设计产业园企业服务中心、左家塘雷锋志愿服务大本营等5家市级“青年文明号”，雨花区社会保险经办厅被评为“群众最满意青年文明号”，长沙火车南站地区综合管理办公室被评为“群众满意青年文明号”。成立社区少工委24家，黎托街道红旗路社区成立长沙市首个试点社区少工委—雨花区少工委。完成青企协的换届工作，定期召开区青企协理事会，通过举办专题活动增强组织凝聚。做好中国少年先锋队长沙市第七次少代表大会委员、代表推选工作，以植树节、“十一三”（少先队建队纪念日期）等时间节点为契机，开展好少先队活动50余场。从全区学校选拔优秀少先队辅导员参加“青春心向党 建功新时代”长沙市少先队辅导员风采大赛，雨花代表队获得少先队活动现场辅导、少先队技能展示、团体等六项一等奖。（杨思宇）

【青少年教育服务】 2019年，雨花区强化对青年团员的思想政治引领，确保青少年听党话跟党走的理想信念更加坚定。学习宣传贯彻习近平新时代中国特色社会主义思想和中共十九大、共青年团十八大精神，开展“青春心向党·建功新时代”“话党恩、讲团史”等主题青年学习活动，邀请团市委领导、高校教授、企业精英授课，举办线下学习活动50余场，活动遍布辖区高校、企业、社会组织、乡村阵地，参与青年人数6000余人次。在线上组织全区团员学习团中央“青年大学习”主题团课，线上阅读、学习人数累计突破10万次，在全省排名前列，坚定青年跟党走、跟团走的信念。抓好团属新媒体工作提质增效，打造青年网络宣教阵地。在各级团组织配备网宣员，以“雨花共青团”微信公众号、微博为抓手，结合垃圾分类、预青、禁毒、脱贫攻坚等工作要求，做好网络宣传教育，全面落实共青团意识形态工作责任制。加强舆论引导，发布微信公众号、微博信息动态800余篇，回复社会热点问题2000余条，浏览总量10万余次。评选黄浪勇等长沙市“青年岗位能手”15名，为青年职工成长搭建更加广阔的舞台。在团系统“两红两优”的评选中，推选出来自法院、交警、城管等一线岗位的高狄等40名青年作为雨花区优秀代表，推选基层青年教师梁菲获得2019年全国道德模范提名奖，被评选为全国“中国向上向善好青年”。结合团中央“青年讲师团”计划，选拔出徐卓、余翼等各行各业并一直在一线的青年作为青年讲师团成员，在德思勤24小时书店、雨花非遗馆、和+共享图书馆等青年之家阵地开展集中宣讲活动，参与人数近1000人，用典型标杆的力量去引领青年。（杨思宇）

【青少年帮扶服务】 2019年，雨花区建立街道、社区、学校三级贯通的联动工作机制，为青少年健康成长保驾护航，全区青少年（未成年人）犯罪、涉罪率低于前三年平均值。推进重点青少年群体服务管理和预防犯罪工作。全区各级团组织开展百万市民禁毒签名活动，参与人数6900余人。结合“向日葵”青少年思想引领计划，开展禁毒宣传进校园活动，在学校、社区举办禁毒宣传讲座百余场。联合稻田中学、长郡雨花外国语学校等15所学校，开展2019年“轻松备考·‘12355’与你同行”、中高考减压“阳光行动”和青少年暑、寒假自护教育活动，为青少年健康成长保驾护航。组织青年积极参加“一元捐”活动，募集到爱心基金7.2万元用于援助全区困境青少年。组织开展希望工程“圆梦行动”，资助家庭困难的大学新生12名，捐助款项5.6万元。组织全区青年干部参与统一战线同心助学扶贫项目，通过捐赠一批校服、资助一批贫困大学生、募集一批温暖包、捐建一批儿童乐园、提供一批就业岗位等项目，募集1100余个温暖包助力对口扶贫的桑植县。开展“青年手拉手·图书捐赠”活动，发动社会公益组织与学校一起募集爱心书籍捐往龙山县思源学校，累计捐书近万册。（杨思宇）

【青年创业就业服务】 2019年，雨花区搭建就业创业平台，结合“营商环境优化年”“创业项目建设年”工作，发动街道、社区团组织对辖区创业青年进行摸底，通过座谈会、电话回访等方式，了解青年创业项目落地情况，掌握动态需求，收集问题20余条，区发改局、区人社局、区优化营商环境办等职能部门为其排忧解难。“马赛克旅行器”“时光墙壁的魔方”等9个项目获得湖南省创新创业扶持资金100万余元。举办“政府搭台送岗位·真情帮扶暖民心”雨花助力青年就业春风行动，帮助辖区青少年就业，为500余名待业青年提供工作岗位。开展青年专题创业培训21场次，吸引2000余人参加，入驻孵化团队72家，带动就业人数600余人，资助20万元用于“云畅班”的50名小微企业创业者就学。举办全省新兴青年群体培训班结业仪式暨湖南省“筑梦空间”授牌仪式，雨花非遗馆传统文化教育基地成为湖南省5家“筑梦空间”之一，为全省新兴青年群体提供创作创业的场所。举办公务员考试公益培训班，为200余名雨花青年提供免费的公考培训，助推雨花青年成长成才。（杨思宇）

【志愿服务】 2019年，雨花区率全市之先，探索志愿服务制度化、项目化、专业化。发动不同行业领域的青年，成立脱贫攻坚志愿服务队、“和谐号”高铁志愿服务队、“蓝天保卫战”志愿服务队等12支志愿者队伍，参与区中心工作3000余人，发挥专业人士特长，开展精准有效的志愿服务，长沙职教基地打造成为全区第一个专业志愿队伍孵化基地。通过开展五四运动100周年和新中国成立70周年相关重大活动，广汽发布青年争当志愿者的倡议书，号召全区青少年通过当志愿者参与到全区中心工作来，把志愿服务作为当代青年的新时尚。区直部门、街道社区、大中专院校近2000名青年志愿者参与区文明创建、蓝天保卫战、垃圾分类等系列志愿活动，打造雨花特有的青年志愿文化。1100名志愿服务者参与火车南站春运、暑运系列志愿服务活动，总服务时长8000余小时；中非经贸博览会期间，安排非洲志愿者在高铁站为旅客服务，志愿者工作得到省委书记杜家毫等领导和社会各界的广泛认可。第二十一届中国中部（湖南）农业博览会期间，雨花区在8个场馆、登录厅、主会场以及地铁站等重要位置明确32个志愿服务点，根据不同要求，配备翻译、讲解、引导、接待、会务服务、咨询等不同志愿者。从湖南农业大学、长沙民政学院、长沙航空职业技术学院等学校招募志愿者200人，5天投入800人次志愿服务，日均160余人次，其中开幕式当天投入志愿者200人。

（杨思宇）

【纪念“五四运动”100周年】 2019年，雨花区发挥同升街道长沙职教基地优势，有效对接整合高校学院资源与地方社会资源，组建“户帮户亲帮亲”雨花志愿服务实训基地，面向全区志愿者提供系统性、专业性、针对性的培训指导，为雨花区志愿服务队和学校志愿者搭建交流互动平台，提升志愿服务队的归属感。5月4日，“五四爱国情·青春奋斗者”纪念“五四运动”100周年暨“户帮户亲帮亲”雨花志愿服务实训基地成立大会举行。活动由长沙市文明办、共青团长沙市委员会主办，雨花区文明办、共青团雨花区委员会、中共雨花区同升街道工作委员会承办，“户帮户亲帮亲”互助脱贫志愿服务队、“和谐号”高铁联盟志愿服务队、

2019年5月4日，雨花区纪念五四运动100周年　（杨思宇　摄）

大型赛会志愿服务队、蓝天保卫战志愿服务队、居家养老志愿服务队、应急救援志愿服务队等12支专业化青年志愿队伍400余人参加。长沙市文明办副主任丁德喜为“户帮户亲帮亲”雨花志愿服务实训基地授牌。共青团长沙市委党组成员、市青少年宫主任李明为雨花青年志愿者培训基地授牌，共青团雨花区委员会表彰一批在全区中心工作中，奋发有为，扎根基层，敬业奉献的青年英才、青年岗位能手、优秀共青团干部及五四红旗团组织。长沙市委宣传部副部长、文明办主任郭润葵，雨花区委常委、宣传部部长余宏卿，区委常委、区委办主任周海毅出席。（杨思宇）

妇女联合会

【概况】 长沙市雨花区妇女联合会（以下简称“区妇联”）行政编制3名，其中领导职数2名。2019年，在职在岗人数6人，其中干部3人，雇员2人，劳务派遣1人；退休1人。区妇联党支部，党员5人，在职党员4人，雇员党员2人，退休党员1人。办公地点设在雨花区人民政府1号楼。

2019年，雨花区妇女工作围绕促进妇女发展和维护妇女权益两条工作主线，在组织建设、事业发展、宣传工作、维权工作、妇儿工委等方面开展一系列的工作，积极稳妥地推进妇联改革，服务妇女儿童，促进妇女、儿童、家庭各项事业的发展，实现新跨越。被评为全省妇联系统宣传工作先进单位。开展垃圾分类系列宣传活动，聘请专业老师为社区开展14次“垃圾分类”宣教大讲堂活动。家庭教育大讲堂和“幸福大讲堂”授课72堂。“阳明家训”大讲堂巡讲16堂。开展妇女小额担保贷款工作，为14名妇女发放小额担保贷款140万元，培育一批妇女小额担保贷款受益典型。组织开展小儿推拿、育婴、插花、手工编织等适合女性创业就业的技能培训；整合资源，发挥雨花非遗馆民间手工女艺人作用，推进妇女居家就业、灵活就业，培育一批巧手创业、灵活就业的优秀典型。（邝　鋆）

【组织建设】 2019年，雨花区妇联全面加强自身建设，重塑工作格局，重整工作作风，积极发挥引领、服务、联系妇女群众的职能定位。贯彻落实区委关于群团改革的重要部署，区妇联改革涉及的7个方面20项工作任务全面完成。选举区妇联挂职副主席，调整充实基层妇联执委2307名，并在机关事业单位、园区企业、社会组织、商务楼宇、专业市场等领域新建妇女组织50个。开展“不忘初心、牢记使命”主题教育，坚持把学习教育、调查研究、检视问题、整改落实贯穿主题教育全过程，围绕反家暴等热点难点问题调查研究，撰写调研报告3篇，全面推动问题深入解决。持续推进“妇女儿童之家”建设，提升管理服务品质。在全区开展“示范妇女儿童之家”的评选，评选出左家塘街道营山巷社区等区级“示范妇女之

家”5个，并采取以奖代补的方式为每个区级“示范妇女儿童之家”配套2万元创建经费。实施“基层妇联领头雁培训计划”，举办全区妇联主席培训班、区妇联执委培训班和区妇联干部培训班，邀请市妇联党组书记、主席文方，湖南警察学院家庭暴力防治研究所所长欧阳艳文等领导和专家进行授课，强化组织认同、身份意识，提高履职能力。选树优秀典型，推广宣传。开展基层妇联执委、兼挂职副主席履职“微故事”征集活动，推选22个“微故事”在新媒体平台上推广宣传，激发全区妇联干部干事创业的热情。开展“百千万巾帼大宣讲”，全区各级妇联主席围绕中华人民共和国成立70周年等重要时间节点，带头开展宣讲100余场次，引导广大妇女群众“听党话、跟党走”，进一步筑牢妇女群众爱党爱国的思想根基。召开纪念“巾帼建新功·献礼七十年”雨花区“三八红旗手（集体）”“优秀巾帼志愿者工作室”评选总结大会，表彰先进。组织开展“最美家庭”评选表彰活动，吴海波家庭等6户家庭被评为长沙市“最美家庭”，杨松林家庭被评为2019年度全国“最美家庭”。区妇幼保健计生服务中心和井湾子街道井湘社区被评为市级“巾帼文明岗”。（邝　鋆）

【妇女活动】　2019年，雨花区组织多种形式的妇女活动。开展雨花区“真情五助、财富雨花”暨“春风送岗惠民生，精准服务真扶贫”春风行动专场招聘会，171名妇女在“春风行动”中找到合适的工作岗位。推荐3名女性创业典型参加市巾帼创新创业大赛，龙霖玥珍珠和乔致智能电商两个项目获全市“巾帼双创行动”优秀奖。组织2人参加长沙市“半边天”双创园新型职业女农民培训，区妇联兼职副主席龙燕作为代表分享发言。整合各种培训资源，组织开展手工编织、家政等适合女性创业就业的技能培训，举办育婴师培训班21期，培训882人。开展“弘扬家国情 礼赞新时代”家风家教主题宣传活动，通过各街道（镇）、社区（村）“妇女儿童之家”以及“雨花巾帼读书会”“沁心幸福大讲堂”等平台组织开展“书香传家风，阅读促成长”“品《论语》魅力，学家教之慧”主题分享会等形式多样的主题宣传活动10场。组织开展“清廉好家风”主题活动。联合中共雨花区纪委办公室发放“倡清廉家风，建和谐家庭”倡议书，组织区直各单位主要负责人家属、重要岗位党员干部家属共86人参观长沙市廉政警示教育基地，引导党员干部家属自觉弘扬中华民族优秀传统文化，汲取家规家风中的精华，遵纪守法、廉洁自律，携手共筑家庭廉洁防线。开展“反对家庭暴力·树立文明家风”宣传活动，全区妇联组织开展《中华人民共和国反家庭暴力法》知识讲座、宣传活动10余场，发放宣传资料1000余册。倡导移风易俗，联合民政局举办“金玉良缘·文明婚嫁·情定雨花”汉式集体婚礼，8对新人节俭办婚礼，朴素喜庆结良缘。承办长沙市“垃圾分类我先行 美家美妇在行动”巾帼志愿者服务队授旗仪式暨现场宣传实践主题活动，组织安排15支巾帼志愿者服务队参加并接受授旗，组织垃圾分类趣味小游戏、酵素作品展、DIY创意角等主题活动。策划开展为期1个月的垃圾分类知识网上有奖问答活动，1000余人参与答题。举办垃圾分类知识微课堂、知识抢答活动等线下活动10余场，在“雨花区妇联”微信公众号推送垃圾分类知识30期。开展各类家庭教育送课活动18场次，2400余人受益。举办“关心下一代家庭教育中国行长沙站”公益巡讲走基层活动，600余人受益。举办“幸福大讲堂”公益课16场次，向居民群众宣讲正确的婚姻家庭观。（邝　鋆）

【关爱妇女儿童】　2019年春节前夕，雨花区妇联重点走访全区困难妇女家庭85户，送去7.3万余元慰问金和过年物资；春节、端午节、中秋节走访慰问联点的省人大社区困难群众，送去过节物资上万元；10月“敬老月”期间，送过冬保暖物资慰问雨花区福利中心的老人。实施“春雷助学计划”，为60名贫困儿童提供助学金4.8万元。开展儿童青少年近视防控科普妈妈行活动，区妇联深入街道、社区和学校，举办10场由眼科医院知名专家主讲的近视防控科普讲座，号召全社会共同保护好孩子们“心灵的窗户”。开展“科学育儿·孕育新生”孕期关爱公益行活动，为150余名孕妈妈讲授孕期知识及注意事项，并对10户贫困家庭开展爱心捐赠活动。开展“姐妹守望 邻里相助”妇联执委帮困行活动，通过走访摸底，结对帮扶跳马镇贫困户70户。实施“两癌”特困妇女救助14名2.8万元。（邝　鋆）

【维护妇女儿童权益】　2019年，雨花区妇联接待来电来访99件，办结率100%，全区各级妇联组织和婚姻家庭调解室成功调解婚姻家庭纠纷352件。其中区妇联报送的一起变更妇女监护人援助案件获评长沙市维权优秀案例。购买7000册《中华人民共和国反家庭暴力法》《湖南省实施〈中华人民共和国反家庭暴力法〉办法》等资料，发至各街（镇）进行宣传学习。举办“建设法治雨花，巾帼在行动”活动，开展专题巡讲26场。在全省率先探索实施家庭暴力案件“110”警务分流综合服务机制，精心组织协调，在洞井街道试点成立家庭暴力案件“110”警务分流工作站，联合公安、司法、民政等部门以及专业社会组织，形成协同配合、联动作战的工作合力。联合区禁毒委开展“健康人生、绿色无毒”宣传活动，组织全区100余支“妈妈禁毒联盟”队伍广泛宣传禁毒知识和法律知识，“妈妈禁毒联盟”经验向全市推广。（邝　鋆）

【区妇联执委会议】　2019年4月18日，雨花区妇联第三届三次执委会议召开，区妇联副主席刘娣主持会议，长沙市妇联党组成员、副主席周小春，雨花区委副书记陈永高、市妇联组联部部长龚艳，区委组织部部务会成员、党员教育管理中心主任、干部科科长肖瑞以及区妇联全体执委（执委候选人）出席会议。会议选举产生新一任雨花区妇联主席，补选区妇联第三届执委。周小春要求，始终坚持妇联工作正确的政治方向；始终坚持男女平等基本国策和儿童优先的原则；始终坚持服务党政工作大局；始终发挥各级执委示范作用。陈永高强调，区妇联要坚定政治方向，争当新时代新思想的引领者；要投身雨花事业，争当高质量发展的助推者；要发挥独特作用，争当文明新风尚的传播者；要保障妇儿权益，争当平等发展的维护者；要加强自身建设，争当全面进步的践行者。12月30日，雨花区妇联第三届执委会第四次会议召开。会议传达宣讲湖南省第十三次妇女代表大会精神，原文学习省妇联党组书记、主席姜欣所作的《高举习近平新时代中国特色社会主义伟大旗帜团结动员全省妇女为加快建设富饶美丽幸福新湖南而努力奋斗》工作报告；听取2019年雨花妇联工作报告。会议以无记名投票方式选举区妇联挂职副主席1名，增、替补执委6名。市妇联党组成员、副主席周小春要求，要做思想引领的表率，组织各级妇联组织开展好省第十三次妇代会精神宣讲活动，原汁原味地学习省委书记、省人大常委会主任杜家毫，全国妇联副主席、书记处书记夏杰在大会开幕式上的讲话精神以及省妇联党组书记、主席姜欣所作的工作报告；要做改革引领的表率，实施组织覆盖行动、改革破难行动、述职提升行动、阵地建设行动、公益服务行动"五大行动"；要做示范引领的表率，紧紧围绕"创新创业巾帼行动""乡村振兴巾帼行动""脱贫攻坚战巾帼行动""蓝天保卫巾帼行动""妇儿维权巾帼行动""家庭文明巾帼行动"等主题做好示范引领；要做家风引领的表率，落实好"家家幸福安康工程"，组织开展好"把爱带回家"双百万结对寒假特别行动，实施好"美家美妇三年行动计划"，以更好地引导广大妇女群众和家庭建设好家庭、传播好家教、弘扬好家风。（邝 鋆）

2019年5月21日，"家和万事兴"雨花区"5·15"国际家庭日暨2019年"最美家庭"评选总结活动（区妇联 提供）

【庆祝"三八"妇女节】 2019年3月7日，雨花区召开"巾帼建新功·献礼七十周年"——雨花区"三八红旗手（集体）""优秀巾帼志愿者工作室"评选总结大会，庆祝"三八"国际妇女节109周年，喜迎中华人民共和国成立70周年。大会围绕"党旗领航，巾帼追梦；友好童城，幸福雨花；党群共建，基层闪光；奋斗奋进，建功有我"四篇章展开，充分展现坚守在雨花区经济建设主战场、民生服务最前沿、社会管理第一线的广大妇女作出的突出贡献；充分展现雨花区巾帼志愿者积极参与基层社区多元共治，为广大女性排忧解难的伟大奉献精神；充分展现雨花区妇联帮助全区妇女儿童健康快乐成长，建设幸福雨花作出的努力和成果。会议表彰"三八红旗手"15名和"三八红旗集体"称号6个，优秀巾帼志愿者工作室7个。鼓舞全区妇女在实施雨花"十三五"规划中再立新功，为建设"财富雨花、品质雨花、幸福雨花"作出新贡献，献礼中华人民共和国成立70周年，唱响巾帼之歌，激发奋斗热情，共同书写雨花的新时代新篇章。长沙市妇联党组书记、主席文方，市文明办副主任丁德喜，雨花区委副书记陈永高，区政府副区长蔡泽敏等相关区领导，以及全区副科职以上女领导干部，区、街道（镇）、社区（村）妇女工作者，女党代表、女人大代表、女政协委员、女企业家代表以及所有受表彰对象等600余人出席。（邝 鋆）

【表彰"最美家庭"】 2019年5月21日，雨花区在侯家塘街道韶山路紫金苑小区中央广场举办"家和万事兴"雨花区"5·15"国际家庭日暨2019年"最美家庭"评选总结活动。区妇联主席喻思旭宣读《关于2019年雨花区"最美家庭"评选情况的通报》，"最美家庭"分为"科学教子""绿色环保""清正廉洁""移风易俗""热情公益""家国情怀""孝老爱亲"七大类，汪正云家庭等60户家庭为2019年度雨花区"最美家庭"。"清正廉洁最美家庭"代表吴海波作家庭故事分享。区委副书记陈永高出席活动，受表彰的"最美家庭"代表、街道社区志愿者和居民朋友们500余人参加。（邝 鋆）

【江苏省妇联调研雨花区】 2019年4月，江苏省妇联副主席沈梅等一行9人考察团到雨花区洞井街道中航"山水间"社区公园考察交流儿童友好型城区建设工作情况，湖南省政府妇儿工委委员、省妇联副主席卢妹香，长沙市政府妇儿工委办主任、市妇联副主席石莉波陪同考察。5月，湖南省第59期妇联干部能力建设培训班老师和学员一行50余人在省妇女干部学校副校长肖欣荣带领下到跳马镇进行现场教学活动。9月，长沙市人大社会建设委员会主任委员黄吉邦带队检查雨花区贯彻实施《中华人民共和国反家庭暴力法》情况，考察左家塘街道牛角塘社区和井湾子街道井湘社区两个反家暴示范点，实地检查雨花区反家暴工作宣传、预防、处置等情况。（邝 鋆）

【省妇联调研雨花区】 2019年6月4日，湖南省妇联党组书记、主席姜欣，省妇联家庭与儿童工作部部长黄兰香一行调研雨花区妇女工作，实地考察侯家塘街道廖家湾社区孟妈妈青少年保护家园，参观工作室，听取青少年保护家园创始人、负责人孟繁英介绍青护园成立的初心、11年的发展历程，开展的青少年教育工作以及成效，交流和探讨更好地帮助特殊青少年重回正轨的做法。姜欣赞扬孟繁英和青少年保护家园为青少年教育作出的努力和贡献，尤其是对特殊青少年教育方面所做的工作，希望青护园能再接再厉，继续做好独具特色的青少年教育活动，不断学习优秀经验做法，结合实际，探索创新，进一步为未成年人营造健康和谐的成长环境。雨花区妇联主席喻思旭、侯家塘街道工委书记王青春、侯家塘街道妇联主席田莺等陪同调研。（邝　鋆）

【市妇联调研雨花区】 2019年10月14日，长沙市妇联党组成员、副主席周小春带队，围绕妇联组织改革创新及相关特色亮点工作专题调研雨花区“不忘初心、牢记使命”主题教育活动，到井湾子街道井湘社区妇女儿童之家，实地察看社区妇联组织改革、阵地建设、活动开展等情况，召开专题调研座谈会。雨花区妇联主席喻思旭汇报全区妇联组织改革创新工作和下一步工作措施；街道（镇）、社区（村）妇联主席代表、妇联执委代表介绍各自单位的妇联组织改革建设情况、工作亮点、存在困难和问题等，并纷纷为进一步激发妇联组织活力，提出推进妇联组织改革创新的思路和建议；周小春表示，雨花区妇联组织改革工作，妇联工作手臂越来越拓展、社会组织作用越来越凸显、志愿服务品牌越来越彰显、妇女儿童阵地越来越夯实。要加大社会组织培育扶持力度；加大巾帼志愿服务力度；加大妇女儿童工作品牌展示力度；加大妇联执委履职力度；加大儿童优先的创建力度。（邝　鋆）

【妇联干部能力素质提升培训班】 2019年11月13日，雨花区妇联在区委党校举办为期两天的全区妇联干部能力素质提升培训班，近200名妇女干部参加培训。开班动员会由区妇联副主席刘娣主持。区妇联主席喻思旭作开班动员讲话，强调所有学员要高度重视，充分认识这次培训的重要意义，积极认真参加培训，圆满完成本次培训的各项任务。要严肃培训纪律；要联系实际学习；要强化使命担当。长沙市委党校副教授管志利、湖南警察学院家庭暴力防治研究所所长欧阳艳文、长沙市妇联党组书记、主席文方，今日女报社编委凤网传媒副总编辑刘洋授课，课程安排学习贯彻十九届四中全会精神、家风家庭建设等热点内容，安排反家暴业务培训、妇联宣传工作等工作。（邝　鋆）

【反家暴日宣传活动】 2019年11月22日，由雨花区妇联主办，雨花亭街道妇联承办，新星社区党总支、新星社区居委会、新星社区妇联、长沙市好管家物业有限公司协办的“反对家庭暴力·树立文明家风”国际反家暴日主题宣传活动在新星社区举办。雨花区妇联主席喻思旭致辞。活动以情景剧、歌曲、舞蹈等形式多样的文艺节目，普及《中华人民共和国反家庭暴力法》的知识，引导大家树立文明家风。活动发出《反家庭暴力倡议》，进行“建设和谐家庭，共享幸福生活”签名墙签名，承诺拒绝家庭暴力，倡导共同维护家庭和谐，设立妇女维权咨询台，发放宣传资料400余份。活动旨在提高广大妇女反家庭暴力的意识，唤起社会各界对家庭暴力问题的广泛关注，增强广大妇女群众依法维权的意识，进而有利于提升法治理念，建设幸福平安雨花。区妇联副主席刘娣，雨花亭街道党工委副书记、妇联主席韦育华以及新星社区等单位领导以及辖区内居民数百人参加活动。（邝　鋆）

科学技术协会

【概况】 长沙市雨花区科学技术协会（简称“区科协”）组织开展全区科普工作。核定编制3名，其中领导职数2名。2019年，在职干部职工5人，其中正科级领导1人，副科级领导1人，主任科员1人，科员1人；雇员1人。协会党支部，党员4人。办公地点设在雨花区人民政府机关大院2号楼3层。

2019年，雨花区按照“搭建平台、资源共享”的工作思路，以“大联合、大协作”的工作方式，围绕区域工作中心，着力开展科普宣传。重点突出“科普示范创建、科普网络机制优化、科普信息化建设、科普益民惠民行动、科协机关党建创建”5个方面，全民科学素质行动进一步普及深入。区科协不断深化改革，履行“为科技工作者服务、为创新驱动发展服务、为提高全民科学素质服务、为党和政府科学决策服务”的职责，全面加强自身建设。（李　杨）

【组织建设】 2019年，雨花区落实《雨花区全民科学素质行动计划纲要实施方案（2016—2020年）》，成立由区委副书记任组长、区政府副区长任副组长，区委组织部、区委宣传部等33个相关单位负责人为成员的区全民科学素质纲要实施工作领导小组。按照“全国科普示范城区”创建标准，调整充实科协组织领导机构，加大投入，全面提高科普硬件设施建设水平，雨花区创建为2016—2020年度“全国科普示范城区”，第三次蝉联“全国科普示范城区”。砂子塘街道金地社区、砂子塘社区和左家塘街道窑岭社区，开展基层科协组织建设试点工作。区科协加强内部建设，完善内部考核机制、内部工作机制、对街道绩效考核，提升综合素质与实力。开展对街道科协、社区、学校的走访、调研活动，通过走访、调研及时掌握街道科协、社区、学校的实情。全面摸排高新规模以上企业，引导企业全部加入长沙市企事业科协联合会成为会员，指导具备条件的高新企业，组建企业科学技术协会。落实主席（副主席）联系常委、常委联系委员、委员联系科技工作者制度，经常上门走访科技工作者，并保持密切的联系，倾听他们的需求、建议和呼声。组织

各街镇和企业科技工作者开展“全国科技工作者日”活动，围绕雨花发展大计建言献策。（李 杨）

【科技普及】 2019年，雨花区采取“分类指导、规范运行、培养典型、以点带面”的办法，不断推进“科普示范街镇”“科普示范社区(村)”“科普带头人”创建工作，高桥街道永定社区、雨花亭街道新星社区、雨花亭街道华云社区、井湾子街道红星村社区被评为长沙市“科普示范社区”、跳马镇求实苗木场李德桂、铭哲养蜂合作社李泽正被评为长沙市农村科普带头人。探索建立科学传播载体的新形式，新星社区、华云社区等9个社区新配备科普屏媒，科普屏媒数量在全市名列前茅。区科协充分调动、利用区内、区外资源、上下联动、协作，创新科普服务载体、活动方式，因地制宜地把科协工作植入雨花区相关部门、企业、社区、学校。5月13日，侯家塘街道组织辖区内的留守老人进行保健品科普，通过中医学院的医生宣传科学养生，发放科普宣传册，实现“送健康、送科普进家门”服务项目，增加社区居民的医疗科学知识，提供身心健康保障和便利；东塘街道政院社区举行“科学是非营——潜文望远镜”活动以及开展“小小科学家”国防科普手工课堂，社区大学生志愿者带领8～12岁儿童、青少年进行科学实验，让青年一代领略科技所带来的改变。5月22日，区科协与区科技局共同举办“雨花区2019年全国科技工作者日”活动，营造科技工作者的节日氛围，进一步营造尊重人才、尊重创造的社会氛围。7月12日，雨花亭街道雨新路社区携手金凤滩小区开展“科普垃圾分类·争做环保小达人”主题活动，以“大手牵小手”的形式将垃圾分类理念和方法带入每一个家庭，带动整个小区，再影响到社区。8月22日，温心家园驻点圭塘社区社工联合湖南博海宁心健康管理有限公司开展“趣味团体科普，改善亲子关系”活动，辖区党员“红管家”志愿者、6～10岁的孩子参与其中。9月19日，区科协联合雨花亭街道自然岭社区开展“科技引领未来，人才支撑发展”全国科普日主场活动，活动现场分为科普展区、科技体验区、环保互动区、金秋招聘区、科学义诊区、政策咨询宣传区、舞台演出区，加强居民群众的科学意识。区科协与井湾子街道联合开展“参观长沙环境保护职业技术学院环保科普馆”活动，邀请街道、社区科普工作者、科研院所或科技型企业等科技工作者，参观长沙环境保护职业技术学院环保科普馆，全面了解节能、垃圾分类等相关两型环保类科普知识及部分科技产品展示。（李 杨）

【科协会议】 2019年4月24日，雨花区科协第三届常委会六次会议召开。区科协副主席彭飞龙主持会议。区绩效办主任胡国强宣读区委有关提名职务任免文件，介绍区科协主席提名人选的情况，区科协常委审议并通过刘新辉职务任免提名，刘新辉作表态发言。区政府副区长刘江红要求，科协全体干部职工，积极谋划、敢于担当、勇于创新，在推动科技创新、普及科学知识、促进科技与经济紧密结合等方面体现科协的新作为，为雨花区区域经济社会发展贡献出更大的力量。区委副书记陈永高要求，科协要加强班子建设，引导好、服务好、发扬好团队的正能量，积极组织科技工作者建言献策；要带领广大科技工作者始终走在时代的前列，专心专意、全心全意为科技创新服务；要为区委科学决策提供服务参考，多提宝贵意见，发挥智囊团作用，并维护好科技工作者的权益；要在现有工作基础上，积极深入思考、系统思维、用心研究打造品牌化的科普平台、总结有借鉴性的科普经验、开展有突出特色的科普活动，浓墨重彩地写好雨花科协品牌故事，为建设中部领先国内一流的现代化强区作出新的更大的贡献。（李 杨）

【“全国科技工作者日”活动】 2019年5月22日，雨花区“创新引领未来、人才支撑发展”“全国科技者工作日”活动暨科技活动周启动仪式在雨花经开区管委会举办。活动由雨花区人民政府主办，由区科学技术协会、区科学技术局、雨花经开区经济发展局承办，区教育局、区卫健局、区老科技工作者协会联合协办。区科技领导小组成员单位及各街镇分管负责人和工作人员以及科技企业负责人共计160余人参加活动。活动旨在进一步激励广大科技工作者深入学习贯彻习近平新时代中国特色社会主义思想，牢记初心，创新报国；进一

2019年9月19日，雨花区全国科普日活动（李 杨 摄）

步加强对科技工作者的联系和服务，更加重视科技工作和科技人才队伍建设；进一步在全社会营造关心科技工作者、尊重科技工作者，尊重知识、尊重人才的良好社会氛围，使科技工作者能够更好地服务于经济社会发展和民生保障。（李　杨）

【省科协调研雨花区工作】 2019年12月6日，湖南省科协党组书记、常务副主席刘小明一行调研雨花区基层科协组织建设工作。雨花区委副书记陈永高、区政府副区长刘江红等参加调研并出席座谈会。会上，雨花区科协主席刘新辉围绕“加大创新力度，提升整体工作水平”主题，从团结科技工作者、对接助推创新驱动发展、切实提升全民科学素质、创新方式服务区委、区政府决策及努力加强自身建设5个方面，汇报区科协近年的工作及后段的工作思路。刘小明对区科协的工作从系统性、全局性、平台性、协同性、主动性5个方面提出具体要求。（李　杨）

【考点巡考】 根据湖南省、长沙市科学技术协会的要求和安排，2019年4月27日，雨花区科协对同升湖实验学校、广益实验中学、明德雨花实验中学2019年中学生生物学竞赛考点进行巡考。巡考严格按制度执行，确保巡考到位，整个考试期间考试纪律良好，考试进行规范有序、严格执行考点和考场纪律，3个考点均未出现任何学生违纪行为，确保考试的质量，保证考试的公平与公正。（李　杨）

归侨侨眷联合会

【组织建设】 2019年，雨花区归侨侨眷联合会（简称“侨联”）坚持党建带侨建，侨建促党建，抓好侨界思想政治引领。组织侨联委员、商会会员开展“不忘初心，牢记使命”主题教育，组织学习十九届四中全会精神、省侨联八代会精神，凝聚侨心侨力。（曾　锦）

【社会服务】 2019年，雨花区发挥侨界资源优势参与优化营商环境工作，2次安排“侨之家”法律服务中心（湖南人和律师事务所）律师参与2019雨花区小微企业融资、税务、社保综合服务活动，对企业经营发展中涉及到的股权和知识产权问题提供专业指导。走访调研11家侨企，收集问题信息6条。1家侨企参与第二届柬埔寨国际贸易博览会，3家侨企参与第一届中非经贸博览会。发起“我与祖国共成长”项目，对21名老归侨及侨界代表人士进行跟踪记录，形成19篇个人成长故事，收录到市侨联老侨回忆录，并被省侨联副主席孙民生批示肯定。组织“家国情 联侨心”庆祝新中国成立70周年暨老侨重阳节活动。侨界政协委员提交社情民意建言近20篇，其中侨联委员黄晖《延伸处方——小动作促进我省分级诊疗制度落实迈出一大步》建言被省政协采用。在中南院社区建立省、市级“侨胞之家”和英国曼彻斯特大学湖南校友会，夯实侨联基层基础。弘扬中华优秀传统文化，多批次接待领导以及海外友人到宋旦汉字艺术博物馆和雨花非遗馆指导交流工作，150余名华裔青少年在雨花宋旦汉字艺术博物馆参与中国侨联“寻根之旅”。开展“树敬老之风、暖侨胞之心、扬中华美德”“心系侨情，为侨服务”等多种公益活动。春节走访慰问89名归侨侨眷代表，下拨慰问金8.3万元。联系爱心企业为恒爱之家助残机构和长沙市第三福利院捐赠爱心物资。银侨之家全年提供家政助洁、精神慰藉、医护服务等上门服务757小时，电话回访慰问528人次。明珠国际参与“放飞希望，为梦启程”湘西爱心助学活动，为来自龙山县、桑植县的100名贫困学子开启长沙、北京研学之旅。（曾　锦）

工商业联合会

【概况】 长沙市雨花区工商业联合会（总商会）（简称“区工商联”）是雨花区委领导下面向工商界、以非公有制企业和非公有制经济人士为主体的人民团体和商会组织，具有统战性、经济性、民间性质的社会团体组织和民间商会，是党委和政府联系非公有制经济人士的桥梁纽带，是政府管理和服务非公有制经济的助手，工商联工作是统一战线工作和经济工作的重要内容。核定行政编制2名，其中领导职数2名。2019年，区工商联”在职干部3人，退休干部2人，党员1人。

2019年，区工商联紧扣“政治建会、团结立会、服务兴会、改革强会”要求，坚持非公有制经济人士健康成长、非公有制经济健康发展“两个健康”工作主题，积极履行职责，服务“两个年”建设，扎实开展各项工作，推动区工商联工作持续健康发展。（戴　鹰）

【组织建设】 2019年，雨花区把学习宣传贯彻习近平中国特色社会主义思想、中共十九大和十九届四中全会精神作为工商联首要政治任务和工作指导，帮助非公经济人士充分了解、掌握、用好支持民营企业发展壮大的精神和政策，引导广大非公有制经济人士坚定发展信心，凝聚发展共识。雨花区委书记张敏率领区主要领导开展新春协商座谈会。探索企业家授课、公职人员听课培训新模式，成立雨花区企业家学院，组织百余名企业高管参与民事法律风险防范培训班、长沙市经理管理学院第二期企业高层领导培训班，承办“雨润花开·同心筑梦”长沙经理学院第二期企业高层领导培训班交流活动、“中国梦·雨花情”大讲堂。区工商联开展“不忘初心使命、继续携手前行”主题教育，举办长沙市“我和我的祖国”群众性主题宣传教育活动暨雨花区“爱母语爱中国”2019名家经典朗诵会，围绕“不忘初心、牢记使命”中国共产党的光辉历程主题开展授课，围绕中华人民共和国成立70周年主题开展企业故事分享会，围绕“更好地发挥职能作用，助力保障和改善民生”进行专题授课。组队参加“升国旗、观庆典、迎国庆”系列主题活动，长沙市民营企业家庆祝中华人民共和国成立70周年座谈会，深入开展党风廉政教育学习。党建工作在全省工商联组织工作业务交流学习活动中作典型经验发言。增进异地互访，同北海市海城区、张家界武陵源区工商联缔结友好商会。（戴　鹰）

【参政议政】 2019年，雨花区工商联主动深入基层，关注民生，形成以《关于建立健全雨花区商事调解机制的调查研究》等为题的调研报告5篇，上报省、市、区新闻信息62篇。开展服务"营商环境优化年"工作专题调研，联合区检察院开展调研驻区民营企业活动，走访基层商会企业，倾听企业诉求建议。组织8家企业参与民营企业运行状况调查。发动、引导工商界人大代表、政协委员围绕区域经济发展，群众普遍关心的热点、难点问题，扎实调研，共收集议案、提案35件，社情民意6篇。协助成立雨花区"营商环境特约监督团"并推荐30名企业家担任雨花区营商环境特约监督员。推荐3名企业家担任长沙市营商环境监督员，2名企业家被评为长沙市百家商会千户企业招商行动招商大使，5名企业家获评长沙民营经济"最美建设者"。协助区委组织部完成对6名非公经济人士人大代表、政协委员候选人的综合评价。（戴　鹰）

【服务社会】 2019年，雨花区优化环境、着力服务，多措并举助推非公有制经济发展。区领导与非公企业家常态沟通交流，建立民营企业家代表列席区委经济工作会议制度，召开雨花区高规格的政企恳谈会，以区营商办名义下发《雨花区企业诉求交办制度》，答复或解决企业诉求问题144个。召开新春座谈会和执常委会议，区工商联会同区委统战部、区检察院到异地商会和重要企业走访调研，上门拜会在长的浙江、宁波、泉州、深圳、广东、衢州等异地商会。成立全省首家区级商会商事调解中心——雨花区总商会商事调解中心，形成多元解纷诉调对接新机制，获长沙市工商联系统服务营商环境优化年工作创新举措奖，并在会上做典型发言。出台《长沙市雨花区人民检察院与长沙市雨花区工商业联合会联席会议制度》《长沙市雨花区人民检察院与长沙市雨花区工商业联合会检察联络员工作制度》《长沙市雨花区人民法院与长沙市雨花区工商业联合会联席会议制度》，建立健全非公有制经济领域维权联席会议制度。通过《雨花区总商会会费收缴管理办法（草案）》。总商会常委企业会员蔡鑫莹发起并成立长沙市企业海外利益保护促进会，动态信息被全国工商联办公厅第45期《工商动态》刊发。组织企业参加"一乡一品"国际商品博览会、新疆生产建设兵团·湖南产业合作推介会暨项目签约仪式、雨花银企对接会、"检察护航民企发展""5G时代话赋能""一带一路"建设综合调研等系列活动。组织区属25家企业完成全国工商联民营企业调查系统民营企业运作状况调查工作。组织5家企业参加长沙市工商联"解放思想，创业富民"大讲堂。帮助圭塘街道旭辉国际引进上海建玮（长沙）律师事务所，总投资近5000万元。指导东山商会举办黎郡新宇太和园小区景园招商引资活动并吸引投资1亿元，指导总商会常委会员企业湖南非遗文化传播有限公司开展"非遗保护中国实践"2019年"文化和自然遗产日"湖南省非物质文化遗产宣传展示活动并引进湖南江辉文化科技等5类文化项目。开展雨花区统一战线"同心助学·情暖桑植"活动，募集20.99万元的助学爱心款，区总商会为桑植县长潭坪和麦地坪小学共捐赠价值6.45万元的校服。组织吃货铺餐饮管理有限公司等多家企业参加"聚焦困难群体 精准就业帮扶"长沙市金秋招聘会。开展"放飞希望·为梦启程"爱心公益助学活动、"户帮户亲帮亲"和"万企帮万户"行动，完成"万企帮万村"精准扶贫行动台账交叉检查。组织千家企业参与"社会扶贫网"在线注册。定期走访联点社区困难群众，送上生活必需品和慰问金。区工商联联点新裕社区开展蓝天保卫战主题活动，走街串巷宣传垃圾分类。全员备检文明创建，圆满完成工作任务。促成新裕社区"同心书屋"正式挂牌运行，协助301佳园小区建成便民服务站和健康驿站。（戴　鹰）

【基层商会】 2019年，雨花区总商会指导雨花经开区、黎托、井湾子商会推进班子建设好、团结教育好、服务发展好、自律规范好四好"商会建设，创建市级"四好"商会，实现全区市级"四好"商会全覆盖。划分基层商会以片区为单位，分季度组织企业到阿里巴巴、大族激光、比亚迪汽车、中国劲酒、晓光模具、无为足道等企业考察交流学习，促进合作。围绕"一带一路"，引入哥斯达黎加安德森建设设备公司同湖南高桥大市场开展洽谈合作。组织女企业家商会参与"巾帼建新功·献礼七十年"活动。开展女企业家商会会员企业互访交流，增进女企业家会员之间的沟通交流与合作。吸收新执委5名，发展新会员120名。健全完善会员组织数据库，规范会员档案管理，会员登记台账和全区工商联执、常委数据库资料及时补充完善和更新，完成中华全国工商联会员数据库1661名会员的录入工作。（戴　鹰）

【新春协商座谈会】 2019年2月11日，雨花区委、区人大、区政府、区政协四大家领导开展"新春第一访"，走访看望全区各民主党派、区工商联、区知联会和统战社团组织负责人，并召开新春协商座谈会。座谈会由区委常委、统战部部长成钢主持。会上播放统一战线《实施双联双创 激活基层统战》汇报片，吴海军、杜俊鸿、陈军、傅强分别代表民主党派、基层商会和非公企业、无党派人士、社会组织发言。雨花区委书记张敏希望各民主党派、工商联、无党派人士等统一战线广大成员继续发挥优势，与区委、区政府心往一处想、智往一处谋、劲往一处使，齐心协力，开拓前进，围绕"强化党建引领、攻坚项目建设"的工作主题，奋力开创"三个雨花"建设新局面。要始终坚持党的领导，进一步打牢"四个意识"，坚决维护以习近平总书记为核心的党中央权威和集中统一领导，自觉向以习近平同志为核心的党中央看齐，向党的理论和路线方针看齐，做到思想上深刻认同、政治上坚决拥护、行动上精准对标。要充分利用和发挥好各民主党派

2019年4月12日，雨花区政企恳谈会　　（曾　旭　摄）

和知联会人才荟萃，联系广泛的优势，把认识统一好，把行动协调好，把各方面的智慧和力量凝聚好。积极担当发展主力，围绕雨花经济社会发展，积极调查研究，积极建言献策，积极参政议政，为区委、区政府建真言、献良策、出实招。要深入学习贯彻习近平新时代中国特色社会主义思想，不断提高新形势下的政治把握、参政议政、组织领导、合作共事、解决自身问题等能力，打造一支政治坚定、代表性强、品行良好、作风过硬的高素质队伍。要落实工作制度，把联谊交友制度、调查研究制度、对口联系制度、民主监督制度等落到实处，务求实效。区领导刘素月、陈永高、龚景顺、冯聪龙、龚畅、周海毅、易静、周凌云、廖云伟、罗艳辉，全区统战系统单位主要负责人参加座谈。

（戴　鹰）

【政企恳谈会】　2019年4月12日，雨花区政企恳谈会召开，区委统战部、区工商联作为会议主要牵头组织单位，组织驻湘异地商会代表、区内商（协）会代表、驻区国企和重点企业代表、驻区重点商贸企业代表、驻区文化旅游体育企业、港商、台商、侨商和新媒体代表、驻区酒店企业、民办教育企业代表、市场管委会代表共115人参加。雨花区委副书记、区长刘素月主持。会议下发由雨花区委统战部、区工商联牵头草拟的《雨花区企业诉求交办制度》，收集、梳理和汇总企业诉求问题144个并在后期形成诉求交办函，实现全部答复或解决。42个区直部门和13个街镇的主要负责人参加会议。

（戴　鹰）

【雨花区企业家学院开学】　2019年4月23日，为期两天的雨花区企业家学院第一期培训班在雨花区委党校多功能教室正式开班。来自全区房地产、建筑业、工业、商贸、港资和文化产业等不同行业和领域的94名企业家和管理人员参加培训。雨花区委常委、统战部部长成钢出席开班动员会并作讲话，雨花区委党校常务副校长周敏进行课程安排和纪律要求。区检察院检察长马贤兴、区市场监督管理局、区税务局的业务科室负责人分别讲授《民营企业及其管理人员的法律风险防范》《商事登记改革成效》《如何建立管理者的税收思维》等跟企业生产经营息息相关的课程。培训班深入湖南晓光汽车模具有限公司和长沙比亚迪汽车有限公司进行现场观摩学习交流。培训旨在全面贯彻习近平新时代中国特色社会主义思想和中共十九大精神，认真落实市、区“营商环境优化年”相关部署，通过对驻区企业中高层管理人员的培训，全面提升企业管理人才素质，增强企业核心竞争力，加快企业转型升级，为助力雨花区经济高质量发展提供人才智力支持。

（戴　鹰）

【捐资助学】　2019年2月28日，雨花区统一战线“同心助学·情暖桑植”行动在桑植县麦地坪小学举行。全区统一战线汇聚社会各界爱心资源和力量，筹集130万余元助学善款和爱心物资帮扶桑植县，包括资助一批贫困大学生、捐建一批儿童乐园，捐赠一批校服、募集一批温暖包及提供一批就业岗位，其中，区工商联（总商会）筹集募捐善款20.99万元。雨花区委常委、区委统战部部长成钢，桑植县政府副县长王茂蓉出席活动并致辞，全区统战系统单位负责人、部分统一战线成员代表，以及桑植县委办、县委统战部、县扶贫办、县教育局等相关负责人参加活动。成钢表示，雨花统一战线将继续关注桑植县贫困学生的学习和成长，持续开展捐资助学行动，积极发动全区广大统一战线成员为桑植县贫困学子解难题、献爱心。在创业扶持、就业引导等方面着力汇聚优质资源和力量，为产品找市场、为就业搭平台、为创业架桥梁、为公益献爱心，为雨花区和桑植县“携手奔小康”行动增添助力。

（戴　鹰）

【名家经典朗诵会】　2019年7月29日晚，长沙市“我和我的祖国”群众性主题宣传教育活动暨雨花区“爱母语爱中国”2019名家经典朗诵会在长沙实验剧场举行。姚锡娟、张琳、于同云、一舟、胡乐民、杨召江、黄谦、帅志刚、李仓卯、常晓鹏、袁慧敏、吕铭等国家级语言表演艺术家协同著名朗诵人登台献声，表达对新中国的热爱和赞美。此次活动由长沙市文明办、雨花区文明委指导，雨花区委统战部、区委组织部、区文明办、区两新组织党工委、区工商联等主办，长沙市人艺朗诵团、雨花区新的社会阶层人士服务团承办，群英会“同心汇”赋能共享公益平台、三只蝴蝶艺术培训学校协办。朗诵会分为“忠魂永在”“真情永久”“家国永恒”三个篇章。朗诵会作为长沙市新的社会阶层人士向中华人民共和国成立70

周年的倾情献礼，在雨花区统一战线广大成员和全区非公经济人士中引起热烈反响，来自各民主党派和知联会、非公经济、两新组织党组织、新的社会阶层的成员以及侨联和台商代表、爱好语言的市民群众600人参加。腾讯大湘网在线直播活动，15.4万人在线收看。（戴　鹰）

【雨花区优化营商环境举措全市推广】 2019年12月12日，长沙市工商联召开服务“营商环境优化年”工作推进会议。长沙市委常委、统战部部长、市营商环境优化年推进领导小组办公室主任谭小平，长沙市政协副主席、市工商联主席彭继球，长沙市委政法委、市检察院、市发改委、市绩效办、市营商环境协调事务中心负责人，各区县（市）工商联主席、书记以及长沙市营商环境监督员、市工商联直属商会会长、秘书长等200余人参加会议。会议推荐雨花区总商会商事调解中心、长沙市企业海外利益保护促进会等12项服务“营商环境优化年”工作创新举措、区工商联（总商会）副会长龙凤舞等25名优秀营商环境特约监督员、10条服务“营商环境优化年”工作优秀建议、10家服务“营商环境优化年”工作先进单位，通报《雨花区砂子塘商会“同心同行”企业商务沙龙解决民生实事实务案例》等10个服务“营商环境优化年”工作典型案例。区工商联就创新营商环境举措，服务非公经济发展作经验汇报。（戴　鹰）

【市工商联调研雨花区】 2019年6月17日，长沙市工商联副主席、市工商联优化营商环境工作领导小组办公室主任田桂元一行专题调研雨花区“营商环境优化年”工作，实地考察雨花经开区商会办公阵地和跳马商会，座谈听取区工商联落实《长沙市工商业联合会“营商环境优化年”工作推进实施方案》和企业诉求问题交办、商会调解等方面的工作情况汇报听取跳马镇非公企业普遍存在问题和困难汇报，讨论交流做好非公企业的纠纷调解和维权工作。田桂元肯定雨花区工商联在优化营商环境、服务非公企业所取得的阶段性成绩，对雨花区探索建立商会调解机制创新模式提出工作建议，并就跳马商会企业代表所反映的问题和诉求进行答复。（戴　鹰）

残疾人联合会

【概况】 长沙市雨花区残疾人联合会（简称“区残联”）为正科级事业单位，主要职能是为残疾人提供代表、服务和管理保障。内设办公室、组宣文体部、康复部、教育就业部、维权部5个部室。核定编制3名，其中领导职数2名。2019年，在职干部职工数9人，退休人员3人。区残联党支部，党员10名，其中在职党员8人。办公地点设在香樟路592号区政府二办一号楼。

2019年，雨花区全面贯彻落实“发展残疾人事业，加强康复服务”的总要求，加强思想政治建设，积极破解发展难题，扎实推进残联各项工作，残疾人员获得感、幸福感、安全感得到明显提升。投入经费1820万余元，如期完成全年目标任务。12个街道残疾人康复中心投入使用，1100余名残疾人得到康复救助，辅具适配率、康复服务率分别达到85%和88%，继续名列全市残联同专业前列。9月5日，区委副书记、区长刘素月调研雨花区残联政务服务大厅建设，充分肯定该单位政务服务工作。10月，雨花区政协、中残联视察和调研区残疾人工作，充分肯定近年来雨花区残联在残疾人机构建设、基层残疾人组织建设等方面所取得的突破和成效以及基层残联组织专项改革试点工作。雨花区残联获2019年度全市残疾人工作“红旗单位”。（曾　慧）

【组织宣传】 2019年，雨花区以“全国助残日”“国际残疾人日”为载体，举办各类残疾人主题活动70余场，捐赠各类爱心善款物资50万余元。制定雨花区残联系统机构改革方案，切实完成省残联下达的调研任务。培训调查员190人，推进残疾人基本服务状况和需求信息数据动态更新工作，数据动态更新实现APP采集率98.4%，全面完成任务指标。在全省率先组建雨花区心飞翔残疾人艺术团，全年创作编排节目10个，排练40余场次，表演50余场次，国庆期间，由艺术团承办的在雨花非遗馆举行的庆祝中华人民共和国成立70周年之“喜迎新中国70华诞·讴歌伟大的新时代”残疾人艺术展演，展现残疾人积极向上的精神风貌，在社会上赢得较好的口碑和影响力。好残疾人文体人才的选拔培养工作，残疾人运动员杨智远在全国第十届残运会上获1枚金牌。“全国助残日”期间在左家塘街道窑岭社区举行“人人无障·爱，共享新时代”主题活动。12月3日“国际残疾人日”，举行雨花区托养机构——长沙市希望之家脊髓损伤者服务中心成立3周年活动，集中开展残疾人春节走访调研，春节期间共走访慰问残疾人946户，发放资金43万元。5个残疾人专门协会活动经常，发挥桥梁作用明显。区肢残人协会牵头成立残疾人艺术团，区盲人协会组织数百名盲人走进长沙音乐厅欣赏国际水准的交响乐演出，区精残协会和残疾人机构合作开展残疾人节日活动，区智亲协会带领学员走进社会、多方合作展示自己的风采，区聋人协会组织残疾人排练柔力球等高水平的节目，走街串巷演出。开展长沙市“善行四十佳”推荐活动，雨花区托养机构——长沙市希望之家脊髓损伤者服务中心被评为“十佳爱心机构”，湖南真品会文化传播有限公司总经理刘雄被评为“十佳爱心个人”，雨花区春之润公益服务中心负责人李春被评为“十佳自强模范”，东塘街道政院社区残疾人专职委员徐昊被评为“十佳爱心基层残疾人工作者”。在省、市、区级网络平台发布各类残疾人活动、信息150条，营造残疾人工作活跃的氛围。（曾　慧）

【康复工作】 2019年，雨花区抓好康复项目落实，康复救助0～17岁残疾儿童和少年386人，为有需求的残疾人免费适配辅具551件（套），救助低弱视力80人，白内障手术90

人，装配假肢23例。持续抓好残疾人康复中心建设，12个残疾人康复中心建成。加大对民办康复机构和项目监管力度。创新开展残疾人特色活动，举办“爱耳日”“世界自闭症日”活动20场次，其中雨花区爱萌特殊儿童康复中心在长沙橘子洲景区开展的“点亮蓝灯·与爱同行”自闭症日宣传活动，20辆蓝的点亮蓝灯，载着20个自闭症儿童家庭绕行橘子洲，150名志愿者挥舞手中的蓝色荧光棒组成“4·2”造型。（曾　慧）

【残疾人教育就业】 2019年，雨花区依法抓好疾人就业保障金企业年审工作，核定2018年度残疾人企业256家，核定就业残疾人684人。落实残疾学生和残疾人家庭子女助学政策，为58名残疾大学生和高中生及56名贫困残疾人家庭子女发放助学金35.5万元，为140名残疾小学生及贫困残疾人家庭子女发放助学金14万元。摸底适龄残疾儿童215名，为84名残疾儿童开展“送教上门”工作。做好“两补”（困难残疾人生活补贴和重度残疾人护理补贴）审核工作，审核困难残疾人生活补贴3738人，重度残疾人护理补贴3350人。抓好残疾人就业创业工作，举办就业招聘会13场，开展“就业援助月”帮扶活动，为残疾人提供就业岗位60余个，登记失业残疾人42名，26名残疾人与用人单位达成就业意向，10名残疾人纳入年度培训计划，6名残疾人实现就业。投入3.9万元，为30名残疾人提供西式面包师的职业技能培训。扶持4名残疾人成功创业，发放创业扶持补贴5.66万元，开展残疾学生及贫困残疾人家庭子女就学救助工作，鼓励残疾人就业创业，奖励各类就业创业的残疾人73名8.76万元。扶持盲人按摩机构发展，根据核定的盲人情况，为6家机构发放补贴17.5万元。为9名残疾人个体工商户发放养老保险补贴1.8万元。加强对6家残疾人托养机构的监督管理，发放托养补贴157万元，为210名智力、精神、重度残疾人提供日间照料托养服务。投入28万元，为88名符合条件的残疾人开展居家托养服务。做好第六届全国残疾人职业技能竞赛选拔推荐工作，选拔3名残疾人参加全国职业技能竞赛，两名残疾人参加全国残疾人技能展销会。（曾　慧）

【残疾人维权】 2019年，雨花区落实残疾人法律顾问坐班制度，继续免费提供法律咨询服务；健全和完善残疾人信访工作机制，落实残疾人信访维权信息互通机制，畅通信访渠道，继续开展“阳光信访”，残疾人来信来访办结率100%。积极推广残疾人手语在线翻译APP项目，为听力言语残疾人创造信息交流无障碍环境。深入开展法律法规知识宣传讲座，督促广大残疾人朋友依法依规维护自身合法权益。为187名肢体残疾人申报2020年度燃油补贴，为66名残疾人叭叭车车主发放安置补助10万元，对118户申请残疾人家庭无障碍改造对象3次入户摸底和调查，最终确定为53户困难残疾人家庭、圭塘街道长重社区实施无障碍改造。依法依规办理“12345”“12385”热线65次，处理网络信访案件1次，免费提供法律服务145次，来信来访办结率100%，未发生越级上访、闹访等问题。（曾　慧）

【扶贫帮困】 2019年，雨花区残联出台扶贫帮困工作计划，整合部门资源，深入开展精准扶贫工作。抓好“连千村帮万户”工程，制定个性化帮扶计划，发放5万元结对帮扶跳马镇田心桥10户困难残疾人家庭，稳定实现贫困残疾人不愁吃、不愁穿，平等享受基本医疗、基本养老、教育、住房和康复服务。抓好浏阳市社港镇新光村3户贫困家庭扶贫帮困工作。落实对口帮扶桑植县残联有关工作，拨付帮扶资金40万元，有序推进帮扶计划。加强特困残疾人兜底保障工作，为447名兜底保障对象发放救助金107万元，为3641名残疾人发放春节、全国助残日、端午节、中秋节4个节日慰问金146万元。促进农村残疾人“阳光增收”，完善农村残疾人扶持性就业举措。对雨花区未脱贫的21户建档立卡贫困残疾人对象，实施残联系统干部建档帮扶政策，将其全部纳入特困残疾人兜底保障对象，发放救助金2400元，为其中8户有康复需求的残疾人发放辅具。6月3日，在湖南省吉首市召开的“东西部残疾人扶贫协作暨携手奔小康活动座谈会”上，雨花区残联理事长张福新代表长沙市，作对口扶贫工作的典型发言。（曾　慧）

【残疾人就业招聘】 2019年1月，雨花区启动“就业帮扶、真情相助”主题“就业援助月”活动，走访登记失业残疾家庭20户，登记失业残疾人25名，其中10名登记失业残疾人纳入区残联年度培训计划。1月24日，雨花区残疾人联合会和区人力资源和社会保障局联合举办“就业帮扶，真情相助”就业援助月专场招聘会。30家企业为残疾人提供就业岗位40余个，100名残疾人在现场进行求职登记和咨询，20名残疾人达成就业意向，两名残疾人现场签订就业协议。长沙市残联副理事长任铁强、教育就业部部长李奕霞、雨花区残联副理事长蒙正国、区人力资源和社会保障局副局长周亮出席活动现场。（曾　慧）

【残疾儿童机构评审】 2019年1月21日，长沙市残联、长沙市财政局、湖南省康复中心专家及第三方监理组成评委组对雨花区爱萌特殊儿童康复中心等7家残疾儿童康复机构进行评审。评审组采取听机构汇报、查资料的方式，对照积分标准，从规模设施、人员配备、业务建设、机构管理、服务成效等方面，对各机构进行严格评审、逐条评分，当场向机构负责人反馈检查情况，对存在的问题及时提出建议。区残联副理事长肖曙光、康复部工作人员、雨花区7家残疾儿童康复机构负责人参加评审。（曾　慧）

【残疾人工作会议】 2019年4月10日，雨花区2019年度残疾人工作会议召开。区残联副理事长蒙正国对2019年残疾人教育就业工作、财务工作提出具体工作要求，区残联副理事长肖曙光解读《2019年雨花区残疾人工作要点》，区残联教育就业、康复、组宣和维权等业务部门具体安排2019年任务指标。区残联理事长张福新主持会议，要求各街镇认清形势，提高政治站位，重视残疾人事业发展，重视残疾人扶贫攻坚工作；强化责任担当，优化服务质量，积极开展形式多样的残疾人融合活动；破解工作难题，创造性地开展残疾人工作；加强党风廉政建设，坚决贯彻落实中央、省、市、区各级残疾人优惠政策和相关规定，确保残疾人获得真正的实惠，残疾人事业获得新的全面发展。13个街镇残联主席、专干、雨花区残联全体干部参加会议。（曾　慧）

【“爱耳日”活动】 2019年2月，雨花区组织全区各街镇、社区，开展“爱耳日”系列宣传教育活动。侯家塘街道广济桥社区、砂子塘街道赤岗社区、侯家塘街道廖家湾社区、左家塘街道窑岭社区邀请听力机构及耳鼻喉专家向社区居民、小朋友进行健康知识讲座，邀请社区卫生服务中心医疗志愿者为社区居民群众免费测试听力、检查耳朵，向居民群众宣传预防耳聋的知识，发放耳病健康教育宣传资料。东塘街道浦沅社区、圭塘街道华云社区、雨花亭街道雅塘村社区等开展“爱耳日”志愿服务活动，志愿者医生为社区居民讲解耳科保健知识、健康用耳习惯、有效预防听力残疾等耳科知识，提供听力筛查、耳部按摩手法指导、助听器清洗及健康咨询多项免费服务，切实强调听力预防要从新生儿抓起，以儿童为重点，做到“三早”（早预防、早发现、早治疗）。每个活动现场设置游戏环节，进行“爱耳日”健康知识抢答。3月2日，雨花区雨聆聋儿康复中心在机构前坪开展爱耳康复知识宣传，邀请长沙民政学院医学院言语矫治专业副教授廖洪波为中心儿童家长、老师讲授听障儿童言语矫治知识，邀请长沙惠耳助听器公司、湖南惠聪堂专业人士免费为中心儿童做听力检测、听辅设备清洁保养、制作耳膜以及爱耳护耳知识普及等。雨花区爱丽聋儿听力言语康复中心联合湘雅三医院、耳蜗公司、助听器公司等志愿服务单位为中心孩子进行义诊和助听设备调试活动，湘雅三医院医生为机构60多名聋儿清洗耳朵，给家长宣传爱耳护耳知识，澳科利耳医疗器械（北京）公司专家讲授人工耳蜗术前、术后注意事项，耳蜗保养知识，给8个耳蜗植入孩子进行人工耳蜗调试。志愿服务队现场教孩子们舞蹈和游戏，承诺每周会来中心进行爱心支教活动。（曾　慧）

【“世界自闭症日”活动】 2019年4月1日，雨花区残联主办、雨花区爱萌特殊儿童康复中心承办的“点亮蓝灯、与爱同行”的“世界自闭症日”主题活动在长沙橘子洲头举行。长沙民政学院150名志愿者用荧光摆出“4·2”造型，和20辆蓝的雷锋车队一道，用灯光秀的方式，共同为孤独症儿童点亮星空，雨花区爱萌特殊儿童康复中心20名“长沙市星星的孩子”现场观看。（曾　慧）

【“全国助残日”活动】 2019年5月20日，由雨花区政协、雨花区残工委主办、雨花区残联、左家塘街道窑岭社区承办的雨花区第29次“全国助残日”之“人人无障·爱，共享新时代”主题活动在雨花区艺术体育科技中心举行。长沙市残联党组书记、理事长刘增三，副理事长任铁强，雨花区政协主席冯聪龙，雨花区政府副区长陈怀宇出席活动。各街镇残联理事长、残疾人服务机构、残疾人专职委员、爱心机构及新闻媒体代表共400余人参加活动。活动播放暖场视频《人人无障·爱，共享新时代》，现场残疾人朋友表演10个精彩文艺节目，活动仪式上，雨花区心飞翔残疾人艺术团宣告正式挂牌成立。著名画家、红遍天书画院院长詹吉、执行院长徐凤丹现场捐赠两幅画作为祝贺。湖南图书馆捐赠听书机300台，湖南优伢仕口腔医院捐赠口腔护理物品200套，政协左家塘联络处捐赠轮椅10台。雨花区残联、长沙市科协、左家塘街道窑岭社区党员现场发放《长沙市文明行为促进条例》1000份；长沙爱尔眼科医院进行“光明·关爱”项目宣传；雨花区5个专门协会、雨花区梦想家园、窑岭兵哥五彩助残工作室等10余家残疾人服务机构展示各自服务内容和服务成绩；长沙市中医康复医院提供现场医疗急救服务；长沙市红十字会志愿者协会、窑岭社区党员志愿者服务队等50余名志愿者提供周到细致的志愿服务。所有人纵情高歌《我和我的祖国》。现场活动的视频由专业团队制作成“快闪”向全网推送。湖南文明网、《长沙晚报》、长沙电视台等新闻媒体对活动进行报道。（曾　慧）

【“国际残疾人日”活动】 2019年12月3日，雨花区“国际残疾人日”主题活动在雨花区托养机构——长沙市希望之家脊髓损伤者服务中心举行。12月3日，正是长沙市希望之家脊髓损伤者服务中心成立3周年，活动现场，长沙市雨花区希望之家艺术团表演10余个节目，进行趣味游戏，100名残疾人参加活动，市、区残联领导为长沙市自强模范、金牌志愿者、爱心企业颁发荣誉证书，李霞、扬罗生、田田妈、周国民等残友分享在希望之家学习、康复、成长的故事，由中心承办的脊髓损伤者生活重建训练营（第二期）正式开班，为脊髓损伤患者带去生活的希望。（曾　慧）

【志愿助残活动】 2019年3月15日，雨花区残联和湖南省图书馆联合主办“爱在琅琅书声里，美丽世界在耳边”大型志愿助残活动。以盲人为主的100名残疾人代表参加活动。湖南图书馆党委书记伍艺为窑岭社区“视障读者文化服务点”授牌，雨花区残联理事长张福新、省图书馆副馆长伍涛为现场的盲人发放100台阳光读书郎智能听书机，省图书馆专题借阅部主任曾莉介绍“我是雷锋家乡人，湖湘文化送春风”文化志愿服务月活动，承诺文化志愿者将无偿为视障读者们提供图书外借、送书上门、智能听书机使用培训等服务。（曾　慧）

【区政协视察区残联工作】 2019年10月30日，雨花区政协主席会议在雨花区怡智家园智障人士服务中心举行。与会委员在走廊上看到孩子们简单而真挚的心愿，观看孩子们表演的手鼓《小宝贝》之后，了解雨花怡智家园的相关情况。召开视察汇报会，观看区残联的工作活动剪辑视频，听取区残联理事长张福新的工作汇报，委员余其安、王青春、袁铮、蔡鑫莹、谭洪波等分别从残疾人事业发展需要商业思维、互联网思维，要凸显针对性、匹配性、创造性等方面发言。雨花区政府副调研员师建新强调，残疾人事业离不开党委政府、爱心企业和社会组织的共同支持，希望政协委员能继续关心和关爱残疾人事业。雨花区政协主席冯聪龙充分肯定残联的工作成绩。区政协副主席康长萍、周凌云、廖云伟、罗艳辉及区政协各委室负责人、雨花区残联班子成员等出席视察活动。 （曾　慧）

【中残联调研基层组织建设】 2019年10月31日，中国残疾人联合会二级巡视员朱春林一行调研雨花区残疾人基层组织建设情况，参观长沙市希望之家，听取希望之家负责人汇报残疾人参加各类活动的情况和希望之家的发展情况；参观雨花区残疾人梦想家园，听取梦想家园情况介绍；在洞井街道丰园社区召开座谈会，区残联副理事长肖曙光和蒙正国分别汇报，盲协主席徐昊、肢协主席杨新湘和专职委员代表贺铁红、余其安、梁滕文、黄秀球等发言。湖南省残联二级调研员黄征兵、长沙市残联副理事长左锡涛、长沙市残联组宣部部长李梅、雨花区残联理事长张福新等参加调研。 （曾　慧）

【参演全省首届残疾人春晚】 2019年1月30日，2019首届湖南省残疾人春节联欢晚会在长沙市群众艺术馆隆重举行。雨花区选送4个节目——合唱《让世界充满爱》、小品《敬礼》、器乐演奏《小宝贝》、轮椅舞蹈《中国功夫》参演。 （曾　慧）

法　　治

政法委工作及综合治理

【概况】　中共长沙市雨花区委政法委员会，主管全区政法和社会管理综合治理工作。下设二级机构雨花区法制教育中心（区法学会办公室）。2019年，核定行政编制15名，其中领导职数4名，事业编制11名，工勤编制1名。

2019年，雨花区打造“最具安全感、公平感、正义感的城区”，确保不发生重大恶性刑事案件，不发生侵害会议代表人身和财产安全的案件，不发生影响重大的交通、消防和治安事故，不发生有影响的涉外事件，不发生内部安全事故和队伍违纪违禁事件等“七个不发生”，全面推进平安雨花、法治雨花和过硬队伍建设，提升司法公信力、提高政法工作能力水平，切实履行政法职能，推进社会治理能力现代化，为区域经济社会发展提供坚强政法保障，被市委、市政府评为全市维稳工作红旗区，综治工作、反邪教工作优秀区，连续13年获得“湖南省平安县市区”称号。坚持政治建警，开展“不忘初心、牢记使命”主题教育，坚持思想认识到位、检视问题到位、整改落实到位、组织领导到位，以高标准、高质量要求落实好主题教育，政法系统政治生态进一步改善。制订全区政法干警教育培训计划，组织开展《中国共产党政法工作条例》学习知识竞赛活动，积极派员参加省、市委政法委开展的政治轮训，组织赴外地高校学习，培训1000余人次。落实作风建设和从严治党的规定和要求，严格开展廉洁家访和廉政谈话活动，用好监督执纪“四种形态”，全年立案查处政法干警5名，营造风清气正的干事创业氛围。注重塑造正面典型，引导广大政法干警树立看齐意识，涌现出一大批先进典型。组织对困难干警、因公牺牲干警家庭进行走访慰问，开展各类文体活动，关注干警身心健康，不断改善工作环境，落实各项奖励政策，激发政法干警勤奋工作的积极性。

（龚洁颢）

【安保工作】　2019年，雨花区完善国家安全人民防线建设，健全考评体系、压实工作责任，确保全国“两会”、中华人民共和国成立70周年庆祝活动、十九届四中全会、第一届中非经贸博览会等一系列重大特护期安全。在火车南站等重点地区启动联勤联动工作机制，加大酒驾醉驾打击力度，查处相关案件1761起。开展消防安全专项整治，火灾发生起数和受伤人数分别同比下降56.7%和80%。　（龚洁颢）

【“扫黑除恶”专项工作】　2019年，雨花区以迎接中央扫黑除恶专项督导及“回头看”、省委巡视组进驻雨花区为契机，深入推进扫黑除恶攻坚战，捣毁涉黑犯罪组织1个，涉恶

2019年6月26日，“健康人生，绿色无毒”百万市民禁毒签名活动　（龚洁颢　摄）

犯罪集团2个，涉恶犯罪团伙3个，对15件涉黑涉恶案件提起公诉，审结14件，对179名被告人判处实刑，查处涉案或失职公职人员8人。查办的“4·3”王某和涉黑案、“5·5”涉黑专案获得人民群众和上级机关的认可。以专项斗争为牵引，组织开展打击“黄赌毒”、“三贷三霸”、传销、电信网络诈骗等专项行动，开展市场、金融、物业管理、砂石土方工程等领域专项治理，区域经济社会发展秩序持续优化。坚持边扫边治边建，出台线索核查、举报奖励、协同配合等18项制度文件，规范专项斗争各项工作。深入推进“五化”支部建设，软弱涣散基层党组织4个。

（龚洁颍）

【平安建设】 2019年，雨花区保持对违法犯罪行为严打高压态势，组织开展“春夏行动”“集打斗争”等系列专项行动，破获刑事案件1782起，同比下降12.8%，降至历年来最低；查结治安案件3069起，打击违法犯罪人员5093人。健全“专群结合”工作体系，推行快速反应支援平台试点，动员社会力量参与治安防控。开展“一村一辅警”建设，加强“一标三实”基础信息采集，完善基层派出所、警务室、司法所和跳马法庭建设，投入50万元用于铁路护路联防中心扩容增效，投入1700万元用于“雪亮工程”建设，全区视联网覆盖联通率100%，推动基层政法工作关口前移。坚持和发展“枫桥经验”，健全多元矛盾纠纷化解机制。加强重点人员管理服务，建立特殊人员公益劳动基地，引入长沙展帆科技公司参与社区矫正人员管理，提高管理服务专业化水平。

（龚洁颍）

【司法公正】 2019年，雨花区成立区委全面依法治区委员会，印发《两规则、一细则、一名单》《规范合法性审查工作实施办法》等一系列规范性文件，完成行政执法案卷评查，组织开展送法下乡和学法考试。完成区委政法委机构改革，加强党对政法工作的领导；完善司法责任制综合配套改革，案件繁简分流和“捕诉一体”办案机制得到优化；实行“三个中心”警务改革，优化警务结构；完成区司法局挂牌重组，为承担全面依法治区新任务提供坚强组织保证。区法院建立二审改判和发回重审案件公示制度，区检察院全面强化立案、侦查、审判、执行活动监督，区公安分局构建动态执法监督机制，有效规范执法司法行为。开展理论研究，严格区法学会会员培养和管理，组织开展研讨会和法治文化宣传活动。

（龚洁颍）

【服务社会】 2019年，雨花区坚持围绕中心、服务大局的理念，充分发挥政法职能作用，主动服务全区经济社会发展。区委政法委牵头政法各单位设立民企接待信访窗口，及时受理企业诉求。区法院推行一站式多元解纷机制和一站式诉讼服务中心建设，着力解决群众“问累、诉累、跑累”问题。区检察院围绕群众反映强烈的环保问题开展公益诉讼检察工作，督促相关行政机关依法履职。区公安分局推介“互联网+公安政务平台”，为行政审批“提速增效”。区司法局开展涉企农民工劳动合同法律体检专项服务活动，组织开展涉劳动合同专题讲座10场次。参与“两个年”建设，区委政法委牵头“营造更加公平的法治环境”专项行动组，妥善处理家润多、杨子冶金等涉企矛盾纠纷。区检察院建立检察官联席会议讨论制度，审慎处理涉企案件。区公安分局严厉打击侵犯企业利益的违法犯罪行为，破获涉企案件70余起。

（龚洁颍）

【政法工作会议】 2019年3月22日，雨花区委政法工作会议召开。区委副书记陈永高主持会议，区委常委、政法委书记王维宁做工作报告，区委书记张敏充分肯定2018年雨花区政法系统在平安法治建设、扫黑除恶、司法体制改革、服务经济发展上所做的贡献，要求旗帜鲜明把政治建设放在首位，提高政治站位，把握时代要求，把政治建设融入政法工作的全过程，坚持以人民为中心，坚持依法依规治理和锐意改革创新；增强忧患意识，着力防范化解政治、经济和社会风险，深入推进扫黑除恶专项斗争。张敏强调，要压实工作责任，锻造过硬队伍，全面提升政法干部的政策业务能力、防控风险能力、群众工作能力，深化政法系统党风廉政建设。全区政法干警要坚守使命担当，扎实履职尽责，以优良的工作业绩和安全稳定的良好环境迎接中华人民共和国成立70周年。

（龚洁颍）

法治政府建设

【全面依法治区】 2019年，雨花区推进全面依法治区工作。3月，雨花区“法治雨花”建设工作领导小组改为区委全面依法治区委员会，委员会办公室设在区司法局。4月，雨花区被中共湖南省委全面依法治区委员会办公室评为“七五”普法中期先进区。5月7日，区委全面依法治区委员会第一次会议召开，会后出台有关文件，部署全面依法治区工作。全面落实国家工作人员学法考法工作，组织全区7095名国家工作人员参加学法考试，应考人员参学率、参考率、通过率均为100%。9月底，雨花区借助“开放雨花”APP“飞梦雨花”微信公众号双平台开展“学法答题赢电影兑换券”活动，发挥新媒体普法优势，扩大法治宣传教育的影响力，为庆祝中华人民共和国成立70周年营造良好的法治环境。11月26日，区委全面依法治区委员会第二次会议暨法治政府建设讲评会召开，全面总结全区法治政府建设前期工作，分析形势，查找问题短板，安排部署下阶段全面依法治区工作。12月3日，在黎托街道粟塘社区筹委会举办“宪法宣传周”主题宣传活动，以文艺演出等群众喜闻乐见的形式深化宪法教育，“12·4”国家宪法日当天，各基层司法所均结合实际开展宪法宣传活动。

（黄丽莉）

【建设法治政府】 2019年，雨花

区制定《雨花区法治政府建设工作评估指标整改责任分解表》《长沙市雨花区政府合同审查与管理办法》《关于规范合法性审查工作的实施办法》等，召开全区法治政府建设相关会议4次，下发法治政府督察通报4次，发放法治政府建设整改通知6次，邀请中国政法大学教授张莉为首的第三方评估团队对雨花区法治政府建设进行测评，协助其制定评估体系。出台《雨花区全面推行行政执法公示制度执法全过程记录制度重大执法决定法制审核制度的实施方案》，加快推行三项制度。清理社区超职责范围开具证明工作，收到13个街道情况反馈228条，清理出清查对比表4份，确定取消事项19条，保留事项11条；开展全区政务服务事项证明材料清理工作，区直部门提交证明材料225项，取消证明材料事项为129项，取消比例57.3%。开展全区政务服务事项责任清单梳理工作，梳理出全区责任事项1568项；对区行政审批局移送的权力清单开展合法性审查工作，对27个部门单位的2481项权力事项的设立依据进行逐一核查，清理出已失效设立依据事项87项，权力事项与设立依据不匹配事项80项，设立依据内容错误事项35项，重复权力事项2项，设立依据具体条款不明确事项7项。审查文件193件，审查、修改、完善政府性合同36份，审议常务会议议题97件。出台政府规范性文件2件，备案部门规范性文件1件。换发行政执法证751本，其信息录入湖南省行政执法人员信息管理系统；组织行政执法证考试两批次，172人报名参加，通过97人；为外壳破损及遗失的135人申请外壳。开展行政执法案卷评查工作，抽查19个执法单位案卷100本，下发《关于2019年度行政执法案卷评查情况的通报》。（黄丽莉）

2019年11月26日，雨花区委全面依法治区委员会第二次会议暨法治政府建设讲评会（黄丽莉 提供）

公　安

【概况】 长沙市公安局雨花分局(简称"公安分局")设指挥中心(办公室)、政治工作办公室(含机关总支、工会、团委)、纪委(监察室)、后勤保障科4个综合管理机构，法制大队、警卫科、刑事侦查大队、第一治安管理大队、第二治安管理大队、第三治安管理大队、经济犯罪侦查大队、禁毒大队、国内安全保卫大队、网络安全保卫大队、人口与出入境管理大队、单位内部安全保卫大队、巡警大队、城管大队14个执法勤务机构，辖左家塘、侯家塘、东塘、砂子塘、高桥、雨花亭、圭塘、洞井、黎托、同升、井湾子、东山、跳马13个派出所。

2019年，长沙市公安局雨花分局开展"不忘初心、牢记使命"主题教育和"践行新使命、忠诚保大庆"实践活动，全力以赴投入维护国家政治安全各项工作，开展扫黑除恶专项斗争、"春夏行动""忠诚保大庆""集打斗争"等系列侦破打击专项行动，推进治安防控体系建设，夯实基层基础。全区"110"接报警103039起，立刑事案件8356起，破获刑事案件1782起，查结治安案件3069起，刑事拘留1919人，逮捕直诉1537人，行政拘留3174人。持续深化"放管服"改革，全方位提升公安政务服务效能。深入推进服务创新，实施数据警务，依托现有科技警务资源，加快互联网服务平台推广应用，大力推介"互联网+公安政务平台""长沙公安""96111"便民服务桥，推动"证照电子化"，提升服务企业、服务群众的科技含量，压缩行政审批办理时限，减少群众跑腿次数，为行政审批"提速增效"。办理各类户口业务5.1万人次、身份证6.4万人次、出入境证件6.1万人次。把文明创建工作纳入政治建警工作对各单位进行目标考核，全面压实文明创建工作责任。每季度开展文明创建工作督查指导，对督查中发现的问题，限时要求整改到位，对组织不力、工作不力、未及时进行整改的单位实行问责，确保文明创建迎国检工作顺利圆满。（李　波）

【队伍建设管理】 2019年，长沙市公安局雨花公安分局加强政治和理想信念教育，引导民辅警牢固树立政治意识。开展"不忘初心、牢记使命"主题教育，坚持思想认识、检视问题、整改落实、组织领导到位，高标准、高质量完成主题教育。推进党支部"五化"建设，坚持政治建警集中学习，丰富党建活动形式，组织开展"政治生日""寻找入党介绍人""红色教育"等系列主题党日活动。严格落实"三会一课""双述双评"等工作。配齐配强党支部班子，全面完成31个党支部换届选举工作。强化党员队伍建设，全面推行积分制管理，发展党员8人。“和包支付”缴纳党费421024.41元。依托公安政治工作信息和智慧政工系统，突出抓好民警基础信息的建立和完善，全面采集完善民警行政职务、职级、警衔、学历、履历等信息，实现各单位民警信息“一键式”快速查询、警力资源“一键式”快速分析。完成公务员管理系统信息维护9000余条，临聘、协警、巡防等警务辅助人员录入“钉钉”管理系统。对重点工作以现场督察与网上督察、日常督察与专项督察相结合开展督察350余场次，编写督察通报15期。全面落实党风廉政建设责任，对民、辅警进行廉洁家访。严格执纪监督问责，用好监督执纪“四种形态”，利用第一种形态教育处理59人次，立案查处违法违纪民警5人。运用信息化大数据构建“客观、公正、透明”的选人用人模式，彻底打破传统选人用人理念。严格遵循《党政领导干部选拔任用工作条例》，坚持数据说话、人岗相适、透明公正，树立风清气正的用人导向。提拔调整交流中层负责干部182人，调整交流中队干部和民辅警230人，实现“想干事的有平台，能干事的有发展”，进一步激发广大民辅警履职担当、干事创业的活力。全面规范辅警职务层级晋升工作，完成68个辅警小组长选拔申报工作。建立落实辅警定期轮岗和谈心交流机制，交流轮岗127人。坚持实战实用，研究制定年度教育训练大纲，设置精准培训的课程体系。依托分局兼职教官团队，建立个性化教学模式，多层次、多方位开展送教活动。举办各类培训、轮训班24期，培训民辅警1300余人次，有效补齐民辅警能力“短板”，提升队伍整体素质。组织参加上级各类调训90期，培训民警1500人次。成立分局慢病管理中心，定期提供身体健康检测服务，上门为民警及家属300余人开展3次“贴伏贴”慢病调理服务。组织全警开展心理健康测评，覆盖率100%。资助优抚因公受伤、因病住院、家庭困难民警职工380余人，发放慰问金、维权抚恤金、医药补助费100余万元。率先建立疗休养机制，分四批次组织142名立功受奖、先进个人进行疗休养。以重大节日为契机，开展丰富多彩的警营文化活动，激励全警斗志。举办“国庆”晚会。组织拍摄《我爱你中国》MV，被“学习强国”湖南学习平台采用刊播。依托游泳等11个文体协会，组织开展“金盾杯”篮球赛等丰富多彩的警营文化活动，激发全警工作热情。（李 波）

【公安法治宣传】 2019年，长沙市公安局雨花分局充分运用“网、报、台、微”宣传矩阵，加强公共正面宣传。多维度、全方位做好宣传工作，发放宣传资料8000余份、宣传鼠标垫和购物袋4400余份，制作宣传板报129块、横幅238条。开展扫黑除恶知识、主题教育安全防范知识宣讲62场次；组织央视、人民网等20余家新闻媒体对同升湖王某和涉黑犯罪团伙案等案件进行宣传报道，得到良好社会反响。以政治建警先进典型、雷锋式系列争创活动为载体，创新开展分局“季度之星”评选活动，充分挖掘基层民辅警闪光点，培树一大批先进集体和优秀个人。14个集体、400人次获得省厅、市局、雨花区委区政府各类表彰奖励。分局被评为二季度和2019年度全市公安机关队伍建设“红旗单位”。黎托派出所被评为市第三届“十佳雷锋式警队”。刑侦大队民警柳萌荣获全国情报比武二等奖。党委委员、副局长周巍荣立省厅个人二等功。政工室副主任刘杰作为全省公安机关唯一代表获“2019年度湖南省最美公益普法个人”荣誉称号。刑侦大队中队长申武被评为市第三届“十佳雷锋式我最喜爱的人民警察”。高桥派出所中队长吴晓青、民警谢彪，左家塘派出所民警曾益，跳马派出所中队长颜小丹，刑侦大队副大队长安志，政工室副主任刘杰6人被评为市局政治建警先进典型。开展执法监督与考评工作，构建动态执法监督机制，提升执法办案质量。开展集中送押、集中办案试点工作。强化民警执法权益保障工作，依法打击侵犯民警执法权益违法犯罪人员21人。建立完善公、检双向沟通交流机制和定期联席会议制度。建立执法难题快速反应机制，依托钉钉、微信法制业务群解决执法疑难问题、执法办案系统问题600余个。（李 波）

【社会治安防控】 2019年，长沙市公安局雨花分局建设雪亮工程人脸识别监控350路，分批接入3500路社会视频监控到社会资源平台。完善长沙南站片区监控系统，推动平安乡村建设，改善农村地区社会治安管控能力相对薄弱的现状。开展“节点”警务，主题实践活动，全面落实安保各项措施。以最高的政治站位、最硬的管控措施、最严的战时纪律，开展大庆安保维稳冲刺攻坚。强化工作举措，开展“大巡防、大管控、大整治”，实现“五个坚决防止、三个确保”的工作目标，完成中华人民共和国成立70周年安保工作。启动“星城快警”，在东塘商业广场、湘府路、长万路口建立3个快警平台，安排警力24小时武装巡逻值守。扎实推进雨花亭派出所快警中心平台建设。加强“情指行”一体化建设，实现情报研判与“110”接处警、信息处置、指挥调度、警务实战有机融合一体化运行。成立雨花公安青年应急突击队，及时应对处置重大案事件、群体性事件等应急处突任务。推广“互联网+群防群治”“星城园丁”APP，广泛发动群众参与巡逻防控、举报违法犯罪线索，推进群防群治快速反应支援平台建设试点工作。依托“互联网+群防群治”，在雨花亭、高桥街道开展以派出所为主导，村（社区）巡防队员，企事业单位、商场、小区等场所保安组成的快速反应支援平台试点工作，形成以“互联网+群防群治”为支撑的公众参与治安防控新模式，调动群防群治社会资源积极参与公安防控治理工作。推进“一村一辅警”建设工作，5个派出所28个驻村警务室配备驻村辅警28人。全面开展矛盾纠纷化解、基础信息采集、巡逻防范等工作，夯实农村社会治安根基，促进驻村辅警专职化、社区警务精细化、基础工作信息化、治安防范社会化、群众工作便民化，有效减少各类刑事治安案件，助推群众安全感满意度持续提升。（李 波）

【社会治安管理】 2019年，长沙市公安局雨花分局创新推进“大钥匙”工程，推动小区和企事业单位出入口安装二维码车门岗机器人、出租房屋安装智能门锁，强化实有人口动态管理。全面推进二维码标准地址建设，率先全市完成二维码地址清洗核查工作，安装二维码标准地址门牌2.24万块。加大对治安重点、热点、难点区域的整治力度，采取多部门联动集中大清查、小范围定点出击清除等措施，对市级重点整治地区（洞井汽车南站和平村）和区级重点整治地区（红星大市场及周边、黎托太和园小区、车站路港岛及周边、华晨世纪广场）开展有针对性、大规模、多层次的集中整治，有效挤压违法犯罪空间，洞井汽车南站及周边重点地区通过强力整治，“预警整治”成功摘牌。强化火车南站治安防控，大力整治站区黑车营运、旅店住宿等喊客拉客治安乱源，建立治安档案371份，行政拘留扰乱站场秩序违法人员32人，训诫2639人。抓好网吧、旅馆业阵地控制，加强实名登记管理。建立旅馆业业主及从业人员手机信息平台，推进旅馆业人脸识别系统建设。加强和规范物流寄递业治安管理工作，推进寄递物流企业实名登记，堵塞安全漏洞，寄递业实名登记信息化率99.8%。加强对治安保卫重点单位内部治安保卫工作的指导监督，落实单位主要负责人治安保卫责任制，指导其治安保卫队伍建设。加强对治安保卫重点单位保安人员的法制思想教育和业务培训，提高其法制意识及治安防控、维护安全、预防制止犯罪的能力。加强党政首脑机关等重点单位动态监督指导，提升安防能力。开展整治校园及周边治安环境专项行动，开展校园高峰时段护学工作，净化全区校园及周边环境。推进火灾防控工作，开展火灾隐患综合治理，确保全区火灾形势安全可控。全年检查单位场所1528家，发现火灾隐患1728处，督促整改1671处，行政拘留80余人。持续推进“一标三实”信息采集工作，综合运用“96111”便民服务桥推广、窗口采集、二维码管理等方式，常态化维护更新实有人口、实有房屋信息。全年通过信息采集工作成功抓获网上逃犯7人、查处涉外案（事）件122起。（李　波）

【刑事犯罪打击】 2019年，长沙市公安局雨花分局开展扫黑除恶攻坚，强化扫黑除恶专项斗争的组织领导、线索核查、侦破打击、综合整治、协作配合、宣传发动、迎接中央督导等工作，集中开展打击整治“三贷（套路贷、校园贷、非法高利贷）三霸（村霸、村霸、行霸）”专项行动，打掉涉黑组织1个、涉恶犯罪集团两个、涉恶犯罪团伙3个，抓获团伙成员107人，查封冻结涉案资金516万元。成功摧毁“9·12”陆海洋为首的涉嫌黑社会性质组织犯罪案件，刑事拘留31人，查实“套路贷”案件60余起。聚焦大案要案，坚持命案必破，发生命案8起，破案率100%。抓获潜逃14年的命案逃犯1名。严厉打击严重暴力犯罪，对“肖某飞涉嫌故意杀人案”“9·27”交通肇事案等涉及重大舆情影响的警情案件主动出击，案件朝发夕破，及时消除社会影响。严厉打击侵犯财产违法犯罪，立侵财案件5000起，占刑事案件总数68.5%，同比下降18.19%；破侵财案件700起。刑事拘留电信诈骗犯罪嫌疑人165人，同比上升74%，破案452起。成功侦破部督目标案件14起，其中部督“李前朝等人涉嫌诈骗案”是长沙公安首例全链条打击儋州籍电信诈骗团伙案件，“9·3”专案刑事拘留126人，是历年来全市打击本地电信诈骗人数最多的专案。大力控压黄赌警情，对辖区娱乐场所分片、交叉开展安全检查，严格落实娱乐服务场所自律责任。推进百万市民禁毒签名活动，发动辖区54万余人参与签名，发动数超过辖区内实有人口数的30%。开展污水涉毒成分检测，严密监测毒情。全面打响扫黄禁赌“围剿战”，开展“净边行动”、娱乐场所“毒黄赌”专项整治等专项行动，侦破黄赌案件552起，同比上升61.4%，打击处理黄赌违法犯罪嫌疑人1914人，同比上升65.2%。侦破毒品刑事案件168起，查获涉毒违法犯罪嫌疑人1446人，同比上升30%；强制隔离戒毒309人，裁决社区戒毒302人，缴获毒品38.7千克。侦破污染环境案件、食药案件、烟草案件39起，捣毁涉食药环黑窝点18个，刑事拘留犯罪嫌疑人53人，涉案价值1.7亿余元。配合参加全区白板肉、非法屠宰、假冒注册商标、假冒伪劣产品、市场整治等行动216次。组织开展治爆缉枪专项清查行动8次，收缴具有杀伤力枪支138支、仿真枪74支、管制器具255件（把）、各类子弹350发。开展“云端2019”、打击涉众型经济犯罪等专项行动，立涉众型案件30起，破案28起，刑拘46人。成功侦破“3·22”

2019年12月16日，长沙市公安局雨花分局东山派出所被公安部授予“一级公安派出所”
（李　波　摄）

假冒联合利华注册商标的商品案、“7·15”暴力传销案以及上海复兴集团长沙分公司高管非国家工作人员受贿案。（李 波）

【基础业务保障】 2019年，长沙市公安局雨花分局加强初信初访工作，解决重信重访问题，办结各级交办信访件1097件，其中中央巡视组交办64件、省委巡视组交办20件、公安信访系统交办452件、湖南省信访系统248件、网络问政47件、市长信箱227件、局长信箱交办39件，局领导接访39次，化解重点疑难积案40余起。针对中央督导组、省委巡视组交办的信访件，分局落实领导包案，逐一研究部署，及时接访答复。落实“公安派出所建设三年行动计划”，推进洞井等9个派出所和19个社区警务室（提质改造11个，新建8个）的建设；推进分局执法办案中心建设、分局食堂提质改造、双电源改造、跳马镇雅园监居点改造等工程项目。（李 波）

【服务社会】 2019年，长沙市公安局雨花分局开展企业“大走访”活动，走访企业127家，召开警企座谈会29场，收集企业对公安机关的意见和建议125条，为企业解决问题和困难65个，与湖南绿之韵生态纺织科技股份有限公司、中飞物流、湘窖酒业等企业签订警企共建合作备忘录。指导企业强化安全防范，建立警企常态化联系机制。严厉打击侵犯企业利益的各类违法犯罪行为和非法金融活动，着重追赃挽损，减少企业损失；维护项目建设秩序，严厉打击强买强卖、阻工闹事、敲诈勒索等违法犯罪行为。侦破涉企案件70余起，抓获违法犯罪嫌疑人75人。与银行、工商、审计、税务、市场监管、打非办等部门联合，开展打击金融诈骗、打击制售假冒伪劣产品、打击传销等一系列专项行动。共清理、整顿、挤压涉非和涉电诈高风险企业107家。配合区安委办开展“蓝天保卫战”等安全联合执法，对3家涉枪涉爆单位实行月检查，对8家存放危险化学物品的单位进行重点安全检查，对60余家烟花爆竹销售点逐一开展定点排查整治。（李 波）

【省委政法委督导安保工作】 2019年9月26日，湖南省委常委、政法委书记李殿勋带领长沙市委常委、政法委书记钟钢，省公安厅副厅长李介德，副市长、市公安局党委书记、局长唐向阳，市公安局党委委员、副局长徐波跃等到火车南站检查督导国庆特护期安保工作，听取站区客流形势、常态加强勤务模式运行情况以及特护期期间联勤联动安保维稳工作开展情况汇报，慰问执勤民、辅警，并在市局指挥中心进行视频调度。（李 波）

【省公安厅督导安保工作】 2019年9月20日，湖南省公安厅党委副书记、常务副厅长袁友方一行督导雨花区安保工作，听取管理服务站的运行、关注人员在雨花区的集散等相关情况，走访管理服务站周边部分新疆籍经商人员所经营的门店。（李 波）

【市公安局调研社会防控工作】 2019年4月26日，长沙市副市长、市公安局党委书记、局长唐向阳，党委委员、副局长李湘江率警令部、人境支队等相关部门负责人考察调研雨花区新型智能门禁系统试点工作，实地考察洞井街道中天佳园小区新型智能门禁系统的建设情况，在洞井派出所二楼会议室召开座谈会。（李 波）

【打掉暴力传销犯罪集团】 2019年1月3日，长沙市公安局雨花分局历经4个多月的侦查，成功打掉一盘踞在长沙的暴力传销犯罪集团，捣毁涉案窝点13个，抓获并刑事拘留涉嫌组织领导传销、非法拘禁、抢劫犯罪嫌疑人59人，解救受害人16名。经查，该犯罪集团以李某富为首，下设高级经理、经理、大主任、主任、老板五个层级，2017年年初以来，该集团将受害人骗至长沙后，以推销虚拟的“香妃丽人”产品为幌子，以窝点为单位拘禁、胁迫、殴打受害人，通过受害人购买虚拟产品或逼问出银行卡、支付宝密码套现，累计非法获利300余万元。（李 波）

【打掉运输毒品犯罪团伙】 2019年3月26日，长沙市公安局雨花分局成功打掉一个运输毒品犯罪团伙，在长沙、邵阳、云南抓获犯罪嫌疑人7人，查获毒品麻古7871.87克、冰毒82.78克，有效斩断一条由云南勐海至湖南长沙，以快递方式跨省运输毒品的链条。（李 波）

【打掉诈骗团伙】 2019年6月17日，长沙市公安局雨花分局通过近3个月的侦查，成功打掉一以“高价交易古董”为幌子的诈骗团伙，抓获并刑事拘留犯罪嫌疑人26人，查获涉案资金37万元及大量涉案藏品，该案是历年来全市打击本地电信诈骗人数最多的专案。经查，2019年3月以来，该犯罪团伙用高价交易古董为“诱饵”吸引受害人至“徽博艺术公司”，后以古董需要鉴定真假为由向受害人收取高额鉴定费，后又借故不予交易从而诈骗高额鉴定费用，共作案20余起。（李 波）

【摧毁黑社会性质组织】 2019年8月7日，长沙市公安局雨花分局副局长李振宇带领追逃专班，在安徽省合肥市成功抓获公安部A级逃犯陆某洋（男，33岁，安徽省长丰县人）等5人，至此，分局共抓获该团伙成员34人。经查，该“套路贷”涉黑犯罪团伙以给他人贷款为幌子，多次采用非法拘禁、敲诈勒索、抢劫、诈骗、寻衅滋事等方式侵吞他人财产，且手段极其恶劣。（李 波）

【破获销售假冒注册商标的商品专案】 2019年11月21日，长沙市公安局雨花分局协同食药环支队在长沙、广州成功收网“6·24”销售假冒注册商标的商品专案，抓获嫌疑人18名，其中刑事拘留9人、教育释放9人，查处制假窝点1处、仓库2处、涉案公司2处，查获假冒南京同仁堂减肥药、迪奥香水、雪花秀护肤品、韩国品牌的化妆品等假冒产品及包材20余万件，制假原材料20余吨，涉案金额高达亿元。经审讯查明，犯罪嫌疑人戴某自2016年成立长沙搜购贸易进出口有限公司，在明知上线邹某等人销售的迪奥香水、雪花秀等产品为假冒伪劣产品的情况下，仍购买并通过各网络销售平台进行销售。犯罪嫌疑人谢某等人明知戴某销售的产品为假冒伪劣产品，仍为该产品制造虚假的中文标签、授权代理书、报关单等证明文件，从中非法获利。（李 波）

交通管理

【概况】 2019年，长沙市公安局交通管理警察支队雨花大队（简称“雨花交警大队”）设综管、122、停管3个内务中队；1至13中队、机动铁骑14个勤务中队。

2019年，雨花交警大队坚持党建引领政治建警，树立“党建促队建、队建促工作”理念，通过抓实队伍建设，促进业务工作水平提升。强化支部“五化”建设，新成立16个一线中队党支部，开展支部书记培训，夯实基层党支部战斗堡垒作用；压实领导干部“一岗双责”，推行“一线工作法”和政治建警六项制度，全面强化队伍风险隐患排查和刚性执纪问责，队伍的执法理念和规矩意识明显增强，“12345”热线群众满意率95.2%，信访投诉同比下降24%。以警务实战化为导向，开展执法规范化培训3次，通过讲解执勤执法规范要点，进一步强化学习，提升能力水平；开展辅协警培训3次，强化纪律规矩意识和日常行为养成，提升队伍战斗力。开展“雷锋式警队”“雷锋式交警”“雷锋式辅警”创建活动，涌现出“湖南人民喜爱交警”获得者雨花大队七中队中队长李灿等一批典型。开展“为谁执法”全警大讨论，全面推行“精准执法、互动执法、人性化执法、提升人民满意度五项规定八项措施”，严格落实辅协警队伍管理，明确辅协警岗位、职责，严禁辅协警单独执法，根据相关规定，开除清退不合格辅协警3名，其中1名涉嫌“了难”，移交派出所行政拘留。围绕健康警队建设平台，营造“快乐工作、幸福生活”的警营氛围，完成冬夏两季执勤执法装备采购工作，积极打造绿色环保食堂，看望慰问劳模、民警、职工及家属24场次，送去慰问金2万余元。（丁 翔）

【交通警务管理】 2019年，雨花交警大队打造实战、实效、实用的情、指、勤、督一体化现代警务机制。落实大队勤务安排，制定各类勤务方案65个，组织开展“地铁周边交通乱源整治”“电动车违法整治”“蓝天保卫战”“农村地区集中攻坚”“奋力保畅安、忠诚迎大庆”等重点整治行动。组织各中队配合区相关部门和街道进行高排放车辆整治、物流市场整治、渣土车和超载超限等专项整治。针对辖区交通流量的特点，实地踏勘交通堵点和事故黑点，精细化调整信号灯配时179个，参与全区31处交通事故黑点的治理工作，向支队提交48期交通组织优化报告。借区政府力量完成万境水岸砂子塘小学、湘风路、曙光路、洞井路周边堵点改造和迎新路堵点治理。配合湘府路高架、地铁3号、4号、5号线等重点工程施工，严格把关占道施工交通疏解方案。合理安排施工路段勤务，各项重点工程施工进展顺利，未造成大面积的交通拥堵。推行铁网勤务，建立“铁骑机动勤务+网格勤务+夜间勤务”新模式，实施“灵活布警、快速反应、动态查控、多警联动”的用警新机制，实现“点、线、面”全面覆盖、全时管控。将“机动铁骑”打造成最强大脑下的最快双腿和最硬拳头，“巡主线、纠违法、疏堵点、保畅通”，平均出警时间缩短36%。（丁 翔）

【交通安全管理】 2019年，雨花区坚持“政府主导、部门协作、综合治理”的思路，营造社会共治格局，破解城市交通管理难题。区城市道路交通管理工作领导小组推行“城市道路交通文明畅通提升行动计划”，推动道路交通基础设施、慢行系统建设、停车管理和拥堵治理等工作。推广实施区域信号协同控制，优化调整交通信号灯100多个，挖掘道路通行潜力。在圭塘路沿线增设违停电子抓拍系统，在木莲路增设货车闯禁抓拍系统，有效实现对不同车辆、不同类型交通违法的精细化管理。建设交管指挥调度平台，形成支队、大队、中队“三级一体、上下贯通、横向联动”的指挥调度体系。摸排重点违法车辆47台，查缉假、套牌车辆38台，调度处罚安全隐患车辆1247台，支队指挥调度平台布控车辆104台。高德延时拥堵指数同比上年下降2.13%，道路更加通畅。通过智能交通前端设备，实时监测路段交通运行状态，自动进行拥堵预警，自动启动应急预案，自动推送民警处置，形成指挥调度“一图展示、一键调度、一呼百应”新格局，警情主动发现处置率提高34%。完善道路交通安全责任体系建设，推进“路长制”“戴帽工程”“两站两员”建设，推动建设跳马地区生命防护工程，发放摩托车头盔1.4万余个。以压控交通事故为重点，利用交通事故分析模块，对历年交通事故数据开展分析研判，找出交通事故发生的规律和原因，排查分析63处事故高发路段，针对性的采取治理措施，精准防控。对辖区重点客运单位，存在相关隐患区域进行深度的走访与摸排，集体约谈两客一危企业和红色预警重点车辆企业主要负责人，要求加强营运车辆动态监管和营运车安全带使用。对涉及死亡事故进行一案一查一分析，建立分析研判档案，对排查出的事故黑点隐患立行立改。组织开展“平安春运，交警同行”“礼让斑马线”“全民随手拍”“十万学子百万市民同上交通安全课”“杜绝酒驾、让爱回家”“百万车主百日零违法挑战”等主题新闻报道155场次，发放宣传资料2.5万份，编发交通安全单页1万份，举行专题宣讲621场，宣传活动751次，深入单位、企业、社区开展宣讲980余场次，现场直接受教育100万余人次，以点带面推进社会面交通安全宣传，全面提

升市民文明交通素养。（丁 翔）

检 察

【概况】 2019年，长沙市雨花区人民检察院（简称“区检察院”）内设刑事检察一部、刑事检察二部、刑事检察三部、民事行政检察部、检务监管部、检务保障局6个机构。核定政法专项编制62名，其中领导职数7名。在职在岗政法专项编制干警58人，其中员额检察官34人、检察官助理12人、司法行政人员8人、司法警察4人；工勤编制人员1人，雇员49人；退休人员18人；党员64人，其中在职党员47人。办公地点设在雨花区人民政府机关大院内。

2019年，雨花区人民检察院推进内设机构精减重构和“捕诉一体”办案机制改革，列为中共中央委员、最高人民检察院党组副书记、副检察长邱学强的基层联系点，6月25日，邱学强调研该院，肯定该院内设机构和“捕诉一体”办案机制改革为全国改革提供了“思路启发”。该院贯彻“谁执法，谁普法”，坚持“以案说法”。发表案件报道44篇，7名检察官接受央视、“湖南都市频道”等电视媒体的采访，院微信公众号推送法治文章和案例分析81篇，检察长开办的个人微信公众号“山虎说法”撰写案例分析、理论文章、法治评论等69篇，法制日报社主办的《法制与新闻》专门开辟“山虎说法”专栏，连续推出4期。组织开展“共和国建设者走进检察机关”“携手关爱，共护明天”为主题的检察开放日活动，增进检察机关与人民群众的血肉联系。拍摄反映该院内设机构和捕诉一体改革《一切为了人民》宣传片，自编自导自演拍摄庆祝中华人民共和国70周年快闪短片《我和我的祖国》，被“飞梦雨花”“长沙检察”“搜狐网”和“学习强国”等平台转发推送。组织检察官、行政人员参加各类培训393人次，提升各项业务能力。开展优秀案件、优秀法律文书评选，湖南首例医保资金诈骗案与长沙市扫黑除恶专项斗争涉黑第一案“5·5”专案被长沙市人民检察院评选为“优案”。通过统一考试招录35名书记员并进行为期7天的入职培训。两名干警取得在职硕士研究生的学历学位。

（罗大钧）

【刑事犯罪打击】 2019年，雨花区人民检察院受理审查逮捕案件1043件1641人，经审查，批准和决定逮捕876件1370人；受理审查起诉案件1446件2130人，向法院提起公诉1195件1608人；其中批捕故意伤害、绑架、强奸等严重暴力犯罪嫌疑人76人、起诉187人。开展扫黑除恶专项斗争，批准逮捕涉黑涉恶案件24件147人，向法院提起公诉涉黑案件1件1人，涉恶案件15件138人。侦查、移送审查起诉环节提前介入8件，发出涉黑涉恶检察建议两份，综合治理检察建议5份，纠正漏捕到位3人，追诉32人。其中，发出“5·5”涉黑专案追诉意见书1份涉及27人，追诉到位15人。批捕各类破坏经济秩序犯罪59人，起诉79人。严厉打击影响企业发展犯罪，对于侵犯非公企业和非公经济人士合法权益犯罪，批捕4人，起诉2人。依法保护知识产权，对于生产销售假冒伪劣商品和侵犯知识产权犯罪，起诉22人。批捕各类破坏金融管理秩序33人，起诉17人，其中起诉金融诈骗犯罪9人。严厉打击涉众型犯罪，批捕非法吸收公众存款、集资诈骗犯罪30人，起诉22人，批捕组织领导传销罪15人，起诉9人，该院与公安机关、市场监管、街道、社区等部门协作，就传销案件发案原因、特点、治理举措等制发检察建议，形成齐抓共管合力。办理1起退役人员聚众扰乱国家机关秩序案，检察长出庭支持公诉，被告人晏某宏当庭认罪服判，该案受到上级肯定，给予记功奖励。该院全面参与监察体制改革后的反腐败工作，与区监察委员会建立案件移送衔接机制与工作联络机制，快办快结监察部门移送的案件。对监察部门商请提前介入的案件，及时选派经验丰富的检察官参与案件相关工作。办理职务犯罪案件8件9人，提起公诉6件6人，均获得有罪判决。其中，在长沙市第四医院原党委委员、院长段某受贿一案中，段某被判处有期徒刑10年6个月，同时办理与段某相关的窝串案4件。加强对侵害未成年人犯罪的打击力度，受理未成年人检察批捕案件36件67人，作出不批捕决定21人；受理审查起诉案件34件67人，不起诉9人，发出纠正违法通知书2份，监督公安机关应当立案而不立案1件1人。选派10名优秀检察官担任20所中小学校的法治副校长，就反校园欺凌、未成年人犯罪预防等主题上法治课数10堂。

（罗大钧）

【刑事法律监督】 2019年，雨花区人民检察院强化立案监督，对于侦查机关应当立案而不立案的案件，要求说明不立案理由20件，监督侦查立案20件；对于侦查机关不应当立案而立案的案件，监督撤案11件。开展侦查监督，在审查逮捕和审查起诉环节中，纠正漏捕18人，纠正漏诉15人。针对侦查活动违法提出纠正8件次。开展刑事执行监督，全面摸底社区矫正工作，对于违反社区矫正监督管理规定，屡教不改的罪犯，依法履行刑事执行监督职能，及时督促司法机关提请法院将罪犯收监，发出收监检察建议10份，依法监督收监执行3人。（罗大钧）

【民事行政检察】 2019年，雨花区人民检察院受理不服法院生效裁判监督、民行审判活动违法监督、民行执行监督、支持起诉、督促履行职责等各类民事行政检察案件37件，其中民事执行活动监督发出检察建议20份并获采纳。坚持双赢多赢共赢的思路，支持法院解决“执行难”，依法办理拒不执行判决、裁定罪案件3件3人，并全部获得有罪判决。受理支持起诉案件14件，发出支持起诉书10份，成功地化解追索劳动报酬的案件纠纷，维护劳动者的合法权益。开展“二次供水”“医疗垃圾清理”和“长株潭生态绿心保护”等专项行动，受理公益诉讼案件63件，发出检察

建议 8 份。（罗大钧）

【推进治理能力现代化】 2019 年，雨花区人民检察院助推国家治理体系和治理能力现代化。推进认罪认罚从宽制度，盯紧“当月适用率达到 70%”目标，简化诉讼文书和诉讼程序，对类案进行集中起诉，参照《最高人民法院关于犯罪的量刑指导意见》规范量刑标准，重视与法院的协作交流。制定员额检察官联席会议工作办法，发挥检察官联席会议的内部指导监督作用，统一法律适用标准。争取区委、区政府的大力支持，建立由政府购买值班律师服务的工作机制，实现工作时间值班律师的全覆盖。加强与公安机关和司法局的联动，保障被告人的人权和被害人的合法权益，促进社会和谐。认罪认罚案件适用率 94.09%，居全市第一。坚持在“有证据证明有犯罪事实”的前提下，对社会危害性较大的恶性犯罪、新型犯罪的犯罪嫌疑人实行“该捕就捕”，助推新型犯罪案件的及时侦破，保障侦查及诉讼的顺利进行。5 月，该院对一起普通的“寻衅滋事”犯罪果断批准逮捕，进而深挖侦破涉及 22 名犯罪嫌疑人的“9·12”特大“套路贷”专案。对于认罪悔罪，积极赔偿、修复关系的犯罪嫌疑人、被告人落实“当放则放”，敢用、善用不起诉权，或采取非羁押性强制措施、建议人民法院判处非监禁刑等，因情节轻微酌定不起诉各类犯罪 192 人，占不起诉总人数的 83.48%。强化羁押必要性审查，开展维护在押人员合法权益专项活动，受理羁押必要性审查案件 59 件，经审查后提出变更强制措施检察建议并被采纳 54 件，采纳率 91.5%，位列全市基层检察院第一。通过坚持“该捕就捕，当放则放”，保障侦查和诉讼顺利进行，有利于惩罚犯罪，降低羁押率，节约司法成本，促进社会和谐。（罗大钧）

【黄某不起诉案】 2019 年 1 月 4 日，雨花区人民检察院承办员额检察官廖湘红宣布不起诉决定书，对某电梯公司湖南分公司总经理黄某涉嫌职务侵占一案作出绝对不起诉决定。公安机关查证，2015 年，该电梯公司湖南分公司与长沙本地一家企业合作成功中标一个电梯项目，其中设备款为 1 亿余元。为确保项目顺利运行，黄某向公司总部申请 10% 的佣金支付给与其合作的该企业，并得到总公司的同意。2016 年，总公司在收到部分中标款项后，根据合同向该企业支付进度款项 10% 的佣金。收到佣金后，该长沙公司总经理李某将佣金的 3 成分给黄某，后黄某将部分佣金用于个人消费。公安机关据此认定黄某涉嫌职务侵占罪。雨花区人民检察院经审查后认定，黄某因在另一项目进行过程中产生大量费用，且该费用根据总公司规定不能予以报销，直接导致黄某及其团队的奖励减少，总公司知情并承诺会进行补偿。黄某利用与长沙本土企业合作的机会，经总公司领导口头批准一项分配方案，在中标项目 10% 的佣金中，7% 归与其合作的长沙公司，1% 归黄某个人，2% 用于分公司项目开支。雨花区人民检察院遂根据现有证据认定，黄某没有犯罪事实，决定对黄某不起诉。（罗大钧）

【法律硕士实践教学基地】 2019 年 1 月 7 日，雨花区人民检察院与中共湖南省委党校（湖南行政学院）共建的“法律硕士实践教学基地”正式挂牌。检校共建实践教学基地，开展检校合作的实兵演练。雨花区人民检察院结合党的领导方针与各学科专业知识的需求，结合学员们理论优势与实务素材，通过学术讲座、案例研讨、学生实习等方式，为湖南省委党校（湖南行政学院）学员提供优质的法学理论实践基地；依托湖南省委党校（湖南行政学院）的法学理论指导和优质教学资源，提高检察干警的理论素养和业务水平，强化专业化知识培养和检察队伍建设，不断推动各项检察工作再上新台阶。（罗大钧）

【检校合作】 2019 年 12 月 15 日，雨花区人民检察院与长沙理工大学法律研究与服务中心签署签订《关于对涉罪未成年人开展帮教工作的若干意见》《关于对涉罪未成年人开展社会调查工作的合作协议》《关于对涉罪未成年人开展帮教工作的合作协议》，开展为期一年的涉罪未成年人社会调查与帮教工作合作，构建未成年人检察社会支持体系，有利于涉罪未成年人在刑事诉讼中得到权益保护和有效帮教，使其顺利回归社会；有利于推动雨花区检察院未检工作的科学化、规范化与专业化。（罗大钧）

【告诫仪式】 2019 年 2 月 1 日，雨花区司法局社区矫正中心举行节前告诫仪式，30 名经过严格审批程序获准春节期间回家探亲的社区服刑人员进行集中告诫，雨花区检察院刑事检察三部的检察官现场监督，强调春节期间的相关纪律要求。30 名社区服刑人员签署“社区矫正人员外出请假期间保证书”，就请假期间遵守各项规定作出保证，并按照规定佩戴定位联系手环。此举旨在强化检察机关在刑事执行领域对人权保障法律监督职能，发挥亲情帮教的积极作用，满足符合条件且与家人长期分离的外地籍服刑人员与家人团聚的情感需求，促使其及早回归家庭，融入社会，实现社区矫正工作的“矫正”功能。（罗大钧）

【助推营商环境优化】 2019 年 3 月 22 日，雨花区人民检察院召开“营商环境优化年”工作推进会。区检察院成立“营商环境优化年”工作领导小组及其办公室，印发《依法服务保障企业和企业家合法权益工作方案》，并将工作职责分解成突出保护企业家人身权财产权、严格保护企业科技创新权益、强化涉企刑事案件监督、加强涉企民事行政案件监督、强化涉企业执行案件监督、加强涉企业案件追赃挽损、强化涉企业案件经济影响评估、深化涉企业案件“依法容错”、加强涉企业人员羁押必要性审查、落实检察联络员工作机制、加强涉企申诉维权平台运用、落实“谁执法谁普法”的普法责任制 12 大类，落实到各内设机构，以维护企业权益，进一步规范执法司法，加强企业发展司法保障，提供法律服务，优化企业法治营商环境，营造全社会共同维护企业合法权益浓厚氛围。（罗大钧）

【检察长授课】 2019年4月23日，雨花区人民检察院党组书记、检察长马贤兴受邀为雨花区企业家学院第一期培训班授课，授课主题为“法律与道德风险防范”，整堂课以依法、行正、诚信、忠诚、敬畏、良知、戒贪、崇俭、尚文、情怀10个关键词展开授课内容，结合雨花区人民检察院办理的案件，以生动、立体、写实的方式为参会者敲响警钟，通过近几年涉企案件中反映出的企业经营与治理过程中存在的各类问题，向企业管理人员就企业在经营管理过程中应当注意的事项提出建议和提示，以《企业民事法律风险防范60个提示》为参考教材，帮助企业获得更加安全稳定的发展，预防和降低企业经营与管理中的法律风险。 （罗大钧）

【计财装备工作服务保障座谈会】 2019年4月16日，湖南省计财装备工作服务保障“四大检察”大调研座谈会（长沙地区）在长沙市雨花区人民检察院召开。座谈会由湖南省人民检察院计财处处长陈少华主持，雨花区人民检察院党组书记、检察长马贤兴致欢迎词。与会人员就省级财物统管运行后取得的成效、保障“四大检察”时具体存在的问题、困难等汇报，并就科学精准做好预算编制工作以及财物省级统管，保障“四大检察”业务，特别是公益诉讼业务的顺利开展等重点问题进行交流、探讨。陈少华强调，计财装备队伍是保障“四大检察”的“急行军”，在司法体制改革进程中，在计财装备工作改革过程中，要加强沟通交流，多请示，多汇报，争取形成最大合力，不断推进科学、合理的计财装备体制的建立和完善。湖南省财政厅政法处处长曾伟等人对与会人员最为关切的问题、疑惑进行详细解答。曾伟表示，将加大对计财工作、后勤保障工作的调研力度，积极与省人民检察院政治部等相关部门及其他单位沟通，尽快制定出更为科学、完善的计财装备工作的实施细则，为推进“四大检察”的改革与开展提供坚实有力的保障。湖南省财政厅政法处副处长吴山，长沙市人民检察院党组成员、副检察长周亚红等陪同座谈调研，长沙其他基层检察院的检察长或分管领导、负责财务的干警参加座谈调研。 （罗大钧）

【公益诉讼】 2019年5月21日，由市雨花区人民检察院提起公诉的孙某和污染环境一案，在雨花区人民法院公开开庭审理。雨花区检察院党组书记、检察长马贤兴以国家公诉人身份出席法庭支持公诉，雨花区人民法院党组书记、院长凌云担任审判长。2017年9月以来，被告人孙某和在未办理工商营业执照、未办理环境评估等相关手续的情况下，擅自在雨花区洞井街道等地开设货车维修站，经营货车日常保养以及机油更换等业务。其间，被告人孙某和将维修货车产生的废矿物油、废机油滤芯、废机油壶等危险废物露天储存、堆放，导致部分废矿物油通过隐蔽的雨水沟渠、渗坑排放出去，造成周边环境污染。后经雨花区环境保护局对隐蔽沟渠内的废水取样检测，检测出石油类污染物含量达每升45.9克。雨花区人民法院对该案进行当庭宣判，判决被告人孙某和的行为构成污染环境罪，判处被告人孙某和有期徒刑10个月，缓刑1年，罚金人民币1万元。被告人孙某和当庭表示认罪服法。 （罗大钧）

【检察开放日活动】 2019年5月30日，雨花区人民检察院邀请枫树山大桥小学一年级的学生们以及该院工作人员的子女们参加以“携手关爱，共护明天”为主题的检察开放日活动，让孩子们实地感受检察机关崇法尚理的工作氛围。8月28日，该院开展以“检察护航民企发展”为主题的检察开放日活动，邀请雨花区工商界的人大代表、政协委员、民营企业家等人走进检察机关，观摩院“12309”检察服务中心、司法警察训练中心、办案工作区、荣誉室等区域，多方位、近距离了解检察机关的职能、办案流程等，直观感受该院智慧检务的工作成效和崇法尚正、积极向上的检察文化氛围，面对面地沟通座谈交流。 （罗大钧）

【专题讲座】 2019年9月10日，国内著名法学家，最初提出依法治国和人权保障理论的法治“三老”之一的李步云教授受邀在雨花检察院举办“人权保障的理论与实践”讲座。李步云强调，权力需要制约，绝对的权力导致绝对的腐败，作为法律监督机关，检察机关任务繁重，责任巨大，应当在社会主义法治进程中发挥更积极和更重要的作用。同时，法理学之外应当有法哲

2019年1月7日，长沙市雨花区人民检察院与中共湖南省委党校（湖南行政学院）共建的“法律硕士实践教学基地”正式挂牌 （伍珍玉 摄）

学。讲座由院党组书记、检察长马贤兴主持，全体干警和部分法官、律师及法学院学生聆听讲座。

（罗大钧）

法院

【概况】 2019年，长沙市雨花区人民法院（简称“区法院”）内设刑事审判庭、民事审判一庭、民事审判二庭、综合审判庭、执行工作局、立案庭（诉服中心）、审判管理办公室（研究室）、跳马人民法庭、综合办公室、政治部、法警队。政法专项编制数115个。在职干部110人，其中政法专项编制人数108人，事业编制人数2人。副科职以上领导25人。党员人数123人，在职在编党员93，雇员党员7名，退休老干党员23名。退休干部23人。

2019年，雨花区人民法院全面推进“一站式”多元解纷机制和“一站式”诉讼服务中心建设，创建信息化诉讼服务体系，共建多元化诉讼服务模式，构建人性化诉讼服务平台，着力打造具有雨花特色的纠纷解决和诉讼服务新模式，两个“一站式”建设成为全省标杆。推进司法体制综合配套改革，加快司法理念更新、办案方式创新、司法权运行模式革新，深挖司法改革潜力，提高案件质效，提高司法公信。推进党的建设、队伍业务能力建设和纪律作风建设，始终把引领好、培育好司法队伍的政治素养作为司法工作的支撑点，落实全面从严治党要求，聚焦政治建设、能力建设、作风建设。受理各类案件27793件，办结25949件，结案率93.3%，员额法官人均结案371件，比全省法官人均结案数多176件。

（朱晓云）

【刑事审判】 2019年，雨花区人民法院推进扫黑除恶专项斗争，办结涉黑恶犯罪案件13件172人，判处五年以上有期徒刑72人，判处罚金1617.2万元，无一人判处缓刑，形成有力震慑。严惩贪污贿赂等腐败犯罪，依法审理宁乡市原市委常委、常务副市长刘某受贿、贪污、滥用职权等职务犯罪案件12件13人。加大对行贿犯罪惩治力度，判处罪犯6人。依法严惩危害食品药品安全犯罪，审结有关案件3件5人。突出打击涉众型经济犯罪，审结集资诈骗、非法吸收公众存款等犯罪案件19件29人。严厉打击电信网络诈骗、网络传销等犯罪，依法审理被告人林某锋等59人电信诈骗案。深化认罪认罚从宽制度改革，对符合条件的490名被告人，依法从简、从快、从宽判处非监禁刑或免予刑事处罚，平均在7日内结案，办案效率大幅提高。开展“送法进校园”活动，与同升街道、长沙职教城共同开展防治校园网络诈骗、校园欺凌等活动，促进平安校园建设。（朱晓云）

【民事审判】 2019年，雨花区人民法院服务全区“攻坚项目建设、优化营商环境”，规范涉民营企业案件的立、审、执全过程，防止超标的查封、扣押、冻结企业财产，防止将民事责任变为刑事责任，审结企业或公司为主体的相关案件10145件。率先全省设立商事调解中心，加强法律专业指导，及时化解民营经济领域矛盾纠纷。关注涉及项目建设、土地征收等有关纠纷的处理，加强与承担长沙2号、3号储备用地、长仪地块棚户区改造等重大项目任务部门的沟通对接，提前研判法律风险。配合区委、区政府做好释法明理工作，支持行政机关依法履责。依法审执征地拆迁、有关非诉执行案件30件，对4起案件进行司法强制腾退，为“产业项目建设年”提供有效司法保障。促进资源优化配置，妥善处理企业破产案件10件，推进过剩产能化解和落后产业升级。依法防范区域性金融风险，稳妥审结涉及民间借贷、金融借款、融资租赁等案件3286件，维护金融市场秩序。开展“湖南环保·审判三湘行”专项活动，依法审结污染环境刑事案件3起，重拳出击保卫青山绿水。（朱晓云）

【案件执行】 2019年，雨花区人民法院受理执行案件10794件，执结10103件，执行到位金额13.88亿元。开展“假日执行”“百日攻坚”等专项行动，出动干警1065人次，拘留63人，强制搜查、腾退房产56次，扣押车辆67辆。开展涉民生保障、涉党政机关和拖欠民营企业账款等案件的专项清理活动，执结涉民生案件1384件，执行到位金额1072万元；为民营企业追回账款2.3亿元；实现党政机关为被执行人的旧存案件“清零”。推行司法网络拍卖，提升司法公信力，共网拍房屋、设备等908件，成交额5.3亿元，标的物成交率87.6%。加大执行规范化建设，依托执行案件信息管理系统，狠抓节点留痕、事项督办，线上线下同步进行，有效防止各种消极执行和执行不作为现象。推进失信惩戒机制，让失信人员在融资信贷、投资置业、经营消费等方面处处受限，累计纳入失信被执行人名单1648人，对6049名被执行人采取限制消费措施。（朱晓云）

【周强视频连线雨花区】 2019年11月7日，最高人民法院党组书记、院长周强在最高人民法院诉讼服务指导中心召开工作会议，听取关于全国法院两个“一站式”建设情况报告，以视频连线的方式，现场询问雨花区人民法院两个“一站式”建设情况，听取雨花区人民法院院长凌云汇报两个“一站式”建设举措和成绩。周强对雨花区法院两个“一站式”建设的举措和成效给予高度肯定，并鼓励湖南法院再接再厉、力争走在全国法院前列。湖南高院党组成员、立案信访局局长李立新、长沙中院党组成员、副院长邹建钧等在雨花法院现场参加活动。（朱晓云）

【最高人民法院考察雨花法院】 2019年10月24日，最高人民法院立案庭庭长、诉讼服务中心主任钱晓晨一行，在湖南省高级人民法院党组成员、立案信访局局长李立新，长沙市中级人民法院党组书记、院长肖新平等陪同下，考察雨花区人民法院诉讼服务中心，实地视察该院24小时自助法院、查看审判辅助和多元解纷中心建设，在综合服务大厅听取PPT汇报，慰问基层办案窗口的人员、民商调解的律师、调解人员及法官。钱晓晨希望让雨花区人民法院、长沙市中级人民法院、湖南法院的诉讼服务中心的建设越来越亲民、便民、高效。

（朱晓云）

【意见征求座谈会】 2019年11月12日，雨花区人民法院邀请9名人大代表、政协委员、律师和企业家、特约监督员座谈，听取对立案、审判、执行等工作的意见和建议并细回复和沟通。区法院院党组书记、院长凌云和部分班子成员、庭室负责人参加座谈。

（朱晓云）

司法行政

【概况】 2019年3月，长沙市雨花区司法局和区人民政府法制办公室职能整合，重新组建雨花区司法局，为区政府正科级工作部门；中共长沙市雨花区委全面依法治区委员会办公室设在区司法局，区司法局承担区委全面依法治区委员会办公室工作。区司法局主要职能是，落实区委关于全面依法治区工作，统筹推进法治政府建设，指导全区规范性文件管理，负责政府合同管理，统筹规划全区法治社会建设，指导、管理全区社区矫正工作，负责公共法律服务体系建设。区司法局内设办公室、社区矫正管理科（区社区矫正管理局和区社区矫正执法大队）、行政复议与应诉科（区政府行政复议办公室）、普法与依法治理科、人民参与和促进法治科、律师工作科（行政审批和政务服务科）、法制科7个职能科室；下设长沙市雨花区公共法律服务中心1个公益一类全额拨款事业单位；下辖13个基层司法所。专项行政编制38名，全额拨款事业编制3名，其中领导职数4名。在职干部39人，雇员48人、劳务派遣人员12人；退休干部10人；党员43人。办公地点在雨花区人民政府三号楼5层。

2019年，雨花区司法局充分发挥司法行政工作在法治建设中的推动和保障作用，全力推进法治政府建设，夯实社会矛盾化解机制，加强特殊人群管控手段，健全公共法律服务体系，推进“品质雨花、财富雨花、幸福雨花”建设。雨花亭司法所原所长李娜被司法部评为“全国模范司法所长”，雨花亭司法所获评全省司法所工作表现突出单位，侯家塘司法所所长杨柳获评全省司法所工作表现突出个人。

（黄丽莉）

【公共法律服务】 2019年，雨花区完善公共法律服务体系建设，全区公共法律服务中心1个，街道（镇）公共法律服务工作站13个，社区（村）公共法律服务工作点149个和“法润三湘”公共法律服务志愿点1524个，实现区、街道（镇）、社区（村）公共法律服务实体平台全覆盖。开展公共法律服务体系的集中宣传，营造全社会关注、支持、参与公共法律服务体系建设的氛围。组织全区公共法律服务专干、法律援助律师、社区法律顾问及律师调解员开展业务培训，提高公共法律服务质量和水平。开展“法润雨花，服务民生，与你同行”主题活动和宪法宣传活动等公共法律服务志愿者活动，启动公共法律服务志愿者活动年，聚焦民生问题，组织志愿者开展法治宣传、人民调解、法律援助、法律咨询等多种形式的法律志愿服务。受理法律援助案件533件，其中民事231件、行政1件、刑事301件；涉及受援人533人次；办结案件347件，其中民事133件、刑事224件。区公共法律服务中心、区法律援助中心设置律师值班，编印律师值班工作指引手册，方便对申请人进行法律咨询解答，接待各类咨询1000余起。提交20本案卷参与市法律援助案卷评查均合格，其中两本案卷被评定为优秀案卷。

（黄丽莉）

【人民调解】 2019年，雨花区开展“坚持发展枫桥经验，实现矛盾不上交三年行动”“大排查、早调解、促稳定、迎国庆”专项活动，活动有方案、有过程、有总结。落实矛盾纠纷排查制度，全区各级人民调解组织调解矛盾纠纷4126件，其中疑难复杂纠纷142件，防止群体性上访66件，防止群体性械斗15件，防止民转刑案件39件，全区无一起“民转刑”案件，为群众挽回经济损失9210万余元。指导村、社区调委会建设，指导基层自治组织参与、支持法治建设。推进行业性、专业性人民调解组织建设，完善人民调解、行政调解、司法调解联动工作机制，有效指导全区的人民调解、行政调解和专业行业性调解工作。组织专职人民调解员培训两次，规范人民调解员管理，落实人民调解“以奖代补”制度。组织人民陪审员选任工作2次，第一批61名人民陪审员由区人大常委会任命。加强司法所建设，提高司法所工作人员履职能力，雨花亭司法所原所长李娜被司法部评为“全国模范司法所长”、侯家塘司法所所长杨柳被省司法厅评为司法所工作表现突出个人。 （黄丽莉）

【律师工作】 2019年，雨花区推进社区法律顾问工作。区司法局与律师事务所签订法律顾问合同，调整社区法律顾问队伍，确保社区法律顾问全覆盖，强化司法所日常监督指导责任，深化“互联网＋公共法律服务”，微信服务群100%覆盖。社区法律顾问联系社区3584次，开展法律咨询7157次，开展法治宣传活动579场次，参与矛盾纠纷化解578次，开展法律体检147次。组织律师调解员在区法院、区公共法律服务中心和跳马镇公共法律服务工作站律师调解工作室开展值班服务，参与调解56次，为群众挽回损失200万余元。开展全区建筑领域涉企农民工劳动合同法律体检和法治宣传活动，7月，组织社区法律顾问深入街道（镇）开展集中法律体检工作。8—9月，对发现的问题开展“回头看”，通过法律体检和法治宣传有效提高企业管理者及劳动者的法律意识。强化法律服务行业日常监管，严格规范法律从业人员执业行为，3月，办理5个区属基层法律服务所、42名基层法律服务工作者年检注册。5月，办理3个区属律师事务所、46名律师年检注册初审。为湖南超前律师事务所2名律师、湖南凯威律师事务所1名律师办理调出，为湖南凯威律师事务所1名律师办理注销初审。对区属律师事务所、法律服务所开展“双随机一公开”检查，未收到对区属律师事务所和律师的投诉，受理并

处理对区属基层法律服务工作者的投诉2起。（黄丽莉）

【社区矫正】 2019年，雨花区接收社区服刑人员520人，解除矫正524人，年末在册社区服刑人员485人。开展审前社会调查评估630件，收监执行3人。接收刑满释放安置帮教对象795人，服刑人员信息核实率、预释放信息回执率达到100%。每月定期召开社区服刑人员监管安全分析会议，分批、分片组织社区服刑人员到公益劳动基地开展行为规范教育。运用现代科技手段，对全区在册社区服刑人员实施人脸识别定位手机和电子手环监管，在线率长期保持在95%以上，有效防止人员脱管、失控。加强社区矫正信息化建设工作，1月、2月、6月、7月、9月、11月，雨花区在全省社区矫正信息化考核中获得第一名。落实政府购买社会服务，在跳马镇辰午山庄建立社区服刑人员公益劳动基地和刑满释放人员过渡性安置基地，为社区服刑人员、刑满释放人员提供社会适应性帮扶、就业技能培训等服务。与湖南省德馨社会工作服务中心合作，为社区服刑人员提供心理辅导，建立社区服刑人员心理档案600余份，有效改善和提高社区服刑人员心理健康水平。与长沙孟妈妈青少年保护家园合作，开展“情暖高墙·关爱孩子”联合帮扶活动，为81名困难社区服刑人员和刑满释放人员送去帮扶物资和慰问金，帮助其顺利融入社会、预防重新犯罪。（黄丽莉）

【社区服刑人员被收监执行】 刘某因贩卖毒品、容留他人吸毒罪于2018年11月22日被法院判决有期徒刑7年。刘某于同月15日生育一子，法院决定对其暂予监外执行；同年12月25日，刘某在雨花区同升司法所依法接受社区矫正。刘某入矫后，多次违反社区矫正监管规定，经区司法局、区检察院和同升司法所多次训诫、谈话无悔改。2019年4—6月，刘某累计被警告3次。7月22日，区司法局以刘某严重违反《中华人民共和国刑事诉讼法》第268条、《社区矫正实施办法》第26条和《湖南省社区矫正实施细则》第72条规定，向区人民法院提请收监。7月24日，区法院作出将刘某收监执行决定。11月14日，雨花区司法局联合区人民法院、区公安分局、区人民检察院等单位对多次违反社区矫正监管规定、吸毒的社区服刑人员刘某，开展联合收监行动，刘某被送往长沙市第二看守所。刘某被强制收监，维护了法律的权威与尊严，彰显社区矫正刑罚执行的严肃性，惩罚教育被收监人员，向社区服刑人员敲响警钟。各部门联合对刘某家属及小孩的人性化帮扶，是对犯罪人员及其家庭的人性关怀，对犯罪人员人权的保护。（黄丽莉）

2019年11月7日，最高人民法院党组书记、院长周强视频连线雨花区法院
（朱晓云 摄）

【公共法律服务集中宣传】 2019年1月，雨花区开展公共法律服务集中宣传活动，利用各街道（镇）、社区（村）以及超市、车站、广场、医院等人流密集地的LED显示屏、宣传橱窗、自助终端等，投放公共法律服务标语、公益广告、微视频，提升公共法律服务的社会知晓度。制作“法润三湘”公共法律服务志愿点公示牌812块、公共法律服务宣传海报2000份、宣传折页5000份，以社区（村）为单位悬挂、张贴并发放到居（村）民手中，让人人知晓、人人支持、人人满意公共法律服务。开展“送法下乡”“送法进社区”“送法进学校”等活动，推动形成公共法律服务宣传多点齐发、全面开花的局面。1月11日，区司法局牵头、雨花亭司法所在通程商业广场举行大型公共法律服务宣传活动，通过文艺演出、宪法宣誓、发放社区法律顾问聘书、知识竞答等形式吸引200余名群众参与。砂子塘、跳马、东山、左家塘、井湾子等司法所通过举办法律咨询活动、送法进学校、邀请社区法律顾问现场答疑、进行讲座等形式开展宣传，发放宣传手册5000份，如法网APP下载次数1万余次，如法网用户评价满意率100%。（黄丽莉）

【宪法宣传周主题活动】 2019年12月3日，雨花区“宪法宣传周”主题宣传活动在黎托街道粟塘社区举行，活动以“弘扬宪法精神，推进国家治理体系和治理能力现代化”为主题，轮番上演舞蹈表演、宪法宣誓、音乐快板等节目，穿插宪法知识有奖问答。区司法局、区民宗局、区总工会的工作人员和特邀律师为群众现场答疑，发放《中华人民共和国宪法》读本等宣传资料200余份，法治宣传环保袋100余个。（黄丽莉）

【青少年法治宣传教育周活动】 2019年9月，雨花区开展青少年法治宣传教育周活动，推动青少年尊法学法守法用法，营造良好的校园法治文化氛围，增强广大青少年的法治观念和法律素养。9月23日，洞井司法所在明德洞井中学举办法治专题讲座；9月25日，雨花亭司法所邀请国浩律师事务所潘静律师为明德雨花实验中学学生授课；9月26日，同升司法所在长沙市商贸旅游职业技术学院举办“法治进校园，杜绝校园贷”主题宣传活动；9月27日，黎托司法所在砂子塘东澜湾小学开展法治进校园活动，邀请湖南金州律师事务所吴淑君律师为100余名学生和家长代表授课。教育周活动期间，全区开展青少年法治宣传教育活动12场次，发放宣传资料2000余份。各中小学校以“我身边的法律故事”为主题，举办法治主题班会，对学生进行法治和安全教育，取得良好的宣传效果。（黄丽莉）

【学法答题赢电影票活动】 2019年9月，雨花区委全面依法治区委员会办公室、雨花区司法局组织开展学法答题赢电影票活动。活动在“开放雨花”APP和“飞梦雨花”微信公众号同时上线，参与者通过“开放雨花”APP和“飞梦雨花”微信公众号参与答题，每天排名前10的答题者（“开放雨花”APP和“飞梦雨花”各10名，共20名）赠送保利国际影城（喜盈门店）电影兑换券1张。活动通过利用新媒体技术创新普法载体，以普法加观影的形式，激发群众学法、用法的积极性，使普法工作更加贴近群众、贴近生活，提升法治宣传教育的覆盖面和影响力。

（黄丽莉）

2019年5月29日，雨花区“法润雨花”公共法律服务志愿者活动年活动启动

（黄丽莉 提供）

军 事

人民武装

【概况】 中国人民解放军长沙市雨花区人民武装部（简称“区人武部”）为正团级单位，隶属于中国人民解放军长沙警备区。区人武部设部长、政治委员、副部长，内设军事科、政治工作科、保障科；除部长、政委、副部长和军事科科长外，其余人员均为文职。区内街、乡、镇、企事业单位设立基层人武部，地方编制，编配专职部长、干事各1人，接受同级党委和区人武部的领导。全区基层武装部若干个，配备专职人武干部；建有民兵营若干。境内驻军有国防科技大学前沿交叉学科学院、军委装备发展部驻长沙地区军代室、陆军装备部驻长沙地区军代室、海军驻湖南地区军代室、火箭军驻长沙办事处、国防科大军职以上退休干部休养所、湖南省军区樟木坝干休所、长沙警备区左家塘干休所等。

2019年，区人武部贯彻军委主席习近平关于强军目标和能打胜仗的要求，落实湖南省军区、长沙警备区党委扩大会议精神和区委、区政府年度工作部署，紧跟形势，积极作为、开拓创新，团结带领单位全体干部职工、全区专武干部和民兵预备役人员，圆满完成年度各项工作任务，人武部全面建设跨上新台阶。推进军事斗争准备，修订战备方案11份，补充战备器材物资，并将战备方案和物资主要落实在区民兵值班应急分队上，加强训练演练，每季度进行一次带背景的实兵拉动，提升民兵应急分队战备值班水平。民兵调整改革与时俱进，提质纳新，向区内民兵编成条件优越的民营企业扩展，对新编民兵分队干部和骨干进行民兵整组培训等。民兵调整改革工作接受长沙警备区交叉检查名列全市第三，并得到军委国防动员部检查组的好评。

（邓　星）

【坚持党管武装】 2019年，雨花区坚持党管武装的优良传统，把武装工作作为雨花长治久安体系和治理能力现代化建设的重要组织部分，区委坚持议军会议、军事日活动、述职制度和调研制度，坚持优先听取武装工作汇报，优先审批武装工作文件，优先参加武装工作活动，优先解决武装工作难题；实行区委主要领导现场办公制度，研究破解武装工作的重点、难点问题。党管武装绩效考评向国动委成员单位延伸，区委书记兼任中共雨花区人武部委员会第一书记，企业厂长、董事长（总经理）兼任武装部第一书记，区人武部将党管武装、国防动员、国防教育等重要事项报请区委常委会列入重要议题，定期研究解决出现的问题，形成党管武装工作常态化落实机制。协调区委有关部门组织全区各级党管武装绩效考评，在民兵组织中预设党组织，加强基层武装部和民兵队伍党的建设，充分发挥党管武装工作职能，全面加强基层武装部和民兵组织建设。

（邓　星）

【思想政治建设】 2019年，雨花区人武部开展“传承红色基因、担当强军重任”和“不忘初心、牢记使命”主题教育活动，组织全体干部职工深入学习习近平关于“不忘初心、牢记使命”重要论述选编、习近平新时代中国特色社会主义思想学习纲要、习近平强军思想学习纲要、习近平在“不忘初心、牢记使命”主题教育工作会议上的重要讲话等政治学习内容。部党委委员按照主题教育课题分工，利用党团活动日为干部职工、专武干部和民兵上辅导课，播放《英雄本色：张富清》《时代楷模：王继才》和《战斗英雄：韦昌进》等视频，开展读书心得演讲和学习笔记交流等活动。通过主题教育活动，部党委把关定向能力、重大问题正确决策能力和通过民主生活会解决自身问题的能力明显提高；在党委班子成员变化较大情况下，新成员积极进入角色，老成员主动协同帮助，班子较快正常运转，班子成员个个争做单位的排头兵；干部经受住军改政策的考验，是留是走还是改文职，都是自觉服从；干部职工自觉利用业余时间学习主题教育内容，认真做好笔记，并从思想政治上坚定的与党中央保持一致，自觉抵制社会各种负面因素的侵扰；全体干部职工正确对待身份和岗位的变化，全身心投

入工作。（邓 星）

【队伍管理】 2019年，雨花区人武部组织干部职工学习共同条令、军委国防动员部相关规范性管理文件，增强干部职工法治意识和依法管理能力。坚持把安全管理工作作为单位的头等大事，紧盯“人车枪弹密、水火电钱网、油酒黄赌毒、涉外涉地方”17个要素，突出人员管控、车辆动用、枪弹管理、信息保密等重点领域安全管理，严防事故案件发生。组织开展“保密大清查”“安全隐患排查整治”“计算机网络安全保密清查整治”“百日安全无事故”等活动。部领导带头进行安全保密专题授课，单位保密委员积极发挥作用，确保本单位安全稳定。增强综合保障能力，加强后勤规范化管理，加大预算执行和监管力度，有效保障年度重大军事训练等活动的实施，保证现有武器装备、车辆处于良好技术状况。行政性消耗开支较之往年大幅度减少。（邓 星）

【民兵整组】 2019年，雨花区完善工作机制，按照“任务牵引、平战结合、突出重点、建用一致”的工作原则，扎实推进民兵整组工作，努力构建平战一体的新型民兵力量体系，全面提高基干民兵的应急应战能力。区人武部贯彻落实湖南省、长沙市深化民兵调整改革会议精神，召开党委会研究贯彻落实举措，并将上级会议精神和部党委贯彻落实举措向区委、区政府主要领导汇报。雨花区成立由区委常委、常务副区长为组长的深化民兵调整改革领导小组，召开全区武装工作会议，深入学习上级深化民兵调整改革会议精神，部署相关工作；制定下发深化民兵调整改革实施方案；3次组织召开民兵整组任务对接推进会，系统学习解读上级关于《深化民兵调整改革检查考评标准》等文件，及时研究和解决整组工作中遇到的矛盾问题；坚持把宣传教育贯穿民兵组织整顿工作全过程，充分发挥区、街镇、社区三级组织功能，广泛开展宣传发动，利用电子显示屏滚动播放、在街口要道和人员密集场所悬挂横幅、张贴标语等方法，积极营造开展民兵调整改革工作的浓厚氛围。采取集中教育、个人自学、以会代学、送课上门等形式，提高专武干部和基干民兵对民兵调整改革工作的认识和相关业务水平；成立3个联合检查指导组，由区人武部领导带队，对全区民兵组织整顿、调整改革工作进行全覆盖检查指导，实地走访省水利厅、省气象局、中建五局、省路桥集团、湖南联通、龙骧交通运输集团、长沙市比亚迪汽车公司等企事业单位，摸清编兵潜力。根据各单位潜力特点，按照人装结合、专业对口、便于组训、利于出动的原则，综合考虑企业潜力、任务特点和专业要求，科学编建队伍。区民兵应急连以班为单位分解到各街镇编组，缓解街镇人员集中的压力。防汛抗洪民兵分队依托浏阳河沿线街镇编组。依托雨花经开区安冠智能、泰达机器人、文超智能装备、大族智能装备等企业编组民兵专业技术分队，提升科技含量。坚持由“编实”向“建强”转型，优先把退伍军人、党（团）员和具有专业技术特长的人员编入队伍等，其中党员占比34.2%；退役军人占比32.3%；新质力量占比37.67%；技术岗位专业对口率85.2%。4月底，雨花区完成民兵调整改革工作任务。（邓 星）

2019年3月22日，雨花区民兵工作管理系统培训（邓 星 提供）

【军事训练】 2019年，雨花区坚持每日1小时体能训练等现役干部和文职人员常态化训练，参加湖南省军区、长沙警备区组织的军事理论学习。长沙警备区年终军事考核获总评优秀成绩。对专武干部队伍采取业务培训和以会代训等方式，强化业务能力。组织3批专武干部参加长沙警备区轮训，参训人数及轮训评为先进个人数排名全市第一，被评为集训先进单位。黎托街道武装部部长张光祥获湖南省比武竞赛想定作业单项第一名。民兵训练坚持按纲施训、从难从严，端正训风考风，组织网络技术分队、无人机侦察分队和战略运输投送分队等新开训项目基干民兵专业训练10期，合格率100%。在湖南省军区比武中，区民兵医疗救护分队获第一名、民兵无人机操作获第四名。学生军训严格落实上级关于杜绝商业化运作要求，协调长沙航空职院定向培养士官若干，经过培训，担任军训教练员，为辖区32所中学、中职2.9万余名新生实施军训。在明德雨花中学组织全区中学生军训队列大比武活动，社会反响良好，《中国国防报》、《湖南国防教育周刊》、湖南经视等多家媒体进行报道。军事职业教育承担长沙警备区试点任务，投入经费39万元，建成“两网一室”。军事职业教育图书馆纳入区属图书馆共建点，充实图书3000册，统一编排目录，列入全市图书馆通借通还系统。拍摄2堂微课得到推广。接待19个单位120余

人次现场观摩。试点经验被湖南省军区军职教育现场会收录。（邓　星）

【国防动员】　2019年，雨花区着眼征兵工作任务，开展兵役登记工作，全区兵役登记率实现100%。以提高兵员质量为核心推进征兵工作，实施“一对一”“点对点”工作方式，进行深入细致的思想工作，突出正能量教育，着力提升青年的政治思想水平，帮助他们真正做到从思想上入伍。至8月底，完成年度兵员征集任务。完成定向培养直招士官体检、政治考察及入伍工作任务。承办年度湖南省欢送新兵入伍仪式。（邓　星）

【国防教育】　2019年，雨花区深入普及国防教育。2次邀请军地知名教授为区委领导举办国防教育专题讲座。协调召开区国防教育委员会全会，总结国防教育工作情况，表彰2018年度国防教育先进单位和个人，调整国防教育委员会组成人员并明确职责，部署国防教育工作任务。发挥长沙航空职院新型国防教育基地优势，利用报纸、展板、网络、新媒体等平台，推动国防教育进机关、进学校、进社区、进企业等。在学生军训过程中，深入开展国防教育，免费赠初、高中新生《雨花区中学生军训手册》。举办“全民国防教育日”活动。举行新兵欢送仪式，营造参军光荣、关心国防的良好氛围。建立由军地有关部门领导组成的国防设施保护领导机构，加大法规宣传力度，按要求划定国防设施保护区域，组织对重要国防设施周边安全环境隐患进行治理，加强执法检查，维护国防设施安全。广泛开展拥军优属活动，“八一”、春节慰问走访驻地官兵和军烈属，举行立功军人家属颁奖仪式和送喜报活动，提高军人军属的荣誉感、获得感。积极做好军人抚恤优待工作，落实退役士兵优待、优抚政策并做好其就业培训和安置；做好转业军人和随军家属的安置和子女上学等工作，协调安置转业干部22名、转业士官11名、随军家属7名。解决31名现役军人子女入学难等问题。以实际行动推动“让军人成为全社会尊崇的职业”在雨花区落地。充分发挥民兵参建参治作用，积极组织民兵预备役人员参加“四个文明”建设。组织民兵应急分队参加长沙火车南站春运安保出动演练，南部战区和湖南省军区均作报道。组织民兵预备役人员参加长沙“文明卫生城市”迎国检任务，在长沙市各交通路口、商场等地开展志愿者卫生清理活动，发挥民兵预备役人员生力军与突击队作用，完成任务，得到长沙市委、市政府的好评。（邓　星）

人民防空

【概况】　2019年3月，长沙市雨花区人民防空办公室（简称“区人防办”）由区政府工作部门调整为在住房和城乡建设局挂牌，区住房和城乡建设局（区人民防空办公室）内设工程和人防管理科。2019年，雨花区新增人防工程若干处若干平方米。区人民防空办公室加强对直属人防工程的日常维护，完成1处人防工程拆除和1台警报通信设施拆除迁移，完成22处人防工程的交接工作，完成3台警报器建设，组织“人防宣传月”、人防知识小竞赛等活动。（秦　俭）

【人防宣传进校园活动】　2019年10月25日，雨花区住建局（区人防办）在雨花区泰禹小学开展“人防宣传进校园”活动。活动向学生发放宣传手册、观看防空安全知识视频，长沙市民众应急服务中心的老师向学生传授防空防灾知识和技能，讲解人民防空由来，帮助学生熟悉人民防空警报种类及各种信号鸣放时的响应行动，传授防毒面具的佩戴方法，演示心肺复苏的操作步骤，面对空袭、自然灾害的应对方法等人防知识，开展防空防灾体验。活动旨在通过普及宣传教育，鼓励学生积极学习人防知识，提高学生在面对突发情况时的处置能力，提高自救互救能力，增强学生人民防空意识和国防观念，教育学生铭记历史，勿忘国耻。（秦　俭）

2019年11月1日，雨花区人防宣传月和警报试鸣宣传活动　（秦　俭　提供）

城乡建设

建设管理

【概况】 2019年，长沙市雨花区撤销区城乡建设局、区住房保障局，组建区住房和城乡建设局（简称“区住建局”），加挂区人民防空办公室牌子，区住房和城乡建设局（区人民防空办公室）内设综合科、行政审批和政务服务科、行业监管科、工程技术和设计管理科（建筑节能办公室）、水务科、工程和人防管理科、住房保障管理科7个职能科室。下设雨花区建筑工程质量安全监督站、雨花区城乡建设执法监察大队、雨花区物业维修资金管理中心、雨花区住房保障服务中心。在职干部职工59人，退休老干部57人。局机关党支部，党员53人，离退休党支部，党员28人。办公地点设在雨花区人民政府机关大院3号楼。

2019年，雨花区住房和城乡建设局坚持党建引领队伍建设，组织“不忘初心、牢记使命”主题教育活动，履行班子意识形态工作的主体责任，落实“一岗双责”，加强干部队伍意识形态的教育学习，及时做好重要节点和敏感时期的舆论监管，建立重大政策及项目的舆情风险评估机制，及时回应民众诉求，优化部门形象。着力提升服务和协调能力，落实项目帮扶，采用质安先行介入、采取施工图线下审查等措施，破解重点项目、重点工程因为地块整合、规划调整等原因导致前期建设手续难的难题，确保保莉茉莉公馆、碧桂园时代广场等20余个重点工程项目顺利推进。行政审批改革快速推进，行政审批规范高效。配合省委巡视组反馈问题整治；配合违建别墅清理工作，完成营商环境测评工作；督促区35家房地产企业上交税款1.672亿元；完成新型城镇化、长沙市城市双修和农村双改有关工作；建筑公司改制人员安置及个性化问题得到解决，后续工作建议向区人民政府报告并同意，成立清算小组，由区城市建设投资集团有限公司接管。办理领导批示件95件、网络舆情41件、省信访平台来件82件、市区长信箱162件、“12345”市民服务热线870余件。承接建设工程消防设计审查、验收、备案和抽查职责，受理消防设计审查68项，办结34项，受理消防验收项目申报5个。曙光家园项目房产处遗办证500余本，相关项目有序推进。既有多层住宅小区加装电梯通过审批备案27台，完成专项验收24台，申报政府财政专项补贴的6台。对跳马镇4类重点人员1021人住房进行安全大排查，125户纳入危房改造。办结房屋物业维修资金使用维修项目291个，划拨资金近1657万元。完成“一圈两场三道”中自行车道新改建75.5千米。

（秦　俭）

【行政审批管理】 2019年，雨花区实施建设工程项目审批制度改革，完成项目审批改革实施方案、审批流程、申报表单、窗口设置等工作。既有多层住宅增设电梯推行“会议专题联审”，简化相关手续。公租房小区引进智能化动态管理。核发建设工程项目施工许可证47个，完成区管建筑工程招投标项目备案33个。完成项目设计审查12个，初步设计批复17个，受理初步设计（含消防）施工图审查225个（其中消防设计备案189个）。受理发放建筑工地施工期间城镇排水排入许可24户，受理并办结停水备案31起。

（秦　俭）

【行业管理】 2019年，雨花区坚持“服务为先，严格管理”，切实抓好企业资质审批的事中事后服务与管理，引导企业加强诚信建设，区管建安企业1218家，其中区管一级企业15家，二级企业75家，三级企业657家，施工劳务企业471家。建安企业“四上”单位38家。全区建安企业完成生产总值1700亿元。落实工地扬尘防治“8个100%”，在线监控全覆盖，加强日常监督巡查、重点区域、重点项目等保障，开展工地微宣讲、知识进工地等活动。拟定《长沙市雨花区城市黑臭水体治理攻坚战实施方案》，完成紫薇路污水管网新建等8个项目的核实申报，完成石碑大港流域水环境综合治理前期工作初步方案的意见收集；加强在建项目工地排放的巡查与监管。把全区建筑工地、物业小区、围挡督查、志愿者服务作为精神文明创建工作的中心，细化管理措施，使工作切实落到实处。督查建筑工地约170余个，物业小区560余次，确保申报点100%达标，路桥社区、微地生鲜农贸市场周边工地及韶山路围挡动态整治达标，顺利通过国检验收。（秦 俭）

【安全管理】 2019年，雨花区全面落实建筑施工企业等各方责任主体安全生产责任，定期召开安全工作形势分析会，全面部署安全生产工作。开展季度安全大检查、节前安全大检查和机械设备专项安全检查等各项检查工作。开展企业安全生产季度专项检查，督促企业抓好安全生产教育培训。排查危房242栋次，挡土墙、护坡、深基坑等安全隐患250余处，受理房屋鉴定9处，对跳马镇四类人员住房以及暴雨受损严重房屋进行危房鉴定230余起。与300多家物业企业签订《安全生产承诺书》。开展既有建（构）筑物雨季安全隐患集中排查，对100余处危房、100多处有安全隐患的挡土墙、围墙、深基坑进行排查并现场指导。（秦 俭）

【质量安全监管】 2019年，雨花区全面推行质量安全监督规范化工作，提高监督工作水平。在建（受监）项目31个，受监率100%，合格率100%。工作中完善精细化监管、监督工作流程和应急预案，建立标准化示范工地，健全监管工作制度，明确监督注册、日常监督管理、约谈警示、工程项目竣工等阶段的工作程序和监管要求。加强对监督人员的日常评价和考核，按要求签订质量终身承诺书。（秦 俭）

【物业监管】 2019年，雨花区落实“部门指导、街道负责、网格管理、综合协调”的物业管理工作机制，督导物业企业提升物业服务质量，做好文明创建、垃圾分类等工作，落实“公共部分收益及使用”定期公示工作，指导成立业主委员会47个，加强物业专职社工业务培训（社工业务考核成绩全市第一），矛盾纠纷抓小抓早，上半年市对区考核未扣分。成立雨花区建筑工程行业扫黑除恶挂牌专项整治工作领导小组，通过专题会议、领导检查督查、宣传发动、一线摸排，向区扫黑办移交涉黑涉恶线索6条。同升湖挂牌整治事项（房产办证遗留问题、自来水厂的供水、混凝土公司、物业管理和业主委员会选举）工作按要求配合市刑侦支队等单位全面摸底，形成专项书面建议。（秦 俭）

【执法监察】 2019年，雨花区通过日常巡查与重点查处相结合，下达各类违法违章工程、蓝天保卫战执法文书120余份；立案处罚28起，立案处罚33起，罚款10.68万元。处理“12345”投诉358起，协同处理餐饮油烟污染60余次，参加市住建系统执法知识竞赛获第一。区建局建立健全“法治政府建设”工作机构，规范行政和执法过程，重视法律知识培训和宣传，发挥法律顾问作用。（秦 俭）

【住房保障服务】 2019年，雨花区发放非定向公租房租赁补贴422户次，实物配租新增审批282户。经济适用住房货币补贴审批25户；实物审批4户；棚改安置补贴审批225户；定向限价商品房认购395套；集体土地拆迁对象购房奖励审批80户；全区职工住房补贴审核和报批167人；发放房屋租赁登记备案证210余份。收取并上缴公租房住户租金271万元；落实房源388套（万家园）；全方位开展公租房清查整治工作。（秦 俭）

【房地产市场管控】 2019年，雨花区落实属地管理责任，商品住宅批准预售面积336.33万平方米。住宅销售面积313.55万平方米，列长沙市内五区第二。新建商品住房网签均价每平方米9583元，同比增幅11.21%，列长沙市内五区第二。压实开发企业主体责任，化解矛盾纠纷，房地产市场平稳健康发展。（秦 俭）

【建筑工地复工把关】 2019年2月，雨花区住建局狠抓安全防范责任措施落实，认真做好建筑工地节后复工的检查排查工作，要求各项目工地按申请、现场核查、整改到位的复工程序做好节后复工工作。对经现场核查达不到复工条件、没有执行复工程序而擅自复工的建设项目，一律签发停工整改通知书，对项目经理实施扣分处理；对拒不整改的责任主体，一律认定上报责任单位和人员不良行为记录，坚决把好节后复工关。要求关键岗位人员在作业人员进场之前进入工作岗位，由负责人带队开展安全生产检查，消除安全隐患，组织对“班前会”和安全监理报告制度等文件的宣贯和部署工作；施工单位应认真做好作业人员管理工作，对进场作业人员逐个登记造册，核对特种作业人员资格证件。根据不同的岗位，开展安全教育和安全技术交底工作，调整好节后作业人员的思想状态，特别是对新进人员、转岗人员和从事危险作业的人员，必须先履行教育培训、安全交底、班前会等必要程序后方可上岗作业；建设、监理、施工单位应根据《关于做好春节前后建筑施工安全生产工作的通知》的要求，重点对起重机械、深基坑、高大支模架、临时用电等危险性较大的分部分项工程的专项方案及现场情况进行自查、排查和复查，并确保整改落实到位。（秦 俭）

【公租房违规乱象专项整治】 2019年4月29日至6月30日，雨花区住建局进行为期两个月的公租房违规乱象专项整治，加强公共租赁住房的后续管理，切实实现住户“住有所居，居有所安”的居住愿望，重点对住户基本信息核查，整治公租房转租转借、擅自改变公租房用途，因购房、购车、死亡的原因取消公租房租住资格而未腾退等违规违约行为。通过张贴公告、悬挂宣传横幅、上户清查、恳谈劝诫及下达限期整改通知书，9户违规经营麻将馆住户均已整改到位，整治行动取得初步成效。（秦 俭）

【应急救援预案演练】 2019年4月23日，雨花区住建局（区人防办）在中城苑安置小区项目部组织开展“生

命至上 安全发展——高处坠落伤人事故应急救援预案演练”，预案演练通过模拟项目施工现场中1名施工人员因未系好安全带导致发生高处坠落伤人事故后进行的应急救援过程。演练中应急救援小组指挥得当，全体人员行动迅速，配合密切，整个演练活动取得预期效果。雨花区住建局（区人防办）分管领导及区建筑工程质量安全监督站相关工作人员、中国人民财产保险股份有限公司湖南省分公司负责人、中建五局项目负责人、项目总监、项目经理及关键岗位人员等80余人观摩活动。（秦 俭）

【自行车道改建项目通过验收】2019年3月13日，由长沙市雨花城市建设投资集团有限公司负责的2018年改建自行车道建设项目竣工验收会召开。市住建局、区城建局、区城管局、区市政局、建设单位、设计单位及施工单位等相关人员参加会议。雨花区2018年自行车道改建任务为48.7千米，涉及劳动路、曙光路、新建路、长塘路、木莲路、沙湾路、圭塘路、香樟路、楠竹路、嘉华路、韶山路、芙蓉路以及圭塘河绿道13条道路。会议听取建设、施工、设计等单位对项目实施情况的汇报，现场实地察看沙湾路段和长塘路段自行车道改建情况，与会职能部门发表意见，认为项目建设达到预期目标，工程质量符合设计文件及验收规范要求，建设方案合理，程序合法，符合竣工验收条件，初定合格。要求验收后负责接受的单位要加强对自行车道的后期维护保养。（秦 俭）

【依法行政实务培训】2019年10月12日，雨花区住建局举办依法行政实务培训会。湖南省法学会行政法学研究会理事、湖南省律师协会行政法律事务专业委员会委员、长沙市律师协会政府法律顾问专业委员会秘书长、湖南湘军麓和律师事务所律师熊阳勤从律师的角度讲解行政处罚与许可、政府信息公开、信访及其他投诉回复、行政复议和诉讼、政府合同管理等工作中具体需把握的原则和要点。帮助全局领导干部和行政执法人员加深对依法行政和执法重大现实意义的认识，提高对相关法律、法规、政策的理解，提升依法行政和执法的实践能力和水平，进一步推动法治政府建设工作不断向细、严、实方向深入发展。局班子成员、二级机构负责人、各科室长及取得行政执法证的人员参加培训。（秦 俭）

【物业管理法律法规培训】2019年4月26日，雨花区住建局举办全区物业管理人员法律法规培训。雨花区住建局党组书记、局长张学军，党组成员、副局长赵文武，区物业维修资金管理中心主任王冰，各街道（镇）物业分管领导、物业专职社工、物业项目负责人共700余人参加培训会。张学军指出，物业企业要扎实工作，要真心实意干实业。同时要响应习近平总书记关于“新一代民营企业家要继承和发扬老一辈人艰苦奋斗、敢闯敢干、聚焦实业、做精主业的精神，努力把企业做强做优”的号召，为业主提供优质的服务，与业主建立良好和谐关系，让群众的幸福感在家门口升级；物业专职社工履职尽责，群众利益无小事，物管工作是当前最大的民生工程，务必主动作为，争取更多的存在感，实现更多的人生价值；街道、社区要守土有责，肩负起属地主体责任，要保一方平安，积极妥善处理好民生问题，让国家好政策落地生根、开花结果，让国家经济红利惠及千家百户。法眼集团法律专家们解读《物业管理问题及新条例适用》，讲解《物业工作中常见法律风险及防范》，对新条例出台后的15个变化以及目前物业管理工作遇到的难点热点，结合实际案例作出通俗易懂的解说。讲解内容紧扣实际工作，拓展了物业管理人员和服务企业应对行业新变化的工作思路。（秦 俭）

【物业管理工作培训】2019年12月18日，雨花区住建局召开物业管理工作培训会暨年末安全生产、垃圾分类、绩效考核工作调度会，各街道（镇）物业办工作人员、社区物业专职社工158人参会。区物业维修资金管理中心主任王冰解读物业绩效考核内容。区住建局党组成员赵文武分析雨花区物业管理形势，要求街道（镇）、社区必须以务实态度、过硬作风、精细标准做好市对区物业绩效考核准备。区住建局党组书记、局长张学军强调要处理好“沾地气”和“接天线”关系；要加强“工作定力”与“人生梦想”认知；切实做好市对区物业绩效考核、垃圾分类和安全生产等工作。格物教育金牌教师、物业管理专家张建勋、杨慧云分别解读《湖南省业主大会和业主委员会指导细则》及讲授《街道社区物业工作常见问题的法律适用》，为物业社工现场解疑释惑。（秦 俭）

2019年4月23日，雨花区高处坠落伤人事故应急救援预案演练 （秦 俭 摄）

2019年4月26日，雨花区物业管理法律法规培训会　　（秦　俭　摄）

【物业专项维修资金培训】　2019年10月31日，雨花区住建局组织召开物业专项维修资金培训会暨物业管理工作会议，长沙市物业维修资金办主任张冬晓讲述长沙市维修资金的现状、规模、发展方向，总结物业专项维修资金使用中存在的问题和不足，物业专项维修资金的规范化使用等。市物业维修资金使用科科长陈泽宇解读《长沙市物业专项维修资金管理办法》。会议部署市对区物业管理绩效考核迎检工作，精细指导对物业专职社工的培训和考核、业主委员会成立、公共收益公示、电梯安全管理等。区住建局党组书记、局长张学军强调，物业维修资金的使用事关民生问题，事关社会和谐稳定，千万马虎不得，必须认真对待。要为群众排忧解难，把政策宣传好，把群众引导好，把资金使用好。要把此项工作纳入到“不忘初心、牢记使命”主题教育中，纳入到为民办实事、办好事的实践工作当中去。各街道（镇）物业办负责人、物业专职社工参加会议。　（秦　俭）

【实名制管理工作推进（培训）会】　2019年12月11日，雨花区召开全区建筑工人实名制管理工作推进（培训）会。会议通报建筑工人实名制工作情况，学习传达上级有关文件，安置部署根治拖欠农民工工资工作。中国电子科技集团第十五研究所技术总监阮国军、助理工程师周正辉就平台使用进行授课，现场答疑。区住建局党组书记、局长张学军强调，一定要按照要求、时间落实到位；加强督查，重点督查实名制不到位的项目工地；加大打击力度，对违法行为主体处罚一批、曝光一批，纳入资质管理和诚信管理；加强与人社部门积极协同配合，对实名制管理情况进行动态监管，督促企业按要求开展实名制管理工作，并百分之百完成。雨花经开区规划建设局、区住建局、区人社局监察大队、区质安监站、区建筑执法大队和各街道（镇）相关负责人，雨花区房屋建筑和市政工程二级以上总承包企业负责人、区内在建的房屋建设项目、市政道路建设项目负责人及经办人300余人参加。　（秦　俭）

【质量安全标准化观摩会】　2019年8月8日，由雨花区住建局（区人防办）主办，中国建筑第二工程局有限公司湖南分公司、华安财产保险股份有限公司湖南分公司承办的雨花区质量安全标准化暨“蓝天保卫战”观摩会在碧桂园·时代广场现场召开。区住建局（区人防办）领导和相关科室人员、中国建筑第二工程局湖南分公司相关负责人、区总承包二级以上建安企业质量安全生产负责人及施工管理人员参加观摩会。中国建筑第二工程局有限公司湖南分公司负责人进行项目介绍及表态发言，区住房和城乡建设局（区人防办）党组成员、总工程师孔建军要求，牢固树立安全意识，切实担起安全责任，以高质的产品贡献“三个雨花”，服务于民；切实做好“蓝天保卫战”工作和文明工地建设。全体人员观摩项目现场，充分了解项目施工现场统筹合理布置，定型化、标准化、工具化等质量安全措施，观摩大气环境监测系统、雾炮机和喷淋降尘等降尘系统应用情况。　（秦　俭）

【围挡整治工作推进会】　2019年9月5日，雨花区住建局组织召开区建设领域围挡整治工作推进会。雨花经开区、区城管执法局、区交警大队等职能部门、各街道（镇）相关负责人及辖区工地围挡项目负责人等160余人参加会议。会议由区住建局党组书记、局长张学军主持。会议对围挡具体设置要求进行技术培训，对施工现场围挡要求做到连续、稳固、安全、整洁，规范和统一全区建设工程围挡质量，提升围挡外观整体形象。会议要求各部门精心组织实施，将主干道工地围挡及广告整治工作列入重要议程，加强对规范整治工作的督导检查，要强化各部门联动，加强横向联系，建立健全联动机制，加强协作配合。区政府副区长王明玖指出，通过开展主干道工地围挡及广告规范整治，要进一步统一和规范工地围挡及广告设置标准，解决工地围挡“脏乱差”的问题。　（秦　俭）

【物业联席工作会】　2019年6月26日，雨花区住建局组织召开区物业联席工作会议，调度市对区物业管理半年度绩效考核工作。会议总结上半年物业管理工作，全面部署市对区物业管理半年度绩效考核工作。会议下发《2019年长沙市中心城区物业管理工作绩效考核实施方案及评分标准》，重点对物业服务项目公共收益公示、电梯安全监督管理工作考核的要点、注意事项进行强调。要求各街道（镇）会后向各物业服务企业传达会议精神和考核要求并立即展开自查工作。会议要求各物业专职社工要认真督促各物业服务企业全面落实，逐一排查，将问题整改到位。区住建局党组书记、局长张学军强调，各街道（镇）务必高度重视、荣辱与共、熟悉规则、有的放矢，以最好的状态迎

接市对区的物业管理绩效考核工作。区住建局及各街道（镇）分管领导、物业办主任参加会议。（秦　俭）

【物业管理半年度市考】　2019年7月8日，长沙市物业管理联席办副主任张晖带领长沙市物业管理绩效考核组对雨花区物业管理工作进行半年度考核。抽签检查圭塘街道的万科金域华府、香雨壹品、湘核佳苑、联通瑞丽园及左家塘街道的朝阳欣园5个物业小区。考核组通过查阅台账、实地验收的方式对小区公共收益和使用的公示情况及电梯安全监督管理工作情况进行现场考评，考核以“0”扣分的成绩通过。（秦　俭）

【长烟物业维修改造项目技术审查会】　长沙卷烟厂职工家属区“三供一业”物业维修改造项目包括长沙卷烟厂9个职工家属区，总占地面积约10.67公顷（160亩），大部分家属区于20世纪90年代建成投入使用，基础设施破坏严重，建筑物破旧不堪，需按照长沙市和谐社区建设和物业管理规范建设基础设施标准进行维修改造，需改造的建筑面积228717.94平方米。2019年1月17日，雨花区组织召开该项目技术审查会，雨花城市建设投资集团有限公司汇报关于该项目的情况介绍和设计单位的设计成果。与会人员肯定设计成果和设计深度，提出现有路面的加铺应考虑标高的影响，屋面防水层维护增加构造层应考虑上人屋面的安全高度等细节化的建议。会议督促设计单位根据会议评审意见对设计进行优化调整，加快推进该项目的建设。相关评审专家，区城建局、区经信局、区规划局、区城管局、区发改局，设计单位负责人参加评审。（秦　俭）

【土方平衡论证会】　2019年9月12日，雨花区住建局（区人防办）组织召开雨花现代电子商务产业园区域土方平衡专题论证会。市住建局、区发展改革局、区财政局、区审计局、区纪检、区征地服务中心等职能部门领导及相关专家应邀参加。雨花区住建局（区人防办）介绍论证会召开的目的及需解决的问题，对雨花现代电子商务产业园项目土方平衡造价偏高的有关问题进行简要的对比分析，建设方和设计院代表介绍该项目的基本情况和土方平衡中存在的问题。与会人员从不同角度对园区道路土方说明报告给予全面详细点评，提出建设性的意见和建议。经过讨论，会议达成共识，园区道路土方平衡要结合园区整体开发统筹考虑，优化开发时序，降低土方平衡造价，节约财政资金；重点摸清现场实际情况，重新复核控规土方平衡量，充分发挥规划优化在节约成本中的作用；进一步优化设计方案，完善说明报告，提出可行性的解决方案供领导决策；充分利用先进技术，创新土方消纳方式，进行土质改良后实现就地消纳，以降低土方平衡费用。（秦　俭）

【蓝天保卫战“微宣讲八进”活动】
2019年5月23日，雨花区蓝天保卫战“微宣讲八进”活动启动仪式暨工地专场宣讲在黎托街道明昇壹城工地举行。区住建局党组书记、局长张学军作首场主题宣讲，从讲政治、讲责任、讲良心、讲标准、讲法律5个层面宣讲建筑工地扬尘治理的义务和责任以及全面落实“八个100%”（工地周边100%围挡、各类物料堆放100%覆盖、土方开挖及拆迁作业100%、湿法作业、出入车辆100%清洗、施工现场路面100%硬化、渣土车辆100%密闭运输、建筑面积1万平方米以上及涉土石方作业的施工工地100%安装在线视频监控）要求。宣讲由雨花区蓝天办主办，区住建局、区环卫维护中心、黎托街道办事处协办，明昇壹城地产、中建一局承办。黎托、东山、圭塘片区工地施工方、建设方、监理单位300余人参与。

（秦　俭）

【环境大清扫活动】　2019年9月27日，雨花区住建系统开展物业小区、建筑工地、公租房小区及机关办公区域环境大清扫活动，营造干净、整洁、有序的生活、工作环境，以新面貌迎接新中国成立70周年。区住建局（区人防办）各科室组织人员对机关办公室区域进行清洁，打扫灰尘，归置物品，并特别强调将垃圾分类工作落到实处。局党组书记、局长张学军带领第一党小组共12人参加联点单位砂子塘街道的“市容环境大扫除，干干净净迎国庆”活动，负责金地巷道路卫生清扫，从韶山路口开始，途径凯德广场、金地社区、阳光锦城沿线门面直至曙光路口，各项目工地、混凝土搅拌站对食堂、宿舍、办公室及厕所区域重点清扫，全面清理裸露垃圾和堆物及工地周边积水沟。在粟塘公租房小区开展“不忘初心 牢记使命”爱国卫生大扫除主题党日活动，长沙市住建局、天心区住建局、芙蓉区住建局、开福区住建局、同升街道、新聚园社区等9个部门100余人参加，分五个区域进行。298个物业小区在各物业项目负责人的带领下，全体动员，加班加点，对楼道、天台、停车场等各公共区域进行全面清扫，对小区内水沟全面清洗，堆物全面清运。（秦　俭）

【住建部检查节能改造工作】　2019年5月27日，住房和城乡建设部检查组检查雨花区既有居住建筑节能改造项目，抽查赤岗社区外遮阳系统改造玻璃贴膜项目，听取雨花区住房和城乡建设局既有居住建筑节能改造工作汇报，查看项目竣工验收资料。实地走访察看居民家中外遮阳系统改造玻璃贴膜情况，听取居民对玻璃贴膜遮阳效果的反映。检查组对雨花区既有居住建筑节能改造项目的组织实施及改造效果给予高度评价。雨花区住房和城乡建设局将进一步加强既有居住建筑节能改造工作的组织和监管，将雨花区的建设节能管理工作推向更高层次，更好地服务老百姓。（秦　俭）

【市工改办调研督查雨花区】　2019年10月11日，长沙市工改办副主任、市住建局党委副书记、副局长袁国棋专题调研督查雨花区工程建设项目审批制度改革工作进展情况，查看工程建设项目审批制度改革工作相关材料，了解区工程建设综合窗口、水电气报装综合窗口、工程建设帮代办窗口开设情况。座谈听取区深化工程建设项目审批制度改革工作情况汇报，询问遇到的困难和问题，并与参会的区住建、发改、行政审批、财政、规划等部门进行交流。区政府副区长王明玖表示，雨花区从改革工作启动以来以“压实部门责任、精简办事流程、缩减审批时限、简化审批事项、提供优质服务”为主线，“以解决审批环节流程中的突出问题为抓手”为核心，各部门通力合作、克难攻坚，做了大量工作，全区的工改工作取得了积极进展。袁国棋表示，工程建设项目审批制度改革是政府“放管服”改革的重要内容，是优化营商环境的重要举措，只有市区两级上下联动、齐心协力，才能共同推进改革取得实际成效。雨花区前段工作有成效，特别是在优化流程、简化手续、开设专窗等方面行动迅速，效果明显；要坚持问题导向，结合雨花区的特点，在做好规定动作的同时形成雨花自己的特色、亮点。要及时提炼总结容缺办理、流程优化等工作经验，努力做全市改革工作的排头兵。（秦　俭）

【区人大调研城乡建设工作】 2019年5月9日，雨花区人大常委会一行8人到区住建局调研被征地农民“两安”及物业管理工作，区住建局党组书记、局长张学军汇报被征地农民“两安”项目建设基本情况、建设管理现状和难点，“两安”项目房屋权证办理情况，“两安”小区物业管理情况，全区物业管理工作。与会人员围绕解决“两安”和物业管理工作难点问题进行深入的探讨与交流。区人大常委会指出，“两安”工作是雨花区目前重大民生工作，部门与代表之间要更多地进行双向交流，加强工作配合；要多学习借鉴优秀经验和模式，突破现在的管理瓶颈；要在基层加强宣传和培训，在建设管理中树立依法依规导向；要继续推进物业管理改革，推进小区综合治理，尤其是“两安”小区物业管理要加强。（秦　俭）

【区政府检查春节前安全生产】 2019年1月28日，雨花区政府副区长王明玖带队检查雨花区中烟上下游产业园项目、奥园誉府建设项目春节前安全生产，重点检查施工现场安全生产管理及扬尘污染防治工作。王明玖要求，建设项目一定要做好春节放假期间施工现场安全防护工作和管理人员值班值守工作，对施工现场的安全隐患进行全面排查，确保万无一失；强化危大工程的管控，尤其是加强塔吊、施工电梯等起重机械设备的维修保养，防止安全事故发生；认真落实班前安全培训制度，加强作业人员安全防范意识，站好春节前最后一班岗；切实保障农民工工资发放到位，避免讨薪事件引发安全事故。区城建局党委书记、局长张学军、区建筑工程质量安全监督站及建设项目相关负责人全程参加。（秦　俭）

【区政协调研住建领域典型信访问题】 2019年9月3日，雨花区政协主席冯聪龙、副主席康长萍、区政协社法委主任莫志刚、区信访局等相关负责人一行调研区住建领域典型信访问题及化解工作，区住建局党组书记、局长张学军汇报物业管理和房地产市场方面存在的突出信访问题，剖析典型信访问题的聚集点，归纳产生的主要原因，报告处理问题的主要做法，分析阳光城房地产市场问题、幸福满庭车库问题、龙吉湾物业交接问题等几起化解成功典型问题，以及积极呼吁，加强顶层设计，加强行业监管指导，加强联动调处力度，加强政策宣讲培训，加强行政监督执法等努力方向。冯聪龙希望在处理民生、物业管理、房地产市场、发展治理等工作中遇到的问题，要主动理顺机制，不能等靠；要总结好的经验，建立标本兼治的解决方法；加强向区委、区政府汇报，并加大政策宣传力度。（秦　俭）

【物业服务企业春节前安全生产检查】 2019年，雨花区城乡建设局督促各物业服务企业开展春节前安全生产检查和相关工作布置，确保各物业服务小区公用设施设备的正常和安全运行，营造欢乐、祥和、文明、喜庆的节日气氛。1月23日，雨花区城乡建设局向所辖各物业服务企业下发《关于加强春节期间住宅小区物业管理工作的通知》。1月28日至30日，区物业维修资金管理中心主任王冰带队检查各物业服务项目的安全生产管理工作，抽查雨花区泰禹家园等15个物业小区安全、消防管理及节前工作安排。检查中，王冰明确要求，各物业服务企业要在节前集中力量对住宅小区开展隐患排查，消除安全隐患；做好《长沙市人民政府关于长沙市中心城区禁止和限制燃放烟花爆竹的通告》的宣传工作，加强烟花爆竹安全燃放引导；要严格落实值班制度，制定应急预案，在显著位置公布值班电话，并保持24小时畅通；加强物业服务，提高服务质量，及时化解矛盾纠纷；要积极会同和配合社区、业主委员会组织开展形式多样的便民活动，营造欢乐、祥和、文明、喜庆节日氛围。（秦　俭）

【七星区考察雨花区】 2019年1月23日，桂林市七星区住房和城乡建设局副局长蒋大安一行3人到雨花区城乡建设局交流探讨物业管理工作，雨花区城乡建设局党委委员罗明军、区物业维修资金管理中心主任王冰介绍雨花区党建引领“四方联动”新格局全面推广、物业管理联席会制度、“部门指导、街道负责、网格管理、综合协调”的物业管理工作机制运行、社区物业专职社工“前哨”作用发挥、物业企业日常监管等工作经验。双方就业主委员会选举成立、小区业主公约和议事规则制定、小区自治、矛盾纠纷化解、引导业主和业主委员会合法理性维权等方面进行深入交流和探讨，一致认为物业管理工作关系百姓的切身利益，是城乡建设工作的重中之重。随着人们生活水平提高和维权意识增强，暴露的问题日益增多，行业管理需要深化领域改革，锐意进取，敢为人先，坚持以人民为中心，不断实现人民对美好生活的向往。（秦　俭）

【新乡市考察雨花区】 2019年11月18日，河南省新乡市人大常委会副主任鹿建宇、市政府副市长王天兴等一行9人考察雨花区既有住宅加装电梯、老旧小区改造和装配式建筑有关项目先进经验，听取区住建局、区城管执法局既有住宅加装电梯、装配式建筑、老旧小区提质改造工作经验介绍；实地考察到同升街道装配式建筑奥园誉景华府项目、井湾子街道井巷社区和东塘街道浦沅社区提质改造项目、侯家塘街道水院生活小区既有住宅加装电梯项目。考察组对雨花区的既有住宅加装电梯、老旧小区改造和装配式建筑有关工作给予高度评价，认为考察受益匪浅，希望两地加强交流沟通，共同促进发展。雨花区人大常委会副主任李劲松、副区长王明玖、区直相关部门负责人陪同考察。（秦 俭）

【解决星城名典小区水费纠纷】 星城名典小区欠长沙供水有限公司水费200万余元，导致原开发商现有工程项目停水，小区面临停水等严重问题，请求区委区政府协调供水公司进行户表改造，解决小区用水欠费问题，督促相关部门修缮消防管道。2019年1月4日，雨花区政府办副主任杨胜，区城乡建设局党委书记、局长张学军，高桥街道办事处，社区和开发商等相关负责人到星城名典小区现场了解和协商解决供水遗留问题。该小区在供水公司的户名为原开发商，业主全部按时交纳水费并上缴供水公司（7500元/月）；2007年业主委员自治小区以来，水费无欠缴，供水管道正常。2010年开始出现水费欠缴情况，经供水公司排查和测试，因消防管道年久破损，造成自来水流失，平均每月6万元左右。现场处理建议，开发商项目接临时用水；原开发商负责整改车库内的消防管道费用，小区业主自筹解决地面上的消防管道整改费用；小区申报户表改造，改造之后注销小区在供水公司的户名，开发商以后将不再因此受影响；因欠缴水费不是因业主和开发商过错，建议自来水公司报批核销。（秦 俭）

【首例信用“脱黑”指导】 2019年5月，湖南安培公司因承办圭塘河城市双修与海绵城市示范公园建设项目临时用电工程，建筑土方未采用密闭式防尘网遮盖，违反《中华人民共和国大气污染防治法》第六十九条第三款的规定，雨花区住建局根据《中华人民共和国大气污染防治法》第一百一十五条之规定，对该公司作出罚款人民币1万元整的处罚。湖南安培公司积极进行整改、消除不良影响并且缴纳罚款，该行政处罚信息依法公示在“信用中国”网站。2019年11月20日，湖南安培公司在准备投标其他工程项目时，发现“信用中国”网站的公示信息将会极大地影响其参与投标活动，意识到企业信用评价信息的重要性，该公司马上开始积极着手信用修复工作。该公司主要负责人接受企业信用建设的重要性的信用修复培训和辅导，提交相关审核资料。11月27日，湖南安培电力带电作业有限公司招投标负责人请求第三方信用服务机构绿盾征信信用修复辅导。11月30日，雨花区住建局对其申请进行受理，依法约谈该公司负责人，确认该单位确实认真反省并能积极主动配合整改并取得成效，出具信用修复决定书，同意其信用修复，建议“信用中国”网站不再公示该行政处罚信息。“信用中国”网站分级审核湖南安培的信用修复材料进行后依法对相关行政处罚信息撤下公示。12月27日，该行政处罚信用修复。（秦 俭）

重点工程

【概况】 2019年3月，长沙市雨花区工务局更名为雨花区公共工程建设中心，为区政府直属正科级公益类事业单位，主要承担区政府投资项目的建设（或代建）实施和监督管理职责，负责在雨花区范围内的省、市重点工程征拆协调、服务等工作。中心内设办公室、前期工作科、工程技术科、招标管理科、造价管理科、市政工程管理科、房建工程管理科、财务管理科8个科室。工作人员58人，其中在编事业单位工作人员18人，人才引进6人，退役士官1人，雇员33人。党员18人。办公地点设在雨花区人民政府机关大院二号楼外弧三层。

2019年，雨花区公共工程建设中心紧扣“强化党建引领、攻坚项目建设”工作主题，凝心聚力，攻坚克难，自身建设显著增强，项目管理规范有序，项目品质持续优化，报建效率全面提升，项目建设稳步推进。制订《雨花区2019年政府投资建设工程项目计划》，确定项目97个（含预备、前期研究项目），预估年度总投资4.92亿元。启动编制《2020年政府投资建设工程项目计划》，立足全局，把产业发展亟需、民生保障必需的项目放在首位，把能优化公共资源布局、优化交通循环的项目作为重点，在多次征求意见的基础上形成计划初稿，初步铺排项目81个，预计年度投资约5.7亿元。按照“八个100%”“六控”“十禁”要求，抓好日常监管，分管副主任每周一次对在建项目进行扬尘污染治理专项检查，中心主任不定期抽查，重点加强川河路、北冲路等在建项目渣土管理，对发现问题及时督促整改，保障蓝天保卫工作落到实处。处理“省长、市长、区长”信箱、网络信访及“12345”市民热线工单等400余件。完成东方红小学、高升路以及国中路道路路灯等一批群众关注的项目。多次走访慰问联点怡园社区困难党员及老党员，为修建文化广场活动室提供5万元建设经费。5次到浏阳市新光社区开展扶贫工作，8户帮扶对象均实现脱贫。（邹 蛟）

【重点工程建设】 2019年，雨花区公共工程建设中心铺排项目97个，其中续建、新建项目25个，预备项目31个，前期研究项目41个。完成高升路、桂花坪路、美联路、嘉胜路、侯照路一标、北冲路、新平路、柳树塘路、雨花路、景观路、中心消防站配套道路、同升湖周边道路提质改造、石坝路（紫薇路以东200米）13条市政道路建设，通车里程约7.7千米；推进官寺冲路、川河路、紫薇路、先锋路、锦源路、东方红小学周边道路等一批项目建设。完成东方红小学、圭星小学及幼儿园、和平小学风雨操场、社会福利院消防改造、古樟树社区提质改造、和顺苑小区提质改造、芙蓉路（国防科大段）景观提质改造、核工业超硬材料研究院西侧围墙处险工程8个社会民生类项目建设及扫尾工作；推进雨花区中心消防站、国防科大交叉学院提质改造等多个项目建设。完成新建新平路、柳树塘路人行道建设任务，建设总长2.7千米，完成李洞中学、鄱阳小学、东方红小学停车场建设任务。配合完成时代阳光大道、红旗路等12个省市重点工程项目征拆及建设请款，支付拆迁资金1.5亿元。配合完成时代阳光大道、红旗路等12个省市重点工程项目征拆及建设请款，支付拆迁资金1.5亿元，确保省、市重点工程项目征拆资金请款任务基本完成，有效保障时代阳光大道东延线、先锋路等项目的征拆进度，为省市重点项目征拆工作奠定基础。（邹 蛟）

【项目管理】 2019年，雨花区公共工程建设中心将项目后期建设时需考虑的问题提前纳入施工图设计，并积极开展回头看，汇整前期设计工作中共性问题并制定处理标准。研究自行车道和人行道建设标准，制定雨花区自行车道和人行车道建设的分类提升标准。取得豹塘路、井圭路小学扩建等项目可研批复7个、项目概算批复3个项、项目初步设计批复4个，完成项目施工图设计7个，项目重大设计变更技术审查2个，项目方案研究13个及项目规划调整10个。重新调整小型建设工程项目发包预选库，改良委托报建制度，进一步提高报建手续办理效率。取得京珠高速西辅道等项目立项批复14个、项目正式红线图7个、项目用地许可证7个、项目工程规划许可证6个、项目施工许可证7个。完成官寺冲路、支路12–3、美联路3个项目电力迁改，推进圭塘路四标等项目相关迁改工作。向区财评报送预算项目60个，完成38个，审核中项目22个。完成杜花路、美联路、新河路等3条道路的预验收移交，完成光明路、鑫雅路、消防站配套道路、同升湖周边道路、圭塘路四标、六号路等6条道路正式移交，完成东方红小学、和平小学风雨操场、鄱阳小学、芙蓉路小学4个社会民生类项目竣工验收。报送各类结算项目120个，审核中的项目结算26个。完成芙蓉路（国防科大段）景观提质改造、双塘路、东方红小学配套道路提质改造、锦源路、京珠高速西辅道电力管线、司家塘路林高路、先锋路、林科路10个项目招标控制价编审，造价总额约20279万元。完成杜花路二标等17个项目的结算评审和初审，工程总造价51491万元。（邹 蛟）

【招投标与合同管理】 2019年，雨花区公共工程建设中心发包项目176个，市交易中心招标项目6个，在区公共资源交易中心发包项目17个，中心小型项目发包项目150个。送审财评各类合同92份，自行审核各类合同267份，完成签订217份。修改调整施工、监理、勘察和设计合同的相应条款，规范各类合同文本，确保招标和发包工作的公开、公平、公正、廉洁和高效。（邹 蛟）

2019年10月29日，雨花区公共工程建设中心全国文明城市创建调度会
（邹 蛟 摄）

【安全生产管理】 2019年，雨花区公共工程建设中心每月开展安全生产专项大检查，每季度召开一次安全生产专题会议，并在重大节日、重要时期安排应急值班，加大隐患排查治理。开展安全生产检查10余次，出动安全生产检查人员60余人次，查处并整改安全生产隐患17处，确保项目建设平安稳定。及时处置新平路、柳树塘路出现的护坡滑移、省看守所临木莲路边坡垮塌、环保学院护坡围墙出现的险情。（邹 蛟）

【重点工程项目调研】 2019年3月6日，雨花区人大常委会调研雨花区重点工程项目建设现场，察看圭星小学及幼儿园、红星路、林科路、川河路、官寺冲路等重点项目，了解全区重点工程项目建设基本情况。4月18日，区政府副区长王明玖调研区公共工程建设中心在建项目，现场踏勘项目建设，听取区公共工程建设中心党组书记、主任黄练文汇报川河路、景观路、官寺冲路和林科路等项目建设推进情况及存在的问题，讨论研究川河路项目一标殡仪馆用地问题、二标迁坟及食品厂腾地建设问题，川河路与时代阳光大道终点“丁”字交叉口道路顺接等项目难题。6月18日，区人大常委会实地调研圭星小学建设项目施工现场，了解项目建设情况，听取项目施工、监督管理等相关情况汇报，询问工程建设进展和建材、施工质量控制等情况，了解教学楼、运动场、综合楼等空间区域的功能划分及设施配备。7月3日，区政府副区长刘江红一行督查东方红小学和圭星小学及幼儿园项目建设情况，现场察看项目建设进度，听取区教育局、区公共工程建设中心、施工单位等相关单位负责人有关项目情况汇报。7月30日，王明玖带队慰问高温下作业重点工程项目建设的建设者，察看东方红小学建设项目、雅塘冲路建设项目、湘府路快速化改造建设项目及雨花中心消防站建设项目施工现场，听取施工项目在建情况，了解高温负荷环境

下的工作难度，向建设工作者们送去防暑降温物资。8月13日，雨花区政府办副主任万多查看泰禹第二小学、泰禹第三小学建设情况，了解工程项目建设进度，召开新校建设现场调度会，针对工程建设过程中存在的困难提出相关意见。10月17日，长沙市自然资源和规划局建设项目审查四处处长李晓明一行调研雨花区教育项目建设，区教育局简要阐述学校建设的紧迫性，区公共工程建设中心汇报王家冲小学扩建及燕子岭小学扩建的方案，与会人员就王家冲小学扩建、燕子岭小学扩建的方案、规划问题进行探讨。（邹　蛟）

【美联路通车】　美联路位于高桥街道，西起万家丽路，东至沿河路，道路全长714.65米，宽16米，双向2车道，为城市支路。2019年9月4日，雨花区公共工程建设中心顺利完成美联路道路验收移交。在项目验收移交完成后，为确保美联路沿线市民的通行安全，缓解沿线小区居民的停车压力，经多方协调努力，雨花区公共工程建设中心对美联路启动沿线高压电线下地迁改和高福星小区前空地改建停车场工作。该项目完成后，极大地提升美联路道路交通品质。进一步方便沿线市民生活与出行。10月22日，美联路道路工程完成各项工程建设，正式通车运行。（邹　蛟）

【嘉胜路通车】　嘉胜路(长沙大道—石坝路)位于黎托街道，北起长沙大道，南至石坝路，长635米，规划路幅宽16米。嘉胜路是周边居民出行的一条重要的南北向通道，该路的建设对改善片区交通出行环境、改善周边人居环境、促进片区经济发展有着重要作用。通过相关部门、街道及社区的共同努力，10月23日，嘉胜路完成油面摊铺并实现通车。（邹　蛟）

【光明路项目、景园路项目移交】　光明路项目、景园路项目为2018年雨花区政府投资建设政企合作类项目，均为设计速度每小时30千米的城市支路。光明路道路工程项目西起东二环（下匝道），经国友路、上光路、紫薇路，东至马王堆路，全长993.125米，路幅宽度为26米，双向四车道；设计时速度30千米。2017年10月，动工兴建，进行路基换填、管网等隐蔽工程的施工；2018年7月，完成路基路面工程；11月，基本完成道路交安、绿化、亮化等配套设施工作。景园路道路工程西起东二环，东至马王堆路，全长895.447米，路幅宽为16米，双向两车道。2018年，项目建设完成。2019年5月15日，雨花区公共工程建设中心主持光明路、景园路道路工程预验收移交会，市区两级城管相关维护单位、市区交警、市路灯所、市城建档案馆等单位人员参加会议。各职能部门对该道路验收移交发表意见，一致认为该两道路基本达到验收标准。项目施工单位代表表态，将按照各部门意见严格进行整改，并在整改后完善正式验收移交工作。7月25日，光明路道路工程、景园路道路工程正式验收移交会在区政府会议中心112会议室召开。会议由市城管综合规划处主持，市区两级城管维护单位、市区交警部门、市路灯所、市城建档案馆、区公共工程建设中心等单位参加会议。各职能部门一致认为该两道路基本达到验收移交标准，施工单位按照各部门意见进行整改后将进一步完善移交工作。光明路、景园路的贯通，较大程度上缓解长沙大道的交通压力，有效解决周边居民出行难的问题，对优化城区道路交通组织，加快沿线项目开发进程、提升雨花项目开发品质，具有积极意义。（邹　蛟）

【侯照路验收】　侯照路作为雨花现代电子商务物流园区内普洛斯等大型企业唯一的进出道路，是东山街道范围内的南北向城市主干道，由南往北分别与时代阳光大道、柳树塘路、侯家冲路、牛角冲路、杨梅路、湘府路等数条东西向城市主次干道相连，西面相距南北向城市主干道红旗路300米。2019年12月17日，雨花公共工程建设中心主持召开侯照路（湘府路—杨梅路）竣工验收会议。区公共工程建设中心、区电子物流园、区质安监站、侯照路施工单位、监理单位、地勘单位、设计单位等有关单位负责人参加会议。与会人员对该工程整体质量作总结与评价，一致认为本工程符合竣工验收标准。（邹　蛟）

【圭塘路预验收】　圭塘路（香樟路—曲塘路）是雨花区南北向城市主干道，道路全长1010米，路幅宽36米，双向六车道。2017年下半年动工建设，新建西半幅道路18米，提质改造东半幅18米；工程内容包括道路、雨水、污水、照明、交通、绿化、综合管线及相关配套设施。2019年1月3日，圭塘路（曲塘路—香樟路）全面放开交通。7月5日，雨花区公共工程建设中心组织召开圭塘路(香樟路—曲塘路)道路工程预验收移交会。各参会单位充分肯定圭塘路道路的建设质量，对道路建设情况表示满意，对需进一步完善的问题提出整改意见。施工单位将按照各部门意见尽快整改，抓紧完成移交工作。市、区两级城管维护单位、市、区交警部门、市路灯所等单位相关人员参加会议。（邹　蛟）

【新河路预验收】　新河路(湘府路—支路三)道路工程项目是圭塘片区的南北向城市支路，道路全长1846米，路幅宽20米，双向四车道，设计时速50千米/小时。2019年5月15日，雨花区公共工程建设中心组织召开新河路（湘府路—支路三）道路工程预验收移交会。市、区两级城管维护单位、市区交警、市路灯所、市城建档案馆等单位人员参加会议。市、区各接收单位充分肯定道路的建设质量，对道路建设情况表示满意，对需进一步完善的相关问题提出整改意见。施工单位将按照各部门意见进行整改，进一步完善道路设施，抓紧完成移交工作。该路的拉通，将有效缓解湘府路和木莲冲路的交通压力，解决周边居民出行难的问题，加快推动城市化进程。（邹　蛟）

【景观路完工】　景观路（新河路—湘府路）位于圭塘街道，东起万家丽路，西至新河路，道路全长369米，宽20米，东西向城市支路。景观路位于红星商圈内，周边小区均已完成开发建设，随着区域经济的发展，沿线商家、住户日益增多，对道路通行能力提出更高的要求。雨花区政府启动景观路(新河路—湘府路)道路工程建设，有效满足经济发展需求，为人民群众提供更加便捷的配套基础设施，该工程于2018年8月进场施工，2019年12月底基本完成道路建设。景观路(新河路—湘府路)的建成通车，对进一步完善区域交通路网，提高周边居民的出行水平，提升城市环境，推动区域经济发展具有重要意义。（邹　蛟）

【支路六项目】 支路六西起圭塘路、东至景观路，规划宽度12米，长419米。道路修通后，将有效解决周边开发楼盘出行难的问题，同时也将大大提升周边居民城市生活品质。2019年5月16日，支路六(圭塘路—景观路)方案设计沿线单位意见征求会召开，区公共工程建设中心总工程师资伟主持会议，设计单位及项目设计负责人汇报项目概况、具体设计情况，与会人员研讨方案的整体情况及设计细节。长沙市城管局、市公安局雨花分局，雨花区公共工程建设中心、区环卫局，雨花亭街道及所辖社区，湖南省军安实业有限公司，绿雅园小区、新星小区及都市馨园小区的物业代表和业主代表参加会议。区公共工程建设中心主任黄练文表示，将攻坚克难，充分与各方对接，争取以最优的方案尽快拉通道路，满足周边居民的出行要求。10月16日，支路六项目顺利通过地勘评审会，项目勘察报告均满足规划要求，可用于施工图设计依据。（邹　蛟）

【支路12-3项目】 支路12-3位于东山街道，西起官寺冲路，东至京珠高速辅道，道路全长260米，路幅宽度为12米，建设单位为长沙市雨花城市建设投资集团有限公司。2019年2月20日，支路12-3道路工程通过长沙市自然资源和规划局的审批，取得工程规划许可证。该项目建成后，通过官寺冲路连接，合理分流沙湾路、香樟路、曲塘路、京珠高速辅道等四条主干道车辆，有利于完善市民交通出行环境，打通该片区断头路和瓶颈路，消除道路交通安全隐患，是雨花区一条重要的东西向通道。（邹　蛟）

【川河路项目】 川河路项目位于东山街道和跳马镇辖区内，长1146米，宽26米，系长沙市2019年重点项目之一。2019年3月5日，川河路（殡仪馆东入口—时代阳光大道）道路工程一、二标段取得施工许可证。项目建成后对缓解周边交通拥堵状况，连接辖区污水管网通道以及提升居民出行舒适度和安全度等均有重要意义。7月2日，川河路(殡仪馆东入口—时代阳光大道)K0+040 ~ K0+460段西侧边坡变更方案技术审查会召开，会议由长沙市城规工程建设施工图审查咨询有限公司主持，区公共工程建设中心介绍项目建设背景、变更原因和工作开展等基本情况，勘察单位汇报项目场地所处地质情况，设计单位详细汇报边坡方案设计内容，参会各职能部门及专家针对勘察报告、方案设计中的问题提出意见。会议认为，该段边坡为永久性边坡，应提高边坡防护安全等级来设计，确保边坡安全、稳定。区公共工程建设中心督促设计单位进一步细化深化方案。区住建局、区财评中心、区物流园等相关部门负责人及专家参加。（邹　蛟）

【双塘路项目】 2019年8月2日，双塘路道路工程项目在长沙公共资源交易中心顺利完成招标。双塘路项目西起万家丽路，东至林科路，规划路幅宽26米，全长777米，建设内容主要包括道路、排水、管线综合、交通设施、景观及亮化工程。其中，万家丽路—万侯路段已经建设完成，但由于地质原因，路基发生沉降，路面出现龟裂、坑槽、凹陷，道路破坏相当严重。该路段雨水管道常年淤积，排水缓慢，暴雨天气下水困难，道路积水问题严重，给过往通行车辆及两侧板塘小区及华银天际小区居民的出行带来不便。双塘路项目的建设迫在眉睫。双塘路项目完成建设后，将为周边区域交通开辟新的通道，有效缓解区域拥挤的交通状况，改善区域的路网结构。（邹　蛟）

【锦源路项目】 2019年11月29日，锦源路道路工程在长沙公共资源交易中心顺利完成招标。该道路为城市支路，西起圭塘路，东至圭塘河，道路全长542.25米，规划路幅宽18米。建设的主要内容为道路工程、排水工程、电力埋管工程、照明工程、绿化工程、交通工程等。随着经济日益发展，城市居民生活水平不断提高，全区机动车保有量增长趋势明显，圭塘路的劳动路至香樟路段现有道路基础设施已经难以满足日益增长的交通出行需求。锦源路建成后，拟再接通雅塘冲路、风光带路，将进一步完善片区路网，有效缓解片区的交通压力，较大方便市民出行；提升该片区基础设施建设水平，为区域招商引资、经济发展提供有力的支持。（邹　蛟）

【杜花路电力迁改项目】 杜花路项目西起沙湾路，东至京珠高速西辅道，是一条连接城区与高铁站的东西向次干道，全长945米，规划路幅宽30米。2018年7月17日，杜花路沙湾路—京珠高速段竣工通车。在项目建设过程中，项目存在电力杆线迁改问题，安装公司将电力临时迁至湘安嘉园(原湖南工业设备安装公司总部大楼)安装公司地块，因该地块进行开发建设需将杜花路临时杆线回迁下地。杜花路电力迁改项目为政府重点督办项目。区公共工程建设中心加强调度，2019年4月1日前完成电力迁改，确保了项目进度和现场管理，为杜花路周边企业开发创立良好的条件。（邹　蛟）

【先锋路提质改造工程】 2019年11月19日，先锋路提质改造工程在长沙公共资源交易中心顺利完成招标。该工程西起新韶山路，东至洞和路，宽26米，长360米。提质改造的内容主要包括路面、部分路基、绿化、亮化、交通设施等。先锋路（新韶山路－洞和路）相邻的新韶山路和洞和路路段均为丁字路口，交通不畅，该提质改造工程完成后将有效改善周边道路交通情况。先锋路(新韶山路—洞和路)北侧为长株潭城际铁路洞井出口和长沙汽车南站，建成后与桃花塅路、新韶山路、洞和路形成路网，有效打通交通瓶颈，与长沙汽车南站、城际铁路的运营配套，在服务产业发展、方便居民出行上具有重要意义。
（邹　蛟）

【芙蓉路景观提质改造工程】 2019年5月13日，雨花区芙蓉路国防科大段景观提质改造工程项目在长沙公共资源交易中心完成招标。芙蓉路国防科大段景观提质改造工程项目位于芙蓉路以东，七里庙路东北，黄土岭路以北，国防科技大学前沿交叉学科学院西南两侧，总用地面积2.4万平方米，用地总长度约1300米。（邹　蛟）

【泰禹二小启用】 雨花区泰禹第二小学是由东方红小学原址改建而成，项目是区人大“项目推进雨花行”重点民生项目，由区公共工程建设中心建设，项目总用地面积20220.94平方米，总建筑面积16507.35平方米，总投资超7000万元，拥有三栋教学楼、一栋综合楼及专业的篮球场、田径场，规划开设42个教学班，将提供近2000个优质学位，2019年5月17日，东方红小学教学楼装修工程基本完成，综合楼装修完成80%，室外工程完成10%。8月28日，泰禹第二小学（东方红小学）正式揭牌启用，雨花区人大常委会主任龚景顺，副主任杨仕斌、区政府副区长刘江红出席揭牌活动。10月23日，泰禹第二小学（东方红小学）配套道路提质改造工程项目在长沙公共资源交易中心顺利完成招标。该道路提质改造工程项目位于雨花区雨花亭街道，包括三条城市支路和一条简易便道，三条城市支路分别为G05-13路、G05-14路、G05-15路，建设内容主要包括道路、排水、交通设施、照明等。
（邹　蛟）

【圭星小学及幼儿园项目】 雨花区圭塘街道圭星小学、圭星幼儿园建设项目位于万家丽路以西、湘府路以北，系2019年市级重大考核项目之一，占地面积约1.4万平方米（21亩），建筑面积16075.67平方米，建设内容包括圭星小学教学楼、科技综合楼、体艺综合楼、办公综合楼及食堂、门卫、架空层等配套工程，总投资超过8000万元，圭星小学按18个班规模规划设计，圭星幼儿园按9个班规模规划设计。2019年4月16日，该建设项目取得建筑工程施工许可证，5月17日，该项目开工建设。12月底，基本完成圭星小学、圭星幼儿园建设。建成后，圭星小学新增学位810个，圭星幼儿园新增学位270个，将有效缓解周边群众及居民子弟就学问题。
（邹　蛟）

【二十六中学改扩建项目】 长沙市第二十六中学位于雨花区长沙大道与马王堆路交会处的西南角，本项目拟将原校区东北部的原友谊小学等建筑拆除，新建一栋教学楼、一栋艺体楼及一层地下车库。2019年6月4日，长沙市第二十六中学改扩建项目方案评审会召开。会议由长沙市自然资源和规划局、市教育局、市园林局、市交警支队、雨花区区公共工程建设中心等单位相关负责人及专家参会。该项目对于缓解周边地区初中阶段入学压力和提高学校综合教学质量有重要意义。
（邹　蛟）

【井圭路小学项目】 2019年5月31日，井圭路小学运动场及地下停车场新建工程项目方案评审会在恒晟商厦C座836会议室召开。会议由长沙市自然资源和规划局、市教育局、市园林局、市交警支队、雨花区教育局、区公共工程建设中心等单位相关负责人及专家参会。井圭路小学运动场及地下停车场新建工程项目经区发展改革局批准立项，拟在原校区西侧新建一座风雨操场、一个运动场及一层地下停车场。井圭路小学有24个班，在读学生约1080人，该项目建成后，学校配套设施配置水平明显提高，优化学校综合教育条件。12月2日，井圭路小学运动场及地下停车场新建工程项目顺利取得可研批复。项目建成后，将显著提高井圭路小学配套设施配置水平，极大地优化该学校综合教育条件。
（邹　蛟）

【鄱阳小学项目】 鄱阳小学（长郡雨花外国语第一附属小学）位于雨花区洞街道万芙路与和升路交叉口西北角，该项目总建筑面积约为17496.32平方米，包括三栋教学楼、一栋食堂及风雨操场、一栋科教综合楼，可提供36个标准小学班级学位。2019年7月11日，鄱阳小学（长郡雨花外国语第一附属小学）顺利完成建设工程规划竣工验收，取得规划竣工验收合格证。
（邹　蛟）

【圭塘小学扩建项目】 2019年10月25日，雨花区圭塘小学扩建项目规划报批协调会在雨花区中小学建设指挥部召开。区教育局简要阐述圭塘片区因近几年学位需求量大、学校扩建建设的紧迫性，区公共工程建设中心汇报圭塘小学扩建方案，长沙市自然资源和规划局雨花区分局介绍有关规划设计问题，与会人员就圭塘小学扩建方案、规划问题进行探讨。会议明确加快推进扩建方案，并就项目方案提出进一步优化意见。（邹　蛟）

【德馨园学校扩建项目】 雨花区井湾子街道德馨园学校位于香樟路以南、洞井路以西。德馨园学校扩建项目列入雨花区2020年政府投资建设工程新建社会民生项目计划，为市重大项目之一，计划于2020年开工建设。该项目规划净用地面积4.6公顷（69亩），总建筑面积约39481平方米，新建建筑面积323274平方米。地上新建面积21337平方米，包括一栋小学部教学楼、教职工餐厅兼风雨操场、小学部综合楼、初中部教学楼及初中部综合楼，两栋门卫和垃圾站；地下建筑面积11055平方米，在教职工餐厅兼风雨操场下布置有负三层地下车库及设备用房。项目北面保留学校原有一栋小学部教学楼和综合楼。东面设置一个200米跑道运动场、5人制足球场、篮球场及排球场。该项目建筑面积约为3.2万平方米，扩建36个班，建设内容包括小学部教学楼、中学部教学楼、综合楼及门卫室、食堂、风雨操场等配套工程。该项目建成后，将新增1600余个学位，为周围居民群众子女就近入学提供极大便利，有效缓解入学压力，进一步提升雨花教育品质与形象。2019 年 11 月 4 日，德馨园学校扩建项目取得划拨红线图。12 月 4 日，德馨园学校扩建项目取得可研批批复。（邹 蛟）

【花侯小学项目】 雨花区黎托街道花侯小学位于京珠高速以东，合庆路以西，合丰路以南，机场高速辅道以北。该学校拟建项目总用地面积为 36759 平方米（55.14 亩），净用地面积为 30428 平方米（45.64 亩）。新建地上面积约 26551 平方米，包括一栋体育馆、综合楼、报告厅、教学楼、门卫和垃圾站；地下建筑面积约 3198 平方米，在体育馆下布置有负一层地下车库（设置有人防工程）。东面设置一个 200 米跑道运动场、5 人制足球场、篮球场。11 月 22 日，花侯小学项目完成施工图设计。（邹 蛟）

【明德洞井中学改扩建】 雨花区明德洞井中学位于洞井街道牛头村，设 33 个班，仅有一栋容纳 30 间教室的教学楼，2019 年，雨花区政府将明德洞井中学扩建项目列入《雨花区学校建设项目三年规划》，并拟纳入雨花区 2020 年政府投资建设工程项目计划，促进教育改革事业发展，进一步提升学校品质，给学生创造更好的学习环境。拟新建一栋综合楼，预计增加建筑面积 5000 平方米，增加 13 个班规模，配套多功能报告厅、会议室、多功能教室等，改善现有的教学条件。11 月 15 日，明德洞井中学扩建项目确定设计单位，并启动方案设计。（邹 蛟）

【佳苑小区西侧护坡抢险工程】 雨花区左家塘街道营山岗社区营山佳苑小区西侧护坡围墙因年久失修和雨水长期冲刷，已出现局部开裂现象，且开裂的围墙紧贴坡下居民楼，将危及周边居民的人身和财产安全。雨花区领导现场实地勘察后决定由区公共工程管理中心负责对该围墙进行抢修加固。区公共工程建设中心接到任务后，迅速组织相关专业人员，作出完善的抢险方案，2019 年 5 月 22 日，组织专业的抢险施工队伍进场，对该安全隐患进行处置。（邹 蛟）

【核工业超硬材料研究所西侧围墙处险项目】 核工业超硬材料研究所西侧围墙处险项目包括原破损、开裂挡墙修整及墙上植物清理，以及原破旧围墙拆除和新建等施工内容。经过两个多月的施工，围墙开裂、倾覆的危险源得到及时消除，小区内环境焕然一新。2019 年 12 月 13 日，核工业超硬材料研究所西侧围墙处险项目竣工验收及移交会在核工业超硬材料研究所二楼会议室召开。各相关单位现场查看，查阅资料，一致同意该项目通过验收。核工业超硬材料研究所书记罗琼表示，该项目是雨花区政府实施的一项“暖心工程、安心工程”，有效解决了核工业超硬材料研究所及其小区年久失修的“老大难”问题，及时消除了安全隐患。（邹 蛟）

【京珠高速西辅道电力埋管】 京珠高速西辅道（长沙大道—火焰路）电力埋管项目位于雨花区黎托街道，沿京珠高速西辅道南北走向，电力埋管路径总长 1380 米，配套花桥 110 千伏输变电工程建设，满足电力负荷增长的需要，提升城市综合承载能力，系 2019 年雨花区长沙电网“630 攻坚”重点配套项目。雨花区公共工程建设中心在确定建设计划后，与各部门通力配合，克服项目建设任务紧迫、施工技术要求特殊、配套项目协调难等困难，高效率完成前期的立项、设计和招标工作。2019 年 10 月 10 日，京珠高速西辅道（长沙大道—火焰路）电力埋管项目在长沙公共资源交易中心顺利完成招标，兴能电力建设有限公司被确定为第一中标候选单位。（邹 蛟）

征 地

【概况】 2019 年，长沙市雨花区征地办公室（简称“区征地办”）更名为长沙市雨花区征地服务中心（简称“区征地服务中心”），为区政府直属正科级公益一类事业单位。负责雨花区内集体土地征地补偿安置工作的组织、实施、协调、监督和管理，原区征地办公室承担的被征地农民保障住房资格审核、被征地农民纳入社会保障人员名单审定行政职能划入区政府办公室，并不再承担被征地农民的专户、涉农征收户口迁入的审核、审批工作和户口管理操作细则的制定工作。内设综合科、安置科、征拆科，核定编制数 13 名。在职干部职工数 19 人，其中在编干部 9 人，挂职 1 人，人才引进 1 人，雇员 5 人，劳务派遣 2 人，借调 1 人。办公地点设在雨花区人民政府机关大院二号楼。

2019 年，雨花区集体土地征地补偿安置工作紧扣全区“强化党建引领，攻坚项目建设”工作主题，突出重点，加大征拆力度，推进项目建设。开展“不忘初心、牢记使命”主题教育，15 个检视问题全面完成整改，解决区级民生实事 3 件。开展“不忘初心、牢记使命”大调研活动，提出对策建议 8 条，形成调研报告两篇。强化组织建设，落实在职党员“双报到”“双报告”机制要求，开展党员志愿服务活动，开展垃圾分类、社区绿化、蓝天保卫战等社会实践活动 9 次。加强联点党组织共建，解决红星村社区民生问题 4 件，慰问困难家庭 42 户。为长沙市希望之家脊髓损伤者服务中心捐助 6 千元购买运动轮椅。联系莲湖村支部和黎托村支部，研究处理莲湖村信访遗留问题和代征问题，助力黎托村项目推进。加强征拆安置工作信息的公开力度，引导广大群众支持、参与征拆安置工作，公开政务网站信息 61 条。动态监管政务网站、QQ 群等舆情阵地，处理舆情问题两次。落实法治政府建设要求，建立健全各项工作制度，妥善应对各类行政诉讼案件，参与行政诉讼案 11 起。（贺 莹）

【基础工作】 2019 年，雨花区发布征地公告 16 个，制作社会稳定风险评估报告 16 件，征地公告严格及时在政务网上进行公示，对拆迁安置对象认定、合法面积认定、大病困难补助认定进行严格把关，审核保障住房资格 4000 人。制定《雨花区集体土地阳光征拆工作业务操作资料汇编》《雨花区集体土地阳光征拆宣传册》，召开全区集体土地征拆工作大会和集体土地征拆工作培训会，加强拆迁队伍业务知识培训和队伍建设。坚持“定期接访、及时解决”的工作模式，每周三安排业务骨干在区信访局接待来访群众，在征拆现场、各指挥部和机关办公室耐心疏导、答疑解惑，即时交办即时处理。接待群众来电来访100余次，办理省信访平台来信来访30件，处理政府信息公开6件，“12345”平台市民热线25件，回复区长信箱、市长信箱4件，全年无重大群体信访事件。（贺　莹）

【项目征拆】　2019年，雨花区严格执行“三公告一登记”和“三榜公示”工作制度，通过三轮会审将补偿费用全部纳入补偿告知书，通过三榜公示将补偿资金全部公开公示，通过设置奖励期限激励拆迁群众主动签约，真正实现快进快出，拆除合法建筑509栋，实现15个项目拆除清零，助力环保大道东延线、先锋路、官寺冲路、东山变电站、川河中学、黎托卫生服务站、长托公园、警备营房、红旗变电站、滨江高端住宅小区等重点项目的腾地建设。官寺冲路项目13.33公顷（200亩）43栋合法建筑，8天内实现签约清零，从启动签约到全面拆除仅用13天时间；物流园仓储4、5号地项目24.07公顷（361亩）44栋合法建筑，6天内实现签约清零，从启动签约到全面拆除仅用14天时间；黎托片节约集约试点项目29号地项目34栋合法建筑在集中签约第一阶段第6天就实现签约清零；片区6号地（川河中学）、黎托卫生服务中心、东山变电站3个项目40栋合法建筑在集中签约第一天实现签约清零，从启动签约到全面拆除仅用17天时间。坚持问题导向，狠抓项目推进过程中的重点难点问题解决。明确大型集体设施的评审主体、评审流程和补偿范围，为项目结算提供依据，助推片区29号地、片区6号地、仓储物流园6号、7号地等项目的顺利结算。实施集体土地合法房屋519拆除栋，完成物流园仓储4~7号地、环保大道东延线、先锋路、官寺冲路、东山变电站、川河中学、黎托卫生服务站、片区1号地（火焰路以南）、片区4号地、片区18号地、浏阳河风光带（合丰公园）等26个项目的拆迁腾地。重点推进片区拆迁，高铁片区拆除合法房屋246栋，片区29号地的拆迁腾地为长托公园、警备营房、红旗变电站项目建设提供土地保障；片区1号地的拆迁腾地助力滨江高端住宅小区的落地建设；雅塘冲路交付建设、车站南路腾出作业面，雅塘片区“两纵三横”五条主干道路网初具雏形。（贺　莹）

【安置保障】　2019年，雨花区坚持多措并举、多管齐下，保障住房安置、过渡安置、社会保障安置、货币回购安置多种方式相结合，充分确保被拆迁群众早日安居乐业。完成桃花苑一期、桃花苑二期、黎雅苑、颐景苑一期、洪塘佳苑、联盟佳苑、瑞景苑、黎景苑一期、黎锦苑二期、川和苑10个保障住房安置小区的分房工作，保障住房安置分房4179套，安置5008人。发放延期过渡费7091.9万元，确保被征拆群众安心过渡。社保纳入2168人，累计纳入34291人，纳入社保率99%；缴纳社保资金17283万元，累计解缴308833万元，社保资金解缴率95%。扩大纯货币化安置覆盖面，引导被拆迁群众选择货币补贴安置，实现回购安置568.5人，回购面积4390平方米，补贴金额16948万元。（贺　莹）

【住房申购资格会审】　2019年，雨花区全面推动项目拆迁，确保拆迁群众的切实利益，做到拆迁与安置同步，做好住房申购资格会审工作，由区征地服务中心牵头，会同区卫健局、区资规分局及相关街道、社区开展保障住房申购资格联合会审，依法依规审核申报对象的征拆人口入册、户籍性质、独生子女证、半边户、世居非农资格等情况，对少部分申报家庭的申报材料不够齐全情况，第一时间通知申报家庭补齐材料，严格把关重报、漏报人口的保障住房资格审核。3月19日，联合会审黎托街道片区2号地、4号地、文化产业园、京港澳高速、嘉胜路项目保障住房申购资格，审核拆迁待安对象45户178人，其中审核纯农134人、半边户18人、世居非农2人、独生子女证24本。5月31日，联合会审东山街道侯照、长托、边山、黎托、东山5个社区包括侯家冲路、物流园仓储4、5号地等18个项目住房申购资格，完成审核142户、513人（含独生证53本）；利用中午休息间隙会审潭阳整村拆迁对象。7月10—11日，联合会审黎托街道川河苑住房申购资格，审核已拆待安的67户240人，其中川河32户、平阳19户、合丰5户、粟塘11户。11月14—15日，联合会审同升街道同升社区环保大道东延线（振东路－红旗路）、长沙市雨花经开区拆迁农民安置房用地（二）、白田变电站项目保障住房申购资格，审核拆迁待安对象94户413人，其中纯农352人、半边户9人、世居非农9人、独生子女证43本。11月19—20日，联合会审东山街道侯照、长托、边山、黎托等4个社区拆迁对象保障住房申购资格，审核包括官寺冲路，片区29号地，城投4号地，物流园仓储6号、7号地4个市对区考核项目，完成138户526人（含独生子女证54本）的保障住房资格审核工作。11月21日，联合会审雨花亭街道石马社区筹委会雅塘片区车站南路、雅塘冲路（石马段）、长沙市第一福利院（置换地）三个项目内征拆对象的保障住房申购资格，审核拆迁待安对象32户83人，其中纯农69人、半边户13人、世居非农1人、独生证25本。（贺　莹）

【保障住房分配】　2019年1月23—25日，星城新宇桃花苑保障住房二期分房780套，安置948人。其中80平方米户型400套、100平方米户型130套、120平方米户型211套、140平方米户型39套。雨花亭街道自然村自然苑第六批次分房169套，安置260人，其中50平方米户型92套、100平方米户型48套、125平方米户型29套，剩余101套可安置155人。9月4日，黎托街道黎锦苑第三批次分房，涉及合丰、平阳、川河3个社区32户73.25人（安置申购户型有80平米、100平米、120平米、140平米，拆迁安置对象每人可申购保障住房为80平米。如果安置分房100平米等于安置了1.25人），安置对象25户60.75人，分配房源47套，其中80平方米户型22套、100平方米户型2

套；120平方米户型16套；140平方米户型7套，剩余房源13套。12月16日至24日，星城新宇·川和苑小区3154套4种户型房源，1398户拆迁安置对象通过公开、公平的方式分房摸号，分到保障性住房3132套，安置人口3703人，涉及潭阳、川河、合丰等6个社区筹委会（集资委）。（贺 莹）

【桃花苑保障住房二期分房工作调度会】 2019年1月21日，雨花区桃花苑保障住房二期分房工作调度会在洞井街道召开，区征地办，区城市建设投资集团有限公司，洞井街道，同升街道，涉及分房的各村、社区筹委会等相关负责人参加会议。会议由洞井街道党工委副书记、办事处主任宋电主持。洞井街道党工委委员万建军解读培训桃花苑分房工作实施方案、细则、流程，分房工作方法、措施。街道党工委副书记、人武部长王金柱安排部署分房安全保卫工作。区政府副调研员易云和肯定分房前期洞井街道、同升街道、村及社区筹委会细致扎实的工作，强调，分房工作牵涉到广大村民的切身利益，要把分房工作做完善、做到位，要高度统一思想，切实提高站位；坚持分房原则，定好规矩，信息公开，让大家参与、监督，保证分房工作公开、透明，公正；进行周密的部署与精细的分工，明确哪些工作需要协调统筹，哪些需要联动合作；要科学地设置分房现场，进行严格的管理，确保分房工作安全、高效、有序进行。宋电要求各单位部门要协同配合、齐心协力、统筹调度，把主要精力放在分房工作上，确保规范操作，把安全稳定工作做在前面；全体工作人员要一切行动听指挥，全力服务好、支持好分房工作，齐心协力配合，实现分房工作有序、顺利、圆满完成。2月21日，桃花苑二期交房工作调度会在洞井街道办事处召开，会议由区副调研员易云和主持。区征地办、区城市建设投资集团有限公司、洞井街道办事处、同升街道办事处及涉及本次交房的各社区筹委会等相关负责人参会。会议主要就交房工作流程、人员职责分工、突发问题处理等工作进行详细安排，确保各项工作人员到位，责任落实，保障即将开展的桃花苑二期保障住房交房工作能平稳顺利完成。（贺 莹）

【征拆安置工作务虚会】 2019年1月18日，雨花区召开2019年集体土地征拆安置工作务虚会，区政府办，区征地办、区人社局、区国土分局、区城市建设投资集团有限公司、区拆迁建设总指挥部办公室主要负责人和9个涉农街镇分管副职参加会议。会议由区政府副县级干部易云和主持。各参会单位交流和探讨2019年集体土地征拆工作、难点问题。区征地办主任吴海军分析征拆工作标准新、程序新、内容新、操作新、要求新的“五新”特点，部署2019年征拆工作，高度的统一思想，把思想统一到坚决完成任务、坚决执行新程序上来；深入的宣传发动，让干部和群众深入了解阳光征拆新程序；稳妥的分类实施，新项目严格按照新程序实施，老项目已发布实施公告的加快司法程序的推进，新老交替的项目先攻克未拆户再完成补差，面上把握高铁新城、雅塘2个重点片区，点上把握好学校、道路、医院等省市区重点项目；更快的推进安置，加快两保指标落地，加快在拆项目拆迁扫尾，加快已拆项目的建设，加快在建房屋的分房工作，同时加强回购资金和社会保障资金的保障；更好的优化保障，重点加强业务政策保障、人员保障、资金保障。区政府副区长王明玖强调，抓好2019年集体土地征拆工作，要坚定信心，利用新的征拆标准加快推进征拆工作；要坚持政策，必须原汁原味执行政策，不能走样，更不能开任何口子；要坚决攻坚，扫尾项目要坚决清零，新项目要快速推进，重点项目要优先保障；要坚守底线，加强各项监督，工作人员要严格按照征拆政策、遵守各项纪律，依法依规推进征拆工作。（贺 莹）

【征拆工作推进会】 2019年2月22日，雨花区召开2019年征拆工作推进会暨集体土地阳光征拆工作培训会。区委副书记、区长刘素月要求，各部门单位要紧盯年度目标，突出重点片区、服务产业项目、障重点工程，把征拆工作与抓产业项目、抓营商环境、抓民生保障紧密结合起来；要依法依规，公平公正抓征拆；坚持“一把尺子、一个政策、一视同仁”，严格按照规范程序、工作步骤、补偿标准实施征拆；要压实责任，凝聚合力抓征拆。全区上下树立“一盘棋”的思想，强化与上级部门的联系对接，各指挥长切实发挥牵头抓总作用，各街镇落实属地责任，各相关部门单位各司其职，凝心聚力推进征拆工作。区纪委常务副书记、区监委副主任谢国富、区征地办主任吴海军、区国土分局拆迁事务所长吴志坚、区法院综合审判庭副庭长宋正阳分别就阳光征拆工作拆迁补偿政策业务知识、工作程序、司法强拆程序及案例、工作纪律、工作要求等进行培训。副区长王明玖具体安排和部署集体土地征拆工作，全区阳光征拆工作启幕。区纪委区监委、区法院、区政府办、区征地办、区国土分局（拆迁事务所）、涉农街镇征拆工作分管副职、征拆中心全体工作人员及各涉拆村、社区筹委会书记、主任、征拆工作负责人，全体抽调干部，区拆迁建设总指挥部相关工作人员等300余人参加。（贺 莹）

【集体土地征拆工作调研】 2019年2月13日，雨花区委书记张敏，区委副书记、区长刘素月，区政协主席冯聪龙一行调研集体土地征拆工作，研究部署2019年征拆工作。实地查看东山街道城投4号地、物流园4~7号地项目以及黎托街道园博家园项目，详细了解项目征拆进度和问题。在区拆迁建设总指挥部会议室召开专题会议，研究2019年集体土地征拆工作。区拆迁建设总指挥部办公室、黎托街道、东山街道汇报征拆工作情况，各部门单位就相关问题提出意见和建议，与会区领导提出具体要求。刘素月强调，2019年集体土地征拆工作，要突出重点片区，抓好高铁、红星、电商物流园、跳马等片区项目拆迁；突出产业项目，争取24号地、21号地、19号地尽快挂牌；突出省、市、区的重点工程；突出阳光征拆，要由点及面，全面铺开，坚定不移地推进阳光征拆；突出形成合力，在全区征拆工作培训会上要讲好政策要求和业务规范，在全区上下形成合力；要与相关要素保障部门以及市高铁新城管委会、市轨道公司形成工作合力。张敏强调，强力推进阳光征拆，做好宣传引导，让政策入脑入心；按照政策要求，严格依法办事，确保刚性执行；摸清矛盾底数，及时协调化解；通过党建引领，发挥好基层党组织战斗堡垒作用和党员先锋模范作用，落实落细各项工作。加大资金保障力度，超前谋划，统筹考虑，有效推动土地挂牌，确保资金到位；对重点项目、省市重点工程、民生项目等，切实做好保障，确保顺利推进。加快推进重点工作，对“两保”用地落地、保障性住房建设、建筑垃圾处理等工作，抓紧对接，稳步推进，务求实效。区领导邹春林、周海毅、成钢、王明玖，区委办、区政府办、区征地办、区国土分局、区城市建设投资集团有限公司、区拆迁建设总指挥部办公室、黎托街道、东山街道等相关部门主要负责人参加调研。

（贺 莹）

2019 年 2 月 22 日，雨花区征拆工作推进会（贺 莹 摄）

【“新标准、新程序、阳光征拆”试点】 2019 年，雨花区推进黎托街道园博家园项目、东山街道物流园仓储 4 号、5 号地项目“新标准、新程序、阳光征拆”试点。出台新标准、新流程，坚持将拆迁所有事项公开透明，让群众清楚明白，切实保障广大群众的知情权，推进拆迁工作在阳光下进行。拆迁中采取在项目内设立公示栏、入户宣讲政策、送达告知书等形式，将项目涉及拆迁范围、拆迁程序调整、补偿标准依据、拆迁奖励办法、大病困难救助政策等与拆迁有关的事项，以及拆迁工作的领导分工、指挥机构、各工作组组成人员及分组包干对象等重要信息，全部向被拆迁对象公开和告知。实行“三榜公示”，一榜公示项目内私房摸底，包括被拆迁对象家庭人员情况、被拆房屋外业调查情况、房屋建房证、独生证、残疾证等情况；二榜公示拆迁对象合法面积认定、房屋补偿及人口结构；三榜公示拆迁对象房屋合法面积确定、继承面积、拆迁对象人口、房屋拆迁奖励、拆迁对象大病救助、困难补助、拆房腾地奖励等情况。让群众对拆迁相关信息一目了然，接受社会人员监督。优化调整补偿程序，先发布实施公告，进行第三榜公示，明确三个阶段奖励的具体时段后，进行督签督拆。三个时段设置倒地腾房奖励，按每户 8 万元、5 万元、3 万元的三个时段标准给予按期倒房腾地奖励费。拆迁工作中严格执行统一补偿标准，坚持不搞特殊，没有例外，对所有拆迁户都“一个政策、一把尺子”，坚决杜绝“弹性补偿”和“暗箱操作”，严禁乱开口子、走“人情”，一律不准私自承诺条件。对项目内有大病、特殊困难的对象，收集相关佐证资料，区、街、社区三级进行联合审核，并现场查看核实，根据相关政策规定给予大病救助、困难补助，全部并进行公示。房屋钢混结构由第三方权威专业鉴定机构检测鉴定，鉴定结果及照片公示，接受各方监督，确无举报后，再按标准发放结构补差款。首创拆迁电子打印协议，协议上项目征地手续情况、拆迁对象房屋及家庭人员情况、征地补偿费用及各类奖励补助费用、付款方式、双方责任、过渡时间、社会保障和安置内容，全在补偿安置协议书内进行明确并电子打印，人工填写及改写无效；协议需签订一式三份，区国土拆迁事务所、街道办事处、拆迁对象各一份，补偿协议必须由产权人或户主本人签名、盖手章，所签订的协议经相关社区（村）、街道办事处现场签字盖章确认，且三榜公示、告知书、拆迁协议补偿款一致，真正做到消除群众后顾之忧。建立健全拆迁监督管理机制，使拆迁监督检查工作真正做到实处。拆迁现场设置举报电话，公示栏上公布区、街相关部门和纪委举报电话，畅通民意诉求渠道，及时处理，尽快答复反馈，并设立举报奖励，如有违反纪律操作，举报属实，给予举报人 2 万元奖励。纪检监察机关介入项目拆迁、跟踪监督、全程参与，督查拆迁政策落实执行情况，主动查处违纪行为。成立民主监督小组，邀请拆迁项目内所涉及的村民小组长、党小组长，成立监督员队伍，全程监督，并阶段性召开通报会议，对项目内拆迁对象、房屋补偿情况、存在的相关问题等相关情况，全部向民主监督小组通报，自觉接受群众监督，民主监督小组成员在关键时间节点，同工作人员一同上户做拆迁工作，实现阳光拆迁、透明拆迁。

（贺 莹）

【慰问托养残友】 2019 年 7 月 10 日，长沙市雨花区征地服务中心党组书记彭聪颖、党支部书记彭文一行 8 人看望长沙市希望之家脊髓损伤者服务中心托养残友，开展扶残助残活动。彭文一行参观希望之家办公场地、康复设备、活动场所、无障碍厨房等基础设施，与希望之家托养残友交流，询问残友生活、身体健康等情况，捐赠 6000 元为希望之家乒乓球队购买专用运动轮椅。区征地服务中心乒乓球爱好者和希望之家轮椅乒乓球队队

员举行乒乓球友谊赛。（贺 莹）

征 收

【概况】 长沙市雨花区城市房屋征收和补偿管理办公室（简称“区征收办”）负责组织实施雨花区范围内城市房屋征收和补偿及拆迁拆除工作。2019年4月，归口长沙市雨花区人居环境局管理，全额拨款正科级公益一类事业单位，核定编制16名，领导职数3名，内设办公室、征收科、补偿科、财务科、拆除科。办公地点设香樟路592号区政府二办一号楼四层。

2019年，区征收办名列市对区国有土地征拆绩效考核工作内五区第一，获“长沙市文明单位”、雨花区“重点工程建设协调服务先进单位”“爱心单位”“征拆工作要素保障先进单位”等称号。（张 丽）

【征收项目】 2019年，雨花区实施国有土地征拆项目26个，其中棚改项目7个、基础设施项目19个，涉及征收622户，房屋面积16.6万平方米。加快项目扫尾，长仪棚改项目签约私房1户、公房34户，实现签约和腾地扫尾清零。启动棚改项目6个，省机械化（一期）、王公塘项目（001栋）、大吉门窗3个棚改项目签约清零，汽制项目签约109户，签约率99%；省机械化（二期）、二十三冶项目（第015栋）发布征收决定公告，推进签约启动。推动基础设施项目，推进地铁6号线窑岭站等站点的征收工作，加快地铁项目建设。完成时代阳光大道东延线、车站南路、园博家园等市重点工程项目的征收工作，签约426户，完成率95%，拆除房屋面积3.9万平方米。按照时间节点加速推进电网“630攻坚”环保大道东延线征收工作。稳步推进川河路、先锋路、林科路、紫薇路等项目征收工作。（张 丽）

【征收管理】 2019年，雨花区统一指挥城市房屋征收工作。区棚改征收拆迁建设指挥部整体调度全区征拆工作，项目指挥部、街道指挥部具体实施，集中攻坚；区人居、住建等职能要素部门密切配合，突出问题、专题研究，共同商讨、积极化解，高效推进项目。区长坚持重要节点适时调度、分管区长按项目推进情况专题调度、联点县级领导和街道“一把手”坐镇项目指挥部密集调度，全面强化调度机制，确保项目按期保质推进。区征收办依法依规办理公告等征收程序及文书154件，为项目实施征收工作提供程序保障；依法应对诉讼，完成劳动路BCD地块、轨道交通3号线、长仪等项目的应诉和司法强执工作，完成应诉39件，申请法院强制执行11件，无一例违法情况。按“成熟一块，征收一块”思路，在王公塘项目（001栋）、二十三冶项目（015栋）实施模拟征收，王公塘项目（001栋）在规定时间内完成签约36户。调整签约腾房奖励标准，实施在规定时间内完成签约奖励1万元，完成腾房奖励4万元的“1+4”政策，加速推进项目征收工作，省机械化宿舍棚改项目用时45天完成150户全部签约，实现群众的“安居梦”，再一次刷新雨花棚改征收的新速度。快速推进项目结算工作，完成长城信息、省话剧团、长钢新老11栋、雅塘村社区、长橡AB地块、华云项目等12个项目的结算工作，为项目后期挂牌出让、开工建设奠定基础。严格落实蓝天保卫战、安全生产等要求，文明安全实施长仪、环保大道等4个项目的拆除工作，完成梨子山长电、长岭市政、车站南路等9个项目的交地工作，以及大吉、友谊小学等6个项目的招投标备案工作。多途径、多渠道认真做好政策解读，全方位开展房屋调查工作，科学制定房屋征收补偿方案。现场与网络同步，依法实时公布征收公告、签约进度、征收补偿款等相关情况，真正做到“公平”“公正”“公开”，确保政策执行不变形、不走样。接待和处理湖南省信访信息系统、“12345”市民热线工单等信访案件350例520余人次，长摩项目涉征历史遗留积案的问题上取得突破，化解杨某双、丁某安等4户信访积案，未发生群体性事件或重大舆情事件。（张 丽）

【征拆工作推进会】 2019年2月22日，雨花区2019年征拆工作推进会召开。会议总结2018年全区征拆工作成效，安排部署2019年征拆工作任务。区委书记张敏强调，征拆工作关系着项目建设的进度、城市品质的提升和群众利益的保障，各部门单位要以饱满的激情、昂扬的斗志、顽强的精神，全面吹响2019年征拆工作“集结号”，迅速掀起全区征拆工作新高潮，力争交出年度征拆工作满意答卷。（张 丽）

【征拆业务研讨会】 2019年3月22日，雨花区征收办组织召开国有土地征拆业务研讨会，研讨规范国有土地上房屋征收评估相关工作，明确相关操作办法，提高征收从业人员的业务素质和水平，推进国有土地征拆工作。区征收办班子成员、科室长、项目负责人及单位法律顾问参加会议。（张 丽）

【项目工作推进会】 2019年4月9日，雨花区棚改征收拆迁建设指挥部召开征收项目工作推进会，区征收办、区城市建设投资集团有限公司双方就征收项目启动的前期资料准备、项目资金保障、项目拆除后腾地交地、项目的结算、产权调换房源的准备等工作进行探讨，明确相关工作流程，加强双方的工作衔接，推进国有土地征收项目。4月18日，雨花区征收办组织召开友谊小学项目工作推进会，分析友谊小学项目面临的困难，研究推进项目工作可操作性方案。6月4日，区征收办组织召开左家塘街道劳动东路C片区棚改项目推进工作会议，7月16日，区征收办组织召开左家塘街道劳动路C地块扫尾项目、王公塘片区新启动项目推进工作会议，为加速项目扫尾清零工作进行研究部署。（张 丽）

【棚改项目扫尾工作会】 2019年4月11日，雨花区召开棚改项目扫尾工作推进会，研讨左家塘街道棚改征收扫尾清零项目享受购房奖励问题，为项目扫尾清零提供可操作性依据。区征收办党组书记、主任张希林主持会议、区住建局副局长付光雄、左家塘街道人大工委主任莫正文，以及相关项目负责人参加会议。5月9日，雨花区召开棚改项目扫尾清零工作会议。会议贯彻落实长沙市内五区工作对接会精神，研讨项目扫尾清零、成本结算、土地出让（含划拨）、开工建设等相关情况、及存在的问题。张希林主持会议，市人居环境局棚改城改处处长罗军桥到会指导，雨花城投集团副总经理方明星，区征收办副主任钟吉星，雨花城投集团相关负责人参加会议。（张　丽）

【住建部雨花区调研棚改项目】　2019年7月16日，住建部住房保障司副司长刘霞一行专题调研棚户区改造工作，实地考察井湾子街道省机械化施工公司棚户区改造项目现场，了解雨花区棚改工作开展情况，听取项目指挥部相关负责人关于项目基本情况、工作进展等情况现场汇报。刘霞指出，雨花区认真贯彻落实住建部关于棚户区改造的重大部署，大力实施安居工程，改善居民居住条件；省机械化施工公司先取得居民的大力拥护支持再开展后续工作，成效显著，为探索新形势下城市棚户区改造工作提供了有益的借鉴，并要求推进棚改项目进程。长沙市人居环境局棚改城改处处长罗春桥，雨花区副调研员易云和，井湾子街道办事处主任陈建良等陪同调研。（张　丽）

【市人居环境局调研棚改工作】　2019年3月21日，长沙市城市人居环境局副局长卢军一行调研雨花区国有土地征拆工作，实地查看左家塘街道劳动东路两厢棚改项目、雨花亭街道长沙汽车制造厂和大吉门窗项目、井湾子街道长仪项目，现场听取项目情况的简单汇报；在区棚改征收拆迁建设指挥部召开座谈会。区政府副区长王明玖，副调研员刘广平，区政府办、区征收办、雨花亭街道、左家塘街道相关负责人参加调研。5月22日，长沙市城市人居环境局副局长胡智慧带队到雨花区调研棚户区改造和城中村改造工作，实地查看大桥社区“两安”项目和棚改雅塘片区（汽制、大吉）项目建设情况，在区棚改征收拆迁建设指挥部召开座谈会。王明玖、刘广平，区人居环境局党组书记、局长尹江华，区征收办党组书记、主任张希林，区城改办主任汤勇，区城投公司、黎托、雨花亭街道等负责人陪同调研。7月16日，市人居环境局棚改城改处处长罗春桥到井湾子街道棚改项目指挥部指导工作，听取办事处主任陈建良对棚改项目进展情况详细介绍，对项目推进中遇到的困难问题进行业务指导。（张　丽）

【市征收办指导雨花区工作】　2019年4月2日，长沙市征收办副主任李娟、拆除科科长许复平一行指导砂子塘街道省纺机、顺特变压器厂18~19栋、梨子山长电、左家塘街道长岭市政4个项目的拆除交地工作。（张　丽）

2019年4月11日，雨花区棚改项目扫尾工作推进会　（张丽　摄）

【区委巡察】　2019年2月28日，中共雨花区委第六巡察组进驻区征收办开展巡察工作。3月18日，巡察组听取区征收办党组三年工作情况汇报。区征收办党组书记、主任张希林汇报单位基本情况及工作职责、工作开展及成效，党组在党的思想建设、组织建设、政治建设、作风建设、纪律建设及夺取反腐败斗争压倒性胜利方面存在的相关问题、建议及对策等。区委第六巡察组全体成员、区征收办班子成员及科室长参加会议。（张　丽）

【区人大视察棚改工作】　2019年6月21日，雨花区人大常委主任会议成员视察全区棚户区改造工作，实地察看左家塘街道劳动路BCD地块和雨花亭街道雅塘片区汽制、大吉棚改项目实施情况，在区棚改征收拆迁建设指挥部听取区人居环境局局长尹江华、区征收办主任张希林、区城建投副董事长刘双果区汇报棚改工作。区人大环资委主任刘素娟作会议中心主题发言。副区长王明玖总结雨花区2015—2019年的棚改工作情况，分析存在的主要困难。区人大常委会主任龚景顺强调，正视工作中存在的实际困难，提振工作信心，强化工作举措，扎实推进各项工作任务。各级各部门要从人员、资金等方面高度重视和支持棚户区改造和人居环境改善工作，形成工作合力，加大保障投入，加快项目进度，确保雨花区棚户区改造工作再创佳绩。10月17日，区人大常委会人大主任会议到雅塘村社区棚改项目现场调研，听取雅塘片区各征拆、道路项目推进情况汇报，对片区下一步整体开发提出指导性意见。区人大领导龚景顺、谢爱龙、杨平、杨仕斌、李劲松等，区政府领导王明玖、文洲，区人大各专委会及常委会各委室负责人、各区直职能部门负责人等参加调研。雨花亭街道书记张杰军、主任王广安、项目指挥长杨丹陪同调研并介绍相关情况。（张　丽）

【区政府调研棚改工作】　2019年3月25日，雨花区人民政府副区长王明玖，副调研员刘广平、易云和深入井湾子街道办事处调研调度棚改项目征地拆迁工作，全面了解项目推进情况，集中破解难题，明确下步工作要求。区政府办、区住建局、区民政局、区征收办、区城投、区国土分局等有关部门主要负责人参加调研。7月5日，区委副书记、区长刘素月实地调研左家塘街道劳动东路BCD棚改项目，了解项目各片区工作进展情况，提出相关工作要求。区政府副调研员刘广平，区人居环境局局长尹江华，区征收办主任张希林，街道工委书记周建雄，街道工委副书记、办事处主任聂文涛，街道工委委员、人大工委主任莫正文等参加调研。8月28日，区政府副区长王明玖调研左家塘街道棚改项目，实地察看劳动路BCD地块棚改项目、以及王公塘、长钢新启动棚改项目；召开征拆工作指导会议，左家塘街道汇报新建项目王公塘001栋模拟征收项目及BCD地块扫尾清零项目的基本情况、工作进展及面临的问题。王明玖要求年内完成BCD地块扫尾清零工作，确保新建项目稳步推进。张希林表示坚决落实相关指示，征收办将全力以赴，做好服务，确保新项目资金及时到位。刘广平、尹江华、张希林，区住建局副局长付光雄、区法院负责人、街道工委书记周建雄、办事处主任聂文涛、工委主任莫正文参加调研。10月31日，王明玖考察雅塘片区重点项目建设进展情况，实地考察雅塘冲路、车站南路和中城苑保障住房建设现场，详细了解项目建设进度及下一步建设重点，现场交办征拆扫尾等工作，协调解决建设难题。王明玖强调，道路和保障住房建设都是基础性、民生性工程，各建设单位要在确保安全和质量的前提下，倒排工期，狠抓进度；各职能部门要全力做好配合，对项目建设过程中存在的问题和困难及时研究解决，营造良好的施工环境，确保项目如期完工，交付使用，让老百姓早日住上新房，便利出行。雅塘片区副指挥长李劲松、文洲、张杰军参加。

（张　丽）

【区政府调度棚改工作】 2019年1月8日，雨花区政府副调研员刘广平主持召开迎检调度会议，部署迎接省住建厅2018年棚改任务完成情况和2019年棚改计划情况的检查工作。刘广平强调各街道项目指挥部要按照省厅检查要求，按照“一户一档”的要求建档，认真完善好相关台账资料。区棚改办，井湾子、砂子塘、东塘、东山、雨花亭街道副主任及相关负责人参加。4月4日，区政府副区长王明玖主持召开左家塘街道棚改征收工作调度会，听取街道棚改征收工作推进情况、难点问题汇报，分析部署下阶段推进的重点、难点工作。刘广平及相关区直部门、街道办事处主要负责人参加会议。5月9日，区棚改征收拆迁指挥部召开汽制、大吉棚改项目风险评估会，综合认定两项目风险情况。刘广平主持会议。片区副指挥长李劲松，街道主任王广安，项目指挥长杨丹，区征收、政法、信访、司法、城投、住建、城管、发改、环保、规划、国土等相关职能部门负责人参加会议。5月15日，刘广平在棚改征收拆迁建设指挥部组织召开棚改征收工作对接会，区城市人居环境局局长尹江华、副局长张锡泉，区征收办副主任钟吉星及相关科室负责人参加会议。5月22日，刘广平主持召开长沙市环保大道东延线（振东路—红旗路）项目征收补偿方案论证会，就项目的征收补偿方案的合法性、可行性进行论证，为项目发布征收补偿方案征求意见公告做好准备。区司法局、区征收办、跳马镇政府、湖南环保科技产业园开发建设投资有限责任公司等相关单位负责人参加会议。6月3日，刘广平在区棚改征收建设指挥部组织召开长沙富力黏合剂有限公司土地处理问题调度会，专题研究和部署长沙富力黏合剂有限公司土地处理问题及征收补偿款支付问题。市城乡规划局雨花分局、市国土资源管理局雨花分局、区城投、区征收办、跳马镇相关负责人参加。6月12日，刘广平主持召开劳动路两厢棚改项目B地块清零扫尾调度会，左家塘街道办事处、区法院土征庭，区征收办等相关负责人参加会议。6月14日，刘广平到左家塘劳动路指挥部调度劳动路两厢棚改项目B地块扫尾清零工作，研究部署加快推进B地块四户非诉执行、解决汽配七栋倪海军腾房具体事项，对相关工作点对点进行安排。区住建局、区人居局、区征收办负责人参加。6月18日，刘广平主持召开汽制、大吉项目价格评估论证会，听取志诚评估公司有关项目房屋初步评估结果，对具体评估价格进行综合论证。市征收办主任王一夫指出，汽制、大吉项目房屋面积偏小，住户中困难群体集中，项目指挥部要细化工作方案，加强房源和安置工作对接，在政策范围内尽量保证被征收户利益最大化，确保项目顺利推进。市征收办征收科科长聂笃聪到会指导。项目指挥长杨丹，项目负责人汪洋，区征收办李严寒、邓翔等参加会议。6月19日，刘广平主持召开劳动东路棚改项目B地块扫尾清零工作调度会，听取扫尾清零工作情况，研究成立劳动东路棚改项目扫尾清零工作指导组。会议要求，加强宣传工作，安排一台宣传车连续播放宣传政策；加强力量安排，按照四包一要求，明确一户一组责任到位继续加快非诉执行手续办理，依法推进腾房，实现月底完成腾房的目标。区人居局、区住建局、区征收办等相关部门负责人、劳动东路指挥部B片区全体工作人员参加。6月24日，区政府副调研员刘广平，区法院副院长梁平，区征收办副主任刘琨、钟吉星，左家塘街道办事处主任聂文涛、人大工委主任莫正文及相关单位工作人员，在区棚改征收建设指挥部召开会议，研究部署劳动东路棚改项目CD地块司法强征和非诉执行工作。7月3日，刘广平在区棚改征收拆迁建设指挥部，主持召开环保大道东延线（振东路—红旗路）道路建设工程项目未登记建筑合法性认定讨论会议，就项目范围内两家单位的未登记房屋合法性认定进行讨论，明确需补齐的相关资料和下一步的工作安排。区资规分局、区住建局，雨花经开区、区征收办、跳马镇等相关单位负责人参加会议。7月9日，刘广平在井湾子街道棚改项目指挥部召开关于长橡E地块黄某娟户购买汇景豪庭房屋的问题协调会，经过刘广平耐心的工作，黄某娟放弃到北京上访，刘广平带黄某娟夫妻两人到天鸿家园去看房。区法院、区信访局、区征收办、井湾子街道相关负责人，房产开发商参加协调会。7月25日，刘广平主持省机械化施工项目（一期）召开省机械化片区西地块（一期）项目风险评估会议。井湾子街道办事处主任陈建良介绍该项目基本情况及征收的重要目的和意义，区征收办副主任刘琨汇报项目各方面风险预估情况，各职能部门进行风险分析评估，提出专业意见。区委政法委、区信访局、区发改局、区住建局、区司法局、区城管综合执法局、区环保局、区城投、市自然资源和规划局雨花区分局、区征收办、井湾子街道办事处、井圭路社区等相关负责人参加会议。8月16日，刘广平主持召开省机械化施工公司片区地块棚户区改造项目西地块（二期）征收补偿方案论证会，井湾子街道负责人详细介绍项目的基本情况，区征收办科长赵明解读征收补偿方案；各部门负责人对方案进行讨论。刘广平强调，尽快按各部门提出的意见和建议进行完善，力争早日发布方案，全力推进项目启动。区司法局、区住建局、区人居局、区城投、区征收办相关负责人参加会议。8月27日，刘广平到项目指挥部及汽制、大吉项目现场调研，听取项目进度及个案问题汇报，刘广平对项目推进情况表示肯定，对存在的主要问题提出具体指导意见，对下步签约、腾房等工作作出相应工作要求。项目指挥长杨丹、区征收办副主任钟吉星、项目负责人汪洋、李严寒等陪同调研并汇报相关情况。8月28日，刘广平在区棚改征收拆迁建设指挥部主持召开棚改征收考核工作调度会，区住建局付光雄、区城建投方明星、区人居局徐高明、区征收办钟吉星、李严寒、殷骏铭，左家塘街道莫正文、雨花亭街道汪洋、井湾子街道黄赤松参加会议。9月24日，刘广平主持召开劳动东路BCD扫尾清零工作调度会，刘广平要求，年底完成签约腾房清零目标不动摇；2019年9月底之前出具体方案及做好人员铺排；2019年10月底之前完成司法强执和非诉执行；对未签约20户及已签未腾房50户有针对性的划分为5个类型，包干到人；完成公有资产处置工作。区住建局、区征收办、左家塘街道相关人员参加。10月18日，刘广平在左家塘街道召开劳动东路棚改项目司法强执实施工作调度会议，研究部署司法强执工作方案。区征收办主任张希林、区法院土征庭庭长隆改平、街道工委书记周建雄、工委副书记、办事处主任聂文涛、工委委员、街道人大工委主任莫正文、办事处副主任李德祥以及区法院、区征收办、街道各大办、社区等相关部门负责人参加会议，10月23日，刘广平在区棚改征收拆迁建设指挥部主持召开项目调度会，研究宏大家园旧城改造项目启动模拟征收相关工作，讨论该项目启动模拟征收后将带来的利与弊。刘广平要求做实相关基础工作，扎实、稳步推进相关工作。区征收办主任张希林、副主任钟吉星及其他相关负责人参加会议。12月4日，刘广平在劳动东路棚改指挥部三楼会议室主持召开工作调度会，听取指挥部工作情况，从机构、人员、政策执行等方面对扫尾清零工作做具体安排。区法院、区住建局、区民政局、区征收办、区城投公司相关负责人、指挥部全体扫尾清零工作人员参加。12月20日，刘广平主持召开宏大家园旧城改造项目相关问题研究会。刘广平在区棚改征收拆迁建设指挥部主持召开麻园湾巷省商业厅宿舍及周边地块综合施策研讨会议，区人居局、区住建局（区人防办）、区教育局、区财政局、长沙市自然资源和规划局雨花分局、区征收办、侯家塘街道、区城投公司相关负责人参加会议。

（张　丽）

【学习交流】　2019年5月22日，张家界市住房和城乡建设局到雨花区学习交流征收工作。考察团一行在雅塘新城三年改造指挥部召开座谈会议，区征收办主任张希林介绍雨花区国有土地上房屋征收工作的基本情况，双方就国有土地上征收工作的补偿、补助，奖励政策，房屋构建物、附属设施补偿标准等问题进行交流和研讨，并希望两地继续加强交流，相互借鉴，共同推动两地征收工作迈上新台阶，取得新佳绩。考察团实地查看雨花亭街道汽车制造厂、大吉门窗厂棚改项目。7月24日，张家界市武陵源区征收与补偿事务中心副主任林琴一行到雨花区学习交流征拆工作。雨花区征收办副主任刘琨介绍雨花区国有土地上房屋征收工作的基本情况，双方交流和研讨国有土地上征收工作的补偿、补助，奖励政策，房屋构建物、附属设施补偿标准等问题，着重讨论处理房屋征收补偿中一般承租人的补偿问题。双方希望两地继续加强交流，相互借鉴，通过阳光征收、依法征收，共同推动两地征收工作迈上新台阶，助力城市建设发展。雨花区司法局行政复议与应诉科科长周琼、雨花区征收办补偿科副科长李严寒参加座谈。10月25日，道县人民政府办公室朱云雁一行11人考察学习雨花区征地拆迁工作，实地查看王公塘项目，座谈听取区征收办主任张希林介绍雨花区国有土地上房屋征收工作的基本情况，双方就国有土地上征收工作的补偿、补助，奖励政策等问题进行交流和研讨，并希望两地继续加强交流，相互借鉴。区政府副调研员刘广平及区住建局、区人居环境局、区征收办相关负责人参加。11月15日，雨花区征收办与安化县保障性安居工程工作领导小组办公室副主任黄光忠一行5人，双方共同围绕征地拆迁、模拟征收等工作，进行经验分享、交流与探讨。

（张　丽）

【工作指导】　2019年6月12日，区政府副调研员刘广平、区征收办主任张希林、左家塘街道办事处主任聂文涛现场指导劳动东路棚改项目B地块建材厂宿舍1、2栋实施拆除工作。6月21日，区征收办在井湾子街道二楼会议室组织召开省机械化施工公司片区西地块（一期）征收补偿方案论证会。区司法局，区住房和城乡建设局，区城投，区征收办及井湾子街道办事处相关负责人参加会议。6月25日，区征收办到井湾子街道棚改项目指挥部指导工作，详细了解项目进展情况，研究讨论新启动项目中存在问题的解决方法。7月11日，张希林组织召开棚改征收项目产权注销工作对接会，讨论雅塘片区销户工作，长沙市不动产中心副主任陈多佳、受理科科长黄敏、经办人卞依婷，区征收办副主任钟吉星、补偿科副科长李严寒，雨花亭街道相关负责人参加会议。8月12日，张希林到井湾子棚改项目指挥部指导工作，听取相关工作情况汇报，详细了解项目推进中存在的困难和问题，给予了指导性的意见。8月13日，张希林专题指导汽制、大吉项目签约工作，听取项目工作情况汇报，对大吉项目签约等工作提出要求。项目负责人汪洋、李严寒、邓翔、余意等参加会议并汇报相关情况。8月15日，张希林听取王公塘001栋模拟征收项目的基本情况、工作进度及提请研究事项汇报，答复指挥部提出的问题，明确下一步工作计划和时间节点。要求工作人员必须保持严谨工作态度，信息必须公开透明；鼓励大家树立必胜信念，理清工作思路，抓住重点，科学有序，稳步推进，确保按时间节点完成模拟征收任务。9月24日，区征收办副主任刘琨主持王公塘片区地块棚户区改造（王公塘001栋）模拟征收项目社会稳定评估会议，左家塘街道介绍王公塘001栋模拟征收项目的基本情况，区征收办介绍社会稳定风险评估报告。刘琨强调要降低王公塘001栋模拟征收项目的法律风险和系统风险。区委政法委、区信访局、区发改局、区住建局、区司法局、区城管综合执法局、区环保局、区城投、市自然资源和规划局雨花分局、区征收办、左家塘街道相关负责人参加。12月4日，刘琨指导井湾子街道拆除长仪地块安全工作，拆除公司汇报施工方案、拆除过程的注意事项，街道办事处副主任黄赤松强调安全拆迁的重要性，并提出具体要求。与会人员再次详细查勘现场，研究细节问题。拆除公司负责人、监理及指挥部全体工作人员参加会议。（张　丽）

城市投融资开发

【概况】 2019年，雨花城市建设投资集团有限公司改制重组，与原物业管理中心进行剥离，润雨棚改、城中村、物流园等公司并入集团，报建咨询、三力物业、农综开等公司移交给区国资公司。资产总面积525712.46平方米，其中经营性资产面积269637.92平方米（含土地租赁面积74328.29平方米），占比51.3%；非经营性资产面积13638.56平方米，占比2.59%；保障住房物业配套用房面积242435.98平方米，占比46.11%。雨花城市建设投资集团有限公司承担全区保障住房、雨花市民之家、道路提质改造、圭塘河治理等一大批市区重点工程建设，其中保障住房项目建设规模居长沙市区级城投首位。负责棚户区改造和城中村改造融资工作，公司负责全区多个重大项目建设和区委、区政府交办任务的资金筹措。负责经营管理区属国有土地和房屋资产的招商、转让和开发，重点工程的融资、建设，拆迁农民保障住房建设，社保融资用地一级整理等。集团下辖11家子公司，内设15个部门，员工121人，其中具有经济管理、财政金融、工程技术、监理咨询、财务审计、行政法律等中高级职称者35人。雨花城投集团党支部党员33名，其中正式党员28名，流动党员（流入）5名，入党积极分子9名。办公地点设在长沙市雨花区圭香路瑞景苑4号栋。

2019年，雨花城市建设投资集团有限公司顺利完成集团层面的整合重组，有序推进组织架构、薪酬、绩效体系的优化调整，实现业务工作的无缝衔接，人员的平稳分流，员工活力得到激发。经营性物业资产实现租金收入3880万元，同比增长11.5%。联手实力央企共同参与雅塘片区开发，雅塘村棚改地块规划指标调整取得重要进展，片区资金来源获得重要保障。完成黎托街道3个批次1515万元市级补贴申报工作。公司财务部获长沙市总工会第八轮“芙蓉杯”竞赛芙蓉标兵岗称号，联合工会女职工委员会获长沙市优秀女职工组织称号。（彭菊芬）

【项目服务】 2019年，雨花城市建设投资集团有限公完成圭塘河景观区二期蔡家变电站的调规手续，以及二期项目的总图变更批复，10月，完成圭塘河项目全部报建资料移交。完成莲景苑和瑞景苑物业配套用房变更为商业的规划手续。完成月雅苑、川河苑项目的规划验收。完成东升家园项目总图审批、初步设计批复及控规高度修改的规划手续。完成川和苑的非税验收及实测备案，达到办证要求。电商物流园8号地获批划转为雨花区两保用地；城投27号地获批通过；

2019年1月29日，雨花城投集团2018年度分享大会（杨丽桦　摄）

长城信息地块挂牌，成为雨花区第一个挂牌的棚改项目。（彭菊芬）

【项目建设】 2019年，湖南省棚改任务400户，长沙市市下达棚改专项任务1569户，完成率100%。雨花城市建设投资集团有限公司推进中城苑项目，7号至10号栋主体工程基本完工，11号、12号、17号、18号、19号栋主体工程施工。园博家园项目启动西片区建设，完成基坑开挖的20%。公司首个EPC项目东升家园项目完成基坑开挖的50%。圭塘河生态景观区二期（木莲路至湘府路段）基本完工。圭塘河智能停车场进行基础施工。市民之家项目完成基坑支护。完成2个项目的扫尾清零，完成长钢、长城信息、省话剧团、雅塘村社区4个项目的成本结算，完成5个项目的土地出让、开工建设。（彭菊芬）

【投资融资】 2019年，雨花城市建设投资集团有限公司全面加强与金融机构的对接，通过发行PPN，向中国工商银行、浙商银行、厦门国际银行申请贷款等方式筹资25.96亿元，并获得10亿元北京金融资产交易所债权融资、10亿元理财直融等融资业务批复，启动20亿元企业债券，申请棚改专项债2.4亿元、土储专项债6.2亿元。6月26日，国内知名信用评级机构东方金诚国际信用评估有限公司发布《信用等级公告》，雨花城投主体信用等级由AA上调至AA+，评级展望为“稳定”，成为湖南开展国企改革以来第一家获评主体AA+信用等级的区县平台公司。（彭菊芬）

【安居工程】 2019年，雨花城市建设投资集团有限公司完成自然苑、黎雅苑、黎锦苑东西片区、井塘苑、桃花苑二期、川和苑6个项目的分房交房工作，分房交房4134套，安置4946人。完成13批次房屋回购工作，回购面积30540平方米，发放回购资金16726万元，解决559个安置对象的回购需求。重点攻坚保障住房供水验收移交，黎锦苑西片区、月雅苑实现正式上线，黎锦苑、桃花苑、瑞景苑整改工作稳步推进；办理保障住房房屋不动产证1800余套，为历年办理之和的3倍。（彭菊芬）

自然资源和规划管理

【概况】 长沙市国土资源局雨花区分局、长沙市城乡规划局雨花区分局均为正科级垂直管理单位。2019年7月，长沙市国土资源局雨花区分局、长沙市城乡规划局雨花区分局合并组建为长沙市自然资源和规划局雨花区分局（简称“区资规分局”），为长沙市垂直管理正科级行政单位，主要职能是，宣传贯彻国家、省、市有关自然资源、国土空间规划、测绘的法律、法规和政策；协助组织辖区范围内的国土空间规划、详细规划、专项规划、城市设计等规划编制，参与市自然资源规划局组织的规划修改；执行土地利用年度计划；负责耕地特别是基本农田保护相关工作；负责辖区内自然资源节约集约利用工作；负责地质灾害防范和治理以及国土空间生态修复相关工作；负责历史用地确权、土地权属变更的前期工作和自然资源调查及权籍调查；协助自然资源权属纠纷调处；承办农用地转用、土地征收征用工作；承办农村宅基地用地报批、农民建房和居民房原宅基地的改、扩建等相关工作；负责临时用地审批、设施农用地备案工作；组织实施征地补偿具体工作和征地补偿安置方案听证工作；负责按《城镇国有土地有偿使用规定》代征出租和改变土地用途的收益金、代征土地使用费（金）承办闲置土地的前期调查和初步认定工作；负责对城市个人住宅危房、农民生活安置房屋（多层）建设项目、临时建设项目和市局赋予分局审批权限的其他建设项目的审批；负责“乡村建设规划许可证”的核发；负责国有土地上未登记建筑认定工作；负责自然资源和规划、测绘等违法案件的查处；做好群众来信来访、“12345”等热线、信息公开、行政复议及行政诉讼等工作；负责自然资源基层管理所和征地拆迁事务所的管理工作；完成上级交办的其他工作。内设办公室、党建和监察科、财务科、法规信访和督察科、项目审批科、自然资源保护利用和空间规划科，下辖国土执法监察大队、规划执法监察大队，征地拆迁事务所，中心、黎托、洞井和跳马四个自然资源和规划管理所。全局在职在编干部职工55人，退休人员21人，其中，中共党员70人。办公地点在雨花区香莲路69号。

2019年，区资规分局贯彻落实区委、区政府战略部署，凝心聚力，攻坚克难，有效推进了资源的要素保障和资源惠及民生，完成全年各项任务。获得区绩效考核先进单位，市局绩效考核先进单位等荣誉称号。

（周永平）

【规划编制】 2019年，雨花区梳理和更新《雨花区控制性详细规划实施评估》和《雨花区城乡建设四年行动计划》各项基础数据，正式形成《雨花区控制性详细规划实施评估》重要成果，有效提升城乡品质和特色。编制概念规划，解决《长株潭城市群生态绿心地区总体规划》存在的问题，积极争取将经开区控规提升方案融合到市国土空间规划编制中；《跳马镇土地利用总体规划（2006—2020）年》（2015年修订版）通过市局组织的规划修改联合审查会。启动“村庄规划”全覆盖两年行动，跳马镇国土空间规划及6个村的村庄规划，完成初步方案内审、专家评审等工作。（周永平）

【项目审批】 2019年，雨花区核发《建筑建设工程规划许可证》4本，审批面积10030.5平方米，临时7本，审批面积8740.44平方米。对简单外立面改造、雨棚、门头、岗亭等民生项目，依法依规实行签报程序。严格临时用地的审批，审批通过湖南固泰混凝土有限公司临时用地并报市备案。做好红星农副产品大市场、丰彩实业、步步高、裕天国际、恒大国际金融广场、“一圈两场三道”等项目建设的规划服务工作。（周永平）

【保障用地】 2019年，雨花区坚持用地为产业服务、为民生服务、为发展服务，保障发展用地。发布拟征地告知书26，用地面积131.55公顷，其中占用耕地29.19公顷。上报雨花区2019年用地报批项目库，报批重点项目24个，其他项目8个，立项审查13项，为后续开展项目用地报批做好前期准备。（周永平）

【征地拆迁】 2019年，雨花区通过推进协议拆迁、启动集中签约、借力闲置土地处置等“软硬”兼施的方式，强力地推进项目征拆。铺排集体土地项目82个，拆除房屋511栋，拆除合法房屋面积118953.17平方米，长沙市2003年一批次（含官寺冲路）项目38栋合法房屋实现7天签约清零、15天拆除清零；物流园4号、5号地项目43栋合法房屋20天内实现全面清零腾地，创造新的雨花速度。（周永平）

【耕地保护】 2019年，雨花区耕地保有量任务为3866公顷，依据2018年土地变更调查数据耕地现状面积3821.69公顷、2018年外地购买耕地指标32.3044公顷、2019年初步成果中可调整地类中含耕地39.22公顷，雨花区实际耕地面积3893.2144公顷，高于目标值。雨花区为20个政府投资公共服务、基础设施、农民安置房项目占补平衡耕地指标4.3755公顷，保障重点项目顺利推进。落实耕保工作要求，组织相关街镇、村层层签订耕地保护责任状15份。（周永平）

【执法工作】 2019年，雨花区开展土地巡查398次，巡查发现和卫片反馈违法用地62起。违法认定31宗，6900平方米。放线20处，建设位置复验16次，竣工检查93次，巡查113次，公示115次。下达停工通知书2份、整改通知书33份，出具违法建筑规划专业咨询意见66份，移送区城管综合执法大队案件3件，有效的遏制未批先建、违证建设等违法建设行为。开展季度卫片图斑处置，2019年第一季度全区无下发图斑；二季度，违法用地图斑4个，省厅重点核查图斑3个（52号、93号、94号）；三季度，违法用地图斑3个，面积1.37公顷（19亩），其中耕地面积0.38公顷（5.68亩）。所有图斑都按照要求积极推进落实整改。全力推进闲置土地和空闲地的处置，武汉督查局例行督察认定全区历年来存量闲置土地55宗，373.91公顷，处置完成达到90%。省下发雨花区空闲土地图斑144个，588.66公顷，盘活面积305.97公顷，总盘活比例为53%。（周永平）

2019年10月9日，长沙市自然资源和规划局雨花区分局机构改革实施暨廉政教育大会（周永平 摄）

【专项行动】 2019年，雨花区做好第三次全国土地调查，全区开展外业调查面积292.1950平方千米，三调图斑数量39017个，外调图斑数量28376个，外调实际举证数量17996个，建立图、数、实地一致的国土调查数据库。雨花区三调成果在市内率先通过国家验收，差错率为0.31%。专项清理整治“大棚房”问题，发挥督促和指导作用，压实属地责任，明确整改时间，监督破除硬化地面，指导进行复垦复绿。天赐园、中惠旅智慧景区管理股份有限公司、新世嘉园等15个违规“大棚房”项目得到有效整改，恢复耕地0.73公顷（11亩）。推进违建别墅问题专项整治，开展四轮清查，按照一宗一策，采取没收、拆除复耕复绿的方式开展自查自纠，集中整治辰午山庄、天赐园、湖南金茂酒店、静闲山庄4处违建别墅项目。（周永平）

【国土调查动员】 2019年2月28日，雨花区第三次国土调查工作动员暨业务培训会议，部署和推进雨花区第三次国土调查工作。各街镇、区直部门领导以及街镇涉农社区筹委会、国土部门近200人参加会议，区政府副区长王明玖、长沙市自然资源和规划局党组成员、副局长刘国梁出席并讲话。湖南省第二测绘院专家李云为参会人员作第三次国土调查技术培训。（周永平）

城市管理

行政管理

【概况】 2019年3月，长沙市雨花区城市管理和行政执法局更名为长沙市雨花区城市管理和综合执法局（简称“区城管执法局”），主管全区城市管理工作，内设办公室、基础设施科、督查考评科、基层指导科、行政审批和政务服务科、渣土管理科、拆控违科、燃气热力和桥隧管理科，下设区数字化城市管理指挥协调中心、区渣土事务中心，管理雨花区城市管理综合执法大队、区市容环境卫生维护中心、区园林绿化维护中心、区市政设施维护中心。核定行政编制15名，领导职数6名，事业编制20名。工作人员159人，其中行政编15人、事业编19人、人才引进1人、政府雇员4人、特勤120人（数字化中心50人、渣土事务中心70人）。办公地点设在雨花区人民政府二办。

2019年，区城管执法局转变管理与服务方式，攻坚克难，在蓝天保卫战、中央环保督察、文明创建、项目建设、拆违控违、生活垃圾分类试点等重点工作中主动担当、尽责履职，取得新成效。推进“不忘初心、牢记使命”主题教育，组织开展学习交流3次，检视整改3轮，专项整治自查整改全面，全局政治理论水平及实干作风明显增强。推进全面从严治党，严格落实党建、意识形态主体责任，严抓党风廉政建设，坚持贯彻民主集中制，“三重一大”事项集体研究等制度规定，中心组学习11次，集中政治学习264次，主题党日活动264次，党组书记讲党课1次；20个基层支部通过“五化”支部验收。服务群众，重点解决砂子塘社区160余户居民天然气安装、英郡年华小区夜宵扰民等群众的操心事、烦心事、揪心事；多次为曙光社区联点帮扶对象送去米、油等慰问物资；妥善解决曙光社区化粪池疏通、老旧宿舍楼道灯修缮、水表清淤、噪音扰民等群众反映强烈的问题；做好群众来信、来电、来访事项处置，处置城管“110”、“12345”市民热线、来信来访等各类群众投诉1.3万件；受理市、区两级人大建议、政协提案20个，全部按期处置到位。（张珊珊）

【项目建设】 2019年，雨花区完成牛婆塘等18个老旧社区改造；完成省体育馆等5处楼宇补齐性亮化，及红旗路、劳动路、花侯路两厢中国结安装；窑岭社区等7个老旧小区改造项目进场施工；统筹推进“三道”建设项目，完成人行道建设58.66千米、自行车道建设93.5千米、文化步道建设1.2千米；安装家庭餐厨油烟机4609台。（张珊珊）

【专项整治】 2019年，雨花区推进清洁长沙、城市管理提升行动等综合整治，围绕渣土扬尘、餐饮油烟、焚烧垃圾等深化最严执法与整治，办理各类行政执法案件8808起、罚款约721万余元。全国文明城市测评期间，组织开展全覆盖督查，发现并督促整改问题2.5万个。（张珊珊）

【控违拆违】 2019年，雨花区保持拆违控违高压态势，加大对住宅小区、高铁沿线等违建处置力度，加强对跳马、同升等重点区域的巡查管控，对新增违建“零容忍”。收到“12345”投诉349条，下达违法建设督办函211份，均按期处理完毕；收到并处理规划图斑四期、国土图斑49处、铁路安全隐患问题清单两批共45处；拆除违法建设211处11.2万平方米，控制新增违建161处1.15万平方米。（张珊珊）

【行政审批服务】 2019年，区城管执法局深化行政审批制度改革，优化审批服务，将户外招牌设置登记备案流程由5个调整为3个，办理时效缩短至5个工作日；对基本条件具备、主要材料齐全且符合要求的事项，经申请人承诺后予以先行受理；将临时占用街道两侧和公共场地许可、门店招牌设置登记管理下放至街镇，全面精简服务事项证明材料30%以上，最大程度便民利民。办理各类行政许可手续1695件，其中围挡广告类47件、招牌设置类267件、临时户外宣传729件、市政类589件、园林类占绿类63件。（张珊珊）

【网格化管理】 2019年，区城管执法局优化网格事项、细化网格管理，使其与城管各条线工作融合更加密切，配合各类专项整治效果更加明显。全区158个网格、453个网格单元，每天实时在线网格员400余人，查处各类城管环保问题46万条，其中针对两河沿线、中非论坛、“两点三线”等各类专项任务，巡查上报案件约1.2万条；针对垃圾分类全覆盖工作，普查采集分类投桶点及中转点设置情况5201条，上报垃圾分类相关执行情况3463条。全区城管数字化考核工作一直名列全市前列。（张珊珊）

【垃圾分类管理】 2019年，雨花区成立垃圾分类全覆盖工作指挥部，召开生活垃圾分类全覆盖工作动员大会，下发《2019年雨花区生活垃圾分类全覆盖工作方案》等指导性文件十多个，编印《垃圾分类指导手册》等实操指南，形成顶层体系设计到具体落地实施的精细指导；从宣传引导、设施投放等方面全面推进，入户宣传约47万户、入户率100%，投放分类容器约1.3万组、分类指引牌约1.3万个，开展主题活动600余次，被市级以上媒体报道200余次。在市分类办组织的5次考核中，雨花区3次排名第一、1次排名第二，提前半个月实现全区144个社区全覆盖目标。跳马片区187家门店纳入餐厨垃圾收运范围，实现全区3362家餐饮门店餐厨垃圾收运全覆盖。（张珊珊）

【燃气管理】 2019年，区城管执法局全面摸底，健全全区7家加气站充装站调压站、71家燃气站点的本底台账，逐步建立燃气行业社会综合治理等工作机制；强力推进“黑点”“黑车”、非法倒灌气等违法违规行为专项整治，开展集中整治行动5次，取缔无证经营黑气点32个，暂扣各类钢瓶1730个、各类非法营运燃气车辆16辆。（张珊珊）

【住建部调研雨花区】 2019年3月21日，住房和城乡建设部城市管理监督局局长朱长喜一行调研雨花城市管理工作，观摩雨花城市管理综合执法队伍及装备情况，到区城管监督指挥中心详细了解雨花城市管理网格化工作情况；对雨花城市管理工作，尤其是城市网格化管理模式取得的新成效给予充分肯定。省住建厅领导高东山、王向东，市城管执法局领导邓鹏宇，雨花区政府领导蔡泽敏、段仁华等陪同调研。（张珊珊）

城管执法

【概况】 长沙市雨花区城市管理综合执法大队（简称“区城管执法大队”）为参照公务员法管理的正科级全额拨款事业单位，负责城市管理方面的重大行政执法工作的组织实施，相对集中行使规划、市容环境卫生、城市园林绿化（不含园林公园）、环境保护、工商、公安交通、市政道路、户外广告、国土、桥梁隧道、燃气热力等方面的全部或部分行政执法权。区城管执法大队内设办公室、法制科（含处罚中心）、政工科、督查科（含110接处警室，纪检监察室）4个职能科室；核定参公事业编制234名，领导职数7名。2019年，在职干部234名，辅助执法人员（特勤队员）313名，党员人数218名。

2019年，区城管执法大队以建设品质雨花为目标，以最严城管执法为工作主线，深入开展了校园周边市容环境秩序整治、人行道清障专项执法整治、牛皮癣整治、文明创建等行动，着力美化市容环境秩序，完成“两会”、中非贸易论坛、“三考”“长沙国际马拉松”，文明创建迎国检期间的市容秩序控制任务。办理各类行政处罚案件8808起，罚款金额720.9万元；拆除违法建筑370余处，12万余平方米，处罚267万元。拆除违章户外广告、招牌620处1.8万平方米；处置在“12345”市民投诉7127件，上级交办件155件，市民投诉件132件，人大政协提案7件，满意率98.2%。获评湖南省住建系统“强转树”行动突出单位，雨花区2019年生态环境保护工作（“蓝天保卫战”）一等单位，雨花区“环保天天在线”一等单位。（余意）

【控违拆违】 2019年，区城管执法大队继续强力推进拆违控违工作，对历史违法建筑按照五年计划有序拆除，对新增违法建筑坚持零容忍，发现一处，拆除一处。协助指导各街道（镇）拆违控违，拆除违法建筑370余处，12万余平方米，处罚267万元。（余意）

【环境综合整治】 2019年，雨花区城管执法大队综合整治市容环境，以渣土运输、扬尘污染、“两河”流域水污染、焚烧垃圾、规范工地市场管理、违规户外广告、发光字、桥下空间整治、人行道清障、乱吐乱扔、车窗抛物不文明行为整治、落实“门前三包”责任、强力整治违法建筑9个方面为主要内容，涵盖市容卫生、街面管理、基础建设各个方面。加强中午、白晚班交接空档巡逻，全天24小时值班。办案8808起，罚款7209221元。其中查办乱吐乱扔类案件893起，罚款19140元；查办门前三包类案件58起，罚款2.83万元；查办店外经营类案件326起，罚款11.73万元；查办占道经营类案件1475起，罚款35.49万元；查办噪声类案件116起，罚款44.75万元；查办市政道路类案件25起，罚款3.55万元；查办园林绿化类案件11起，罚款63044元；查办市容环卫类案件346起，罚款10.77万元；查办机动车占道类案件4111起，罚款41.11万元；查办户外广告类案件104起，罚款41350元；查办餐厨类案件117起，罚款5.72万元；查办违章建筑类案件14起，罚款2716887元；燃气类案件查办7起，罚款6.3万元。高考、学考、中考“三考”期间，重点整治考点周边等重点区域的市容环境，加强主次干道巡逻，开展“无声”行动和爱心助考行动，协助公安交管部门加强考点周边道路交通管理，给参考学生提供良好的休息环境、畅通的交通环境和安静有序的考试环境。（余意）

【"蓝天保卫战"】 2019年，雨花区集中力量，整治井湾路、木莲路违规夜市、露天烧烤和违规渣土行为，督促餐饮门店正常使用并清洗维护油烟净化设备。办理案件1416起，罚款285.47万元。其中渣土类1022起，罚款266.05万元；垃圾焚烧案件178个，罚款8.575万元；露天烧烤类案件206起，罚款5.845万元；油烟类案件10起，罚款5万元。汇金路丰霞苑项目工地随意倾倒建筑垃圾，被处以最严罚款3万元。湖南圣芳缇酒店管理有限公司违规处置建筑垃圾，被处以最严罚款5万元。中铁二十五局湘府路快改工程违规处置建筑垃圾，被处以罚款5万元。对全区4674家餐饮单位建立动态管理台账，其中3411家需要安装油烟净化装置的餐饮单位已全部完成，完成率100%。城管环保网格化立案34023条，结案33298条。通过数字化采集治理裸露黄土，复绿14.2万平方米。（余　意）

【日常执法】 2019年，雨花区城管执法大队组织日常市容巡查，加大对流动摊贩、店外经营、违章占道停车、违法设置临时性户外宣传等各项违法行为的整治和查处力度，确保各辖区市容状况良好；建立健全领导机制、督查机制、约谈机制、长效机制，实现夜市执法和管理的常态化。强化夜间市容管控，处置夜间城市管理各种违法违规行为，维护夜间市容市貌及城市管理正常秩序。合理调整各中队执勤模式，优化夜间执法力量，强化夜间执法效果，各中队每天安排1名执法人员及2名特勤队员，负责本辖区晚23时至次日8时期间的市容秩序控制及接处警工作，有效控制夜间市容秩序，实现全天候无空档市容秩序管控。通过宣传引导，推广餐桌文明礼仪，倡导餐饮行业提供安全供餐、市民节约用餐行为；通过严厉打击违法违规处置和运输餐厨垃圾的行为，有效杜绝垃圾油重复利用流入广大老百姓的餐桌。组织餐厨垃圾执法行动12余次，捣毁潲水油窝点3处，办理案件117件，处罚金额5.72万元。（余　意）

【广告招牌整治】 2019年，雨花区城管执法大队加大巡查力度，及时发现、及时制止、及时拆除时效性较强的违章户外广告尤其是临时性户外广告；完善办案程序，对所有户外广告案卷实行"一案一卷"，确保执法行为公平；全面摸底清查全区户外广告，建立完善以户外广告设置期限、规格和所有者为主要内容的动态管理台账；重视安全施工工作，做到大型广告拆除有行动方案和应急预案，切实加强户外广告拆除环节的施工保障和安全监督。拆除违章户外广告招牌1171处，拆除面积约40485.8平方米。（余　意）

【渣土扬尘污染专项整治】 2019年，雨花区城管执法大队严格办案程序规范渣土执法，加强渣土运输工地出入口管控、重点路段巡查值守，开展常态化专项整治行动，做好渣土运输、噪声扰民等涉及环保督察和群众举报案件整改处置，实施联合执法200余次，组织并参与违规工地、渣土运输车辆的整治行动，查处案件754件，罚款约224万元。与交警、运政、环卫等职能部门联动机制进一步紧密，注重安全警示教育，邀请新闻媒体定期开展集中宣传，执法过程中着重突出环保、渣土运输管理相关法律法规宣传教育，从思想源头上减少违法违规现象的发生。（余　意）

【文明创建迎国检工作】 2019年，雨花区城管执法大队开展"不文明行为"专项整治、校园周边市容环境秩序整治、人行道清障专项执法整治等行动，着力美化市容环境，规范城市秩序。中央文明委测评期间，区城管执法大队将每天7：00至23：00作为市容重点控制时段，实行不间断执法巡逻和重点路段全员上路守点，严格按照测评标准管控主次干道市容市貌。（余　意）

【特勤人员换装】 2019年5月29日，雨花区城管执法大队辅助执法人员换装仪式暨作风建设大会召开。全体区城市管理综合执法大队特勤队员换着新装，集中学习《长沙市雨花区城市管理综合执法大队特勤队员管理规定（试行）》。该规定共七章二十五条，从招聘用工、日常管理、教育培训、考核奖惩等方面进行界定，特别是对执法辅助人员承担的工作和不得从事的工作以及日常纪律进行全面明确，对其工作行为进行全面规范。（余　意）

市容维护

【概况】 2019年3月，长沙市雨花区市容环境卫生管理局更名为长沙市雨花区市容环境卫生维护中心（简称"区环卫中心"），主管全区市容环境卫生事业。负责全区维护范围内的主次干道清扫保洁、环卫基础设施维护、垃圾运输和渣土管理工作。主要负责947万平方米的主次干道、185万平方米的主次干道绿化带、112座公共垃圾站、79座公厕、37座人行地下通道、9000多个果皮筒等日常维护，以及对街道社区环卫工作的日常考核。有垃圾运输车149台、机扫车45台、微型机扫车2台、大洒水车84台（含8台新能源车辆）、小洒水车102台（含1台新能源车）、抑尘车6台。内设办公室、环卫业务室（网格化中心）、人事室、基础设施室、计财室和安技室，辖左家塘、侯家塘、砂子塘、东塘、圭塘、雨花亭、井湾子、洞井、高桥、东山、同升、黎托13个环卫所，代管渣土管理所。核定差额拨款事业编制122名，其中领导职数4名。在岗正式职工（含1名随军家属）104人，退休161人，临聘人员1900余人；中心党委设6个支部，共有党员101人，其中在职党员74人。办公地点设在雨花区曲塘路70号。

2019年，区环卫中心围绕市容环境卫生提质提档总体目标，不断完善机制，改进作风，开展网格化管理和精细化作业，参加"蓝天保卫战"。推进"不忘初心、牢记使命"主题教育，推进支部规范化建设，加强廉政教育，严肃党内政治生活民生服务投入力度。坚持高标准、严要求培养和发展队伍，转正预备党员1名、发展预备党员4名、培训入党积极分子9名。帮助德馨园小区、莲湖、雨新路、体育新城等社区开展环境整治，配备环卫设施等民生问题，提供帮扶资金。开展党员“一帮一”主题党日活动，走访慰问困难一线职工31名。召开局工会委员会换届选举大会，民主选举产生局第四届工会委员会、工会经费审查委员会和女职工委员会。（吴峥嵘）

【环卫作业】 2019年，雨花区整改道路扬尘污染问题7431处，助力“蓝天保卫战”，保卫“雨花蓝”。实施清扫保洁网格化、机械作业动态化覆盖，全区13个清扫网格调整为63个清扫网格1380个清扫作业单元、80个机械作业单元、243个环卫设施作业单元，建立“标准明确、责任细化、考核公平、奖罚分明”的网格目标管理体系，按照“定岗、定量、定时、定效”的网格化管理模式，对缺岗路段以“多劳多得、优绩优得”的方式推进全覆盖清扫维护。建立大清洗机制，出动大、小水车和雾炮车清洗降尘，每周五下午、周六和周日开展夜间全覆盖大清洗，周一至周五当天上午，视路况科学调度机械作业车辆，优化作业频次，实现重点道路每日降尘至少8次，其他道路每日降尘至少4次。PM2.5（一般指细微颗粒）指标达到黄色预警状态时，人休车不休，全部机械作业车辆24小时运转，确保降尘效果。完善业务管理制度和考评方案，实现机械作业考核过程到机械作业效果的转变，充分发挥属地所的机械调度管理作用。进一步健全职能科室抽查、各所分管负责人督查和管理人员巡查的三级督查考核机制，将日常业务的具体巡查划片包干，责任到人；坚持公平、公开、公正的考核，一天一通报、一周一总结、一月一讲评。以信息平台数据化考核为主要抓手，以人员现场巡查为有机补充，全天24小时全域覆盖对作业效果进行督查、考核，严抓痕迹管理，每项工作过程有记录，效果有照片，发现问题立即整改到位。通过实时整改反馈机制，推进全方位、全覆盖、无缝隙的信息化考核管理，确保检查有记录，整改有复查，处罚有依据；通过“全面清点”“临时抽查”“反复回查”“步行陪查”等多种形式开展一线人员网格化考核工作，推进主次干道提标提档。垃圾日产日清，清运垃圾47.39万吨。1月21日至3月1日春运期间，每天出动垃圾清运车辆对武广南站和汽车南站周边垃圾转运站、垃圾斗进行清运，清运生活垃圾370余车、2000余吨，确保春运期间交通枢纽周边无垃圾滞留堆放等现象，营造良好的出行环境，保障春运工作的正常运转。每月定期或不定期对系统内垃圾运输车的车容车貌开展督查工作，查处内部车辆违规46起。（吴峥嵘）

【渣土管理】 2019年，雨花区环卫局落实长沙市人民政府《关于全面防治大气污染的通告》，将“十严”渣土整治与“蓝天保卫战”相结合，从源头、运输途中、消纳场地全方位管控，渣土管理与执法排名全市各区年度第二。通过严管重罚和集中整治进行控尘，对未完工的74处工地、各渣土运输企业1000多台渣土运输车辆的运输和消纳过程，开展“白、晚班无缝对接”和“8个100%”排查的全覆盖巡查与管理，重点整治车辆超限超载、闯禁、不按指定线路行驶等行为，从重打击渣土车辆不按线路行驶、不按指定场所消纳等违规行为，查处工地各类违规现象297处，下达停工整改通知单193次，约谈企业负责人6次。新勘方工地74处，方量2013万立方米；新办回填项目37处，可回填方量205万余立方米。（吴峥嵘）

【环境综合整治】 2019年，雨花区环卫中心开展“牛皮癣”大清除行动，清除粘贴式牛皮癣360处、牛皮癣残迹700处、覆盖涂鸦式牛皮癣230处。开展重要干道、桥梁除冰保畅工作，出动机械撒盐车辆45车次，人工配合撒盐车160车次，清扫员8800人次，保障重要干道、桥梁等部位的整洁通畅。7—8月，开展裸露垃圾堆物集中整治，建立常态清洗保洁和清运机制，对185万平方米绿化带卫生开展清底整治行动，确保高质量、高效率做好中央环境保护督查“回头看”和省级环保督查交办件的后续整改工作。11月，区环卫中心全力保障实地测评等文明创建迎检效果，全力保障省、市、区各类督查线路，迎接各类重大线路检查150次，高标准完成各项检查任务。12月，抛洒融雪剂300余吨，铺设麻袋草垫近6000条，完成铲雪除冰任务。（吴峥嵘）

【设施建设】 2019年，雨花区完善基础设施建设，按照“一站一特”“一站一景”的原则开展前瞻性规划，加强外街站厕设施的建设，不断完善站厕设施布局；逐步拆除内街部分交通不便、扰民情形的站厕，在社区公园新建站厕进行置换；提质改造老旧站厕69处，维护维修各项地下通道等设施设备1600余次，站厕维修3900余次，果皮桶维修2800余次，提升功能的完备性、使用的便利性，方便市民出行，维护城市整洁。24小时保洁维护垃圾站厕，采取“一站厕一

2019年3月29日，雨花区市容环境卫生维护中心集中学习　（吴峥嵘　摄）

台账”，每套站厕每天全面清洗2次、定时开启除臭设备配合点檀香、管理员每天巡查1次，确保站厕内外整洁无异味。（吴峥嵘）

【环卫信息化建设】 2019年，雨花区环卫中心受理市数字化平台案卷2634条，按期结案率100%；受理处置环保督查“天天在线”案件11条，其中主办件6条，办结主办案卷6条，办结率100%；受理处置“12345”市民服务热线工单810件，办结率100%，满意度99.61%。7月26日，完成区环卫中心环卫信息平台升级改造项目评标工作，12月底，完成第一阶段平台搭建工作。（吴峥嵘）

【环卫工人节庆祝活动】 2019年，雨花区环卫中心举行一系列活动，庆祝湖南省第24届环卫工人节，调动环卫工人的工作积极性，唤起市民爱护环境卫生的意识和对环卫事业的关心与支持。10月24日，举办颁奖和环卫工人原创文艺表演活动，表彰一批在环卫工作中涌现的先进集体和个人，展示先进团队和典型人物在环卫建设中的先进感人事迹。10月25日，班子成员带队到各环卫所座谈慰问特困职工。10月底11月初，组织全体临聘环卫工人进行体检，普及环卫职业病防治的相关知识，提高职工自我健康保护意识。（吴峥嵘）

【余宏卿巡查工地】 2019年3月4日，雨花区委常委、宣传部部长余宏卿在区环卫局局长黎大强陪同下，组织区环卫局渣土所相关工作人员开展2019年第十周日常执法巡查行动，督查地铁五号线雨花广场站和海绵公园工地。余宏卿指出，区环卫部门在做好工地及周边守点管控的同时要加强与街道等部门的对接，督促工地外围建筑垃圾清理到位，并强调渣土工地的保蓝、创蓝，要发挥部门之间的强大合力，实现从地面到立面的整体洁净，实现从地面环境到空气环境的整体提升。（吴峥嵘）

市政管理

【概况】 2019年3月，长沙市雨花区市政工程管理局更名为长沙市雨花区市政设施维护中心（简称“区市政中心”），为区直属差额拨款正科级事业单位，全面负责辖区道路面积622万平方米，人行道205万平方米（主干道22条82.8千米；次干道和支路141条134.8千米）和排水管网710千米的管理维护任务（含未纳入市、区财政预算的雨花经开区范围120.47万平方米道路和武广片区94.2万平方米道路以及跳马镇1.74万平方米）。内设办公室、财务审计室、后勤保障室、路政巡查室、工程技术室、维护室6个职能科室。核定编制53名，在职干部职工51人，随军家属1人，引进人才1人，退休职工73人，聘用人员110人（其中机关聘用人员54人，聘用民工42人，市政公司14人），党员70人（其中退休职工党员22人），办公地点设在香樟路592号。

2019年，区市政中心在区委、区政府的坚强领导下，坚持以习近平新时代中国特色社会主义思想为指引，深入贯彻落实党的十九大和十九届四中全会精神，紧扣区委“强化党建引领、攻坚项目建设”的工作主题，以敢于谋事、团结共事、齐心干事的坚强毅力和决心，锐意进取、务实作为，圆满完成了各项工作任务目标。（黄芳）

【基础工作】 2019年，雨花区市政设施维护中心处置市政类数字化案卷来单10285条，“12345”市民服务热线及“城管110”工单1370条，日常巡查搜集及社区工单3725条，结案率均为100%。坚持深化改革，优化营商环境，推进落实“一件事一次办”政务改革，进一步提高政务服务效能，做到“一张表”“一张网”“一个厅”“一窗受理”，协助区城管局依法受理办结占道、挖掘道路审批查勘401件（其中占道审批303件，挖掘审批98件），办理排水入网验收15件。妥善处置自来水公司58处、新奥燃气公司13处爆点抢修工作；切实服务辖区重点工程项目建设，对600余处围挡进行督促和整治，进行“电力530攻坚任务”施工现场指导30余次，完善企业服务渠道和措施，为62个帮扶项目开辟绿色通道；全面落实河长制工作，对圭塘河沿线70个排口进行清淤维护和常态巡查，发现5处排口问题并反馈相关部门整改到位，与部门街道联动执法，发现并查处违排2起。实施完成沙湾路（曲塘路至长沙大道）2.1千米的“六位一体”提质改造，完成梓园路（劳动路—人民路）、劳动中路（曙光路—洞井路）、玉竹路等7个路段、11.2千米的支路街巷改造工程。香樟路人行天桥、劳动东路人行地下通道建设工程完成施工并投入试用；洞井路和长托路（黎郡小学北门）人行天桥、航空职院跳马校区地下通道3座人行过街建设项目按进度稳步推进；实施劳动路（韶山路至车站路）道路整体罩面翻新工程；完成中非经贸论坛和融城花园酒店前坪设施补损工程，开展重大活动线路维护保障任务15次；实施杜花路、红花坡路人行道路面塌陷抢险和火车南站西广场附近沉塌管道修复工程；省人大机关、桃阳苑小区提质改造工程顺利推进；全区管网检测及普查、15条企业自建道路维护整改工程有序落实。推进“一圈两场三道”建设，落实人行道清障摸底193处，完成13条、52千米人行道改造工程和13条、64.3千米自行车道改建工程，实施沙湾路（曲塘路—石坝路）文化步道1.2千米改造建设；推进“畅通城市”建设，助力“蓝天保卫战”，完成涉及5个街道31处社会路口硬化任务；实施新丰路沿线道路环境整治工程和美林景园小区人行道提质改造工程；完成2292座窨井整治；进行化粪池改造72座，清掏化粪池1250座次。强化宣传引导，做好机关生活垃圾分类工作；推进建筑装修垃圾资源化利用处置，区建筑装修垃圾处置侯照基地接收、处置装修垃圾3000余吨；协助长托指挥部征拆工作，圆满完成56户拆迁任务。（黄芳）

【维护管理】 2019年，雨花区市政设施维护中心依托网格化管理，围绕“路平、管通、井牢、沟畅”的目标，坚持全天候、全方位、全覆盖地推进精细维护作业，提升市政道路日常维护管理水平。整修路面14.8万平方米，修复人行道及盲道6.1万平方米，调修平侧石6110米，修复隔离设施716处，调整各类井盖562座，更换各型井盖、沟盖板984块。支援路桥社区、白田社区、职教城和江益路等处实施维护整治，刨铣罩面2508平方米，修复社区楼栋间道路620平方米，修复人行道325平方米，调整和更换各类型井盖1012块，优质、高效完成文明创建迎国检工作。推进城区道路集中整治，及时、快速处置路面坑洞、翻浆、龟裂，加强排水管网清掏疏浚力度，确保城区道路路面平整、人行道养护及时、无障碍设施完好、排水管网畅通。（黄 芳）

【城区防汛】 2019年，雨花区市政设施维护中心坚持立足于防大汛、抢大险、保平安，实行汛期24小时值班制度，把防汛制度、职责、责任落实到岗到人。牵头组织召开全区13个街（镇）及160余个社区（筹委会）防涝排渍网格化联络员培训，组织开展城区防涝排渍应急演练，检验防涝排渍应急预案措施、预警反应、应急队伍、机械设备等。出动人员800人次，设备300台次，排除险情80余处，改造小型排水堵点243处，改造排水管网1100余米，管网疏浚11万余米，清掏泄水井约40833座次，有效保障城区汛期安全。（黄 芳）

【化粪池管理】 2019年，雨花市政设施维护中心集中改造侯家塘街道、东塘街道、砂子塘街道、左家塘街道、洞井街道辖区内小区的化粪池72座，减轻老旧社区防涝排渍的日常维护压力，完善小区的基础设施，提高居民的生活品质。改造工程预算9461.28万元，完工36座。改造区域均为长沙市合流排水区，老旧社区内排水体制为雨、污合流制。合流主管偏小，大多为D300混凝土管；原化粪池为老式砖砌池，容积偏小，处理简单（为一级处理），不能满足日常生活处理需求，且长期不清掏，造成出户管、检查井、化粪池及排水管道淤积，局部塌陷，或没有设置化粪池，直排入小区或市政下水道，导致排水不畅，暴雨时管道内满流导致污水溢出路面，严重污染生活环境。改造工程包含清掏和拆除老旧化粪池、建设新化粪池、铺设管道及修复周边市政基础设施等。（黄 芳）

【支路街巷提质改造工程】 2019年10月至12月，雨花区市政设施维护中心实施支路街巷提质改造工程。提质改造古曲路（曲塘路—劳动东路）、砂子塘路（韶山路—曙光路）、雨花区政府西门周边（区政府西门—玉竹路）、雅塘村小学周边道路、劳动路（曙光路—洞井路、万家丽路—沙湾路）的人行道、自行车道。提质改造项目预算1614.73万元，改造工程包括对原有人行道、路面、排水系统等设施进行综合提质；改造工程总里程5.21千米，摊铺沥青路面1.59万余平方米，人行道改造2.76万余平方米，自行车道改造0.61千米。改建五凌路、圭塘路、迎新路、双塘路、新韶路、正塘坡路、长塘路及万家丽路8条道路部分路段人行道，工程预算898.76万元，改建长度32.3千米，包括人行道铺装破损修复、侧石、锁边石破损、缺失完善、树池条石修整及人行道上井盖更换为隐形井盖等。改建曲塘路（万家丽路—京港澳高速）、红旗路（浏阳河桥—香樟路）、石坝路（马王堆路—沙湾路）、香樟路（韶山路—川河路）、长沙大道（二环线—花侯路）、沙湾路（人民路—长沙大道）、洞井路（香樟路—湘府路）、木莲冲路（韶山路—沙湾路）、杜花路（沙湾路—京港澳高速）9条道路的自行车道，项目预算1389.24万元，改建长度56.1千米。改建项目根据原有路面情况施工，原有人行道面符合施工要求的，且原规划为人非共板的，直接在上面设置新的标志标线划分出自行车道；原有人行道有障碍物的，根据人行道和路面情况设置标志标线借道通行；原有路面有非机动车道的，直接在非机动车道上做彩铺；无非机动车道的在路面做机非混行引导标志引导自行车同行；人行道宽度较宽，原规划为人非共板的，直接在原有的人行车道上改建沥青砼自行车道。完善主城区道路的基础设施，改建东塘商圈范围内曙光路、城南路、韶山路、人民路、港岛路、车站路、劳动路、新建西路、芙蓉路9条道路部分路段的自行车道，项目预算320.37万元。（黄 芳）

【自建道路维护整改工程】 2019年9月，雨花区市政设施维护中心实施星城路、东进路、山塘路等14条自建道路病害处置，项目施工预算935.83万元。项目根据道路实际情况对破损路面进行破除，及排水官网检测，然后摊铺面层恢复路面，路面恢复后再重新设置新的交通设施及标线；路面施工完成后进行人行道修补及道路侧、平石改造；将项目范围内的所有井盖更换成“四防”井盖。项目整改道路5167平方米、修复人行道14350平方米，更换井盖292个。（黄 芳）

【劳动路路面提质改造】 2019年8—9月，雨花区市政设施维护中心实施劳动路韶山路到车站路段路面提质改造工程，工程西起韶山路、东至车站南路，全长2.6千米。项目破除路面病害，对路面铣刨重铺沥青，完成车行道窨井设施整治以及路面平石更换等。改造后的道路宽敞、明亮，让老旧城区的面貌焕然一新。（黄 芳）

【社会路口硬化工程】 2019年3月，雨花区市政设施维护中心启动雨花亭街道、洞井街道、黎托街道、东山街道、圭塘街道的31处未硬化路口砼路面硬化。路口硬化工程未硬化路口进行路面平整，拆除部分违规设施后，进行混凝土浇筑。（黄 芳）

【沙湾路提质改造工程】 2019年3月至10月，雨花区市政设施维护中心实施沙湾路曲塘路至长沙大道路段提质改造工程，全长2.2千米，曲塘路至石坝路路段仅改造机动车道绿化带外侧，石坝路至长沙大道路段全线改造。其中曲塘路至劳动路段于2003年建成通车，劳动东路至长沙大道段于2006年建成通车。由于道路建设年代久远，现状路面已经出现大面积的网裂、线裂等病害，已对市民的出行造成不利影响。随着两厢用地的开发、人流量的增加，原有道路的布局功能所承载的功能压力较大。对沙湾路（曲塘路—长沙大道）实施路面、人行道、绿化、交通设施、立面、自行车道、文化步道等进行提质改造，提升城市综合品质，完善城市道路交通，改善居民出行。（黄　芳）

【香樟路人行过街设施工程】2019年3月，香樟路人行过街设施竣工。项目建设人行过街天桥，预算702.79万元，采用钢桁架梁形式，横跨香樟路，天桥主体采用一跨，总长46.8米，单跨39.6米。桥梁平面垂直于香樟路布置，香樟路南、北两侧人行楼梯道采用折线布置，楼梯道总宽3.2米，总长27.4米。天桥一边楼梯连接雨花区政府二号办公大院及老年大学入口，一边连接湖南医药职业中等专业学校和蒙特利梭幼儿园，解决学生、家长、周边居民、老年大学学员及到二号办公大院办理业务的人员过街难的问题，有效的缓解香樟路的拥堵情况，便利附近居民的出行，减少交通事故的发生。（黄　芳）

【群众工作】2019年，雨花区市政设施维护中心联点黎郡社区。上门慰问、走访调研140余人次，带领党员干部、志愿者40余人参与社区走访慰问和帮扶工作，收集、处理群众反映的共性问题4件，上报社情民意8条，解决重大民生实事2件。开展“民意快线服务联盟”活动，组织“蓝天保卫战”“植树护绿”“垃圾分类讲座”“讲党课”等活动5次，组织召开“六方协商”会议4次，为社区解决更换篮球架2个、改造翻新羽毛球场地200余平方米，完成联点社区民生实事大联办1件，获得区委区政府和居民群众一致好评，群众满意率100%。（黄　芳）

园林绿化

【概况】2019年3月，长沙市雨花区园林管理局更名为长沙市雨花区园林绿化维护中心（简称“区园林维护中心”），为长沙市雨花区城市管理和综合执法局所属公益一类差额拨款事业单位。负责辖区内678.9万平方米公共绿地管理与维护，对公共道路绿化、公园、社区公园及其设施进行维护（维修）；负责城区公园、绿地建设；指导辖区单位开展园林绿化工作，负责辖区绿地的核查、统计，新增绿地的申报；负责辖区内古树名木的管理和保护，组织辖区全民义务植树；负责按照相关规定办理树木移植、修枝、砍伐、绿地占用手续的查勘工作及绿化工程的设计审查、移交、验收的技术性工作。内设党政综合办公室、维护管理办公室、工程建设办公室、财务室、物资管理办公室、绿委办公室；代管市属沙湾公园和桂花公园。职工99人，科级领导干部6人，其中在职人员51人（含人才引进1人、无编制随军家属安置2人），退休人员48人。设立局机关党支部、维护所党支部和退休党支部、桂花公园党支部、沙湾公园党支部，共有党员87人（其中预备党员1人），办公地点设在雨花区曲塘路19号。

2019年，雨花区新增绿地面积34.64公顷，城镇建成区绿化覆盖率达44.09%。在全市城市管理考核中，取得园林类排名2次第一、2次第三；在迎接新中国成立70周年全市大型绿雕评比中，高铁西广场绿雕获一等奖。区园林绿化维护中心强化政治引领，加强队伍建设，落实党委书记牵头抓、班子成员“一岗双责”、支部书记具体责任制度，履行党建主体责任。完成机关支部换届工作，发展党员1名。开展主题教育，党委中心组集体学习3次，班子撰写心得体会24篇，调研报告3篇，检视班子及成员存在突出问题70个，基层党组织存在突出问题15个，普通党员存在突出问题78个，为党员上党课2堂，解决群众操心事、烦心事和揪心事4件。加强党员队伍日常管理，推进“三会一课”、主题党日活动、党员民主评议、谈心谈话、缴纳党费、党内统计年报等日常党建工作，机关37名党员干部利用节假日以及八小时工作以外的时间到各社区参与义务活动。为社区补栽补种6次，解决民生问题8个，慰问困难群众3次。开展扫黑除恶专项斗争，分析并明晰园林领域黑恶势力重拳打击范围、倾向性问题，及时消除风险隐患。获区城市管理工作先进单位、征拆工作服务支援单位、项目建设与帮扶服务保障红旗单位、重点工程建设协调服务工作先进单位、“环保世纪行”活动一等单位等荣誉。（黎　英）

【绿化维护】2019年，雨花区园林维护中心全面排查绿地存在问题，重点抓好春季补栽补种、夏季抗旱保苗、秋季树势恢复、冬季防寒越冬；实施道路绿化微改造，完成花侯路、劳动东路、长沙大道、区政府周边等8处重要节点的改造，道路绿化景观效果得到提升；对“八纵八横”“两点三线”沿线重点区域绿化存在的32个问题进行整治；做好全区40个社区公园的绿化精细维护，新增一批宣传栏、广告牌，落实公园公共设施共享；狠抓文明指数测评，完成文明创建“省检”“国检”工作；推进绿化养护进社区，完成阿弥岭、长重、牛婆塘等公共社区乔木修枝4463株，打药495车，砍伐死危树140株；储备绿色资源，移栽闲置苗木1860株。全年补栽乔木1953株，灌木苗60.03万株，时令草花163.15万盆，草皮3.6万平方米，草本地被5.1万平方米，行道树修剪、抹芽1.7万株，水车浇水洗尘2.01万车次，药车、人工打药105.7万平方米，打草148.6万平方米，除杂374万平方米，中耕、抽沟6900米，增铺树穴盖板3200平方米，修复树围石2280个，花坛边11330米，增设、更换护栏6541米；修复侧石65处，修复井盖90处，修复沟盖板140块；“12345”工单总案卷数383条，按期办理率100%，满意度99.48%；数字化总案卷数2698条，应结案数1201条，结案数1201条，结案率100%，一次性结案率100%。完成除冰铲雪保畅通任务和暴雨天气防汛抗灾工作；做好“两会两节”、省委巡视、中非经贸博览会、“两点三线”等各类线路绿化环境保障约50次；重大节日及重要会议期间突出花卉彩化，建成10条花化彩化道路，提升花侯路、长沙大道、机场高速与京港澳高速雨花互通景观效果，建成4处迎国庆大型街景。做好香樟路以南、万家丽路以西、湘府路以北、韶山路以东等区域的降尘工作，平均每天安排40人次、作业车辆25车次；对浏阳河水源地、跳马白竹村水源地进行专项保护；提高环保监测点燕子岭公园周边空气质量，园内柴油维护作业车辆转移至远郊停放，公园喷雾系统24小时作业；排查整改绿地存在的问题307个，长沙环境保护职业技术学院周边绿地铺设草皮8000平方米，对万家丽路、湘府路等因高架施工无法栽植的1.5万平方米裸露黄土，统一进行绿网覆盖防尘；强力推进垃圾分类，机关垃圾分类工作落实到位，全区园林垃圾分类有序推进，对园林垃圾处理场地进行扩容，扩容后垃圾处理日产能达50~80吨，处置园类林垃圾6037吨，回收可利用3900吨，回收利用率64.6%。将武广片区设为重点网格，成立专门的高铁新城维护所，细化、量化维护作业标准，对人员增减、绿化移交等进行网格动态更新、优化。 （黎　英）

【公园管理】 2019年，雨花区园林维护中心加强对桂花公园、沙湾公园管理处的指导与管理。升级配套设施，两个公园增设母婴室，增加、修复公益广告牌，更换、新增指路导向牌等标识标牌，无障碍厕所扶手、健身器材等基础设施，提升公园品位档次和游客游园体验。针对桂花公园噪音扰民的问题，采用疏堵结合、动静分区的方式，通过上户摸底、巡园劝导、共建共管等措施，增设分贝仪、标语、标牌等，实现静区无噪音源、动区音量控制合理，周边居民与游客之间的矛盾得到充分化解，社会反响良好。针对沙湾公园燃油车辆进出污染大气的问题，制定完善3项车辆管理制度，公园维护管理车辆、经营服务车辆每日限量20台，并做到限时、限量、限速；驳接游客使用电瓶车，尽可能减小大气污染；加大宣传劝导，倡导市民群众绿色出行，步行游园，取得良好的治理效果。推动桂花公园海绵体改造，完成立项、现状调查、方案设计、施工图审查；抓好狮子山公园扫尾，完成公益设施安装、经营服务项目引进等各项工作；打造健康沙湾主题公园，增设健康知识宣传栏、成人及幼儿专属健身休闲区、800米健康步道等，积极倡导健康生活。 （黎　英）

2019年4月19日，雨花区园林维护中心“4·20”廉政活动月活动 （黎　英　摄）

【业务工程】 2019年，雨花区推进“绿色城市”建设工作，建成侯照路、新河路、香莲路3条林荫道路，明昇壹城一期售楼中心前坪、牛栏山公园一期（联盟社区公园）2个林荫广场，跳马镇金屏社区、融科紫檀、省劳卫所、牛栏山公园一期（联盟社区公园）4个林荫停车场。完成牛栏山公园一期（联盟社区公园）、广益小游园、都市园艺三湘小游园、金屏社区公园、红一方面军游园5个城市公园（游园）建设。完成新韶路口人行天桥立体绿化、洞井路坡劬绿化、跳马圭塘河饮水工程边坡绿化、狮子山公园屋顶绿化，共计1.8万平方米。建成香樟路与圭塘路交界处、沙湾路与石坝路交界处2处特色街心转角。建成梓园路、雨花巷2条特色街巷。建成明昇壹城一期售楼中心前坪大型居住区特色景观绿地。组织两型志愿者及两型示范创建单位代表上千人在环保东路周边进行义务植树活动；各街道（镇）开展多层次、多主体、多形式义务植树活动。对全区145株古树名木资源开展普查。普查结果于3月通过专家评审，在雨花区政府门户网站公示，并完成挂牌。 （黎　英）

【查勘审批】 2019年，雨花区园林维护中心严把树木移伐和毁绿许可关，现场查勘占用绿地的行政许可审批件66件，处理违章毁绿、交通毁绿案件79件，处理“110”、热线“12345”工单、数字化工单125件，查勘处置死危树174棵，办理区发改局交办的项目帮扶事项4个。 （黎　英）

【安全生产】 2019年，雨花区园林维护中心开展安全隐患排查治理，安全检查各维护所4次，着重排查所内车辆、维护设施设备存在的安全隐患，对驾驶员、一线人员开展安全驾驶、文明作业等培训5次，开展确保安全生产形势持续稳定。排查维护一线安全隐患，每日对作业车辆司机、维护作业人员文明作业、规范作业情况进行检查；对主次干道、支路、公园的设施、苗木、倒树、危树、滑坡、电路、水体等进行安全隐患排查，及时处置。排查在建绿化工程项目已

建成部分、施工设备、场外配合作业车辆安全情况，消除安全隐患。全年未发生一起安全事故。（黎 英）

●桂花公园

【概况】 长沙市桂花公园管理处(简称“桂花公园”)为差额拨款正科级事业单位，主要职能是负责公园内绿地养护和管理、设施维护管理、园内游览与娱乐项目组织管理，负责公园内安全防护和园内保洁工作，管理狮子山公园。办公地点在桂花路97号。桂花公园下设综合科、人事宣教科、财务科、办公室。2019年，在编职工26人，其中书记、主任1名，副主任2名，纪检员1名；其他9人（临聘人员5名，劳务派遣2名，退伍下岗再就业人员2人）；退休职工26人。公园管理处党支部，有党员22人（含6名退休党员）。

2019年，桂花公园开展“不忘初心、牢记使命”主题教育。多次组织召开廉政专题学习会，开展清理办公用房、“提篮子”、操办婚丧喜庆事宜等专项整治活动。联合市民游客举办庆祝祖国70华诞文艺演出，增强主题教育效果。开展“铲雪除冰”“植树护绿”“公共法律服务”“垃圾分类、党员先行”志愿服务，组织噪音治理、“桂花飘香贺华诞 载歌载舞颂党恩”、国庆摆花布景、园区卫生大清扫等主题党日活动。加强廉政公园建设，打造廉文化广场，用漫画、格言警句、警示案例等形式制作廉政展板，放置于公园各处，宣传廉洁文化，公园全年无违纪违规情况发生。联合雨花区司法局、左家塘办事处共同举办“法润雨花”公共法律服务志愿者活动年、优化营商环境年、深入开展扫黑除恶专项斗争暨律师党建结对共建活动启动仪式。携手雨花区赤岗社区共同开展“志愿源于心，护绿成于行，绿化美于恒”护绿活动，保护生态环境。组织党员应急突击队40余人对两园区道路进行除冰扫雪4000余米，在危险区域设置警示标志70余块，铺垫麻袋600余米，清理枯枝断枝3车，元旦三天两园区共进游客2万余人，无一人发生安全事故。（李龙燕）

2019年9月26日，桂花公园文艺演出（李龙燕 提供）

【日常管理】 2019年，桂花公园修剪狮子山、桂花两园区内的花灌木10次，修剪草坪6次，各打药治虫5次，施冬肥1吨（菜枯），清除杂草21940平方米；对的复绿黄土裸露地3000平方米，更换草皮3000平方米；疏枝修剪桂花公园桂花林，整形修剪办公楼前坪及南向主要乔灌木200株，清运树枝10车；修剪绿篱约5次1200平方米；梳枝修剪狮子山公园中轴乔木、南北两山沿路节点搭乔，造型修剪灌木3000余株。拆除公园游乐场区域原有钢架铁棚300余平方米改造成音乐室，运出垃圾10余车，修整原有地坪，优化局部绿化，使之形成整体景观，供市民游客娱乐休闲，有效解决公园噪音污染的问题。将公园南向绿化带改造成电动车停放区域，绿化种植、移植200余平方米，贴面200余平方米，改造后提供电动车停车位60余个，美化环境，为市民游客提供便利。更换破损、脱胶的公益广告共计30余块，查漏补缺新增公益广告10块。狮子山公园投放体育器材150余万元，丰富游园内涵。对园内基础设施、环境卫生、经营门店等全面排查不间断，发现问题及时整改到位，即知即改、立行立改；采取不间断巡园的模式，时刻动态管控公园进行，确保随时处于文明创建测评最佳迎检状态。（李龙燕）

【领导关注】 2019年3月14日，雨花区委书记张敏，区委常委、区委办主任周海毅调研狮子山公园，实地察看西门浮雕景观、共同湖滨水景观、公园北山山体栈道、运动中心生态广场并听取狮子山公园项目建设负责人汇报。5月7日，雨花区副区长蔡泽敏调研桂花公园海绵体示范公园提质改造问题。12月13日，省、市人大常委会组织60余名人大代表观摩视察狮子山公园，观摩组采取边走边听边看的方式，详细了解狮子山公园建设情况、功能分区、景观特色等情况，现场体验健身广场的体育健身设施，对公园建设过程中融入的海绵体公园理念给予高度肯定。12月16日，雨花区委、区人大、区政府、区政协200余名领导干部集体观摩狮子山公园，对公园建设管理给予肯定并要求公园今后要更加注重品质化管理，更好地服务于周边老百姓，彰显雨花形象。（李龙燕）

●沙湾公园

【概况】 长沙市沙湾公园管理处(简称“沙湾公园”)属于差额拨款正科

级事业单位，主要职能是负责公园内绿地养护和管理、设施维护管理、园内游览与娱乐项目组织管理，负责公园内安全防护和园内保洁工作，办公地点在古曲南路70号。下设人事科、计财科、经营保卫科、绿化科、办公室。单位编制数29名。2019年，在职人员35人（含退伍安置未上编2人，聘用人员4人），其中科级领导干部5人；退休职工19人。沙湾公园管理处党支部，党员20人，其中退休党员2名。

2019年，沙湾公园开展“不忘初心、牢记使命”主题教育。开展文明志愿服务、专家授课、知识宣讲主题党日活动，激发党建活力。与社区共建，成立“新城聚力区域党建联盟”，打造特色党建品牌。制定落实《2019年度廉洁文化进公园活动方案》，增强公园党员干部的纪律意识，齐心共建廉洁公园。突出党建引领，严格落实“一岗双责”和“三重一大”制度。推进“五化支部”创建工作，加强制度建设和阵地建设。严格教育管理，运用学习强国、先锋潮、和包支付等平台促进党员学习常态化、党员管理规范化。加强党员干部思想教育，围绕理想信念增强主流意识形态的凝聚力和吸引力。举办垃圾分类环保公益活动、迎新纳福等群众性文化活动，保持与人民群众的血肉联系。强化新闻宣传，沙湾公园“在垃圾山上建公园”的经验获《人民日报》推介，以《城市绿肺 让人深呼吸》为题在5月2日第七版刊发。通过设置意见箱、公布监督举报电话、受理“12345”投诉、管理“星城园丁”平台等方式，畅通民意。严格按照制度要求和工作程序回应群众诉求，妥善处理“12345”投诉和市民意见建议14起，协助办理环保问题督查件1个，案件完结满意率100%。对意识形态问题保持敏锐性和鉴别力，做到不发生、早发现、妥处置。排查意识形态广告牌、整治红墅湾周边环境、应对公园毁绿现象，从紧从快化解意识形态风险。（张　波）

2019年3月12日，沙湾公园植树活动（张 波 提供）

【日常管理】 2019年，沙湾公园建立园林绿化维护管理考评体系，抓好基础作业，加强日常养护，做好防汛抗涝和抗旱保苗工作，用心打造园林生态“绿肺”。适时适点增景添彩扮靓公园，对园内近6万平方米草坪进行冬季黑麦草追播，运用组团式花卉布景、时令花卉摆放、立体花雕等多种形式加强春节、端午节、国庆节节日氛围营造，全年进行花卉更换4次，使用鲜花20万株，布置面积约2000平方米，运用20余种植物在栾华林景观节点位置营造花境景观。积极倡导公众参与清枯除杂和义务植树活动，宣扬爱绿护绿理念。组建公园志愿者队伍，开展志愿服务活动，加强文明劝导工作力度。增设母婴室，提质学雷锋志愿服务站，维修风景亭、配电间，进行标识标牌翻新、公厕防腐处理，增加公益广告牌、导向指示牌、无障碍厕所扶手、健身器材等设施，完成阳光草坡灌溉系统改造。充分利用公园公益宣传窗口，宣传和倡导《长沙市养犬管理条例》《长沙市文明行为促进条例》，引导市民群众做文明行为的践行者。以创“市级文明单位”为抓手，对标文明创建要求，制定《关于切实做好迎接2019年全国城市文明程度指数测评工作的方案》，做到工作铺排到位，责任落实到位。制定完善3项车辆管理制度，通过对工作维护和经营服务车辆限时、限量、限速以及提供电瓶车摆渡，平衡市民安全游园和项目正常经营两方面需求。督促各经营点严格遵守经营管理相关制度，协调组织活动赛事，做到秩序良好、服务优质。有序推进经营点招标和费用收缴相关工作，实现年创收87万元，完成创收任务。开展“开门评园”，从市民评价和意见建议中查找公园在建设、管理和服务方面的不足。深入基层进行调查研究，通过对话群众，听取民意、问计于民。注重解决群众最急最忧最盼的紧迫问题，以“马上办”“当下改”的精神对发现的问题一一整改，通过设置绿色吸烟点，保护公园环境；在西南松风亭区域增设健身器材，满足市民健身需求；规范整理西门区域遛鸟坪，提质群众休闲娱乐生活场地；完善标识及指示牌，精确公园导视导览系统。预防和应对低温雨雪冰冻、大风及雨汛等恶劣天气造成的灾害发生，确保全园安全。设置健康知识宣传栏、丰富健身设施、翻新健康标识及指示牌，实现成人、儿童健身休闲分区等，努力打造健康主题公园示范点。铺排落实垃圾分类工作做到有制度、有设施、有台账、有氛围、有成效。参与黎托街道“党建引领齐发力·垃圾分类我先行”主题活动，深入社区传播垃圾分类理念。（张　波）

交通运输

【概况】 2019年，长沙市雨花区交通运输局由区政府直属事业单位，调整为区政府正科级工作部门，不再加挂长沙市交通行政执法局雨花分局牌子。负责相关行政审批事项；配合上级主管部门管理采（运）砂船舶、规划区域内集中停靠点、砂石码头及港口岸线；依据职责权限对辖区内的公路进行规划、建设、养护和管理；将渔船监督管理职责划入区交通运输局。内设办公室、运输综合科（行政审批和政务服务科）、应急管理科、公路管理科室。核定行政编制5名，领导职数3名。在职干部职工70人，其中正式干部职工23人，政府雇员19人，劳务派遣35人；退休12人。局党支部党员30人，其中在职党员22人，退休党员8人。办公地点设在雨花区人民政府机关大院综合楼1层、2层。

2019年，雨花区推进建设“人民满意交通”，做好交通运输管理服务工作。雨花区被评为全省推进铁路沿线安全环境整治工作成效明显地区、铁路安全环境整治工作优秀县，长沙市2018年度治理车辆超限超载工作优秀区县市；区交通运输局获评环保督察“天天在线”工作一等单位；长沙火车南站地区综合管理协调“最严管理”工作先进单位、雨花区“2018年度群众工作优秀联点部门”。

（颜　丹）

【运输市场管理】 2019年，雨花区交通运输局加强行政审批和政务服务，根据“最多跑一次”工作改革要求反复梳理政务服务事项，落实区“政务服务综合窗”改革要求，发布实施清单12项，承接市级下沉事项4项。开展法治政府部门建设，聘请法律顾问防范法律风险，规范行政执法程序，配合行政执法案卷评查，发布行政许可和处罚的相关公告公示等，全年未发生行政复议、行政诉讼案件。受理普通货物经营许可217户，年审车辆1407台，注销车辆362台。实行领导干部带班、24名执法队员单双日轮班的模式，从早9时至晚9时对各物流集散地进行地毯式巡查，出动检查人员7748人次，检查物流门店4094家次，处置违法运输危险货物行为30起。联合交警、城管、环保部门，开展夜间高污染排放车辆整治，查处混凝土车765起，查处渣土车1470起，查处重型货车5582起，查处拖拉机31起，查处低速货车、三轮车、溮水车等1587起。加强长沙汽车南站过渡站、长沙火车南站交通秩序管理，维持站区内公共秩序，开展巡逻巡查，专项整治汽车南站过渡站和火车南站周边、校园周边及其他重点场所、道路，消除安全隐患，发放安全出行宣传资料1.5万余份，开展整治行动340余次，检查出站客运车辆200余台次，查扣非法营运车辆209台次（含线路牌3块），有效打击非法营运现象，维护过往旅客的人身财产安全。

（颜　丹）

【农村公路工作】 2019年，雨花区完善农村公路安保设施，一期安保设施建设项目180千米完工并验收；二期安保设施127千米建设项目完成主体施工待验收；农村公路安全生命防护工程（第三期）项目完成前期工作；农村公路安全生命防护工程第三期（第二批）前期工作办理中。严格落实路长制相关要求，制作安装雨花区“路长制”乡、村级道路公示牌324块。每月不定期巡查农村公路路况，排除安全隐患，启动灾毁道路勘察和修复工作，未因道路破损发生一起安全生产事故。推进骨干道路提质改造项目建设，提升通行效率，改善道路品质。S210跳茅公路、X048李白路、Y320白金公路等骨干路建成通车，其中，S210跳茅公路全长14.367千米，投资估算3723万元，X048李白路全长2.66千米，投资估算199.93万元，Y320白金公路全长6.022千米，投资估算2345万元。X050暮石公路全长7.579千米，投资估算2686万元，完成总体工程形象进度5%；C513公路全长2.091千米，投资估算445万元，完成总体工程形象进度35%。推进骨干道路提质改造项目建设，实施双投模式（即由镇村提供合格的路基，区级负责路面建设）硬化公路41.1千米，投资估算6396万元。配合时代阳光大道东延线和红旗路南延线施工，C451和木叶冲路等项目完工通车，其中C451公路全长1.818千米，投资估算2208万元，木叶冲公路全长0.35千米，投资估算379万元。稳步推进高速公路与国省道有效衔接工作，办理绕城高速万家丽南出口西移工程前期手续；启动办理S21长株高速团头互通至S326公路连通建设工作前期手续。

（颜　丹）

【公交都市建设】 2019年，雨花区加快推进公交都市建设工作，配合长沙市交通运输局多次调研跳马镇域公交车开通问题，从石燕湖中学延长229路至航空学院，填补约4千米空白。井湘社区华盛世纪新城小区和德润小区受湘府路改造等情况的影响，导致莲湖路、井莲路、洞井路及圭塘路部分路段经常拥堵，为错开公交车停车造成的拥堵，经上级部门多次勘察，综合考虑各方因素后，决定对学校门口的公交站进行移位，缓解交通压力。接待双水湾居民信访问题，协调市级相关部门现场调研，研讨公交问题解决方案。

（颜　丹）

【超限超载治理】 2019年，雨花区重点治理运输砂石料超限车辆，通过路面执法和源头管理等措施，严厉打击超限运输违法行为，遏制超限运输反弹势头。加强源头企业监管，落实源头企业治超主体责任，与10家重点货运源头企业签订《雨花区货运源头企业合法装载承诺书》，开展日常巡查，出动950余人次，检查源头企业320家次，制作治超宣传横幅36幅，与区交警大队联合制作“治超和蓝天保卫战”宣传车贴600张。开展治理超限超载专项整治行动，启动路面流动治超、开展跳马白竹片区道路安全整治行动，出动2200余人次，检查车辆1.2万余台次，查处各类违规车辆95台次，其中交通运输部门立案查处76起。

（颜　丹）

【安全生产】 2019年，雨花区落实“一岗双责”工作责任，全面开展交通运输领域安全生产检查，夯实道路运输企业安全生产主体责任。检查10家道路客运企业36次，从车辆营运证件、企业安全生产管理制度、应急预案等方面开展严格的检查，防止企业源头出现安全生产主体责任落实不到位。监督检查6家危险货物运输企业72家次，制定专门的道路危险货物运输企业检查表，全面检查企业安全管理制度、经营管理、从业人员管理、车辆管理等，将安全隐患遏制在萌芽状态。通过湖南省道路货物运输企业安全生产主体责任落实情况监管系统对危货企业实施网上监督检查。监督检查维修门店126家次，督促门店依法依规经营，诚信经营，有效维护辖区内机动车维修市场秩序。严格行政处罚，完善执法全过程记录、重大决策合法性审查、行政处罚自由裁量权基准等制度，规范行政处罚文书、案卷，做好行政执法评议工作，立案309起，处罚金额351万元。未发生行政复议、行政诉讼案件。全面开展交通运输领域安全生产宣传教育活动，参加安全生产宣传咨询日活动，举办交通运输安全管理人员培训班，培训13个街（镇）的安全监管人员和26家“两客一危”、货运源头企业的安全责任人70余人，提高从业人员的安全管理水平。（颜　丹）

【铁路安全隐患整治】　2019年，雨花区落实湖南省政府铁路安全环境集中整治电视电话会议精神，区交通运输局牵头，区住建局、区城管执法局、区应急管理局、区公安分局、区交警大队、区铁护办、黎托街道、洞井街道、东山街道 、同升街道、跳马镇等部门单位积极配合，对省市交办的隐患逐一进行核实，确定整改方案，63处交办隐患按要求全部整改完毕。被湖南省人民政府评为“推进铁路沿线安全环境整治工作成效明显地区”。（颜　丹）

【物流集散地专项整治】　2019年，雨花区加强道路货物运输安全监管，规范道路货运经营秩序，促进道路货物运输市场健康有序发展，专项整治物流集散地。重点整治集散地物流门店及重点货运企业道路货运市场秩序、排查治理货运企业安全隐患、提高货运经营者安全与法规意识。执法人员制作道路货物运输安全手册、横幅、责任牌等相关宣传资料，集中宣传道路运输安全和非法运输危险货物产生的严重后果等法律法规及安全预防知识；每天上午9点至晚上9点，在物流集散地轮班进行巡查，维护货运市场秩序，打击货运市场非法夹带运输危险货物。查扣非法运输车辆5台、危险货物百余件，未发生一起安全生产责任事故。（颜　丹）

【高污染排放车辆整治】　2019年1月4日，雨花区落实长沙市蓝天办《关于进一步加强蓝天保卫战监管执法、巡查监督工作的通知》，开展联合整治行动，区交通运输局联合辖区交警、区环保、区城管等部门在长沙大道沙湾路口开展对货车、渣土车、油罐车等高污染排放车辆进行重点检查，从严从重打击拖拉机、三轮汽车、低速货车、渣土车、混凝土搅拌车、重型货车、运砂车等高排放车辆闯禁、超载等违规行为，减少机动车尾气污染排放，落实大型车辆、柴油货车禁行、限行管理措施，确保“蓝天保卫战”取得良好的工作成效。截至3月5日，查处重型货车717起，渣土车72起，三轮摩托车、低速车371起。（颜　丹）

【春运专项整治行动】　2019年春运第一日（1月21日），雨花区针对长沙汽车南站、长沙火车南站两站周边车流量大、人员复杂、非法营运车辆多的特点，以“擦亮窗口形象”为目标，采取多部门联合执法的方式开展春运专项整治行动，定期开展巡查。针对两站不同特点，雨花区交通运输局执法人员在长沙汽车南站过渡站主要负责疏导站区乘客，维持公共秩序，进行巡逻巡查，消除安全隐患，并且对站区客运车辆进行检查，查看车辆手续是否齐全、安全设施是否齐备，保障乘客平安出行。雨花区交通运输局驻火车南站的执法人员则听从长沙火车南站综管办的统一调度指挥，全力执法巡查，维护火车南站及周边的交通运输秩序，全天站区周边秩序良好，运力充足，无旅客滞留现象。湖南省政府副省长陈飞，长沙市人大常委会主任程水泉，市人大常委会秘书长柳美景，雨花区委书记张敏，市交通运输局党委书记、局长胡岳龙，团市委副书记赵雪峰，区委常委、区委办主任周海毅等省市区领导到站区视察指导春运安全工作，现场查看了长沙南站、磁浮高铁站、地铁火车南站、黎托高速汽车站等区域，各位领导对站区工作给予充分肯定和高度评价，尤其对高铁进地铁免安检通道的启用表示高度赞扬，强调要继续加强值守维护，主动履职尽责，热情服务旅客，杜绝安全事故，做好应急准备，全力以赴做好2019年春运的组织维护工作，确保旅客安全、畅通、有序、满意出行。（颜　丹）

【春运安全检查】　2019年2月15日，雨花区交通运输局、区安全生产监督管理局、区交警大队联合开展道路交通安全生产大检查行动。检查组检查长沙汽车南站过渡站、长沙黎托高速汽车站、湖南龙骧交通发展集团龙骧旅游运输分公司、湖南省宾利旅游运输发展有限责任公司、长沙大蓬汽车客运有限公司等多家重点客运企业，重点检查安全生产主体责任落实情况。检查组要求客运站和客运企业要提高认识，夯实责任，切实履行安全生产管理主体责任；客运车辆要通过车载LED显示屏滚动播放相关政策，宣传标语，公布投诉举报电话，定时通过GPS语音提醒驾驶员遵守相关法律法规，对乘客的投诉电话、相关舆情及时调查处理回复到位；司乘人员要密切注意天气状况，仔细检查车况，行车时警惕危险路段，减速慢行，做到文明驾驶，安全第一，全力确保春运返程高峰期旅客安全；要加强宣传和舆情监测，营造良好的客运市场管理氛围。（颜　丹）

【安全生产宣传咨询日活动】　2019年6月16日，雨花区交通运输局参加由长沙市安委会主办，雨花区政府承办的长沙市暨雨花区2019年安全宣传咨询日活动，围绕“防风险、除隐患、遏事故”，进一步加强道路交通运输安全生产宣传工作，普及安全生产法律法规和道路交通运输安全知识。执法人员现场发放交通安全宣传材料、解答咨询、面对面宣讲，向现场群众宣传黑车及非法营运车辆特征、客车运行安全及货物运输安全等知识，提升社会公众安全防范意识，营造“人人关注安全、人人重视生命”的良好氛围。（颜　丹）

【“百日整治”】 2019年10—12月，雨花区开展跳马镇白竹片区道路安全百日整治行动。区交通运输局、区交警大队、区城管执法局、跳马镇等单位工作人员分成4个组，综合协调组负责牵头调度跳马白竹片区道路安全专项整治各项工作，协调处理专项整治行动开展过程中遇到的问题。现场执法组突出跳马白竹片区重点道路（X048、X047），通过在X047与X048交汇处（左宗棠墓）设点守卡的方式，开展渣土、砂石料、水泥、混凝土等物资的大型运输车辆的安全整治。后勤保障组负责统筹调度、数据统计、日常宣传及后勤保障（办公场地、用餐、饮水、休息、车辆）、路面保洁工作。综合督查组负责综合督查、突发事件的应急处置综合调度工作。执法组队员实行三班两运转，确保24小时有人在现场进行执法。坚持在重点路段、重点区域，以蹲点检查与流动巡查相结合，开展全天候、全时段超限超载整治，对过往的货运车辆做到逢车必检、违法必究、超载必卸。出动执法人员1001人次，检查车辆7501台次，查处超限车辆51台次，维护道路交通运输安全。（颜　丹）

【高铁安全隐患整治】 湖南金之津有限公司在京广高铁K1591+800上行建厂房，用于仓储，距离路堤坡脚5米，低于轨面3米，面积约2万平方米，状态破损，厂房平行于线路存在被大风吹入高铁线路的安全隐患。2016年，雨花区启动拆违程序，因企业负责人极力反对抵制而久攻不下。2019年，雨花区集中力量、集中时间、集中攻坚，区领导靠前指挥，街道部门齐心协力，克服工作难做、社会维稳压力大、安全隐患大、整改时间紧任务重等多重困难，11月9日至11月14日，在分管区领导的现场指挥下，区城管、交通、公安、交警、应急和洞井街道等部门单位的共同努力，通过约谈企业负责人、积极做好群众工作、24小时设卡守点、帮助转运货物、依法强力拆违、切实管控安全隐患等措施，成功拆除湖南金之津有限公司违章建筑，2万多平方米的仓库、3000多平方米的生活用房、6000多万元的铝合金钢材、价值2亿多的物资及边角余料全部拆除和清运，用时5天圆满完成任务。（颜　丹）

【国务院督查高铁沿线安全环境整治工作】 2019年11月14日，国务院住房和城乡建设部、应急管理部、铁路局、交通运输部四部委联合督查雨花区辖区高铁沿线安全环境问题点位整改情况。京广高铁K1591+800处的湖南金之津有限公司仓储，京广高铁K1595+800处的300平方米自建厂房，沪昆高铁段宏泰置业有限公司厂房三处隐患均按要求进行整改。督查人员给予充分肯定。（颜　丹）

【省政府督导高铁沿线安全环境整治工作】 2019年12月11日，湖南省副省长陈飞带队督查雨花区高铁沿线安全环境整治工作，对整治隐患的成效给予肯定。陈飞强调开展铁路环境安全隐患集中整治工作战线长、涉及领域广、推进难度大，要把握工作重点，创新方法手段，切实解决隐患问题；要坚持以人民为中心，牢固树立安全发展理念，坚守安全红线底线，铁路运输企业、地方各级政府及部门单位，要加强协调配合，下大力气推进各项工作，实现我省铁路沿线安全环境根本好转。12月19日，省政府副秘书长易佳良带队督导检查京广高铁安全环境整治工作，重点督导沪昆高铁K1084+080下行湖南省建筑第三公司长沙南站东广场项目部、京广高铁K1585+900上行湖南新顺旅运有限公司活动板房、京广高铁K1575+350上方长沙市华鑫驾校三处重点隐患，查看隐患现场，听取项目负责人及属地负责人的情况介绍。督导组要求提高政治站位，加快推进铁路沿线安全环境整治；压实路地责任，铁路红线内的隐患由铁路部门负责，路地协同配合，确保整治到位；严格对标对表，按照铁路部门的整改标准，加大力度，加快推进，确保按期按质全面整治到位。长沙市交通运输局党委书记、局长胡岳龙、雨花区人民政府副区长陈怀宇陪同。（颜　丹）

【市政府督查高铁沿线安全环境整治工作】 2019年12月22日，长沙市人民政府副市长廖建华、副秘书长张跃先督查吾悦广场、武广新城建设有限公司活动板房两处重点隐患，查看隐患现场，提出铁路沿线安全环境专项整治工作具体要求，要坚决落实省政府工作部署，按照铁路部门提出的具体要求，扎实推进铁路安全环境集中整治任务。要不讲价钱和条件，下决心按时、按质完成铁路安全环境集中整治任务。铁路用地红线内与铁路运输生产安全无关的所有建（构）筑物应予清除，高铁安全保护区内所有彩钢瓦建（构）筑物应予拆除并清理干净，铁路沿线违章建筑要在2019年12月28日前完成拆除。市交通运输局副局长杨忠文、区人民政府副区长陈怀宇、副调研员师建新陪同督查。（颜　丹）

【区政府检查安全生产工作】 2019年1月3日，雨花区人民政府副区长陈怀宇、副调研员师建新实地调研和检查安全生产工作，询问汽车南站过渡站站内客流、管理情况，对抓好春运期间的交通运输工作提出要求；调研同超物流、大桥物流市场，了解物流市场近两年来的管理情况；座谈交通运输管理工作，听取区交通运输局抓好物流市场管理、抓好人员管理等方面的设想。陈怀宇要求，雨花区交通运输工作要在创新上、融合上做好结合文章，抓好物流市场安全管理；举一反三，通过建立健全制度、加大技防等，在队伍建设、人员管理上下功夫，加强队伍作风建设，强调红线意识，从源头上防范违规违纪行为，维护交通运输执法队伍形象。9月11

日，陈怀宇督查辖区内农村公路建设、“路长制”工作落实等工作查看木叶冲路建设、C451、Y320、S210提质改造等4个农村公路项目。听取施工情况汇报，逐一解答施工单位在施工过程中遇到的问题，要求在推进施工过程中，一定要抓牢安全生产这根弦，确保施工安全，清除事故隐患，防范事故发生。各分路长要严格落实“路长制”工作职责，营造“畅安舒美”的农村公路环境。区政府副调研员师建新，区交通运输局、区农业农村局、跳马镇相关负责人参加检查。（颜　丹）

【区政协巡查安全工作】 2019年3月21日，雨花区政协副主席康长萍带队巡查区内汽车维修企业，检查企业生产现场环保设施运行、安全生产措施落实情况，重点查看烤漆房VOCs治理设备使用情况，未发现违规使用设备导致大气污染的情况。检查组要求企业做好危废回收处置和管理，及时更换吸附棉、活性炭，做好更换记录。康长萍强调，要严格落实蓝天保卫战“十个严禁”相关的要求，明确责任。企业要切实落实好主体责任，对发现的问题一定要坚决整改。监管部门要按照“三级执法、两级巡查”工作要求，加大执法和巡查力度，始终坚持问题导向，持续推进蓝天保卫战工作向纵深发展，确保全面打赢蓝天保卫战，切实增强雨花居民的蓝天幸福感。（颜　丹）

【ETC推广宣传】 2019年，雨花区落实省、市关于加快推进高速公路电子不停车快捷收费应用服务的要求，做好ETC的推广应用，广泛运用各种宣传载体，最大程度提高广大人民群众的普及率和知晓率，激发辖区群众的参与热情。区政府组织银行、职能部门、各街道（镇）召开ETC推广工作部署会。传达省市文件精神，明确职责，并要求各单位派专人负责ETC推广工作，将ETC推广各项工作任务落实到位。加强ETC推广宣传的针对性和实效性，提升公众认知度，为提升业务办理量加油助力。集中对推广安装ETC的意义、免费安装以及使用ETC通行享受的优惠的政策等扩大宣传，引导广大群众积极响应，联合对接银行，用宣传橱窗张贴海报1000张、在醒目处悬挂由省交通运输厅统一拟定的“安装ETC，畅行高速路”“ETC省时省钱更省心”等宣传标语320条，举办宣传活动50次。发放宣传折页3万份，省交通运输厅的ETC公益宣传视频在公众场所播放300次。区直机关大院驻点推广办理ETC 10次，发挥新媒体优势，利用媒体传播速度快、覆盖广、传播及时的特点，在长沙市交通运输局“官方网站”、“飞梦雨花”、“雨花手机报”等媒体上积极推广，不断提升ETC的影响力。在侯家塘社区、广济桥社区等5个社区，安排人员，在电动车上装上扩音喇叭，走街串巷，反复播放ETC办理公告，向居民宣传ETC的便民利民之处，引导居民前往指定站点办理。组织各大银行在各街道（镇）办事处开展集中办理，要求各单位公务用车第一时间安装ETC，机关工作人员私家车全部安装ETC。各单位每周报送工作简报，及时了解ETC的办理情况，做好工作的安排部署。加强各银行与各街道（镇）的纽带作用，及时地做好沟通、协调、摸底工作。在ETC业务办理过程中遇到的疑难问题，及时做好沟通联系。8月6日，雨花区ETC推行发行工作调度会议在区交通运输局会议室举行。区交通运输局党组书记、局长赵正坤主持会议，宣读《雨花区ETC推广发行工作方案（讨论稿）》，明确各单位的职责，成立ETC推广工作领导小组，要求截至2019年12月底，全区ETC用户新增20.21万台以上，汽车ETC安装率达到80%以上。区政府调研员师建新强调，大力推广ETC是时代的主流，一定要抓好落实，打好配合。加强组织领导，ETC推广发行工作事关公路收费制度改革的成效、事关高速公路电子不停车快捷收费应用服务工作的推广，各街道、镇要高度重视，成立专门机构，迅速推进工作落实。强化舆论宣传，工作涉及面广、影响大，要加强舆论指导，充分宣传ETC在便捷交通、节能减排、提高公路通行效率等方面的重要意义。争取落到实处，发扬“钉钉子”精神，一张好的蓝图一干到底。区政府办、区交通运输局、区交警大队、区城管执法局、区机关事务中心等单位的负责人，跳马镇、各街道分管交通的负责人，中国建设银行、中国农业银行、中国邮政、中国邮政储蓄银行、中国工商银行、交通银行等相关负责人参加会议。（颜　丹）

【农村公路建设项目调度会议】 2019年8月2日，雨花区跳马农村公路建设调度会在雨花区会议中心召开。区政府办、区交通运输局、跳马镇等部门负责人及S210、X050、X048、Y320、C451、木叶冲路、农村公路大修等7个项目施工单位和监理单位负责人参加会议。会上，由区交通运输局总结项目建设情况，听取各施工单位和监理单位的工作建议和意见，就遇到的问题一一研究解决。区政府副区长陈怀宇要求各项目施工单位和监理单位一定要高度重视，明确目标，跳马镇农村公路修建为老百姓出行提供便利，惠及千家万户，要把好事做好；一定要规范施工，确保安全，在施工过程中要做好安全防护，做好安全警示，文明施工，要科学铺排，确保进度，要拿出合理的施工组织方案，加快推进，确保按期完成施工任务；一定要严格规范，确保质量。在施工时要按设计方案进行施工，监理单位要认真履职，加强监督；一定要强化调度，确保进度，及时研究解决问题，加快工程进度。11月4日，雨花区召开农村公路建设项目施工进度、质量、安全工作调度会议。区政府办、区交通运输局、跳马镇等单位负责人；S210、X050、Y320、C451、C513、木叶冲路、旺坤边坡加固等项目施工单位和监理单位负责人参加会议。会议由区交通运输局党组书记、局长赵正坤支持。会上，由各项目施工单位和监理单位对施工进度、质量、安全等方面工作进行汇报，听取了各项目建设单位在施工过程中遇到的问题以及下一步的工作安排。对施工进度较慢的项目提出了批评。陈怀宇强调，一定要高度重视，明确目标，按照时间节点保质保量地完成项目建设任务。在施工建设过程中，一定要严守安全生产红线。确保项目建设过程中的安全，加强安全教育、按要求设置警示标志，确保施工人员的生命财产安全和人民群众的出行安全；严管项目施工质量，监理单位代表业主，在施工现场要认真履职，对发现的问题要及时督促施工单位整改，严格把牢公路质量关，确保农村公路建设为老百姓出行提供便利，惠及千家万户，把事做好强抓项目施工进度。各施工单位要严格按照计划工期完成建设，交出满意的答卷；维护好施工环境，要继续为项目建设做好服务，确保项目如期完工。（颜　丹）

火车南站地区综合管理

【概况】 长沙火车南站地区综合管理办公室（简称“火车南站综管办”）是长沙市政府和雨花区政府派驻高铁南站地区牵头管理单位，为区人民政府承担行政职能的全额拨款事业单位，主要负责火车南站地区交通秩序管理、市容秩序管理（不含环卫、市政、园林管理和维护作业）、治安秩序管理、经营秩序管理及其综合服务“四管理一服务”工作；负责火车南站等铁路部门、政府有关职能部门、企事业单位的综合协调工作；牵头火车南站地区公共配套设施管理和维护的协调工作。管理区域的范围为：北至曲塘路，南至香樟路，西至黎托路，东至川河路；站内管理按照“滴水为界”与火车南站等部门协商确定。内设综合管理部、执法协调部、社会事务部。核定事业编制30名，其中领导职数10名。2019年，全体在职干部职工数28人，雇员3人，其中党员21人。协警120名，区公安分局、区交警大队、区城管综合执法大队、区交通运输局4家执法部门向站区派驻常驻正式执法人员36名。办公地点设在长沙火车南站地区西广场黎托综合客运枢纽四层。

2019年，长沙火车南站到发旅客7500万人次，日均到发20.5万人次，同比增长4%，单日到发最高30.5万人次。长沙火车南站地区综合管理办公室围绕“扮靓湖南窗口，打造全国标杆”的工作总目标，推进现代化长沙、财富品质幸福雨花建设，统筹推进系统治理、依法治理、综合治理、源头治理，协调推进长沙火车南站地区整体提质改造，开展“不忘初心，牢记使命”主题教育，完善站区应急工作预案，开展交通分流、消防安全等12次应急演练，构建应急联动工作机制，有效应对列车停运晚点、防涝排渍等多起应急突发事件。清明节、中秋节等传统节日期间，站区坚持提前谋划，精心铺排，组织召开调度会，启动特护期模式，各业主单位、执法管理单位加强特护期值班备勤，开展联合武装巡逻，组织联合执法行动。站区没有出现旅客滞留，未发生安全治安事件，未出现大面积交通拥堵现象，窗口形象持续改善，服务品质持续提升，得到省、市、区领导的高度肯定和广大旅客市民的认可。保持市级文明标兵单位称号，党工委书记、主任吴平辉获“全国五一劳动奖章”。

（陈小兰）

【站区管理】 2019年，长沙火车南站地区综合管理办公室升级联勤联动，联勤联动成员单位11家扩展到站区49家单位，组织开展反恐防暴专项督查，督促站区业主单位增设反恐防暴设施，在站区增设电子警察、人脸识别、自有视频等监控探头716个，增设安检设备2台，新增反恐防暴护栏40余米、麻石球40个；组织动员站区保安保洁力量、门店工作人员统一制度、统一职责、统一佩戴红袖章，形成人人都是巡逻员责任意识，做到“群防群治形合力，多方联动保稳定”。组织驻站区执法管理单位，持续实施治安、交通、城管、经营等“最严管理”，开展“扫黑除恶”“百日整治”等专项整治，每天不定期开展联合整治行动，对喊客拉客、非法营运、车辆违停等违法违规行为形成有力震慑，站区秩序不断优化。查处喊客拉客人员6348人，其中治安拘留255人，查扣黑车473台，违停抄牌、锁车40354起，劝导不文明行为25166起，办理四乱案件467起，规范共享单车8433辆。（陈小兰）

【站区服务】 2019年，长沙火车南站地区综合管理办公室牵头实施推进“智慧站区”建设管理改革，在原有网格化服务管理平台的基础上，搭建集大数据、云计算、应用中心于一体的“智慧南站”服务管理平台，在全国率先实现高铁、磁浮、地铁、城市航站楼、长途汽车、公交车、出租车、网约车“八站合一”的智慧联动。协调推动智能车站建设，全面实施电子客票制度，新增电子信息指引系统，实时显示出租车数量及旅客等候人数，智能引导旅客出站换乘，出行更加顺畅。成立“和谐号”高铁志愿联盟服务平台，向社会积极招募组织志愿者，开展志愿服务活动，志愿者服务活动常态化，在春节、暑运、周末、节日小长假等客流高峰时节，增加志愿者力量，为旅客提供咨询引导、搬运行李，对不文明行为劝导，每天服务旅客4000余人次，日均处理旅客投诉、求助190余起。与站区20多家单位联合成立“和谐号”重点旅客服务联盟，为老、弱、病、残、孕等行动不便的重点旅客提供轮椅、担架等辅助器具和陪护接送服务。联合站区各单位进一步创新旅客服务，成立“和谐号”窗口联盟，形成“人人都是义工、处处都有岗位、时时都讲奉献”的良好氛围。协调对接广铁集团，启动改造站区排水系统，铁路方投入4.5亿元。（陈小兰）

【春运、暑运工作】 2019年春运，从1月20日开始，至3月1日结束，共40天，春运期间，长沙南站增开多对凌晨以后列车，高铁实行24小时全天候运行，日均开行列车287对，比上年同期增长14%。站区到发送旅客755万人次，日均到发18.9万人次，到发总量比上年同期增长9%，客流最高峰日为2月23日（正月十九），到发旅客24.8万人次，较上年最高峰日增加2.3万人次，再创春运历史新高。2019年暑运，从7月1日起，8月31日结束，历时62天。站区客流持续高位运行，客流特点以

2019年3月31日，长沙黄花国际机场“磁浮城市航站楼”启用 （陈小兰 摄）

旅游探亲流、学生流、务工流为主。长沙火车南站地区1580万人次，同比增长近20%，日均到发约25.5万人次（比2018年暑运日均增加约4.1万人次），最高峰日达到28.9万人次，创暑运历史新高。（陈小兰）

【高铁进地铁免安检通道】 2019年1月20日，长沙火车南站高铁旅客进地铁免安检通道开通。长沙火车南站地区综合管理办公室牵头组织长沙市轨道集团、长沙火南车站等单位在出站通道内建设高铁旅客进地铁免安检专用通道，高铁北1号出站口与地铁6号出入口无缝连接，高铁南1号出站口与地铁7号出入口无缝连接，从高铁出站的旅客搭乘地铁时不再进行“二次安检”，改乘其他交通工具的旅客从高铁北4出口、南4出口出站，提升站区通行效率。全年2000万人次旅客免受一次安检，中央电视台两次专题报道。（陈小兰）

【磁浮城市航站楼启用】 2019年3月31日，长沙黄花国际机场“磁浮城市航站楼”启用，内设4个自助值机设备和6个人工柜台，具备航班显示、航班查询、值机办理、行李托运、车票销售等机场综合服务功能。磁浮城市航站楼构建“空铁”联运纽带，打造空铁联运综合运输典范，方便搭乘飞机旅客办理值机手续和行李托运，享受“一站式”服务。（陈小兰）

生态环境保护

【概况】 长沙市雨花区环境保护局（简称“区生态环境分局”）为区政府工作部门，负责组织编制全区环境保护规划、计划，开展污染减排工作，负责环境污染的防治、建设项目的环保审批、环境问题的统筹协调和调查处置、环境执法及现场监管、环境监测、环境统计、环境宣传教育、自然生态、城郊接合部环境综合整治和核辐射安全的监督管理工作。2019年3月，雨花区组建长沙市生态环境局雨花分局，实行垂直管理，内设办公室、污染监督管理科（加挂行政审批科牌子）、污染总量控制办、宣教法规科，核定编制8名。下设区环境监察大队（加挂环境应急办公室牌子）、区环境保护监测站两个二级机构。环境监察大队为副科级参公事业编，核定编制12名；区环境保护监测站为事业编，核定编制9名。2019年，区环保局在职干部职工27人，其中在职在编干部9人，雇员15人，劳务派遣人员3人；退休7人。区环境监察大队在职12人，区环境保护监测站在职9人。局党支部党员36人，其中在职党员31人。办公地点设在雨花区人民政府大院2号办公楼5层。12月26日，长沙市生态环境局雨花分局正式挂牌。

2019年，雨花区全面贯彻环境主体责任，推进生态环境保护工作。空气质量优良率、空气质量综合指数排名内五区第二；圭塘河、浏阳河水质除降雨天气影响外基本稳定达标；湖南正圆动力厂污染地块修复治理顺利通过专家验收；在全市率先建立环保督察“天天在线”长效整改机制，环保督察和省委巡视问题整改基本完成；在全市率先试点燃气锅炉低氮改造，签约改造率全市领先；环保“控排”执法办案力度稳居内五区第一；污染源普查高质量推进，获全市书面通报表扬；环境监测智能化运用水平再提高，污染在线监测监控等统一接入智慧雨花平台；成功举办省第五届生态文明论坛，“蓝天保卫战”微宣讲成效显著。市生态环境局雨花分局获评市级文明单位和全市环境监察工作先进集体。（李 欣）

【环境管理】 2019年，雨花区注重环境保护工作顶层设计，党委政府为主导、企业为主体、社会公众共同参与的生态环保多元共治格局日益完善，人大监督、政协评议、绩效考核、通报问责等机制更加健全，精准治污、科学治污、依法治污水平进一步提高，“党政同责”“一岗双责”和“管发展必须管环保、管生产必须管环保、管行业必须管环保”责任进一步压实，社会公众认知度和参与度明显提升，一级抓一级、协同抓推进、全面抓落实的良好工作体系不断完善。中央生态环保督察及“回头看”、省级环保督察交办的472.5件信访交办问题全部办结，督察组反馈问题整改全部达到要求的时序进度。省委巡视组反馈的13个污染防治专项问题全部整改完成。受理各类环境信访投诉件300件，投诉满意率100%。实行重点案件领导包案制度，做到投诉案件办理迅速、信访回复及时，无信访积案。在全市率先创新建立生态环保督察"天天在线"长效整改机制，突出环境问题整改单独纳入区绩效考核体系，作为干部任用甄别考察重要依据。交办环保督察"天天在线"案件190批次698件，办结率98.9%，全区存量环境问题逐步有效化解。核准并对外公开权力清单合计224项（其中行政许可3项，行政强制4项，行政检查5项，行政处罚209项，其他事项3项）。优化审批流程，建设项目环境影响评价审批事项中报告表的审批由原法定的30个工作日、报告书的审批由原法定60工作日，减少到报告表（书）承诺时限10个工作日。审批建设项目环境影响报告表行政许可18件、建设项目环境影响登记表网上备案535件。组织对汽车制造业等20个行业进行排污许可清理整顿，严格对照技术规范初审比亚迪汽车等5家企业排污许可申请并督促其如期向市级生态环境部门申请核发排污许可证，推动排污单位落实持证排污、按证排污的环保主体责任，落实固定污染源管理要求。（李　欣）

【环境治理】 2019年，雨花区空气优良天数277天，优良率75.89%，全市排名第二；PM2.5、O_3、SO_2、CO年均值排名第一；PM10、NO_2年均值排名第二。雨花区全面落实河长制工作，狠抓河长巡河、综合执法、截污治污、日常管护等工作，浏阳河雨花段、圭塘河水质基本稳定达标，圭塘河治理作为污染防治攻坚战典型做法在中央电视总台《新闻联播》头条节目播出。推进土壤调查和治理，正圆动力厂土壤污染地块治理修复通过专家验收，土壤污染风险得到有效管控。全面加强静音专项执法行动，声环境质量持续改善。严控扬尘，全区已建、在建渣土消纳场6处，盾构土环保处置场1处；省市58个项目、区级23个项目在线监控覆盖。保持高频道路洒扫，做好车辆机械降尘作业，城区道路机扫率90%以上，城区主次干道、重要区域实现全天候全覆盖清洗保洁降尘。安装高排高污车辆闯禁电子警察系统28套，杜绝拖拉机进城。非道路移动机械264台（不含省市管工地），非移动道路机械管理逐步完善，非移动道路机械上牌工作有序进行。采购新能源车22台，全部投入使用。全面推广清洁能源使用，创建"煤改气"清洁能源推广使用示范社区4个，摸排整治"散、乱、污"燃煤锅炉14个。油品质量管控、油气回收治理有力推动，市对区单层油气改造完成13家；油气回收设施45家全部安装完毕；油气回收在线监控系统5家安装完成。4个"夏季攻势"（于2017年启动的湖南污染防治攻坚战）项目全部完成；有序推进大气、水、土壤、噪声污染防治项目30个，完成25个，基本完成5个。全市率先启动燃气锅炉低氮改造项目试点，改造签约燃气锅炉132台，改造签约率全市领先。在全市省级以上园区率先高标准建成雨花经开区大气污染监控项目。有序推进200余个规模餐饮点位油烟废气在线监控设施安装项目。147家绿心地区工业企业全面完成关停退出，绿心地区18个矿山矿坑生态修复有序开展。推进"蓝天保卫战"工作，区主要负责人一周一调度，分管副区长每天调度，区蓝天办按照"常规调度两小时一次，应急调度及时发布"要求，实时精准指挥、统一调度、协同发力。引入第三方专业团队，运用小微站、激光雷达等专业设备，实时监测、排查、研判空气污染源和污染走势，制定分级响应措施。强化对线性工程、规模工地、夜间渣土运输等巡查管控，最大限度减少对空气的影响；餐饮单位净化器安装3411家；油烟在线监控系统安装240家；清查整治"散乱污"企业51家，通过网格平台共整治环保类问题3万起。打响全市非道路移动机械废气行政处罚"第一枪"。燃气锅炉低氮化改造132台；在重点路段增设28处高排车电子警察系统。坚持关口前移、重心下移，每日县级领导带队常态化开展"三级巡查、两级执法"行动，执法查处15746起，罚款592.92万元，持续保持监管执法高压态势。执法整治"散乱污"企业、汽修喷漆废气、广告印刷废气、非道路移动机械等涉挥发性有机物（VOCs）污染，开展日常监管执法行动200次，检查企业500家次，开展"双随机"执法96家次。责令整改70家，立案处罚48起，查封扣押10起，罚款172.8万元。完成辖区加油站油气执法检测和24个不达标加油站执法整治。生态环保执法办案数、罚款金额等在内五区均排名第一。（李　欣）

【环境监测】 2019年，雨花区完成全年各类应急监测、执法监测、监督监测任务；常态化开展河湖库水质监测，每月发布水质分析月报。16个空气监测小微站覆盖全区，监测预警指令实时发布。规模餐饮企业油烟在线监测项目持续实施，油烟污染在线监管水平不断增强。国控子站及周边环境监测分析常态开展，"一站一策"效果显著。环境监测智能化运用水平再提高，空气微站、污染源在线监控等统一接入智慧雨花平台。完成比亚迪周边土壤调查监测等环境管理性测试；建成跳马航院空气质量监测市控站点；完成团然浏阳河省控水质自动站设备维护等工作。（李　欣）

【污染源普查】 2019年，雨花区有序推进第二次全国污染源普查工作，按时完成工业源、生活源、移动源、集中式污染治理设施、入河排污口5类547个污染源以及加气站、科研院所、高等院校、汽车4S店、汽修店、医疗机构共659个新增行业污染源普查任务，污染源数据采集上报按时按质完成，数据审核定库有序推进。污染源普查工作获全市书面通报表扬，且工业污染源普查数据质量抽查在内五区中实现唯一"零差错"。（李　欣）

【生态环境保护工作会议】 2019年1月24日，雨花区2019年经济工作暨生态环境保护"蓝天保卫战"工作动员部署会召开，会议下发《关于2018年度生态环境保护工作"蓝天保卫战"、绿心地区工业企业退出、"河长制”工作）与“环保世纪行”活动考核结果的通报》和《雨花区生态环境保护典型案例汇编》，表彰生态环境保护工作（蓝天保卫战）一等单位21个，“环保世纪行”活动一等单位24个，生态环境保护（蓝天保卫战）工作先进个人117名，2018年度绿心地区工业企业退出工作先进单位18个，2018年度绿心地区工业企业退出工作先进个人50名，2018年度雨花区河长制工作先进单位4个，2018年度雨花区河长制工作优秀河段长6名，2018年度雨花区河长制工作先进个人36名。（李 欣）

【燃气锅炉低氮改造】 2019年4月12日，雨花区召开企业燃气锅炉低氮改造工作调度会，区生态环境分局解读燃气锅炉低氮改造工作方案，详细解读改造目标、实施步骤、资金奖补政策及法律法规等；市、区市场监督管理局着重在安全方面进行强调；区蓝天办从氮氧化物减排对改善空气质量的重要性以及打赢蓝天保卫战，实施精准治理方面进行强调。区政府副区长蔡泽敏从为什么要实施低氮改造，怎样实施低氮改造，如何确保改造工作3个方面进行强调，要求企业树立主体责任和义务，低氮改造工作大势所趋，应改尽改，企业应积极主动参与改造工作，实现早改造早达标，早改造早受益。4月17日，区生态环境分局组织召开燃气锅炉（设施）低氮燃烧器改造技术单位工作会议。区生态环境分局介绍低氮锅炉改造技术单位入库工作开展情况，重点在锅炉低氮改造工作程序、技术要求、严明纪律等方面进行强调说明；区市场监督管理局解读特种设备监管相关法律条款和针对锅炉改造作业提出具体要求；区应急管理局通报3起安全生产事故进行提醒警示教育，并严格企业安全生产主体责任要求；10家技术单位负责人从技术、信誉、服务承诺等方面作表态发言，并签署《雨花区燃气锅炉（设施）低氮燃烧器改造单位承诺书》；区生态环境分局重点强调锅炉低氮改造依法依规、安全第一、程序到位、强化监管，确保锅炉低氮改造有序推进实施。2019年全区实施燃气锅炉低氮改造的单位71家、燃气锅炉（设施）172台，已完成或正在实施改造的锅炉133台。（李 欣）

【“6·5”世界环境日】 2019年6月5日，长沙市“6·5”世界环境日“美丽中国，我是行动者”主题活动在雨花区圭塘河生态公园举行，引导社会各界和广大公众以实际行动参与生态文明建设，携手共建天蓝、地绿、水清的美丽中国，浓厚“坚持生态优先、打造美丽长沙”的氛围，让绿色发展成为高质量发展的主基调。现场展示《让中国更美丽》《地球，你好吗》主题节目，播放《美丽中国，长沙在行动》宣传片和《长沙市2018年最美蓝天卫士》短片，访谈2018年最美蓝天卫士典型代表，嘉宾将来自长沙“一江六河一湖”（湘江长沙段及浏阳河、捞刀河、沩水、沙河、龙五港、靳江河、团头湖）的水注入装置，展开一幅天蓝、地绿、水清的美丽长沙图景。活动现场设置环保文化墙、环保知识互动区，展现2018年最美蓝天卫士先进事迹，展示“保卫蓝天，你我同行”公益摄影大赛优秀作品和全市环保科技创新产品、环保科普知识。湖南省委常委、长沙市委书记胡衡华出席并见证活动启动。省生态环保厅巡视员郑粟，市领导朱健、程水泉、文树勋、夏建平、高山、刘明理出席。（李 欣）

【生态文明论坛雨花年会】 2019年10月13—14日，湖南省第五届生态文明论坛雨花年会举办。年会围绕“保护生态环境，推动绿色发展”主题，既有深度的理论思考，又有宏观的实践谋划，思想观点新论迭出，政策解读深入细致，实践操作可行好行，对环境生态建设具有重要指导作用。大家认为，会议主题既符合中央精神，又切合湖南实际，既需要理论探讨，又需要实践推进，是具有世界视野、中国特色、湖南特点的需要回答和解决的重大问题。大家围绕主题开展讨论宣传理念政策，交流成绩经验，分析问题差距，探讨路径方略，提出发展建议，回应时代要求和人民呼声，理论性、针对性和可操作性很强，有利于发出中国声音，展示湖南形象，推动生态文明持续深入发展。湖南省生态文明研究与促进会会长周发源表示，要深入学习贯彻生态文明思想，大力推进绿色发展，坚决打赢治理污染攻坚战，动员全社会力量共建共享，省研促会要从我做起，从现在做起，从小事做起，形成适度简洁的生活方式和工作方式，成为绿色生活和绿色工作的践行者。省领导、生态环境部和国务院三峡办老领导、中国生态文明研究与促进会领导、全国著名专家学者、省直有关厅局和单位领导、长沙市领导和雨花区领导，县、市、区长代表、优秀论文代表、企业代表、乡村代表、社区代表、园区代表、湖南省生态文明研究与促进会代表、特邀代表、列席代表、

2019年10月13—14日，湖南省第五届生态文明论坛雨花年会（李 欣 摄）

新闻媒体记者等 300 余人出席。

（李　欣）

【央视报道】　2019 年 12 月 14 日，中央电视总台《新闻联播》以《为全面建成小康社会而奋斗——中央经济工作会议精神在各地干部群众中引起热烈反响》为题，报道长沙市雨花区第一时间贯彻落实中央精神，打好污染防治攻坚战，坚持方向不变、力度不减，突出精准治污、科学治污、依法治污，推动生态环境质量持续好转的典型做法和担当作为。（李　欣）

人居环境管理

【概况】　2019 年 3 月，长沙市雨花区城市人居环境局成立，为区政府正科级行政单位，负责全区历史文化名城保护、近现代建筑（历史建筑）保护，城区范围内历史街区改造、棚户区改造、城中村改造、危旧房改造、老旧小区改造和建筑微改造、城市房屋征收补偿等工作。单位内设办公室、历史文化名城保护管理科、项目管理科、棚户区和城中村改造管理科、老旧小区危改管理科。核定编制 5 名，领导职数 3 名，局长（乡科级正职）1 名，副局长（乡科级副职）两名。在职干部职工数 19 人，其中人才引进 1 人，雇员 3 人。（刘子溶）

【棚户区改造】　2019 年，雨花区坚持把棚户区改造作为事关品质长沙建设、事关群众切身利益的民生工程来抓，统筹调度，扎实推进，完成各项目标任务。完成省棚改任务 400 户、市棚改任务 1569 户，完成率均为 100%。长岭市政宿舍、长仪片区棚改项目完成清零腾地，长城信息、长钢新老 11 栋、省话剧团等项目完成成本结算，长橡 A 地块、劳动东路两厢 A 地块、长城信息地块、顺特变压器厂、湘民制药项目完成土地出让（或划拨），长钢新老 11 栋、长城信息、顺特变压器厂、劳动东路两厢 A 地块、湘民制药等项目实现开工建设。

（刘子溶）

【“城中村”改造】　2019 年，雨花区纳入市城改领导小组考核城改村 8 个，纳入区考核城改村 3 个，市级考核拆迁共完成 147 户。大桥村和鄱阳村完成拆迁安置、集体经济改制、社区组建等工作，两安用地开发建设、确权办证和社区提质改造通过验收。新增平阳村、白田村纳入市级城中村改造。推进红星片区城市更新项目；雅塘片区石马文化公园项目作为市对区绩效考核指标，项目总投资 2490 万元，公开招标选取施工单位进场施工并完成工程总量的 31%，完成年度目标任务 100%。市级文保单位晚清陕西忠义官兵墓的修缮设计、主体修缮工作完成，通过市文物局验收。所有城改村全面实施集体经济改制，清产核资、集体经济组织成员认定，股权日确定、股权量化，成立合作社或公司，进行合作社挂牌仪式，所有城改村基本完成改制工作。通过集体经济改制，城改村实现集体经济量化和固化，保值和增值，在全市率先完成“村民变股民”工作，村民身份转变后，每年都能从增值收益中获取分红，让他们深刻感受到城中村改造的好处，确保基层社会稳定。大桥村对安置区二次提质开发，打造成集商业、旅游、文化、住宅于一体的高端城市综合体，并与运达中央广场进行融合互补，整个沿长沙大道北侧打造成长沙最高端、最时尚、最有活力的国际商业和旅游中心，成为长沙东大门的地标性建筑。天华村与红星片区华润集团合作，推动雨花区打造“森林公园商务区”，建设“千亿级”产业聚集区，将此片区打造成未来长株潭城市群的经济中心、商务中心、文化中心。（刘子溶）

【老旧小区改造】　雨花区 2000 年以前建成的老旧社区有 67 个、小区 276 个、楼栋 1830 个、涉及户数 72102 户。2019 年，雨花区开展全区老旧小区调查摸底，推进老旧小区综合提质改造。左家塘街道曾家湾小区、高桥街道牛串岭小区等 10 个老旧小区完成综合提质改造，2019 年度老旧小区改造任务目标全部提前完成。省人大（机关本院）、井湾子街道景湾小区等提质改造项目加快实施。（刘子溶）

【危旧房屋改造】　2019 年，雨花区城市人居环境局负责统筹协调和管理城区危旧房屋改造工作，包括项目的立项、建设和补助等，住建部门负责危旧房屋巡查、隐患排查和鉴定等工作。区委书记张敏专题调度侯家塘街道麻园湾社区商务厅宿舍安全隐患工作，区委常委、政法委书记王明玖调度全区危旧房屋改造工作会议，区城市人居环境局结合住建部门提供的全区 120 栋危旧房屋本底，逐一摸底排查、建档立册，分析现状并制定全区危旧房屋改造项目库，同步推进麻园湾社区商务厅宿舍安全隐患问题协调处理，科学制定工作方案，及时提出对策建议，确保人民群众生命财产安全。

（刘子溶）

【“一圈两场三道”建设】　2019 年，雨花区聚焦群众衣食住行等方面的民生需求，努力补齐短板、强化功能、提升档次，打好“一圈两场三道”建设两年行动计划收官战，铺排建成“15 分钟生活圈”64 个、完成养老、医疗、教育、文体、站厕等项目建设 164 个，新（改）建农贸市场 15 个、社区生鲜门店 10 家，建设停车场 20 个，新增泊位数 8339 个。新（改）建人行道 58.66 千米、改建自行车道 93.5 千米（市定 75.5 千米、自身需求配置 18 千米）、新建健身步道 6.5 千米、建设文化步道 1.2 千米。雨花区完成 15 分钟生活圈项目 143 个，整体进度 95%；停车场完成 100%；完成农贸市场 13 个，整体进度 94.7%，社区生鲜门店完成 100%；新改建人行道 56.2 千米，整体进度 97.13%；改建自行车道 68.29 千米，整体进度 90%；文化步道整体进度 90%；健身步道完成 100%。打造红花坡文体品质园、锦湘国际便民生鲜超市、沙湾路文化步道等一批优质民生项目，东塘、砂子塘等全市 15 分钟示范生活圈效果更加显著，得到中央、省、市媒体多次报道。长沙市委副书记、市长、湖南湘江新区党工委书记胡忠雄对雨花区东塘街道等 3 个全市“一圈两场三道”基层样板给予充分肯定。湖南卫视新闻联播对高桥街道锦湘便民国际

生鲜超市、左家塘街道红花坡文体品质园等“一圈两场三道”建设项目进行重点推介。 （刘子溶）

“两型社会”建设

【概况】 2019年3月，雨花区将归口区发改局管理的区两型社会建设综合配套改革办公室更名为区两型社会建设服务中心（简称“区两型中心”），调整为区政府直属公益一类事业单位，负责全区两型社会建设、南部片区建设、绿心地区保护工作。内设办公室、两型服务科、发展规划科3个职能科（室）。核定编制8名，其中领导职数4名；全体在职干部职工人数7人；在职党员5人。办公地点设在雨花区人民政府机关大院2号楼。

2019年，区两型中心严格落实绿心保护工作职责，统筹抓好南部融城片区建设和两型社会建设，全面完成全年各项目标任务。 （粟常云）

【规划编制】 2019年，雨花区针对绿心总规局部调整，积极对接省市相关部门，提出优化建议方案。8月25日，《长株潭城市群生态绿心地区总体规划（2010—2030）2018年修改》正式公布，跳马镇控建区范围316.57公顷，其中优化调整62公顷，新增51.57公顷，绕城高速以北60公顷调出绿心；雨花经开区调出绿心4.54平方千米。 （粟常云）

【项目建设】 2019年，雨花区坚持统筹有序、精心策划、突出重点、持续发力，增强项目落地的针对性和实效性。新引进项目40个，在谈项目21个；4月份成功举办2019长沙市雨花区（香港）招商引资推介座谈会。雨花区把项目建设作为南部片区开发的重中之重，攻坚克难加快项目建设进程。开展矿山矿坑修复工作，跳马镇18个矿山矿坑修复项目有11个取得绿心准入手续，其中龟坡片石场完成复绿工程施工，邀请专家与业务单位就修复效果进行现场检验，并组织召开验收会议；鑫旺、楠木坡、福寿矽沙矿进行客土回填和矿区生态修复治理；四马冲片石场已完成回填手续续证，芦荻塘一厂客土回填手续已进窗办理。 （粟常云）

2019年12月6—8日，雨花区两型社会建设服务中心到龙山县石牌镇开展党建联盟暨精准帮扶活动 （粟常云 摄）

【绿心地区保护】 2019年，雨花区推进退出工业企业常态长效管理，制定《绿心地区工业企业退出常态长效管理实施办法》，明确任务，落实责任，严防已退出工业企业死灰复燃、恢复生产，严防迁入新的工业企业，有效巩固绿心地区工业企业退出成果。制定《长沙市雨花区生态绿心地区退出工业用地处理工作方案》，抽调人员组建指挥部，确定业主意愿，全力筹集资金，有序推进绿心地区退出工业用地处置工作，94.74公顷（1402亩）退出工业用地处置取得积极进展。开展绿心地区退出工业企业奖补资金拨付，核算拨付127家退出企业奖补资金12145.0441万元；完成同升街道岳煌混凝土搅拌场停产退出工作。按照“谁保护谁受益，谁损坏谁复绿”原则，对绿心保护工作进行责任分解，并纳入相关街镇、部门的绩效考核，建立健全绿心保护机制。向跳马镇、同升街道拨付2018年绿心生态补偿资金2809.77万元，其中1327.203万元为基础性补偿，由区级财政提供；1082.63万元为奖励性补助，由市财政提供。对2018年第四季度省两型委通报的湘水郡二期1个违法违规项目进行集中整治，整改复绿到位并通过验收。 （粟常云）

【餐厨油烟治理】 2019年，雨花区两型中心联合区城管局开展餐厨油烟治理工作，完成全年1万户老旧居民家庭餐厨油烟净化设备安装工作任务。 （粟常云）

【“两型”单位创建】 2019年，雨花区按照分类创建、三级联动、条块结合、动态管理的原则，开展“两型”示范创建活动，3家单位（项目）申报省级“两型社会”建设项目资金，4家单位申报市级“两型”示范创建单位。 （粟常云）

园区建设

雨花经开区

【概况】 长沙雨花经济开发区（简称“雨花经开区”）是湖南省人民政府批准成立的省级开发区，中共长沙雨花经济开发区工作委员会、长沙雨花经济开发区管理委员会为中共长沙市委、市人民政府的派出机构，正县级，委托雨花区委、区政府管理。内设办公室、招商合作局、经济发展局（环境保护局）、规划建设局、工务局、社会事务局、纪检监察室7个正科级机构。核定编制38名；全体在职干部职工38名；中共党员38名，退休干部1名。设立一类事业单位长沙雨花经济开发区企业“一站式”服务中心，核定编制3名。派驻机构有财政分局、城管中队、交警中队、国税分局。

2019年，长沙雨花经济开发区完成规模工业总产值380亿元，同比增长10.5%，实现规模工业增加值93.1亿，同比增长13.5%；其中新能源汽车及零配件产业产值同比增长8.6%，人工智能及机器人产业产值同比增长27%，其中长步道增长26%，菲尔斯特增长29%，唐智科技增长84%，可孚医疗增长364%；完成固定资产投资94亿元，同比增长19%；其中，实现工业投资30.4亿元，同比增长13.2%；实现全口径税收32.25亿元，同比增长19.93%；完成进出口额3.01亿美元，同比增长63.67%；实际利用外资2.3亿美元，同比增长12.41%。全省产业园区综合评价得分排名第四，省级园区第一；获评全省商务工作先进园区、全省外贸先进单位；获评省政府“推动产业发展、招商引资、科技创新、项目建设成效明显的园区”，并获得省政府激励和通报表扬；中国（长沙）创新设计产业园，获湖南省服务业示范集聚区。园区企业获长沙市级智能制造试点项目42个，省级智能制造示范项目（车间）3个。（张文香）

【招商引资】 2019年，长沙雨花经济开发区按照“北航天、南大族”的工作部署，小分队到京津冀、长三角、粤港澳大湾区等产业先行区招商30余次，接待客商近300人次。参与2019湖南—粤港澳大湾区投资贸易洽谈周、2019湖南与央企对接合作大会、长沙市对日招商投资环境推介会等招商活动；举办2019年湖南工业4.0创新中心投入运营暨人工智能及机器人产业链交流对接会、2019海外创新人才长沙行合作对接大会、深圳市宝安区智能制造行业协会产业交流会、智能超精密光学技术交流会等主题招商活动。比亚迪卡车研究院迁入园区，中兵天马、云箭智能、湖南工业4.0创新中心、大族激光研究院等项目投入运营，大捷智能、精一自动化等投产。新注册成立菲尔斯特、东相智能等产业链企业45家，动态保有产业链企业226家，总产值同比增速39%，营收同比增长27%。新引进重点项目18个，其中500强“中字头”项目4个，购地项目5个，先惠自动化成为全市第100万家市场主体。（张文香）

【项目建设】 2019年，长沙雨花经济开发区铺排项目85个，其中产业项目68个，开工产业项目27个，竣工投产项目15个。可孚医疗总部6月签约和开工，7月即投产；长步道3个月实现厂房封顶、主体封顶。人工智能传感器产业园A区建成交付使用7万平方米、B区建成封顶3.5万平方米。环保大道东延线、白秋路、晓光路等片区主次干道、长郡雨外扩建、“一圈两场三道”、堰塞湖抢险等民生项目推进；白田变电站、高塘变电站、洞井铺变电站三个市电力“630攻坚”项目完成年度考核任务。完成绿心调规工作，园区4.54平方千米调出绿心区域，11月，绿心调规成果入库，调出绿心范围的建设项目启动报建手续。全年园区项目推进全面提质提速，获评全市重点产业项目观摩省级园区第一。（张文香）

【企业服务】 2019年，长沙雨花经济开发区建成企业综合服务信息化平台，搭建投资对接和技术交流平台。10月，与长沙人力资源服务产业园签订战略合作协议，共同打造人才服务共享平台，长沙人力资源服务产业园将发挥自身资源整合能力，为雨花经开区企业在人力资源理念架构、人才引进等人力资源全板块中提供帮助，增强企业的核心竞争力，开展专项供需对接等活动，为园区企业架起“零距离”接触人才的桥梁，激活企业活性，增强区域经济活力，促进“产才”融合。成立法律服务中心，举办“创响三湘减税降费进园区”活动，成立全市人工智能机器人与传感器产业技术创新战略联盟，优化平台助推企业发展。修订完善园区振兴工业实体经济扶植奖励办法，发布相应的兑现实施细则，兑现产业扶持政策红包1600万余元，为企业争取和兑现政策资金1亿元。举办“民营企业招聘周”等专题招聘会6场，协助晓光工匠学院与德国签订合作协议，引进德国双元制职教行动导向式教学法课程体系，共同推进产业链应用型人才和工匠的培训、培育，举办海外创新人才长沙行合作对接大会、“创之星”中美创新创业大赛先进制造领域决赛，评选年度“雨花工匠”“科技带头人”等专业人才101名。推进园区“15分钟生活圈”打造，建设党员之家、园区书屋、中西餐厅等配套设施，新建人才公寓144套，累计推出公寓600余套，安排入住2000余人；开通园区到河西高校、地铁站、城铁站等地免费穿梭巴士；妥善解决企业职工子女入学260余人。获评长沙市省级园区营商环境测评第一名。（张文香）

【放管服改革】 2019年，长沙雨花经济开发区率先在全市省级园区中开展“综合窗”改革，实行“窗口综合受理、后台分类审批、统一窗口出件”工作模式，每一个窗口皆能受理全部135个涉企事项，受理办结行政审批事项108项。通过规范集约服务，依托规范化、标准化的综合窗口服务，实现事项无差异办理。整合、利用好各类政务资源，实现“一网通办”与“一窗受理”充分融合，通过线上线下互通和服务协同联动实现企业、群众办事“最多跑一次”或“零跑次”；在全市省级园区率先推出“帮代办”服务，推出帮代办业务事项54个，“帮企业跑腿”，基本实现“企业办事不出园”目标，完成“帮代办”事项1124项；制定出台《雨花经开区权力清单》《“一件事一次办”改革实施方案》。网上办100%、一次办100%，实施清单填报率和发布率100%，问题字段为0。（张文香）

【高新技术企业认定】 2019年，长沙雨花经济开发区争取或到位各类资金（含协助企业申报的资金）近5000万元，涉及发改、经信、科技等专线专项，市级科技计划立项7个，区级科技计划立项21个，新认定高新技术企业21家；企业申请专利总数为630件，累计增长8%（申请数量排名市内省级开发区第一）。新增工业企业入规14家、服务业入规6家，培育高新技术企业38家，推进智能制造扩面8家，完成知识产权托管60家、质押融资5笔、专利申请量771项，增长4%，其中发明专利申请量242项。（张文香）

【金融服务】 2019年，长沙雨花经济开发区举办银企对接会8场，在企业综合服务信息化平台搭建金融超市，引进10余家金融机构入驻平台，供企业融资选择和线上线下交流，金融机构为企业授信24.19亿元，实际放款16.54亿元；成立园区首支小微企业信贷风险补偿基金。成立50亿元产业投资基金，加大对产业链核心企业的投入，进行提前布局；对企业进行上市前辅导，红星冷链全面完成公司股份制改造，储备上市企业25家。1月23日，举行“千人帮千企百日大行动”新春融资服务对接会，29家金融单位与近百家企业面对面定制融资方案，现场开展帮扶行动。中国建设银行、华融湘江银行、广发证券多家金融机构负责人推介多种信贷产品，分享帮扶企业的体会。（张文香）

【基础设施建设】 2019年，长沙雨花经济开发区完成白田变电站场平及配套工程、高塘变电站场平及配套工程、振东路道路工程、花仙路（黄谷路—环保大道）路灯整治工程、雨南供电所、同升派出所自来水加压工程、振华路下穿京珠高速桥下内涝点整治工程、长步道周边道路及环境整治。自行车道改建工程等项目的建设，完成市电力“630攻坚”及市对区年度考核任务目标。启动环保大道东延线、89号地机器人集聚区、赵家冲堰塞湖排水工程、长郡雨外扩建工程等项目；完成京广高铁堰塞湖抢险工程的方案调整及广铁集团的设计审批、招标挂网工作；完成环保大道东延线电力埋管项目的设计及预算编制工作；启动71号、72号地临时道路工程、荷新路二期、杨洪路二期、振洪路二期、长郡雨外洪塘学校便道及给水亮化工程、园区雨污分流改造一期工程等项目的前期工作；启动园区电力配网专项规划编制工作。（张文香）

【环境整治】 2019年，长沙雨花经济开发区率先建立省级工业园区大气污染防治监控平台，加强渣土运输、锅炉低氮改造，企业废气治理等工作的管理整治，园区空气检测小微站各项指标，位列全区前列，空气优良天数占比76%；落实“河长制”工作，圭塘河园区段水质常年维持在四类以上；完成省级环保督查和中央环保督察反馈问题整改销号工作。（张文香）

【拆迁安置】 2019年，长沙雨花经济开发区完成环保大道东延线以南（同升村范围）代征14栋房屋项目，涉及人口84人；完成环保大道东延线跳马段集体土地、环保大道东延线国有土地拆迁项目，涉及集体土地征地面积2.47公顷，涉及国有土地征面积0.95公顷，拆迁人口91人。总拆迁资金约8530万元，完成市政府“630攻坚”项目塔基交付。（张文香）

【安全生产管理】 2019年，长沙雨花经济开发区举办安全、消防培训65场，1万人次参加，下发宣传资料3万余份，与企业签订《2019年度安全生产责任书》500余份；督促企业做好消防应急演练工作，指导企业开展各项演练35场；排查企业500家次，发现消防隐患128处，其他安全隐患80余处；迎接市级督查检查8次，检查企业15家次；与区级部门检查企业92家，下达整改指令21家，处罚企业7家，“打非治违”3次，对园中园、厂中厂无证照单位、违法违规行为进行联合执法，进行严厉处罚。（张文香）

【公司运营】 2019年10月，长沙雨花经济开发区与韶山高新区签约，建设“飞地园区”，12月实现开工建设，项目总规划用地40公顷，计划总投资20亿元，打造成人工智能传感器及机器人、新能源汽车及零部件、航天航空等新兴产业及配套服务产业园。11月，开发建设公司和创新投资公司揭牌。开发公司主营建设和管理，创投公司主营投资和运营。创新投资公司完成企业走访、谈判、确定投资路径、法务和财税尽职调查、走访行业协会和监管部门、召开投决会、上报园区党工委会议以及资金交割等投资公司流程，走访项目50余个，走访园区重点项目30余个，储备股权投资项目10余个，成功实现对园区重点观摩项目可孚医疗1500万元的股权投资。

（张文香）

【振兴工业实体经济扶植】 2019年4月23日，《长沙雨花经济开发区关于振兴工业实体经济扶植奖励办法政策兑现实施细则》（以下简称“细则”）下发并施行。细则规定，园区设立新引进人才生活补贴，对博士、硕士、本科等毕业生，两年内分别给予3万元、2万元、1.2万元的租房和生活补贴，扶植奖励对象为在雨花经开区内进行商事登记且符合奖励办法规定的企业（房地产企业除外）以及辖区内单位和个人。细则明确，新落户的世界500强企业（包括区域总部、运营中心等），投资额1亿元以上，按实际到位核定投资额（不含购地、购房款）的2%给予扶植（单个项目最高不超过1000万元），且一次性给予市场化招商引资人50万元奖励。新落户的国内智能制造50强企业，投资额1亿元以上，按实际到位核定投资额（不含购地、购房款）的1%给予扶植（单个项目最高不超过1000万元），一次性给予市场化招商引资人30万元奖励。细则规定，企业年度区级经济贡献5000万元以上、1亿元以上、2亿元以上、3亿元以上、4亿元以上，分别一次性奖励企业或企业有功人员60万元、100万元、150万元、200万元、300万元。

（张文香）

【知识产权托管补贴扶持】 2019年9月26日，《长沙雨花经济开发区知识产权托管工作方案》发布。根据方案，雨花经开区投入200万元，对知识产权托管企业、知识产权示范企业进行补贴和扶持。知识产权托管机构每托管一家企业，有3000元至5000元不等的补助；年度获得5件以上发明专利的企业，可获得2万元的奖励资金；被评为市、省、国家知识产权优势企业或示范企业，将有5万元、10万元、15万元不等扶持补贴。为支持“一主一特”重大专利产业化，雨花经开区按投资强度和效果评选10个重大项目，每项给予20万元支持等。

（张文香）

【公开选聘招商顾问】 2019年8月，长沙雨花经济开发区面向社会公开选聘“招商顾问”，选聘范围为经济发达国家或地区政府相关部门、行业协会及商会的知名人士，学术界知名专家学者、国内外知名企业家及大型跨国公司的高层管理人员，以及对雨花经开区招商引资工作有积极性、熟悉资本运作、与国内外企业界有一定联系的各界人士。“招商顾问”的工作职责包括积极宣传和推介雨花投资环境、投资政策、重点发展产业和招商引资项目，组织符合园区产业发展需要的境外企业和外地企业到园区考察洽谈项目，协助园区赴相关国家或地区对目标企业开展招商工作，并在当地策划、组织和实施招商活动以及对园区的招商引资及社会经济发展提出意见和建议等。

（张文香）

【大气污染视频监测监控平台】 2019年2月25日，长沙雨花经济开发区大气污染视频监测监控平台投入使用。该平台在园区污染问题突出的区域设置多个高位监控点，通过视频查看监测点环境状况，实时获取监测点的噪声值和扬尘值。该平台集大气污染防治网格化、空气质量、扬尘监控、污染源监控、视频监控、环保地理信息系统等平台于一体。在园区涉气重点排污企业、挥发性有机物重点排放区域、人群密集区域、工业园区重点集中区域以及园区边界等设置8个空气质量在线监测系统、配备颗粒物（PM10、PM2.5）监测系统、气态污染物（CO、O_3、SO_2、NO_X）监测系统、总挥发性有机物（TVOC）监测系统和气象六参数监测仪等设备，实现在线监控和视频监控。平台的主要功能包括数据传输接入、环境监测、数据分析、污染监控、全域地图直观展示等，整套设备系统有效数据捕获率优于98%。该平台包含大气污染防治网格化管理系统、城市空气质量自动监测系统、施工扬尘在线监控报警系统、污染源自动在线监测系统以及实时视频监控系统。系统中所有监测设备的实时运行数据都分别在分中心的数据库中予以保存，并按照监测中心对运行数据的要求自动汇集整理后上传至综合数据库中。各级网格员可根据授权，以多种方式分别在线查询项目实施的相关信息和实时数据，为管理和决策提供可靠的依据。通过这个平台，有利于雨花经开区提升环境监管水平。

（张文香）

【首批全国产化激光切割机下线】 2019年，湖南大族智能装备有限公司历时4个月研发生产“LION”系列激光切割机。10月12日，首批全国产化激光切割机在雨花经开区下线。一块大钢板放置在宽3米、长9米的双平台激光切割机，不到30秒，0.2米长、0.15米宽的配件产生，可切割成圆形、方形、齿轮等20种不同图案。这是中国首批自主可控激光切割机，与传统冲压切割不同，激光切割机具有速度快、精度高等特点，核心器件均实现国产化。

（张文香）

【湖南工业4.0创新中心投入运营】 2019年7月23日，湖南工业4.0创新中心投入运营暨人工智能及机器人产业链交流对接会在湖南省机器人产业集聚区（长沙雨花经济开发区）举行，会议发布《关于加快发展新一代人工智能建设智慧园区的若干意见》，设立1亿元专项资金，用于支持人工智能场景应用、企业引进培育、研发创新、人才培养等。长沙市人大常委会主任程水泉宣布湖南省工业4.0创新中心投入运营，寄语创新中心运营方湖南中南智能装备有限公司用心经营管理、加大市场开拓。市政府副市长邱继兴出席相关活动。湖南工业4.0创新中心于2018年3月由长沙市人民政府、西门子工业软件（上海）公司和湖南中南智能装备有限公司签约合作共建。创新中心与区域内外的企业、专家、高等院校进行广泛的合作，构建智能制造的生态圈，搭建面向装备智能制造的政、产、学、研区域协同创新平台，致力于推动智能制造技术创新和扩散、智能制造人才培养和职业培训、整合资源服务制造业企业转型以及为中小微企业提供创新服务。（张文香）

【重点产业项目系列开工】 2019年4月30日，雨花经开区“奋战60天项目大攻坚”2019年上半年重点产业项目系列开工动员大会举行，20个“一主一特”重大产业项目集中开工，其中包含大族激光二期、可孚医疗产业基地、长步道机器视觉光电产业生产基地、中南智能、湘能电力、邵峰智能等重要建链、延链、强链、补链项目。项目的系列开工，累计将建成标准化厂房近100万平方米，预计新引进200余家企业，可形成和带动超过200亿元产能发展。雨花区委书记张敏强调，要紧盯优势企业，做强园区产业；提升决策效率，提高园区服务；实行园街一体，强化园区管理；抓好工作考核，压实园区责任；狠抓安全稳定，建设平安园区。区委副书记、区长刘素月等参加项目开工动员会。（张文香）

【湘能楚天电力产业园项目】 2019年6月10日，长沙雨花经开发区湘能楚天电力产业园项目正式开工。该项目计划投资2亿元，拟打造集研发、办公、生产、物流于一体的园区综合体项目，项目全部竣工后，预计将实现年产100座变电站产能和20个亿的生产规模。项目占地面积3.33公顷（50z亩），总建筑面积5万平方米，其中一期投入5000万元，完成2.3万平方米的开发建设，预计全部竣工时间为2022年12月31日。项目拟建设智能电网、电力装配制造、电力工程总包及电力运维服务一站式服务平台。该项目将为电网提供优质高效与可持续的模块化、装备化、智能化电网能源产品，以及为电力绿色新能源发展提供优质解决方案和电力运行维护服务。（张文香）

【长步道项目落户雨花经开区】 2019年4月15日，2019湖南—粤港澳大湾区投资贸易洽谈周（以下简称“港洽周”）在香港举行。广州长步道光电科技有限公司与雨花经开区签约，投资5亿元的长步道机器视觉光电产业生产基地项目落户雨花经开区。长步道机器视觉光电产业生产基地项目将选址雨花经开区89号地块，占地约2.73公顷，生产经营面积约4万平方米。项目建成后，可成为长步道除广州总部以外全国唯一集研发、生产和服务于一体的产业基地，成为辐射全球的光学镜头智能制造技术与装备的示范应用基地。（张文香）

2019年4月30日，长沙雨花经济开发区重大产业项目集体开工 （张文香 提供）

【小微企业信贷风险补偿基金签约仪式】 2019年6月25日，雨花经开区举行小微企业信贷风险补偿基金签约仪式，通过与交通银行和光大银行合作，设立2支500万元为单位的风补基金，最高可撬动银行向中小微企业发放贷款1亿元，缓解中小微企业“融资难”“融资贵”的难题。此次小微企业信贷风险补偿基金是长沙市为支持实体经济、缓解小微企业“融资难、融资贵”问题而专门设立，雨花经开区设立并启动园区小微企业信贷风险补偿基金。此次风险补偿基金的设立将通过风险分担的方式大幅提高小微企业贷款代偿容忍度，引导合作银行切实降低小微企业融资门槛和利率水平，将信贷资金投向园区内有资金需求的中小微企业。（张文香）

【产业基金】 2019年11月22日，长沙市机器人与传感器产业技术创新战略联盟大会在雨花经开区举行。雨花经开区牵手专业基金公司，共同组建一支总规模50亿元的产业基金，从人才、资金、技术等各方面给予机器人与传感器企业一揽子帮扶。基金主要用于支持雨花经开区股权投资发展，通过股权投资的带动，吸引外地优质项目落户园区，为园区实体经济发展注入强大动能。基金首期规模30亿元，主要投资机器人、传感器、人工智能、信息技术等领域，缓解中小微企业融资难、融资贵等问题。园区聚焦新能源汽车及零配件、智能工业型机器人和传感器件的“一主一特”产业。（张文香）

【“2019海外创新人才长沙行”合作对接大会】 2019年9月24日，“2019海外创新人才长沙行”合作对接大会在雨花经开区举行，雨花经开区与中美科技创新合作中心，就人才与技术转移合作签约。双方将联手打造招才引智工作站，为园区产业转型升级提供助力。来自美国、加拿大、新加坡、瑞典等多个国家的58位海外创新人才亮相，带来智能装备、生物医药、电子信息、新能源等61个项目。长沙市政府副市长刘明理出席会议。刘明理表示，此次活动的举办，将进一步促进海外人才的高新技术成果在长沙落地转化，长沙将为各类人才提供优惠的政策、优质的服务、优良的环境。（张文香）

【人工智能及机器人产业联盟沙龙】 2019年10月25日，长沙市人工智能及机器人产业联盟沙龙首次活动在雨花经开区举行。长沙市人大常委会主任、市人工智能及机器人产业链链长程水泉出席。湖南省人工智能产业联盟会长张闳博、长沙机器人及传感器产业联盟会长杨漾、蓝思智能机器人（长沙）有限公司副总经理苟华等，围绕产业配套、人才引进、政府采购、产业生态氛围等发言，提出意见建议、开展交流讨论。程水泉强调，成立“产业联盟”，既有促进产业链中各企业和研究院要素对接的现实需要，又有帮助企业相互之间提供产品应用场景的发展需要。“产业联盟”要在坚持“智能工业机器人和传感器件”发展定位的基础上，处理好实与虚的关系，整合资源，实实在在为企业服务，集中智慧，思考产业未来发展方向；处理好“己”与“他”的关系，上下游企业之间在发展好自己的同时，更多更好地开展合作，实现共赢多赢；处理好竞争与合作的关系，同质企业之间相互尊重、互相学习，通过良性竞争促进产业健康发展；处理好当前与长远的关系，服务龙头企业，形成旗帜效应，帮助中小微企业，增强发展后劲。（张文香）

【邮储银行政银企对接会】 2019年11月5日，雨花经开区管理委员会、中国邮政储蓄银行长沙市分行共同主办“优化营商环境，破解融资难题，助力园区高质量发展”2019年邮储银行政银企对接会。雨花经开区财政分局、经济发展局、招商局、金融服务中心等机构负责人，邮储银行长沙市分行小企业部负责人、雨花支行负责人，以及雨花区辖内40余家小微企业参加对接会。邮储银行进行金融政策及产品宣讲，智水环境和艺宣广告两家公司的客户代表分享融资体会，政银企三方围绕融资问题进行现场互动交流。该次对接会，有利于雨花经开区改善营商环境，破解辖内企业“融资难”“融资贵”等问题。（张文香）

【全市产业项目观摩】 2019年12月12日，湖南省委常委、长沙市委书记胡衡华，市委副书记、市长、湖南湘江新区党工委书记胡忠雄率市委、市人大、市政府、市政协在职副市级以上领导及长沙各区县（市）、园区、市直部门、相关国有企业主要负责人，到雨花经开区可孚人工智能智慧展厅现场观摩可孚自主研发可穿戴医疗设备及智能装备产业基地项目。胡衡华强调，雨花经开区要聚焦项目、全速推动落实，在适应新常态中增强发展信心，在创新驱动中形成竞争优势，在优化环境中提升产业层级。（张文香）

【雨花经开区（韶山）智能制造产业园】 2019年12月26日，长沙雨花经开区与韶山高新区携手打造的“飞地园区”项目——长沙雨花经开区（韶山）智能制造产业园开工建设。“飞地园区”项目位于韶山高新区旅游主干道东方红路两厢，总规划面积40公顷，建筑面积近30万平方米，投资逾20亿元，分两期实施。项目集独栋、双拼、钢构厂房、多层厂房及高层厂房多元建筑形态于一身，囊括生产、办公、科研、中试、孵化、培训、体验等多功能于一体。项目竣工投产后，将重点承接长沙雨花经开区人工智能传感器及机器人、航天航空、新能源汽车及零部件与其他战略性新兴产业及配套服务产业。该“飞地园区”项目，有利于填补韶山高新区高端智能制造产业空白，形成产业集聚效应。项目建成后，可吸引25～30家国内外智能制造细分市场龙头企业和近300家相关联上下游配套企业入园。该项目对雨花经开区在经济增长、产业转移等方面具有重要意义，有利于助推园区“一主一特”产业可持续发展。（张文香）

【工作调研】 2019年1月26日，长沙市委常委、常务副市长舒行钢一行到雨花经开区调研南部片区智能制造产业发展、片区规划与绿心总规工作情况。长沙市南部办、市发改委、市自然资源和规划局、区政府、园区相关负责人陪同调研。舒行钢一行在工业地产项目康庭园院内，实地考察智能制造基地航天中南先进光机电技术创新中心，听取航天九院十三所相关负责人对于项目工作的运营情况介绍，指出雨花经开区要做好为企业发展保驾护航的服务工作；听取园区相关负责人对于片区规划与绿心总规存在冲突部分调整工作的汇报；表示市政府会力争实现绿心调规的各方利益最大化，保障企业和人民群众的合法权益，实现绿心调规的平稳过渡。3月20日，湖南省委常委、长沙市委书记胡衡华调研雨花经开区经济发展情况。调研组考察长步道光学科技有限公司，胡衡华鼓励企业家走好精而实、精而专、精而尖的发展之路。胡衡华强调，要形成产业转型升级加速度。保持定力，把握定位，瞄准高精专方向，做大做强做优主导产业；深耕细作，遵循城市经济特点和规律，在高端制造业和高技术服务业上下功夫，盘活存量，激活增量，提升质量和效益；执着努力，围绕招商引资、营商环境、服务企业下足功夫，浓厚争项目、抢项目、引项目的氛围。胡衡华强调，要推动全面从严治党更深入。担当管党治党责任，聚焦主责主业，以永远在路上的韧劲抓好政治建设、作风建设、基层党组织建设，进一步巩固良好政治生态和干事环境。市委常委、市委秘书长夏建平参加调研。区委书记张敏，区委副书记、区长刘素月，参加调研或座谈。5月23日，长沙市委副书记朱健在雨花经开区调研智能制造产业发展。朱健到湖南大族激光智能装备有限公司、长沙市比亚迪汽车有限公司和长沙智能机器人研究院，了解企业的生产经营、技术研发等情况，指出雨花经开区要从空间突围、营商生态、转型升级三个层面出发，推动园区高质量发展。10月12日，胡衡华，市人大常委会主任、市人工智能及机器人产业链链长程水泉调研雨花经开区人工智能及机器人产业链工作。胡衡华强调，要围绕智能装备发力，抢占“三智一自主”产业发展制高点；要将智能工业型机器人及传感器件作为主攻方向，突出抓好产业智能化、智能产业化；要加大统筹和扶持力度，全市范围协调产业布局，培育壮大产业联盟，优化资源调配；要注重坚持应用牵引，发挥应用场景在“四新经济”（“新技术、新产业、新业态、新模式”的经济形态）发展中带产业、引企业的作用，将智能网联汽车等产业领先优势转化为竞争优势；要充分借助资本力量，挥资本市场对实体经济的重要支撑作用。

（张文香）

【人大代表调研雨花经开区】 2019年1月21日，部分全国、湖南省人大代表集中调研考察雨花经开区，实地湖南大族激光有限公司了解企业生产经营、科研投入、创新发展等情况。大族激光项目2018年6月签约落地，9月27日实现投产试运营，从设备调试到生产投产仅用37天，该项目创造签约引进、建设达产的“长沙速度”。考察人员对雨花经开区的项目建设达产速度和大族激光公司给予肯定。雨花区委常委、雨花经开区党工委书记郭四军陪同考察。（张文香）

【清华大学专家调研雨花经开区】 2019年3月19日，清华大学经济管理学院博士后、清华大学21世纪发展研究院特聘研究员张玉杰，运营管理学博士、清华大学全球领导力秘书长顾常超一行到雨花经开区调研长沙总部基地，观看项目宣传片、听取项目介绍、实地走访了解总部基地园区运营情况，双方在会议室进行座谈交流。湖南省商务厅副巡视员毛七星，雨花区委常委、雨花经开区党工委书记郭四军参加调研。长沙总部基地是湖南省规模最大、档次最高、服务最全的企业总部经济园区之一。长沙总部基地项目一期售罄，吸引中广核、中科遥感、昭泰集团、威克电力、南睿电气、沛科能源等企业入驻，项目二期进行开发，其中所投资建设的湖南地理空间大数据应用中心入选“湖南省2018年100个重大产业建设项目”。此次参观与座谈交流，有利于深化产、学、研、用之间的合作，更好地推动学术成果与专业技术的社会化、经济化和实用化。

（张文香）

●雨花经开创新投资

【概况】 2019年3月7日，长沙市雨花区人民政府批准成立长沙雨花经开创新投资有限公司(简称“雨花创投公司”)，为国有独资公司，注册资本人民币1亿元，长沙市雨花区人民政府授权长沙雨花经济开发区管理委员会履行出资人职责。11月5日，长沙雨花经开创新投资有限公司正式揭牌。内设行政综合部、战略发展部、投资部、风控法务部、资产运营部、财务部、纪检监察室7个职能部门。全体在职干部职工数15人，其中公司高管8人；中共党员9人，预备党员1人，民盟盟员1人，无党派人士2人。

2019年，雨花经开创新投资有限公司编制《长沙雨花经开创新投资有限公司章程》，并通过出资人管委会的审议；制定党委会、董事会、总经理办公会、监事会、投资决策会等议事规则，投资、风控、财务、绩效薪酬、人力资源等规章制度，投资流程等20多项。开展产业链研究，班子成员带头进行行业调查，形成新能源汽车、人工智能、二次开发、产业基金4篇共约3万字的调查报告。围绕股权投资、产业基金成立、工业土地二次开发等主营业务，谋项目、找项目、谈项目，拜访项目50余个，走访雨花经开区重点项目30余个，储备股权投资项目20余个，成功实现对湖南可孚医疗科技发展有限公司1500万元的股权投资；与全省最大的国有投资平台公司——湖南省财信产业基金管理有限公司共同组建湖南财信精进股权投资引导基金，总规模50亿元。（刘超超）

【股权投资】 2019年，雨花创投公司用4个月（行业平均6个月），完成所有流程，对可孚医疗投资1500万元，成为公司首个股权投资项目；湖南可孚医疗科技发展有限公司属于智能可穿戴医疗企业，规模大、技术有竞争力、成长性好，计划2020年IPO（首次公开募股）。5月13日，湖南鼎信泰和股权投资管理有限公司成立，该公司为长沙雨花经开创新投资有限公司与社会私募基金共同组建的合伙企业。

（刘超超）

【产业基金】 2019年，长沙雨花经开创新投资有限公司从做基金发起人到基金管理人，再到基金双管理人，最后仅做投资人，与全省最大的国有投资平台公司湖南省财信产业基金管理有限公司正式签订合作协议，成立精进产业基金，总规模50亿元，为园区企业提供新的融资渠道。

（刘超超）

【土地二次开发】 2019年，雨花创投公司在谈项目8个，共涉及90公顷，其中工业用地83.33公顷，分别为德永置业、新中药机、亿利达、威兴风机、先步信息、13号地，及桃阳村60号令安置地；住宅用地6.67公顷（白田60号地安置地）。（刘超超）

【合作开发】 2019年，雨花创投公司与长沙市燃气公司就雨花经开区园区泛能源开发达成合作意向；与长沙市能源公司就园区和绕城高速加油站开发建设达成合作意向；与长沙市产投集团就园区产业投资及开发达成合作意向。（刘超超）

【湖南可孚医疗科技发展有限公司】 湖南可孚医疗科技发展有限公司（简称“可孚科技”）成立于2005年，是一家专注于家用医疗器械研发、生产、销售和服务于一体的集团化

2019 年 11 月 5 日，中国共产党长沙雨花经开创新投资有限公司委员会、长沙雨花经开创新投资有限公司正式揭牌 （刘超超 提供）

公司。公司有员工 3000 人，下设 21 家子公司，近 100 家分公司。可孚科技在长沙和杭州分别设有研发中心。拥有 100 余项专利，自主研发的助听器、听力计、血压计、雾化器等产品处于国内领先水平；持有 100 余份医疗器械注册证，是湖南省持有医疗器械注册证最多的企业；自主研发的助听器、三合一听力计（听力检测设备）分别在 2018 年、2019 年获评湖南省创新医疗器械；与腾讯合作开发“腾爱糖大夫”智能血糖仪产品智能化水平处于行业先进水平。公司在长沙、湘阴两地设有工厂，有工厂面积超过 4 万平方米，电子血压计、雾化器、洗鼻盐、助听器、护理床等产品实现完全自主生产，共生产 600 个以上型号的产品。电子血压计、家用护理床、洗鼻盐、助听器、酒精消毒棉片、拔罐器等产品的产量处于行业先进水平。公司发展成为家用医疗器械行业内渠道掌控能力和销售能力最强的企业。轮椅、血压计、制氧机、助听器和拐杖助行器等产品类型市场占有率达到国内领先，为全球近 3000 万个家庭提供多样化产品和服务。 （刘超超）

雨花电商产业园

【概况】 长沙市雨花现代电子商务产业园是由区人民政府投资兴建的园区，规划面积 11.73 平方千米。长沙市雨花现代电子商务物流管理委员会（简称“区现代电商物流管委会”）为正科级机构，负责编制园区中长期发展规划和年度工作计划，制定园区产业规划和组织实施；负责项目引进、招商引资、对外贸易、对外经济技术合作交流及相关服务工作、协助企业申报争取上级优惠政策；负责办理项目规划、国土、立项、环境测评、能源测评等手续；负责协助处理土地统一开发、利用和管理；负责协调基础设施建设、拆除违章建筑、拆迁安置及矛盾调处工作等管理工作。内设办公室、产业发展科、招商科、社会事务科、财务科、综合管理科。核定事业编制 15 名，其中领导职数 4 名；2019 年，在职干部职工数 34 人；党员 15 人。办公地点设在雨花区东山街道侯照社区筹委会。

2019 年，雨花现代电子商务产业园围绕招商引资、项目推进、基础建设中心工作，完成土地统征 30 公顷，普洛斯项目完成全部工程建设，完成验收，达到运营条件，引进盒马鲜生和东百集团两家企业。管委会被评为“重点工程建设先进单位”“征拆工作服务支援单位”“重点工程建设协调服务工作先进单位”等。

（吴欣宇）

【手续办理】 2019 年 1 月 4 日，仓储 2 号地（余）项目由湖南金桁文化传播有限公司顺利摘牌。1 月 24 日，完成仓储 6 号、7 号地项农用地转征手续，并取得湖南省政府批单及红线。7 月 19 日，PPP 二期柳树塘路项目道路完成农用地转征手续并取得湖南省政府批单及红线。8 月 9 日，PPP 二期侯照路项目完成农用地转征手续并取得湖南省政府批单及红线。12 月 19 日，仓储 7—1 号地项目湖南恒裕供应链管理有限公司顺利摘牌；仓储 4 号地项目挂牌方案市政府审批完成。 （王慧娟）

【拆迁腾地】 2019 年，雨花现代电商物流管委会配合街道、国土、征地等区直部门完成园区腾地 60 余公顷，拆除合法房屋 100 余栋，迁坟 350 余家。实现仓储 4~7 号地块、侯家冲路（杨子路—红旗路）、杨子路（川河路—跳马镇界）结算交地，完成跳马片区侯照路、柳树塘路征拆。仓储 4 号、5 号地实现 6 天签约 44 栋，签约率 100%，8 天所有房屋倒地，3 个月完成 200 家坟墓迁移，零问题交地 24.07 公顷（361 亩），全面刷新雨花区新纪录，为项目建设和区域整体发展提供基础。 （张海波）

【招商引资】 2019 年，雨花现代电商物流管委会围绕“聚焦产业互补，招引新业态”目标，与安博中国、远洋集团、亚冷、申通、德邦、正创集团、兴能电力等“500 强”企业、大型电商物流、快递企业等进行项目洽谈，接洽企业约 30 余家；制订、实施外出学习考察计划，考察、拜访企业 12 家。从项目洽谈到项目评估再到协议签订，紧盯产业链聚集效应明显、示范带动作用强的龙头企业集团，引进盒马鲜生、东百集团 2 个重点项目，总投资 10亿元；推进盒马鲜生、华泽、丰彩等项目建设，助推项目落地。

（汤　丽）

【项目建设】 2019年，长沙红星农副产品全球采购中心项目一期完成主体建设，二期土方工程施工完成70%，三期办理统征手续；普洛斯项目完成全部工程建设，完成验收，达到运营条件；万纬物流项目完成1#、2#和3#库的主体结构封顶，室内外装修完成约30%；宝湾项目完成桩基施工；仓储4号地项目完成场平70%；禧相连项目基本完成场地平整。配合项目建设，侯照路、新平路和柳树塘路路面及其附属均施工完成，基本达到通车条件。解决道路全线征拆、道路交通疏解、国防通信光缆和高压杆线迁改、与周边道路（战备路、湘府路、红旗路等）工作面衔接，PPP项目一期侯照路和牛角冲路完成竣工预验收，达到通车条件，侯家冲路路基和排水管网完成建设，杨子路路基土方和排水管网完成70%。PPP项目二期侯照路、柳树塘路顺利进场完成清表及部分土方作业和临时排水施工。

（汤　丽　王慧娟）

【安全生产】 2019年，雨花现代电商物流管委会调整安委会成员，建立领导干部带队检查制度，签订企业安全生产工作责任承诺书，落实班前会工作制度。开展领导带队检查20次，以开展6月份"安全生产月"宣传活动为契机，悬挂宣传横幅120条、展板5块，印发手册1500份，开展消防演练1次；党工委4次召开会议，专题研究园区安全生产工作，传达落实省、市、区关于安全生产方面的会议精神和工作要求。

（刘　柠）

【控违控渣】 2019年，雨花现代电商物流管委会坚持24小时巡查守点强化控违控渣工作管控，开展巡查2880次，发现新建合法房屋14处、制止违章建设3处，发现搭设遮阳棚15处；联合东山城管中队整治15余次，配合执法14起，处罚2.74万元；利用无人机收集园区全貌，自绘园区现状图，结合Google地球，通过不同时段颜色比对，再到现场核实的方式，发现乱堆渣土现象7起，均及时督促清除到位。

（刘　柠）

【普洛斯长沙雨花物流园】 普洛斯长沙雨花物流园是世界"500强"企业普洛斯在长沙建设的第一个电商化、快速、城配仓储项目，是雨花现代电商产业园最早引入、最早建成、首批投运的项目。项目于2017年12月开始建设丙二类库，分为四个库区和一栋宿舍楼，建设面积8.1万平方米，水电入库、消防、安保设施完善、配备专业物业团队提供全天候服务。2019年12月，普洛斯长沙雨花物流园项目完成建设，园区开始运行，开展招商工作。该项目距离G4京港澳高速1千米，距长沙火车南站3千米，项目可租赁面积8.5万平方米。

（王慧娟）

【盘子女人坊集团到雨花区洽谈合作事宜】 2019年5月15日，盘子女人坊集团董事长杨建、董事长秘书李永芳一行到雨花现代电商物流管委会就项目合作事宜进行洽谈。雨花现代电商物流管委会党工委书记董正军，党工委副书记、管委会主任余忠及管委会相关科室负责人参会。杨建一行了解园区规划和地块具体情况，杨建表示，园区地理位置优越，盘子女人坊作为一种全新的业态，可更好地助推园区发展，下一步将对项目进行详细规划，快速推进双方合作项目落地。盘子女人坊集团是一家以中国风艺术体验为特色的综合型文化产业机构，已形成摄影服务、摄像服务、文化传播、服饰设计研发、产品生产制作为主业的"五业并举、多元发展"格局。该集团已开设近40家直营店，服务客户超200万人。

（胡　予）

【东百集团与雨花区洽谈合作事宜】 2019年6月17日，福建东百集团股份有限公司物流事业部总裁王海峻、投资部总监王开发等一行4人到雨花现代电子商务产业园就项目合作事宜进行对接，雨花现代电商物流管委会党工委书记董正军、党工委副书记、管委会主任余忠及管委会相关科室负责人参会。在了解园区规划及地块相关情况后，王海峻就东百集团及意向入园项目相关情况进行介绍，表示会后保持联系，寻找合作平衡点，促进合作进展。董正军表示，园区希望引进多业态、多层次、多样性的互补性产业，摆脱单纯的物流概念，下一步将保持对接，积极推进双方合作，实现共赢。7月18—19日，雨花区委常委、常务副区长邹春林率区政府办、区财政局、区电商物流园相关负责人到福州东百集团总部进行学习考察，与企业内部高层进行座谈交流。

（胡　予）

2019年7月18日，雨花区委常委、常务副区长邹春林（中）考察东百集团

（胡　予　摄）

【盒马鲜生项目合作】 盒马鲜生为阿里巴巴全资子公司，依托阿里巴巴雄厚的技术背景和平台优势，为消费者提供“新鲜每一刻”“所见即所得”“30分钟极致配送服务”的消费新体验。2018年12月底，雨花现代电商管委会与盒马鲜生签订项目合作协议。2019年4月2日，雨花现代电商物流管委会组织召开盒马鲜生项目落地前期工作专题调度会，对盒马鲜生提出的需配合工作及问题提出解决方案，助力推进“盒马鲜生”长沙运营中心项目建设。5月16日，雨花现代电商物流管委会组织盒马鲜生召开对接会议。盒马鲜生全国投资总监谢元伟、菜鸟地网华南区投资拓展总监张鹏、菜鸟地网项目设计经理王晗一行7人，雨花现代电商物流管委会党工委书记董正军，党工委副书记、管委会主任余忠及相关科室负责人参会。盒马鲜生一行对项目地块进行现场踏勘，就地块现场情况实地考察，召开座谈会。双方针对项目规划条件、地块条件、政府诉求及项目运营等8大项内容、55条小项进行讨论，对盒马鲜生建设前期需落实事项进行交流，管委会对盒马鲜生提出的需配合的工作及问题进行回应。董正军指出，管委会将加深工作对接，助力盒马项目建设。 （胡　予）

【安博中国到雨花区洽谈合作事宜】 2019年10月17日，安博中国副总裁崔伟、投资副总监曾恒莹一行6人到雨花现代电子商务产业园就项目合作事宜进行洽谈，雨花现代电商物流管委会党工委副书记、管委会主任余忠及管委会招商科参与会谈。安博中国在了解园区规划和地块具体情况后，对公司概况及意向入园项目相关情况进行介绍，双方就雨花电子商务产业园项目进行探讨和交流。余忠对相关问题作解答。安博中国表示，下一步将对项目选址进行评估，加快推进双方合作。安博是全球最大的现代物流基础设施拥有者、提供商和运营商，其重点业务覆盖美洲、欧洲和亚洲等区域市场乃至全球。安博中国立足全国，战略布局长江经济带、京津冀、大湾区、成渝经济区及其他重要经济区和城市群。安博服务于高端制造商、零售商、电子商务企业、运输公司、第三方物流企业和其他具有大型物流配送需求的企业。安博已建立四大战略业务区域，覆盖20个城市，拥有39个国际化物流园区。 （胡　予）

经济监督管理

宏观经济管理

【概况】 长沙市雨花区发展和改革局（简称“区发改局”）为正科级区政府工作机构。2019年，雨花区发展和改革局内设办公室、发展规划科、投资与行政审批科、能源与资环科、价格管理科（价格认证中心），归口管理区公共资源服务中心、区产业建设服务中心。核定局机关行政编制10名，领导职数5名，工勤编1名；公共资源服务中心事业编制4名；产业建设服务中心事业编制8名。在职干部21人；退休干部15人；党员人数31名（含退休10人）。办公地点设在雨花区人民政府机关大院2号楼。

2019年，雨花区全社会固定资产投资同比增长10.9%；增长速度、贡献率综合排名居全市中心城区第一；全市重大项目流动观摩连续三年排名中心城区第一；雨花区在全市发改系统“两个年”微宣讲比赛获得第一；营商环境综合排名居内五区第一。区发改局紧扣高质量发展要求，按照“产业项目建设年”“营商环境优化年”决策部署，围绕“强化党建引领、攻坚项目建设”工作主题，着力稳增长、调结构、促改革、惠民生，完成各项工作任务。开展主题教育，征求意见检视剖析问题59个，列出整改措施63项，解决一批民生实事，撰写调研报告4篇，讲授专题党课2场。落实“三会一课”、主题党日、“双报到双报告”和在职党员进社区等制度，加强党员积分管理，坚持结对帮扶共建，把党建工作和业务工作紧密结合，做到两手抓两不误两促进。党支部“五化”建设评估验收顺利通过，“绿色发展、节能先行”主题党日活动被推荐参选“长沙市主题党日优秀案例”。区发改局获评区“征拆工作服务支援单位”“招商引资工作先进单位”“项目建设与帮扶服务保障红旗单位”“优化营商环境工作先进单位”“重点工程建设协调服务工作先进单位”“创新创业先进单位”“安全生产和应急管理工作优秀单位”“文化产业工作先进单位”“生态环境保护（蓝天保卫战）工作一等单位”。（彭　浪）

【项目策划】 2019年，雨花区铺排重点项目196个，其中：续建项目62个，新建项目56个，预备项目35个，前期研究项目43个。项目总投资998.24亿元，年度计划投资217.87亿元。雨花区聚焦“智能制造引领”和“服务业提质”两个重点，93个项目纳入市级重大投资项目，年度计划投资额209.4亿元；比亚迪新能源乘用车改扩建项目纳入省“五个100”（实施100个重大产业项目、100个重大科技创新项目、100个重大产品创新项目、引进100个500强企业、100个科技创新人才）重大产业项目，比亚迪、红星大市场两个项目纳入省重点建设项目，5个项目纳入市领导联点项目。全年完成重大项目投资272亿元，占年度计划投资的130%以上；35个新建项目全面开工建设；15个预备项目全部完成可研批复。加强政府投资项目审查力度，通过在线审批平台共办理项目审批（立项、项目建设书和可研批复）182件，投资总额60.80亿元，可研、概算审查共审减金额1.63亿元，审减率近10%。实行社会投资项目全过程告知承诺制并全程网办，办理项目备案159件，投资总额618亿元。（彭　浪）

【项目服务】 2019年，雨花区对全区67个重点项目、45家重点企业，按照“片区为主、联点牵头、分级负责”原则，深化县级领导联点制度，创新设立“企业（项目）服务日”制度，由企业开出问题清单，帮助企业解决手续办理、基础配套、政策扶植等难题。调度服务34次，帮助56个企业（项目）解决问题119个。步步高星城天地实现开工、中铝国际成功入驻；绿地城际空间站、普洛斯、宝湾、华悦广场等项目推进顺利。组织开展“新官不理旧账”专项整治，按承诺时限解决问题2个，推进其他问题有序解决。全市首创开发“雨花政策通”微信小程序，涵盖政策解读、项目服务两大板块，及时向企业精准推送政策动态，实现项目联系帮扶线上办理。组织设计MG政策动画，探索运用卡通视频形式精准推送区级产业扶植政策。兑现区级产业扶植奖励6000万余元，顺利通过专项审计。争取中央、省、市资金及产业引导资金5157万元，包括“保障房配套设施中央预算内资金”“老旧小区改造配套设施中央预算内资金”“第二批教育现代化推进工中央预算内投资项目专项资金”“核心技术攻关专项资金”“省级双创资金”“省现代服务业发展专项资金”“市级肉食储备补助资金”“产业项目建设年——重点工程项目考评奖励资金”等，发挥各类政策资金的引导作用。中国电建能源大数据工程研究中心、中建五局绿色市政基础设施先进建造技术工程研究中心获批湖南省级工程技术研究中心；中铝国际长沙有色冶金设计研究院获批湖南省级企业技术中心，入围数量居内城区第一。（彭　浪）

【能源管理】　2019年，雨花区制定“十三五”能耗等量减量替代方案，推进充电桩和光伏发电项目验收工作，组织辖区内企业申报工业能效领跑者、节能成果技术转化、市级和区级节能专项资金等政策资金。开展节能宣传周活动，发放各种宣传资料3.5万份，宣传海报2万张，宣传横幅500余条。落实能源安全生产行业监管职责，巡查管线32次，开展油气管道“打非治违”专项行动22次，协调解决涉管道安全施工问题4个，依法监督拆除违建油气管道阀室1个，及时制止危害管道安全施工作业1次，完成管道裸露抢险1次。推广合同能源管理项目，落实公共机构节能各项工作。全区人均综合能耗同比下降4%，单位建筑面积能耗同比下降4%，人均用水量同比下降4.7%。开展燃煤整治，开展巡查184次，交叉检查4次，暗访巡查78次，综合执法487次，专项执法455次。全区基本实现燃煤动态清零。（彭　浪）

【物价管理】　2019年，雨花区承接“普通商品住宅前期物业服务收费标准备案”权限下放，办理物业收费备案8宗；做好行政事业性单位机动车停车收费，办理公办幼儿园及公办小学伙食费收费备案36宗；加强对猪肉等重点民生商品价格监测预警；办理涉案物品价格认定321件864.35万元，按时办结率100%。对公办幼儿园保教费和伙食费、中小学伙食费备案36宗，对普通商品住宅前期物业服务收费标准备案8宗；定期采集粮油、肉类、水果、副食品4大类近70种商品的零售价格，上报市价格主管部门，并进行公示。（彭　浪）

【公共资源管理】　2019年，雨花区发改局严格执行《区工程建设项目招投标管理规定》和《区小型工程建设项目实行简易发包程序管理规定》，规范招投标和发包管理，区平台成功服务各级各类项目402个，交易额2.38亿元。（彭　浪）

【社会信用体系建设】　2019年，雨花区推动社会信用体系建设，率先完成公共信用信息平台建设，启动“信用示范商区”建设，形成“政府主导、企业主体、行业自律、社会参与”的信用建设机制，创新开展“信用建设在雨花”网络直播等主题活动，形成“崇尚诚信、践行诚信”的社会风尚。5月17日，召开雨花区社会信用体系建设工作动员会暨公共信用信息平台培训会。长沙市发展改革委相关负责人、区信用体系建设领导小组各成员单位分管领导及专干参会。区发改局负责人传达长沙市社会信用体系建设工作相关文件精神，重点介绍全区社会信用体系建设工作进展情况，提出下一步工作意见。信用平台系统开发人员介绍雨花区信用平台主要功能模块，现场演示信用数据填报、数据查询等相关操作，对相关工作任务及要求进行安排。培训有利于强化各成员单位对社会信用体系建设工作的认识，提高平台操作水平，为加快雨花区信用平台数据归集，促进平台推广使用，实现各部门间信用信息互联互通打下基础。12月6日，区信用办组织召开全区信用修复工作（培训）会议。区人社局、区住城局、区交通运输局等12个区直部门信用工作人员，湖南红星建设有限公司、湖南立承建设有限公司等48家各行业领域企业代表参加会议，区信用办主任、区发改局副局长肖英对《国家发展改革委办公厅关于进一步完善“信用中国”网站及地方信用门户网站行政处罚信息信用修复机制的通知》和《长沙市信用修复办法》进行解读，对行政处罚分类、公示期限以及修复流程进行讲解。第三方信用服务机构长沙市绿盾征信有限公司开展培训，讲解信用修复的步骤、路径和策略，以及信用修复承诺书和企业信用报告等有关事项。通过该次培训，有利于与会企业代表掌握信用修复的相关知识，了解信用修复的重要性。（彭　浪）

【“产业项目建设年”活动】　2019年2月19日，雨花区委副书记、区长刘素月召集有关区领导和部门专题研究《长沙市雨花区关于深入推进“产业项目建设年”活动的通知（讨论稿）》。2月28日，雨花区出台《关于深入推进“产业项目建设年”活动的通知》，突出智能制造，强力实施产业链建设、“五个100”工程和重点项目建设，力争建设一批业态先进、特色突出、竞争力强的现代化产业体系。（彭　浪）

【“营商环境优化年”活动】　2019年，雨花区推进“营商环境优化年”活动。2月28日，出台《长沙市雨花区“营商环境优化年”实施方案》（简称“25条”），安排和部署营商环境优化工作，努力营造更高效能的政务环境、更具活力的市场环境、更加公平的法治环境、更可预期的政策环境、更优品质的城市环境。根据优化营商环境政策“25条”，雨花区推进流程再造，建立园区、城区企业服务中心，实现“一次办”事项达95%以上，“网上办”事项达到100%。制定证明材料清单，对清单之外证明材料一律取消。深化商事登记改革，企业开办登记2个工作日内完成，企业注销登记时间不超过3个工作日，试点推广企业注销全程电子化。企业投资审批和纳税事项办理提速。雨花区全面推行“多规合一”在线审批、投资项目建设“一次性审批”，工程建设项目行政确认类事项办理时限不超过3个工作日，工业建设项目施工许可45个工作日内完成。拓展“电子税务局”办税功能，实现涉税业务“一窗”分类受理，实现一般性纳税当日即报即办，综合施策将企业平均办税时间缩短至96小时。4月28日，雨花区出台《雨花区“营

2019年3月1日，雨花区"产业项目建设年""营商环境优化年"工作会议
（彭浪 摄）

商环境优化年"工作推进领导小组工作运行方案》。（彭 浪）

【"企业（项目）服务日"活动】 2019年2月19日，雨花区委副书记、区长刘素月组织召开雨花区"企业(项目）服务日"第一次工作会议。刘素月强调，要将"企业（项目）服务日"活动将作为一种常态化的工作机制，每周定期由区委、区政府相关负责人牵头，发改、住房保障、城乡建设、征地拆迁、行政审批等要素保障部门参与，帮助企业解决手续办理、拆迁腾地、基础配套、政策扶植等难题。"企业（项目）服务日"活动的措施包括：强化联点帮扶，65名县级领导对67个重点项目、45家重点企业开展精准帮扶，建立企业与政府对话的"绿色通道"；突出问题导向，通过企业服务邮箱、服务热线和园区公共服务平台等渠道，24小时收集企业反映问题，每周定期召集相关部门集中会商、现场交办，为企业量身制定"服务包"，帮助企业解决手续办理、拆迁腾地、基础配套、信贷融资等难题；定期调度通报，每周梳理、通报企业交办问题办结情况。3月8日，区委常委、常务副区长邹春林主持召开企业(项目)服务日工作会议。4月19日，刘素月主持召开企业（项目）服务日工作会议，重点调度友阿奥莱城、友阿超市赤岗店、步步高朝阳片区建设、高桥市场采购贸易方式试点、原培蕾小学用地、盒马鲜生等企业及项目存在的困难和问题，听取重点企业（项目）进展情况，就项目在推进过程中的社零发展等方面问题进行研究，确保企业（项目）序时推进。4月25日，邹春林主持召开企业（项目）服务日工作会议，专题调度中富航投资集团尚鼎国际、中海珑庭等项目基础配套、政策扶植、营商环境优化问题。5月9日，刘素月主持召开企业（项目）服务日工作会议。6月13日，邹春林主持召开企业（项目）服务日工作会议。7月11日，邹春林主持召开企业（项目)服务日工作会议。7月17日，刘素月主持召开企业（项目）服务日工作会议。8月7日，刘素月区长主持召开企业（项目）服务日工作会议。8月29日，邹春林主持召开企业（项目）服务日会议，重点调度服务步步高星城天地项目与中国人保财险长沙分公司，听取王公塘棚改项目、跳马镇安置房建设项目进展情况汇报。9月12日，邹春林主持召开企业(项目）服务日工作会议。（彭 浪）

【节能主题宣传周活动】 2019年6月17日，雨花区在井湾子街道井巷社区举办"绿色发展、节能先行"节能宣传周主活动。来自长沙市直有关部门、区属相关单位、街道（镇）负责人员及社区居民代表120余人参加，发放各类宣传品2万余份。活动包含节能宣传、控煤宣讲、垃圾分类三个环节，社区居民用舞蹈、配乐诗朗诵、乐器演奏、"三句半"等形式宣传循环低碳生活理念。（彭 浪）

【生活垃圾分类工作】 2019年，雨花区推进公共机构垃圾分类，按照"减量化、资源化、无害化"工作要求，确保工作"四到位"（即制度建设到位、宣传培训到位、设施设备到位、资金保障到位）。分类桶投放覆盖率100%。出台《雨花区公共机构生活垃圾分类工作方案》，统一标准，明确各类垃圾的处置方式；制定《长沙市雨花区公共机构生活垃圾分类工作检查评比方案》，落实责任，建立评比机制，加强专项督查；浓厚宣传氛围，激发志愿者积极开展活动。7月5日，雨花区公共机构生活垃圾分类工作推进会举行。长沙市机关事务局、雨花区政府办、雨花经开区、雨花区直相关部门、各街镇共86家单位近100人参加会议。会议明确雨花区公共机构垃圾分类年度总目标、阶段目标、任务、步骤，学习分类工作评分操作细则，统一投放操作规范、垃圾投放指南和单位分类公示牌，下发《雨花区公共机构生活垃圾分类工作方案》，部署工作责任、设施、台账"三到位"，提出确保工作"看得重、抓得紧"、设施规格统一摆放有序，科学处置上报台账、浓厚氛围等要求。会议强调，垃圾分类工作实施"每月一调度，每月一总结，每季一讲评"，各级公共机构要按照"长沙模式"抓好落实；各党员干部、机关工作人员要做好先行示范，确保实现公共机构生活垃圾分类全覆盖。会议进行公共机构生活垃圾业务培训。为推进雨花区生活垃圾分类工作，发挥公共机构示范引领作用，雨花区所有党政机关（含所属公共机构）生活垃圾实行"2+4"强制性分类。即：办公室设置可回收物和干垃圾两分类投放桶；公共区域设置"可回收物""干垃圾""湿垃圾""有害垃圾"四分类投放桶；单位食堂设置餐厨垃圾投放容器。分类工作明确收集主体，推行服务外包，通过与专业回收公司合

作，定点按时收运处置。11 月 13 日，区发改局组织召开全区公共机构生活垃圾分类工作推进会。雨花经开区、相关区直部门、各街道（镇）分管负责人和统计员近 50 人参加会议。会议通报讲评第三季度全区公共机构垃圾分类工作开展情况，对照考核细则及 PPT 分析存在问题，对后段工作重点和具体任务进行部署。会议要求，从提高思想认识、加强宣传培训、规范设备配置、开展示范创建、严格台账管理五个方面，做好公共机构垃圾分类工作。（彭　浪）

【“诚信建设在雨花”专场网络直播访谈活动】 2019 年 10 月 20 日，由长沙市信用办、市发改委、雨花区发改局和区市场监管局指导，绿盾征信和小红帽直播联合主办的“诚信建设万里行 百行诚信面对面”——《诚信建设在雨花》专场网络直播访谈活动在湖南高桥大市场国际商品展示贸易中心开播。区发改局副局长肖英介绍雨花区的基本情况以及在推动社会信用体系建设方面做的工作：雨花区以信用建设为抓手，分别从推动政务诚信率先垂范、构建诚信建设长效机制、发挥公共信用信息平台作用等方面持续优化营商环境。区市场监督管理局副局长李小群介绍雨花区营造良好消费环境的工作及成果，对企业提出树立诚信核心价值观、建立诚信激励机制、提升产品质量、完善售后服务等建议。湖南高桥大市场股份有限公司副总经理刘亚娟、湖南晓光汽车模具有限公司副总经理杜俊鸿、长沙盒马网络科技有限公司副总经理曹智慧介绍各自企业在诚信建设方面的措施及成果。该次网络直播访谈吸引近 20 万网友进行观看，3300 余人次观众参与留言互动，展示“信用雨花”名片。通过网络直播这种新型媒体，有利于形成广泛的影响力，为推进高桥信用示范商区建设奠定基础。（彭　浪）

2019 年 10 月 20 日，“诚信建设在雨花”网络直播　（彭浪　摄）

统　计

【概况】 长沙市雨花区统计局是区人民政府正科级工作部门，主管区域内国民经济与社会发展统计工作、监测经济运行。内设办公室（法制科）、统计科和综合业务科，核定编制 5 名，其中领导职数 3 名。区统计普查中心为区统计局所属全额拨款副科级参公管理事业单位，编制 9 名，其中领导职数 1 名。区统计服务中心为区统计局所属事业单位，编制 4 名。2019 年，全局在职干部职工数 29 人；退休 8 人。长沙雨花经开区、12 个街道和跳马镇共有专职统计员 46 人。每个街道统计工作均至少配备 2 名以上专职统计员。每个社区配备兼职统计员 1 人。局党支部，共有党员 24 人，其中在职党员 21 人。办公地点设在雨花区人民政府机关大院二号办公楼五层。

2019 年，雨花区统计工作纳入对区直部门、街道的绩效考核。区统计局围绕“深化统计管理体制改革提高统计数据真实性”目标，深化统计改革，优化统计服务，完成第四次全国经济普查等各项统计任务。区统计局利用部门“双随机”联合执法检查的契机，全面开展执法检查，确保数据源头质量，提高统计数据真实性。依托“爱岗敬业·争当统计尖兵”知识竞赛、“走进新时代·踏上新征程”主题党日等活动，打造“数海卫士”统计品牌，推动主题教育与统计改革同频共振、相互促进。把重点企业走访与调查研究结合起来，坚持调研往基层走、往实处走，通过走访区内 32 家联网直报重点企业和街镇、园区统计系统，征求意见建议 37 条，撰写调研文章 3 篇。成立以退休干部为主要成员的“常青藤志愿队”、以优秀青年为主要成员的“书香府志愿队”、以广大党员为主全员参与的“追梦人志愿队”，开展儿童福利院送温暖、图书馆义工、幼儿园护学岗、社区清洁、圭塘河环保、“市民文明公约”义务宣传等志愿活动，为群众办实事、好事 22 件。（李　刚）

【数据统计】 2019 年，雨花区实现地区生产总值（GDP）2075.77 亿元，同比增长 7.7%。其中，第一产业实现增加值 5.35 亿元，下降 2.2%；第二产业实现增加值 1118.90 亿元，增长 6.4%；第三产业实现增加值 951.51 亿元，增长 9.4%。一、二、三次产业分别拉动 GDP 增长 0 个、3.6 个、4.1 个百分点，对 GDP 增长的贡献率分别为 –0.1%、46.6%、53.5%。城镇居民人均可支配收入 59375 元。实现一般公共预算收入 158.13 亿元，同比下降 0.1%，其中地方一般公共预算收入 61.36 亿元，增长 12.2%。一般公共预算支出 91.61 亿元，增长 7.8%。（杨茂富）

【统计基础建设】 2019年，雨花区建立以政府统计为主、部门统计为辅的大统计格局，以区统计局为中心，横向加强与区直各部门单位的工作衔接，实现数据共享；纵向扎根基层，各街道（镇、园区）实现统计工作事有人做、责有人负，各个社区配备统计专干，探索建立雨花区单位网格化监测系统，实现经济单位动态管理。提升统计服务水平，落实统计服务政府决策、统计服务调查单位、统计服务社会公众。运用现代化信息技术科学高效统计，规范执行联网直报、名录库等“四大工程”，优化统计数据一体化服务平台。（王 艳）

【统计服务】 2019年，雨花区统计局向省、市、区报送统计信息72篇，其中省网采用2篇，市网采用27篇，区政务网采用12篇，手机报采用3篇，统计分析6篇被市网采用。利用“9·20”统计开放日、“12·8”统计法颁布纪念日等时间节点，宣传统计工作的要求和意义。编辑出版《雨花统计》《雨花统计公报》《雨花统计年鉴》。区统计局班子成员深入基层统计系统、重点企业、服务对象60余次，采取“当面交流、实地踏勘、集中讨论”等形式，形成调研报告3篇。（李 刚）

【统计法治工作】 2019年，雨花区统计局依法履行统计调查、统计报告、统计监督职能。成立依法治统领导小组，专人专抓统计法治工作。夯实街道（镇）园区统计法治工作力量，开展《领导干部违规干预统计工作记录台账》填报工作。加强普法宣传，区委、区政府落实《中华人民共和国统计法》进中心组学习，将《中华人民共和国统计法》课程纳入区委党校科干班，做好面向领导干部的统计普法；利用年报会及相关培训、会议、走访企业等场合开展统计普法。参与全区部门联合“双随机”执法检查，按规定开展统计巡查。（王 艳）

【统计管理】 2019年，雨花区完善统计数据一体化服务平台，健全区域数据汇总、纵横向数据比对、数据监测预警等功能。探索统计基层组织管理服务体系创新，出台《长沙市雨花区统计网格化管理实施办法》，以街道或楼栋为基础，因地制宜划分网格。整合工商、税务、市场、楼宇物业管理员等，组建网格员队伍，运用网络信息技术，建立统计专网+VPN相结合，打造区、镇街（开发区）、（村）社区、网格小区“四级网格”管理，统计法治监督融入统计业务工作，制定《定期报表业务流程》，确保企业及时准确报送报表。构建“管理常态化、服务精细化、监控动态化、运作数字化”的统计服务新体系，实现统计大数据管理及公共服务新模式。实现信息化与网格化的有机结合、大统计与大服务的有机结合、日常事务与大型普查的有机结合。围绕深化改革“四新”统计，开展工业强区、绿色生态、能源、科技进步统计监测等指标体系预警监测工作；建立重点企业跟踪调研机制和主要指标预测研判制度，发挥经济发展的“晴雨表”作用。（李 刚）

【统计业务培训】 2019年，雨花区定期开展“统计大讲堂”等培训交流活动，提高专业统计人员的基本业务技能。区统计局专业人员严格按照《定期报表业务流程》规范操作，加强业务审核，提高数据质量。分批次、分层次指导街道对企业单位核查工作，采用QQ互动、电话答疑、上门服务等形式，深入企业逐项核实服务对象信息，实行“一对一”业务指导服务。年度报表、季度报表、月度报表制度，各专业联网直报率均达100%。7月15日，雨花区举办生态文明建设年度评价部门工作培训会，长沙市统计局能源处副处长燕俊杰重点介绍生态文明建设年度评价工作的背景和重要性，传达省、市关于生态文明建设年度评价暨绿色发展指标统计制度相关要求，对绿色发展统计指标逐个进行培训讲解，对2016—2017年度雨花区的年度评价结果进行综合分析。区发展改革局、区农业农村局、区工业和信息化局、区环保局、区住房城乡建设局、区国土分局、区交警大队等16个部门的业务负责人参加培训。9月17日，雨花区召开全区统计工作业务培训会。区统计局对固投、房地产、高新、建筑业和服务业等专业报表的重要指标、逻辑关系、填报要求及注意事项等情况进行讲解。雨花统计普查中心负责人通报全区单位新增情况，对下阶段的单位新增工作进行业务指导。区统计局法制科负责人就雨花区2019年第十届“中国统计开放日”活动进行统一安排。刘波鼓励广大基层统计工作人员立足本职、加强学习，进一步提升业务水平和工作能力。12月6日，雨花区召开全区统计年报培训预备会。区统计局各专业人员就单位新增、科技、投资、文化产业、劳动工资等方面内容进行专业培训。12月16—18日，雨花区2019年统计年报暨2020年统计定报培训会议召开。培训会按照劳动工资、商贸业、服务业、建筑业、房地产、工业等专业分为6个场次分别开展，雨花经开区、13个街道（镇）及辖区企业统计员近千人参加培训。各专业授课人员讲解报表的相关指标和填报程序，对报表变动较大以及往年数据容易出错的内容进行重点梳理和分析，针对相关统计业务知识进行有奖竞答。培训对统计法律知识和企业统计信用失信办法等最新相关文件进行集中讲解，强化企业依法统计意识，确保源头统计数据质量。会议表彰2019年报表工作先进单位30个、先进个人180名。（李 刚）

【“四经普”工作会议】 2019年1月11日，雨花区组织召开全国第四次经济普查（简称“四经普”）入户登记业务培训会。区统计普查中心所有工作人员、各街（镇）统计站站长、社区普查员及外聘人员约50人参加会议。各街（镇）统计站站长汇报普查登记的进度和存在的问题，普查登记进度较快的部分街道进行经验交流和技巧分享。普查中心工作人员对相关疑问进行解答。区统计局党组书记、局长刘波要求，统一目标，上下联动；认真谋划，科学部署；压实责任，加强沟通。3月18日，区委常委、常务副区长邹春林主持召开全区“四经普”入户登记工作推进会，总结前期经普工作完成情况，传达省、市经普办会议精神和有关领导指示，分析经普入户工作进度和数据质量情况，研究部署下阶段经济普查工作。邹春林要求，确保进度，确保质量，确保稳定。4月9日，雨花区召开“四经普”工作调度会。会议由区委副书记、区长刘素月主持。刘波整体通报全区四经普工作完成进度、数据质量、存在困难及当前主要任务等情况；邹春林部署全区“四经普”查漏补缺及核实改错等工作。区委书记张敏强调，确保按照时间节点完成各项任务；确保统计数据真实性；确保雨花区第四次全国经济普查工作质量。6月10日，雨花区组织召开“四经普”迎国检动员部署会议。会议由邹春林主持。刘波介绍雨花区第四次全国经济普查迎国检工作方案，分析检查过程中需要注意的事项。邹春林强调，全区各单位要协调联动、积极配合，相关部门任务明确、责任上肩，做好各项迎检准备工作。9月26日，区统计局与湖南大学合作举行“以改革创新精神助推雨花区高质量发展”调研研讨会。会议由刘波主持，湖南大学金融与统计学院研发团队、雨花区统计局相关工作人员近40人参加。刘波就雨花区经济普查课题研究的背景、目的及进度要求等情况进行介绍，双方就前期资料收集、任务分工及所面临的问题等进行沟通。雨花区统计局借助高校实力，以雨花区第四次全国经济普查资料为基础，初步确立雨花区产业结构和经济发展、单位基本情况统计分析、民营经济发展现状及对策研究、“三新”经济发展现状研究等十多个方面内容作为课题研究方向。区统计局配合高校研发团队在微观经济开发运用方面用心做实，生产出高质量的统计分析资料，为区域经济发展贡献统计智慧，做好统计服务。（李　刚）

2019年10月28日，雨花区统计系统“数海卫士杯”知识竞赛　（赵红丽　提供）

【市统计局调研雨花区】 2019年4月25日，长沙市统计局党组书记、局长肖正波一行对雨花区第四次全国经济普查登记工作开展第二轮督查指导。区委常委、常务副区长邹春林，区统计局党组书记、局长刘波参加督查。督查组一行现场随机查看湖南骁驰建筑装饰工程有限公司、湖南柴田陶瓷有限公司、长沙万宸酒店管理有限公司等单位的普查登记情况，重点核实普查对象是否真实存在，普查信息填报是否准确，数据审核修改是否严格按照规定流程执行等。督查组指出，要继续严守统计真实性生命线，切实摸清家底，提高普查质量，确保普查数据客观真实准确。刘波对雨花区第四次全国经济普查工作开展情况作汇报，邹春林表示雨花区将确保按质按时完成经济普查工作。5月9日，市统计局总统计师胡建中、固定资产投资统计处处长熊应祥等对雨花区第四次全国经济普查数据进行检查。检查组一行到雨花区左家塘街道荷叶塘社区，分两组对辖区内第三普查小区的62家普查对象进行实地上门走访，对单位是否有漏登错登、界定是否正确、主要业务活动及期末从业人数等数据指标填写是否正确进行检查。胡建中要求，在区级自查过程中进一步认真核实数据、杜绝弄虚作假。7月26日，市统计局党组成员、副局长韦薇，市统计局国民经济核算处处长扶文武，到跳马镇调研统计基层基础工作。跳马镇党委副书记、镇长刘志平，副镇长李娜参加调研活动。李娜就跳马镇2019年上半年规模企业产值、基层统计工作情况和第四次全国经济普查工作情况进行汇报。刘志平表示会将统计工作落到实处。刘波希望，跳马镇统计站能够进一步规范制度建设、加强经费保障、提高学习培训、加强调研走访。韦薇建议，立足新起点，打造先进统计站；坚持高标准，推进规范化建设；强化严要求，把好数据质量关；提质优服务，实现统计新突破。10月18日，市统计局党组书记缪晨光一行到雨花区开展“不忘初心、牢记使命”主题教育基层调研工作。刘波对雨花区2019年统计工作开展情况从统计基础在改革推进中保持稳定、统计质量在严抓严管中得到提高、统计能力在精准服务中日渐增强三个方面进行汇报，提出当前统计工作面临的困难和问题予以讨论交流。雨花区统计普查中心、综合科、法制办等相关科室负责人就各自业务工作上遇到的困惑提出问题，左家塘街道、井湾子街道、跳马镇的统计工作负责人作为基层代表发言，介绍各自辖区统计工作的开展情况和联网直报系统使用过程中存在的问题等。市统计局各相关处室负责人针对以上提问逐一解惑答疑。缪晨光表示会把现场提出的各类问题详细梳理、及时对接，寻求最佳的解决方案。

（李　刚）

【国家统计局调研雨花区】 2019年8月27日，国家统计局党组成员、副局长毛有丰调研考察雨花区基层统计工作。国家统计局人事司一级巡视员李文海，湖南省统计局党组书记、局长刘崇斌，湖南调查总队党组书记、总队长胡国亮等陪同调研。雨花区委常委、常务副区长邹春林从改革夯实基础、创新提升效能、服务助推发展三个方面对雨花区统计工作进行汇报，重点介绍雨花区统计工作信息化建设情况。毛有丰听取有关情况汇报后对雨花区统计工作提出要求，贯彻落实中央对统计工作的要求，抵制数据造假，强化队伍建设，提高数据质量，履行统计职责。毛有丰同雨花区委书记张敏为国家统计局雨花调查队成立现场揭牌。 （李 刚）

【雨花区统计服务中心成立】 2019年6月27日，经中共长沙市雨花区委机构编制委员会批准，设立长沙市雨花区统计服务中心，为长沙市雨花区统计局所属公益一类事业单位，核定全额拨款事业编制4名。主要职责为负责统计报告、统计分析等统计产品开发，重点统计课题创新研究，新产业、新业态、新商业模式、新技术“四新”经济统计分析，重点企业精准走访等统计服务方式创新，为高质量发展提供统计服务支撑。 （李 刚）

【“中国统计开放日”宣传活动】 2019年9月20日，雨花区统计局联合雨花经开区及各街道（镇），在同升街道佰富联超市前坪设主会场，其他街道（镇）辖区设分会场，开展第十届“中国统计开放日”活动宣传活动，展示雨花统计服务民生的新举措、新成效。雨花区在东塘鑫融国际、井湾子德思勤、黎托保利MALL等地域搭建宣传点10余处、摆放展板30余块、易拉宝60余个、悬挂横幅180余条、启用电子显示屏近200处、发放统计宣传资料和折页手册近千份，借助微信、QQ等新媒体平台多渠道、全方位向企业和群众进行统计业务和法律知识宣传。区统计局以统计开放日活动为契机，落实统计服务制度，搭建业务交流的平台，助力园区、街镇打造良好的营商环境。 （李 刚）

统计调查

【概况】 国家统计局雨花调查队为国家统计局派出的垂直管理的正科级机构，属于参照公务员法管理的事业单位，既是政府统计调查机构，也是统计执法机构，依法独立行使统计调查、统计监督的职权，独立向国家统计局和湖南调查总队上报调查结果，对上报调查资料的真实性负责。主要职责是完成国家统计局布置的各项统计调查任务；协助地方统计局完成重大国情国力普查任务；组织指导地方调查队的有关业务工作；依法查处其组织实施的统计调查中发生的统计违法行为等。主要组织实施开展国家赋予的居民收支调查、劳动力调查、采购经理指数（PMI）调查、工业生产者价格（PPI）调查、新设立小微企业跟踪调查等常规调查任务。内设办公室、综合执法科、调查业务科、专项监测科4个职能科（室）。核定编制8名，配备队领导职数3名；全队在职干部职工数9人，其中队长由国家统计局长沙调查队党组成员、副队长兼任，湖南调查总队下派挂职干部3人，在职在编人数5人；党员9人。办公地点设在雨花区人民政府机关大院三号楼南栋4层。

2019年，国家统计局雨花调查队

2019年8月27日，国家统计局雨花调查队揭牌 （熊 娟 提供）

落实全省统计调查工作会议精神，发挥国家统计调查优势，服务“财富品质幸福雨花建设”，推进雨花统计调查工作。雨花调查队与区统计局多次沟通交流，深入调查社区、调查户、调查企业，全面了解雨花区国家统计调查业务运行情况，联合区统计局召开住户调查和劳动力调查辅调员见面暨业务培训会，建立辅助调查员工作微信群；9月顺利完成与雨花区统计局住户收支与生活状况调查、月度劳动力调查、工业生产者价格统计调查、采购经理指数（PMI）调查和小微企业跟踪调查等5个常规调查项目交接。（熊　娟）

【国家统计局雨花调查队成立】 2019年，雨花区推进落实《国家统计局关于同意在湖南地区设立雨花调查队的批复》（国统人事函〔2018〕153号），加快组建国家统计局雨花调查队。1月4日，湖南调查总队党组书记、总队长胡国亮，党组成员、副总队长欧阳美娱听取雨花调查队筹建工作方案汇报。3月27日，雨花区明确国家统计局雨花调查队办公用房设在三号楼南栋4楼。4月9日，国家统计局湖南调查总队下发通知，从2月28日起，由吕伟任雨花调查队副队长、张海亚任雨花调查队纪检员。4月10日，取得国家统计局雨花调查队事业单位法人证书。4月15日，“国家统计局雨花调查队”行政公章启用。5月9日，湖南调查总队信息化处处长廖伟雄一行到雨花调查队指导网络和机房改造工作。4月20日，雨花调查队第一次班子会议召开。8月27日，国家统计局雨花调查队成立大会召开。国家统计局党组成员、副局长毛有丰，人事司一级巡视员李文海，湖南省统计局党组书记、局长刘崇斌，国家统计局湖南调查总队党组书记、总队长胡国亮，雨花区委书记张敏，区委常委、常务副区长邹春林，国家统计局长沙调查队党组书记、队长张殷海，国家统计局雨花调查队队长廖晓明及雨花调查队全体干部出席会议。毛有丰与张敏共同为国家统计局雨花调查队揭牌，宣布国家统计局雨花调查队正式挂牌成立。胡国亮要求，提高政治站位，加强政治建设；依法调查统计，确保数据质量；及时优质高效服务高质量的发展；加强廉政建设，清廉务实为民。邹春林汇报雨花区统计调查工作；廖晓明汇报雨花调查队的筹建工作并表态。9月12日，中共雨花区直机关工委批复同意成立中共国家统计局雨花调查队支部委员会。（熊　娟）

【调查业务】 2019年，国家统计局雨花调查队实行电子记账调查监测，抽样调查雨花区9个街道的9个社区住户家庭90户，调查雨花区2019年居民人均可支配收入等各项经济社会发展指标。抽取雨花区7个街道的8个社区，其中，6个社区各每月抽选16户，共96户住户家庭；2个社区各每半年抽选32户，共64户，实施劳动力调查，并纳入推算全省城镇调查失业率的样本范围。抽取13家工业企业进行工业生产者价格调查，并纳入推算全省工业生产者价格指数（PPI）的样本范围。抽取26家企业进行采购经理调查，并纳入推算全省采购经理指数（PMI）的样本范围。抽取新设立小微企业跟踪调查，并纳入全国小微企业生命周期调查的样本范围。（熊　娟）

【综合执法】 2019年，国家统计局雨花调查队加大对调查员、辅助调查员、调查对象的统计法律法规知识宣讲力度，提升依法治统能力，确保源头数据质量真实可靠。以12月4日“国家宪法日”和12月8日《中华人民共和国统计法》颁布纪念日两个时点为契机，集中开展统计法治宣传教育月活动。借助各专业培训及年报会等形式就《中华人民共和国统计法》《中华人民共和国统计法实施条例》《统计违纪违法责任人处分处理建议办法》《防范和惩治统计造假、弄虚作假督查工作规定》等法律知识进行广泛宣传，发放宣传资料500余份。（熊　娟）

审　计

【概况】 长沙市雨花区审计局系正科级区政府工作部门，负责对区本级预算执行和其他财政收支情况进行审计监督，对区直属党政机关、事业单位、群众团体和依法属于审计机关监督对象的其他单位的主要负责人任期经济责任进行审计监督，对全区政府投资和以政府投资为主的建设项目招标控制价（上限值）进行审核等。核定行政编编制11名，领导职数5名。2019年，内设办公室、计划科、查证科、审理科、执行科。辖二级机构政府投资审计中心，副科级事业单位，核定事业编制10名。在职干部27人，其中在职在编20人，雇员7人。退休干部7人。支部党员22人，其中在职党员16人。

2019年，雨花区审计局严格履行区委审计委员会办公室工作职责，建立局领导班子成员联系项目、审计质量控制、审计问题整改跟踪检查及动态报告等工作机制，聚焦重大问题、重大决策、重大部署，依法履行审计监督职责，为全区经济社会发展提供保障。防范和化解政府债务风险，组织专业力量对雨花经开区、雨花城投平台公司进行资产清查，提出有针对性的建议12条，促进平台公司转型升级。及时以要情和专报的形式向区委审计委员会反映政府扶持资金管理漏洞、工程类服务类项目规避政府采购等问题，要求相关部门健全完善产业政策，区审计局参与政策兑现关键环节，予以监督，责令相关被审计单位严格执行政府采购程序，维护公平竞争的营商环境。完成审计项目12个，查处管理不规范资金262702万元、违规资金260万元，审计促进整改落实资金9277万元，移送案件线索5起，提出审计建议38条，督促被审计单位健全完善相关制度15个。（刘　庆）

【区委审计委员会】 2019年3月，中共长沙市雨花区委加强党对审计工作的领导，组建区委审计委员会，办公室设在区审计局。5月7日，雨花区委审计委员会第一次会议召开。区委书记张敏，区委副书记、区长刘素月，区委常委、纪委书记王清政，区委常委、常务副区长邹春林及区委审计委员会成员单位负责人参会。会议传达学习中央、省委、市委审计委员会第一次会议精神，听取审计工作情况汇报，审议通过《中共长沙市雨花区委审计委员会工作规则》《中共长沙市雨花区委审计委员会办公室工作细则》和《雨花区2019年审计项目计划》，就有关问题进行研究。8月20日，张敏主持召开区委审计委员会第二次会议，学习贯彻习近平总书记关于审计工作的重要讲话精神，落实中央、省委和市委审计委员会第二次会议决策部署，审议《关于2018年度区本级预算执行和其他财政收支的审计工作报告》，研究部署区委审计委员会工作。（刘　庆）

【财政审计】 2019年，雨花区审计局对2018年度雨花区本级财政预算执行及其他财政收支情况进行审计，重点关注财政支出绩效、财政政策贯彻落实、存量资金盘活、专项资金管理使用等情况，发现存在非税收入未及时上缴国库、生态公益林补偿专项资金管理不到位等问题，依法依规作出处理处罚，提出有针对性的意见和建议，积极督促区财政整改，推动进一步健全公共财政管理体系，维护区域经济安全运行。（刘　庆）

【政府投资审计】 2019年，雨花区审计局开展水利工程建设管理专项审计调查，密切关注基本建设程序执行、建设单位内控制度建设以及项目招投标、合同签订和工程变更管理等情况，着力查找投资结构不合理、重复建设、损失浪费等问题，促进提高政府投资效益。强化对区财政预决算（投资）评审中心的监督，开展项目评审质量审计，及时指出问题、提出建议，促进规范投资评审行为。（刘　庆）

【经济责任审计】 2019年，雨花区审计局受区委组织部委托，经区委审计委员会批准，对区老干局、区后勤中心、区文体新局、雨花亭街道、跳马镇5个单位8位领导干部进行经济责任审计。审计中，重点关注领导干部贯彻执行党和国家经济方针政策、决策部署，推动经济和社会事业发展，管理公共资金、国有资产、国有资源，防控重大经济风险等方面情况，将虚列支出套取专项资金、企业开具假发票等案件线索移送区纪委、税务部门处理，发挥警示作用，促进领导干部依法用权、秉公用权、廉洁用权。

（刘　庆）

【内部审计】 2019年，雨花区审计局为内审人员订阅《中国审计报》《审计研究》等学习资料，组织内审人员参加上级审计机关各类培训，以上门指导、电话及信息沟通等方式加强日常指导。全区内审机构开展内审项目20余个，区审计局重点指导砂子塘社区停车场审计、区教育局二幼园长任期经济责任审计。（刘　庆）

【审计结果公开】 2019年，雨花区审计局将审计结果公开列入年度工作要点，严格按照《审计结果公布办法》规定的流程进行审批，在政府门户网站予以公布，广泛接受社会各界监督。公布审计结果的三个项目具体为：2018年度区本级预算执行和其他财政收支审计、区科技局2018年度预算执行情况审计、区财政预决算投资（评审）中心2019年1—8月项目评审质量审计调查。（刘　庆）

【专项审计】 2019年8—10月，雨花区审计局在组织开展跳马镇党政主要负责人任期经济责任审计过程中，把绿心地区工业企业退出专项资金作为审计重点内容，对绿心地区工业企业退出专项资金进行全方位审计。审计组通过审查申报资料、资金拨付资料、深入企业现场核查等方法，对171家绿心工业企业退出情况进行了解，对135家工业企业的退出补偿资金进行审计，重点关注专项资金补偿审核情况、资金到位情况、专项资金的使用效果情况，确保专项资金发挥效益，为雨花区绿心地区生态文明建设保驾护航；关注乡村振兴战略政策措施落实、涉农资金统筹整合、美丽乡村建设等情况，重点审查“民办公助”小农水专项资金、农村环境整治专项资金等惠农资金的使用情况，现场勘查跳马镇喜雨村美丽乡村建设在重大政策落实和专项资金使用效果方面的情况，发挥审计监督和服务保障职能，确保惠农专项资金落到实处，美丽乡村建设健康有序开展。（刘　庆）

【审计整改】 2019年，雨花区审计局采取按时督办、跟踪检查、定期通报等方式，及时督促被审计单位按要求整改问题、落实建议，督促被审计单位制定和健全完善相关制度15个。强化人大监督和问责职能，年底向区人大常委会报告审计查出问题的整改情况，区人大常委会对相关单位审计整改工作进行满意度测评。向区委审计委员会报送《审计要情》1篇，《审计专报》5篇，内容涉及骗取政府扶持资金、工程建设风险隐患、工作经费管理漏洞等热点、焦点事项，为区领导决策提供参考。（刘　庆）

【基础工作】 2019年，雨花区审计局编制《审计业务质量控制手册》，出台《长沙市雨花区审计局审计项目质量评审办法（试行）》，采取组长自评、科室交叉互评、集中审议的方式，对审计项目质量进行评审并将评审结果在全局通报，全面加强审计质量全过程控制。坚持重大审计事项集体审议制度，全年组织召开审计业务会议10余次，确保审计查出的问题定性准确、处理处罚适当，全年无行政复议和行政诉讼。“雨花城投经济责任审计”项目获市审计局表彰。参与农村集体产权制度改革、债务管理机制建设等工作。针对审计发现的工程建设项目变更频繁、结算超合同多这一普遍性问题，与政府办、财政局等单位赴长沙县调研工程变更管理情况，结合区情实际，出台《雨花区政府投资项目工程变更管理办法（试行）》《雨花区工程变更联审领导小组日常工作操作细则》，对工程变更的程序、审批权限等予以明确，并设置变更金额警戒线。上述制度出台前半年，85个项目因工程变更增加造价9500万元；制度颁布实施后半年内，申报20万以上工程变更项目5个，增加造价不足1000万元。（刘　庆）

【政府投资项目协审机构业务培训会】 2019年1月21日，雨花区审计局组织召开政府投资项目协审机构业务培训会，谋划2019年投资审计工作新任务。区审计局政府投资审计中心全体人员和9家政府投资项目协审中介机构参加会议。会议传达国家审计署关于投资审计改革转型的精神，通报2018年各协审机构的工作情况和排名，组织大家重点围绕“新形势”下的投资审计实施方式方法、审计程序、审计主要职责、审计文书的撰写及整理等七个方面进行学习。区审计局强调要提高审计法治意识、审计责任意识、审计效益意识、审计服务意识、审计廉政意识“五种意识”。所有协审中介机构向区审计局递交政府投资项目协审承诺书。（刘　庆）

【市审计局调研雨花区】 2019年10月11日，长沙市审计局局长陈剑文，党组成员、副局长肖汉，及法规审理处、审计技术处等处室负责人一行调研雨花区审计工作。区审计局党组书记、局长舒畅就2019年雨花区审计工作，“不忘初心、牢记使命”主题教育开展情况，大数据审计工作情况等作汇报，与会人员就大数据审计、审计质量控制等工作进行沟通交流。陈剑文强调，要树立系统意识、共享意识，加强市与区以及兄弟区县之间的交流、共享；要不忘审计人的初心和使命，力促高质量发展、力促全面深化改革、力促权力规范运行、力促反腐倡廉；要着力抓好审计工作，要敢于审、善于审。（刘　庆）

市场监督管理

【概况】 2019年3月，长沙市雨花区组建区市场监督管理局，为区政府正科级工作部门，对外加挂长沙市雨花区知识产权局牌子。负责市场综合监督管理；负责市场主体统一登记注册；负责权限范围内食品、药品、医疗器械的许可管理；负责组织实施市场监管综合执法工作；负责监督管理市场秩序、宏观质量管理、产品质量安全监督管理；负责特种设备安全监督管理；促进全区知识产权创造运用等。内设办公室、法规科、行政审批和政务服务科、信用监督管理科、价格和反不正当竞争监督管理科、网络交易和广告监督管理科、产品质量安全监督管理科、安全综合协调科、食品生产流通安全和市场监督管理科、餐饮服务安全监督管理科、特种设备安全监察科、标准计量和认证认可监督管理科、药品医疗器械化妆品监督管理科、消费者权益保护科（投诉举报办公室）、知识产权监督管理服务科、计划财务科、人事教育科17个职能科室和食品药品稽查大队、信息中心2个直属机构，下设跳马、雨花亭、高桥、左家塘、侯家塘、砂子塘、东塘、圭塘、黎托、洞井、井湾子、东山、同升13个市场监管所。核定行政编制148名、事业编制58名、工勤编制5名；在职干部211人；退休干部10名；在职党员181名。

2019年，雨花区紧扣打造一流营商环境的目标，探索实践简政放权与创新监管同步推进的新机制，做好“监管、改革、发展”相融合的文章，深化商事制度改革，创新监管方式，织密监管网络，推进“三大战略”，强化党建引领，完成各项目标任务。开展质量强区行动，鼓励引导企业填报品牌发展培育库，给予质量提升品牌培育的指导和帮扶，组织开展重点企业质量诊断服务活动；组织10家重点企业座谈，组织15家企业参与质量提升培训班，指导帮助7家企业、3名个人申报认定“省长质量奖”。雨花区获得2019年湖南省食品安全工作A级（先进）单位。（袁鑫欣）

【商事制度改革】 2019年，雨花区市场主体179448户，位居全省区县（市）第一；每万人拥有市场主体数约1934户，位居中部省会城区第一，超过香港。雨花区率先全省推出企业开办证照、印章、税务、银行开户、社保“5合1”，推行一套材料、一窗登记、一日完成、零成本办结的“1110”并联式集成办理服务新模式，结合一网通办、电子化服务、全程免费、容缺登记等举措，率先实现“零成本+1日办结”。全区新增市场主体29012户，改革后同比增长58%，平均每个工作日新增“老板”64人以上。推进“一件事一次办”改革，增设“一件事一次办”综合窗口，实现“按部门、按事项设窗”到“一窗受理”的转变；下放部分食品、医疗器械经营许可事项，将服务送到群众家门口；实施食品经营许可告知承诺制，简化审批环节、提高办事效率。准确及时对接“全国企业登记身份管理实名验证系统”，增加窗口工作人员9名，应对实名验证系统上线初期出现的工作量激增情况。推进“无纸化”“零见面”的企业登记全程电子化审批服务，办理电子化业务11955家；与创业园区协作实施集群注册，推广“一照多址”备案制度，托管的集群企业5597户。按照依法合理、便捷高效、企业自治、风险可控原则，核准办结简易注销企业1530户。引导和帮助群众进行名称自主申报，自主申报企业名称14928个。国庆前夕，承办长沙市场主体破百万庆祝仪式，雨花商事制度改革成效得到粤港澳大湾区主流媒体的肯定。（袁鑫欣）

【信用监管】 2019年，雨花区率先全省推行涉及市场监管、交通运输、农业农村、生态环境、文化旅游5大领域共11个部门的“双随机、一公开”多部门联合监管机制；研发“智慧监管”APP，实施抽查任务的领取、录入、公示的全程移动办公，抽查企业4141户，实现“进一次门、查多项事、无事不扰”。通过海报、手机短信、户外电子显示屏等形式开展年报宣传，年报应报企业49597户，实报42540户，年报率85.77%；组织归集涉企信息23408条，公示经营异常名录41359条，列入经营异常名录企业7793户，移出经营异常名录831户，协助43户企业做好信用修复工作；清查无证无照经营2756户，引导办证1798户，依法取缔156户；开展“僵尸企业”清理，对829户企业启动吊销程序，配合法院进行联合惩戒、司法协助117起。（袁鑫欣）

【价格监管】 2019年，雨花区市场监管局组织医疗机构、药品市场、转供电环节电价等民生领域专项检查，

检查医院8家、药店60家、转供电主体780个，约谈经营者23家次，查处价费违法案件1件。（袁鑫欣）

【广告和网络监管】 2019年，雨花区市场监管局开展违法广告整治行动，监测房地产、医疗、美容等各行各类广告1万余条，建立“雨花智网”网络监管系统，实现实时监测、数据分析、移动办公、消息推送等智能化监管功能。（袁鑫欣）

【食品安全监管】 2019年，雨花区推进国家食品安全示范城市创建，围绕群众关心的难点、痛点问题，开展食品安全问题联合整治行动，出动执法人员2426余人次，检查经营主体2300余家，责令改正185家，立案查处39起，罚没入库54.98万元；突出检验检测支撑作用，共抽检11189批次，合格率99.84%；推进“明厨亮灶”建设，建成“明厨亮灶”1821家，接入远程监管平台691家，完成“小餐饮”提质改造1080家；建立冷链配送、冷藏销售的“封闭运行”模式，建成生鲜食品冷链销售门店60家；建设“人民满意农贸市场”，完善《雨花区人民满意农贸市场管理奖励暂行办法》，委托第三方机构实施暗访测评，每月发布通报结果，按季度兑现管理基金；加大对食品违法行为打击力度，查办一般程序涉食案件276件，移送公安机关4件，刑拘、起诉5人。（袁鑫欣）

【药品医疗器械化妆品安全】 2019年，雨花区加强药店和医疗机构监管，对各类特殊、专管、冷链药品和高风险医疗器械实行全覆盖检查；开展化妆品百日行动，推进“线上净网、线下清源”风险排查处置工作，严惩重处非法添加、制假售假等违法犯罪行为；检查药店171家、医疗机构287家、医疗器械经营企业122家、医疗美容门机构25家、化妆品门店51家，抽检各类中药材50批次、西药25批次，查办“两品一械”案件21件，移送公安机关2件。（袁鑫欣）

【特种设备监管】 2019年，雨花区压实企业安全生产主体责任，严格执行“一单四制”（形成重大事故隐患清单，对每项重大事故隐患治理任务实行交办制、台账制、销号制、通报制管理）、“四个一律”（对非法生产经营建设和经停产整顿仍未达到要求的，一律关闭取缔；对非法违法生产经营建设的有关单位和责任人，一律按规定上限予以经济处罚；对存在违法生产经营建设行为的单位，一律责令停产整顿，并严格落实监管措施；对触犯法律的有关单位和人员，一律依法严格追究法律责任）等措施，开展“打非治违”“强执法、防事故”等治理行动，检查电梯、大型游乐设施、压力容器等特种设备使用管理单位214家次，立案查处2起，责令停业整顿2家，处理特种设备安全投诉84起；组织开展承压类特种设备应急救援演练，提高应急救援处置能力；加快“智慧电梯”建设，在绿地之窗小区进行试点，推进新装电梯物联网监控功能全覆盖。（袁鑫欣）

【产商品质量监管】 2019年，雨花区突出做好国庆70周年危险化学品等重点工业产品的质量监督，对工业产品获证企业开展日常检查和监督抽查，健全产品质量安全事故强制报告制度；围绕学生用品、儿童玩具、安全帽、电动自行车、翻新轮胎、防爆电器、成品油等开展专项行动；加大对影响国计民生和消费者反映较多产商品的监督抽查，共抽检793批次，查办质量问题案件11件，捣毁违法生产加工窝点1个。（袁鑫欣）

【知识产权工作】 2019年，雨花区市场监管局开展“一对一”知识产权服务，落实区发明专利资助政策，兑现拨付发明专利授权补助94.4万元；引导鼓励科技型企业开展专利权质押贷款工作，完成质押融资2640万元；开展知识产权宣传月活动，走访调研重点高校，促进知识产权成果转化；开展专利执法行动，商标侵权立案52件，查办专利案件84件。（袁鑫欣）

【标准计量】 2019年，雨花区市场监管局鼓励支持优势龙头企业参与国内标准化活动，全区企业、组织共主导和参与制定修订国家标准5项、行业标准4项、地方标准5项、企业标准8项；推动企业标准自我声明公开，完成327条标准公开申明；加强对辖区标准化示范试点企业的联系指导，开展标准化试点单位的上报和专项经费拨款工作。（袁鑫欣）

【打击传销】 2019年，雨花区以摘帽“全国整治聚集式传销重点城市”为目标，历时6个月开展打击传销集中整治行动125次，捣毁涉传窝点318个，驱散劝返涉传人员1046人，公安机关立案26件，刑拘135人，破获传销团伙4个。（袁鑫欣）

【反不正当竞争】 2019年，雨花区对公用企业乱收费、虚假宣传、商业贿赂、侵权仿冒等违法行为进行查处，查办不正当竞争1件。某团伙从2017年年底至2019年年底，采用低档酒勾兑高档酒的方式，在雨花区黎托街道川河村、长沙县黄兴镇光达村出租的偏僻民房内生产假冒高档白酒，通过物流途径，销向上海市、浙江省、广西壮族自治区、江西省等多个省、区、市。2019年11月23日，雨花区市场监管局协助长沙市公安局食药环支队和雨花区公安城管大队将该涉嫌生产、销售假冒伪劣产品案进行统一收网。查获生产、制假窝点3处，售假门店4处。查获成品假茅台、五粮液、国窖1573、剑南春等多个品牌的成品白酒1100余瓶，原料酒1200余瓶，两套生产加工设备，以及若干份包材，涉案物品价值200万余元。该案破获刑事案件2起，抓获涉案人员11名，其中4人被刑事拘留，7人被教育放回。（袁鑫欣）

【“蓝天保卫战”】 2019年，雨花区市场监管局抽检成品油17批次，对25台锅炉进行节能检查，对10家车检测机构尾气排放检测进行监督检查。全年一般程序案件立案432件，结案348件，10万元以上的大要案6件，罚没245.75万元，移送司法机关5件。（袁鑫欣）

【消费维权服务】 2019年，雨花区市场监管局开展“诚信经营、放心消费”创建活动，推行消费侵权赔偿先付；组织“3·15”主题宣传活动，在凯德广场等10处设点咨询答疑，引导消费者合理消费、依法维权，督促经营主体诚信经营；加大投诉举报受理处置力度，发挥社会维权组织作用，畅通消费者维权渠道，实现“一号对外、多线并号、集中接听、各级承办、依责办理”，受理“12315”“12331”“12345”平台消费者投诉、举报18909件，办结率98.4%。（袁鑫欣）

【帮扶企业】 2019年，雨花区市场监管局利用浮动抵押、股权质押、融资租赁等形式，为企业做好融资登记服务；办理动产抵押登记32起，抵押融资约6.22亿元，注销抵押登记7起，归还融资约0.54亿元。（袁鑫欣）

【整治“保健”市场乱象百日行动】 2019年3月5日，雨花区食安办联合区城管局、区公安分局、区工商分局、区质监分局、食药监局等13个部门联合开展整治“保健”市场乱象“百日行动”。行动围绕与人民群众日常消费密切相关的六大重点行业和领域进行监督检查，促进“保健”市场健康发展。该次行动出动执法人员600余次，检查重点区域重点场所532个。检查发现，全区“保健”市场整体情况良好，未发现违法违规行为。（袁鑫欣）

【国际消费者权益日宣传活动】 2019年3月15日，雨花区开展“3·15”国际消费者权益保护日大型街头咨询宣传活动。主会场设在雨花亭·沃尔玛凯德广场。活动围绕“诚信经营 幸福雨花”放心消费活动，突出“诚信让消费更放心”消费维权年主题，以食品、药品、保健品等行业为重点，通过设置宣传展板、发放消费维权宣传资料、现场咨询服务、现场受理消费投诉，普及饮食用药安全以及消费维权等安全知识，引导消费者合理消费、依法维权，主动投诉、举报失信经营行为。督促经营主体诚信经营，推动实现消费维权社会共治。活动出动人员1000余人次，悬挂宣传横幅80余条，发放宣传资料2万余。该次活动，有利于提高人民群众消费维权意识和自我保护能力。（袁鑫欣）

【雨花区市场监督管理局挂牌】 2019年3月19日，长沙市雨花区市场监督管理局挂牌，标志着雨花区市场监管体制改革迈出实质性、关键性步伐，覆盖全区生产、流通、消费全过程的大市场监管工作起航。长沙市雨花区市场监督管理局整合原长沙市工商行政管理局雨花分局、原长沙市质量技术监督局雨花分局、原长沙市雨花区食品药品监督管理局等部门相关职能职责，承担全区市场主体准入、食药安全监管、质量监管、消费维权等众多职能。区政府副区长易静要求雨花区市场监督管理局着力营造良好的市场准入环境、市场竞争环境、市场消费环境，积极推动监管理念、监管方式、监管手段“三个创新”，强化法律制度保障、体制机制保障、人才队伍保障。（袁鑫欣）

【驻场办揭牌】 2019年5月10日，长沙首个市场监督管理局驻批发市场管理办公室（以下简称“驻场办”）在雨花区红星大市场揭牌运作，旨在加大市场在诚信经营、食品安全方面的监管力度，构建专业化综合市场监管体系，承担诚信经营、食品安全方面的常态化巡查监管与专项整治工作，为商户提供优质服务，保障群众消费权益。雨花区市场监督管理局副局长李海舟，红星大市场总经理胡超，红星大市场相关人员等260余人参加揭牌仪式。李海舟、胡超共同为雨花区市场监管局红星大市场管理办公室揭牌，出席红星大市场“以安为先，以信为本”创建诚信放心市场活动的启动仪式。红星大市场对涉食区域收缴的70余台不合格秤具进行公开销毁，为35名获得“2019年第一季度食品安全诚信经营户”称号的红星大市场经营户颁发流动红旗。50名“诚信放心市场义务监督员”于当日正式上岗，商户代表现场宣读诚信宣言。该驻场办的成立，是雨花区市场监管局监管触角的有效延伸，是进一步提升市场监管水平的举措，有利于引导广大商户履行社会责任、树立诚信守法经营良好形象。（袁鑫欣）

【创业服务活动】 2019年4月16日，雨花区开展以“雨花小微直通车 为创业梦想提速”为主题的2019小微企业融资、税务、社保综合服务活动。区政府副区长易静，区市场监管局局长王金山出席，区市场监管局（区知识产权局）、区金融事业服务中心、区工业和信息化局等部门相关负责人以及辖区内20余家金融机构、100余家企业参加活动。易静指出，要建立健全小微企业税务、社保、法务综合服务体系，切实为小微企业提供更优质、高效、全面的服务。王金山介绍知识产权融资质押、企业动产抵押等相关情况，以及具体办理方法流程。活动通过推介新产品，宣传税务新政策、社保新规定和法务新知识，从实操和政策两个层面帮助企业解决减税降费、人才新政、股权设立、知识产权保护、就业扶持政策等问题。20余家银行机构同台设展，将产品政策和服务送到企业，让辖区内小微企业便捷享受惠企政策，实地解决融资困难。工作人员现场发放知识产权宣传资料200余份。（袁鑫欣）

【食品经营许可告知承诺制实施】 2019年6月5日，雨花区市场监管局在全区实施食品经营许可告知承诺制。小餐饮、小食杂店等涉食经营者，经营者承诺符合审批条件，申请材料准备齐全，当场即可拿到许可证。申请食品销售经营许可、申请小餐饮经营许可、申请变更食品经营许可（限经营条件未发生变化的、申请延续食品经营许可（限经营条件未发生变化的），可以实行告知承诺制。经营者自主决定是否采用告知承诺制办理食品经营许可证。食品经营许可告知承诺制的实施，有利于优化审批流程、简化审批环节、压缩审批时限、提高办事效率。（袁鑫欣）

【食品安全专项培训】 2019年7月16—19日，雨花区市场监管局在高桥国际商品进出口展示贸易中心多功能厅举办湖南高桥大市场2019年食品安全专项培训活动。区市场监管局副局长吴伟民，高桥市场监管所相关负责人，辖区内食品经营商户等300余人参加。培训重点讲述《中华人民共和国食品安全法》相关条例，包括食品安全管理制度、进货规范（索票索源、进货台账）、预包装食品标签标准、食品贮存卫生要求、抽检流程等内容。现场进行食品安全知识考试。2000余名食品经营户参加。（袁鑫欣）

【打击传销会议】 2019年7月23日，雨花区召开打击传销研讨会。长沙市市场监管局副局长潘虹、雨花区政府副区长易静、区市场监管局局长王金山出席，市打传办、市公安局、市市场监管局、区市场监管局、区公安分局、洞井街道、同升街道、圭塘街道、雨花亭街道、井湾子街道及辖区派出所，市场监管所负责人参加。会议通报“7·17”专案情况，汇报近期开展传销清理整治情况，各街道、市场监管所、派出所负责人就打击传销作出工作汇报。易静要求，要加大打击力度，加强部门合作，创新监管方式，坚决铲除传销“社会毒瘤”。潘虹要求，要强化政治意识，压实监管责任，加大社会宣传。10月29日，雨花区召开打击传销联席会议。会议总结2019年全区打击传销工作情况，汇报各街道打传工作的具体情况，通报拇时代有限公司涉嫌传销有关情况，对下阶段全区打击传销具体工作进行研究部署。会议要求，各级各部门要以办大案、挖团伙、抓骨干为思路进行重点整治；开展“宣传政策、普及知识，发布信息，公布真相”等教育引导，创新技术手段，加大维稳力度；以召开专题会议、开展专项整治等形式，强化属地管理责任，加强部门协同，形成工作合力，为打击传销工作提供有力保障。易静强调，各级各部门要理清职责，加强工作汇报，加大宣传力度，健全群防群治机制，时刻保持打击传销的高压态势。（袁鑫欣）

【专利执法检查行动】 2019年8月14日，雨花区知识产权局开展高桥大市场茶叶城专利执法检查行动。执法人员通过检索审查专利商品授权及有效性，对该市场茶叶城中的茶壶、茶杯、茶勺、茶盘、茶托等在售专利商品进行严格抽查。经执法人员清查辨认，对标注专利标识或专利字样不合规的17种商品进行登记、调查取证，下达协助调查通知书，要求门店负责人在规定时间内提供有效专利证明材料、专利缴费发票和专利产品进货合法来源等资料。执法人员向经营户及周围群众普及知识产权相关常识，督促经营户增强专利保护意识，强化识假辨假能力，严格把控进货渠道。（袁鑫欣）

【食品安全专项督查调研】 2019年8月15日，雨花区专项调研涉食案件查办和小餐饮“透明厨房”提质改造工作推进情况。雨花区市场监管局局长王金山，区政府办副主任黄桦，以及各街道（镇）相关负责人参加调研。调研组听取各街道（镇）关于食品安全的工作汇报，了解2019年涉食案件任务数量完成情况和小餐饮“透明厨房”完成进度情况，对改造完成的小餐饮门店进行现场指导，提出建议和要求。王金山强调，要加速推进小餐饮“透明厨房”提质建设，加快跟进涉食案件查办，抓好食品安全工作。12月10日，雨花区开展食品安全专项督查。区政府副区长易静，副调研员刘贤宏、肖集林分别带队，对全区13个街镇的食品安全工作进行全面检查。该次督查采取听取汇报、查阅资料、抽查现场、随机询问等方式进行，重点检查各街镇食品安全综合能力建设及宣传氛围、学校食堂及周边、农贸市场等重点区域食品安全工作落实情况，以及小餐饮“透明厨房”提质改造情况等。检查发现，农贸市场、校园及周边有个别涉食门店存在餐具消毒不彻底、环境卫生清理不及时等问题。检查组对发现的问题现场提出意见，对食品安全负责人提出要求。易静强调，要牢牢把握监管重点，抓紧抓实抓出成效，提升食品安全保障水平，严密防控系统性、区域性食品安全风险。（袁鑫欣）

【餐饮场所业务培训会】 2019年8月20日，雨花区市场监管局、区卫生健康局联合召开“健康餐厅、健康食堂”创建推进暨业务培训会。区市场监管局党组副书记、副局长王强，区卫生健康局副局长陈泽香，区市场监管局餐饮科、区疾病防预控制中心，以及各市场监管所、各健康餐厅和健康食堂相关负责人参加。会议就创建标准、考核评估标准，对参会人员进行讲解与培训，宣传餐厅和食堂合理膳食。会议要求，创建单位要做好台账资料准备，加强宣传教育，要提倡健康膳食。8月29日，雨花区召开中央厨房、集体用餐配送单位约谈暨培训会。区市场监管局局长王金山、副局长李志忠出席，局餐饮科、相关市场监管所，以及辖区内中央厨房和集体用餐配送单位相关负责人参加。会上，李志忠对中央厨房市局检查的问题进行约谈，要求限期整改到位，对中央厨房、集体用餐配送单位注意事项进行强调。各单位负责人汇报本单位基本情况，区市场监管局餐饮科科长宋学芳进行食品安全培训，对《餐饮服务食品安全操作规范》进行解读，就配送要求、产品包装、留样管理和检验室作用发挥等方面进行统一规范和说明。王金山强调，企业要有安全意识，对照标准认真进行自查，确保不发生食品安全事故；监管部门要加强监管，对违反食品安全规范的行为要严惩严罚。（袁鑫欣）

【对公智能开户机进驻雨花区】 2019年9月18日，湖南省第一家对公智能开户机进驻雨花区市场监管局注册大厅，正式对外。雨花区市场监管局引进对公智能开户服务，联合中国工商银行长沙分行在全省率先推出对公智能开户机进驻注册大厅，实现企业开办现场开户，为客户提供更加便捷、优化、快速的开户新模式，开启智能开户新时代。该设备集软件和硬件于一体，能对企业开户时提供的营业执照、身份证进行采集，系统支持对接工商行政管理系统，对其工商信息、人员信息进行核验，以接口方式，推送对公开户所需的工商信息、企业开户只需勾选产品信息。可以实现自动生成打印开户申请书，自动办理对公开户的业务，优化企业开户流程。（袁鑫欣）

【省市场监管局督查雨花区】 2019年2月1日，湖南省市场监管局党组书记、副局长刘湘凌率队督查雨花区食品安全工作进行，检查华润万家湘府店和红星大市场节日期间超市和市场的食品安全保障情况，要求监管部门坚持现场检查和监督抽检相结合，做好各环节的把控；督察雨花区井湾子食药监管所，询问工作人员年前的主要工作内容，强调春节期间各级各部门要加强对重要品种、重点场所和重点问题的食品安全监管，排查风险隐患，及时发布消费提示和安全警示，严厉查处各类食品违法行为。9月28日，刘湘凌检查雨花区整治食品安全联合行动和国庆市场安全监管工作。刘湘凌一行到湖南西湖电线电缆有限公司、沃尔玛（湖南）商业零售有限公司长沙劳动东路山姆会员商店、高桥市场监管所，检查食品安全、重点工业产品、价格监管等方面工作，强调市场监管部门要加强节前安全检查工作，确保国庆期间市场监管领域安全稳定；市县（区）两级市场监管部门要加强对食品安全、特种设备、重点工业产品、价格监管等方面的监管力度，有效排查和消除安全隐患。（袁鑫欣）

【市市场监管局督查调研雨花区】 2019年7月23日，长沙市市场监管局副局长陈明南调研雨花区市场监管工作。雨花区市场监管局局长王金山，副局长汤正国、魏学峰，以及产品质量安全监管科、食品生产流通安全和市场监管科相关负责人参加。调研组围绕科室设置、监管对象、亮点工作、存在的困难四个方面进行探讨交流。王金山介绍区市场监管工作的相关情况，区市场监管局产品质量安全监管科、食品生产流通安全和市场监管科相关负责人汇报各自分管的工作具体情况。调研组要求，要加强对辖区内农贸市场索证索票、卫生环境等情况，以及学校周边儿童玩具、学生用品等方面的检查力度，加强对防爆电气、电取暖器、电动自行车等的监管力度；加强非洲猪瘟防控工作；对辖区获证企业及重点工业产品生产企业要摸清底细。陈明南强调，要理清职能职责，摸清底数，严格落实各项专项整治，坚持上下联动、多方协同。9月18日，市场监管局副局长肖磊督查火车南站特种设备和食品安全工作。肖磊一行听取相关负责人对火车南站电梯技术状况的汇报，了解火车南站电梯运行状态是否良好，日常巡查是否落实，应急预案是否翔实等情况，发现火车南站存在扶梯防攀爬装置损坏、梳齿板处有杂物垃圾、无障碍电梯内部显示板损坏等问题，要求其立即整改到位。肖磊一行对火车南站的餐饮门店进行食品安全督查，重点对餐饮门店的进货台账、工作人员健康证、食品安全制度的落实情况，是否索证索票，以及是否有过期食品等情况进行检查，要求食品经营户严把食品安全质量关，确保旅客饮食安全。10月15日，市市场监管局局长张庆和到区市场监管局开展“不忘初心、牢记使命”主题调研活动。张庆和一行到高桥大市场，听取相关负责人的情况汇报，对该市场的酒类、糕点类、熟食类、坚果类、散装食品等进行检查；到黎托市场监管所，听取相关负责人工作汇报，深入政务服务窗口实地调研该所关于深化放管服改革、优化营商环境等相关工作的开展情况，听取雨花区相关工作汇报，研究讨论“双随机、一公开”、“一件事一次办”、行政许可、食品安全整治等方面工作存在的困难和问题，对相关工作给出具体建议。张庆和强调，要统筹推进放管服改革，持续优化营商环境；坚决落实“四个最严”，以最严谨的标准、最严格的监管、最严厉的处罚、最严肃的问责来进一步加强监管执法；聚焦市场监管的难点痛点堵点，创新市场监管的方式方法。（袁鑫欣）

【“双随机、一公开”检查】 2019年9月25日，雨花区部门联合“双随机、一公开”检查启动仪式在雨花区智慧雨花指挥中心举行。区市场监管局局长王金山公布雨花区开展“双随机、一公开”跨部门联合抽查工作实施方案和办法，对2019年度跨部门联合抽查工作进行部署。副区长易静宣布雨花区部门联合“双随机、一公开”检查正式启动。雨花区优化营商环境督察团成员现场抽取166户市场主体，区领导抽取41名执法人员，涉及五大领域10个检查部门。启动仪式结束后，由区文旅局牵头，区市场监管局、区卫计局、区公安分局、区消防大队，对被抽中的企业开始联合检查。该次全面推进部门联合“双随机、一公开”，创新核心就是将巡查改为抽查，“上一次门、查多项事，无事不扰”。部门联合“双随机，一抽查”使检查有助于发挥区政府在简政放权、创新监管方式、优化营商环境的整体推进作用。（袁鑫欣）

【长沙市场主体突破100万家】 2019年9月29日，“长沙市场主体突破100万家、万家市场主体拥有量中部第一”庆祝仪式在雨花区市场监管局举办。雨花区委副书记、区长刘素月致辞，长沙市第100万家市场主体从市市场监管局局长张庆和手中接过营业执照，从雨花区委书记张敏手中接过免费刻印的企业公章，长沙市委统战部副部长、市工商联党组书记丁文向其颁发长沙市第100万家市场主体纪念牌，长沙市委常委、市委统战部部长谭小平讲话。湖南省发改委党组成员、省优化办主任陈永实宣布长沙市场主体突破100万家。市相关部门单位负责人及雨花区委、区政府主要负责人参加活动仪式。香港《经济导报》、香港《文汇报》、香港《大公报》、香港《商报》、香港《紫荆杂志》、香港《镜报》、《澳门商报》、《广州日报》、《羊城晚报》、《深圳特区报》、《深圳商报》、《深圳晚报》、深圳新闻网等粤港澳主流媒体集中进行“聚焦长沙优化营商环境”主题采访报道。（袁鑫欣）

【整治食品安全问题联合行动会议】 2019年9月30日，雨花区召开整治食品安全问题联合行动会议。区政府副区长易静、副调研员刘贤宏，区市场监管局局长王金山，区政府办、区委宣传部、区教育局、区农业农村局、区商务局、区文旅体局、区市场监管局、区公安分局及各街镇分管负责人等参加会议。王金山部署全区食品安全问题整治工作。易静强调，做到三个结合；要突出整治四类问题，确保取得显著成效；强化四项举措，形成强大工作合力；广泛发动群众，宣传引导到位。区公安分局、区教育局、区农业农村局等部门做表态发言。（袁鑫欣）

【电梯安全监管人员培训】 2019年10月16日，为期三天的雨花区电梯安全监管人员培训班在杏源酒店四楼会议室开班。雨花区市场监管局副局长吴冕，各市场监管所、街道（镇）、社区（村）相关电梯安全监管人员等220余人参加。培训由长沙市特种设备安全管理协会秘书长刘建伟主持。开班仪式上，雨花区市场监管局特种设备安全监察科科长冯晓丹分析全区电梯安全形势，讲解电梯的使用重点。受邀专家对参训人员进行集中授课。参训人员进行考试并开展电梯实训，以提高监管人员的业务水平。（袁鑫欣）

【食品安全专项整治】 2019年10月29日，雨花区市场监管局联合井湾子街道、派出所、城管执法中队等部门开展校外托管机构饮食安全专项整治行动。行动组分7组对辖区内70余家托管机构的消防安全、食品安全、经营资质等进行摸底登记和逐一清查，对不符合要求的机构开出责令整改或停办通知书。此次检查出动人员60余人次，检查小餐桌70余家，对未办理备案的“小饭桌”下达停业整改通知书。11月1日，雨花区食安办联合区农业农村局、区市场监管局在全区范围内开展“不忘初心、牢记使命”主题教育农产品质量安全专项整治行动。行动组对辖区内普莱柯、旭牧等兽药经营企业进行监督检查，委托第三方中科基因抽检兽药样品12份，检测结果通过动物卫生监督信息平台进行公布，对于不合格的兽药将依法立案查处。该次行动重在解决蔬菜、禽蛋、猪肉、水产品质量安全和农药、兽药添加禁用成分问题，重点检查饲料生产企业的安全生产制度建立情况、生产记录执行情况、产品自检实施情况；农兽药经营企业的经营及仓储场所条件、进出货查验、仓储管理、安全管理等情况。（袁鑫欣）

【专利预警分析项目】 2019年11月5日，雨花区2019年专利预警分析项目签约仪式在区市场监管局会议室举行。区知识产权局相关负责人与签约方中建五局安装工程有限公司、中国有色金属长沙勘察设计研究院有限公司负责人参加。通过前期企业自愿申报、资格审查、专家评审和公示程序，确定中建五局安装工程有限公司、中国有色金属长沙勘察设计研究院有限公司分别为吊装技术专利预警分析研究、CNN服务器技术专利预警两个项目的合作单位。区知识产权局将对这两项专利预警分析项目分别给予10万元资金支持。雨花区2019年专利预警分析项目，是建设全区知识产权运营服务体系的关键，是政府优化营商环境的重要举措。12月9日，雨花区知识产权局召开2019年专利预警分析项目验收会。该次验收由长沙市知识产权局从知识产权专家库中抽取的3名专家，采取现场汇报、查阅资料、现场提问评分的方式，对项目承担单位进行逐条逐项评审。专家组听取项目承担单位关于预警分析报告、企业调研、专利数据库、成果发布完成情况的汇报，就其汇报内容进行现场提问，综合项目完成情况进行现场指导和评分。通过评审，中建五局安装工程有限公司的吊装技术专利预警分析研究项目和中国有色金属长沙勘察设计研究院有限公司的GNSS服务器技术专利预警项目分别以总分230分和264分的成绩顺利通过专家组的评审，两家企业均将获得政府给予的10万元财政补助。雨花区2019年专利预警分析项目验收工作完成。（袁鑫欣）

【知识产权保护与运用企业座谈会】 2019年11月8日，雨花区知识产权局召开知识产权保护与运用企业座谈会。区市场监管局副局长吴伟民，知识产权监管服务科相关负责人与10家重点企业就知识产权保护与运用相关工作进行交流座谈。会议解读知识产权的相关政策，介绍区级知识产权管理体制，了解企业在知识产权保护与运用方面的情况，倾听企业在提升知识产权创造、运用方面的实际需求，对企业提出的问题和困难进行解答。通过该次座谈会，有利于加强政府对企业知识产权保护与运用方面的指导帮扶，加强全区企业知识产权保护。（袁鑫欣）

【刘素月调研食品安全工作】 2019年11月15日，雨花区委副书记、区长刘素月带队调研食品安全工作。刘素月一行到跳马镇石燕湖村、同升街道白田小区、井湾子街道井湾子社区及周边进行食品安全调研，与相关企业、单位负责人交谈，听取相关负责人的工作汇报，检查现场环境卫生、检查社区涉食门店公示牌信息、是否证照经营、有无过期食品等食品安全经营情况。刘素月强调，各级各部门要加大对重点场所、重点区域、重点品种的监管力度，开展不间断检查，将各项规范举措落到实处，确保实现食品安全监管网格化、全覆盖；各涉食单位要把好采购、索证验收关，做到可追溯，做好加工、消毒、留样等细节工作，严格食品经营过程控制。（袁鑫欣）

【保健食品“五进”宣传活动】 2019年11月17日，雨花区市场监管局在全区范围内开展保健食品“五进”科普宣传活动。活动采取悬挂横幅、保健品知识讲解、现场答疑、发放宣传资料等形式进行，向消费者列举一些不法商家利用健康讲座、免费活动、权威证明、专家义诊等形式进行保健食品虚假宣传及欺诈的行为，提醒老年人及周围亲人谨防上当受骗。活动发放宣传资料2500余份，制作保健食品相关知识展板32块，悬挂横幅86条，为1950余名消费者答疑解惑。（袁鑫欣）

【检验检测机构专项监督检查】 2019年11月20日，雨花区市场监管局在全区范围内组织开展检验检测机构专项监督检查工作。检查组到全区车检机构和环境检测机构，重点对检测机构的人员管理、档案管理、资质认定标志和检验检测专用章使用情况，以及是否在资质认定证书确定的能力范围内从事检验检测活动，是否对社会公布履行社会责任的自我声明，是否遵守法律法规、自觉避免出现违法违规行为等情况进行全面检查。检查现场，执法人员据实填写“专项监督检查表”，企业负责人签字确认。暂未发现违法行为。该次专项检查，重点检查检验检测机构是否存在未经检验检测直接出具检验检测数据、结果；篡改、编造原始数据，出具检验检测数据、结果；超出资质认定证书规定的检验检测能力范围，擅自向社会出具具有证明作用数据、结果；检验检测结果与原始数据不一致，且无法溯源；漏检关键项目、干扰检测过程或者改动关键项目的检测方法，造成检验检测数据或者结果错误；替换、调换应当被检验检测的对象，进行检验检测并出具检验检测数据或者结果；未按照规定办理标准、授权签字人变更，并出具检验测报告等方面问题。该次专项检查持续至12月中旬。（袁鑫欣）

【消费品质量安全专项整治行动】2019年12月12日，雨花区市场监管局启动儿童玩具、学生用品和日用消费品质量安全三大专项整治行动。行动以全区各类超市、商场、儿童玩具、文具校服等儿童和学生用品，以及电动车自行车、小家电、洗化用品在内的日用消费品为重点对象，以全区学校周边商超、批发市场及城乡结合部作为重点监管区域，严厉查处销售假冒伪劣和“三无”儿童玩具、学生用品行为，严厉查处经营暴力、色情、恐怖、低俗等不健康玩具的行为等。同时加强消费者质量安全宣传教育，督促企业落实产品质量安全主体责任，规范销售门店的经营行为，不定期进行“回头看”，全面提高儿童学生用品和日用消费品质量安全水平。（袁鑫欣）

【药品安全“四个最严”要求宣贯培训会】2019年12月19日，雨花区市场监管局举行新修订《中华人民共和国药品管理法》及药品安全“四个最严”（最严谨的标准、最严格的监管、最严厉的处罚和最严肃的问责）要求宣贯培训会。区市场监管局药品医疗器械化妆品监管科、稽查大队，各市场监管所以及全区连锁药店和单体药店相关负责人等160余人参会。区市场监管局药品医疗器械化妆品监管科负责人解读《雨花区市场监督管理局落实药品安全“四个最严”要求专项行动实施方案》，对新修订《中华人民共和国药品管理法》进行系统讲解。（袁鑫欣）

【年关守护行动】2019年12月23日，雨花区市场监管局召开“年关守护（2020）”行动部署会。区市场监管局全体领导班子成员，以及各相关科室负责人参会。会议传达全省市场监管“年关守护（2020）”行动动员部署电视电话会议精神，听取《雨花区市场监管局“年关守护（2020）”行动方案》情况汇报，就该次集中整治行动进行安排部署。该次集中整治范围包括全区范围内的食品、药品、特种设备、电取暖器、烟花爆竹、电动汽车、危险化学品等重点工业产品、道路交通等安全检查，以及节日市场检查、消费者权益保护、价格检查、执法打假等综合性市场检查，开展食品安全、药品问题、特种设备、重点产品、执法打假和交通问题顽瘴痼疾等6个专项整治行动。区市场监管局局长王金山强调，提高政治站位，确保思想认识到位；突出监管重点，确保排查整治到位；强化责任担当，确保整改落实到位。（袁鑫欣）

【创建无传销社区】2019年12月26日，长沙市打传办创建无传销社区工作验收组对雨花区2019年度创建无传销社区工作进行验收。区市场监管局局长王金山汇报2019年全区打击传销工作的具体情况，各街道相关负责人作表态发言。长沙市市场监管局党组副书记、副局长潘虹对雨花区开展2019年创建无传销社区工作进行验收。（袁鑫欣）

国有资产管理

【概况】2019年3月，长沙市雨花区物业管理中心与区城市建设投融资中心剥离，组建区国有资产事务中心（简称“区国资中心”），为区政府直属正科级公益类事业单位，代表区人民政府对区属国有企业履行出资人职责，促进国有资产保值增值，防止国有资产流失。内设办公室、规划发展科、评价考核科、产权管理科、党群人事科5个职能科（室）。核定编制15名，其中领导职数4名；全体在职干部职工数15人，其中雇员5人；退休4人；党员12人，其中在职党员8人。办公地点设在雨花区香樟路592号1号楼。

2019年，雨花区以理顺国资监管体制为工作要点，建立健全国资监管制度，推动区属国有企业整合转型。建立和完善区属国有企业产权管理机制，规范区属国企的采购管理，组织开展全区资产盘活工作，推进国有企业公务用车改革，严格按程序处置中烟公司移交国有资产，实现国有产权管理逐步强化。出台《雨花区国有企业负责人经营业绩考核办法（试行）》《雨花区国有企业负责人经营业绩考核评分细则（试行）》，制定《区属国企2019年考核工作目标》，加强国有资本经营预算管理，强化国企投资行为监管，初步建立起国资监管体制。推动区属国企完善公司治理结构，加强区属国企的资产优化整合，全面清理整顿行政事业单位在企业违规兼职行为，确保国企深化改革取得成效。推动国企党建工作转型，督促国企抓实党建基础工作，全面加强国企党建工作。（彭 礼）

【规划发展】2019年，雨花区国有资产事务中心制定区属国企2019年考核工作目标。强化国企投资行为监管，对雨花经营集团公司开发国资一号商业地块的重大投资项目和雨花城投集团公司的区内公交站亭提质改造及开发经营项目进行全程监管，对雨花经营集团公司成立两个全资子公司出具合理意见，对雨花城投集团公司的资产注入申请进行政策把关。指导区属国企进一步完善公司治理结构，加快市场化转型，逐步建立现代企业制度，拟定《雨花区区属国有独资公司章程指引（试行）》，规范出资人代表机构、党组织、董事会、监事会和经理层的权责，推动各法人治理主体严格依照公司章程行使权利、履行义务，充分发挥公司章程在公司治理中的基础作用。严格管理干部，规范领导干部从业行为，组织区属国有企业全面清理整顿行政事业单位在企业违规兼职行为，完成23家单位59人次违规在企业兼职（任职）清理整改工作。（邓　庭）

【产权管理】　2019年，雨花区出台《雨花区区属国有企业“三资”管理办法》，加强对区属国有企业资金、资产、资源的监督管理，防范区属国有企业廉政风险。开展全区行政事业单位、区属国有企业的资产清查工作，并制定资产分批处置计划，确保有序实施，实现全区资产、资源的效益最大化。区国资中心印发《关于进一步规范区属国有企业采购工作的通知》，规范区属国有企业的采购管理。推进国有企业公务用车改革，指导区属国有企业制定符合实际的实施方案，根据相关法律要求和上级文件规定积极推进国有企业公务用车的合法合规处置。配合开展长沙烟厂原职工医院的资产移交工作，按照程序在长沙市公共资源交易中心完成了租赁的公开招投标。雨花大厦经营权由长沙市雨花区国有资产事务中心移交至雨花城投公司，并于7月1日起正式完成交接。圭塘河生态经济带二期经多次沟通协调相关部门及企业，于10月15日组织雨花城投公司和雨花国资经营公司签订圭塘河二期移交协议。组织雨花城投公司以及国资经营集团公司子公司三力物业公司进行多轮协商，重新明确物业管理服务机制，确保圭塘河生态经济带一期的物业管理服务和绿化养护服务等工作顺利有序开展。（黄水平）

【评价考核】　2019年，雨花区建立区属国有企业考核体系，制定《雨花区国有企业负责人经营业绩考核办法（试行）》《雨花区国有企业负责人经营业绩考核评分细则（试行）》，提升国有企业参与市场竞争能力，解决国有企业发展主营业务不突出、个性发展不鲜明、经营业务有交叉的问题，明确和实化国有资产保值增值责任，提高国有资本经营收益。制定遵循市场规律和企业发展实际的区属国企2019年考核工作目标，制定2019年度经营业绩考核清单，组织与国有企业负责人签订考核目标。组织区属国有企业编制2020年度国有资本经营预算及2019年度国有资本经营预算执行情况，收集汇总预算报市、区财政局及市国资委纳入政府预算管理。（谭宇红）

【市国资委调研区国资中心】　2019年10月16日，长沙市国资委党委委员、副主任杨能武率市国资委政策法规处一行人，参加“不忘初心、牢记使命”主题教育征求意见座谈会。区国资中心领导班子及雨花城投集团公司、雨花国资经营公司、雨花经开开发公司、雨花经开创投公司的主要负责人参加座谈。杨能武结合自身工作实际，分享市国资委和市属国有企业的经验做法。提出，充分尊重企业的市场主体地位；建立现代企业制度；准确履行出资人的法定职责；全面推进市场化转型；大力推进混改试点；完成企业社会职能移交。区属国有企业的主要负责人结合各自企业实际，围绕建立科学的国资监管机制、区属国企的整合转型、建立现代企业制度、健全法人治理结构、推进混合制改革等方面进行探讨，提出具体的意见建议。（彭　礼）

产业经济

商　务

【概况】 2019年3月，长沙市雨花区商务和旅游局更名为区商务局，为区政府直属正科级单位。内设办公室、商业贸易科、外经外贸科、招商科、重点招商项目服务科，下设区商业流通服务中心（加挂雨花区投资促进中心牌子）。核定编制17名，其中领导职数6人。全体在职干部职工数28人，其中雇员7人；退休3人。局党支部，党员19人，其中在职党员17人。办公地点设在雨花区人民政府机关大院1号楼B座5层。

2019年，雨花区实际利用外资8.13亿美元，同比增长9.31%，完成年度任务的101.1%；外商直投2611万美元。实际利用省外境内资金170.9亿元，同比增长17.8%，完成年度任务指标的105.49%。外贸进出口总额19.503亿美元，同比增长64.3%，完成年度任务的114.7%。社会消费品零售总额827.85亿元，同比增长8.8%。区商务局发挥部门职能，创新工作理念，强化工作举措，推进招商引资、商贸流通、外经外贸各项工作，以创新谋发展，以开放促崛起，推进全区商务工作发展。（钟智敏）

【招商引资】 2019年，雨花区落实区委、区政府《关于将招商引资作为经济工作第一抓手推进财富雨花建设的工作意见》，将招商引资列为赶超发展的"一号工程"，区领导8次率队到香港、北京、上海、深圳、广州、珠海等地考察企业和项目30余个，推进中富航·银座暨总部基地、爱琴海购物公园等重点产业项目的邀约、洽谈和落地。全年接洽企业和项目110余个，成功引进盒马鲜生、佳兆业—佳和诚综合体项目、中国铝业集团旗下中铝国际南方工程有限公司等9个"500强"企业入驻，其中5个获省商务厅认定。参加"2019湖南—粤港澳大湾区投资贸易洽谈周"，举办"开放雨花·梦想直达——长沙市雨花区（香港）招商推介座谈会"，推介重点产业和片区、楼宇项目；参加"2019央企走进湖南"对接活动专场活动，安排专人对接参会央企的邀约和考察；走访湖南省温州商会、湖南省宁波商会、湖南省广州商会、深圳商会，推介重点项目、促进招商合作。赴京参加"湘商崛起·智胜未来"投融资论坛暨长沙招商推介会，对接全国异地长沙商会，推介重点招商项目，"引老乡，回故乡，建家乡"，加强双向交流合作。全国异地长沙商会、北京长沙企业商会、北京湖南融资投资商会等160人参加会议。摸排梳理全区招商资源，研发上线"雨花招商"微信小程序，打造雨花区招商信息"一站式"平台，实现雨花区招商项目的数据化、信息化、智能化、清单式精准推介，为企业和投资者提供区域内楼宇、土地等投资信息和自动匹配高效服务。推进楼宇招商竞赛活动，楼宇招商去库存量351884.73平方米，引进企业300余家，重点引进兴业银行长沙分行、泰康人寿保险有限公司湖南分公司、彩生活服务集团有限公司等企业。（钟智敏）

【商贸流通】 2019年，雨花区推进市场体系建设。落实"一圈两场三道"两年行动计划，建设人民满意农贸市场，采取专题会议、现场办公、实地踏看等方式，定期研究、部署和调度农贸市场建设工作，协调解决建设中的问题和矛盾。15家农贸市场（新建7家、改造8家）、10家社区菜店全面完成建设和提质改造任务，赤新农贸市场打造为全市示范标杆市场，美林美誉农贸市场打造综合体农贸市场，成功引入专业的社会资本打造"智慧"市场。制定《长沙市雨花区红星商圈提质改造工作方案》，依托商圈四大组团，优化交通管理、改善市容环境、加快业态升级，推进商圈提质。策划启动"乐购金九·十惠雨花"第十二届雨花区福满星城购物消费节活动、"约惠金秋·乐购雨花"第六届雨花区同升汽车消费节，办好"一乡一品""餐博会"等节会，引导周边重点行业、龙头企业围绕节会经济，开展有主题、有特色的消费促销活动。制定《雨花区推进夜间经济发展实施方案》，坚持市场主导、政府引导、错位经营、突出特色的原则，通过繁荣夜间消费体验活动、搭建夜间特色场景平台、培育新兴复合业态，

突出以圭塘河经济带为轴线，红星商圈为核心商圈、各街道夜市聚集区为分布点，重点培养具备雨花特色的体验活动。（钟智敏）

【外经外贸】 2019年，雨花区重点突出"破零倍增"、万企闯国际等重点工作，新增备案企业218家，全区有外贸进出口实绩的企业328家。建立常态化的业务培训和政策宣讲制度，为企业讲解政策、实操培训，培养优质外贸人才。开展外贸专题培训3次，200余家企业、500余人参培。推进市场采购贸易方式试点建设，联网信息平台建设基本完成，企业主体备案总数3551家，试点市场新增市场采购贸易方式出口备案企业47家，试点放行金额63065.74万美元，数据采集与对接系统逐步完善，报关通关渠道通畅，特色出口产业聚集效果初步显现，国际采购商招引日见成效。走访区内外经贸企业、举办企业座谈会，发挥中国建筑第五工程局有限公司、中国电建集团中南勘测设计研究院有限公司等"中"字头企业带头作用，拓展对外经济合作业务。依托中非经贸博览会的落户，建设中非经贸博览会高桥大市场专场暨湖南（高桥）非洲商品展销馆，打造地方对非经贸合作的新平台、新窗口，为企业参与国际竞争拓展新途径。（钟智敏）

【商务大讲堂】 2019年1月30日，雨花区商务大讲堂开讲，深港科技合作促进会会长张克科开展"粤港澳大湾区，面向未来发展的新机遇"主题授课，分享深圳科技创新与产业升级、粤港澳大湾区发展机遇与挑战等经验与思考，分析深圳自主创新之路，利用粤港澳大湾区的实战经验，给雨花区发展提出建议。区商务和旅游局全体人员及区发改局、区经信局、区科技局、区文产办相关负责人，各街道（镇）经济办主任及经济专干参加。3月1日，商务大讲堂开设法律知识专题讲座，湖南金凯华律师事务所律师张晓文围绕"招商引资协议常见问题、婚前财产、交通事故的处置"授课。4月2日，商务大讲堂开展外贸业务培训，宣讲星沙海关综合业务、出口退（免）税务申报、2019年外贸政策、市场采购业务推广、融资及国际业务等外贸方面的政策制度和知识，重点宣传和推广湖南高桥市场采购贸易方式试点相关内容。宣讲会由区商务局局长黄春艳主持，长沙市商务局副局长汪东华做开班动员讲话，长沙市商务局外贸处、加工贸易处、星沙海关综合业务科、长沙市税务局退税处生产企业管理科领导授课，平湖神州数码博海科技有限公司、长沙银行、eBay中国区、长沙电子口岸公司参与经验分享。300余家外贸企业和市场商户参加培训。5月30日，商务大讲堂开展外商投资企业培训宣讲，中国银行湖南省分行贸易金融部经理李萍授课，讲解外商投资企业外汇账户开设、外商直接投资以及外汇资金的具体操作流程，促进雨花区外商投资企业更好地了解和掌握最新的外汇业务流程，适应新的投资环境。区商务局副局长唐妙玲主持，中国银行雨花支行行长袁泉，各街道优化营商环境服务办相关人员、区商务局招商科全体工作人员以及毕马威长沙市分公司、长沙盒马科技网络有限公司、湖南凝露饮料有限公司等10多家外商投资企业代表参加培训。10月30日，商务大讲堂举办外贸业务专题讲座，北京大成（长沙）律师事务所高级合伙人、涉外业务部主任周争平授课，中国出口信用保险湖南分公司李明龙针对当前国际贸易形势进行经验分享，指导外贸企业及时规避或减少国际贸易纠纷风险，参与国际竞争、开拓国际市场。（钟智敏）

【第四届东盟·湖南名优产品交易会】 2019年11月1—4日，第四届东盟·湖南名优产品交易会在红星国际会展中心举行，湖南省商务厅副厅长周越、长沙市政府副市长刘明理、缅甸商务参赞瑞鑫歌出席开幕式并致辞，省政府办公厅巡视员罗建军宣布开幕。该届交易会展览总面积为2.5万平方米，以"东盟潇湘，合作共赢"为主题，马来西亚、泰国、老挝、越南、柬埔寨、印尼等东盟国家近200家企业，携带九大类近千种的名、优、特产品参展，包括老挝的珠宝与工艺品、泰国的乳胶枕头、越南的红木家具，来自东盟十国以及湖南省内的名优产品。（钟智敏）

【湖南（高桥）非洲商品展销馆开馆】 2019年6月29日，湖南（高桥）非洲商品展销馆开馆并对外开放，标志着中国—非洲优质商品互通互惠的经贸交流平台正式建成。湖南省政府副省长何报翔以及马达加斯加、尼日利亚等国外宾出席开馆仪式。湖南（高桥）非洲商品展销馆是中非经贸博览会下唯一、长期性线下展示展销平台，总建筑面积2000平方米，融合非洲

2019年6月29日，中非经贸博览会开幕式　（钟智敏　提供）

文化特色，全方位展示非洲特色产品，湖南高桥大市场承担联通中非商品贸易的枢纽作用，为非洲产品规模化进入中国传统商贸渠道打通全产业链条，有效推动中国—非洲的经济、商贸、文化的交流融合。湖南高桥大市场建设的湖南出口产品集聚区同期对外营业，该集聚区总面积2.4万平方米，设立国际贸易服务中心、出口展厅、省内各市州区域展厅等重点区块，汇聚陶瓷、箱包、假发、茶叶、竹制品等湖南出口优势产业，可通过市场采购贸易方式便利化政策，出口到全球各地。（钟智敏）

【何报翔考察调研雨花区】 2019年2月12日，湖南省政府副省长何报翔考察调研雨花区商务工作，调研云冷1号市场交易中心市场运营和物流上盖冷链仓储发展情况、入驻企业数量、冷链物流线路及班次，云冷1号在规划布局、制冷技术、服务运营上的创新举措，参观全亿佰、大牧汗、冻帮主等展示交易位并品尝火锅食材、面点等冷冻食品，提出冷冻食品规模化生产、冷链集中运输流通对提高食品品质、提升食品安全有着重大促进作用。何报翔强调，云冷扶贫项目一定要结合企业及产业特点，通过精准施策实现精准扶贫，团结各方力量打好脱贫攻坚战。省政府副秘书长罗建军，省商务厅党组书记、厅长徐湘平，长沙市政府副秘书长王体泽，市物流与口岸办主任杨莉，雨花区政府副区长易静等陪同考察调研。（钟智敏）

【邱继兴调研市场建设】 2019年8月14日，长沙市政府副市长邱继兴调研雨花区便民生鲜农产品供应体系建设工作，考察圭塘街道婆婆买菜生鲜连锁门店（丽景香山店）和高桥街道锦湘便民生鲜农产品超市，了解门店和农贸市场的基础设施、环境卫生、日常管理、运营等情况，听取市场开办方以及相关责任单位关于项目建设管理情况和全区农贸市场建设情况介绍。邱继兴指出，农贸市场提质建设工作是一件惠民利民的工程，要抓细抓实抓出成效，切实把百姓家门口的民生大事办好。市政府办公厅、市商务局、市市场监督管理局等有关负责人参加调研。雨花区政府副区长易静，区政府办、区商务局、区市场监督管理局、街道有关负责人陪同调研。（钟智敏）

【长沙市商务局调研雨花区】 2019年3月7日，长沙市商务局副局长汪东华带队走访调研雨花区重点外贸企业，了解佰仕达钢铁集团在外贸发展过程中存在的问题，听取企业关于外贸发展、贸易环境、贸易纠纷等相关工作的汇报，为企业拓宽非洲市场、处理国际纠纷以及企业规范管理等方面提供指导意见。6月14日，市商务局党委委员、副局长毛鹏程，市人居环境局项目管理处处长张炜、宋德智一行调研雨花区农贸市场建设和改造工作，考察调研活力、黎托、跳马便民生鲜农产品市场，查看农贸市场的经营秩序、基础设施、日常管理等情况；实地察看高石坝便民生鲜农产品超市建设情况，了解项目推进存在的问题和困难，要求相关部门抓紧时间，群策群力。区政府副区长易静、区商务局、区人居环境局、区市场监督管理局、区城管局、高桥街道、侯家塘街道、东山街道、跳马镇有关负责人参加。9月26日，毛鹏程率队调研雨花区消费升级和内贸流通发展，通过座谈和实地查看、问卷调查等形式查摆问题，全面摸清收集整理消费升级和内贸流通发展中存在的问题和困难。邀请盒马鲜生、红星农批市场和步步高智慧3家企业代表，选取盒马鲜生为实地调研对象，对企业提出的相关政策补贴、组织节会拉动消费升级、产销对接等问题给出答复，做好企业服务，优化营商环境，积极提供内贸信息服务等指导意见。市商务局党委副书记、副局长陈再坤带队走访雨花区重点服务外包企业中国能源建设集团湖南省电力设计院有限公司、中国电建集团中南勘测设计研究院有限公司、长沙有色冶金设计研究院有限公司，座谈了解企业的实际状况，听取企业提出的意见建议，为企业宣讲服务外包政策，协助企业更进一步发展。11月21日，汪东华调研雨花区外贸工作，听取企业汇报外贸工作情况、2020年发展规划、企业经营面临的困难和挑战，以及对政府外贸工作的建议。听取雨花区、雨花经开区2019年外贸开展情况及2020年外贸计划汇报。汪东华指出，企业要利用好各项支持政策，开拓国际市场；商务部门要加大引进和培育力度，加大政策扶持力度。（钟智敏）

【刘素月调研商务工作】 2019年5月7日，雨花区委副书记、区长刘素月，副区长易静一行走访调研同升街道，走访奥迪、林肯等6家4S店，听取各汽车4S店经营状况和销售情况，对企业提出的相关诉求进行现场答复，要求相关部门及时回应、限时处理，建议2019年举办更大规模的汽车消费节，为企业发展营造更加便利的营商环境。区政府办、区商务局、区统计局、区市场监督管理局等区直部门负责人参加调研。6月28日，刘素月、易静调研高桥大市场外贸工作，走访长沙海关，探讨市场采购贸易；听取相关单位汇报雨花区外贸工作和市场采购贸易方式试点工作开展情况。区政府办、区商务局、区市场采购贸易服务中心、雨花经开区招商局、高桥街道、湖南高桥大市场主要负责人参加调研。（钟智敏）

【易静带队走访重点企业】 2019年2月25日，雨花区政府副区长易静带队走访长沙瑞宝汽车销售服务有限公司，开启2019年雨花区“千人帮千企”重点商贸企业走访服务活动。企业负责人介绍企业发展情况、发展规划、新增的车系及存在的困难。与会部门负责人互动交流营造良好营商环境。易静表示会服务好区内重点商贸企业，为企业提供政策、资源等方面的支持与服务。区商务和旅游局、区统计局、黎托街道等部门的负责人一同参加。4月4日，易静带队走访贝贝熊孕婴童连锁商业有限公司，听取企业负责人对企业的介绍，要求区商务局等相关部门加强与企业的沟通交流，为企业提供政策、资源等方面的支持与服务。4月9日，易静带队考察金色家族FIRST CITY项目，听取项目负责人介绍企业情况。与会部门负责人对企业提出的关于对外广告展示亮化、优化停车、强化通信信号及产业政策等问题进行解答指导。5月29日，易静带队走访盛仕达钢铁集团，重点了解企业在外贸发展过程中存在的困难，为企业介绍市场采购贸易方式试点相关工作及湖南出口产品聚集区相关情况，提供推动企业外贸持续平稳健康发展的意见。7月3日，易静带队走访长沙凯尔盛化工有限公司，重点了解企业发展概况、纳税情况、发展规划等相关工作的情况，与企业探讨市场采购贸易方式试点切入契机，对于企业提出的融资、降费、政策引导等问题进行现场部署安排，提供进一步拓展国际市场的意见。12月3日，易静带队走访湖南永通华锐汽车销售服务有限公司、长沙诚通汽车贸易有限公司，听取企业2019年经营情况、2020年发展规划、企业面临的困难等情况汇报，听取街道相关工作情况汇报，指出企业要为自身的长远发展思考如何转型，政府部门要加大政策扶持力度。（钟智敏）

【湖南出口产品全球对接会】 2019年9月19日，由商务部、湖南省人民政府主办的2019年中国国际食品餐饮博览会在长沙国际会展中心启幕。9月20日，高桥大市场依托“食餐会”的平台优势，举办湖南出口产品全球对接会，推介雨花区国家市场采购贸易方式试点，400余名国际采购商参会。国际采购商在高桥大市场采购，可以通过市场采购贸易方式，降低采购成本，提升通关效率，高桥大市场可为之提供通关手续办理、商务翻译、物流运输等全流程外贸服务，这一举措获得国际采购商的一致认可，对全区市场采购贸易发展有极强的推动作用。高桥大市场出口商品展区，前来参观、洽谈的国际采购商和有合作意向的国际采购商超过千家，达成意向交易额超过500万美元，实现资源的有效对接。10月11日，在2019湖南服饰产业博览会上，湖南高桥大市场联手株洲芦淞市场举办市场采购国际采购对接会，高桥大市场与株洲市纺织工业联合会、株洲新华丽服装大市场举行签约仪式，株洲芦淞服饰市场入驻高桥大市场湖南出口产品集聚区，成为首批入驻的产业集群。俄罗斯、巴基斯坦、伊朗、尼日利亚等11个国家的近200名采购商出席活动，现场采购服饰、箱包、皮革、鞋类等产品，采购金额超过100万元，达成意向订单超过200万美元。（钟智敏）

【海关通关监管业务培训会】 2019年3月15日，长沙海关市场采购贸易方式试点海关通关监管业务培训会在高桥国际商品展示贸易中心举办，雨花区政府副调研员肖集林主持。星沙海关关长曹传清强调市场采购贸易主体应依法依规开展市场采购贸易。长沙海调关企管处科长肖敏以“海关企业注册登记与后续监管”为题，讲解“多证合一”“多报合一”“多查合一”。长沙海关口岸监管处贺俊华介绍市场采购贸易方式的优势、政府监管框架和海关通关流程及注意事项。平湖神州数码博海科技有限公司彭胜演示从市场采购贸易主体备案到海关通关整个流程。培训为高桥大市场市场采购贸易方式各类经营主体开展试点业务，提供专业的通关指导和操作指引，为市场采购贸易方式试点的有序、快速发展提供政策保障。雨花区商务和旅游局、区市场采购试点办、区市场采购贸易服务中心、高桥大市场外贸团队，中国银行、建设银行工作人员，供货商、贸易公司、货运公司、报关公司代表共计200余人参加培训。（钟智敏）

【2019长沙市雨花区（香港）招商引资推介座谈会】 2019年4月17日，开放雨花·梦想直达——2019长沙市雨花区（香港）招商引资推介座谈会举行。市政府副市长邱继兴，市商务局党组书记、局长高伟，雨花区委书记张敏，区政府副区长易静，香港100强企业和跨国企业总部以及香港行业商会为主体的40家企业单位参加座谈会。邱继兴从经济发展、人文底蕴、营商环境等多个方面推介长沙，希望长沙优势资源与香港优势产业深度融合。张敏表示，希望能够积极对接粤港澳大湾区建设，加强与香港的合作交流。雨花区重点推荐辖区内十大重点商务楼宇，突出“内城区、主城区、新城区、开发区、生态区”组团发展，着力开发建设高铁会展新城、跳马全域旅游示范区、雨花经济开发区、红星森林公园商务区、雅塘现代商贸区、雨花现代电子商务产业园六大重点片区，大力发展商贸流通、新能源汽车、机器人及智能制造、电子商务及物流、现代服务业、全域旅游、文化创意七大重点产业，通过片区建设加强产业承载能力，通过产业招商强化片区功能属性。华润集团、香港电讯盈科、香港集友银行、新加坡星展银行、意大利联合圣保罗银行、日本瑞穗银行、维昌洋行、周启邦律师事务所、粤港澳大湾区经贸协会、深港科技促进会等企业单位，与长沙市、雨花区领导交流企业落户、政策支持、营商环境等问题。雨花区武广公司、绿地、复地、德思勤等9家企业专程赴港参加座谈会，与香港有关企业达成初步合作意向。（钟智敏）

【市场采购贸易广州对接会】 2019年4月23日，湖南省商务厅、长沙市人民政府主办，长沙市商务局、雨花区政府承办的2019年湖南—粤港澳大湾区投资贸易洽谈周—市场采购贸易广州对接会在第125届春季广交会上举行，以推介湖南高桥大市场市场采购贸易方式为重点，通过商品展示、模特展演和专题推介三种形式，全面展示湘绣、陶瓷、茶叶、箱包、假发等湖南特色产业，通过借力广交会，推动湖南名优特产业走向世界。现场达成交易300余批次，交易总金额超过500万美元。省商务厅副厅长周越、市政府副秘书长王体泽致辞，市商务局副局长汪东华、星沙海关副关长周孝华、区政府副区长易静，湖南高桥大市场30余位企业商户代表，200余位境外采购商参加对接会。周越指出，湖南应大力推动湖湘特色产业品牌走向全球，构建全球采购商在中部采购中国优质商品的桥头堡，有利于加快打造湖南内陆开放新高地，推广市场采购贸易方式，提升全省特色产业走向世界。（钟智敏）

【中泰（长沙）经贸合作论坛】 2019年9月21日，2019中泰（长沙）经贸合作论坛在湖南高桥大市场召开。该论坛是“一带一路”框架下湖南对外开放的重要窗口，是推动湖南装备制造企业走进泰国、走向东盟的合作平台。论坛由泰王国巴吞他尼府、湖南省商务厅共同主办，长沙市政府支持。论坛设置主题论坛、实地考察、项目对接、交流互动等9个环节。中泰双方围绕泰国“东部经济走廊”对接“一带一路”倡议下的经贸合作，开展全方位、多领域的探讨交流，致力于推动湖南装备制造“走出去”发展，促进中泰文化交流和经济协同发展。中泰两国政府代表、友好协会代表及企业代表1000余人参会。（钟智敏）

【雨花区与福鼎市互访】 2019年10月13—17日，雨花区商务局、高桥街道办事处、火焰社区及高桥火焰大市场、神农茶都联合组成的雨花区招商考察团到“中国白茶之乡”福鼎市进行产销对接和招商引资，走访福鼎市商务局、福鼎市茶文化研究会、磻溪镇人民政府等部门单位和行业协会，实地走访和考察对接30余家茶企，通过座谈交流、实地考察、招商推介等形式共商合作、共谋发展。考察团实地走访白琳镇白琳老街，与白琳镇茶业协会负责人、茶企代表和福鼎白茶“榜样茶人”等座谈交流，了解白琳老街茶文化和茶业街区的发展历史、兴衰变迁、改造复兴，学习和借鉴白琳老街的社区、居民、协会、茶企多方共建模式，探讨交流神农茶都作为市场“前台”、白琳老街作为原产地“后台”的经验，加强产销对接，强化前后协同，实现产、学、研、展、销、游全产业链一体化；实地考察点头镇“中国白茶第一街”和福鼎白茶交易中心，走访点头镇人民政府和点头镇茶业协会，深入茶企进行市场调研。在福鼎白茶核心原产地、国家级生态乡镇磻溪镇，磻溪镇政府组织磻溪镇茶业协会和15家茶企代表举行专题座谈会，现场推介雨花区神农茶都招商发展和优惠政策，解答茶企代表关注的平台建设、模式定位、房屋产权等问题；考察团实地考察对接福建誉达茶业有限公司、福鼎市周老厝茶业有限公司、福建省大沁茶业有限公司、福鼎市沁龙茶业有限公司等茶企，深入白茶种植基地、生产制作车间，了解白茶的种植、制作和评鉴等技艺。11月3—6日，应雨花区高桥街道火焰社区邀请，由福鼎市磻溪镇党委、磻溪镇人民政府、磻溪茶业行业协会、白琳茶叶协会以及13家茶企组成的福鼎市政企商务考察团到高桥火焰大市场神农茶都实地考察和洽谈，雨花区商务局、高桥街道办事处、火焰社区等单位负责人参加座谈交流、实地考察和合作洽谈。座谈交流会由火焰社区第一书记甘松林主持，高桥火焰大市场现场发布最新招商宣传片《火焰——众人拾柴火焰高》，回溯创业历程、描绘美好未来；火焰社区主任宋斌介绍社区的基本情况及市场商贸发展的宗旨、理念和历程；高桥街道党工委书记向星推介高桥经济发展优势及敬商、亲商、富商的营商环境；区商务局副局长骆毅重点推介雨花区优越的区位交通、优良的宜商宜业环境、雄厚的商贸产业基础，并欢迎各位企业家到神农茶都共建共创共享改革发展成果。福鼎市磻溪镇党委书记林有龙，福鼎市白琳茶叶协会书记、执行会长林海，磻溪镇人民政府副镇长张君源，磻溪茶业行业协会执行会长王郑松，磻溪茶业行业协会会长王启兵等发言，探讨交流白茶文化、市场品牌运营、物业服务提升、资源共建共享等。考察团一行深入高桥大市场、火焰大市场、神农茶都及长沙主要的商圈、市场进行实地考察和调研，了解和掌握更多的第一手市场信息。通过考察洽谈，双方达成初步合作意向，加快推进神农茶都福鼎白茶第一街签约和落地。（钟智敏）

【雨花区“福满星城”购物消费节】 2019年9月6日，以“乐购金九，十惠雨花”为主题的第十二届雨花区“福满星城”购物消费节在喜盈门范城启动，旨在促进消费增长、繁荣消费市场、提振消费信心。消费节在开场舞《乐购雨花》中拉开帷幕。活动期间，各大商家发起特色活动，现场发放小礼品，发布特色商品秒杀活动或团购活动等，支付平台与商家进行平台互动。市民可手持雨花区购物消费节展示板进行祝福视频录制。活动录制视频将剪辑成消费节相关视频，作为消费节期间官方传播小视频。该次活动由雨花区政府主办，区商务局、各街道办事处、跳马镇、长沙晚报传媒有限公司和支付宝（中国）网络技术有限公司承办。该届消费节从9月初持续至11月，举行开幕式、祖国生日献礼同唱一首歌、金九红包迎佳节、主题行业“十惠”消费周四个主题活动。支付宝惠支付首次加入，提供平台与技术支持。利用中秋节、国庆节等，消费节6次为消费者送出70万元“福星红包”。“福星红包”的兑换率100%。消费节为广大消费者提供多元化购物体验与服务，有效释放消费潜力，各大参与商家的销售业绩得到提升。该届购物消费节在实实在在惠及民生、拉动消费方面起到积极作用。（钟智敏）

【雨花区汽车消费节】 2019年9月2日至10月20日，第六届雨花区黄谷路汽车消费节举行。该消费节由雨花经开区管委会、雨花区商务局主办，宝马、林肯、福特、凯迪拉克、奥迪、一汽大众等22家汽车企业，28个汽车品牌参与。消费节包含八个主题活动，9月2日至10月20日，“你购车，我送油，十吨汽油送不停”，订车用户参与现场抽奖，抽取十吨汽油大奖（价值10万元）；9月2日至10月18日，“你用车，我保养，工时免费中旅游”，保养免工时费、牧场自驾亲子游；9月2—17日，“黄谷路，我为你点赞”百元油卡天天抽，现金油卡100元；9月17日，第六届雨花区汽车消费节启动仪式；9月2日至10月20日，“特价限量购，BOSS直通车”，限时限量特供车；9月2日至10月20日，“let's go”汽车团购大联欢，汽车团购价巨优惠；10月19—20日，“约惠金秋·乐购雨花”汽车大联展，看精彩演出、抽万元油卡。活动期间，22家汽车品牌实现订销总台数8021台，总销售额18.48亿元，黄谷路汽车6S街区16家汽车4S店共实现总订销

6711台，总销售额15.3亿元，总量同比上届消费节增长36.67%。

（钟智敏）

现代服务业

【概况】 2019年3月，长沙市雨花区现代服务业发展办公室更名为雨花区现代服务业发展中心（雨花区市场采购贸易服务中心），为区政府直属正科级公益类事业单位，负责雨花区打造中国中部现代服务业中心和国家级示范基地培育各项工作，包括现代服务业规划编制、服务平台打造、政策制定，举办各类现代服务业推介会，负责引进和培育以现代物流业、电子商务业、金融服务业、专业服务业、会展服务业、服务外包业等为代表的现代服务业企业；负责市场采购贸易工作。内设办公室、现代服务业科、市场采购贸易科。全额拨款事业编制10名，其中领导职数3名，实际在职人数6人，其中领导3人。党员4人。办公地点设在雨花区政府机关3号楼。

2019年，雨花区开展企业（项目）服务日，建立健全企业诉求交办机制，为企业（项目）解决问题200余个。着力解决企业融资、用工等问题，帮助企业争取政策资金2.7亿元、获得金融机构贷款授信200亿余元，为企业发布岗位信息1.9万个。完善中小企业服务体系，区中小微企业公共服务中心获批“2019年度国家中小企业公共服务示范平台”。（罗立志）

【项目建设】 2019年，雨花区组织开展示范集聚区审报工作，长沙高铁会展新城、中国（长沙）创新设计产业园项目获批全省第三批服务业示范集聚区。云冷产业园、长沙雨花宝湾电商物流中心、长沙红星农副产品全球采购中心（一期）等8个产业项目纳入市“三百工程”重点项目库。湖南商会大厦、万博汇云谷、御溪国际等8个商务楼宇纳入市“三百工程”重点楼宇库，税收5000万元以上楼宇15栋，商务楼宇去库存35万平方米。引进盒马鲜生、中铝国际、红星美凯龙爱琴海购物公园等“500强”企业（项目）9个。（罗立志）

【产业升级】 2019年，雨花区完成重大项目投资272亿元，为年度计划的130%，其中产业投资增长25%。全市重大产业项目观摩连续三年排名中心城区第一。实施服务业占比两年提升计划，服务业占GDP比重提高1个百分点。完成外贸进出口总额18亿美元，增长51.6%。湖南高桥大市场启动市场采购贸易，完成外贸出口6.5亿美元，位居中西部地区同类型市场前列。首届中非经贸博览会分会场活动完成，中非经贸博览会唯一长期线下展销平台——非洲商品展销馆开馆，湖南出口产业集聚区（一期）基本建成。

（罗立志）

2019年8月16日，高桥大市场市场采购贸易方式试点工作培训会 （李光 摄）

【市场采购贸易】 2019年，雨花区政府出资约800万元，结合市场采购贸易出口业务建设湖南高桥市场贸易联网信息平台，对外贸企业和个体工商户的注册、审核、报关等流程实现全面在线办理，提升业务效率。雨花区现代服务业发展中心创新市场采购贸易通关模式，协调海关开通市内通关一体化，简化通关流程、节约物流成本。针对市场采购贸易出口货物“多品种、多批次、小批量”的特点，实施简化归类申报，提高申报效率。通过对联网信息平台的升级，实现海关监管数据与联网信息平台数据的同步上传，满足海关监管需求。集聚市场采购贸易经营主体，挖掘市场内部资源，推动湖南出口产品集聚区建设，实施“零门槛”入驻政策，专门成立招商分队，利用线上线下方式开展主题推介，挖掘全省产业资源，加速推进全省生产型出口企业的集聚；推动境外展销中心和国内采购商联络站建设，借助中非经贸博览会、广交会、服博会等契机，举办湖南出口产品全球对接会，加强对市场采购贸易方式宣传力度，关注衔接境外采购资源，加大对采购资源的培育。（罗立志）

【市场采购贸易专题业务培训】 2019年，雨花区发挥高桥大市场集聚商户的优势，分批组织海关、税务、商务等部门对外贸公司和个体工商户开展业务培训，重点宣讲市场采购贸易政策、外贸通关及监管模式，帮助企业和个体工商户进行贸易转型。3月8日，雨花区高桥税务分局开展市场采购贸易试点税务政策培训。3月15日，长沙海关开展市场采购贸易方式试点通关政策培训会。4月2

日，区商务局开展外贸政策宣讲培训会。8月16日，高桥大市场市场采购贸易方式试点工作培训会议召开。（罗立志）

【市场采购贸易方式试点工作调研】2019年4月8日，长沙市政府副市长邱继兴调研雨花区市场采购贸易方式试点工作。5月15日，长沙市商务局局长高伟调研雨花区市场采购贸易试点工作。5月21日，湖南省商务厅副厅长周越调研湖南高桥大市场市场采购贸易方式试点工作。6月24日，雨花区委副书记、区长刘素月调研高桥大市场市场采购贸易试点工作。7月9日，长沙海关调研湖南高桥大市场市场采购贸易方式试点工作。7月11日，省外管局调研雨花区市场采购贸易方式试点工作。8月26日，长沙市委副书记、市长，湘江新区党工委书记胡忠雄调研高桥大市场市场采购贸易试点工作。8月26—28日，雨花区现代服务业发展中心实地考察广州、义乌市场采购贸易方式试点工作。9月2日，省商务厅副厅长李心球调研雨花区市场采购贸易试点工作。9月5日，商务部外贸司促进处调研雨花区市场采购贸易试点工作。11月15日，湖南省商务厅厅长徐湘平调研雨花区市场采购贸易试点工作。11月25日，长沙市、雨花区税务部门调研雨花区市场采购贸易试点工作税务工作。12月25—27日，雨花区现代服务业发展中心考察学习浙江温州、福建石狮市场采购贸易联网信息平台建设经验做法。（罗立志）

【"个转企""小升规"工作】2019年，雨花区现代服务业发展中心组建工作团队，围绕高桥大市场"个转企""小升规"工作，推助高桥大市场内外贸融合发展，通过有效对接市监、税务、商务、统计等部门和所属街道，全面分析高桥片区商户数据，结合"千人帮千企"活动，深入走访对接，进行政策引导和宣传服务，推进高桥大市场及周边企业和个体工商户的转企升规工作。7月9日，雨花区组织召开"个转企、小升规"重点培育商户座谈交流会。区现代服务业发展中心、区人力资源社会保障局、区市场监管局、区统计局、区税务局、高桥街道、高桥大市场社区等单位相关负责人进行政策讲解和业务培训，高桥大市场及八大商场负责人、襄阳商会、市场商户参与培训。区现服中心主要负责人表示，雨花区各部门将积极整合政务资源，开通行政管理"绿色通道"，在注册登记、企业备案、项目申报、社保五险缴纳等方面简化审批流程和手续，打造公共服务平台，实行"最多跑一次"。雨花区各级政府部门下发关于鼓励、引导和支持小微企业提升发展、创新发展、集约发展的相关文件，雨花区政府依托高桥大市场及周边商贸业集聚发展、业态丰富的重要优势，坚持"政府引导、企业参与；突出重点、分类指导；分步推进、持续发展"的原则，以提升小微企业发展质量和效益为核心，按照"培育扶持一批、改造提升一批、引导促进一批"的方式，实现"个转企"提总量，"小升规"提质量，推动雨花区由商贸大区向商贸强区转变，实现地方经济增容扩张、转型发展。（罗立志）

【市场采购贸易方式试点工作培训会】2019年8月16日，高桥大市场市场采购贸易方式试点工作培训会在高桥大市场综合楼五楼会议室召开。长沙海关、国家外汇管理局湖南分局、星沙海关、雨花区市场监督管理局、区市场采购贸易服务中心、区税务局以及中国银行、中国建设银行、长沙银行、中国出口信用保险、高桥大市场等单位相关负责人参会。入驻市场采购贸易集聚区内的17家外贸公司主要负责人参加培训。会上，雨花区市场采购贸易服务中心主要负责人介绍市场采购贸易情况以及分析当前市场采购贸易形势。长沙海关、国家外汇管理局湖南分局、星沙海关、雨花区市场监督管理局、区税务局等单位相关负责人就市场采购贸易涉及的备案登记、报关报检、市场采购贸易便利化措施、免税申报、收汇结汇、政策扶持等内容向从事市场采购贸易的外贸公司进行业务培训，讲解市场采购贸易运行以来，实际操作中遇到的问题。中国银行、中国建设银行、长沙银行、中国出口信用保险公司等单位相关负责人就出口融资担保相关政策及操作进行解答。此次培训会，有利于让更多的市场采购贸易经营主体理解并运用好市场采购贸易的有关政策，对推动湖南高桥大市场市场采购贸易试点的发展起到积极的推动作用。（罗立志）

工业和信息化

【概况】 2019年3月，长沙市雨花区经济和信息化局更名为工业和信息化局，由区政府直属事业单位调整为正科级区政府工作部门，负责全区工业经济以及信息化工作，承担对规模以上工业和信息化企业的管理职能。内设办公室、工业运行科、信息产业科、公共事务科，下设雨花区工业和信息化企业服务中心，为全额拨款事业单位。设区改革改制事业单位退休人员管理办公室、区推进新型工业化工作领导小组办公室、区电力设施建设和保护工作领导小组办公室、区创业创新工作领导小组办公室、区属集体企业改制工作领导小组办公室、区社会职能分离工作领导小组办公室、区电力"专改公"工作领导小组办公室、企业帮扶领导小组办公室8个议事协调机构。核定机关行政编制6名，事业单位编制10名。在职在编工作人员13人，中共党员13人；政府雇员5人。退休人员及遗属84人。

2019年，雨花区工业实力位居全国百强区第20位，排名全省第一，获评省政府2019年度真抓实干成效明显地区——落实制造强省建设等政策措施成效明显的市、县市区。区工业和信息化局以推动全区工业经济高质量发展为总目标，突出干部队伍建设，聚焦创新服务发展，真抓实干，攻坚克难，推进各项工作。获评2019年度全省规模工业企业建档立卡、样本监测及问卷调查工作先进单位、

2019年9月12日，雨花区工业和信息化局主题教育工作会议 （石文龙 摄）

2019年度湖南省中小企业运行监测工作先进单位。雨花区中小微企业公共服务中心获评工信部“2019年度国家中小企业公共服务示范平台”。

（石文龙）

【工业运行】 2019年，雨花区加强工业运行监测，准确掌握工业经济发展动态。加强园区、街镇辖区内规模工业企业运行情况监测，对重点企业工业运行情况实时了解，加强运行分析研判，把握运行趋势。对企业出入规情况进行摸底，全面摸底清查区域内小型工业企业生产经营情况，发现和培育小微企业，搞好跟踪服务，及时引导企业入规。加强退规企业排查，确保优质企业不退出。全区完成规模工业总产值396.65亿元，增长6.2%，完成规模工业增加值97.43亿元，增长9.6%。新增入规企业14家，清洁生产审核通过企业4家。 （石文龙）

【企业服务】 2019年，雨花区出台《雨花区营造更具活力的市场环境工作方案》，明确成员单位职能职责，加大督促调度力度，工作推进规范有序。在“千人帮千企”活动基础上，建立企业帮扶长效机制，及时收集掌握企业发展现状，筛选45家帮扶企业，建立帮扶企业台账，采取面对面、点对点的方式推进帮扶措施落地。让企业充分享受政策红利，推荐企业申报省中小企业发展专项资金、省市小巨人企业、制造强省等16个专项奖励资金项目159家次，为企业争取上级项目（扶持）资金11475.19万元。推进实体经济降成本工作，落实减税降费政策，采取月调度、周通报的方式，督促各部门形成合力，依法减免各项税收超37亿元，为企业降低各项收费268.09万元。 （石文龙）

【创业创新】 2019年，雨花区以区中小微企业服务“一中心、七站点”为依托，统筹指导创业创新工作，引导扶持区内各类众创空间、孵化器健康有序发展，为中小微企业成长助力，牵头举办第二届“创客中国”雨花赛区大赛，120余家企业参赛，中南智能等5家企业进入市赛，4家冲入市20强。举办“雨花小微直通车·为创业梦想提速”、“减负宣讲进市场·企业赋能增活力”及“5G时代话赋能”等企业综合服务活动，受益企业500余家，帮助企业获得银行融资2100万余元。 （石文龙）

【分离移交】 2019年，雨花区在全市率先启动中央、省属驻长企业开放式职工生活小区提质改造工作，制定提质改造实施方案，对难度大、进展慢的小区重点督导，召开工作调度会4次；13个职工生活小区进场施工。召开雨花区推进国有企业退休人员社会化管理移交工作动员部署会，分解和明确重点工作和任务。下拨市属企业职工生活小区物业维修补助费及三年过渡期物业管理补助费1800.73万元；下拨中央驻长、省属企业开放式生活小区三年过渡期物业管理补助费及物业维修改造费用4562.46万元。

（石文龙）

【电力建设】 2019年，雨花区落实《长沙市电网供电能力提升三年行动计划（2018—2020年）》《长沙市电网项目建设“630攻坚”活动实施方案（2019—2020年）》的要求，推进雨花区长沙电网“630攻坚”项目建设，成立高规格的区电力设施建设和保护协调指挥部，区委常委、常务副区长邹春林任指挥长，副区长王明玖、易静，国网长沙供电公司副总经理姚震宇，区政府副调研员肖集林，国网长沙供电公司总规划师郑俊峰任副指挥长，指挥部下设办公室。成员单位有雨花经开区、区政府办、区绩效办、区政府督查室、区发展改革局、区工业和信息化局、区财政局、区住房和城乡建设局、区交通运输局、区农业农村局、区应急管理局、区城市管理和综合执法局、跳马镇以及相关街道办事处等。指挥部设综合协调组、文字材料组、规划征拆组、施工环境组、资金保障组、督查考核组。明晰部门及各街道（镇）工作职责，电力建设项目采用清单式管理，一体化推进，区委、区政府主要领导及分管副区长参加工作调度会近30次，现场指导解决建设过程中的具体问题10余次，有效解决规划选址、方案优化、施工受阻、经费来源等难点问题，确保协议签订、塔基交地、选址选线、拆迁腾地及站址场平等各项工作如期进行。星城—云田500千伏线路改造、云田—城南220千伏线路、城南220千伏变电站110千伏送出3条线路塔基建成投产。 （石文龙）

【生产管理】 2019年，雨花区工信局出台《关于做好规模工业企业节后复工复产安全生产工作的通知》《区工业和信息化局安全生产集中整治行动和今冬明春火灾防控工作方案》《“落实企业安全生产主体责任年”宣传工作方案》《雨花区工信系统“强执法、严执法”百日行动方案》《区规模工业企业国庆特护期安全生产检查方案》《关于工业和信息化企业开展安全生产“大排查、大体检、大整治”行动的通知》等文件，每季度召开一次安全生产专题会议，每月开展安全生产专项大检查，在重大节日、重要时期安排应急值班，加大隐患排查治理。开展安全生产检查40余次，出动安全生产检查人员60余人次，发现并整改安全生产监管风险点18处；对华中印刷厂厂房进行危房应急抢修，消除安全隐患。推进“蓝天保卫战”，召开局班子会专题分析规模以上工业企业持续实施挥发性有机物治理，完善应急减排项目清单管理和错峰生产、停限产等工作，研究落实具体措施。压实企业绿色生产的主体责任，提升企业环保意识，在16家企业的宣传阵地，张贴打赢蓝天保卫战宣传资料；在表面涂装、机械制造、家具制造、包装印刷4个行业规模以上企业推广使用低挥发性原辅材料，制定《推进使用低挥发性有机物含量原辅材料的方案》。全区涉及相关规上企业11家，其中工业涂装行业7家，印刷行业4家，所使用的原辅材料均符合环保要求，挥发性指标符合国标；制定下发错峰生产方案，根据臭氧浓度超标的实际，督促长沙比亚迪汽车有限公司夜间停产，9家涉气企业采取限产和错峰生产措施。（石文龙）

【和包支付】 2019年，雨花区推进打造“移动支付第三城”工作，拓展和包支付工作。区工业和信息化局提请区领导进行专题调度8次，协同街镇、部门，深入社区、商户进行宣传动员。推动和包支付在商超、酒店、餐饮、医院等9个场景应用，打造和包支付13个示范社区。

（石文龙）

【电网“630攻坚”】 2019年1月23日，雨花区召开电网“630攻坚”东山变电站协调会。1月24日，雨花区召开电网建设“630攻坚”洞井铺变电站协调会。2月15日，工业和信息化局现场踏勘左家塘变电站选址。2月21日，区政府副区长易静组织召开雨花区电网建设“630攻坚”工作调度会。2月26日，雨花区和国网长沙供电公司电网建设框架协议签约，区委副书记、区长、区电力设施建设和保护工作领导小组组长刘素月出席仪式。3月1日，召开白田220千伏输变电工程、城南220千伏变电站110千伏送出工程项目启动会。3月4日，区政府副调研员肖集林现场查勘调度城南220千伏变电站110千伏送出工程塔基建设。3月8日，肖集林调度涉及跳马镇项目青苗补偿、塔线拆除问题。3月11日，肖集林组织召开白田220千伏输变电工程、城南220千伏变电站110千伏送出工程项目启动会。3月27日，刘素月现场调研电网建设220千伏洞井铺变电站。4月2日，肖集林现场调度花桥变电站拆迁工作。4月11日，易静组织召开“630攻坚” 工作调度会。4月16日，肖集林组织召开“630攻坚”新增变电站站址调度会。4月17日，肖集林现场调研云田—城南220千伏线路工程P7号铁塔现场施工问题。4月20日，易静协调云田—城南220千伏线路工程P7、P8塔基建设问题。4月28日，刘素月组织召开区电网建设“630攻坚”新增变电站站址调度会。4月29日，区委常委、常务副区长邹春林现场调度新增变电站选址事宜。5月6日，肖集林组织召开白田220千伏输变电工程配套线路调度会。5月9日，肖集林组织召开220千伏洞井铺变电站线路调度会。5月13日，区工业和信息化局调度城南线P7、P8塔基问题。5月23日，市政府督查室副主任徐运科、易静现场督查洞井铺220千伏输变电工程、白田220千伏输变电工程。6月3日，区工业和信息化局现场勘查红旗变电站输变电工程建设情况，调度清表事宜。6月11日，肖集林组织召开白田—红星线路改造工程启动会。6月21日，邹春林主持召开电网“630攻坚”工作推进会。6月22日，易静组织召开环保大道东延线拆迁工作调度会。6月27日，肖集林组织召开红旗变电站调度会。7月3日，肖集林组织长沙白田—红星双回220千伏线路改造工作调度会。7月5日，易静现场调研环保大道东延线拆迁工作。区工业和信息化局组织召开长沙铜铝材厂移交协调会。7月10日，雨花区电网2019年“630攻坚”总结暨2020年“630攻坚”动员会召开。国网长沙供电公司党委副书记、总经理李艺波出席。刘素月指出，要紧盯目标抓铺排、聚焦问题抓攻坚、形成合力抓落实，确保完成“630攻坚”各项目标任务。区委书记张敏指出，要提高站位抓攻坚，从产业项目建设和群众生产生活的角度抓工作；要务实举措抓攻坚，加快项目投产，加快推进站址场平、塔基建设、路由建设、施工保障等，推动项目开工，做好协议签订、选址选线、站址调整、拆迁腾地等工作，抓紧项目储备；要强化保障抓攻坚，压实攻坚责任，健全攻坚机制，浓厚攻坚氛围。7月16日，肖集林勘查花桥变电站站址，掌握站址建设启动会前期情况。7月18日，肖集林组织召开花桥变电站启动会、白田220千伏变电站110千伏送出工程启动会。7月23日，肖集林勘查白田—红星改造工程。7月31日，肖集林组织区委督查室、区政府督查室、区绩考办督查环保大道东延线拆迁和建设工作。8月14日，易静组织召开电网“630攻坚”环保大道东延线拆迁建设工作调度会。8月26日，肖集林组织召开东山220千伏输变电工程项目启动会。8月27日，肖集林组织召开环保大道东延线施工环境维护调度会。9月3日，易静督查环保大道东延线拆迁阻工情况。9月11日，区工业和信息化局现场调度花桥变电站场平工作。9月17日，易静组织再开电网“630攻坚”工作调度会，调度220千伏洞井铺变电站站址调整及220千伏变电站110千伏线路工程、调度环保大道东延线国有土地拆迁工作；肖集林勘查洞井铺变电站情况。9月24日，肖集林组织召开长沙电机厂协调会。9月27日，肖集林现场调研环保大道塔基建设及高塘变电站场平工作。9月30日，易静现场指导红旗、东山、花桥变电站建设及洞井铺变电站站址及线路选定工作。10月8日，区工业和信息化局现场勘查环保大道东延线塔基建设现场、高塘变电站场平情况。10月17日，肖集林带队现场勘查洞井铺变线路。10月28日，区委督查室、区政府督查室联合区电力协调指挥部对雨花区电网“630攻坚”环保大道东延线、高塘变电站工作进度进行现场督查。10月30日，易静组织召开电网“630攻坚”工作调度会；肖集林组织召开电网“630攻坚”配套路由工作调度会。11月4日，区工业和信息化局现场勘查环保大道东延线塔基、高汤变电站场平和花桥变电站建设情况。11月13日，区工业和信息化局督导东山变电站和劳动路高铁下穿电力隧道文明创建工作。11月18日，区工业和信息化局督导红旗、花桥、东山变电站文明创建工作。12月5日，雨花区电力建设和保护工作领导小组办公室现场协调处置塔基检核涉及跳马镇关刀村村民补偿事宜信访问题。12月18日，区工业和信息化局现场勘查云田—浏阳500千伏工程。12月30日，肖集林在跳马镇政务中心召开株洲云田500千伏变电站220千伏出线优化工程启动会。

（石文龙）

【分离移交工作会议】 2019年2月15日，雨花区政府副区长易静组织召开中央驻长、省属企业“三供一业”协调会，安排部署中央驻长企业、省属企业开放式职工生活小区提质改造工作。2月27日，区政府副调研员肖集林组织召开雨花区企业办社会职能分离移交工作研讨会。3月7日，区委常委、常务副区长邹春林组织召开雨花区“三供一业”社会职能分离移交工作调度会。5月17日，肖集林组织召开中央驻长、省属企业“三供一业”小区提质改造工作调度会。5月29日，肖集林组织召开雨花区社会职能分离移交及信息化工作调度会。6月14日，区工业和信息化局组织召开雨花区国有企业“三供一业”提质改造工作推进暨线上审图业务培训会。9月6日，肖集林组织召开中央驻长企业、省属企业“三供一业”开放式职工生活小区提质改造工作调度会，了解“三供一业”开放式职工生活小区提质改造工作进展情况，明确各单位工作职责和目标任务。11月27日，易静组织召开雨花区推进国有企业退休人员社会化管理工作动员部署暨业务培训会，区工业和信息化局通报全区国有企业退休人员社会化管理工作进展情况，安排推进国有企业退休人员社会化管理工作。12月13日，肖集林组织召开中央驻长企业、省属企业“三供一业”开放式职工生活小区提质改造工作调度会。

（石文龙）

【企业服务政策解读会】 2019年8月29日，雨花区工业和信息化局主办、雨花经开区经发局、雨花区中小企业公共服务平台承办的5G时代话赋能——2019年雨花区企业服务政策解读及5G互联宣讲活动在中国（长沙）创新设计产业园举行，140余家企业及服务机构参加。省工信厅、市金融服务中心、国家知识产权培训（湖南）基地等单位的专家为企业解读省、市移动互联网等产业政策，专题讲解专利、商标申请和破解企业融资难、融资贵等问题；移动、联通、电信和阿里云的专家宣讲万企上云、和包支付、企业信息化及5G互联运用。现场设人社、市场监管、税务、三大运营商及服务机构展台，全程为企业进行业务咨询答疑和政策宣讲，推动雨花区加快规划布局速度，推进5G网络建设，推动5G科技与企业生产融合，构建5G时代下共建共赢的产业发展生态，并为企业减负、赋能、护航，激发雨花企业市场活力。（石文龙）

农业和农村

【概况】 2019年，长沙市雨花区机构职能调整，区农业林业水利局组建为区农业农村局，为区人民政府正科级工作部门，对外加挂长沙市雨花区林业水利局、长沙市雨花区扶贫开发办公室牌子，负责全区“三农”、林业、水利、扶贫等方面的规划发展、监督管理、相关技术服务和业务指导工作。内设办公室（行政审批和政务服务科）、农业科（扶贫科）、农村科（农经站）、林业科、水利科5个职能科室，下辖长沙市雨花区动物卫生监督所（加挂长沙市雨花区动物疫病预防控制中心和长沙市雨花区跳马镇动物防疫站）、长沙市雨花区跳马电排站（加挂圭塘河生态引水运行中心）、长沙市雨花区合丰堤委会（加挂长沙市雨花区河道堤防管理站）、长沙市雨花区河长制工作办公室（加挂长沙市长善垸雨花区堤委会）、长沙市雨花区农机监理站（加挂长沙市雨花区农业服务中心）、长沙市雨花区林业站（加挂长沙石燕湖森林公园管理办公室）。全局在职职工数137人，局机关办公地点设在雨花区人民政府机关大院东南角。

2019年，雨花区农业农村局认真贯彻落实中央、省、市农村工作会议精神，推进乡村振兴战略实施，推动全区农业农村工作高质量发展，完成各项目标任务。被评为长沙市2019年林业工作综合评价优胜单位。

（胡　靖）

【精准扶贫】 2019年，雨花区建档立卡贫困户366户1022人，脱贫326户970人，新增脱贫4户6人，未脱贫40户52人。雨花区多次专题研究脱贫攻坚工作，出台《雨花区2019年专项扶贫工作指导意见》等文件，抓好巡视反馈问题整改、“三走访三签字”[即市委书记、市长要走访辖区所有贫困人口集中的乡镇，所有市级领导每月至少到贫困村走访调研1次，市直单位主要负责人每季度至少到联系的贫困村走访调研1次；县(市区)委书记、县(市区)长要走访辖区所有的贫困村，所有县级领导每月至少到贫困村走访调研1次；乡镇党委书记、乡镇长要走访辖区内所有贫困户，乡镇干部结对帮扶贫困户每月至少走访1次。市、县、乡三级党政主要领导要对脱贫退出层层负责，层层把关。脱贫退出要严格按照程序和要求组织实施。贫困户脱贫摘帽由乡镇党委书记、乡镇长审核把关，村支书、主任共同签字；贫困村脱贫退出由县（市区）委书记、县（市区）长签字负责；贫困县脱贫摘帽，由市委书记、市长签字，报省委书记、省长审定］等工作，安排259名结对帮扶责任人实现帮扶全覆盖。实行分组包干到户，完善一户一策资料，制定“一对一”方案，开展动态调整。开展建档立卡贫困户“两不愁三保障”（即稳定实现农村贫困人口不愁吃、不愁穿；保障其义务教育、基本医疗和住房安全）问题排查，组织各专项部门对跳马镇住房安全、义务教育、医疗保障、饮水安全反复进行全面的核查。跳马镇14个村（社区）申报产业项目30个，使用财政扶贫专项资金309.21万元，惠及全镇建档立卡贫困户960余人。开发公益性岗位22个、完成扶贫车间认定、引导比亚迪等企业吸纳就业，实现244名贫困劳动力稳定就业。雨花区与桑植县开展“携手奔小康”行动，对口帮扶龙山县石牌镇、浏阳市社港镇新光村。区四大家主要领导赴桑植、龙山对接调研扶贫工作20余人次，召开双方联席会议2次，双方加强干部交流、打通消费扶贫渠道、推进就业帮扶。以桑植白茶为扶贫主导产业，拨付直接帮扶资金2264.66万元，争取社会资助近500万元，帮扶桑植白茶建设产业基地4866.67公顷，帮助1132人就近就业或转移就业。

（胡　靖）

【实施乡村振兴战略】　2019年，雨花区推进落实《雨花区全面落实乡村振兴战略实施方案》，突出发展壮大新型村级集体经济和农村人居环境“五治”（治厕、治垃圾、治水、治房、治风）。推进村集体产权制度改革，参改的53个村级单位，成立村集体（股份）合作社的49个，基本完成改革试点任务。出台《雨花区农村集体经济组织管理办法（试行）》，确保合作社健康有序发展。发展“四型”集体经济，依托土地合作型、资源开发型、物业经营型、乡村服务型经济发展，壮大村集体经济力量。安排190万奖励资金，整治农村人居环境，开展“美丽屋场、美丽庭院、洁净庭院”创建，创建区级美丽屋场10个、美丽庭院50个、洁净庭院2000个。创建市级乡村振兴示范创建村2个（金屏社区、新田村），区级创建村2个（关刀新村、田心桥村），年度创建任务全面完成。“以奖代补”以改造试点乡村民居为抓手，发展民宿产业，推进民宿与康养、民宿与观光、民宿与文化旅游深度融合，采取政府引导、企业带动、群众参与的模式，选定石燕湖村曹家冲、新田村天石山庄周边、金屏社区圭塘河引水工程段为试点片区，推进民宿改造工作，52栋参与民宿改造，其中石燕湖村30栋、新田村18栋、金屏社区4栋，社会资本投入约6000万元。完成无害化厕所改造3037户，前期采取现场浇筑方式完成321户厕所改造，后期结合农村污水治理，采取一体式三格化（“粪池＋人工湿地＋隔油池”）模式，10月底任务全面完成。完成8个农村生活垃圾分类减量村的创建，实现全区垃圾分类减量示范村创建100%，清理农村生活垃圾9450吨，清理村沟村塘淤泥8400吨，清理农业生产废弃物15600吨，拆除乱搭乱建17处。实现村庄规划管理全覆盖，引导村民将房屋进行湖湘特色化改造，发展民宿产业。“大棚房”问题整改到位，4月中旬接受中央大棚房办的整改情况检查，得到充分肯定。实现建制镇集镇污水处理设施全覆盖，完成市级考核任务1处分散式污水处理设施建设（铁石坝支沟生态治理）。15个村（社区）均制定红白理事会章程，修订完善社区公约，全镇2943名党员全部签订承诺书，形成“一备二劝三服务四推评五公开”（即实行红白喜事备案登记制度，移风易俗劝导队上门劝导，全程追踪服务，典型评议，公开公示典型）工作机制。开展秸秆禁烧巡查200余次，发放秸秆禁烧告知书入户，保障全区农业环境质量。

（胡　靖）

2019年3月19日，雨花区农业农村局揭牌　　（胡　靖　提供）

【乡村振兴战略工作推进会】　2019年4月18日，雨花区组织召开乡村振兴战略工作推进会，会议总结雨花区乡村振兴工作情况，研究部署2019年目标任务，推进下阶段工作落实。区农业农村局、跳马镇分别汇报2019年区乡村振兴战略工作重点、项目铺排计划等，各部门进行讨论和研究。副区长陈怀宇指出，要抓紧组建日常专项工作班子，明确职能职责；制定项目清单，“治水”“治厕”与民宿改造、产业发展等项目要统筹安排；整合资金，形成合力，积极向上争资引项，有效整合涉及“两型”、“三农”、文化旅游、交通建设等的项目；要确定工作目标，确保效果，把握乡村振兴工作的关键点和着力点，倒排

2019 年 4 月 18 日，雨花区乡村振兴战略工作推进会　　（刘　维　提供）

时间，集中力量，整体推进，出形象、出效益。区委常委、区委办主任周海毅强调，要做到系统谋划、规划先行，统筹铺排、有保有压，区镇联动、集中攻坚，科学调度、强力推进，依靠市场、创新模式，依法依规、规范发展；各部门单位要加强配合，强化资金、项目统筹引进。（胡　靖）

【农村人居环境整治会议】 2019 年 1 月 18 日，雨花区召开农村人居环境整治、“大棚房”问题专项整治及森林防火工作会议，副区长陈怀宇出席会议，区文明办、区民政局、区农林水局、区爱卫办及 9 个涉农街、镇相关负责人及跳马镇各村主任参加会议。会议安排部署农村人居环境整治、“大棚房”问题专项整治及森林防火工作，要求把农村人居环境整治作为考核争先的重点，把迎新春大清扫活动作为人居环境整治的第一枪；要求对照“大棚房”问题专项整治工作要求迅速开展自查整改；要求采取措施防范春节期间森林火灾，做好宣传、应急队伍管理和督促检查工作。4 月 29 日，雨花区农村人居环境整治工作专项指挥部召开工作调度会议，推进 2019 年度项目实施。会议由陈怀宇主持，区农业农村局、跳马镇行政主要负责人及指挥部办公室成员和技术单位参加。会议就工程项目申报审批、预算结算送审、实施招投标、项目建设和竣工验收等工作提出要求，确保依法依规、稳步推进，要把握好项目推进的时间节点，特别是示范创建和农村改厕工作。陈怀宇要求，农村改厕要下狠决心；做好结合文章，示范点打造要将小微水体整治、美丽屋场、美丽庭院创建有机结合；效率要提升。5 月 23 日，雨花区召开治厕治垃圾治水工作推进会，区委常委、区委办主任周海毅，副区长陈怀宇出席，相关部门单位及跳马镇、村（社区）有关负责人参加。会议传达学习长沙市政府全市农村治厕治垃圾工作的有关要求，听取区实施乡村振兴战略项目建设现场指挥部办公室关于区乡村振兴推进工作情况的汇报，与会人员开展讨论研究。陈怀宇指出，2019 年治水治厕治垃圾要同步推进，紧紧抓住新田、曹家冲和金屏石燕湖沿圭塘河引水工程明渠片区 3 个重点片区打造；民宿改造要努力推进；6 月底前完成全镇厕所摸底调查，按市里要求建档编号，指挥部办公室指导做好改厕培训工作。周海毅强调，要突出重点，系统推进；强化调度，加快推进；两部一体，协同推进。5 月 31 日，雨花区在跳马镇召开 2019 年治厕、治垃圾工作部署暨“厕所革命”工作业务培训会。长沙市农业农村局社会事业促进处副处长谢文讲解与指导“两治”工作，对区农业农村局及跳马镇相关负责人 2019 年的治厕、治垃圾工作进行强调与部署。（胡　靖）

【省农业农村厅调研雨花区】 2019 年 3 月 13 日，湖南省农业农村厅政策与改革处处长何德佳及省产权办相关工作人员，长沙市农村经营服务站副站长刘光辉、市农村经营服务站资产监管处处长潘焱炎等专项抽查和指导雨花区农村集体产权制度改革清产核资工作。督查组考察圭塘街道圭塘村、雨花亭街道井塘股份经济合作社，听取工作情况汇报、开展座谈交流、实地查阅资料，全面检查雨花区农村集体产权制度改革清产核资工作的组织领导、宣传发动、业务培训、数据录入、政策落实和问题整改等情况。何德佳希望雨花区做好产权制度改革的扫尾工作；做好整章建制工作，规范集体经济组织管理；做好产权改革资料的归档整理。雨花区农改办主任、农林水局局长陈伟奇，区农林水局副局长周文陪同督查。（胡　靖）

【市农业农村局调研雨花区】 2019 年 6 月 12 日，长沙市农业农村局副县级干部彭皓平带领第五推进组到雨花区调研农村治厕、治垃圾工作。调研组召开座谈会听取区、镇相关负责人关于“两治”工作的情况汇报，观看雨花区美丽屋场宣传片，现场查看垃圾分类、厕所改造工作以及秸秆处理资源化利用试点项目，了解农村改厕和农村人居环境整治有关问题并提出整改优化意见。彭皓平强调，要高度重视农村改厕工作，加大宣传力度，完善工作机制，加快推进治垃圾、治厕工作。9 月 5 日，彭皓平带领市“两治”工作督查组调研指导雨花区农村治厕、治垃圾工作。（胡　靖）

【雨花区·桑植县“携手奔小康”行动第三次联席会议】 2019 年 7 月 25 日，雨花区·桑植县“携手奔小康”行动第三次联席会议在雨花区召开。区委副书记陈永高、副区长陈怀宇、区农业农村局局长陈伟奇，桑植县县委副书记、县长赵云海，副县长王远刚，县自然资源局局长范武斌以及两地相关部门负责人参加会议。会议听取了桑植县脱贫攻坚工作及雨花区驻桑植工作队的工作汇报，就支持桑植白茶、消费扶贫以及增减挂钩项目流转交易等工作进行交流。赵云海希望双方进一步开展深层次、多维度的交流，特别是加强消费扶贫、产业扶贫等方面的协作。雨花区提出在2019年要继续在资金投入、产业扶贫、市场开拓、平台建设、企业引进、就业帮扶、公益爱心活动等方面精准发力，将帮扶举措进一步量化，提升协作的领域和层次。（胡　靖）

【花卉苗木产业】 2019年，雨花区建设连片高标准喷灌温控大棚1万平方米，移动苗床设备8000平方米，花卉连片标准建设基地66.67公顷，新田村、田心桥村花农成立大型合作社，以合作社为依托逐步推动连片高品质花卉标准种植基地建设。初步研究拟定雨花区促进农业产业发展扶持政策，提档花木品质，促进产业融合，实现转型升级。（胡　靖）

【农机和农产品质量安全监管】 2019年，雨花区农业农村局发放农机、农药生产安全宣传资料1.5万份，悬挂横幅100余条。年审年检农机车辆25台，未发现有违规农机车辆。完成蔬菜定量检测75个批次，水产品检测样品19个批次，完成农产品质量安全快验监测62640批次，其中蔬菜定性检测1063批次，完成屠宰检疫"瘦肉精"同步监测36557批次，完成非洲猪瘟检测批次8086批次，样品38002个。协助农业部、省市级例行抽检300余批次，蔬菜农残检测合格率100%，"瘦肉精"阳性、畜禽水产品药残检出率均为零。长沙市水生动物防疫检疫站在红星大市场抽取8个批次的样品进行水产品检验检测；长沙市农产品质量监测中心在跳马利佳蔬菜基地和长沙绿茵茵农业科技有限公司各抽取23个批次蔬菜进行农残检测。雨花区农业农村局、区动物卫生监督所联合区市场监督管理局、区公安分局等部门开展农产品质量安全问题联合整治行动，对从李家塘"非洲猪瘟防控哨卡"过往冷藏运输车辆30余辆一一进行查验，查看运输的动物产品检疫合格证明等相关手续、证物相符情况。当天查验冷藏运输车辆，发现冷冻猪脚20吨，共1000件，司机刘某不能提供检疫合格证明与非洲猪瘟检测报告，执法人员随即扣押该批动物产品，现场询问该批动物产品的运输司机，制作笔录。（胡　靖）

【动物防疫】 2019年，雨花区农业农村局狠抓疫情排查、检验检疫、生产监控、监管整治、应急防控等工作。开展动物防疫监督检查200余次，办理动物卫生案件7起，共没收违法所得和罚款2.4万余元。督促和指导全区屠宰场、冷库、农贸市场、养殖户等防疫主体做好消毒工作，发放消毒药15吨，指导养殖户消毒1.5万余户次，屠宰场消毒车辆10万余台次，冷库消毒车辆7万余台次。免疫注射猪瘟疫苗1.3万头、猪口蹄疫疫苗0.95万头、猪高致病性蓝耳病疫苗0.97万头、禽流感疫苗3.69万羽，鸡新城疫疫苗3.5万羽、羊小反刍兽疫疫苗0.023万头、牛羊口蹄疫疫苗0.058万头，应免畜禽免疫密度100%。开展下社区狂犬病集中免疫活动30余次，集中免疫犬0.3万余只。（胡　靖）

【屠宰检疫】 2019年，雨花区农业农村局在屠宰环节共同步检疫生猪556136头、肉牛8281头，活羊分销换证24338头，监督生猪瘦肉精抽检39197份，监督肉牛瘦肉精抽检1951份，监督羊的瘦肉精抽检4383份，监督肉牛布病抽检941份，监督羊的布病抽检4383份，瘦肉精和布病抽检比例超过5%。检疫过程中检出不合格生猪789头，不合格动物产品15638.1千克，不合格羊49头，对以上检疫不合格的病害动物及病害动物产品全部按照GB16548进行无害化处理，不合格生猪及其产品无害化处理率100%。送检畜禽产品质量安全监测常规采样300份，协助农业部采样4次，合计38个样本，协助农业部疫病预防控制中心进行流行病学调查一次，采样1200份，协助市疫控采样两次，采样60份。（胡　靖）

【生猪产品流通监管】 2019年，雨花区农业农村局对辖区内红星、云冷等冷库入场查验、换证分销冷冻产品41907.1吨，非洲猪瘟送检生猪产品115份，送检环境样本134份，办理供湘生猪及产品企业备案200余家；全区登记备案生猪运输车辆23辆，生猪屠宰点对点调运备案养殖企业35家，签订畜禽贩运安全承诺书40余份；

2019年9月17日，雨花区森林防火应急队伍集训（文敏华　提供）

排查跳马镇养殖散户600余家，生猪5000余头。开展打击生猪私屠滥宰专项整治行动12次，出动执法人员180余人次，出动执法车辆50台次，取缔私屠滥宰窝点9个。向生猪定点屠宰场、大型冷库、农贸市场、养殖户、贩运户发放非洲猪瘟宣传资料2000余份，张贴挂图1000余张，悬挂横幅30余条。6月，恢复设置李家塘、桃阳和团头3个非洲猪瘟防控临时检查消毒站，24小时轮流值班，确保检查消毒到位。全区未发现非洲猪瘟疫情。（胡　靖）

【渔政执法】　2019年，雨花区农业农村局开展渔政执法监督检查10余次，出动执法人员30余人次，执法车辆10余台次，处理雨花区浏阳河和圭塘河流域违法捕捞20余起，没收各类违法捕捞渔具10余套。（胡　靖）

【产业扶贫培训】　2019年11月12—18日，雨花区农业农村局开展产业扶贫下乡活动，区动物卫生监督所抽调技术骨干对跳马镇建档立卡贫困户进行6场养殖技术培训，培训结合跳马辖区养殖产业特点及现状，围绕产业扶贫，讲解家禽养殖技术、散养猪健康养殖饲养管理要点及畜禽常见疫病防治等，交流解答各类养殖问题，增强贫困户科学健康养殖的意识，坚定贫困户通过产业发展脱贫致富的信心和决心。复兴村、田心桥村等10个村（社区）的310余名贫困户参加。（胡　靖）

【森林资源保护】　2019年，雨花区农业农村局完成“五边”植树绿化146.67公顷（2200余亩）；组织开展全区松材线虫病春、秋季普查；组织林地飞防两次，悬挂诱捕器54套；对全区范围内枯死松树进行全面采伐清理；配合长沙市林业执法大队办结林业行政案件4宗，配合调解林权纠纷14起。（胡　靖）

【森林防火】　2019年，雨花区坚持“预防为主、积极消灭”的工作方针，狠抓各项森林防火措施落实，组织森林防火应急演练、森林防火设备维修保养，重点加强春节、清明节、中秋、国庆等防火特护时期的森林防火巡查、值班值守等工作，实现零火灾事故。1月24日，区森林防火指挥部组织全区各涉林街镇、跳马镇各村（社区）、石燕湖森林公园等重点防火单位负责人召开森林防火工作会议，安排、调度全区春节和全国“两会”期间森林防火。区森林防火指挥部副指挥长、区农林水局局长陈伟奇宣读雨花区森林防火指挥部《关于做好春节和全国“两会”期间森林防火工作的通知》。区政府副区长、区森林防火指挥部指挥长陈怀宇强调，要做到火源管理精细化、确保扑火救援规范化、达到防火宣传立体化、形成督促检查常态化，完善区、镇（街道）、村森林防火责任制，强化责任追究。（胡　靖）

【森林防火实战演练】　2019年9月17日，雨花区在跳马镇组织召开为期5天的森林防火队伍实战培训、演练，森林消防局机动支队六大队教官主讲森林灭火安全、灭火战法的理论知识，进行消防设备器具使用、森林消防灭火技能和实战演练，提高业务素质和扑救林火的能力。参加人员以跳马镇三仙岭村、冬斯港村、杨林新村、新田村、石燕湖森林公园以及区林业站的60名专兼职森林消防队员为主，同时包括各涉林街道森林消防队员、护林员等共90余人。（胡　靖）

【松褐天牛防治】　2019年5月20日，雨花区开展飞机作业防治松褐天牛，采用防治专用直升机，机身装有喷药设备，起飞前，将防控药物装入药箱，起飞后，药物按照预设好的自动化程序，落入指定林区。整个过程规范有序，2个多小时完成全部作业，共起飞4个架次。“飞防”区域包括跳马镇杨林新村、关刀新村、跳马村和石燕湖村，“飞防”作业总面积333.33公顷。（胡　靖）

【水利防汛】　2019年，雨花区制定区级防汛预案和水库调度规程，完善防汛应急体系，储备足量防汛物资，对全区18座水库进行全面体检。实施曙光垸浏阳河大堤综合整治工程（一期、二期）、李家山王家咀泵站闸门改造和花桥污水处理厂灌浆工程、病险水库除险加固工程以及农村基层防汛预报预警体系建设等重点防洪骨干工程建设，总投资约1.5亿元。在防汛关键时期，面对极端天气和长时间的高水位，24小时坚守岗位，取得防汛工作阶段性胜利。（胡　靖）

【防汛抢险技术培训】　2019年3月21日，雨花区组织开展防汛抢险技术培训，各街镇、村、社区一线巡堤人员230余人参加培训。长沙市防办主任陈集中、区退休老专家李长勤从防汛基本知识、水库防汛调度、山洪灾害防御和巡堤查险、抢险救灾等方面，通过多媒体教学、辅导讲解等形式进行培训，提升基层干部防汛抢险和对突发险情的处置能力。（胡　靖）

【河长制工作】　2019年，雨花区实施网格化管理，加强河道保洁和排口管护，加大执法力度，实现治污有力度、任务有进度、落实有深度。浏阳河雨花段、圭塘河、双溪港、官桥撇洪渠控制断面水质均值全部达标，各类水质稳定达到Ⅲ类、Ⅳ类标准。全年召开14次流域治理相关工作调度会议，出台《圭塘河流域管理办法》等文件。区级河长巡河打卡106次，乡级河段长巡河打卡909次。完成圭塘河石碑大港智能化末端排口改造和圭塘河时代阳光大道牛头桥临时截污项目，实施时代阳光大道北幅（红星市场——圭白路）截污干管扩容工程、双溪港流域五七集镇、冬斯港村污水治理工程和官桥撇洪渠铁石坝支沟生态治理工程等水生态体系建设工程。创建金屏社区小微水体管护示范片区1个。完成市级下达至雨花区的浏阳河流域治理任务8项，完成河湖“清四乱”（清乱占、清乱采、清乱堆、清乱建）专项整治任务。（胡　靖）

【防汛救灾】　2019年4月29日，雨花区人大常委会主任龚景顺、区政府副区长、区防汛抗旱指挥部常务副指挥长陈怀宇集中视察雨花区防汛准备工作，实地考察曙光垸区段堤防整治工程。区人大各专门委员会主任委员、区农业农村局、区应急管理局、跳马镇等单位负责人参加视察。6月26日，雨花区区委书记张敏调研全区防汛救灾相关工作，实地走访跳马镇三仙岭村地质灾害点、石桥村泥石流灾害点和水毁灾害点，以及曙光垸大堤综合整治工程；察看浏阳河大堤·榘梨水文站段和雨花区防汛抗旱指挥部防汛救灾物资储备情况，询问涉水在建工程建设进度和指挥部工作运行情况、全区水位水质情况等。张敏强调，要抓好隐患排查，对山塘水库、河流堤防等重点部位和重点区域，全方位开展隐患排查；开展生产自救，各级各部门要主动开展结对帮扶和志愿服务活动，要引导群众开展生产自救；加强宣传教育，增强群众应对泥石流、滑坡等自然灾害的意识与能力；加快项目建设。对穿堤建筑物等涉水在建工程，要抢抓有利时机，科学组织施工，保证建设质量和建设进度，确保按时完成建设任务。截至6月27日，跳马镇全镇房屋全倒户6户，因山体滑坡、泥石流灾害造成安全隐患的房屋81户，山塘、堤坝损坏多处，转移111户，无人员伤亡。6月27日，区委副书记、区长刘素月调研跳马镇防汛抢险救灾工作，现场查看灾情，看望和慰问受灾群众与救灾志愿者。刘素月要求相关部门单位落细落实防汛救灾工作，加快推动灾后重建，帮助群众尽快恢复生产生活。

（胡 靖）

2019年3月21日，雨花区防汛抢险技术培训 （黄雷鸣 提供）

财政·税收·金融

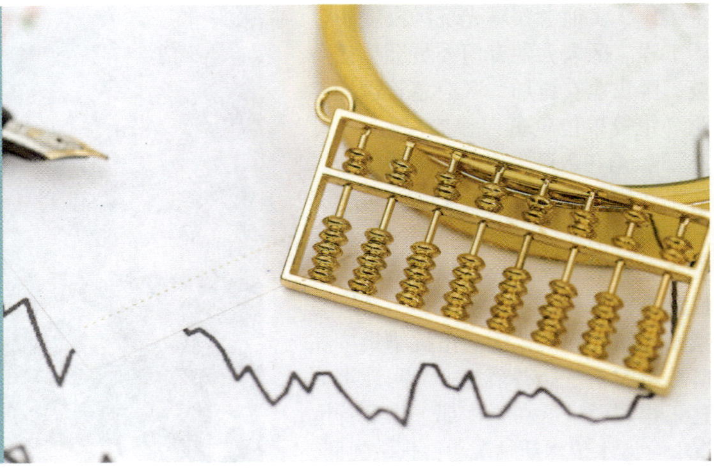

财 政

【概况】 长沙市雨花区财政局为区政府综合经济部门，负责组织、协调全区财源建设、编制年度预算草案并组织预算执行、管理非税收入、国有资产、政府内外债务等全区财政工作。内设办公室（财政信息科）、预算科（绩效评价科）、行政政法科（农业科和对外经济贸易科）、教科文科、社会保障科、经济建设科（企业科）、政府采购监督管理科（资产管理和控制社会集团购买力办公室）、街道财政管理科（会计科）、财源建设管理办公室、金融与债务科［政府和社会资本合作（PPP）办公室］10个职能科室和长沙市雨花区财政预决算（投资）评审中心、长沙市雨花区财政事务中心、长沙市雨花区国库集中支付中心3个二级机构，以及长沙市雨花区财政局经开区财政分局1个派出机构。编制数56名，其中行政编制18名，事业编制37名，工勤编制1名，全局有在职在编干部职工43人，人才引进3人，退休干部12人，党员50人（含预备党员1名）。办公地点设在区政府机关大院一号楼B座。

2019年，雨花区财政局全面深入贯彻中央、省、市经济工作会议精神，推进各项工作。财税收入稳步增长，全力保障各项重点支出需要，完成各项财政工作任务。区财政局获评湖南省关于减税降费专题调研报告三等奖，长沙市财政决算和预算执行分析工作先进单位三等奖等。（陈 璐）

【财源建设】 2019年，雨花区完成地方一般公共预算收入61.36亿元，为全年目标的103.57%，同比增长12.21%，区级税收35.69亿元，同比增长15.50%，地方税收占比58.16%。联合区税务局、区市场监督管理局、街镇深入对接区内重点异地纳税企业，全面掌握企业经营与纳税情况，跟进工商与税务转化，加快税源落地，推动全区税收稳定增长。参与“千人帮千企”“产业项目建设年”“营商环境优化年”等帮扶走访活动，帮扶企业解决发展难题，服务企业发展，培植可持续财源。加强欠税清缴工作，做到应收尽收。集中开展欠税清缴工作竞赛，提高税务部门清欠工作积极性，紧盯欠税、合力清缴、多措并举、重点突破，清缴企业欠税及查补税收近1.3亿元。（陈 璐）

【财政支出】 2019年，雨花区严格控制一般性支出预决算，对一般性支出进行压减。推进区事业单位、区国有企业公务用车制度改革，合理安排“三公”经费，压减行政运行成本，确保“三公”经费只减不增。推进全区社会保障工作，加大对全区居民养老、创新创业、就业困难人员社会保险补贴等专项资金的投入；重点推动民生保障工作，确保全区抚恤、军休、退役安置、社会救助、社会福利、基层政权和社会组织等工作运转顺畅；推进全区医疗卫生和健康工作，重点保障基本公共卫生服务等全区重点工作的支出。（陈 璐）

【财政管理】 2019年，雨花区以风险防控为重点，着力化解政府债务。摸清全区债务规模和债务结构，逐笔排查债务风险，全面清理甄别债务，制定《雨花区防范化解地方政府隐性债务风险实施方案》《雨花区政府性债务风险应急处置预案（试行）》，加快消化存量债务。采取“2+2”的模式，保留两家平台公司，组建两家市场化经营性公司，推进引导市场化转型。对4家公司高管人员去行政化，实行市场化管理，完成省级要求的整合转型任务。制定《雨花区国有公司融资及资金使用管理暂行办法》《雨花区政府和社会资本合作（PPP）项目监管办法（试行）》，细化量化管理标准，为更规范地开展项目融资和资金使用等方面提供政策依据。以规避风险为基础，规范基层财务。深化国库集中支付改革，落实省、市、区支付管理和厉行节约的相关规定，加强支付管理审核，对超标准、不合规、手续不齐的支付申请坚决不予受理，严把资金支付关。推进政府采购服务平台及公品商城平台的上线和应用，雨花区各单位自2019年7月1日起将本单位政府采购项目全部纳入政府采购平台管理，实现无纸化办公，政府采购效率得到提升。（陈 璐）

【资金管理】 2019年，雨花区出台《雨花区行政事业单位国有资产管理实施细则》《雨花区行政事业单位国有资产配置管理规定》《雨花区行政事业单位通用资产配置标准》，规范资产日常管理。制定《雨花区重大资金决策管理暂行办法》，对未列入当年度政府预算，需由本级政府追加的资金、区内项目投资计划、项目实施中有较大变更的决策进行规范管理。成立盘活“三资”工作领导小组，制定《雨花区盘活“三资”工作领导小组成员单位职责》，明确资金、资产、资源盘活牵头单位，按照“一事一策”的原则对盘活“三资”工作进行铺排。对闲置资金进行清查，清理统计区财政国库与财政专户应收账款、各区直部门、街道及经开区应收款、双控账户，对可盘活往来资金进行盘活，对长期无业务往来的双控账户进行合并或销户处理。印发《雨花区变更联审领导小组日常操作细则》，对《雨花区政府投资项目工程变更管理办法》（雨政办发〔2019〕17号）进行解释，规范操作流程，告知各建设单位须注意的事项和职责权限，提高投资评审工作效率。（陈　璐）

【财政业务培训】 2019年3月5日，雨花区财政局举办安装造价业务培训会。长沙市定额站范正伟授课，主要对区财政预决算（投资）评审中心评审员进行相关业务培训，邀请区审计局相关人员参加。讲解内容主要是与装修项目有关的水、电、消防的管线、线路的布置、走向和常用设施布置的情况、施工常用知识及其如何计量的初步知识，定额套用问题及其注意事项，培养理论联系实际的能力，开阔工程技术眼界，为雨花区投资评审工作顺利开展打下基础。6月19日，区财政局组织全区各行政事业单位采购专管员召开政府采购云服务平台上线工作部署暨操作培训会议。会议明确，各单位必须自2019年7月1日起将本单位政府采购项目全部纳入政府采购平台，原雨花区政府采购网上竞价电子反拍系统不再新增采购项目。区财政局对采购专管员进行专题业务培训，云平台运营方作平台操作实务培训，开展现场答疑互动。该次培训，为加快推进政府采购信息化建设打下基础。7月5日，区财评中心组织CSPK软件培训，造价咨询中介机构技术负责人以及中心全体评审员参加。专业人员介绍CSPK软件基本操作流程，对雨花区专用模版的实际应用进行讲解，对参训人员提出的问题作出解答。CSPK软件为财政投资评审提供概算、预算、结算的数据编制和审核服务，将各阶段业务结合，实现数据零损耗流转。该次培训，有利于帮助业务人员紧跟政策技术变化趋势，提高财政投资评审工作电子化和技术化水平。9月23—27日，区财政局在浏阳市委党校组织开展全区行政事业单位财会人员基础业务培训。全区各部门单位近百人参加，全程采取封闭式学习模式，聘请湖南理工学院会计学副教授张懿授课。学习的主要内容包括会计基本原理、政府财务会计与预算会计准则、行政事业单位新老会计制度的衔接以及国库集中支付业务流程和会计行业廉政知识教育。11月14—15日，区财政局组织开展2019年度各街（镇）财务人员业务培训。培训采取全封闭形式，区财政局全体班子成员参加开班仪式，党组成员、副局长张孟晗作动员讲话。培训邀请软件工程师和知名教授从合同管理系统操作、资产管理相关业务、新旧会计制度衔接、财务软件操作等方面进行授课。此次培训有利于解决各街（镇）财务人员在各类财务软件操作过程中的疑难问题，提升财务从业人员专业素养。（陈　璐）

【湖南监管局调研雨花区】 2019年5月10日，财政部湖南监管局局长肖翔调研雨花区一季度经济发展和财政运行情况。长沙市财政局副局长吴金生，雨花区委书记张敏，区委副书记、区长刘素月，相关区领导和区直部门单位，以及相关企业负责人参加调研。肖翔实地调研长沙比亚迪汽车有限公司和湖南大族智能装备制造基地，与企业负责人深入交流，了解企业基本情况和运行发展情况，询问减税减费政策的落实情况，肯定雨花区推动“一主一特”产业链（新能源汽车及零配件产业、人工智能及机器人产业）持续发展壮大的做法。张敏表示，雨花区紧盯重点产业，深耕“一主一特”产业链，发展动能加快转换；抓好税源管理，坚决落实减税降费等政策；做好税源清查，确保应收尽收；抓好营商环境，优化各项服务。肖翔希望雨花区及时梳理财政和税务等方面的新情况，加强协调对接，推动全区经济和财政工作再上新台阶。（陈　璐）

【战略合作】 2019年5月16日，

2019年11月29日，雨花区盘活“三资”工作调度会（陈　璐　摄）

雨花区政府与邮储银行长沙市分行签署战略合作协议。邮储银行湖南省分行党委书记、行长李晓良，雨花区委书记张敏出席并见证签约。李晓良表示，希望能够在服务园区、项目和企业等方面进一步深化交流合作，努力实现互利共赢。张敏表示，此次战略合作协议的签订，是双方长期以来密切合作、携手共进的重要成果，区委、区政府将做好服务，促使双方加强务实合作。7月10日，雨花区政府与长沙银行股份有限公司签署战略合作协议。区委书记张敏，区委副书记、区长刘素月，长沙银行党委书记、董事长朱玉国出席并见证签约。张敏表示，双方要建立紧密、稳定及长期的战略合作关系，共同推动雨花经济社会和长沙银行各项事业双赢发展。(陈 璐)

【盘活“三资”工作调度会议】 2019年11月29日，雨花区盘活“三资”工作调度会议召开。会议学习湖南省委常委、长沙市委书记胡衡华“把盘活‘三资’作为经济工作重要抓手持续推进”的讲话，宣读《雨花区人民政府关于成立盘活“三资”工作领导小组的通知》，明确“三资”工作牵头单位和各责任单位职责。会议根据《雨花区盘活“三资”清查工作方案》铺排雨花区盘活“三资”工作。会议要求各单位全面摸清存量“三资”底数，实行分类摸底，以盘活存量资产、沉淀资金、可用资源归集资金为抓手，采用存量资金收回、抵扣，存量资产资源拍卖、出租、划转等方式，用1年时间盘活存量“三资”。(陈 璐)

税　务

【概况】 国家税务总局长沙市雨花区税务局（简称“区税务局”）实行以国家税务总局为主与省（区、市）人民政府双重领导管理体制，为正科级单位，负责雨花区范围各项税收、社会保险费和有关非税收入征收管理。下设13个内设机构，11个派出机构（5个税务分局，6个税务所），1个事业单位。核定编制540名，其中领导职数6名；全体在职干部职工数464人，退休135人。局内设立机关党委，22个党支部，有党员416人，其中在职党员345人。办公地点设在雨花区湘府中路108号、雨花区韶山中路577号。

2019年，区税务局推进减税降费落地生根，着力提高组织收入质量，健全税收监管体系，各项工作齐头并进。获评全市税务系统绩效管理先进单位、长沙市财产和行为税管理先进单位、全市税务系统“智税2019”大数据竞赛二等奖。(彭 芳)

2019年2月11日，雨花区财税工作调研会 (彭 芳 提供)

【税收收入】 2019年，雨花区组织各项税收收入7690609万元，其中剔烟税收1873548万元，比上年同期增长126903万元，增长7.27%。在及时准确测算减税降费规模的基础上，多次向区委、区政府汇报，争取理解支持，确保税收预算和社保费预算与经济发展、减税降费要求等相协调。抓住登记、申报、入库、欠税等征管环节，加强催报催缴管理，按规定加收滞纳金或采取行政处罚措施。强化企业所得税管理，共汇缴42109户，汇缴率100%。建立“责任到组、项目申报、三级审核”的土地增值税清算管理模式，完成清算项目29户，清算补缴土地增值税7.4亿元。对印花税、房产税开展专项清理，共清查入库税款及滞纳金6668.3万元。强化欠税清缴，清理欠税户1102户，入库税款7461.37万元。(彭 芳)

【税收征管】 2019年，雨花区全面清理原国税、地税金三数据，数据清理总量21326户次，占全市清理总量的22.47%，确保金税三期系统顺利并库上线。开展纳税人基础信息清理，修改各类数据3993条。承办全省“发票有奖二次开奖”活动首期开奖仪式，建立轻微税收违法举报“快捷处理通道”，处理发票投诉案件532条。与45户单位签订委托代征协议，委托代征税款4783.72万元。强化内控机制建设，核查疑点数据34条。跨区域风险协作走上正轨并逐步规范，完成外省局跨区域协作任务239户次，跨部门联动任务25户次。全年完成风险管理全流程7385户次，入库税款及滞纳金2.51亿元。(彭 芳)

【办税服务】 2019年，雨花区税务局在区市场监督管理局的服务大厅设立税务专窗，实行一表填报制度，联合多部门对企业设立环节实行集中办理。在全局推行发票票种核定、税务注销、多缴抵税等9项日常主要流转业务限时办结制度，178项涉税事项实现“最多跑一次”，实行纳税人省内跨区迁移手续简化办理，精简纳税人财务报表资料报送，取消15项涉及税收优惠办理的税务证明事项。举办优化税收营商环境工作座谈会，面对面听建议、解难题。为220家“千户集团”开通政策辅导、业务咨询“直通车”，开展“创响三湘 减税降费进园区”以及“税法进万家”税收宣传活动，宣传受众近20万人次。掌上课堂录制11期，点击量25万人次。强化守信激励、失信惩处措施，在官方网站上累计公告责令限期改正71281户次、非正常户4838户次。用好“奖惩单”推进纳税信用体系建设，为A、B、M、C级纳税人开通电子抵账系统，共有54246户纳入信用管理。 （彭　芳）

【减税降费】 2019年，雨花区税务局设立政策落实、数据核算、政策分析、督察督办、纳税服务、综合宣传等6个专项工作组，制定任务清单，明确具体分工。建立分行业、分层级、分税种、分项目、分环节的统计核算分析机制。推行电子建档立卡管理，政策辅导坚持100%全覆盖，开展培训纳税人27万户次。核查疑点数据1.1万余条，加班加点完成20586笔次、329.12万元小微普惠性退税任务。自然人税收管理系统（ITS）上线运行，加大专项附加扣除的宣传解读，53万人享受个税新政优惠5.64亿元。全年落实减税41.2亿元，其中2019年新出台的减税降费政策减免28.01亿元。 （彭　芳）

【社保和非税收入征管】 2019年1月1日，社保费和非税收入职责划转开征，区税务局与财政、人社、医保等部门建立常态化沟通协调机制和联合工作机制，通过把专家“请进来”、业务骨干“走出去”的方式共同开展政策宣传和业务培训，优化社会保险费征缴对接工作，实现征收管理网格化。全年各项社会保险费入库100.03亿元，征缴率为99.56%，非税收入入库183566万元，同比增长4.6%。降费落到实处，287户单位享受养老保险政策降费3730万元，非税收入减免25.1万户次4108万元。 （彭　芳）

【金税三期系统并库上线】 2019年，雨花区税务局组织召开金三并库工作动员会、数据清理工作动员会、双轨运行动员会、冲刺阶段工作推进会等会议，明确工作目标、组织领导、工作任务、时间安排、工作要求。制定作业图，细化并库工作内容、工作任务和时间节点。抽调业务骨干组建“金三”并库集中办公团队，统筹安排数据清理工作，数据清理总量21326户次，占全市清理总量的22.47%。在巩固前期数据清理成果的基础上，按照“清存量＋控增量”的思路，严防新问题数据产生，在大双轨运行前组织并库版操作培训，通过自学和集中培训确保前台人员和业务骨干知悉并库版业务操作流程和应急处理流程。组织人海压力测试，部署预约办税工作，为2019年3月1日并库版平稳运行打下基础。 （彭　芳）

【税收宣传月活动】 2019年4月1日至5月20日，全国第28个税收宣传月，雨花区税务局针对公交车站台及繁华商业区人流量大、覆盖面广、贴近公众生活轨迹、反复阅读频率高、信息快捷体现等特点，在雨花亭、东塘、高桥等商圈内30余个公交车站台以及德思勤广场、喜盈门范城、高桥大市场等3个商业广场的LED屏制作并投放减税降费税收宣传公益广告。在广告中融入了国家税务总局减税降费专题网页、长沙税务微信公众号以及雨花税务手机掌上课堂的二维码，市民群众掏出手机“扫一扫”，就能通过看视频、听音频等方式在线学习税收“新政”，并加以利用。雨花区税务局创新性地将18个最新减税降费政策汇总并做成二维码，同时开设可以扫码登录的“掌上课堂”。通过“掌上课堂”视频，税务部门业务骨干解读减税降费政策等实体性内容以及办税缴费流程等程序性内容，帮助纳税人、缴费人明晰政策口径和适用标准。 （彭　芳）

【减税降费政策宣传】 2019年4月23日，雨花区税务局与长沙雨花经济开发区管理委员会携手开展“创响三湘·减税降费进园区”政策宣传活动，雨花区税务局党委书记、局长周兵，党委委员、副局长周歌，雨花经开区党工委委员、工会联合会主席、企业党委书记傅建辉，区财政局、区科技局、区工信局、区发改局等部门负责人，以及雨花经开区近500名纳税人参与活动。周兵表示，要确保减税降费的政策红利在各个企业落地生根。傅建辉强调，希望园区企业发挥社会担当意识，抓住机遇。区税务局的业务专家立足纳税人需求，通过案例拆解分析，明确相关政策的执行口径、标准和范围，加深企业对新政策的理解和运用。在会场外设置咨询台，现场接受纳税人提问，由业务骨干进行解答，开展“一对一”直接辅导，精准帮助纳税人根据自身情况确定享受优惠的具体范围。 （彭　芳）

【湖南省税务局调研雨花区】 2019年2月25日，国家税务总局湖南省税务局党委委员、副局长郭金洲带领省局相关处室负责人到雨花区税务局调研减税降费工作。3月13日，省税务局党委委员、副局长方志平一行到东塘税务所开展减税降费专项调研。6月26日，省税务局党委委员、副局长皮本固深入区税务局调研欠税清理工作。6月28日，省税务局机关党委副书记、纪委书记、驻长沙市税务局减税降费联络督导员端木阡一行到区税务局对减税降费工作开展情况进行实地督导。7月22日，省税务局机关党委专职副书记郑武林到区税务局圭塘分局支部开展“支部联基层活动”，开展“减税降费党旗红，精准落实当先锋”省市区局三级联动支部共建活动。 （彭　芳）

【纳税服务素质提升班】 2019年7月20—21日，雨花区税务局纳税服务素质提升班在长沙市税务干部学院举行。为不影响正常工作，参加人员为全区11个办税服务大厅所有前台窗口人员、区局纳税服务科、第一税务所全体干部以及各税务分局、税务所主管纳税服务工作的副职，共157人。区税务局党委委员、纪检组组长董谦讲授廉政教育课，提出要求：注重服务形象，改进服务态度，提升服务质效，严守廉政规矩。培训期间，学员们学习增值税和企业所得税基础知识，金税三期操作系统常见问题及处理，纳税服务规范以及近期税收优惠新政。邀请覃铁梅授课，她从纳税服务基本礼仪入手，分别从服务意识与心态、仪容礼仪、举止礼仪等方面进行讲解。（彭 芳）

【雨花营商环境测评指标提升工作推进会】 2019年7月25日，雨花营商环境测评指标提升工作推进会在区税务局召开，会议由区政府优化营商环境中心主任黄行健主持，区税务局党委委员、副局长张靖，区市监局副局长陈晓东等，以及毕马威公司相关工作人员参加会议。会议以“压流程、减环节、通堵点、强服务、提效率”为目标，通过强化部门之间沟通协调，全面提升企业开办便利化水平，创新打造集市监、税务、社保、银行于一体的开办企业“一窗通办”服务机制。与会人员从办理流程、办理时限、办理费用、办理便利度、管理提升等方面综合进行讨论，旨在优化市场营商环境，深化商事制度改革，提升市场主体和人民群众的满意度与获得感。（彭 芳）

金 融

【概况】 2019年3月，长沙市雨花区金融工作办公室行政职能划入区政府办公室，改为区金融事务中心，为区政府直属正科级公益类事业单位。主要职能是，负责研究制定并组织实施区域金融业发展总体布局规划和促进区域金融业发展的地方性政策及措施；参与全区融资工作和政府债务风险防控，负责联系及引进各类金融机构，引导金融机构服务实体经济；会同有关部门防范、化解和处置区域内金融风险，整顿与规范金融秩序；指导、配合有关部门查处和打击非法金融机构和非法金融活动，推进金融生态环境建设，打造金融安全区；协助管理、协调区域金融机构；协助由地方政府管理的金融机构（小额贷款公司、融资性担保公司）的监管、风险防控工作；负责全区企业上市工作的统筹规划、组织协调、推荐申报及政策扶植等工作；落实上级金融监管部门和区委、区政府交办的其他事项。区金融事务中心内设办公室、综合室（区打非办）。核定事业编制8名，设主任1名、副主任3名，在职干部6人，党员5人。

2019年，雨花区金融事务中心创新上市工作模式，狠抓拟上市企业服务，和顺石油获得证监会审核通过。切实打好防范金融风险攻坚战，化解金融风险19起。积极处置国金所P2P平台退出工作，获得省市整治办肯定。举办多场金企对接会，为企业获得信贷融资搭建桥梁，累计为全区3000余家中小企业实现融资近10亿元。邀请来自税务、人社、法务、金融等方面的专家分别为企业解读各领域的最新政策，为企业提供综合性、定制化的金融服务。积极对接蚂蚁金服和区政府的合作，推动多家银行与区政府签订战略合作协议，牵头做好相关金融机构引进落地工作。被评为雨花区2019年度优化营商环境先进单位。（邓 昶）

【金融企业服务】 2019年，雨花区金融事务中心发挥融担和小贷公司服务中小企业的作用，督促公司按时上报报表，坚持季度现场检查，迎接省、市检查。完成小贷和融担公司分类评级初审工作。加强对全区23家典当公司的监管，规范典当行业的经营行为，实地调研走访典当企业，了解其经营及财务信息。申请省、市专项财政补贴127万元，缓解担保和小贷公司资金压力。4月，在德思勤创业大街组织“雨花小微直通车·为创业梦想提速”2019小微企业金融、税务、人社、法务综合服务活动，内场邀请行业专家授课，辖区百余家小微企业参加活动，外场20余家金融机构分设金融产品咨询点，5家企业现场融资2100余万元。在高桥大市场召开的“减负宣讲进市场·企业赋能增活力”区中小微企业融资、税务、人社、法务综合服务活动中组织银行提供普惠金融产品咨询和服务。（邓 昶）

【企业上市服务】 2019年，雨花区金融事务中心实地调研走访重点拟上市企业20余家，了解企业上市计划、进展，解决企业上市过程中的困难和问题20余个，形成调研报告。推荐38家公司纳入省、市重点上市后备企业资源库，其中候会企业两家，辅导企业两家，为内五区最多。组织企业参加省市区召开的各类上市业务培训，组织中介机构、监管机构和交易所上门为企业服务。为辖区内企业申请省市金融产业补助专项资金约370万元，做好市区上市政策兑现工作。（邓 昶）

【防范非法集资宣传】 2019年，雨花区充分利用会议活动、自媒体、板报、横幅等形式开展防范非法集资宣传教育活动，有针对性地选择中老年人和在校学生开展专题知识讲座，传播防范非法集资知识，并在重点楼宇张贴警示牌。3月，雨花区金融事务中心在长沙航空职业技术学院圭塘校区开展“扫黑除恶我先行·金融知识进校园”主题宣传活动，悬挂宣传标语、设置宣传展板、组织学生签名，并邀请律师培训识别和防止“套路贷”“校园贷”和金融诈骗。5月，开展防范非法集资宣传月集中宣传活动，现场发放1000余份宣传资料和各类防非宣传小物品，积极宣传防范非法集资知识，为群众答疑解惑；各街道（镇）、成员单位结合自身情况均开展不同形式的宣传活动，全区组织大型集中宣传45次，发放资料10万余份，参与群众2万余人次，有效提升群众防范识别拒绝非法集资的能力，参与长沙打非专线推介工作10多次。9月，结合“开学第一课”与区公安分局一起到长沙民政职业技术学院，为6400余名师生开展防范电信诈骗、“套路贷”的安全知识讲座。（邓 昶）

【非法集资打击】 2019年，雨花区加大涉嫌非法集资排查力度，地毯式摸排800多家类金融公司，建立“一企一档”档案400多册，与86家楼宇物业签订责任书。重点针对养老等风险行业发布6次风险警示，并组织养老机构摸排整治行动。全面摸排P2P企业在雨花区开设的机构情况，配合省市互联网金融整治办约谈区内两家P2P企业，督促其良性退出。业务培训打非专干，传达省市打非办精神，督促掌握防非处非知识，提高识别非法集资能力。对重点楼宇负责人进行培训，明确楼宇防范工作机制。制定风险排查方案，重点核查40余家涉嫌非法集资的公司，发现有效线索10余条，提前化解云台山茶旅等8起涉嫌非法集资苗头。非法集资立案4起，化解陈案6起，提前化解金融风险8起，组织清退案件2起，与一批公司进行约谈、警告。积极做好投资户群体稳定工作，未出现非法集访。（邓　昶）

【助推文明创建】 2019年11月1日，雨花区组织全区180余家银行网点召开雨花区银行网点迎接文明创建测评工作推进会，详细讲解文明创建银行窗口单位的迎检标准和要求，提出动员部署、方案细化、对标落实、宣传氛围和督促检查等方面的具体要求。（邓　昶）

长沙农商银行雨花支行

【概况】 长沙农村商业银行股份有限公司雨花支行（简称“长沙农商银行雨花支行”）是长沙农商银行下辖的十四家一级支行之一，主要经营范围是中国银行业监督管理委员会依照有关法律、行政法规和其他规定批准的业务，经营范围以批准文件所列的为准。2019年，支行内设综合管理部、运营管理部、授信与风险管理部、市场拓展部，辖12个二级支行、1个营业部。在职员工146名，退休员工26名。党员76名。支行机关办公地点设在雨花区政府大院内。

2019年，长沙农商银行雨花支行大力发展业务，加强风险防控，有序推进各项工作。至年底，各项存款63.15亿元，较年初倒挂5.12亿元；各项贷款40.68亿元，较年初增加5.45亿元；实现利息收入23226万元；表内不良贷款余额1372万元，不良占比0.03%，实现“双降”。（余素梅）

2019年3月15日，雨花区税务局金融知识宣讲　　（余素梅　提供）

【经营管理】 2019年，长沙农商银行雨花支行优化人力资源管理，实行中层干部集中学习制度，对客户经理、综合柜员、中层骨干开展差异化培训，开展30余次各类培训。利用线上平台，推动线上学习。在“三八”、“七一”、国庆节、中秋节、重阳节等节庆日组织开展工会活动。倡导“快乐工作、幸福生活”的理念，组织成立瑜伽、摄影、羽毛球等工会小组并经常开展活动。出台绩效考核办法和竞赛活动方案。多次召开专题会议，提前谋划2020年工作，对客户营销、市场拓展、存款增长等重点工作进行部署。跳马片区21家金融便利店“Q惠邻”开业；杨林支行、冬斯港支行分别于8月8日、8月11日开业。对雨花支行综合办公楼进行装修改建，对低压安装工程进行施工，更换综合办公楼中央空调设备，提高安全防范能力。（余素梅）

【业务发展】 2019年，长沙农商银行雨花支行抓住省市唯一共建平台的发展机遇，推进“政务金融”，拓展基础客群，提升基础获客能力。雨花支行拥有湖南金科房地产开发有限公司、上海明大投资管理有限公司、浙江东阳天娱影视文化有限公司、中南勘测设计研究院、长沙市比亚迪汽车有限公司、湖南科创信息技术股份有限公司等一批客户。支行对公存款余额243914万元，较年初净下降102950万元，对公存款日均较年初净降22912万元。法人客户净增31户，基本存款账户净增153户。雨花城建投、现代物流园、环科园开发建设公司、长沙市棚改等一批战略客户得到维护和业务拓展，小微企业客户群体不断扩大。以雨花、跳马两个社保中心为依托，做好雨花区社保卡的相关业务，夯实基础客户群体。以信用卡、随薪贷、一手房按揭、二手房按揭为抓手，挖掘企事业单位的个人客户潜力，扩大中高端客户市场份额。营销对公账户的代发业务，跟进拆迁款等储蓄存款营销，拓宽基础存款规模，优化高净值零售客户的权益。各项储蓄存款余额387426万元，较年初净增51712万元；日均储蓄存款369813万元，净增51054万元。有效客户下降164户，优质客户净增1138户，社保卡激活率96%。雨花支行营业部、圭塘支行、木莲路支行、环科园支行对接各自的特色客群，围绕特定客群的特殊需求，为其打造专属化、特色化、定制化、差异化的产品。11月15日，雨花区财政局对雨花区惠民、惠农补贴“一卡通”发放代理银行机构采购项目实施公开招标，经采购项目领导小组评定，通过和长沙市4家银行的竞争，长沙农商银行雨花支行以第一名的成

绩成功入围该项目。（余素梅）

【风险防控】 2019年，长沙农商银行雨花支行实行双线管理模式，严把新放贷款准入关，有序、稳健投放信贷资金。加强到逾期贷款管理，对存量不良贷款和关注类贷款，实施“一户一策”“每户到人”，严格控制不良贷款反弹新增。截至2019年年底，表内不良贷款余额1372万元，不良占比0.03%，比年初下降0.76个百分点。开展“增收节支压不良”活动，全力控压新增不良贷款，加大依法清收力度，提高执行效果，跟进唐湘置业、油富置业、厚工坊、株洲福鑫等大额不良贷款清收工作。起诉贷款纠纷案件11件，金额1249.29万元。加强不良贷款的清收及处置力度。全年收回表外不良贷款438万元。扩大全面稽核范围，加大考核和追责力度。对二级支行进行安全、运营、电子银行等各项业务检查11次；抽调检查人员40余人；对信贷业务进行3次重点稽核；做好任职经济责任审计13人，完成员工岗位变动移交监交111人次。通过强化思想教育，加强制度学习，强调人人合规、事事合规，在全行形成有规可依、有规必依、违规必处的良好氛围，提高员工合规意识，加强员工八小时内外管控。抓好员工安全教育，提升全员安全意识；抓好“三防一保”工作，加强对特殊时间段的安全防范工作，消除长假和双休日内控管理的盲区及案防空白点；加大投入，提升技防、物防、人防水平；确保平稳运行无事故，实现全年“零”案件。（余素梅）

【主题演讲比赛】 2019年5月15日，长沙农商银行雨花支行举办“合规是银行的生命线”主题演讲比赛，来自各机构的17名选手围绕主题，通过多种表现形式，宣传“合规人人有责”、“合规创造价值”的合规文化理念。8月4日，长沙农商银行“合规是银行的生命线”主题演讲比赛决赛在湖南省音乐厅举行，雨花支行李思贤获比赛的第一名。（余素梅）

【爱心助学基金发放】 2019年9月6日，“情暖金秋·爱心助学”爱心助学基金发放仪式在雨花区跳马镇举行。长沙农商银行雨花支行行长张锴将4.8万元的爱心助学金颁发给跳马镇29位或品学兼优或家庭贫困的大学新生。（余素梅）

教育·科技

教　育

【概况】 长沙市雨花区教育局主管雨花区教育工作。内设办公室、秘书科（政策法规科）、基础教育科、政工人事科、计财科、基建规划科、安保科、监察室、民办幼教科（行政审批科）、教育督导室、教育工会、学生科（团委）、整治办；下设教育公共服务中心、教育科学研究所、艺术体育科技中心、会记核算中心、考试中心、信息技术与装备中心、教育后勤办、素质教育基地8个二级机构。机关行政编制18名。2019年，在职18人，引进人才1人，雇员1人；退休29人。办公地点设区政府机关大院二号楼。

2019年，雨花区有中小学84所(完全中学3所，初中8所，九年一贯制学校2所，小学68所，民办学校3所)，幼儿园230所（公办园47所，普惠性民办园153所，其他民办幼儿园30所），学生、幼儿15万余人（学生11万人，幼儿4万余人），教师8800余人（在编教师4195人，离退休教师2208人，合同制教师2418人）。雨花区教育工作坚持立德树人，开展主题教育，深化素质教育，保障教育民生，促进教育优质均衡发展。雨花区获“全国师德养成教育示范区”“国家义务教育质量监测优秀组织单位”“全国第六届中小学生艺术展演活动优秀组织奖”“全国基于教学改革、融合信息技术的新型教与学模式实验区”“湖南省教育信息化融合应用实验区”“湖南省网络学习空间应用普及优秀区”“湖南省第三轮义务教育学校校长教师交流轮岗示范区”“长沙市优秀考区”等称号;《湖南教育快讯》《全面小康工作情况交流》专刊推介雨花区教育工作；雨花区教育局获“2018年全国智慧课堂创新应用示范单位”，局党委书记、局长张新卫获评“2018年全国信息化课堂变革创新先锋人物”。《光明日报》报道雨花区配套幼儿园整治工作。存在的问题或困难有：雨花区生源保持年6000人左右的增长规模，入学矛盾突出；城乡各校间发展不均衡、教育教学质量与人民群众期望有差距；学校项目建设和教师紧缺形势紧迫，教师队伍建设有待加强；学校现代化治理水平有待提升，民办学校（幼儿园）管理不够规范，党建引领及创新有待深入等。（何兵生）

【教育强区建设】 2019年，雨花区委成立由区委副书记陈永高任组长的教育工作领导小组。区委书记张敏，区委副书记、区长刘素月等领导定期对教育工作专题研究。召开全区教育大会，推进教育强区建设。砂子塘小学作为全市小学代表在全市教育大会发言。雨花区教育经费投入20.1亿元，教师待遇人均提升1.6万元；成立雨花区中小学校建设指挥部，新建学校、公办幼儿园9所，总投资2.7亿元，新增学位、园位4950个。新增公办园22所，公办园和普惠园占园所总数86.9%。化解大班额129个，任务完成率全市第一。小学、初中适龄人口入学率100%。区人大常委会开展专项评议教育工作，满意率94.1%。（何兵生）

【教育教学】 2019年，雨花区践行《新时代爱国主义教育实施纲要》，11万师生同升国旗、同唱国歌、同温誓词、同上一课、同颂祖国。雨花区率先在全省成立社区少工委23家，服务学生成长。体育中考、初中学业水平、高中学业水平考试合格率居市内六区第一，超全市平均水平。稻田中学文科排全市第五、理科第七，明德雨花实验中学文科排第九；雅境中学排全市普通中学教育质量综合评价第九。长郡雨外学校、长塘里小学获评首批“长沙市未来学校”；雅境中学、长郡雨外洪塘学校、枫树山南屏锦源小学被评为“长沙市网络学习空间人人通优秀学校”。雨花区作为全市唯一区被评为“长沙市智慧教育示范区”。（何兵生）

【民生服务】 2019年，雨花区教育局开展“生命教育，让教育更美好”开放活动，全区84所中小学校开放校园、课堂，展示生命教育办学特色。区教科所获“2019年度全国生命教育杰出单位”。举办“家校共育”讲座40场，构建“四位一体”教育格局。枫树山小学、长塘里小学家长学校建设案例入选“全国中小学校家庭教育优秀案例”。区级及以上特色学校104所，占学校总数53.2%，其中国家级特色学校45所（全国青少年足球特色校24所）。8个项目获长沙市校园文化艺术展演一等奖，德馨园小学获全国青少年足球冠军杯总决赛11岁男子组冠军，枫树山中航城小学、跳马小学获评“湖南省中小学劳动实践场所”。学生获市级及以上奖励1452项，国家级142项。雅礼雨花中学等开展龙山、桑植学校对口帮扶。为雨花区6000余名学生幼儿，发放资助325.1万元；免除学生学杂费，免费提供教科书，共计1.5亿余元。64项政务服务事项实现网上办，“一次办”比例100%。雨花区中小学落实“三点半”服务，参与学生5万余人，教师4000余人。（何兵生）

2019年12月10日，雨花区教育大会暨师德养成教育推进会（何兵生 摄）

【教育治理】 2019年，雨花区教育系统83%的支部获评“五化”党支部。区教育局机关、砂子塘万境水岸小学党支部获评“长沙市教育系统先进基层党组织”。雨花区教育工作在市级及以上媒体报道446次，其中国家级媒体报道22次，“学习强国”平台报道6次。出台《雨花区义务教育学校“减负提质”实施方案》，完成40所中小学素质教育和78所幼儿园办园行为督导评估。泰禹小学、砂子塘吉联小学获评“长沙市依法治校示范学校”。查处10起在职教师违规补课问题；长沙市教育系统2019年廉政微党课比赛，雨花区教育局获优秀组织奖，雅境中学、砂子塘东澜湾小学获一等奖。群众集访同比下降83%；阳光服务平台受理事项下降32.64%，其中省市级受理下降60.51%。落实安全责任，抓实食品、饮水、消防、校车安全以及校园周边综合治理，教育系统安定和谐。（何兵生）

【教师队伍建设】 2019年，雨花区以师德养成教育示范区建设为抓手，提升教师师德水平、专业素养。《长沙晚报》以《师德高尚，雨花教育人第一能力》为题，专版报道雨花区师德建设工作。雨花区有市、区两级卓越教师406人（其中市级93人）；长沙市名师工作室建设交流会上，雨花区教育局汇报工作经验。参加“一师一优课、一课一名师”评选，雨花区获市级以上优课84节，其中，部级优课14节；湖南省中小学（幼儿园）教师备课大赛活动中，雨花区获特等奖11个。公开招聘教师153人，其中名优教师25人。金屏小学余小妹获评“湖南省优秀农村教师”，区教育局机关刘洁获评“长沙市先进工作者”，砂子塘吉联小学朱鸿雁获评长沙市第五届“感动星城·十大魅力教师”，枫树山美联小学李红党等9人获评市级优秀教师，453名教师获评区级“四有”好老师。恒大绿洲幼儿园吕奕获湖南省女职工学前教育技能竞赛一等奖，获“湖南省五一劳动奖章”；长郡雨外洪塘学校胡淼、砂子塘天华寄宿制学校旷海彬获湖南省第一届青年教师教学竞赛中学语文、小学数学项目一等奖，获“长沙市五一劳动奖章”。（何兵生）

【雨花区教育大会】 2019年12月10日，雨花区教育大会暨师德养成教育推进会在雨花大会堂召开，会议由区委副书记、区长刘素月主持。区委副书记、区委教育工作领导小组组长陈永高宣读“师德养成教育基地校、首席培训师暨培训师”名单和2019年中小学素质教育督导评估结果，进行授牌、颁奖。区委书记张敏指出，雨花区教育工作要坚持以人为本，坚持改革创新，坚持优质发展，着力抓重点、补短板、强特色，加快推进教育现代化和教育强区建设，办好人民满意教育。刘素月提出，要始终坚持以优秀传统文化涵养师德，打造一支师德高尚、业务精湛的教师队伍，加快推进教育现代化建设。（何兵生）

【教育工作会议】 2019年1月23日，雨花区2019年教育工作会议在雅境中学召开。会议由区政府副调研员盘正元主持。区教育局党委书记、局长张新卫作题为“坚定信心，久久为功，加快推进教育现代化和教育强区建设”教育工作报告。提出2019年雨花教育应抓好六项工作：坚持立德树人，提升育人质量；坚持教学中心，提高办学水平；坚持引育并举，优化教师队伍；坚持改革创新，完善教育治理；坚持统筹兼顾，打造美好校园；坚持党建引领，促进高质量发展。区政府副区长刘江红提出，教育工作要围绕“办人民满意教育”目标，抓好“基础教育重在基础”“义务教育责在义务”两个关键，把握“建好校、带好队、育好人”三个重点，坚持“优质均衡发展、新高考改革、特色发展、教育治理现代化”四个导向，推动雨花区教育事业发展。长郡雨外洪塘学校校长邓荆培、泰禹小学校长李臻、枫树山大桥小学校长张洪波三位校长做主题发言，介绍办学思想。区政协副主席廖云伟等出席会议。（何兵生）

【雨花区获评全省师德养成教育示范项目区】 2019年3月27日，湖南省教育厅公布全省师德养成教育示范项目区，雨花区入选。雨花区坚持以优秀传统文化涵养师德，通过中华优秀传统文化和革命文化、社会主义先进文化涵养师德，实现“校校争当师德标杆，人人争做师德模范”美好愿景。建设思路是：通过建设师德养成示范区，打造“知行135E”区域特色师德养成建设模式。“一个理念”是指：坚持“文化养德，知行合一”核心理念，以中华优秀传统文化（含革命传统文化、社会主义先进文化等）涵养师德，引导广大教师传承优秀传统文化，培养高尚师德，做到教书与育人、行为与示范相统一，勇于担当立德树人时代重任。“三条路径”是指：依托生命化课堂，品读经典，书写经典，夯实师生中华文化之根；依托生命化德育，涵养心性，培育品德，铸就师生生命成长之魂；依托生命化学校文化，传承文化，营造师生群体生命气象。“五类课程”是指：“思想明德”“经典启德”“国艺养德”“体验润德”“践行立德”五大课程。前三者主要依托自主研发的师德养成教育E平台进行，分别侧重于文化涵养，后两类课程则主要依托基地校（场馆）实施，侧重体验与实践。“E平台”：依托“中华文化涵养师德E平台”开展线上线下学习。（何兵生）

【交通安全宣传教育活动】 2019年3月14日，雨花区教育局联合区交警大队在砂子塘万境水岸小学开展“十万学子同上交通安全课”宣传教育活动。长沙市教育局党委副书记、副局长孙传贵，市公安局交警支队党委副书记、副支队长李卫平，雨花区政府副区长刘江红，区教育局党委书记、局长张新卫，区安监局局长刘归，区交警大队大队长陶理新以及学生、家长代表300余人参加活动。活动分室内交通安全宣传讲座和室外交通安全现场演练两部分进行，雨花区各中小学校组织学生、家长以及老师同步收看直播并参与互动。活动讲授交通安全知识、观看交通事故警示视频、开展互动游戏、有奖竞答，对全区师生进行交通安全教育。（何兵生）

【国家安全教育日活动】 2019年4月15日，湖南省中小学生国家安全教育日宣传活动在雨花区万境水岸小学举行。活动以“千万学生同上一堂国家安全教育课”为主题，由湖南省教育厅、省国安厅主办，长沙市教育局、市国安局协办，雨花区教育局承办。湖南省教育党组成员、主任督学、工委委员郭建国指出，希望同学们加强学习锻炼，筑牢思想防线，树立主人翁意识，积极同危害国家安全的各种行为做斗争；有关部门高度重视，认真部署，创新开展各种国家安全宣传教育活动。活动现场，全体师生、家长共同观看《愤怒的种子》主题宣传片。万境水岸小学的孩子们用舞蹈《保家卫国》、情景剧《国家安全在心中》等形式诠释“国家安全，人人有责”的含义。各大中小学校围绕“4·15”国家安全教育日主题，同步开展形式多样的宣传教育活动。（何兵生）

【生命教育主题活动】 2019年5月29—31日，雨花区“生命教育，让教育更美好”生命教育大型开放活动启动仪式在泰禹小学举行，全区中小学作为“分会场”同步开展生命教育活动，通过视频连线现场展播。活动旨在进一步深入推进雨花区教育现代化强区建设，发展雨花生命教育，培育“一校一特色、一生一特长”的区域教育特色，积极构建“政府、学校、家庭、社会”四位一体的新型教育格局。湖南省教育厅党组成员、副厅长、工委委员王玉清，长沙市政府副秘书长厉江华，市教育局党委书记、局长卢鸿鸣等出席活动。参会人员现场观摩泰禹小学的集中开放活动，泰禹小学一年级红黄蓝家长课堂、二至五年级成长课堂、六年级学生讲坛全部开放。开幕式上进行全区各中小学校特色课堂和特色展示活动现场连线，邀请《中国诗词大会》第三季总决赛总冠军雷海为、北京师范大学教授肖川、湖南师范大学教授容中逵、湖北大学教授叶显发做主题报告。活动期间，雨花区各中小学全部面向社会开放，邀请桑植、龙山、洞口等地教师代表，及各区县友好学校校长、教师代表到各校观摩。（何兵生）

【庆祝中国共产党成立98周年活动】 2019年6月28日，雨花区教育系统庆祝中国共产党成立98周年“初心与使命”演讲比赛暨全国师德养成教育示范区巡讲活动在雅境中学举行。雨花区委副书记陈永高，区委常委、组织部部长龚畅，区政府副区长刘江红，区属各中小学、幼儿园书记、校（园）长，学区书记，民办教育党委各支部书记、新发展党员代表等共计400余人参加活动。龚畅表示，希望教育系统广大党员干部推进雨花教育现代化和教育强区建设。9名雨花区“师德巡讲团”成员讲述对“初心和使命”的体会，表达投身教育事业的激情和梦想，展现雨花教师风貌。其中，区教育局机关作品《努力追梦的人》，讲述区教育局党委班子，引领雨花教育砥砺前行的生动实践。长塘里小学作品《足球梦想映初心》，讲述一个小小的足球，寄托着孩子的梦想，融入不变的初心。和平小学作品《你的特殊 我来呵护》，讲述雨花教育工作者助力特殊儿童的成长。会场上，新党员进行入党宣誓，老党员重温入党誓词，齐唱《没有共产党就没有新中国》。（何兵生）

【文艺展演】 2019年9月27日，“不忘初心、牢记使命”主题教育文艺展演在雨花大会堂举行，该次展演以“爱我祖国 爱我中华”为主题，由长沙市教育局、雨花区政府主办，雨花区教育局承办，旨在庆祝中华人民共和国成立70周年。湖南省教育厅党组书记、厅长、工委书记蒋昌忠，长沙市政府办公厅副秘书长厉江华，市教育局党委书记、局长卢鸿鸣，雨花区委书记张敏等参加活动。蒋昌忠在讲话中回顾全省教育改革发展历程，希望教育系统广大教职员工着力推进科教强省建设，培育德智体美劳全面发展的社会主义建设者和接班人。展演分为铭刻初心、胸怀家国、筑梦未来三个篇章，上演《在灿烂阳光下》《初心与梦想》《鱼水深情》《母子情》《奉献的人生最美丽》《智慧校园你我他》《快乐“三点半”》《我爱“新三好”》等节目。（何兵生）

【张敏调研考点工作】 2019年5月31日，雨花区委书记张敏到湖南省地质中学、长沙市雅礼中学、长沙市第二十一中学、长沙市南雅中学等“三考”（高考、中考、学考）考点调研，就交通组织、食品安全以及环境整治等问题进行交办。张敏强调，要在思想上高度重视，各部门单位要压实工作责任，做到履职尽责；要确保责任到位，要做好考场周边环境整治。要做好突发事件应急准备工作，备齐救护车、应急药品等，出现问题迅速联动处置；做好各关口安检以及监控等设施设备检测；严格试卷整理、交接、运送、流转，确保试卷流转安全。确保工作认真细致。严格组考、督考等环节，做实做细相关工作；区教育局要及时调度，解决存在的问题，加强部门协调配合，确保全区“三考”工作顺利。（何兵生）

【胡衡华调研枫树山小学】 2019年5月30日，湖南省委常委、长沙市委书记胡衡华到枫树山小学，调研儿童友好型城市建设，向全市少年儿童致以节日祝贺。胡衡华对学校着眼“一米高度”，优化设施配备，以“儿童视角”进行空间布置，从儿童利益出发，将临街门面改为多功能教室举措给予肯定；表示要推动“儿童友好”理念从校内走向校外，贴近生活，注意细节，带动全社会形成“了解儿童、尊重儿童、关心儿童、服务儿童”氛围；要将服务少年儿童摆在突出位置，加快建设儿童友好型城市；各级各部门和社会各界要在全社会创造政策友好、空间友好、服务友好的儿童友好环境，让孩子们更加安全、自由、快乐地成长。（何兵生）

【市体育局调研雨花区】 2019年3月14日，长沙市政协副主席、市体育局局长李平调研雨花区学生体育工作，考察泰禹小学，与泰禹小学足球教练团队进行交流，体验泰禹小学携手大成青训独家引入的德国xelerate综合测试训练系统，对该系统和测试内容在培养学生运动能力和球商上的作用给予肯定。李平表示，泰禹小学让体育训练项目与现代化高科技产品相结合，是帮助学生提升运动能力、促进学生健康成长的有力举措；雨花区在开展学生体育工作和推进教育现代化工作上考虑长远、谋划全面、创新落实，让学生享受优质教育资源。雨花区政府副区长刘江红，区教育局党委书记、局长张新卫，区文旅体局局长王琳参加调研。

（何兵生）

【市教育局调研雨花区】 2019年2月18日，长沙市教育局党委书记、局长卢鸿鸣，市教育局党委委员、副局长缪雅琴一行调研雨花区春季开学工作。雨花区政府副区长刘江红，区教育局党委书记、局长张新卫等参加调研。卢鸿鸣一行到泰禹小学，参观学校“广集灯谜闹元宵”“一年级学生打击乐合奏”等活动，欣赏师生寒假“写字天天练”作品；到少先队室，聆听“畅想2035年长沙教育”主题讨论发言。卢鸿鸣强调，要充分利用优质资源，发挥引领作用，促进区域教育优质均衡发展。10月18日，卢鸿鸣、缪雅琴一行调研雨花区中小学校内课后服务工作，刘江红、张新卫等参加调研。调研组一行到雨花区砂子塘吉联小学，了解学校课后服务情况。卢鸿鸣强调，各中小学要围绕学生需求，合理安排课后服务内容，建立健全课后服务管理，提高管理水平；要继续从场地建设、教师培训、资金保障等方面加大扶持力度，提高中小学课后服务工作水平，办好人民满意教育。（何兵生）

【省教育厅调研雨花区】 2019年7月5日，湖南省教育厅党组成员、副厅长、工委委员王玉清一行到雨花区调研师德师风建设工作。长沙市教育局党委委员、副局长邓芸，雨花区政府副区长刘江红，区教育局党委书记、局长张新卫参加调研。实地考察稻田中学、雨花区教育局第一幼儿园，到泰禹小学召开现场座谈会，市、区首批名校长和区优秀教师代表、学生家长代表参与座谈。座谈会由市教育局教师工作处处长陈利群主持。邓芸从“突出教育引导，促进师德自觉；突出制度管理，促进师德自律；突出关怀激励，促进师德自砺；突出监督约束，促进师德自警”四个方面，汇报长沙市师德师风建设工作。张新卫从“多措并举，尊师重教成为第一目标；点面结合，特色培育成为第一品牌；示范引领，师德高尚成为第一能力；治学修身，从严执教成为第一要求”四方面介绍雨花区全面深入落实师德师风建设的举措；从“注重师德师范、注重科研引领、注重课程建设”等方面汇报“师德养成示范区”建设推进情况；提出不断提升教师队伍幸福指数和进一步加强教师编制保障等建议。王玉清指出，针对师德师风问题，要以教育为主，积极引导号召动员，同时，也要落实问责，提升教师队伍建设水平，促进教育优质均衡发展。

（何兵生）

【教育部调研雨花区】 2019年10月31日，教育部基教司干部刘仕来以及《光明日报》记者一行调研雨花区小区配套幼儿园整治工作。湖南省教育厅基教处处长曾四清，长沙市教育局党委副书记、副局长孙传贵，雨花区委副书记陈永高参加调研。刘仕来指出，雨花区站位高，坚持以人民为中心，满足群众对优质普惠学前教育资源需求；意识超前，前期有调研摸底，做到有的放矢；整治工作决心大，部门配合好，挂图作战，一园一策；稳妥推进，情理法并用，工作经验值得推介。雨花区通过“五个一”举措（一号工程的地位、一抓到底的决心、一把尺子到底的标准、一周一调度力度、一园一策的办法），抓实小区配套幼儿园整治工作。全区签订小区配套幼儿园移交协议100所，完成整治80所，新增普惠园学位2万余个。2019年湖南省小区配套幼儿园整治工作会议，雨花区作为区县代表发言。

12月9日，教育部基础教育司司长吕玉刚一行调研雨花区教育工作。湖南省教育厅党组成员、副厅长、工委委员王玉清，长沙市政府副市长刘明理等参加调研。吕玉刚一行到雨花区教育局第七幼儿园、杰特乐幼儿园调研城镇小区配套幼儿园移交工作，听取两位园长关于幼儿园办园规模、师资队伍和办园理念介绍，查看幼儿园硬件建设、设施配备情况。吕玉刚对雨花区立足公益普惠，办好家门口的幼儿园，实现“幼有所育、幼有优育”工作予以肯定。在雨花区雅境中学，吕玉刚走进初一年级《道德与法治》课堂听课，听取长沙市教育信息化发展和智慧教育未来展望的专题汇报。吕玉刚强调，要完善人人通在线学习中心，建立起和课程体系相匹配的公益性教育资源，减少家长到社会机构盲目报班冲动；根据大数据分析指导课堂教学，解决因材施教问题；深化综合素质评价，提高评价可行性和可信度，提升社会接受度；完善、推广教育信息化应用。（何兵生）

【联合国儿童基金会驻华办事处考察枫树山小学】 2019年3月13日，联合国儿童基金会驻华办事处儿童保护处处长彭文儒、政府合作官员毛盼、研究协理郑娜一行到枫树山小学考察“儿童友好型城市”建设工作。考察团肯定枫树山小学“我是校园小小设计师”综合实践活动，肯定学校维护儿童权益、尊重儿童意愿、鼓励学生参与设计优化校园的做法。“儿童友好型城市”概念起源于联合国儿童基金会，旨在把可持续发展和儿童权利整合在一起，保障儿童生存权、受保护权、发展权和参与权。（何兵生）

【微机派位工作总结会】 2019年3月7日，长沙市2018年小学升初中城区联合微机派位工作总结会暨2019年工作启动会在雨花区召开。市教育局基教处处长肖碧芳主持会议。雨花区政府副区长刘江红致辞。雨花区教育局党委书记、局长张新卫总结汇报雨花区组织的2018年小学升初中城区联合微机派位工作。天心区政府副区长黄会表态，天心区将按照市教育局部署，重视好、组织好、保障好、落实好各项工作，完成2019年微机派位工作。长沙市教育局党委委员、副局长缪雅琴强调，要以更精心组织、更精确铺排、更精准宣传、更精细落实，齐心协力，克难攻坚，确保2019年长沙市小升初微机派位工作高标准、零差错、高水平完成。市内六区教育局长参加会议。（何兵生）

科学技术

【概况】 长沙市雨花区科学技术局（简称“区科技局”）为区政府行政单位，负责全区科技成果转化、科技平台建设、科技项目及资金管理、科技计划的申报及审核、人才队伍建设等工作。内设办公室、科技管理科和科技计划科。2019年，成立二级机构科技创新事务中心。全局在职在编干部职工11人，其中行政人员8人，工勤编1人，事业编2人；雇员3人，退役士兵1人，退休干部7人。办公地点设在区人民政府机关大院内。

2019年，雨花区科技工作以“产业项目建设年”“营商环境优化年”为抓手，深入实施创新驱动发展战略，着力培育“四新经济”，推动科技创新与经济深度融合，提升科技创新对全区经济社会发展的支撑能力。增强全社会R&D经费投入，加大高新技术企业培育，培育重点创新项目，加快中小企业培育，加强平台载体建设，推进科技计划项目，促进科技成果转化。（陈　倩）

【科技工作成果】 2019年，雨花区走访重点科技企业，培训基层和企业科技工作者进行R&D统计业务，加大R&D投入力度。聚力“3+1模式”（培育一批、孵化一批、申报一批，优化服务环境），加快高新技术企业认定进度。开展高新技术企业认定申报工作部署及业务培训，发动全区符合申报高新技术企业条件的企业应报尽报，帮助企业解决不会申报、申报通过率低的问题，介绍高新技术企业可享受的优惠政策，指导企业正确归集研发费用，全区认定高新技术企业98家，高新技术企业增至307家，新认定数和总数均居中心城区第一。长沙《决策咨询》2019年第十期专题推介雨花区高新技术企业认定工作经验。比亚迪新能源乘用车、中建五局BIM协同设计管理平台研发等8个重大项目在区科技活动周上成功签约，总投资40多亿元。激励科技型中小企业做大做强，加大“小巨人”企业创新能力培育，重点支持科技“小巨人”企业。克明面业股份有限公司获评“国家粮食产业（小麦面条制品）技术创新中心”称号，成为全国小麦面条制品技术创新中心。科技企业营业收入实现高速增长，可孚智能医疗增长364%。全区有全国溶解采矿工程技术研究中心等国家、省、市级科技创新平台71个，长沙智能机器人研究院有限公司等孵化器5个，认定众创空间7个，宋旦汉字博物馆等4个基地成为长沙市专业科普场馆。成立“中国（雨花）创新设计战略联盟”，制订中国（雨花）创新设计谷3年行动计划（2020—2022年），为创新设计企业发展搭建创新服务平台。全区申报区级科技计划项目61个，组织科技、财政部门初审，企业专家评审和区直部门联审工作，56个通过专家评审，项目资金790万元。组织区内20余家企业参加市科技成果转化对接会；促成一批科技企业与高校、科研院所签订技术合作协议或技术交易合同。完成技术合同交易登记额46.4亿元，比上年增长36.87%，认定额超过其他4个中心城区认定额总和，高居全市第一。组织企业开展申报省研发费用财政奖补工作，财政奖补备案企业154家，申报企业74家，获奖补资金4000万元。申报市2018年新认定高企研发费用补贴140家。帮助企业争取上级财政资金6789.33万元。（陈　倩）

【科技工作培训会】 2019年5月28日，雨花区科技局在中国（长沙）创新设计产业园会议中心举办2019年全区企业科技工作培训会，150余家企业管理人员和雨花经开区、街道（镇）科技专干参加培训。长沙市科技局高新处副处长余新辉，长沙生产力促进中心培训部专家分别就高新技术企业申报认定、科技创新小巨人申报认定、企业研发经费归集以及加计扣除、科技计划项目验收工作流程和验收资料的规范撰写等科技业务知识进行解读。该次培训，有利提高与会人员对高新技术企业、科技创新小巨人企业申报要求和科技计划项目验收的相关规定和要求的了解。（陈 倩）

【科技计划项目部门综合评审】 2019年11月8日，雨花区科技计划项目综合评审在区科技局336会议室开评。区科技局牵头组织，区纪委、区法院、区财政局、区生态环境分局、区市场监管局、区应急局、区工业和信息化局、区农业农村局相关负责人参加，区纪委派驻住建局纪检组负责人参会。各单位对已经通过专家会审的52个项目进行联审，各相关职能部门分别从入选企业的环境保护、安全生产、产品质量监督、企业诚信、技术创新、税收贡献、企业发展等多个方面进行评定，评审结论作为区科技项目资金拨付的重要依据。通过部门综合评审为区科技计划项目的立项把好了重要一关。区科技计划项目层层筛选、严格把关，旨在把区级财政资金落实到扶持真正有发展潜力的企业中去。（陈 倩）

【科技活动周活动】 2019年5月16日，雨花区科技局召开2019年科技活动周暨科技计划项目申报工作部署会议。区直相关部门分管负责人、各街（镇）分管科技工作负责人、专干40余人参加会议。会议由副局长黄小元主持。副局长李江涛通报《2019年长沙市雨花区科技活动周方案》，具体安排科技活动周启动仪式以及科技计划项目验收相关工作。副局长黄小元全面部署2019年雨花区科技计划项目申报、高新技术企业认定申报、区对街道（镇）绩效考核等相关工作。局党组书记、局长彭谱诚传达省市科技工作相关会议精神，梳理全年重点工作和当前工作，希望区直各部门、街（镇）积极配合做好各项工作，圆满完成2019年雨花区科技工作的各项任务。会上，雨花区与长沙比亚迪汽车有限公司、湖南晓光汽车模具有限公司、中机国际工程设计研究院有限责任公司、中南勘测设计研究院等8家重点科技企业和科研机构集中签约，助推雨花区转型驱动发展。签约科技项目涉及新能源乘用车新生产线关键技术、智慧水利支撑平台建设、生态环境检测与污染治理、有色金属矿山与重金属冶炼智能制造集成技术、城市防洪安全监测预报预警与应急响应关键技术等方面的研究与应用。根据协议，区科技局将重点扶植这批科技企业实施科技创新项目，合作期限3年。5月22日，“科技强国·科普惠民”2019年雨花区科技活动周启动仪式暨科技企业推介活动在雨花经开区管委会举办，区政府副区长刘江红致辞，介绍雨花区科技活动周活动情况；市科技局党组成员、总工程师盛湘饶发言肯定雨花区科技工作。与会人员见证区级重大科技创新项目签约，共同启动科技活动周。长沙有色冶金设计研究院有限公司、湖南宏禹工程集团有限公司、长沙环康科技有限公司以现场解说、播放宣传片和发放宣传资料等方式进行企业推介。活动周期间，举办科技企业推介交流、人大代表视察科技企业、科技工作业务培训、科普知识进社区、科普基地开放等一系列活动，旨在增强全社会的科技意识和科技品质，提高科技工作者的科技素养和工作能力，使科技能够更好地服务于经济社会发展和民生保障。区委副书记陈永高，雨花经开区党工委副书记、管委会主任曾红鹰，区人大常委会副主任杨仕斌等出席启动仪式，区科技领导小组成员单位及各街（镇）分管负责人和工作人员以及科技企业负责人共160余人参加启动仪式。（陈 倩）

【克明面业成为全国粮食领域技术创新中心】 2019年5月21日，在2019年全国粮食科技活动周中，雨花区克明面业股份有限公司被国家粮食和物资储备局授牌“国家粮食产业（小麦面条制品）技术创新中心”，这是国家粮食和物资储备局在全国范围内首次评定的小麦面条制品技术创新中心，肯定克明面业在粮食行业技术创新、带动行业技术进步等方面发挥的重要作用。克明面业股份有限公司作为雨花区重大科技创新项目的申报单位，注重面条工程化技术的研究和创新。截至2019年年底，克明面业获得挂面生产工艺国家授权专利81件，省部级科技成果3项，国家科技进步

2019年5月22日，雨花区科技活动周启动仪式暨科技企业推介活动

（陈倩 提供）

二等奖1项。（陈　倩）

【中国（雨花）创新设计战略联盟成立】 2019年10月18日，中国（雨花）创新设计战略联盟成立大会在中国长沙创新设计产业园召开。雨花区政府副区长刘江红出席大会并致辞。创新设计战略联盟是经雨花科学技术领导小组同意，由中国电建集团中南勘测设计研究院有限公司、中机国际工程设计研究院有限责任公司等6家单位共同发起的区域性战略协作组织，36家高技术服务企业、行业组织、科研院所、社会团体加入。该联盟以提升创新设计能力为使命，以高技术服务、创新设计企业和区域支柱产业的创新设计需求为导向，着力提升企业创新设计能力，推动创新驱动发展。会上表决通过联盟章程，选举中国电建集团中南勘测设计研究院有限公司、中机国际工程设计研究院有限责任公司为第一届理事长，选举长沙智能机器人研究院有限公司、长沙航空职业技术学院等17家单位为副理事长；选举中国长沙创新设计产业园为秘书长。新当选的理事长和秘书长单位负责人致辞。刘江红对联盟的发展提出建议，创新引领发展，为盟内企业的创新设计发展打造坚实的服务平台；设计改变未来，要加强跳马“绿心”生态保护；联盟赢得先机，将技术交流、信息交流、资源共享、人才集聚、成果转化形成现实生产力，推动雨花区高技术服务业特别是设计服务业高质量发展。（陈　倩）

【长沙市调研R&D经费投入工作】 2019年9月10日，长沙市科技局、市统计局、市工信局组成联合工作组调研雨花区R&D经费投入工作，到雨花亭街道办事处、五矿二十三冶建设集团有限公司、湖南路桥建设集团有限公司开展现场调研和座谈，受访街道和企业分别汇报R&D经费投入情况和存在的问题，与市、区部门进行沟通，市、区部门对有关问题进行解释答复。区科技局党组书记、局长彭谱诚作专题汇报。市科技局副局长周一平要求，加强领导，把R&D工作落实到中心工作地位；做好调研挖潜工作，对企业研发经费投入做到应统尽统；加强培训工作，提高基层专干业务水平；抓好统筹协调，形成各部门同心协力、齐抓共管R&D工作的合力。区科技局、区统计局、区工信局相关负责人陪同调研。（陈　倩）

【刘江红走访调研科技企业】 2019年2月26日，雨花区政府副区长刘江红调研雨花经开区高技术服务业发展工作，参观长沙创新设计产业园ONE PEN汽车设计公司和云识智能的产品展厅，与入驻企业进行沟通和交流，对该园区“政府引导、专业化运营、市场化运作”的发展模式表示肯定，指出园区应进一步整合资源、加快融合发展，致力于打造创新品牌、拉长设计产业链；走访中国轻工业长沙工程有限公司，听取企业基本情况、经营现状以及企业实施的重点科技创新项目的介绍，就企业发展、科技创新、存在的困难等方面提出建议。区科技局、雨花经开区、区发改局相关负责人解答了雨花区出台的有关产业发展扶植政策。3月1日，刘江红调研湖南中烟工业有限责任公司，参观该企业的化学所实验室和质检站实验室，了解实验室的整体规模、主攻方向、先进技术、人员结构等情况，听取湖南中烟工业有限责任公司介绍技术中心的人员组成、科研成果、研发投入强度、技术成果应用转化率等企业发展状况，表示希望企业能够不断加大研发经费投入，积极投身雨花公共事业，通过政企合作，不断提升企业形象、拓展发展领域。3月6日，刘江红调研湖南高桥大市场股份有限公司，参观高桥国际商品展示贸易中心和电商中心，了解各个区域馆进口商品货源、展馆运营发展等相关情况，听取企业相关负责人的相关情况介绍，进行座谈交流，表示区政府及相关部门将全力支持企业发展，做好服务、提供帮助，希望企业创新运营机制，增强市场发展活力，发挥好高桥大市场的引领作用，为区域发展作出更大的贡献。7月4日，刘江红走访调研长沙比亚迪汽车工业有限公司，听取企业负责人汇报企业工作目标和任务情况、新能源电动汽车研发投入和生产销售情况，听取雨花经开区、区科技局等与会部门负责人科技政策和相关问题说明，指出科技部门和园区要帮助企业解决存在的实际困难，要在自主创新、产学研合作、科技成果转化等方面给予支持。7月24日，刘江红调研“创新设计谷建设、科技创新工作发展”，走访中国电建集团中南勘测设计研究院有限公司、国家林业和草原局中南林业调查规划设计院，听取两家企业相关负责人和处室主要负责人介绍企业近年来的科技创新情况，了解企业研发经费投入、技术交易合同、科技计划项目申报方面的情况，表示区政府将加强与重点科技企业的联系。8月28日，刘江红调研中铁五局集团有限公司长沙总部科技创新工作，听取中铁五局集团有限公司介绍公司发展情况、科技创新情况，交流优化营商环境服务企业工作，表示区政府将加强与公司的联系，做好相关服务。9月5日，刘江红调研中建五局，考察公司发展展示馆，听取公司发展情况介绍，交流沟通了解企业科技发展情况、研发投入情况，探讨创新发展问题，表示区政府将为企业提供更加优质的服务，希望企业加大人才引进，加大科技投入力度。11月22日，刘江红到中铁五局集团第一工程有限责任公司调研，参观该公司技术中心，听取公司发展情况介绍，与企业相关负责人进行交流沟通，了解企业科技发展情况、研发经费投入情况、企业发展规划及遇到的困难和问题，表示希望公司能够把握好机遇，加大科技投入力度，要求区相关部门服务好企业，对企业提出的问题逐一解答。12月18日，刘江红到湖南中烟工业有限责任公司调研研发经费投入情况，表示全区政府部门将一如既往地支持企业发展和科技创新。（陈　倩）

【陈中调研雨花区科技工作】 2019年8月27日，长沙市政府副市长陈中带领市政府办公厅、市科技局等相关负责人调研雨花区科技工作，了解科研院所R&D经费投入工作，在长沙有色冶金设计研究院有限公司召开座谈会，听取中国电建集团中南勘测设计研究院有限公司、长沙有色冶金设计研究院有限公司的相关情况介绍，了解企业研发团队、研发投入、科研项目开展等情况，听取雨花区全社会研发经费投入情况汇报。市科技局相关负责人进行业务指导。陈中要求，雨花区要紧盯 2019 年度 R&D 目标任务；企业要对研发经费做到应统尽统；科技部门要进一步明确政策导向，加强业务指导。雨花区政府副区长刘江红，区科技局、雨花亭街道主要负责人参加调研。（陈 倩）

【特约人员工作座谈会】 2019 年 6 月 4 日，雨花区科技局召开特约人员见面会暨优化营商环境工作座谈会，听取特约人员意见。会议邀请湖南三匠人科技有限公司、长沙盈康信息科技有限公司、湖南湘旭交安有限公司等辖区科技企业主要负责人参加，会议由局党组书记、局长彭谱诚主持，党组副书记、副局长刘望峰，党组成员、副局长黄小元参加会议。科技企业主要负责人介绍各自企业科技创新的情况，提出营商环境优化意见和建议，了解科技高新技术企业申报、经费扶植等相关政策。区科技局介绍近年来的科技工作情况，对企业提出的有关政策问题进行现场答复。彭谱诚对科技企业为区域经济高质量发展作出的贡献表示肯定，同时表示区科技局将以此次交流为契机进一步深化认识，强化措施，落实“营商环境优化年”工作。希望特约人员能够更加主动地监督，更加关心科技工作，宣传科技创新，支持科技事业发展。

（陈 倩）

文化·旅游·体育

综 述

【概况】 2019年3月，长沙市雨花区文化体育新闻出版局经机构改革调整为长沙市雨花区文化旅游体育局，负责全区文化旅游体育工作。内设办公室（产业发展科）、公共文化艺术科（体育科）、全域旅游科（文物管理科）、市场管理科（行政审批和政务服务科），核定机关行政编制8名，其中领导职数3名（另备案1名）。下设区文化馆，核定事业编制4名，其中领导职数1名；区图书馆，核定事业编制5名，其中领导职数1名；全民健身服务中心，核定事业编制3名；区文化市场综合执法局，参公管理单位，核定参公事业编制8名。全局干部职工49人，其中在职干部25人，引进人才1人，雇员14人，退休9人；全局党员32人，其中在职党员26人，退休党员6人。办公地点设在雨花区人民政府机关大院文化中心大楼。

2019年，雨花区文化旅游体育局统筹推进文旅体各项工作，全区公共文体服务体系更加完善，“一圈两场三道”文体实事工程惠及群众；文化艺术活动丰富多彩，原创文艺精品获国家级、省级奖项；全民健身体育事业发展实现新突破；文化遗产保护完好并获传承发展；文化市场平安健康有序；文化旅游产业融合发展。获各级荣誉称号46项，其中国家级12项、省级9项、市级25项；创建国家级示范基地（示范点）3个、省级3个、市级1个；获“学习强国”、《光明日报》、《中国文化报》、《湖南日报》等各级主流媒体报道378篇次，其中国家级55篇次、省级200篇次、市级123篇次。 （黄靖宇）

【行政审批】 2019年，雨花区文化旅游体育局接受文化市场政策落实和行政审批规范化全国督查（各省交叉检查）；实行“一个岗位对外”制度，切实履行“一次性告知制”，建立健全四级网格化管理，全年办理各类在线行政许可57件、其他行政权力12件、变更7件，重新审核登记320件，网上在线办理各类审批件办结率100%，群众满意率100%，行政审批整体提速50%；对规章、规划性文件设定及部门在实际工作中设定的证明事项进行清理，对凡是没有法律依据的一律取消，实现证明材料再精简30%以上；根据国家和省关于加快推进全国一体化在线政务服务平台建设及“四级九统”要求，对政务服务事项进行规范性填报，实现各级政务服务事项办理环节、材料、时限一致，编制并发布“一件事一次办”目录清单；全面推行“证照分离”改革，实行“照后减证”，统筹推进“多证合一”“证照联办”改革，解决“准入不准营”问题；根据“马上办、网上办、就近办、一次办”改革要求，依托区政务大厅、“互联网+政务服务”和大数据平台，完成“最多跑一次”事项的梳理、报送工作，进一步理顺机制、提升效率、优化服务，着力改善营商环境。 （黄靖宇）

【文体实事工程】 2019年，雨花区落实《湖南省公共文化服务体系建设三年行动计划》工作获评全市第一，文化实事工程建设全市第一。投入867万元（含争取的上级资金232万元），建设街道综合文化站2个，建成示范性社区综合文化服务中心5个、社区自助图书馆2个、体育公园1个（全区首个城市体育公园）、健身步道1条（全市首条智慧健身步道）、智慧健身驿站2个，投放健身器材72处，设置朗读亭2个，协助区人武部成立图书流动服务点1家，建设跳马镇村级文化活动室7个、村级文化广场1个，扶持体育新城社区、雨新路社区公共文化场馆设施建设，成立13个文化分馆，人均拥有公共文体设施面积3平方米以上。 （黄靖宇）

【“扫黄打非”工作会议】 2019年1月24日，雨花区“扫黄打非”工作会议召开。会议由区政府办副主任熊灿主持。区“扫黄打非”工作领导小组成员单位、各街道（镇）分管领导、文化站长等参加会议。会议传达学习省、市第三十二届“扫黄打非”会议精神，总结2018年度“扫黄打非”工作情况，部署安排2019年春节、“两会”期间出版物市场及网络文化环境整治及2019年“扫黄打非”工作任务。区政府副区长、区“扫黄打非”领导小组副组长刘江红要求，认清当前“扫黄打非”工作的形势；提升“扫黄打非”工作质量；浓厚齐抓共管的“扫黄打非”工作氛围；确保整治工作有序推进取得实效。（黄靖宇）

文 化

【文化活动】 2019年，雨花区开展2019年“我们的中国梦·湖湘文化进万家”暨第三届“飞梦雨花”文化艺术节系列活动、文化惠民演出、“国乐潇湘”共享音乐盛宴、“祖国颂”庆祝新中国成立70周年群众合唱比赛、“欢乐潇湘·品质长沙·幸福雨花”——2019年雨花区群众文艺会演、“月满中秋节·苗汉一家亲”——“精准扶贫·文化走基层”、“送戏下乡进社区”等文化活动。开展春季公益性、暑期少儿公益性、冬季公益性培训班，培训项目涵盖有：声乐、形体、太极拳、瑜伽、拉丁、尊巴、少儿非遗体验班、少儿汉字艺术体验班、少儿舞蹈班、少儿小主持等，惠民500人次。（黄靖宇）

【文艺作品创作】 2019年，雨花区拍摄制作原创红色电影《半条被子》获国家电影局公映许可证，全国上映，在第28届中国电影节上作为开幕影片展播，并创作该电影主题曲《半条被子好温暖》；组织参加庆祝中华人民共和国成立70周年“欢乐潇湘”群众文艺会演，共获省奖5个、市奖6个，其中舞蹈《初心》获长沙市特等奖、湖南省二等奖，《潇湘云水》获长沙市一等奖、湖南省优秀奖，《我的祖国》获全市一等奖，《雪花秘扇》《洗衣歌》获全市二等奖，风传奇艺术团、群星艺术团获评全省优秀团队、“点赞新中国、银发耀三湘”文艺会演获全省金奖，歌曲《在太行山上》获评“祖国颂”长沙市庆祝新中国成立70周年群众合唱比赛金奖；区文旅体局获评第六届湖南艺术节长沙美术书法摄影作品展优秀组织奖。（黄靖宇）

【文化市场管理】 2019年，雨花区市场综合执法局组织“扫黄打非”“扫黑除恶”“清源”“净网”“护苗”“春雷”“秋风”“清朗暑假”“绿书签”等专项整治行动，检查文化经营单位4000余家次，立案调查41起，结案40起，行政罚款23.6万元，案件涵盖网吧、出版、娱乐、电子游艺、网络出版、营业性演出等行业门类；办理网吧违规经营案件21起、娱乐及电子游艺4起、发行非法出版物案件4起、网络案件10起、艺术品经营单位违规经营案1起、非法营业性演出1起，没收13家书店、文具店非法出版物6000余册，受理各类举报500余件，处置记者反映线索6起，核查全国扫黄打非办交办的10起违禁出版物案件线索，转化案件10起（含全国“扫黄打非”办挂牌督办案件1起），关停非法网站9个、非法微信公众号5个。办理YY小说地带网出版传播违禁信息案被全国“扫黄打非”办评为全国网络文学专项整治八大典型案例之一，被新华社客户端及《光明日报》报道，被评为省文化市场综合执法考评先进单位、市“扫黄打非”优秀集体，探索网络执法的雨花“模式”获市“扫黄打非”办通报表扬，区文化市场综合执法局被市“扫黄打非”办推荐为2019年度湖南省“扫黄打非”优秀集体。（黄靖宇）

【文化产业发展】 2019年，雨花区修改和审定文化产业奖励扶持政策，完成2018年度促进区域产业发展政策兑现文体设施建设奖励的初审和复审工作，为文旅企业争取各项政策奖励扶持资金近200万元；完成雨花非遗馆《文创产品的设计与研发》项目（湖南省上报的两个之一），参加文化和旅游部2019年度区域特色产业公共服务扶持项目的申报工作；引入湖南嘿马教育科技有限公司等15家文化企业；推动红影文化产业园项目建设；完成雨花非遗馆、创新设计产业园等10家文旅企业参加长沙市2019年度引导和扩大文旅消费提升行动项目和示范区评选活动，3家企业入选长沙市文旅消费项目提升“十大网间经济”“十大示范区”等项目。（黄靖宇）

【“书香雨花”体系建设】 2019年，雨花区推进“书香雨花”建设，打造“15分钟阅读圈”；建设区人武部图书流动服务点1个，重点扶持雨新路社区图书室建设；全区有区级图书馆1个、街镇图书馆13个、图书分馆11个、农家书屋48个、全国“书香社区”1个、“非遗书院”1个、“公园图书馆”1个、机关阅读花园3个、自助图书馆4个、朗读亭2个、流动服务点1个；建立政府搭台、社会力量支持、公益组织运行的和+共享图书馆；设置雨花区读书总会和13个读书分会，聘请10名“雨花阅读推广形象大使”，“1+13+X”全民阅读推广服务体系初步形成。（黄靖宇）

【全民阅读】 2019年，雨花区以“书香与梦想齐飞，阅读与人生相伴”为主题，结合春节等传统节日和世界读书日、母亲节、儿童节等主题，开展第十一届“书香雨花”读书节系列活动，时间从3月一直持续到年底，分设书法作品展、开幕仪式、主题活动、展览会4个板块，涵括“我们的中国梦·湖湘文化进万家”猜灯谜、“全民阅读 关爱社区”送图书进社区、汉字时光之旅、“激活经典，走向大众”图文展、“书海导读”新书推介、童书故事分享、“我与祖国共成长”暑假读书、“图书漂流”、“星城少年儿童阅读之星”推选、夜间经济论坛、各类专题讲座等内容，惠及读者20万余人。开展“书香校园”快乐阅读日等学雷锋志愿服务系列活动，推动全民阅读；获“书香长沙”——第38届全市少年儿童庆祝新中国成立70周年系列读书活动先进集体奖，区文旅体局获评长沙市第八轮“芙蓉杯”竞赛“芙蓉标兵岗”。（黄靖宇）

【文物保护】 2019年，雨花区开展文物安全巡查160余次，检查文物单位400余处；陕西忠义官弁兵夫合墓修缮工程竣工验收，完成吉王陵巡查道路、监控设备修复工作，推动跳马镇吉王陵安防工程建设，推动杨坦园墓周边文化主题公园建设报批，完成雨花区文物智慧消防试点项目，做好全区不可移动文物的安全管理和修缮；开展文物安全巡护员培训，开展文化与自然遗产日宣传，完成黎萼墓历史文化调研及申报文本编制，做好文物保护宣传教育和培训工作。（黄靖宇）

【“非遗”传承】 2019年，雨花区开展雨花区第二批区级非物质文化遗产代表性项目名录的评审工作，湘剧脸谱、湖湘榫卯结构小木作技艺、雨花剪纸、洞井龙舞4个项目的5个传承人入选第二批区级非物质文化遗产代表性传承人；推进雨花非遗馆及项目传承建设；承办湖南省“2019年文化和自然遗产日”系列活动，开展“非遗”进校园活动，开展“我们的节日”——春节、端午节、七夕节、中秋节等系列活动、“‘非遗’献礼·盛世华章”——庆祝新中国成立70周年主题活动、“千人帮千企·千企助‘非遗’”主题活动，举办“践行十九大·翰墨润雨花”历届中国书法兰亭奖湘籍作者作品展、湖湘企业“非遗”公益行等10余场大型“非遗”宣传展示活动；组队参加深圳文博会、全国第七届中国博览会；雨花区“非遗进校园”实践案例获全国优秀组织奖，雨花非遗馆获评全国2019非遗与旅游融合十大优秀案例之一、“中国民主同盟传统教育基地”、“湖南省社会科学普及基地”、“湖南省新兴青年群体筑梦空间”、“长沙市第一批示范性非遗传习所、展示馆”，入选中央统战部2019年新的社会阶层人士统战工作实践创新基地重点项目。调研报告《着力打造世界非物质文化遗产高地——关于雨花非物质文化遗产展览馆建设发展的调研报告》获湖南省委常委、长沙市委书记胡衡华批示。（黄靖宇）

【雨花非遗书院】 2019年，雨花区建设全国首个“非遗书院”——雨花非遗书院，优化馆藏，购进传统文化线装书籍、精装书籍上万册；设置湖湘文化区、非遗图书区、非遗体验区、非遗演绎区、少儿阅读区、畅销书籍区、精品文创区等；定期开展非遗讲座、非遗展示，播放非遗电影、非遗戏剧等；建立微博和书友会群，创建特色品牌活动“非遗公开课”，邀请“非遗”传承人和湖南名人专家开展湖湘文化和“非遗”知识专题讲座等，举办“好书共读”阅读会、“我们的节日”主题活动、“阳光周末雨花‘非遗’公益大课堂”、“国学里的家风”沙龙讲座等公益阅读活动，建成湖湘“非遗”传统文化研学基地。（黄靖宇）

【文化交流】 2019年，雨花区组织宋旦汉字艺术博物馆参加俄罗斯“锦绣湖南·美丽长沙”活动和东盟媒体合作论坛，接待200余位海外华裔青少年参与汉字体验寻根之旅；组织参加中非文化博览会，举办“国乐潇湘和+音乐盛宴”活动，与来自20余个国家和地区的国际友人进行文化艺术交流；雨花非遗馆入驻第十五届中国（深圳）国际文化产业博览交易会，获文博会金银铜奖10个，接待文化部部长雒树刚一行考察；洪源一刀剪、宝庆瓷刻代表湖南亮相外交部湖南全球推介活动。（黄靖宇）

【第三届“飞梦雨花”文化艺术节】 雨花区第三届“飞梦雨花”文化艺术节系列活动围绕“我们的中国梦·湖湘文化进万家”主题，区、街道（镇）、社区（村）级联动，依托辖区内的街区、广场、楼宇等，开展各具特色的迎新年庆祝活动，“一街镇一亮点，一社区一特色”，在全区营造红红火火迎新年的节日氛围。活动时间从2019年1月17日（腊月十二）至2月19日（正月十五），包括“我们的中国梦·湖湘文化进万家”文化惠民之“送戏下乡”“六进三送”“红红火火迎新春”“春节元宵喜乐汇”等系列活动，为雨花区人民群众送上文化大餐，满足人民群众日益增长的精神文化生活需求。1月17日，“我们的中国梦·湖湘文化进万家”暨第三届“飞梦雨花”文化艺术节系列活动启动仪式在雨花非遗馆非遗大舞台举行。上演歌舞、杂技、小品等节目，其中包括歌舞《幸福中国一起走》展现财富品质幸福雨花的嬗变与发展，川剧绝活《变脸》《送财神》上演传统戏剧文化，女子群舞《醉美雨花》体现雨花山水人文风情。活动分别向区级标准化文艺团队和文化艺术协会授牌，向雨花区文化志愿者颁发聘书。雨花区13个街道（镇）分别在文化广场、五江天街商业街、西子商业街、匠心公园、燕子岭公园等居民聚集区、重点街区、广场设立分会场13个。主会场与13个分会场实现联动直播，主会场大屏切播分会场精彩画面，同步开展表演、游乐、美食、庙会等活动。2月19日，“我们的中国梦·欢乐闹元宵”群众文化活动在左家塘窑岭社区庭院举行，活动设置猜谜语、包汤圆、趣味手工灯笼制作等元宵节主题，激发社区群众和青少年爱党爱国爱社会主义的热情。（黄靖宇）

【世界读书日系列活动】 2019年4月23日，雨花区举行“阅读与梦想齐飞，书香与人生相伴”——第11届“书香雨花”读书节暨“世界读书日”

2019年1月17日，第三届飞梦雨花艺术节主会场（黄靖宇 提供）

主题活动启动仪式。朗诵大咖、广电知名主持人及“阅读推广人”等参加活动，“书香雨花”卡通形象“花花”亮相，“书香雨花”微信公众号启动，“文创产品”征集令全球发布，《激活经典，走向大众——〈中华传统文化百部经典〉首批十部典籍推介图文展》公益展览举行，为全区10位优秀全民阅读推广代表颁发“雨花区阅读推广形象大使”聘书；成立13个读书分会，将阅读推广工作深入到基层一线，送到居民群众身边。5月11日，著名儿童文学家汤素兰携新书《犇向绿心》走进和+共享图书馆，举办新书分享会，现场与近百名读者交流，表达对孩童成长、亲子沟通、学校教育等社会热点的思考以及对生态保护、乡村振兴等时代之题的期冀。7月5日，传统文化知识讲座“中国非遗女书的那些事”在雨花区图书馆电子阅览室举行。湖南省非遗文化保护传承发展促进会副会长、湖南省女工协会副会长、潇湘爱莲女书文化研究院院长、湖南省书法家协会会员李爱莲分享“女书”故事，示范“女书”书写方法，指导大家在团扇、折扇上进行创作，呼吁社会各界关注“非遗”文化，传承“非遗”文化。7月12日，传统文化知识讲座“曾国藩家教与家风”在区委党校道德讲堂开讲，吸引阅读爱好者200余人参加。湖南大学岳麓书院教授李兵分析曾氏族人对曾国藩的影响，阐述曾国藩“克己慎独”的修身之道、“孝悌勤俭”的治家之道、“识人善用”的用人之道，结合现代社会家庭教育和事业发展进行论述论证。7—8月，雨花区开展“我与祖国共成长”——庆祝新中国成立70周年暨2019年“书香雨花”读书节暑假系列活动，包括“我与祖国共成长”2019年游学打卡、新老照片对比征集、灯谜基础知识培训、趣味翻转课堂、“小小管理员”志愿服务、红书签·公益捐赠、“爱国诗词阅读暨书中人物景致寻访”研学、第九届“星城少年儿童阅读之星”等活动。9月21日，“新经济、新引擎，助力城市新发展”《夜间经济学》论坛在长沙德思勤24小时书店举办。湖南省文化和旅游厅副巡视员王鹏，《夜间经济学》作者、国内“夜间经济研究第一人”鬼虎子，财经作家吴晓波，长沙书友会会长欧家锦等围绕夜间经济展开交流对话。10月15日，传统文化茶知识讲座在悠游小镇止间·雨岸书店举行，中国茶叶学会茶艺专业委员会副主任委员、湖南省礼仪文化研究会副会长、湖南农业大学的朱海燕教授为市民普及茶学知识。（黄靖宇）

【文化和自然遗产日展示活动】 2019年6月3日，“文化和自然遗产日”湖南省非物质文化遗产宣传展示主场活动在雨花非遗馆举行。雨花非遗馆区分传、辩、咏、品、鉴、听、触、写八种形式，动态展示湖南“非遗”的保护实践。在非遗大舞台上演湖南柔术节目《丝路芳华柔术造型》“非遗”节目，《湖湘非遗赋》、《天下非遗聚雨花》原创现代“非遗”节目。活动包括“抖转新遗”专题讲座、“非遗该不该潮”辩论赛等，有万人品“非遗”美食、创意“非遗”作品展、听“中国好人”讲非遗故事等活动，展示扎染、剪纸、皮影戏等“非遗”技能，以及城步油茶、湘乡烤糕、宁乡四大碟等湖湘美食。（黄靖宇）

【“国乐潇湘”音乐共享】 2019年7月28日，“国乐潇湘”共享音乐活动在长沙和+共享图书馆举行。活动由湖南图书馆和雨花区文旅体局主办，围绕“识中华乐器、赏中华名曲、听中华故事、品中华茗茶、吟中华名句”展开。省文化和旅游厅副厅长尚斌和来自30余个国家的150余名中外音乐爱好者参与此次中西方音乐结合的文化交流活动。在潇湘丽人新民乐组合合奏的《喜洋洋》音乐声中拉开序幕，上演民乐合奏《步步高》、古筝独奏《春江花月夜》、古琴独奏《阳关三叠》、二胡独奏《月夜》、葫芦丝独奏《我心永恒》、陶笛独奏《女儿情》、笛子独奏《春到湘江》、琵琶独奏《十面埋伏》和古琴独奏《流水》等节目，演奏过程穿插朗诵、茶艺、舞蹈、插花等活动。活动以纯粹的世界性音乐语言与外国人直接对话，有利于让中国民族音乐走向世界。（黄靖宇）

【群众文艺会演】 2019年8月7日，“欢乐潇湘·品质长沙·幸福雨花”2019年雨花区群众文艺会演区级海选启动，从各街道（镇）举办的初赛中脱颖而出的40个节目次第登台，吸引700余群众参加。节目由群众自发组织、自编自导自演，包括交响乐演奏、小组唱、现代舞、踢踏舞、群舞、京歌、花鼓戏等，展现群众积极向上的精神风貌。《潇湘云水》等16个节目晋级区级决赛。8月26日，雨花区群众文艺会演区级选拔赛在长沙实验剧场举行，雨花区200余名文艺爱好者参与。节目题材选取、编排打造均以高歌革命历史、弘扬主旋律为轴心，充分展示雨花经济发展面貌及文化事业欣欣向荣的新形象。经过激烈的角逐，专家评委现场评出金奖1名、银奖2名、铜奖3名、优秀节目奖10名。（黄靖宇）

【群众合唱比赛】 2019年8月21日，雨花区庆祝中华人民共和国成立70周年群众合唱比赛在长沙实验剧场举行。参加比赛的16个节目以“铭记革命历史、弘扬主旋律”为主题，均为雨花区各部门单位及街道（镇）文艺团队、文艺爱好者自导自演。《唱支山歌给党听》拉开合唱比赛的序幕，上演《歌唱祖国》《我和我的祖国》《祝福祖国》《娄山关》《在太行山上》《南泥湾》等歌曲。比赛现场评出金奖2名（雨花区教育局《在太行山上》、东山街道《歌唱祖国》）、银奖3名、铜奖4名、优秀奖7名。雨花区教育局《在太行山上》代表雨花区参加长沙市合唱比赛。（黄靖宇）

【摄影培训班】 2019年4月14日，雨花区文化馆在区委党校四楼教室举办公益性免费摄影培训班。中国摄影艺术家协会会员、湖南省摄影家协会会员、湖南省舞台摄影家协会常务理事萧先太主讲摄影的相关知识和技巧、用光、构图及拍摄，进行现场互动与作品赏析等，全区各行各业的30余名摄影爱好者参加。（黄靖宇）

2019 年 7 月 26 日，雨花区自助图书馆（泰安自助图书馆）开馆

（黄靖宇　提供）

【自助图书馆开放】　2019 年，雨花区图书馆拓展延伸公共图书馆服务，建设“24 小时自助图书馆”，集数字化、智能化、人性化为一体，坚持“平等、开放、免费”的公共图书馆服务理念，为读者提供全方位的阅读体验。7 月 26 日，圭塘街道泰安社区潇湘名城 24 小时自助图书馆开馆。该图书馆拥有党建、哲学、法律、社科人文等书籍 2000 余册，拥有朗读亭，包括专业麦克风、头戴式耳机、复古桌椅等。图书馆配备一个触屏式电子智能设备，上面有阅读馆、视频馆、新闻馆、艺术馆、党政建设馆、本地风采馆 6 大场馆。7 月 29 日，区东山街道黎托路恒大国际广场 24 小时自助图书馆开放。（黄靖宇）

【中秋节活动】　2019 年 9 月 10 日，庆祝新中国成立 70 周年“我们的节日·中秋”主题活动之“月满中秋节·苗汉一家亲”活动在雨花非遗馆举行。活动分为“亲子月饼 DIY”、“手工花灯迎中秋”、“中秋霸王餐”、“非遗爱心集市”和“公益演唱会”5 个环节，包括苗侗歌舞和走秀节目，以及制作手工花灯、品尝女书月饼，“开放雨花 APP”和“嫦娥仙子”共同送福利，雨花非遗馆联合竞网智赢等 13 家爱心企业向 30 名环卫工人代表送上过节物资。（黄靖宇）

【市民才艺比赛】　2019 年 9 月 15 日，第五届“百姓大舞台·有艺你就来”千团万户百万市民才艺大赛在长沙市实验剧场举行。赛事按音乐、舞蹈、小品、曲艺、综合 5 大类别分组评比；采用个人、家庭、团队 3 种参赛形式，展示“财富雨花、品质雨花、幸福雨花”的新形象。（黄靖宇）

【“非遗献礼·盛世华章”主题活动】　2019 年 10 月 1 日，“非遗献礼·盛世华章”主题活动在雨花区非遗大舞台举行。“中华一刀剪”洪源现场剪出 70 米祝福语献礼新中国 70 华诞，现场群众同吃长寿面为祖国庆生，“非遗”项目传承人用自己的“非遗”技艺表达对国家的祝福，并集体观看国庆阅兵仪式直播。（黄靖宇）

【送戏下乡进社区活动】　2019 年 10—12 月，“2019 我们的中国梦，湖湘文化进万家”之“送戏下乡进社区”活动开展，以舞台演出形式展示大型优秀传统花鼓戏《风成龙》《破镜成圆》等剧目，共计演出 20 场，雨花区文旅体局组织演出 7 场，其中跳马镇 2 场，雨花亭街道 2 场、圭塘街道 2 场，非遗大舞台 1 场，高桥街道、洞井街道、井湾子街道、东山街道、同升街道自行组织演出 13 场。（黄靖宇）

【戏曲进校园活动】　2019 年 11 月 29 日，雨花区庆祝新中国成立 70 周年戏曲进校园活动在长沙实验剧场举行。曾金贵、曹汝龙等老中青表演艺术家演唱湘剧弹腔《沁园春·长沙》、京剧《梨花颂》、花鼓戏《浏阳河》、湘剧《打猎》和《抢伞》等节目，并与在场学生互动，教授花鼓戏相关知识和动作。学生演员则带来花鼓戏、湘剧高腔、戏曲舞蹈、京剧等形式多样的戏曲表演。（黄靖宇）

旅　游

【概况】　2019 年，雨花区起草、编制《雨花区文化强区建设“十四五”发展规划》《雨花区文旅产业“十四五”发展规划》。打造企业研学品牌，助推旅游企业发展。湖南迪仔研学旅行有限公司接待近 8 万人次，合作企业共 40 家，合作旅行社及研学旅行机构 30 余家；雨花非遗馆接待研学体验及公益课堂体验 2485 批次 82831 人次；雨花非遗馆被评为全国 AAA 级旅游景区、中国旅游商品大赛铜奖，长沙创新设计产业园被评为省级工业旅游示范点，神农大酒店、金源阳光酒店被评为市“十佳旅游饭店”，新康辉旅行社、中铁旅行社被评为市“十佳旅行社”，长沙石燕湖生态旅游景区（简称“石燕湖景区”）被评为市“十佳旅游景区”，辰午山庄被评为市“十佳乡村旅游区（点）”，石燕湖景区入选“全国森林康养基地试点建设单位”；制定《雨花文化旅游夜间经济发展的实施方案》，推出“非遗夜市”、石燕湖夜间游乐项目等；组织专家论证圭塘河流域文旅产业经济带发展计划的可行性，考察西安非遗夜市等“一带一路”文旅夜间经济项目，筹备引进徐悲鸿书画院等“一带一路”建设项目入驻雨花。（黄靖宇）

【节假日旅游市场运行情况】 2019年春节期间，雨花区展示“环境优美、设施齐全、秩序井然、服务一流、游客满意”的旅游形象，等级景区接待游客1.53万人次，实现旅游收入82.63万元。酒店平均出租率47.6%，同比增长11.9%；新康辉旅行社接待团队数8个185人，组团数29个645人。石燕湖景区接待游客3600人次，同比增长56.51%，实现旅游总收入62.73万元，同比增长157.51%。清明节期间，雨花区等级景区接待游客8.4万人次，实现旅游收入561万元。雨花区文旅体局在假日前指导辖区内湖南省森林植物园、石燕湖景区、雨花非遗馆等重点旅游企业开展集中宣传。其中，湖南省森林植物园举办“2019湖南世界名花生态文化节暨第十五届樱花节”。顺天凯宾斯基酒店可出租客房数1224间，实际出租客房数457间；长沙中维神农大酒店可出租客房数945间，实际出租客房数406间。新康辉旅行社接待团队数5个1292人，组团数17个459人。湖南省森林植物园实现旅游总收入260万元，同比增长79.31%，接待游客6.3万人次，同比增长103.23%；石燕湖景区实现旅游总收入302.1万元，同比增长86.7%，接待游客2.07万人次，同比增长85.2%。中秋节期间，湖南省森林植物园接待游客1.35万人，同比增长50%，经营收入25.8万元，与上年同比增长47.4%；石燕湖景区接待游客0.84万人，同比增长23%，经营收入128万元，与上年同比增长31%；德思勤商业广场经营收入1622万元，同比增长13%；喜盈门范城经营收入581万元，同比增长25%；长沙中维神农大酒店可出租客房数945间，实际出租客房数243间；顺天凯宾斯基酒店可出租客房数1224间，实际出租客房数509间；新康辉旅行社接待团队数1个96人，组团数7个154人。国庆节期间，雨花区等级景区接待游客83527人次，实现旅游收入667.5万元。区文旅体局在假日前指导辖区内重点旅游企业开展集中宣传。湖南省森林植物园举办向日葵花展；石燕湖景区举办“奇幻魔术表演”“9D电演”“泡泡大狂欢”“空中漂流”“高空热气球”等主体活动及《关公战长沙》互动式体验情景剧、森林乐园的天街美食；雨花非遗馆展示剪纸、泥书、竹编、女书等技艺。顺天凯宾斯基酒店可出租客房数2856间，实际出租客房2056间；长沙中维神农大酒店可出租客房数2205间，实际出租客房1749间；新康辉旅行社接待团队数10个325人，组团19个306人。湖南省森林植物园门票比上年降价50%，实现旅游总收入70万元，2018年同期117万元。接待游客4.5万人次，同比下降10%；长沙市石燕湖景区实现旅游总收入597.5万元，同比下降20%；接待游客38527人次，同比下降28%。全年雨花区旅游市场平稳运营，安全生产零事故，12301及其他投诉平台均未接到辖区内相关旅游投诉。（黄靖宇）

【三市调研雨花区旅游工作】 2019年3月29日，长沙、株洲、湘潭三市旅游部门根据《“长株潭”共同推进旅游景点联合对三市市民推出同城待遇工作方案》要求，对雨花区旅游景点进行实地调研，就共同推进景区优惠政策等问题召开专题座谈会。长沙市文化旅游广电局副局长廖双寅、株洲市文化旅游广电体育局副局长熊芳明、湘潭市文化旅游广电体育局副局长喻卫中、雨花区政府副区长刘江红等参加调研。在省森林植物园，调研组听取景区负责人关于景区管理运营及近期规划建设项目等方面的情况汇报，就“长株潭”共同推进旅游景点联合对三市市民推出同城待遇相关问题进行探讨。刘江红对该项目的实施提出意见。（黄靖宇）

体　育

【概况】 2019年，雨花区文旅体局落实长沙市创建“全民运动健身模范城市”相关工作，做好雨花区体育场地统计工作、体育产业调查工作、第五次国民体质监测工作；暑期免费开放游泳场馆3家，接待中小学生2万余人次；举办雨花区“庆祝新中国成立70周年·以舞筑梦”2019全民健身广场舞选拔赛、雨花区首届社区趣味运动会选拔赛、首届雨花杯老年人象围棋比赛、雨花区太极健身活动月培训班；承办2019年NBL男子篮球联赛、庆祝中华人民共和国成立70周年柔力球赛；协助开展第27届中日韩青少年运动会、2019年长沙市国际马拉松等活动；组织参加湖南省首届社区趣味运动会总决赛、长沙市“羽协杯”羽毛球赛、市体育系统卡丁车赛；获第29届全国体育舞蹈锦标赛暨第五届中华体育舞蹈公开赛突出贡献奖、2019年长沙市全民健身知识大赛季军、长沙市首届智力运动会最佳组织奖、长沙市“庆祝新中国成立70周年·以舞筑梦”2019全民健身广场舞大赛银奖、长沙市“公仆杯”篮球赛第三名、2019长沙市体育系统三人篮球教学交流赛第二名。（黄靖宇）

【国民体质监测工作】 2019年9月，雨花区组织侯家塘街道、左家塘街道、东塘街道开展国民体质监测工作，共监测1032人，为进一步了解群众体质状况、科学指导全民健身活动开展提供重要依据。（黄靖宇）

【承办NBL男子篮球联赛】 2019年5月至8月，全国男子篮球联赛（NBL）开赛，长沙赛区7个主场设在长沙民政职业技术学院大运馆。湖南勇胜俱乐部主场坐镇长沙民政学院大运馆与12支俱乐部展开争夺，吸引来自全国2万余球迷参加。5月24日，湖南勇胜金健米业篮球队首场主场开赛。（黄靖宇）

【暑期免费开放游泳馆】 2019年7—8月，雨花区开展政府购买服务向中小学生免费开放游泳场馆和培训项目工作，向中小学生开放环保学院游泳馆、华银园游泳馆、峻瑞游泳馆3家游泳馆。区直部门、街道、社区联动，定期和不定期对开放场馆进行安全检查和督查，开放期间未出现一起安全事故。（黄靖宇）

【全民健身广场舞比赛】 2019年8月20日，“庆祝新中国成立70周年·以舞筑梦”2019年雨花区全民健身广场舞选拔赛在长沙实验剧场举行。经过宣传、全区发动和筹备，从全区各单位队伍中海选遴选出区直机关工委、区总工会、区教育局、各街道（镇）18支队伍参加区级复赛。各参赛单位准备风格各异、形式多样的参赛作品，整齐划一的服装、富有创意的动作和队形编排，展现雨花人民以舞共筑中国梦、弘扬民族精神、凝聚中国力量的昂扬面貌。大赛设特别奖1名、一等奖2名、二等奖3名、三等奖5名、优秀组织奖7名。通过激烈角逐，区委办区政府办区委宣传部联队获特等奖，区教育局代表队、高桥街道代表队获一等奖。区教育局代表队、高桥街道代表队代表雨花区参加长沙市总决赛获银奖。（黄靖宇）

2019年9月8日，湖南省首届社区趣味运动会雨花区选拔赛 （黄靖宇 提供）

【社区趣味运动会选拔赛】 2019年9月，湖南省首届社区趣味运动会雨花区选拔赛在金鹰飞翔足球公园开赛，设置5个项目、3个组别，市民群众不分年龄、不分职业，以家庭为单位参赛，共有14支队伍参赛。选送个人赛和团队赛的前三名参加市级决赛。（黄靖宇）

医疗卫生

卫生健康

【概况】 2019年3月，长沙市雨花区卫生和计划生育局更名为长沙市雨花区卫生健康局（简称“区卫健局”），为区政府直属正科级全额拨款行政单位，主要职能是贯彻落实党中央、省委、市委关于卫生健康工作的方针政策和决策部署，全面落实区委关于卫生健康工作的部署要求，在履行职责过程中坚持和加强党对卫生健康工作的集中统一领导。内设办公室（宣传科）、党建人事科、规划信息建设科、法规监督科（职业健康科）、公共卫生科（区卫生应急办公室、区爱国卫生运动委员会办公室）、医政医管科（行政审批和政务服务科）、基层卫生健康科（区深化医药卫生体制改革领导小组办公室）、人口监测与家庭发展科（老龄健康科）、中医药管理科。下设区卫计综合监督执法局、疾病预防控制中心、妇幼保健技术服务中心，并指导区红十字会、区计生协会的业务工作。核定机关行政编制16名，其中领导职数4名；后勤服务编制1名。干部职工38人，其中在职在编32人（含红十字会、计生协会）、青年引进人才1人、政府雇员8人。局机关离退休人员18人、黄兴医院离退休人员132人。机关党员34人，机关离退休支部党员33人，黄兴医院离退休支部党员34人。办公地点设在雨花区人民政府综合楼南栋。

2019年，雨花区辖区有三级医院5家，二级医院15家，一级医院34家，门诊部203家，诊所149家，医务室45家。辖区范围内共注册卫生技术人员18831人，其中区内发证机构注册执业（助理）医师2623人，注册护士3261人。全年完成新设医疗机构设置审批48家，完成医疗机构年度校验410家，注销医疗机构10家，办理执业（助理）医师注册登记1600人次（含变更注册），护士注册登记4300人次（含变更注册和延续注册）。雨花区设11个街道社区卫生服务中心、1个乡镇中心卫生院（其中7个公办、5个民办）、59个社区卫生服务站、44个村卫生室。7个公办基层医疗机构核定差额拨款事业编制共391名，在岗职工477人，其中在职在编人员164人，聘用人员313人，副高职称7人，中级职称107人。雨花区坚持以“健康中国”战略为引领，以人民健康为中心，对接人民群众日益增长的多样化健康需求，各项工作开展取得实效。发展中医药事业，全年门诊接待90万人次，同比增长29%。开展艾滋病防治工作，累计报告艾滋病908例，管理存活病人859例。抓好传染病监测预警和免疫规划工作，处置聚集性疫情155起。创建数字化预防接种门诊，跳马镇中心卫生院、洞井街道社区卫生服务中心、高桥街道社区卫生服务中心完成数字化门诊创建工作。登革热疫情10月初得到全面控制。率全市之先，制定并下发雨花区高危孕产妇温馨便民卡，举办危重症孕产妇、新生儿急救演练学术会。区卫生健康局按照法治政府建设要求，积极落实各项整改措施。指导基层开展执法工作，注重过程质量控制，提高行政执法水平，案卷质量名列区直部门前列。处理群众投诉举报120起，群众满意率95%。完成区司法局、区委依法治办交办的领导干部平台学法、执法人员资格考试等各项工作，做好诚信平台建设的基础性工作。通过专项整治重点加强医疗美容、口腔、健康体检机构及投诉较多医疗机构的监管，注销长沙南仁医院、长沙普济医院等6家医疗机构。全面摸排医疗机构违法违规乱象，立案查处46起。查处超范围及非法行医案件16起，累计罚没款11万元，并吊销诊疗科目1家，吊销医疗机构执业许可证1家。持续开展医疗废物突出问题专项检查，以检察建议为契机，各科室联动，进一步落实医疗机构主体责任，规范医疗废物收集及处置。加强对医疗机构废物的全过程监管，防控危害人体健康和环境污染事件发生，立案5家，罚款0.38万元。完成公共场所和饮用水卫生监督各项检查及节会保障任务，指导各公共场所，特别是学校饮用水做好卫生监督管理，保障居民公共卫生安全，立案18起，罚款3.3万元。办理“两非”案件3例。2019年，雨花区获评全国基层中医药工作先进单位、全国慢性病综合防控示范区。

（刘思敏）

【健康促进】 2019年，雨花区开展

“重点卫生计生日”健康传播活动，强化健康教育及政策宣传，组织编印20余种折页和学校托幼机构防病指导手册、家长疾病防控指南等一系列健康教育宣传资料，参与人数1万余人次，发放宣传资料10万余份。开展健康教育大讲堂进社区、进乡村、进企业、进学校、进机关“五进”活动，邀请省市专家学者授课，开展“中医养生”“烟草的危害”“老年自我保健知识”“结核病的防治”“合理膳食”“三减三健”等百人以上的健康知识讲座68场次，参与人数7000余人。参加市级健康科普大赛活动，报送健康科普大赛作品13个，其中科普图文6个、视频作品7个。选手获得长沙市科普能手大赛第一名、湖南省疾控系统首届十佳科普能手称号。开展眼健康视力调查、心理体系调查等多项调查工作。制定雨花区推进社会心理体系建设工作方案，开展心理咨询室建设工作，建设心理咨询室65个。成立以区长为组长、45个部门及街镇为成员的慢性病示范区创建工作领导小组，召开领导小组会议7次、联络员会议4次，开展跨部门健康行动；完善慢性病防控服务体系，分类分期开展联络员培训、慢性病专干培训、健康指导员培训1600余人次，完成4266人的社会因素调查评估和多个慢性病科研项目；打造示范阵地，创建达标“健康书屋”40个、健康自测点59个、健康社区62个、健康单位16个、健康学校42个、健康小屋28个、健康食堂9个、健康餐厅10个、健康步道13个、健康主题公园3个和健康一条街2个，评选健康家庭1000户，辖区22家医疗机构提供简短戒烟服务，覆盖率100%。（刘思敏）

【中医药管理】 2019年，雨花区制定整套规范中医诊所备案流程，完善备案管理制度，建立中医诊所交流群，落实中医备案诊所“宽进严管”政策，备案中医诊所由24家发展到43家。6月，区卫健局抽查中医诊所感染防控，收集相关问题，提出整改要求。通过将中医药内容融入各种主题活动，加大对中医药传统文化、《中华人民共和国中医药法》的宣传力度。10月，邀请省中医附一教授李定文举行中医养生保健公开讲座和适宜技术培训班。组织参与中医适宜技术培训班、中医药中国行活动、小儿推拿培训、中医专长岗前培训、中医药文化科普专家和科普专干培训、针灸大赛等各项活动，长沙市职业技能竞赛针灸大赛，获团体三等奖。和省中医附一医院开展结对共建，双方共同商定特色科室共建共管，由省中医附一医院科室专家到基层医疗机构担任业务副院长，共同开展中医药科室建设，开展中医药特色项目，推广中医药适宜技术，带动其他康复项目，建立双向转诊机制、邀请各科专家在基层医疗机构设立专家门诊，建立专科医师、专家“定期、定点、定人”到基层医疗机构服务制度，参与基层医疗机构家庭医生签约服务。（刘思敏）

【基层医疗卫生】 2019年，雨花区投入6000万元（不含土地）新建的洞井街道社区卫生服务中心投入使用，砂子塘街道社区卫生服务中心搬迁工作完成新址招租事宜，投入427万购买视力筛查仪、DR等医疗设备。投入110万元，新建规范化家庭医生社区工作室25家，累计建成45家。组织家庭医生团队，对民政部门认定的特困居民，提供家庭医生签约健康管理服务。与市妇幼保健院共创“党建心连心，保健手拉手”区域化党建联盟，开展医院专科与基层医疗机构结对共建，带动基层医疗机构医疗技术、管理能力提升；遴选基层医疗卫生机构优秀人才，与湖南中医药大学附属第一医院国家级和省级名中医开展“结对传承”，选派7名名医专家任基层社区卫生服务中心副主任。招聘基层卫生机构专业技术人员20名，组织28名社区卫生服务中心骨干到杭州等地学习医疗卫生先进经验。评选家庭医生团队区域化精细化管理等一批基础创新项目，给予经费补助77万元。分期分类开展各种培训进修学习46场800余人次。组织各基层医疗卫生机构参与国家“优质服务基层行”活动，提升基层机构服务能力和服务质量。组织相关人员到宁波学习家庭医生签约服务先进经验，全年补助签约经费76万元，建立雨花区“1+N”家庭医生签约服务模式。启用湖南基层卫生信息3.0系统，定期进行相关数据通报，促进新系统上线后的平稳运行。督促基层医疗机构加快家庭医生签约系统的使用，通过系统建立个性化签约包等服务，促进家庭医生签约工作的推进。配合市卫健委做好智慧城市建设，对远程影像等项目进行调研和上报。对家庭医生签约系统、HIS系统、实验室管理系统、远程影像系统等方面进行信息融合、功能完善的探索。试点探索紧密型乡村卫生一体化工作，跳马镇中心卫生院将辖区内18个村卫生室纳入统一管理，建设标准化村卫生室，与村医签订聘用合同，采取统一建设标准、人员安排、业务监管、制度建设、财务管理、药品采购、绩效考核，村卫生室实行财务独立核算和责任风险独立承担，建立完善经费保障和社会保障机制，形成硬件设施标准化、运营管理规范化、服务质量品质化的“七统一、两独立、一保障”乡村卫生一体化管理新模式，最大限度地发挥乡村医生服务能力，提高乡村卫生资源利用率。市卫健委将雨花区“乡村卫生一体化”管理列为市级试点项目。（刘思敏）

【基本药物制度】 2019年，雨花区健全基本药物制度运行机制，落实财政补助，确保基层医疗卫生机构正常运转，实行实际销售补助和经费定额补助。推动基本药物制度全面落实，开展专项督查，促进基层医疗机构合理用药。规范药品采购，完善基本药物购销流程，制定基本药物配送企业遴选制度，组织专家对参与遴选的药品配送企业资质进行审核，由区纪委、区人社局、区财政局全程参与遴选会的监督和指导，遴选配送企业6家。集中网上采购，严格执行两票制。强化基层培训，促进基本药物合理使用。加强宣传引导，提高群众对基本药物的认知度，销售使用基本药物2260.8万元。（刘思敏）

【健康扶贫】 2019年，雨花区财政投入76.796万元，资助建档立卡贫困人口100%参加居民医保；投入6.4万元为建档立卡贫困人口购买扶贫特惠保；投入6.9万元补贴跳马镇中心卫生院用于建档立卡贫困人口家庭医生签约和体检；投入15.14万元用于建档立卡贫困人口大病医疗救助；投入5.89万元对建档立卡贫困人口重病兜底保障。落实区域内住院治疗先诊疗后付费工作，在定点医院住院不收取预付金，实际医疗费用经由基本医疗保险和医疗救助等渠道支付后，个人自付部分由定点医院给予50%的减免。剩余合规自付医药费用个人支付仍有困难的，实行政府兜底保障。经一站式结算后患者只需缴纳不到10%的自付费用，实际住院救治费用报销水平90%以上。大病集中住院救治47人次，救治进展率100%；慢病住院救治578人次，救治进展100%。重病住院兜底保障6人，救治进展100%。经“一站式”结算后实际住院救治费用报销水平92.16%。1022名建档立卡贫困人口家庭医生签约服务全覆盖，为其提供基本医疗、基本公共卫生、健康管理等服务。做到每个家庭有1名签约的家庭医生，每人有1分动态管理的电子健康档案，每个慢病患者有1份个性化的管理方案及1次沟通随访记录。（刘思敏）

【人口监测】 2019年，雨花区加强人口信息化建设，建立计生队伍“四级工作网络”；组织信息化应用、人口统计、流管等业务知识集中培训9次。优化网上办事流程，规范各级依法行政窗口建设，依法依规做好一孩生育服务证登记、二孩生育服务证登记、再生育服务证审批。审核各级文明社区创建、干部提拔任用、评优评先等各类资格单位871个、个人5838人次。依托医疗架构，创新惠民服务体系，为流动人口提供生殖健康保健、优生优育、孕情保健以及法律援助、子女入托入学、社会救助等服务。开展流动人口均等化示范服务创建工作。开展流动人口关怀关爱专项行动，加大宣传教育、均等服务、健康促进、帮扶救助、信息采集、数据清理等工作力度。开展区域协作工作，协同为流动人口办理一、二孩服务登记，落实免费技术服务，生殖健康服务，健康教育，比对流动人口数据等。（刘思敏）

【家庭发展】 2019年，雨花区整合民政、人社、住建、教育等职能部门为计生特殊家庭提供政策咨询、社会救助、家政对接等多项帮扶服务，奖扶工作准确率100%，惠及20531人，帮扶资金2578.55万余元。雨花区户籍的失独家庭居民，由区财政出资给予每人每年1000元的医疗补助。发挥辖区“孙建华志愿者联盟”“同心工作站”、爱心企业、志愿组织等社会资源，开展亲情帮扶系列活动，引导社会力量关爱帮扶特殊家庭。

（刘思敏）

【对口扶贫】 2019年8月23日，雨花区和桑植县卫生健康系统干部交流挂职锻炼挂职工作会在雨花区公卫大楼举行。雨花区疾病预防控制中心、妇幼保健所分别选派1名临床医师和主治医生到桑植县挂职半年，帮助桑植县提高疾病防控水平以及妇幼健康服务水平。桑植县选派3人在雨花区挂职半年，学习交流雨花区医疗卫生先进经验和技术。雨花区疾病预防控制中心赴桑植县卫健局挂职人员表示，将把先进的工作经验和方法与桑植县疾病预防控制中心进行沟通交流，在实际工作中加以验证，推动健康扶贫工作全面落实。雨花区卫健局党组书记、局长周宏伟指出，要全力做好健康扶贫工作；全面提升自身综合素质；借鉴好的经验方法，促进雨花区卫生健康事业高质量发展。实施健康民生工程，提升民生福祉，是雨花区卫生健康事业的重中之重。12月9日，雨花区召开2019年健康扶贫回头看问题排查整改专题部署暨工作推进会。区卫健局健康扶贫专干就前期工作进展、省市跟班学习情况，健康扶贫对标整改等情况进行通报。区卫健局副局长陈军传达省、市、区脱贫攻坚“回头看”问题排查整改工作精神，对雨花区健康扶贫“回头看”排查工作进行专项整改部署。周宏伟强调，要压实健康扶贫工作责任；全体局班子成员要联点包村参与；全面推进健康扶贫政策落实。12月11—13日，周宏伟带领专家团队到龙山县、桑植县开展健康扶贫活动，来自省儿童医院、湖南省中医药大学第一附属医院等三甲医院的儿科、心内科等知名专家悉心为贫困群众看诊，接诊患者530余人次。区卫健局对龙山、桑植地区的4所乡镇卫生院开展精准帮扶，提高健康管理水平，完善医疗设备实施，定期开展义诊活动。捐赠扶贫资金6万元，医疗器械1.6万元，药品3万元。（刘思敏）

【爱国卫生】 2019年3月，雨花区爱国卫生工作职能调整到区卫生健康局。通过健全爱卫工作网络，建立爱卫工作长效工作机制，规范第三方服务内容，全面提升爱卫工作水平。开展城乡卫生环境整治活动，重点整治镇域脏乱差问题，完善城乡环境整洁行动调度机制、优化人居环境。开展春季灭鼠和夏秋季灭蚊、灭蝇、灭蟑行动，病媒生物密度保持C级水平。完成1万个毒饵盒和1000个诱蝇笼病媒生物防治建设。跳马镇创建为长沙市卫生镇，跳马镇喜雨村创建为省级卫生村，跳马镇跳马村、关刀新村创建为市级卫生村。9月22日，湖南省卫生健康委副主任祝益民，省疾控中心副主任高立冬一行到雨花区指导爱国卫生工作。长沙市卫生健康委党组书记、主任周敏，市卫生健康委疾控处处长杨学文，市疾控中心主任杨人贵，雨花区委副书记、区长刘素月，区政府副区长刘江红等陪同。会后，雨花区传达湖南省卫健委关于爱国卫生大扫除工作精神，全力做好爱国卫生大扫除工作，集中所有力量，深度排查清理环境卫生死角。9月22日，区卫健局党员干部深入左家塘街道长钢社区进行大清扫，集中清理社区各个小区的居民楼道旁，绿化带、地下车库水泵房，清理积水点，清除卫生死角，对建筑工地、街道、公园等公共场所的环境卫生进行综合整治监管。9月23日，区卫健局开展全局卫生大清扫工作，打扫11个科室。该活动，有利于动员社区居民参与到爱国卫生行动中来，清理蚊虫滋生地，防控登革热蚊媒传染病，保障居民群众的身体健康。（刘思敏）

【红十字会工作】 2019年，雨花区开展红十字主题宣传和志愿服务，促进红十字事业发展。开展第19次“红十字博爱送万家”活动，发放市红十字会下发慰问款物4.89万元、区红十字会配套物资5.31万元，慰问全区13个街道（镇），71个社区，1800多名困难群众。在航空职业技术学院、长郡雨外学校等举办红十字救护员培训班和红十字CPR+AED培训班多期，340余人获得救护员证，56人获得CPR+AED培训证。各街道（镇）红十字会在所辖社区（村）开展应急救护知识普及培训268场、培训2.03万余人次。全区成功献血4744人次。2019年新增千余名志愿者进行遗体器官捐献登记。2019年，利用市红会的救助款物及区红十字会自购救助物资，救助44户贫困家庭，参与扶贫帮困工作。（刘思敏）

【健康教育活动】 2019年9月12日，雨花区卫健局、长沙市妇幼保健院、雨花区妇幼保健计划生育服务中心联合砂子塘街道，在凯德广场举行“出生缺陷早预防、健康中国我行动”主题健康教育活动，现场为4户出生缺陷儿贫困家庭发放慰问礼品，提供义诊咨询和惠民政策解答，发放“预防胎儿神经管缺陷知识”“关爱女性健康”“预防艾滋病母婴传播”“婚前优生健康检查基本服务内容”等宣传资料1000余份，叶酸50余瓶。（刘思敏）

【卫生健康工作会议】 2019年3月1日，雨花区2019年卫生健康工作会议召开。会议由区委副书记、区长刘素月主持，区计划生育综合治理部门、区卫计局班子成员及科室长，二级机构、各街道社区卫生服务中心（卫生院）班子成员，各街道（镇）党政主要负责人，分管副职、卫计办主任，各社区、村（筹委会）书记、主任共400余人参加会议。大会总结2018年卫生健康工作，部署安排2019年卫生健康工作重点。区政府副区长刘江红指出，要全面提升基层卫生服务能力、全面提升公共服务水平、全面提升居民健康素养水平、全面提升卫生健康服务效能。区委书记张敏强调，雨花区卫生健康事业要夯实基层基础，加快基层卫生服务中心建设，做实家庭医生签约服务，推进医联体建设，推动优质医疗资源优化整合；要完善服务体系，抓好重大疾病和慢病防治，落实妇幼健康管理，加强公共卫生应急管理；要注重全民健康，深化全国健康促进示范区的创建工作。（刘思敏）

【基层卫生工作会议】 2019年3月15日，雨花区基层卫生工作会议召开。会议由区卫计局局长周宏伟主持，区卫计局副局长陈军总结2018年基层卫生工作情况，安排部署2019年基本公共卫生服务、基本药物、健康扶贫、中医药等工作，跳马镇中心卫生院院长彭国其等3名基层卫生工作先进单位代表介绍工作经验。长沙市卫健委基层卫生处处长胡勇指出，基层要创新工作方式，加大培训力度，充分利用信息化等手段，将基层工作做得更优更实。周宏伟提出，要加强基层卫生基础建设和队伍建设，巩固完善基层运行新机制，着重做实家庭医生签约、医联体、青少年视力筛查、两癌筛查等工作。市卫生计生综合监督执法局传防科科长熊瑛、辜大为名中医工作室指导老师辜大为、省疾控中心慢病科副主任医师刘慧琳分别就依法执业、中医药文化寻源、老年人及慢病患者健康管理进行专题培训。区卫计局相关班子成员、各二级机构负责人、各社区卫生服务中心（跳马卫生院）主要负责人、分管基本公卫、基本医疗工作副职和公卫部主任、各社区卫生服务站、村卫生室负责人共180余人参加会议。（刘思敏）

2019年3月15日　雨花区基层卫生工作会议　　（刘思敏　提供）

【优秀事迹分享活动】 2019年9月16日，雨花区举行最美基层医务工作者优秀事迹分享活动。活动在舞蹈《舞动健康》中拉开序幕，上演东塘街道社区卫生服务中心带来的小品《我是您的家庭医生》、跳马镇中心卫生院的诗歌朗诵节目《中国护士之歌》以及歌舞表演《医路有你》等节目，讴歌雨花区医务工作者“敬佑生命、救死扶伤、甘于奉献、大爱无疆”的职业精神。区政府副区长刘江红表示，广大医务工作者要以最美医生、最美护士、最美基层医务管理者为榜样，努力做一个有情怀，有温度，有格局的高水平现代化医疗领航者。（刘思敏）

【卫生计生行政处罚案卷评查通报会】 2019年3月22日，2018年度长沙市卫生计生行政处罚案卷评查通报暨规范化建设推进会议在雨花区公共卫生大楼召开。长沙市卫计执法局班子成员、科室负责人，各区县市卫计执法局班子成员、法制稽查科科长，雨花区卫计执法局全体监督员，各街道（镇）监督员共160余人参加。会议通报2018年度长沙市卫生计生行政处罚案卷评查情况，表彰案卷评查优秀单位、优秀案卷，点评全市2018年度案卷质量情况，部署2019年案卷评查工作，实地参观学习雨花区卫生计生综合监督机构规范化建设情况。雨花区以信息应用“互联网+”为手段，以案卷质量评查为抓手，将行政执法公示制度、执法全过程记录制度、重大执法决定法制审核制度“三项制度”融入行政执法全过程，构建行政管理、监督执法、综合服务三位一体的区—街道（镇）—社区（村）三级监管新模式。（刘思敏）

【乡村医生能力提升培训班】 2019年9月3日，长沙市乡村医生能力提升培训班在雨花区委党校一楼多功能厅开班。来自雨花区、天心区、芙蓉区、开福区、岳麓区、高新区6个城区的乡村医生共215人参加培训。湖南省脑科医院、湖南省儿童医院、湖南省人民医院、中南大学湘雅三医院、湖南省中医院的老师培训内科、儿科、慢性病等理论知识与实践操作，重点提升学员们对脑卒中、高血压、冠心病、儿科常见病症、主要常见病、多发病的诊疗能力及中医药诊疗技能。该次培训，有利于提升基层乡村医生基本医疗理论、基本技能、应用新诊疗技术手段的能力。（刘思敏）

【区政协调研基层卫生工作】 2019年5月16日，雨花区政协主席冯聪龙率领主席会议成员调研全区基层医疗卫生工作，走访东塘街道社区卫生服务中心、洞井街道社区卫生服务中心以及雨花区健康教育馆。区卫生健康局党组书记、局长周宏伟汇报雨花区基层卫生工作所获得的成绩、基层卫生工作存在的困难和问题。政协委员代表指出，基层卫生工作的发展离不开人才的培养，要做实家庭医生签约，首先要保障人才，强化全科医生培养。冯聪龙强调，基层卫生工作的蓬勃发展关键在于务实，要不断补齐短板，提升基层医疗服务能力，以高度责任感担负起雨花卫健事业；不断推进医联体建设、强化重大疾病预警应急管理、做好慢性病等重点群体的家庭医生签约服务，以群众满意的高效益为标准，抓实卫健服务管理工作；加大投入，加强人才培养，不断建强队伍，为建设健康、幸福雨花，提供卫健事业强大的力量保障。副区长刘江红，区政协副主席康长萍、周凌云、廖云伟、罗艳辉参加调研。（刘思敏）

【市卫健委调研雨花区】 2019年2月27日，长沙市卫健委党组副书记、副主任王新良一行3人调研雨花区基层卫生工作，实地考察高桥街道社区卫生服务中心、东塘街道社区卫生服务中心，重点了解雨花区基层机构基本医疗、家庭医生签约服务、管理机制等工作情况，参观鑫华社区家庭医生工作室。区卫计局副局长陈军汇报雨花区人才培养、家庭医生社区工作室建设及基层医疗卫生机构管理模式。王新良指出，要强化基层机构基本医疗服务能力提升；充分发挥临床医生在家庭医生签约服务中的作用；完善中心对站的管理机制，与区卫计部门对中心的管理机制相结合，形成相辅相成、权责分明、可推广、可复制的雨花管理模式。5月8日，王新良调研雨花区乡村卫生一体化管理，考察跳马镇中心卫生院，听取镇、村两级乡村卫生一体化管理情况，实地调研跳马镇三仙岭村卫生室、新田村卫生室。王新良指出，雨花区要不断探索乡村卫生一体化管理新模式，总结和完善实施细则，规范乡村医生执业行为，全面提升乡村两级医疗服务能力，逐步建立起宏观调控有力、微观运行有序、乡村一体、上下联动的乡村卫生新机制，为全市推行乡村卫生一体化管理夯实基础。（刘思敏）

【市人大调研基层卫生健康工作】 2019年4月12日，长沙市人大联工委主任周松波、书记吴英姿、副主任彭金城调研雨花区基层卫生工作，察看跳马镇中心卫生院的门诊、住院部、CT室及正在改造的儿童健康中心，听取跳马镇中心卫生院汇报医院发展状况、扩建过程中存在的问题。周松波表示，在加大医疗卫生服务体系建设过程中，一定要提高基层医疗技术服务水平，给老百姓提供更加方便、快捷、安全的医疗服务，为提高人民健康水平作出积极贡献。雨花区人大常委会副主任谢爱龙、跳马镇人大主席黄杰刚等陪同调研。9月25日，长沙市人大常委会教科文卫委主任涂克平一行9人，调研雨花区基层医疗卫生服务体系建设、服务能力建设、人才队伍建设、群众基本医疗负担等核心问题，雨花区人大常委会副主任杨仕斌，区政府副区长刘江红等陪同调研。调研组实地考察洞井街道社区卫生服务中心和井湾子街道井湘社区家庭医生工作室，听取工作汇报，与基层医疗卫生机构负责人和居民代表进行座谈交流。区卫生健康局党组书记、局长周宏伟汇报雨花区完善基层医疗卫生服务体系建设、提升服务能力、加强卫生人才队伍建设所取得的成绩，以及制约基层卫生发展所存在的基层机构经费不足、医保政策支持不够等问题和困难。长沙市卫健委副书记、副主任王新良希望财政、人社、医保等相关部门能继续发力，支持基层卫生健康事业的发展。调研组重点听取基层医疗卫生机构负责人反映的困难和建议，重点关注编制核定、医保政策、基本药物、服务价格等问题。与会居民代表对基层医疗卫生机构能就近解决常见病、多发病的诊治，对老年人和慢病患者开展健康管理给予肯定；对如何进一步提升服务能力和服务质量提出建议。涂克平表示，将梳理归纳与会人员提出的问题、困难和建议进行，提交市人大常委会讨论。（刘思敏）

【省卫健委调研雨花区】 2019年8月14日，湖南省卫健委综合监督处处长罗辉一行5人调研指导雨花区构建和完善卫生健康综合监督工作体系。市卫健委副主任厉卫东、市卫计综合监督执法局局长钟伟等参加调研。调研组到砂子塘街道查看卫计综合监督网格化管理中心、调查询问室、罚没物资暂存室等功能用房和工作阵地，了解卫计综合监督执法具体情况，询问监督执法中存在的困难和问题；调研雨花区卫生计生综合监督执法局“十室一中心”功能用房和“监督员执法”培训基地；在区卫计监督执法决策指挥中心观看《雨花区规范化建设和医疗机构监督巡查及医疗乱象》宣传片，通过决策指挥中心即时调度雨花区监督执法现场情况。听取区卫计综合监督执法局局长黎雪军和区卫生健康局副局长陈谨就雨花区卫计综合监督执法三级体系、规范化建设开展情况及监督执法存在的具体问题和相关建议等四个方面的工作汇报；厉卫东就医疗机构多元化监管长沙试点情况、国家专项督查工作发现的线索和问题的整改落实情况、综合监督工作如何实现重点突破等三个方面的工作汇报。调研组对雨花区卫生健康综合监督工作给予肯定，要求长沙市和雨花区要勇做全省排头兵，为全省卫生健康综合监督工作体系的构建和完善积极探索实践，先行先试。

（刘思敏）

【基层医疗机构6S精益化管理】 2019年5月13日，雨花区在跳马镇卫生院首推基层医疗机构6S精益化管理。6S管理是将“整理、整顿、清扫、清洁、素养、安全”六大要素纳入到医院日常工作中，对生产、办公现场各要素不断地进行整理、整顿，强化安全管理工作，从而提升员工素养。开展6S管理，有利于提升医院形象、保障医疗质量安全、提高工作效率，是全区加强基层医疗卫生机构标准化建设，完善基层医疗卫生机构质量管理的重要举措之一。（刘思敏）

【世界家庭医生日主题宣传活动】 2019年5月14日，雨花区在东塘街道社区卫生服务中心前坪举办“携手家庭医生，共筑健康生活”主题宣传活动，庆祝第九个“世界家庭医生日”。活动现场，家庭医生团队成员自编自演小品《我是您的家庭医生》；开展家庭医生签约服务知识抢答赛；东塘街道社区卫生服务中心的医务人员对家庭医生签约服务的流程、签约方式、服务项目等内容进行宣传。活动制作宣传展板展架10块，发放宣传折页1600余份，为200余名市民提供义诊咨询服务。该次活动，有利于巩固家庭医生签约成果，让每位签约居民携手家庭医生，共筑健康生活。

（刘思敏）

【妇幼健康服务联合体】 2019年4月18日，长沙市妇幼保健院党委书记刘柏树、院长王东波带领市妇幼保健院专家一行到雨花区，洽谈开展“党建手拉手，保健心连心”主题党建活动与雨花区共建妇幼健康联合体工作，构建妇幼专科医疗联合体与党建工作新模式，推动市区两级妇幼保健工作深度融合。雨花区卫健局党组书记、局长周宏伟，副局长陈军、陈泽香等参与协商座谈。双方就工作现状及共建发展目标进行深入协商和交流，刘柏树和周宏伟分别代表双方达成共建意向。7月23日，雨花区卫健局与长沙市妇幼保健院开展“党建手拉手·保健心连心”妇幼健康服务区域化党建联盟活动，长沙市委组织部副部长、两新工委书记、基层办主任杨俊，市卫健委党委书记、主任周敏，市妇幼保健院院长王东波，雨花区委副书记陈永高，区委常委、组织部部长龚畅，区政府副区长刘江红等出席活动。“党建手拉手，保健心连心”妇幼健康服务区域化党建联盟是雨花区创新打造的基层党建品牌，是深入贯彻落实健康中国行之妇幼健康促进行动，完善雨花区妇幼健康服务体系的一项改善民生民计、凝聚发展合力的民生工程，旨在通过在雨花区妇幼保健计划生育服务中心和12家基层医疗卫生机构设立“妇幼健康服务区域化党建联盟党群服务站”，发挥区域医疗卫生资源整体优势，促进双方组织共建、资源共享、优势互补，有效实现“健康雨花、健康妇幼”目标。活动现场，王东波与周宏伟签订区域化党建联盟协议。洞井街道社区卫生服务中心主任唐娟宣读健康中国行之妇幼健康行动倡议书。杨俊强调，要筑平台，开创党建引领的新格局；要求实效，推动民生改善新作为；要抓联盟，实现基层工作新提升，把党建联盟活动进一步深化做实，确保更多妇女儿童在健康民生项目中获益。刘江红指出，利用优质妇幼保健医疗资源下沉的契机，提升雨花区各基层医疗卫生机构服务能力和技术水平，全面提升妇女儿童就医获得感。（刘思敏）

【区院结对合作座谈会】 2019年7月8日，雨花区与省中医附一医院结对合作座谈会在雨花区公卫大楼召开，雨花区和湖南省中医附一医院达成共识，共建紧密型医联体。省中医附一医院副院长朱镇华，雨花区政府副区长刘江红，区卫生健康局党组书记、局长周宏伟出席会议。与省中医附一医院结对合作，是雨花区推进“健康雨花”，打造健康幸福之城的一项举措。通过协商，雨花区与省中医附一医院在规范基层医疗机构执业行为、人才培养、双向转诊、信息化建设、特色专科建设、家庭医生签约服务技术支撑、中医慢病管理等12个方面达成共识，建立合作框架。朱镇华要求，医院各位专家要利用好中医药发展的大好机遇、利用好中医药大学的平台、利用好雨花区区位优势，把握好合作共建契机，为雨花区基层医疗卫生机构培养专业技术人才、规范医疗行为、建立中医药宣传平台，整体提升雨花区各基层医疗机构的管理和业务能力。刘江红指出，要将好事办实，将医联体建设得更紧密、更有实效、更有影响力，让居民就医更便利。省中医附一医院前期通过公开遴选，选拔出疼痛康复、骨伤、心血管、内分泌等专业的7位专家，分别与雨花区7个公办社区卫生服务中心（卫生院）进行结对，通过共建规范管理、跟师培训提升能力、专家下沉坐诊带教、掌上云医信息支撑、考核激励形成机制等方式，提升社区卫生服务中心（卫生院）的管理水平、医疗能力和服务质量。（刘思敏）

【雨花区卫生健康系统妇女委员会成立】 2019年10月11日，雨花区召开卫生健康系统妇女代表大会，成立雨花区卫生健康局妇女委员会；区卫健局副局长罗宁当选雨花区卫生健康系统第一届妇女委员会主任。罗宁表态发言。该次成立妇女委员会，具有里程碑式的意义，有利于落实国务院关于实施健康中国行动的部署，推行“家家幸福安康工程”，实施“健康中国——母亲行动”，引领卫健系统的妇女代表们，做好家庭健康的指导员、管理员、监督员，当好全区妇女儿童的健康守护者。（刘思敏）

疾病预防

【概况】 长沙市雨花区疾病预防控制中心（简称“区疾控中心”）位于雨花区洞井街道中意一路772号雨花区公共卫生大楼内，办公楼面积5188.5平方米。为区卫生和计划生育局二级机构，政府全额拨款的副科级公益性事业单位。履行公共卫生职能，负责全区疾病预防与控制、突发公共卫生事件应急处置、卫生监测、疫情报告及健康相关因素信息管理、健康危害因素监测与控制、实验室检测检验与评价、健康教育与健康促进、技术指导与应用研究等工作。内设办公室、财务科、质量管理科、传染病防治科（应急办）、免疫规划科、地慢病健康教育科、结核病艾滋病防治科、公共卫生科、检验科。核定事业编制40名，雇员编制25名。2019年，在职在编干部25人，雇员25人，退休职工29人。党员33人，其中在职党员17人。

2019年，区疾控中心履行疾病防控职责，强化组织领导，多方联控，打赢登革热疫情防控保卫战，充分利用“重点卫生计生日”健康传播活动，强化健康教育及政策宣传，启动数字化门诊建设，规范接种门诊管理，持续推进慢性病综合防控示范区建设，顺利通过国家慢性病综合防控示范区评估验收，“承担区青少年健康关爱平台项目试点，通过市关工委验收”。获国家“2019年国家健康促进与教育专业机构技能大赛二等奖”“2019年长沙市洪涝灾害卫生应急演练一等奖”“2019年长沙市结核病防治职工职业技能竞赛团体一等奖”“长沙市疾控系统健康科普宣讲大赛一等奖”“2019年度湖南省艾滋病抗体检测实验室质量考核优秀”“2019年湖南省梅毒检测实验室室间质量考评优秀”“实验室参加2018年湖南省碘缺乏病实验室外质控考核盐碘尿碘结果均为合格”“承担区青少年健康关爱平台项目试点，通过市关工委验收”等国家级、省级、市级称号。（卓华英）

【疫情监测】 2019年，雨花区网络直报医疗卫生机构单位32家，每月疫情报告率100%，无零缺报单位。区疾控中心审核传染病报告卡77537张、死亡报告卡6851张，网络报告及时率100%，审核及时率99.99%，综合率99.99%；共处理552条预警信息，处理及时率100%；共报告现住址为雨花区的甲乙丙类传染病23种31347例，发病前五位的病种为流行性感冒、手足口病、流行性腮腺炎、其他感染性腹泻病、梅毒，占总报告数的93.76%。无甲类传染病报告，报告乙类传染病15种2396例，死亡3例；丙类传染病8种28951例，无死亡病例。报告现住址为雨花区的死亡病例4641例，死因居前三位的疾病是循环系统疾病、肿瘤、呼吸系统疾病，死亡病例网络报告及时率、审核及时率均为100%。定期对辖区内所有网络直报医疗机构开展传染病、死亡病例的报告管理督查，根据国家、省、市有关方案抽取6家网络直报单位医疗机构每季度开展法定传染病漏报调查，对辖区内所有网络直报医疗机构开展1次传染病及死亡病例的全覆盖式漏报调查。（卓华英）

【传染病防控】 2019年，雨花区疾控中心健全4支突发公共卫生事件应急处置机动队，根据职责分工重新对队员进行调配，对新队员开展一对一的培训，组织开展传染病疫情处置培训，按照值班制度要求做好24小时卫生应急值班。6月、9月，分别采购一批个人防护及蚊媒消杀物资，充实应急物资储备。11月7—8日，区疾控中心参加由长沙市疾控中心组织的2019年长沙市洪涝灾害卫生应急模拟演练，获一等奖。全年处置3起突发公共卫生事件、155起聚集性疫情。所有疫情均得到及时、有效处置，未引起疫情扩散。9月，处置1起左家塘街道本地登革热暴发疫情，属于一般级别突发公共卫生事件；10月，处置高桥街道、侯家塘街道登革热本地散发疫情各1起，均属于突发公共卫生事件未分级事件，以上事件得到有效控制，已进行相关上报。辖区4家肠道哨点监测医院，共接诊腹泻病例1616例、检索数880例，检索率54.4%。5—10月霍乱弧菌环境监测中共采集外环境和食品标本75份，均未检出霍乱弧菌阳性标本。报告本地手足口病病例2588例，无本地重症病例、无本地死亡病例，3月28日，区疾控中心对由岳阳市一人民医院转入湖南省儿童医院的1例外地重症手足口病进行采样和调查处置工作。按照监测方案每月需采集5例就诊普通病例标本进行病原学监测，共需送检手足口病例咽拭子标本60份，实送标本数60份，送检率为100%。犬伤门诊接诊处置狂犬病暴露病例5152例。进行狂犬病疫情调查处置2次，2例均结合临床排除狂犬病诊断。肾综合征出血热防控：处置出血热病例25例，其中流行性出血热病毒抗体检测阳性24例，阳性率为96%，处置及时率为100%。开展主动监测不明原因肺炎及督导工作，共监测报告总住院病例107285例，因发热肺炎病例数21706例，重症肺炎病例总数3687例，因重症肺炎死亡数103例，不明原因肺炎病例数0例。其中主动监测完成率为100%。开展13次禽流感监测。其中，在鄱阳小区内家畜市场开展职业暴露人群血清学监测1次，共采集样品10人份。开展禽流感常规监测6次，采集禽类饮水、环境粪便涂抹样、动物咽拭子/肛拭子共180个。开展禽流感强化监测6次，共采集18份禽类饮水、清洗禽污水等环境样本，交往长沙市疾控中心进行检测，所有样本结果均为阴性。登革热防控：共处置登革热病例54例，4例为临床诊断病例，50例为确诊病例。其中5例为境外输入性病例，49例为本地病例。对于境外输入性病例，开展采样送检、流行病学调查、蚊媒监测等工作。对于本地病例，开展突发公共卫生事件报告、入户病例搜索、消杀灭蚊、流行病学调查、蚊媒监测等工作，处置及时率100%。进行钩体病疫情调查处置3次。3例均为外地钩体病病例，1例经处置后排除钩体病诊断，2例为确诊病例。（卓华英）

【免疫规划】 2019年，雨花区疾控中心对全区各预防接种单位的分管负责人、免疫规划专干开展4次专题培训，共培训198人次。组织开展“4·25”全国儿童预防接种宣传周、“7·28”世界肝炎日等两次大型宣传活动。4月19日，在左家塘街道桂花社区广场开展一场主题为“预防传染病，接种疫苗最有效”的宣传活动。全年全区接种疫苗740638剂次，其中一类疫苗402991人份，二类疫苗337647剂次，共报告100例疑似预防接种异常反应个案，未发生任何预防接种安全事故。及时调查处置免疫针对性疾病病例1519例，其中AFP病例36例、麻疹、风疹疑似病例661例、流脑病例2例、乙脑病例12例、百日咳病例808例。2019年共开展春、秋两季适龄儿童接种证查验及疫苗补种工作，查验学校74家，托幼机构331家，应查验90371人，实际查验90371人，查验率100%；接种完成人数75753人，应补种人数14618人，实补种人数14253人，补种率97.5%。跳马镇卫生院，高桥、洞井街道社区卫生服务中心完成预防接种数字化门诊建设工作，是雨花区首批数字化预防接种门诊。（卓华英）

【性病、艾滋病防控】 2019年，报告现住址为雨花区的性病6种1537例，报告发病率为207.62/10万。其中报告HIV感染者/AIDS患者138例，发病率为18.64/10万；自雨花区报告首例HIV感染者以来，累计报告HIV感染者/AIDS患者925例，存活在访875例，其中男性780例，女性95例，男女比率8.21 ∶ 1。全区4家艾滋病自愿咨询点（VCT）均运行良好，完成咨询检测555人次。对黎托强制戒毒所新入所的232名被监管人员开展梅毒、丙肝及艾滋病病毒抗体筛查。完成国家级孕产妇HIV监测任务400名，哨点监测完成率100%。全区14家HIV初筛实验室均运行良好，筛查重点人群及自愿检测者297547人，其中筛查性病病人14377人，受血或输血液制品者37774人，术前检查者114038人，孕产妇39282人，自愿检测者11397人，其他80679人；初筛阳性者365人，确认阳性者46人。对艾滋病高危行为人群开展预防艾滋病、性病宣传教育、监测等干预工作，发放宣传资料1万余份。对45例艾滋病住院治疗患者的住院治疗费给予60%的区级治疗报销，对250名HIV感染者/AIDS患者共发放电话补助费约18万元。（卓华英）

【结核病防控】 2019年，雨花区非结防机构报告肺结核病例或肺结核疑似病例512例，经核实报告重卡119例，追踪到位190例，其他到位41例，转诊148例，转诊到位145例，总体到位376例，总体到位率96.41%，转诊到位率97.97%。每两个月对各街道社区卫生服务中心及卫生院结核病防治工作督导1次，每季度对定点医院督导1次。启用软件系统管理抗结核药品，每月及时报送药品报表，准确率100%。组织开展“3·24”世界结核病日的宣传工作。及时调查核实552条结核病预警信息，对身份为老师或学生的病例开展追踪和处置。开展中小学和大中专院校的新生结核病筛查统计和分析工作，对120余所学校进行结核病防控督查，提出防控指导意见；共调查处置学校结核病散发疫情114起、聚集疫情2起，督促相关学校严格落实晨午检、因病缺课登记、消毒通风及健康教育等防控措施，做好患病学生的休复学管理和PPD试验强阳性学生的告知工作，疫情均得到有效控制，未造成疫情流行和传播。（卓华英）

【慢性病防控】 2019年，雨花区已建立居民健康档案773092份，建档率87.06%。其中老年人档案66578份，本年度体检老年人38781人，体检率58.25%；管理高血压患者档案46265份，健康管理率67.55%；管理糖尿病患者档案17584份，健康管理率67.23%。累计录入重性精神疾病患者国家系统在册档案3967份，发现报告率4.69‰，在管档案3890份，发现管理率98.06%。全年报告新发肿瘤病例数为1633例，报告发病率为226.55/10万，报告恶性肿瘤死亡病例982例，死亡率为136.23/10万。开展城市癌症早诊早治项目，共完成临床筛查1359例，其中肺部232例、乳腺186例、胃部219例、肠部105例、肝部212例、口腔405例。（卓华英）

【地方病防控】 2019年，雨花区疾控中心开展“4·26”全国疟疾日和“5·15”防治碘缺乏病日系列宣传活动；对8例外地报告的本地疟疾病例开展疫点调查处置；累计完成555例“三热”病人的疟原虫血片镜检；培训指导各街道社区卫生服务中心开展碘缺乏病监测和碘缺乏病健康教育宣传工作，完成200名儿童的尿碘、盐碘含量检测、100名孕妇尿碘、盐碘含量检测以及结果分析和上报工作；对23例布鲁氏菌病患者开展了采样筛查，对其中6例阳性病例进行流行病学个案调查和健康教育工作。（卓华英）

【卫生监测】 2019年，雨花区疾控中心开展生活饮用水、餐饮具、医疗机构消毒质量及公共场所等日常监测，累计采集样品2387份，检测合格2365份，合格率99.08%。全年监测生活饮用水340份，检测合格339份，合格率99.7%，每季度将管网末梢水水质信息在雨花区政府网站进行公示。开展食源性疾病监测，制订方案、组织培训、开展督导，全年上报食源性疾病病例2551例。区食源性疾病主动监测哨点医院采集标本126份。开展食品安全风险监测，完成中式凉拌菜、粽子、奶片和奶酪、蜜饯、月饼、灭菌乳和调制乳、大米、蔬菜、预包装饮用水、预包装饮料、调味面制品、豆与豆制品、自制面包与蛋糕等13大类138份样品的监测采样。开展职业卫生工作，对辖区内存在职业病危害因素的重点行业和存在重点监测因素的20家用人单位开展工作场所职业病危害因素监测；对辖区内1956年至2018年底报告的职业性尘肺病例开展回顾性调查，完成260例病例的调查任务；对54家放射诊疗机构开展调查，登记造册，建立本底资料。开展病媒生物密度监测，安排专人负责，合理布点，及时报送监测报表。采取区教育局、区疾控中心、街道社区卫生服务中心（镇卫生院）三方联动的学校直饮水监测模式，相关单位人员组成监测采样小组，按照分片包干负责的原则，对辖区中、小学校及幼儿园集中进行直饮水监测，春季、秋季共采集直饮水样品249份。配合区卫健局完成16家托幼机构、校外培训机构采光照明“双随机”抽检工作，配合区卫生计生综合监督执法局完成16所学校的教室采光照明和水质检测、181家公共场所的顾客用品用具等检测以及11家二次供水单位的水质检测。（卓华英）

【健康教育】 2019年，雨花区疾控中心落实《国家健康促进县（区）评估标准》《全民健康生活方式行动健康支持性环境建设指导方案》，验收“居民健康百千万行动”中的“一百个健康场所”。开展“无烟学校”“无烟社区”“无烟单位”等创建工作，带动全社会创建无烟环境。开展“5·31”世界无烟日活动，在各医疗机构、学校、公共场所、工作场所设置禁烟标志，不得播放烟草广告，不得放置吸烟器具，做到“三无”，即无烟头、无烟缸、无吸烟者。辖区医疗机构22家，组织医务人员简短戒烟服务培训22家，提供简短戒烟服务的医疗机构22家。微信公众号“雨小卫”，关注人数4000余人，推送健康科普常识近万条；在区政府网站专门开辟健康专栏；利用短信平台每周推送1次健康提示；在大众卫生报等媒体开辟专栏，刊发雨花“健康促进”报道115期；在高桥大市场电脑玩具城东大门、圭塘河风光带利用电子显示屏滚动播放慢性病宣教片。为慢病患者建立健康档案、全省首家区级健康教育馆雨花区健康生活馆开馆。在沙湾公园设立健康公园，在圭塘河风光带设立健康步道及宣传长廊，在社区建立健身场所和健康教育活动室，邀请辖区内各大医院专家教授深入到街道、社区、机关、学校、企业进行健康知识讲座，辖区13个街道（镇）和区政务服务中心设立健康自助检测小屋，市民免费自助检测血糖、血压、身高、体重等。雨花区健康促进委员会办公室制定《雨花区重点卫生计生宣传日活动方案》，全年开展22场重点卫生计生宣传日（周）活动，举办健康讲座、义诊咨询、文艺会演、有奖问答等。活动面向各类重点人群，如慢性病患者、学生、教师、社区居民，参与人数2万余人，发放各类宣传资料5万余份。（卓华英）

【生活饮用水监测】 2019年1月29日，雨花区疾控中心组织街道社区卫生服务中心工作人员开展春季学校直饮水监测培训。2月13—14日，区疾控中心组织对雨花区99家学校开展春季学校直饮水监测工作。3月4—5日，区疾控中心对辖区城区及农村17个生活饮用水监测点进行第一季度33项水质监测。4月1—2日 区疾控中心对全区城区12个生活饮用水监测点进行第二季度33项水质监测。5月6日—8日，区疾控中心对全区城区及农村19个生活饮用水监测点进行加强监测。5月29—31日，区疾控中心对长沙市雅礼中学、湖南省地质中学、长沙市21中学等“三考”考点的学校饮用水、医务室开展卫生监测工作。7月3—5日，区疾控中心对全区城区及农村17个生活饮用水监测点进行了第三季度33项水质监测。8月26—27日，区疾控中心对雨花区全区99家学校开展秋季学校直饮水监测工作。

7月至8月，区疾控中心共完成16所学校教室采光照明和水质检测、181家公共场所的顾客用品用具等检测以及11家二次供水单位的水质检测工作。9月3日—4日，区疾控中心对全区城区及农村19个生活饮用水监测点开展加强监测工作。10月8—9日，区疾控中心对全区城区12个生活饮用水监测点进行第四季度33项水质监测。12月17日，为保障区“两会”期间的用餐安全，区疾控中心对区政府机关食堂开展饮用水及餐具卫生监测。（卓华英）

【疾控业务培训】 2019年，雨花区积极开展疾控业务培训。1月16—21日，雨花区疾控中心举办全区传染病防控及卫生应急处置培训班，长沙市疾病预防控制中心、湖南省儿童医院、长沙市中心医院相关专家及本单位疫情防控骨干进行授课，培训食源性疾病流行病学调查、学校常见传染病早期识别与鉴别诊断及PPD试验操作规范等内容；区疾控中心重点讲解和实际操作疫情防控人员疫情现场调查、措施落实及报告撰写以及现场消毒等；各街道、镇组队轮流上台演练具体消毒流程和操作步骤，提升雨花区传染病防控专业技术人员的专业素质和综合能力，为有效应对传染病疫情和突发公共卫生事件打下基础。全区12个街道社区卫生服务中心、镇卫生院分管领导、公卫主任、疫情专干、临床医师等50余人进行培训。7月17日，区疾控中心举办2019年下半年传染病防控卫生应急培训班，各街道社区卫生服务中心与卫生院分管领导、公卫主任、防病专干共49人参加培训。11月22日，雨花区疾控中心举办基层公共卫生服务培训会，提升基层专干在慢性病、严重精神障碍患者管理、健康教育等方面的业务水平和工作技巧。长沙市疾控中心慢病科科长胡劲松介绍加强规范老年人健康档案，讲解新版3.0公卫系统填报事项；精神卫生资深专家陈姗介绍《精神卫生服务工作规范化解读》《精神卫生法重点知识解读》内容，对社区专干在工作中遇到的问题与疑惑进行针对性解答；参训人员进行现场考试。区疾控中心地慢病健教科列举分析考核中发现和存在的问题，讲解健康教育工作年度计划撰写。48人参加培训。（卓华英）

【疾病预防控制工作会议】 2019年3月19日，雨花区疾病预防控制工作会议在雨花区公共卫生大楼十楼召开，会议由区政府办公室副主任熊灿主持，区政府副区长刘江红，区卫健局党委书记、局长周宏伟出席会议，雨花区直相关部门、各街道（镇）、各级医疗卫生机构、各大中专院校及中小学校相关负责人共140余人参会。会上，周宏伟回顾雨花区疾病防控工作取得的成效，指出2019年的工作要以慢病创建及精防项目为助力、以提升免疫规划质量为目标、以重点疾病防控为重点、以学校卫生工作为导向，推动疾病防控工作迈入新台阶。区疾控中心就2018年全区疾病疫情概况及2019年疫情形势进行分析和研判。长沙市中心医院、东山街道社区卫生服务中心、砂子塘吉联小学分别作经验汇报。刘江红强调，要提高认识，坚持以人民为中心；抓实防控，坚持预防为主；压实责任，形成政府主导、部门联动、群防群控的工作格局；严格要求，提升服务能力、深化改革创新、建立保障机制。（卓华英）

【托幼机构传染病防控工作会议】2019年5月17日，雨花区组织召开托幼机构传染病防控工作会议。区卫健局副局长陈泽香、区教育局后勤办副主任徐国平，辖区内部分重点托幼机构11名法人代表和46名园长参加会议。会上，区疾控中心对区2018年及2019年1—4月学校、托幼机构传染病疫情进行分析，就当前托幼机构在思想认识站位、主体责任划分和制度措施落实等方面存在的主要问题进行剖析，提出要求：制定切实可行的传染病应急预案和制度；依托行政支持和专业指导开展传染病联防联控工作；建立有效的传染病免疫屏障；重视学生心理疏导和正确引导。雨花区卫健局和区教育局分别从卫生行政和教育行政的角度出发，要求各单位就进一步提高思想认识、明确责任、强化培训、注重宣传和联防联控等方面拿出具体措施、抓好落实、注重实效、科学防控。（卓华英）

【登革热疫情防控】2019年9月17日，雨花区报告首例登革热本地病例。省、市、区三级疾控部门立即联合开展疫情现场调查和处置，9月17—22日，区委、区政府召开3次全区疫情防控部署会。9月17—20日，省、市、区三级疾控部门和市、区卫生健康行政部门召开4次现场调度会。指定登革热定点救治医院开展救治和隔离，强化预检分诊和发热门诊筛查，对可疑病例及时开展登革热NS1抗原检测并及时上报，全区成立病例隔离治疗组、病例筛查组、健康教育组、资料信息收集组、环境治理组、防蚊灭蚊组6个组和27支入户调查组开展入户搜索、技术指导、宣传教育、清查积水、翻盆倒灌。连续开展入户搜索18天，覆盖3个街道、9个社区，调查3508户，调查人数7774人，发现发热居民18人，采血60人，发现积水数1593处，阳性积水数215处。区疾控中心紧急采购杀虫、灭蚊、防蚊药品1万余件，购置体温计100支、媒介伊蚊监测设备2套、热力烟雾机4台。区爱卫会组织在全区广泛开展“整治环境、防蚊灭蚊”爱国卫生运动，进行内外环境整治、杀灭成蚊、清除伊蚊孳生地。区疾控中心组织对疫情核心区和警戒区连续开展蚊密度应急监测共70余次，直到至布雷图指数降至零。区政府督查室和区卫健局联合成立督查组，每日深入疫区开展督查。通过“飞梦雨花”微信公众号“开放雨花”APP，及张贴宣传海报、制作宣传栏、悬挂横幅、发放宣传折页、社区巡回广播等多种宣传形式开展登革热防控知识健康教育。其间，共发放宣传折页7万份、宣传单10万份。区委、区政府财政局保障防控工作的经费需要，保障个人防护用品、消杀药品和器械、蚊媒监测药械、采样检测试剂、宣传培训和后勤保障经费落实到位。历时2个多月，登革热疫情得到有效控制，报告本地病例49例，实验室确诊病例47例、临床诊断病例2例，涉及辖区内3个街道，所有病例均已痊愈，无死亡病例，无后续无新增病例，防控工作取得成效。（卓华英）

【国家慢性病综合防控示范区创建】2019年，雨花区健全慢性病综合防控机制，推动慢性病防控“体系多元化”，成立国家慢性病综合防控示范区创建工作领导小组，把慢性病综合防控工作纳入雨花区经济社会发展“十三五”规划。开展跨部门行动，成立健康专家委员会，主动为慢性病、老年人、残疾人等重点人群提供服务。将慢病防控渗入社区管理、学校教育、餐饮服务等行业，全区12个基层医疗机构均实施分级诊疗制度和家庭医生签约服务，定制不同年龄段、不同慢性疾病的个性化服务包，满足慢性病人群的不同需求。雨花区坚持示范引领，全社会共同参与，推动慢病防控平台特色化、知识普及化、服务便民化，提升全民健康素养。完成4266人的慢性病社会因素调查评估工作，开展“三减三健”专项行动，推进健康支持性环境建设，以国家基本公共卫生服务规范等指导方案为支撑，对目标人群进行筛查、评估登记、建档管理和随访，做到慢性病、重性精神疾病个案“一人一病一档案”。规范开展健康体检和高危人群筛查，加强慢性病早期发现与管理，完成区卫健局确定的高危对象发现管理任务，建立分级诊疗制度，实施家庭医生签约服务，规范化管理重点慢性病患者。街道社区卫生服务中心与湖南中医药大学第一附属医院、长沙市中心医院、长沙市妇幼保健院等6家大医院签订合作协议，实现“小病进社区，大病到医院，康复回社区”。依托医疗信息平台，上下级医院直接在网络平台传输转诊病人信息。将儿童窝沟封闭预防龋齿项目纳入创建国家慢病综合防控示范区重点项目，成立卫生健康、教育联合领导小组，制定项目实施技术方案，明确项目开展目标，为项目实施提供有力保障。40个“健康书屋”和52个社区均设有健康自测点，投放健身器材313处，健身驿站4个，22家医疗机构为群众提供简短戒烟服务，覆盖率100%。提升群众防病意识，向居民家庭发放限盐勺、控油壶等干预物品1.5万套，鼓励居民形成低盐、少油饮食、戒烟限酒等健康生活方式。推广慢病患者网上挂号、就诊服务，规范开展高血压、糖尿病患者及高危人群筛查工作。“妇女两癌筛查”“家庭医生签约”等健康民生服务更是“送到家”。雨花区居民健康素养水平为22.8%，高于中国居民健康素养17.06%的平均水平。高血压、糖尿病控制率均高于全省平均水平。

7月12日，雨花区召开创建国家慢性病综合防控示范区工作调度会，各区直相关单位、街道（镇）分管领导和联络员、各医疗机构及社区卫生服务中心（卫生院）负责人80余人参加会议。区政府办副主任万多主持会议。会议传达湖南省关于地方病、结核病、艾滋病等四个攻坚行动的会议精神，通报全区结核病、艾滋病等传染病的疫情情况。区卫健局党组书记、局长周宏伟通报湖南省卫健委专项督导情况，指出存在问题，安排部署工作。各参会单位、街道（镇）、医疗机构及社区卫生服务中心（卫生院）代表逐一表态发言。区政府副区长刘江红强调，当前国家慢性病创建工作存在认识不高、业务不熟等问题，要全面认识创建工作的差距性，亟待解决存在的问题；要全力做好下一步工作，推动创建工作开展，保障顺利完成各项指标任务。7月25日，区疾控中心举办健康指导员培训班，全区各街镇国家慢性病示范区创建工作联络员、健康社区（村）健康指导员及健康食堂、健康餐厅的相关工作人员共148人参加培训。8月1日，国家慢性病综合防控示范区创建工作第二次调度会召开，周宏伟、万多，区直相关单位、街道（镇）分管领导和联络员、各医疗机构及社区卫生服务中心（卫生院）负责人、各督导联点小组组长共100余人参加会议。10月31日，国家卫生健康委专家组组长、甘肃省卫生健康委疾控处处长徐莉一行调研雨花区国家慢性病综合防控示范区创建工作。11月，雨花区顺利通过国家慢性病综合防控示范区验收。

（卓华英 刘思敏）

【中国疾控中心指导餐馆减盐项目工作】 餐馆减盐项目为中英减盐行动项目之一，为“全民健康生活方式”中“三减三健”（减盐、减油、减糖、健康口腔、健康体重、健康骨骼）专项行动之一。2019年1月22日，中国疾控中心营养与健康所公共营养与政策标准室主任王惠君、乔治健康研究所副所长张普洪、湖南省疾控慢病科科长金东辉等一行8人指导雨花区餐馆减盐项目工作，听取雨花区疾控中心对餐馆减盐项目工作情况汇报，现场观摩井湾子街道项目餐馆（筷乐鱼意饭店），现场示范指导井湾子街道社区卫生服务中心调查员实施菜品登记、菜品采样、餐馆问卷调查、消费者问卷调查，对发现的问题进行解答。专家组肯定雨花区前期开展的调查工作，并提出建议，推动雨花区防控慢性病、降低慢性病的发病率、推进全民健康生活方式。（卓华英）

卫生监督

【概况】 长沙市雨花区卫生计生综合监督执法局（简称“区卫监执法局”）是由政府全额拨款、实行参照公务员法管理的副科级事业单位，为区卫生健康局二级机构，负责实施卫生计生专项整治和日常监督检查；对公共场所卫生、生活饮用水卫生、学校卫生及消毒产品和涉及饮用水安全产品进行监督检查；对医疗机构、采供血机构及其从业人员的执业活动进行监督检查，对医疗机构、采供血机构、疾病预防控制机构的传染病疫情报告、疫情控制措施、消毒隔离制度执行情况、医疗废物处置情况和菌（毒）种管理情况等进行监督检查，查处违法行为等工作。内设办公室（法制稽查科）、综合监督一科、综合监督二科、综合监督三科等4个科室。核定事业编制25名，其中领导职数2名；政府雇员编制5名。2019年，全体在职干部职工30人，其中雇员7人；退休干部2人；党员18人。办公地点设在雨花区公共卫生大楼。

2019年，雨花区卫生计生综合监督执法局以健康中国战略为指引，以规范卫计综合监督执法工作为导向，维护行业秩序、保障市民身体健康。在全市卫生健康监督工作稽查考核中名列第一。全年办理一般程序立案65件，结案41件，罚没17.2万元；办理简易程序案件195件。（刘国军）

【医疗机构监督】 2019年，雨花区卫监执法局监督检查医疗机构520余家，下达卫生监督意见书1000余份。联合其他部门及单位打击非法行医行动30余次，出动执法人员320余人次，取缔“黑诊所”3家，责令整改单位和个人20余次，立案查处无证行医行为8起，共计罚款2.3万元，没收违法所得2680元，吊销助理医师执业证书1本，没收医疗器械6件、药品100余千克，向区市场监督管理局移送案件1起，向区公安分局移送非法行医案件1起、线索1条。检查医疗美容机构28家次，下达卫生监督意见书共20余份，对长沙市雨花区微笑医疗美容门诊部有限公司、长沙美亦医疗美容有限公司雨花医疗美容门诊部越级开展二级手术项目“假体丰胸术”和其他3家生活美容店未取得“医疗执业许可证”擅自执业的行为进行立案查处，共罚款6.2万元，没收违法所得2130元，吊销“医疗执业许可证”1本，吊销美容外科（限门诊）诊疗科目1家。检查开展口腔诊疗服务的医疗机构129家，下达卫生监督意见书100余份，约谈、警示25家，立案查处1家，共罚款1.29万元。完成医疗机构“双随机一公开”监督抽查57家，共下达卫生监督意见书80余份，责令30家医疗机构对存在的问题进行整改，立案查处2家。（刘国军）

2019年10月31日，雨花区创建国家慢性病综合防控示范区迎检（刘思敏 提供）

【传染病防治监督】 2019年，雨花区卫监执法局完成传染病防治“双随机一公开”抽查24家，监督覆盖率100%，检查发现部分医疗机构存在传染病疫情报告工作制度、消毒隔离制度不完善、传染病疫情报告登记本登记不全、消毒用品未标注有效期限等情况。针对存在问题，均出具“卫生监督意见书”，责令12家单位限期整改。（刘国军）

【职业病防治与放射监督】 2019年，雨花区卫监执法局开展放射卫生专项检查及放射工作人员个人剂量监测专项整治，全年检查放射诊疗机构51家，下达卫生监督意见书20余份，责令限期整改存在问题。3月中旬，雨花区卫监执法局开展《中华人民共和国职业病防治法》宣传周活动，出动宣传车3台，制作宣传板5块，接待咨询劳动者90余人，发放宣传资料250余份。（刘国军）

【公共场所卫生监督】 2019年，雨花区卫监执法局出动执法人员800余人次，车辆300余车次，下达卫生监督意见书600余份。推进公共场所卫生告知承诺制，制作告知承诺制办事指南，明确告知承诺审批部门、审批流程、办理时限、管理方式等内容，推动公共场所卫生管理重心从事前审批向事中事后监管服务转变，承诺制实行后新办证件320本。完成公共场所双随机重点监督181家，其中游泳场馆22家，美容美发22家，住宿130家，商场2家，淋浴场所5家。主要对消毒设施、卫生检测情况、员工实际操作、人员健康证等方面进行检查，检查结果和抽检情况及时在雨花区政府官方网站进行公示。（刘国军）

【饮用水卫生监督】 2019年，雨花区卫监执法局对二次供水单位开展摸排工作，实现166家办证单位监督检查的全覆盖，对部分管理不到位的单位下达卫生监督意见书责令整改，对5家问题较重的二次供水单位进行立案处罚。对无管理主体和老旧小区二次供水单位及鸿源公司管理的二次供水单位均下发二次供水办证告知书，联合街道社区加强日常巡查确保供水安全。5—11月，开展农村饮水卫生专项行动，重点对石燕湖公园自建设施集中式供水进行专项检查，对发现的问题提出多部门联合处理建议。4—10月，开展“净水器”市场回头看专项整治工作，检查家电超市、电器批发市场18家，针对夸大、虚假宣传产品功能等问题下达卫生监督意见书，督促销售单位整改。（刘国军）

【学校卫生监督】 2019年，雨花区卫监执法局联合区疾控中心、区教育局后勤办从生活饮用水、学校卫生、传染病防治工作方面对全区学校开展春、秋两季卫生检查，共检查306所学校（含托幼机构），其中大中专院校17家、中小学95家、幼儿园194家。加强对长翔、水杯子等提供直饮水服务的企业在备案、涉水产品日常维护等方面的管理，做好雨花区学校学生直饮水管理工作，保障学生的健康成长。全区分质供水办证率100%。（刘国军）

【计划生育执法】 2019年，雨花区卫监执法局调查核实长沙佑康医院利用超声技术为他人进行非医学需要的胎儿性别鉴定的违法行为，并进行立案查处。开展母婴保健技术服务监督，检查医疗机构25家，下达卫生监督意见书25份，规范其母婴保健技术服务行为，提高计划生育母婴保健工作质量。（刘国军）

【基层建设】 2019年，雨花区卫监执法局建设洞井街道社区卫生服务中心实训基地、公共卫生大楼二次供水实训基地、“雨花健康诊所”模拟小型医疗机构3个培训基地。依托“三基地”进行仿真教学和培训，共培训三级监督员25批次；开展“一月一期”授课培训，以“请进来”教、“走出去”学、现场教学等模式，开展监督技能比武、文书制作评比等活动实现业务能力提升。（刘国军）

【生活饮用水卫生安全管理培训】 2019年11月12日，雨花区卫监执法局在雨花区公共卫生大楼开展雨花区饮用水管理单位生活饮用水卫生安全管理员培训。该次培训班由区卫监执法局饮用水卫生安全专家谌晓曙、并邀请长沙鸿源水处理技术开发有限公司业务经理刘伟分别讲授《二次供水的卫生管理》《鸿源公司二次供水简介、水质检测、水箱清洗介绍》的课程，培训重点对二次供水的水箱清洗消毒、水质自检、如何建立二次供水单位的卫生档案及加强二次供水单位自身卫生管理的培训授课，同时两位

2019年5月，雨花区卫监执法局饮用水安全进校园宣传活动 （刘国军 提供）

专家与学员进行现场答疑。通过培训，提高雨花区各供水单位生活饮用水卫生管理水平，从源头上有效预防饮用水卫生安全隐患，杜绝饮用水卫生安全和预防涉水疾病发生。

（刘国军）

【省卫健委调研卫生健康综合监督工作】 2019年8月14日，湖南综合监督处处长罗辉一行5人调研指导雨花区构建和完善卫生健康综合监督工作体系。市卫健委副主任厉卫东、市卫计综合监督执法局局长钟伟、区卫健局副局长陈谨、区卫计综合监督执法局局长黎雪军等陪同调研。调研组实地调研砂子塘街道公共事务办卫计综合监督网格化管理中心、调查询问室、罚没物资暂存室等功能用房和场所阵地、翻阅有关案卷，了解街道卫计综合监督执法具体情况，询问监督执法中存在的困难和问题；到区卫监执法局查看“十室一中心”功能用房和“执法培训三基地”，在决策指挥中心观看规范化建设和医疗机构监督巡查及医疗乱象宣传片，观看卫生监督执法现场演示和调度。在座谈会上，调研组分别听取黎雪军、陈谨、厉卫东就卫生健康综合监督工作整体情况、医疗机构多元化监管工作开展情况、综合监督执法规范化体系建设情况、国家专项督查工作发现的线索和问题的整改落实情况、综合监督工作如何实现重点突破五个方面做的工作汇报。罗辉对雨花区卫生健康综合监督工作给予肯定，要求迎难而上，创新举措，解决体系建设、监督执法遇到的难点、痛点。（刘国军）

妇幼保健

【概况】 长沙市雨花区妇幼保健计划生育服务中心(简称“区妇幼中心”)为副科级全额拨款事业单位，是区卫生健康局二级机构，负责全区妇女保健、生殖保健、孕产妇保健、儿童保健、婚前保健服务；负责全区计划生育技术服务、健康教育、妇幼卫生信息统计等工作。内设妇保科、儿保科、婚检科、计划生育技术服务指导科、检验科、健教科、信息科、办公室。核定编制38名，其中领导职数1名；2019年，全体在职干部职工数48人，其中雇员20人；退休13人；党员19人，其中在职党员17人，办公地点设雨花区公共卫生大楼内。

2019年，雨花区坚持“大妇幼、大健康”理念，推动“以治病为中心”向“以人民健康为中心”转变，围绕建设健康雨花，以保障母婴安全、加强出生缺陷防控工作和推进妇幼健康民生实事为重点，推动妇幼健康事业高质量发展，全力保障妇女儿童健康。适龄妇女宫颈癌和乳腺癌“两癌”免费检查、孕产妇免费产前筛查、NIPT免费检测、新生儿疾病筛查、耳聋基因筛查、0～6岁儿童眼保健及视力筛查6件民生实事作为全区妇幼健康工作的重中之重，通过制定项目实施方案、召开专题会议、举办业务和管理培训班、开展专项督导、建立通报约谈和督导制度等举措，推动实事项目顺利实施。完成NIPT免费检测11653人，产前筛查完成10646人(完成全年省重点民生任务的230%)，其中高风险和临界高风险2730人，产前诊断2728人，产前筛查高危人群干预诊断率99.93%，检查诊断出19例染色体异常出生缺陷胎儿，全部终止妊娠，避免出生缺陷儿的出生。新生儿疾病筛查完成11651人(完成市重点民生任务的208.11%)，筛查异常的全部进行规范的诊治和随诊。耳聋基因筛查完成11566人，0～6岁儿童眼保健及视力筛查完成34790人(完成市重点民生任务的124.25%)，筛查结果可疑异常人数为4908人，进行规范的随访和转诊。适龄妇女“两癌”免费检查完成筛查人数17496人，农村及城镇低保适龄妇女两癌免费检查2153人。

（唐品佳）

【妇女保健】 2019年，雨花区落实高危孕产妇管理，确保孕产妇生命安全。实行区、街两级管理，区内助产机构和社区卫生服务中心上报高危孕妇8551人，高危孕妇追访率100%。红色预警56人，橙色预警1943人，紫色预警200人。坚持区卫健局、街道、社区、区妇幼中心、急救中心等多部门联动配合协调，有效避免孕产妇死亡，为3位高危孕产妇发放2.73万元的救助金。完善流动孕产妇管理机制，以社区（村）为末端管理单位，对流入外地孕产妇使用统一的委托书，实行委托管理，指定专人负责。采取邮寄和网络信息交换等方式委托当地妇幼保健机构进行管理。规范产科服务，直通急救通道。定期组织开展危重孕产妇评审、助产机构妇幼健康服务围产会议、母婴安全专题会议及培训，在长沙市中心医院举行区级危急重症急救演练2次，全区所有产科机构和社区卫生服务中心业务骨干参加培训。开展农村妇女“两癌”和妇女病查治工作，明确长沙市妇幼保健院为确诊转诊单位并签约。雨花区橙色以上高危孕产妇实行区、街双重管理，采取区级统一编号，杜绝漏报漏管。区妇幼中心举行4次母婴安全专题会议及培训，辖区医疗机构的高危管理人员均进行培训，提高高危鉴别和追访指导能力。（唐品佳）

【儿童保健】 2019年，雨花区辖区活产数6093人，5岁以下儿童死亡率3.76‰，婴儿死亡率2.00‰，新生儿死亡率1.29‰。规范0～6岁儿童健康管理，每季度对社区儿散居儿童保健工作进行督导，召开儿童保健工作例会实时通报工作情况。开展儿童眼保健及视力筛查工作，发现有可疑的儿童及时转诊。全年完成儿童入园体检10316人，托幼机构工作人员体检6069人，体检率100%。对45家托幼机构进行卫生保健综合评估。对辖区高危儿童分街道进行高危管理，及时随访，及时转诊。所有社区卫生服务中心及乡镇卫生院均配备视力筛查仪，对辖区儿童进行视力筛查及视力检测，发现有可疑的儿童及时转诊。区妇幼中心申请下拨眼保健经费15万元。（唐品佳）

【出生缺陷综合防治】 2019年，雨花区推进婚前医学检查与婚姻登记“一条龙”服务，提高婚前医学检查率，免费婚检8360人。宣传免费孕前优生检测政策及孕前优生健康检查的重要作用，免费孕前优生检查3808人。对全区准备怀孕和早期妊娠的妇女免费增补叶酸（包括流动人口），扩大发放渠道，实行区婚检中心、驻区助产机构、各街道社区卫生服务中心、街道计生等多方位同时发放；完善区、街（镇）、社区（村）三级台账，对叶酸的领取、发放及服用情况及时进行登记，逐级汇总上报。全年免费发放叶酸28857瓶，孕产妇叶酸服用率98.1%（11900／12131），依从率88.1%（10480/11900）。配合市产前筛查中心对96名唐氏筛查高风险孕妇进行孕期追踪随访，督促进行产前诊断，召回率100%。（唐品佳）

【计划生育技术服务】 2019年，雨花区妇幼中心配备计划生育药具储存仓库，设置常温库和阴凉库，加装降温空调机和除湿器，保证药具仓储管理规范达标。完善并规范街道（镇）药具报表报送制度，与专业配送公司签订合同，开展药具集中配送服务，畅通发放渠道。对全区药具一体机进行摸底清理，重新安装5台药具免费领取机。区妇幼所集中配送发放避孕套119.2万只、其他外用及口服避孕药具940盒、宫内节育器121只，药具服务包460余个。（唐品佳）

【健康教育】 2019年，雨花区以社会公众为重点开展科普宣传，开展妇幼健康教育进社区、进学校活动。利用“三八”妇女节、爱耳日、爱眼日、自闭症日、预防接种宣传日、母乳喂养周、出生缺陷防治宣传日等主题宣传日（周）到社区、企业、学校、幼儿园开展健康宣教活动，宣传国家妇幼健康各项惠民举措，普及妇女儿童常见疾病预防知识、儿童心理健康知识等。开展各种形式的健教活动14次。印制16万份宣传折页，5000份海报下发到街道社区卫生服务中心、各社区、各村组，普及妇幼健康知识。孕期健康教育参与率75.63%，母婴保健核心知识知晓率91.38%。辖区内的区妇幼保健所、9家助产医疗机构及11个街道社区卫生服务中心、1个乡镇卫生院均建立孕妇学校，区域内22个孕妇学校均达标。（唐品佳）

【妇幼保健信息】 2019年，雨花区妇幼中心强化信息安全管理，信息安全责任到人；各级医疗卫生保健机构配备相应的硬件设施，直报系统的密码定期更改，账号、密码有登记并规范保管；直报数据按季度、年份及时导出做好数据备份，加强涉密信息的保密工作；建立妇幼卫生信息安全管理工作应急预案。区、街两级均明确专人负责实行报表报送制和二审制，区、街、社区三级做到各项工作有原始登记、汇总统计及总结分析。区妇幼中心每季度与区卫健局、市殡仪馆核对出生死亡数据，将不符数据与名单反馈到街道社区卫生服务中心，逐个调查、落实并及时反馈。每季度对辖区各街道社区卫生服务中心进行一次全面的监测督查工作，并利用下街道（乡）的机会随时对妇幼信息数据进行抽查。对辖区内9家助产机构上报的妇幼数据进行抽查，对个别妇幼信息工作比较薄弱的医院、街道社区卫生服务中心进行重点督查。

（唐品佳）

【宣传活动】 2019年2月22日 雨花区妇幼中心联合长沙市妇幼保健院、洞井街道社区卫生服务中心在雨花区汽车南站过渡站前坪开展主题为“妇幼健康民生 惠及千万家庭”的大型义诊宣传活动，为广大居民发放健康福包。3月21日 雨花区开展“不让任何一个人掉队”世界唐氏综合征日宣传活动。5月20日，区妇幼中心联合市妇幼保健院在洞井街道社区卫生服务中心开展“母乳喂养，给宝宝100分的爱”的主题宣传义诊活动。活动特邀长沙市妇幼保健院保健支部书记、副主任医师唐小玲、妇女保健部兼计划生育部部长郭海清、儿童保健部主任医师潘玲琳出席。5月31日，区妇幼中心联合同升街道举办以“烟草与肺部健康”为主题的世界无烟日宣传义诊活动。7月17日，雨花区妇幼中心联合东山街道办事处组织举办主题为“关注儿童健康，关爱儿童成长”的健康教育讲座，辖区内150组家庭参与。通过该次健康教育讲座，帮助现场的家长们进一步增强儿童生长发育方面知识的积累，有利于家长们帮助孩子自觉养成良好的学习和生活习惯，从而以强健的体魄、健康的心理、充沛的精力投入到忙碌的学习和生活中去，愉快的学习，幸福的生活。9月12日，区妇幼中心联合砂子塘街道在凯德广场开展“预防出生缺陷，助力健康扶贫”为主题的健康教育活动。（唐品佳）

【妇幼保健培训】 2019年2月26日 雨花区妇幼保健所举办“长沙市适龄妇女两部免费检查管理系统”培训，各街道、社区卫生服务中心和跳马镇中心卫生院妇幼专干，妇产科医师，检验科医师，B超医师等专线人员共70余人参加。该次培训，有利于确保雨花区民生项目规范落实，系统顺利运行。4月25日，雨花区职工心理关怀系列辅导课程“相亲相爱一家人”人际关系团体培训开课。4月26日，儿童保健医生沙盘心理技术初级培训开班。5月14日，全区托幼机构卫生保健工作会议暨业务培训班举办，来自全区托幼机构的200余名卫生保健人员参加培训。5月23日，雨花区妇幼健康基本公共卫生服务培训举行，全区各街道社区卫生服务中心负责人、公卫主任参加培训。5月30日，雨花区举办全区2019年药具工作推进会暨业务培训班。各街道药具分管领导、社区药具管理员及区妇幼药具管理中心相关人员200余人参加培训。区妇幼保健所药具管理科负责人传达2019年长沙市药具工作会议精神，回顾总结2018年全区药具管理工作情况，对2019年全区药具工作进行部署，就基层药具计划统计，账表卡册登记、基层药具仓储规范管理要求及《湖南省基本公共卫生服务项目绩效评估指标体系》进行讲解。培训后，全体培训人员进行考试考核。雨花区卫健局分管领导对会议进行总结，强调重点推进“互联网+药具发放”服务、探索村卫生室+药具服务模式、加大宣传力度等工作。6月13日，2019年适龄妇女“两癌”免费检查项目培训班举办。9月10日，雨花区孕产妇死亡个案评审暨“降消”项

目培训会召开。10月12日，“守护孩子的心灵花园”儿童心理健康讲座举行。（唐品佳）

【妇幼健康工作会议】 2019年4月12日，雨花区妇幼健康工作暨业务管理培训会议在区公卫楼10楼会议室举行。会议由区卫健局党组书记、局长周宏伟主持，区政府副区长刘江红参会并讲话，全区各街道（镇）卫健工作分管副职、卫健办主任、各卫生服务中心（卫生院）主要负责人、分管副职、公卫部主任、各助产医疗机构主管院长、产科主任及专干等妇幼健康相关工作人员共140余人参加会议。会议对2018年妇幼健康工作进行全面总结，安排部署2019年工作，三个优秀单位代表作典型发言。刘江红强调，要坚持以人民为中心的思想认识妇幼健康工作，坚持以高质量发展的思路推进妇幼健康工作，坚持以民生为本的情怀保障妇幼健康工作。区妇幼中心针对出生医学证明相关工作要求、妇幼卫生信息理论、儿童保健、妇女保健等内容进行业务培训，组织妇幼信息员、妇幼专干进行随堂考试。通过培训，有利于实现理论知识达标、业务素质过硬。（唐品佳）

【危重孕产妇急救演练】 2019年6月20日，雨花区危重孕产妇急救演练和母儿急救学术会议在长沙市中心医院二楼多功能厅召开。长沙市卫健委妇幼健康服务处处长王伏秋，雨花区卫生健康局副局长陈泽香，长沙市中心医院院长杨励、副院长蔡岳祥与来自各级医疗机构产科、新生儿科专家及精英骨干共400余人参加会议。该次培训分“急救演练”和“理论授课”两个部分，通过岗位练兵、以练促学，提升医疗机构产科、儿科等多学科应急抢救能力，巩固和提高全危重症孕产妇、新生儿的救治水平，提升母婴安全保障能力。（唐品佳）

社会生活

民政事务

【概况】 长沙市雨花区民政局主管区政府社会行政事务，负责区属内救灾救济、基层政权和社区建设、城乡低保、福利彩票发行、社会组织、优抚安置、流浪救助、殡葬等方面的工作。2019年，内设办公室（计财科）、基层政权建设和社区治理科（区划地名办）、养老服务和儿童福利科、社会事务科、社会组织管理和慈善事业科（行政审批和政务服务科）。下设区社会救助事务中心、区生活无着人员救助站、区社会工作服务中心（区低收入家庭认定中心）和区社会福利中心（雨花老人之家）4个二级机构。核定行政编制7名、参公编制8名、机关工勤编1名；全额拨款事业编制19名，其中，区社会救助事务中心编制8名、区生活无着人员救助站编制7名、区社会工作服务中心编制10名、区社会福利中心编制2名。在职在编干部28人，退休干部13人。局党总支部辖机关党支部和退休党支部，党员34人，其中在职党员25人、退休党员8人。办公地点设在香樟路592号雨花区人民政府机关大院1号楼1层。

2019年，雨花区民政工作树立“民政为民、民政爱民”的工作理念，按照全省“五化”（人本化、法治化、标准化、信息化、社会化）民政建设工作要求，推进全国社区和居家养老服务改革，推进基层治理创新，保障困难群众基本生活。区社会救助中心被授予“全省民政系统先进集体”称号；在省政府公布的2019年度真抓实干成效明显的地区名单中，雨花区获评“养老服务体系发展成效明显的县市区”。（邓颖晴）

【社会救助】 2019年，雨花区民政局推进社会救助标准化建设，低保动态管理全年新增551人，退出766人，累计救助36760户次、54965人次，发放资金2537.36万元，最低生活保障标准每人每月从550元提高到650元。对476户住房保障家庭进行收入认定，对52337户进行居民家庭经济状况核对，为665名精减退职人员发放救济金112272元。全年特困供养6618人次、发放资金511.75万元。临时救助995人次、发放资金298万元。开展春节慰问，为6000余名困难群众送去慰问金688.98万元。走访摸排25339户对象，符合条件的2668户特殊困难群体均帮扶到位，发放帮扶金1188.98万元，其中：急难、医疗、基本生活帮扶1828户451万元；住房、就业帮扶840户737.98万元。全区未脱贫对象52人，4人因直系亲属有赡、抚养能力等原因不能纳入低保，2人享受孤儿待遇，38户46人全部纳入兜底保障。兜底保障对象分三类发放低保金，其中一类10人（低保5人、特困人员5人），二类15人，三类21人。建档立卡贫困人口已脱贫继续享受低保对象134户289人，月保障金10.77万元，人均每月补差372.5元。为流浪乞讨人员提供食宿1813人次，提供乘车凭证791人次，提供医疗救助11人次，救助危重病人4人次。（邓颖晴）

【福利慈善】 2019年，雨花区安排专项资金77万元组织开展“暖心工程”“烛光工程”“安心工程”等慈善送温暖活动。做好“尿毒症患者援助”“特大病慈善医疗救助”“慈善临时救助”等慈善项目申报、审核及补助金发放工作。城乡特困家庭子女高等教育慈善助学项目救助学生163人，发放助学款54.7万元。其中低保对象29人，发放助学款14.5万元；特困对象134人，发放助学款40.2万元。全年慈善项目救助439人次，发放救助金90万余元。福彩销售额6094万元，筹集公益金304.7万元。按月采取社会化发放残疾人两项补贴842万元。组织全区190人举办儿童福利主任培训班，完善规范28个村级儿童之家、10个省级示范儿童之家建设。争取资金10万元，完成新田村、田心桥村儿童之家提质改造。成功申报市级示范儿童之家2个，省级示范儿童之家1个。及时发放10名孤儿生活补贴13.41万元。利用节日走访慰问留守儿童和散居孤儿，共送去慰问金2.1万元。办理收养登记9起，其中解除3例。（邓颖晴）

【老龄工作】 2019年，雨花区推进

全国社区和居家养老服务改革试点，规范管理区为老服务信息平台，加大政府购买服务力度，基本养老政府购买服务1771人次62.28万元；政府出资为“‘三无’、‘五保’、失独、低保、重点优抚对象”和80周岁及以上高龄老人购买老年人意外伤害保险19091人次859095元。按季度发放高龄津贴52592人次2274万元。开展敬老月走访慰问活动，发放慰问物资14.5万元，养老机构慰问金5.3万元，慰问百岁老人2万元，重阳节为全区老人送上一封慰问信，1—8月办理老年优待证4019本（8月26日移交区卫健局）。在全省率先探索社区“嵌入式”养老模式及建立老年人助餐配餐服务试点区，在东塘街道政院社区、侯家塘街道韶山路社区、砂子塘街道金地社区、左家塘街道狮子山社区、圭塘街道雨花家园社区先行试点。新建民办养老机构2家，新增社区居家养老服务中心6个，打造AAAAA级居家养老服务中心2个，新增床位100张。投入100万元对20个社区开展设施标准化建设，统一标识标牌。深化养老服务“放管服”改革，3家养老机构实行备案制，跳马镇敬老院完成移交管理。出资118万元完成区社会福利中心消防提质改造扫尾、监控系统升级改造、中心围墙维护和部分空调热水器更换。开展养老机构标准化建设，老人每天的饮食起居、护理项目、康复训练、健康状况等都有统一的标准化养老服务规范。开展养老院服务质量专项行动，满足老年人日益增长的养老服务需求，逐步健全“以居家为基础、社区为依托、机构为支撑、社会为主体”的设施齐备、功能完善、规模适度、布局合理、覆盖城乡的适度普惠型养老服务体系，先后被确定为全国养老服务示范区、全国社区为老服务信息平台建设项目试点区、全国居家和社区养老服务改革试点区等。1月5日，央视《新闻联播》在“创新服务模式 多渠道增加养老服务供给”报道中推介韶山路社区养老服务做法。（邓颖晴）

2019年11月26日，雨花区“雨花时间银行”周年庆活动（谭慧乔 提供）

【婚姻登记】 2019年，雨花区推进婚姻颁证服务工作创新，倡导婚嫁文明新风，办理结婚登记4883对，离婚登记2753对，补发婚姻证件1038对，接待咨询业务1.6万余人，接听来电咨询5000余次。2月14日，雨花区开展“深情向‘你’告白·倡导文明新风”主题婚姻登记颁证活动，布置婚姻登记大厅和颁证大厅，招募部分局干部职工子女作为礼仪宝宝，为新人们送鲜花、送祝福。设置对诗词、唱情歌、猜谜语、浪漫情话等互动游戏节目，利用电子显示屏、展板和宣传资料，全面宣传新时代婚事简办新办的新风尚，营造浪漫、永恒的喜庆氛围。新人在颁证大厅进行婚姻宣誓，在“争做婚事新办的倡导者、带头者、践行者”的签名墙上签名。8月7日，正值七夕节，在圭塘河风光带进行“金玉良缘·文明婚嫁·情定雨花”汉式集体婚礼颁证活动，穿戴汉服的新人共同行沃盥进席礼、同牢而食礼、酳酒合卺礼、执手礼等。婚礼不收取任何礼金，收受亲戚朋友赠送的书籍，并将这份礼物集体捐赠给贫困山区的孩子。新人们现场签名加入雨花区志愿者服务团队，投身公益志愿活动。《湖南日报》、中国文明网、人民网等多家媒体报道。（邓颖晴）

【殡葬管理】 2019年，雨花区推进移风易俗，开展殡葬领域问题专项整治，妥善解决跳马镇凤凰山陵园历史遗留问题。落实殡改惠民直补报销政策，全年直补报销680人次71万元。发放宣传材料6万余份，制作宣传展板30余块，悬挂宣传横幅300余条。（邓颖晴）

【区划地名】 2019年，雨花区规范区划地名管理，开展全国第二次地名普查成果转换工作，进入地名普查成果转换，图、录、典、志编纂阶段，收集有效地名条目14441条，与深圳勘察测绘院签订图、录、典、志的编纂和出版合同，对全区的嘉智路、鑫雅路等17条新建道路按要求进行命名和路名牌的设置。（邓颖晴）

【基层政权和社区建设】 2019年，雨花区推进村民自治，开展扫黑除恶专项斗争，组织社区(村)两委班子“八连审”回头看，对审查出的23名曾有违纪违法行为的村民小组长依法依规进行处理，6名小组长辞去职务，17名小组长经村民小组会议通报情况后，经小组会议表决同意其留任至本届期满，不再列入推选对象。新进42名社区员额管理人员，成功创建3个省级和谐社区、4个市级和谐示范社区、7个市级精品社区、1个市级农村幸福社区、2个市级农村社区建设试点村。组织社区参加市“三社联动”供需对接会，达成合作意向148个，6个社区成功申报市级“三社联动”示范项目。推进“三零”社区创建，制定社区范围地图。开展城乡社区治理服务品牌创建，3个单位获评市级“优秀社区工作法”、2个单位获评市级“优秀村规民约（居民公约）”、3个单位获评市级“最具人气社区公共服务中心”；编纂《2019年社区治理和服务创新成果集》，并向市提质提档办推荐典型经验，21个典型经验拟编入市提质提档100个优秀案例集。（邓颖晴）

【社会组织工作】 2019年，雨花区坚持社会组织培育发展和监督管理并重，全区社会组织1542家，其中备案1088家，注册登记454家（社会团体33家，民办非企业单位421家），通过平台审核办结的社会组织审核68家、注册成立19家、变更34家、注销15家。应参加年检的社会组织427家，实际参加327家；未参检的100家中，15家申请注销。年检合格308家，基本合格17家，不合格102家，并对年检结果进行公示。启动“党建引领·创益雨花”支持社会组织、社工机构参与公益慈善项目，协调区财政资金200万元，对党建、环保、扶老、助残、救孤、助学等41个公益慈善项目进行立项资助。对校外培训机构完成2轮摸底排查，开展3轮清理整治，召开5次专题会议，配合区教育局进行3次专项督查，12家民办机构取缔关停，17家民办机构按照要求整改到位。推进社工站建设，鼓励社会组织、社工机构参与社工站项目承接。支持社工人才队伍建设，举办社会工作职业资格水平考前培训班，100余人通过考试并获得初、中级社工证。（邓颖晴）

【民政工作推进会】 2019年5月29日，雨花区召开民政工作推进会暨社区全面提质提档总结会，区委副书记陈永高，区政府副区长陈怀宇及区39个部门主要负责人、13个街（镇）分管民政工作、社区全面提质提档工作副职，社会事务办主任、提质提档办主任，以及各村、社区（筹委会）主要负责人参加。会议总结2018年以来全区民政工作和社区提质提档工作，对2019年下阶段工作进行部署，对2018年度雨花区社会建设和社区全面提质提档工作先进单位、先进个人进行表彰，对2018年度社区全面提质提档“以奖代补”评比结果进行通报。在长沙市社区全面提质提档三年行动中，雨花区创新运用“1234”工作法，打造社区提质提档工作雨花模式，先后创建政院、井巷、红花坡等43个全市示范社区，丰园、新聚园、新星等52个全市先进社区，居民满意度连续三年超过95%以上，在市对区考核中连续三年全市领先。（邓颖晴）

2019年5月29日，雨花区民政工作推进会暨社区全面提质提档总结会（谭慧乔 提供）

【社会救助业务培训会】 2019年9月24日，雨花区召开全区社会救助系统业务培训会。各街（镇）分管社会救助工作负责人、社会救助站站长、社会救助专干共230人参加培训。区民政局党组书记、局长易光明作培训动员，长沙市民政局社会救助局潘正球就城乡低保、临时救助、特困供养、住房保障家庭收入认定等政策进行解读和培训。湖南某律师事务所的律师进行法律知识授课。培训会对下一阶段全区社会救助工作进行安排和部署。（邓颖晴）

【“国际社工日”宣传周活动】 2019年3月20日，雨花区启动“追梦新征程 社工在行动”宣传周活动。启动仪式由区社会组织指导支持中心主任傅强主持。区民政局党组成员、副局长欧阳伟军回顾2018年雨花区社工工作成绩，希望各社会组织把社会工作做得更科学、更专业。湖南省社工协会副会长赵兰从行业角度就“基层社工站建设的实践与展望”进行解读和分析；优秀党员社工代表皮思婷就“如何在社工服务中发挥党员先锋带头作用”进行分享。区民政局对2018年度表现优异的优秀社工和优秀社工项目进行表彰。肖卓作、李环娟、丁红波、彭亚平、皮思婷获评“雨花区优秀社工”。雨花区群英促进中心“守望相助万年社区空巢老人关怀”项目、孝为先“双龄学院”项目、温心家园“计生特殊家庭社工关爱服务”项目、寸草心“阳光驿站”青少年关爱项目以及颐馨互助‘爱与陪伴”睦邻扶老项目获“雨花区优秀社工项目奖”。（邓颖晴）

【文明祭扫宣传活动】 2019年3月31日，雨花区开展以“破除陈规陋习·践行生态安葬·推动移风易俗”为主题的殡葬改革集中宣传活动。东塘街道现场介绍树葬、草葬、花葬等生态节地安葬的方式；洞井街道组织宣传节目表演，吸引很多居民驻足观看；高桥街道组织居民走进社区活动室开展“移风易俗殡改”主题沙龙活动；砂子塘街道结合宣传活动与相关医疗、法律咨询等机构为居民提供义务诊疗咨询服务；跳马镇开展“缅怀一代名将左公”的主题活动，增强对中华优秀文化的认同感和自豪感，重点加强“鲜花祭祖要提倡、森林防火有保障”的安全宣传力度。各街镇共举办各类现场宣传活动13场，制作悬挂横幅宣传标语200余条，各类宣传展板100余块，下发宣传折页和手册1万余份，有效向全区居民宣传殡改政策和安全文明丧葬风俗习惯，推动形成安全、生态、文明、节俭的殡葬新风貌。（邓颖晴）

【孝老主题活动】 2019年10月10日，“金秋孝老·爱溢重阳”暨“邻有乐·爱相伴”孝老主题活动在雨花区侯家塘街道活力社区举行。主题互动在舞蹈《我和我的祖国》中拉开序幕。活动的节目由社区居民自发编排，有唱歌、舞蹈、乐器演奏等，现场开展重阳节慰问活动，为50名孤寡空巢困难老人送上慰问物资。11月26日，“雨花时间银行”志愿者活动开展一周年庆典暨“老有所学、老有所乐”福轮社老年课堂成果展示文艺会演活动在旭辉国际广场举行。活动对雨花时间银行的优秀个人志愿者进行表彰，颁发奖状，为湖南中医药大学湘杏学院赠送锦旗。“雨花时间银行”志愿者活动由雨花区民政局发起，圭塘街道“福轮社老年人日间照料中心”负责运营，将养老与志愿服务结合在一起，志愿者通过不同的服务内容、时长，换取指定数目的“时间币”，“时间币”可以兑换同等币值的养老服务以及部分生活用品。2019年，“雨花时间银行”的志愿者开展健康活动及义诊7次，对高龄及独居老人进行4次家中慰问及上门服务，1次包饺子迎新年活动，1次“粽情端午”包粽子活动等。“雨花时间银行”有注册的个人志愿者32名，中医义诊志愿者团队1个，累计服务时长近1000小时，受益人数500人次。（邓颖晴）

【关爱儿童活动】 2019年5月25日，由雨花区文明办、区民政局主办的以“关爱儿童成长，传承非遗文化”为主题的“六一”儿童节活动在雨花非遗馆举行。活动邀请来自困境和低保家庭的38位孩子及其家长参加。活动现场，孩子们跟随非遗馆的研学老师游览全馆，了解非遗传统文化，体验非遗项目，动手制作非遗作品。区民政局党组书记、局长易光明通报2014年以来区级困境儿童基本生活补贴发放情况及农村留守儿童、散居孤儿关爱情况和儿童之家建设情况。雨花区引导社会各界关心关爱困境儿童，在全区形成家庭尽责、政府主导、社会参与、分类保障关爱困境儿童学习、成长的氛围。（邓颖晴）

【主题开放日活动】 2019年6月19日，雨花区生活无着人员救助站携手长沙民政职业技术学院，开展以“大爱寻亲·温暖回家”为主题的开放日活动。通过组织参观、内容讲解、政策宣传等方式，区生活无着人员救助站工作人员为前来参加开放日活动的市民、学生及爱心人士全方位介绍流浪救助的基本工作情况。（邓颖晴）

【养老护理员职业技能培训】 2019年6月25日，雨花区民政局在长沙民政职业技术学院培训中心组织养老护理员职业技能培训，雨花区各养老机构和社区居家养老服务中心负责人、护理员共54人参加培训。长沙民政职业技术学院副院长谢希钢进行开班致辞，雨花区民政局副局长余铁光进行开班动员。培训为期3天，邀请长沙民政职业技术学院老龄产业系主任潘国庆、康复医学教授田莉等养老护理专家就“老年人基本认知及科学照护理念”“协助进食与噎食处理”“老年人心理护理及临终关怀技巧”等方面课题开展10场专题讲座。课程设置有结合实际的理论知识，有实操训练与答疑环节。该次培训，有利于帮助受训者解决实际运用中遇到的难点和疑点，进一步提高专业服务水平。（邓颖晴）

【人大代表调研养老服务工作】 2019年9月3日，第十三届全国人大代表长沙小组和部分省人大代表到雨花区侯家塘街道韶山路社区康乃馨居家养老服务中心调研养老服务工作，长沙市人大常委会主任程水泉、市政府副市长李蔚、市直相关部门负责人及雨花区人大常委会主任龚景顺、区政府副区长陈怀宇等参与调研。调研组一行实地察看该中心棋牌活动室、图书阅览室、远程医疗室、老年餐厅和日托休息室，听取远程医疗和就近日托情况介绍，肯定韶山路社区居家养老服务中心的养老服务模式，可在全市推广。（邓颖晴）

【市民政局调研】 2019年2月26日，长沙市民政局党委委员、副局长范凤芝一行调研雨花区老年餐桌试点工作，调研组到砂子塘街道金地社区和润居家养老服务中心和东塘街道政院社区红枫居家养老服务中心实地察看老年餐桌情况，了解就餐人数、收费标准、服务流程及机构运营状况等。召开座谈会，区民政局党组书记、局长尹江华汇报雨花区老年餐桌运行情况和拟出台扶持政策准备情况，就政府补贴方式、监管办法等方面提出建议。范凤芝对雨花区“老年助餐点”试点模式给予肯定，对就餐点的运行提出意见和建议，要明确政府应承担的职责，以市场化运作为主，政府扶持为辅，确保机构能正常运转，确保行动不便且无人照料的居家老人及时得到助餐服务。4月23日，市民政局副局长伍仁华一行专题调研雨花区社工站建设工作。调研组实地察看雨花亭街道社工站站点的建设情况，听取运营方寸草心社会工作服务中心负责人的情况汇报，了解社工站各项工作的开展情况。组织召开座谈会，圭塘、砂子塘、左家塘、侯家塘4个街道分管负责人和社工站负责人参加座谈会并发言。伍仁华对雨花区社工站建设情况及工作成效给予肯定，强调要找准社会工作定位，充分发挥社会工作作用，做好政府工作助手，更好地为社会服务，为民政对象服务。5月31日，市民政局基层政权和社区建设处副处长陈志伟到雨花亭街道香南郡社区、圭塘街道雨花家园社区调研社区减负增效工作落实情况，收集2016–2019年期间目录清单外的工作、社区工作中不应由社区承担的工作、机构强制挂牌、上级部门考核“一票否决”、社区与职能部门双向评议、目录外的社区盖章证明六个方面存在的实际问题、困难及意见，切实给市级减负专班拿出行之有效的解决方案，为基层社区干部实实在在减负松绑。7月15日，市社会救助局副局长徐百炼一行4人调研雨花区社会救助工作。调研组到跳马镇三仙岭村实地走访调查低保和特困供养家庭，从制度建设、工作程序、资金发放、档案管理等方面了解雨花区社会救助工作开展情况。雨花区社会救助局局长赖庆龙汇报2019年上半年雨花区城乡低保、兜底扶贫、特困供养、临时救助、收入认定等社会救助工作开展情况，就临时救助政策的修订提出相关建议。调研组提出意见，要准确把握政策，坚持做到应保尽保；要规范社会救助工作程序；要以社会救助专项治理为契机，切实做好社会救助工作。10月25日，长沙市民政局督查雨花区社会救助专项治理工作。赖庆龙汇报2019年雨花区社会救助专项治理工作开展情况和城市特殊困难群体帮扶活动进展情况。督查组到跳马镇、洞井街道进行实地调查走访，查看社会救助的审批档案、临时救助对象的审批档案、特困供养对象的管理服务台账、随机抽查部分社区（村）的社会救助公示栏公示情况等。督查组对雨花区社会救助专项治理工作给予肯定，对下一步社会救助工作、城市特殊困难群体帮扶活动的开展提出意见。11月11日，长沙市民政局基政处处长高晓钰一行到雨花区开展村务公开和村规民约调研督导工作。调研督导组一行到跳马镇关刀新村和田心桥村，实地查阅村规民约、会议记录等相关资料，检查村务公开栏、财务公开栏、社会救助公开栏等公示情况，了解各村对村规民约以及相关制度的执行情况。雨花区29个村（筹）委会都按照标准建立村务公开栏、财务公开栏、社会救助公开栏等公示栏，依法依规制订村规民约，做到“一村一规”。调研督导组肯定雨花区村务公开和村规民约工作，指出村规民约修订完善过程中，要严格合法性审查，保证村民自治程序科学严谨、不留漏洞。同日，长沙市民政局基政处到雨花区对“绿房子—妇女儿童关爱服务”项目进行验收。实地考察时，验收组查阅相关存档资料，听取项目负责人的情况介绍，组织相关人员进行座谈。验收组对该项目表示肯定，希望雨花区社会组织进一步提高服务能力，加强品牌建设，作出特色和亮点。12月3日，长沙市民政局党委委员、副局长周义中一行对雨花区城市特殊困难群体帮扶活动及社会救助专项治理工作开展情况进行督导。周义中一行听取雨花亭街道办事处副主任曹永忠汇报街道“两项工作”开展情况，赖庆龙介绍雨花区“两项工作”开展情况，查阅各类档案资料，对社会救助专项治理工作开展情况进行现场提问，对帮扶对象家庭困难情况和帮扶标准进行抽查核实。督导组对雨花区“两项工作”开展情况给予肯定，提出要求，加大摸排力度，精准实施帮扶；收集典型案例，加大宣传力度；准确把握政策，发现问题及时修正。（邓颖晴）

【市政府检查雨花区社会福利中心】2019年9月25日，长沙市政府副市长李蔚带队检查雨花区社会福利中心安全生产工作，实地察看该中心监控室、老人房间、活动室、老人餐厅等区域安全设施设备，询问相关情况，检查应急呼叫、视频监控、消防报警等系统，深入了解安全制度和入住老人的生活情况。市消防救援支队、市民政局对中心安全工作提出意见。市政府副秘书长戴建文，雨花区政府副区长陈怀宇等参与检查。李蔚强调要着力完善安全防护措施，加固安全护栏，提高巡查频率，重点加强对失能失智老人的监护，落实好用电安全、食品安全、消防安全措施。（邓颖晴）

【省民政厅调研】2019年3月21日，湖南省民政厅社会福利和慈善事业促进处处长李鄂辉、副处长朱宽海到雨花区调研居家养老服务中心建设工作。调研组实地察看左家塘街道红花坡社区乐来龄居家养老服务中心和高桥街道鑫华社区居家养老服务中心，参观阅览室、书画棋牌室、多功能活动室、医务室、休息室、配餐间等场所。两个居家养老服务中心的负责人向调研组介绍日常运营、服务保障、志愿者队伍、活动开展以及智能化居家养老等方面情况。李鄂辉对雨花区居家养老服务中心的建设情况给予肯定，提出建议，要充分发挥居家养老服务中心的作用；要充分利用“互联网+”大力开展智慧养老服务。12月27日，省民政厅副厅长蒋建华一行到雨花区乐来龄红花坡老年养护院调研养老服务工作。蒋建华一行实地察看养护院自助餐厅、休闲活动室、老人们居住房间、消防安全设施等，听取雨花区乐来龄红花坡老年养护院负责人介绍养护院的建设规模、功能配置、入住人数及管理运营情况等，询问老人们的生活、身体等情况，强调要把各项工作做实做细。（邓颖晴）

【民政部调研】2019年5月27日，民政部慈善事业促进和社会工作司社会工作处处长王峥键一行调研雨花区街道社会工作服务站项目实施情况，了解雨花亭街道社会工作服务站人员构成、环境、工作实效和服务覆盖面等情况，与工作人员交流。王峥键对区民政局和雨花亭街道给予社工站建设的支持表示肯定，提出建议，重点做好民政兜底服务，继续关注弱势群体，突出培育本土的志愿服务队伍和社工骨干，推动社会服务工作发展。6月20日，民政部党组书记、部长黄树贤一行调研高桥街道永祥社区，实地察看永祥社区公共服务窗口，居家养老服务中心书法室、手工剪纸室、唱歌室等场所，老年大学图书室、瑜伽室、国学讲堂，儿童之家未成年人教育辅导室、优儿帮、科技馆、四点半课堂等，听取社区情况介绍，对社区开展内容丰富、形式多样、贴合民情的综合服务给予肯定。（邓颖晴）

【广州市民政局考察养老服务工作】2019年3月13日，广州市民政局党组书记、局长何镜清带队到雨花区考察养老服务工作，参观雨花区嵌入式社区小型养老机构。长沙市民政局党委委员、副局长范凤芝，雨花区民政局副局长余铁光陪同考察。何镜清一行到鑫天鑫城龄家照护中心，听取湖南龄家照护养老产业发展有限公司网点负责人介绍该点运营情况，观看为老年人提供贴心服务的智能平板电脑、智能手柄等现代化智能设备；到乐来龄老年养护院参观住养区域、智能化设施和居家养老服务中心，听取该机构负责人介绍机构的基本情况、楼层功能布局、日常运营等情况，交流智慧型养老、社区居家养老与机构养老模式经验，对该院的管理模式、智慧养老系统、人性化服务等方面给予肯定，表示要加强行业联系和信息交流，互相汲取经验，共同促进养老行业健康发展。（邓颖晴）

【兰州市民政局考察养老服务工作】 2019 年 4 月 25 日，甘肃省兰州市民政局党组成员、副局长管学峰带队到雨花区考察养老服务工作。长沙市民政局党组成员、副局长范凤芝，社会福利处处长谭卓华，雨花区民政局副局长余铁光陪同考察。考察组一行实地考察雨花区社会福利中心新楼社会寄养区和老楼“三无五保”区的基础设施建设，听取余铁光对雨花区社会福利中心公建民营运行情况的介绍，就社会福利中心资产管理、日常监管、政府政策扶持等方面情况现场展开交流讨论；考察砂子塘街道金地社区居家养老服务中心，就居家养老服务中心的功能室布局、等级评定、资金补助和老年餐桌等方面情况交换意见。考察组表示要加强业务联系，借鉴雨花区养老方面成功的经验，更好地推进兰州市养老事业发展。（邓颖晴）

【雨花区慈善会第一届会员大会】 2019 年 7 月 12 日，雨花区慈善会第一届会员大会在雨花区老干部活动中心举行。区政府副调研员孙夙，区民政局党组书记、局长易光明，党组成员、副局长欧阳伟军，区直相关部门、各街镇相关负责人、爱心企业代表等 60 余人参加会议。欧阳伟军介绍雨花区慈善会筹备工作情况。参会人员表决选举出会员代表单位、理事会成员、监事会成员。雨花区慈善会第一届理事会第一次会议选举雨花区慈善会第一届理事会会长、副会长、秘书长。易光明当选为雨花区慈善会会长。易光明表示，将团结广大社会组织、爱心企业和慈善人士，鼓励和引导社会各界力量投身雨花慈善事业，努力开创雨花慈善事业新局面。孙夙提出要求，要继续做好工作，积极营造氛围，精打细算，合理调配，努力开创雨花慈善工作新局面。（邓颖晴）

医疗保障

【概况】 2019 年 3 月 19 日，长沙市雨花区医疗保障局正式挂牌成立，负责辖区内医疗保险、生育保险、医疗救助、医疗保障基金监管等方面的工作。内设办公室、待遇保障科、医药监管科（行政审批和政务服务科），下设二级机构长沙市雨花区医疗保障事务中心。有编制 17 名，其中，行政编制 5 名，全额拨款事业编制 12 名。党员 12 名。办公地点设在长沙市雨花区万家丽路朝晖路口 499 号。

2019 年，雨花区医疗保障工作坚持以落实民生实事为核心，完成人员转隶、职责职能规划、三定方案设定等改革任务，率全市之先实现医保经办业务“一窗通办”，首创医保基金第三方监管模式，确保医疗保障各项工作正常运转。（何　静）

【医保工作】 2019 年，雨花区城乡居民参加医疗保险人数 87.78 万人，参保率 97% 以上，基本实现全民医保，参加城乡居民基本医疗保险人员全部纳入城乡居民大病保险，实现 100% 全覆盖。其中，长沙市职工基本医疗保险参保人数 27.53 万人（含退休），基金征缴 5.76 亿元，生育保险征缴基金 3166 万元；长沙市城乡居民基本医疗保险参保人数 23.16 万人，征缴基金 17140 万元；非长沙市参保人数 37.09 万人。推进异地就医备案联网直接结算工作，办理异地医疗费用报销近 1230 人，基金支付 610 万余元。（何　静）

【生育保障】 2019 年，雨花区落实妇女生育保障，按时办结医疗生育费用结算 4056 人次，基金支付 4538 万余元。其中，城乡居民生育住院 1226 人次，支付一次性生育补助总费用 936 万元；异地生育住院 590 余人次，支付生育医疗费用 102 万余元；生育津贴报销总人数 2240 人次，支付生育津贴 3500 万余元。（何　静）

【帮扶救助】 2019 年，雨花区医疗保障局制定《雨花区城市特殊困难群体帮扶活动医疗帮扶工作指南》，深入街道、乡镇对医疗帮扶对象逐一进行抽检，做到扶贫路上无遗漏。完成医疗帮扶 531 户，发放帮扶基金 233.72 万元。雨花区完成医疗救助 679 人次、发放救助资金 390.12 万元。为低保户、特困供养人员、低收入家庭等困难家庭送去温暖，缓解城乡困难群众“看病难、看病贵”的问题。（何　静）

【政务服务】 2019 年，雨花区落实政务服务政策，提高医保经办效能。聚焦优化营商环境，率全市之先实现医保业务“一窗通办”，设立 4 个医疗保障综合窗口，无差别受理全部医保窗口业务；打造全市“最多跑一次”改革先进示范点，清理完善医疗保障工作事项清单 79 项，简化办事程序减少证明材料 9 项，待办件事项的办理时间由原来的 60 个工作日精减到 45 个工作日；开展“互联网 + 政务服务”工作，23 项政务服务 100% 实现网上办理，其中 3 项实现“零跑路”办理；加强窗口优质服务管理，及时办结市区长信箱、“12345”市民热线工单共 350 余件，满意率均为 100%。（何　静）

【“医保大课堂”巡讲活动】 2019年，雨花区医疗保障局制定《关于开展打击欺诈骗取医疗保障基金集中宣传月活动方案》，在街道（镇）、社区（村）开展“医保大课堂”巡讲活动，与基层干部群众面对面解决和解答医保问题，通过专家讲座、案例释法、动漫播放等方式，开展“打击欺诈骗保”政策宣传活动。全年集中宣传 81 场次，参与群众 16276 人。发放宣传折页 12.8 万份，张贴海报、悬挂标语和展板 4242 个，参与医药经办机构 294 家，新闻媒体报道、专题专访 7 次，微信自媒体发表 959 次，广播动漫巡播 4000 余次。4 月 24 日，“医保大课堂”进社区宣讲活动启动。雨花区医疗保障局到同升街道新聚园社区，通过欺诈行为讲解、以案释法、播放动漫宣传片等多种形式为社区居民上好“打击欺诈骗保”第一课，提升居民对医保基金的认可。区医疗保障局与全区 265 家定点医疗机构签订《履行医保协议、规范服务行为承诺书》，联合区卫健局、区市场监管局等职能部门开展打击欺诈骗取医疗保障基金专项行动，加强医保基金监管，打击欺诈骗保行为。（何 静）

【打击欺诈骗保】 2019 年 4 月 19 日，由雨花区政府牵头，区纪委监委、区政府办、区公安分局、区委宣传部、区医保局、区卫健局等相关负责人，街道（镇）的医疗保障工作分管领导、医保专干，召开雨花区“联合打击欺诈骗取医疗保障基金行为”工作会议，成立由医保局牵头，政府调度督办，相关部门全力配合的联合打击欺诈骗取医疗保障基金专项行动领导小组，举全区之力，开展“打击欺诈骗保”专项行动。制定《长沙市雨花区医疗保障局打击欺诈骗保宣传活动月方案》和《长沙市雨花区医疗保障局打击欺诈骗保专项行动方案》等相关文件，下发到各协议医药机构，开展“打击欺诈骗保”专项行动。全年组织 180 余人次对区内 101 家协议医药机构进行专项行动检查，就违规行为现场反馈，要求相关医药机构立即整改，情节严重的向市医保局汇报，对 5 家协议医药机构进行终止、暂停医保协议等处罚。（何 静）

【健康扶贫】 2019 年，雨花区全面梳理核对贫困对象档案信息，区属内建档立卡贫困对象共计 366 户 1022 人，全部参加医疗保险，个人缴费部分由财政全额补助，全部纳入“一站式”结算。推进“一站式”结算报销比例全面达标，健康扶贫“一站式”结算住院人数 1658 人次，医疗总费用 718.47 万元，报销总金额 668.56 万元，报销比例 93.05%。（何 静）

【健康体检】 2019 年，雨花区医疗保障局组织全区 200 家机关事业单位共 10927 人开展健康体检，其中“女性两癌筛查”6600 人，为全区干部职工的身心健康保驾护航。（何 静）

【退役军人待遇落实】 2019 年，雨花区医疗保障局完成对区内 343 名的退役军人的医保参保记录初审工作，为落实退役军人各项医疗保障待遇奠定基础。（何 静）

2019 年 4 月 24 日，医保大课堂进社区巡讲活动（周 娟 摄）

【基金监管】 2019 年 6 月 18 日，雨花区率先全市推出医疗保障基金专业化监管模式，购买第三方服务，聘请会计事务所的会计师、三甲医院的医疗专家等组成“专业监管团”，对雨花区内一级和一级以下协议医药机构全覆盖多角度专业性地开展医疗保障基金监管专项行动。（何 静）

退役军人事务

【概况】 2018 年 11 月 28 日，长沙市雨花区退役军人事务局筹备组成立。2019 年 3 月 27 日，雨花区退役军人事务局挂牌成立，正科级行政单位。区退役军人事务局的职能是贯彻执行党和国家关于退役军人思想政治、管理保障和安置优抚等工作政策法规；拟订全区退役军人事业发展规划和政策，并组织实施；指导全区退役军人事务工作的改革和发展；负责全区军队计划分配转业干部、自主择业军转干部、复员干部、离休退休干部、退役士兵和无军籍退休退职职工的移交安置工作。承担全区机关事业单位随军随调家属安置工作。协调军队现役干部转改文职人员落户工作；负责全区自主择业军转干部、军队离休退休干部和自主就业退役士兵的管理服务工作。协调扶持退役军人和随军随调家属就业创业培训和服务；贯彻落实企业军转干部、企业复员老战士解困政策和复退军人权益保障政策，加强退役军人思想政治工作和服务保障体系建设；负责协调落实移交本区的离休退休军人、符合条件的其他退役军人的住房保障工作，以及退役军人医疗保障、社会保险等待遇保障工作；组织和指导全区的拥军优属、拥政爱民工作。协助做好国家级、省级双拥模范城创建工作。负责本区现役军人、退役军人、军队文职人员和军属优待、抚恤等工作。督促检查双

2019 年 7 月 26 日，雨花区退役军人“八一”慰问座谈会　　（吴文静　摄）

拥政策、法规的落实；负责全区烈士及退役军人荣誉奖励、军人公墓管理维护、纪念活动等工作，依法承担英雄烈士保护相关工作。承担全区不适宜继续服役的伤病残军人相关工作。贯彻落实国家和省、市关于国民党抗战老兵等有关人员优待政策；负责全区退役军人身份信息采集统计工作，建立完善并维护全区退役军人等相关数据库；指导并监督检查退役军人相关法律法规和政策措施的落实；开展全区退役军人权益维护和有关人员的帮扶援助工作；完成区委、区政府交办的其他任务。内设办公室、双拥优抚科、移交安置科，下设雨花区退役军人服务中心。核定干部编制数 16 名、雇员 5 名，实有干部职工 20 人，其中在编 14 人，5 月 21 日，成立局党支部，党员 14 人。　（李　元）

【基础工作】　2019 年，雨花区把退役军人事务工作作为事关世界一流军队建设，事关党的执政根基，事关社会大局稳定的重要政治任务。区委、区政府多次召开专题会议研究部署退役军人事务工作，区委、区政府主要领导多次作出指示批示。区人大、区政协主要领导深入一线调研指导。成立区委退役军人事务工作领导机构，把退役军人工作作为“一把手”工作来抓，区、街道（镇）、社区（村）三级书记抓退役军人工作局面逐步形成。按照“全覆盖”和有机构、有编制、有人员、有经费、有保障“五有”要求，区、街道（镇）、社区（村）三级建立退役军人服务“两站一中心”184 个，形成横向到边、纵向到底、上下贯通、全面覆盖的退役军人服务保障体系，实现“一门受理”“一站式”服务。建立退役军人工作联席会议制度，聚集机构改革抓融合，聚集维护军人合法权益抓服务，聚集忠诚干净担当抓队伍，初步形成“走访慰问常态化、帮扶援助规范化、就业创业社会化、宣传引导体系化”的良好工作格局。　（李　元）

【服务保障】　2019 年，雨花区发放各项抚恤补助经费 3245.12 万元，全面保障现役军人和残疾军人的相关优待待遇。组织 36 名重点优抚对象进行短期疗养。春节、“八一”、国庆期间慰问驻区部队官兵、退役军人及其他优抚对象，支出慰问经费 939.1 万元。组织全区 10 名烈属在清明节期间到广西祭扫。颁发退役军人“庆祝中华人民共和国成立 70 周年”纪念章 45 块，悬挂光荣牌 2.4 万块。以政府购买服务方式，打造全市首个军休职工信息服务平台，经验做法被全市推介，市政府《决策咨询》和省委政研室《城市经济论坛》进行刊载。打造东塘街道政院社区等双拥典型。涌现“全国模范退役军人”李剑川、徐佐林，“省模范退役军人”王润虎等一批先进人物。发放 2016—2019 年义务兵家庭优待金及其他奖励经费 3287 万元，退役士兵待安排工作期间补助待遇落实率 100%。解决第三批次下岗（失业）转业志愿兵和转业士官再就业和生活困难 90 人。与 3 家企业签订合作协议，联合人社部门举办 5 场专场招聘会和 2 场就业供需见面会，117 人与用人单位签订工作协议。　（李　元）

民族宗教事务

【概况】　2019 年 3 月，长沙市雨花区撤销区民族宗教和外事侨务局，组建区民族宗教事务局（简称“区民宗局”），为区政府直属事业单位，负责管理全区民族宗教事务，归口区委统战部管理。核定机关行政编制 3 名，实有 5 人；雇员 1 人。区少数民族群众服务中心，核定全额拨款事业编制 3 名，实有 2 人。局机关支部党员 6 人，其中在职党员 5 人，退休党员 1 人。办公地点设在雨花区人民政府机关大院一号楼 B 栋 1 层。

2019 年，雨花区民族宗教事务局全面贯彻落实党的民族宗教方针政策和中央、省、市民族宗教工作会议精神，深化民族团结进步教育，加强各民族交往交流交融；坚持中国宗教的中国化方向，引导宗教与社会主义社会相适应；坚持以服务意识推进外事侨务管理，维护全区民族宗教外侨领域和谐稳定。　（吴文静）

【民族工作】　2019 年，雨花区抓好民族政策知识宣传教育。两次邀请市委统战部副部长刘佳勇分别为民族宗教干部和社区后备干部作专题辅导，提升全区做好民族宗教工作的责任意识和能力水平。结合创建示范点和联点社区开展的民族团结主题活动，以发放资料、文体活动、知识竞答等形式对民族政策常识进行宣传。举办法规政策培训班和国语培训班，引导少数民族群众积极学习政策、法规和语言。全区未发生一起涉及民族因素的突发事件。春节、端午节、中秋节期间走访慰问49名少数民族困难群众。联合新疆驻湘工作组和信睦门诊，为近200名新疆籍经商务工人员提供免费健康体检，创全市之先设立少数民族群众健康便民服务点。为5名少数民族经商务工人员子女解决入学问题。配合市民宗局做好少数民族经营示范门店、先进个人推荐和表彰工作。在区人大的组织下，到城步苗族自治县开展结对帮扶活动。做好普通高校招生享受民族优惠政策考生资格审核工作和公民民族成分变更初审工作，审核符合资格的考生152名、公民变更民族成分6例。左家塘街道牛角塘社区获“全国民族团结进步模范集体”称号，受到国务院表彰。湖南高桥大市场股份有限公司、井湾子街道井湘社区分别完成全省民族团结进步创建示范企业和全市民族团结进步创建示范社区的验收授牌。高桥大市场“民族之家”作为全省民族团结进步创建互观互检观摩点，获得各级领导肯定。（吴文静）

【宗教工作】 2019年，雨花区开展政策法规宣传培训，区委常委会、区委理论学习中心组2次专题学习习近平关于宗教工作重要论述和《宗教事务条例》等宗教政策法规。区民宗局对从事宗教工作的干部实现应训尽训，举办和参加专题培训5期，覆盖民宗工作领导小组成员单位、街道（镇）、社区（村）、驻区高校、统战系统单位相关人员，培训总人数500余人次，印发《宗教事务条例》1000本，《民族宗教工作知识手册》500本。向各宗教活动场所赠送《习近平新时代中国特色社会主义思想三十讲》《党史简明读本》等书籍，举办全区宗教教职人员政策法规培训会和爱国主题书法比赛，邀请宗教界代表人士参加国庆集中升旗仪式。规范宗教活动场所管理，宗教事务纳入社会公共事务管理，要求各宗教活动场所对流动人口进行登记建档并将管理情况及时上报。严格执行宗教场所举行大型宗教活动的报备审批程序。组织宗教场所负责人和财务人员进行财务工作培训，督促宗教活动场所建立完善财务制度，对场所实行财务监督和管理。召开现场工作调度会，指导清泉寺、大安寺开展危房排危工作。指导宗教界开展“五进五好”（即党的十九大精神进场所、国旗国歌进场所、核心价值观进场所、政策法规进场所、中华优秀文化进场所和宗教教职人员政治品格好、守法遵规好、文明友善好、传承文化好、服务社会好）主题活动，促进宗教活动场所规范化管理、提升宗教教职人员综合素质。大安寺被评为长沙市宗教界“五进五好”先进单位。（吴文静）

【法规政策培训】 2019年6月21日，雨花区举办民族宗教法规政策专题培训班。区民族宗教工作领导小组各成员单位分管副职，驻区高校民族宗教工作专干，各街（镇）统战专干，各社区（村）书记、民族宗教工作专干近400人参加培训。培训由区委常委、统战部部长成钢主持，长沙市委统战部副部长刘佳勇以“我国的民族宗教政策及突发事件处置”为主题授课。专题授课后，区民宗局组织参训人员进行闭卷考试，现场检验学习成果，提高民族宗教工作人员的思想认识和履职能力。9月30日，雨花区举办宗教教职人员政策法规培训会暨宗教界“欢喜迎国庆，书法诉情怀”书法比赛。区内各宗教活动场所负责人及全体宗教教职人员参加。区民宗局工作人员领学《中华人民共和国宪法》《宗教事务条例》等政策法规文件，对有关工作进行部署。12月3日，区民宗局到黎托街道粟塘小区开展“12·4”国家宪法日暨新修订《宗教事务条例》宣传活动。区民宗局工作人员向群众宣传《中华人民共和国宪法》和新修订《宗教事务条例》，为群众解答政策疑问，提高对新时期党的宗教政策法规的了解和认识，增强法律意识和法制观念。（吴文静）

【少数民族国语培训班】 2019年5月22日，长沙市第一期少数民族国语培训班在雨花区井湾子街道井湘社区举行结业仪式。新疆驻湘工作组党委委员赵世锋，长沙市民宗局副局长彭晓军，雨花区民宗局、井湾子街道、井湘社区负责人，工作组成员和培训班全体学员共92人参加。彭晓军希望广大新疆籍人员积极学习，加强与身边邻居的沟通交流。雨花区民宗局局长冯粤和井湘社区党总支书记许各利表示将继续为少数民族群众做好服务，帮助到长沙少数民族人员更好地在长沙发展。赵世锋代表工作组党委对新疆籍人员提出希望，要求广大新疆籍人员积极学习党的政策、法律法规和国语，坚持遵纪守法，文明诚信经营，维护民族团结，树立新疆人良好形象。（吴文静）

2019年6月21日，雨花区民族宗教法规政策专题培训班（吴文静 摄）

2019 年 4 月 23 日，雨花区开展宗教活动场所大排查行动 （吴文静 摄）

【创建民族团结进步示范社区】 2019 年 7 月 3 日，“全国民族团结进步创建示范社区”验收授牌仪式在雨花区左家塘街道牛角塘社区举行。雨花区政府副区长易静主持授牌仪式，湖南省民宗委党组副书记、副主任赵仁秀，长沙市民宗局党组书记、局长罗伟，省、市、区民宗部门和街道、社区相关负责人参加。赵仁秀一行参观社区民族工作阵地，观看社区民族团结进步创建工作汇报短片后，对社区进行授牌，表示牛角塘社区要继续加强宣传教育、完善创建机制、夯实创建基础，不断把民族团结进步创建工作引向深入。12 月 12 日，“全市民族团结进步创建活动示范社区”验收授牌仪式在雨花区井湾子街道井湘社区举行。区委统战部常务副部长李芳主持授牌仪式，新疆驻湘工作组党委书记、组长石建，长沙市民宗局党组成员、副局长彭晓军，区民宗局、街道、社区相关负责人参加。井湘社区书记许各利汇报民族团结进步创建活动开展情况。彭晓军对社区进行授牌。彭晓军希望社区能突出特色、丰富内容、创新方法，向更高远的目标迈进。牟鹏祝愿社区民族团结进步创建工作再创新的辉煌。

（吴文静）

【免费体检活动】 2019 年 4 月 18—19 日，新疆驻湘工作组联合雨花区井湾子街道井湘社区为新疆籍少数民族群众开展“民族团结一家亲·免费体检送健康”活动。新疆驻湘工作组党委书记石建，雨花区民宗局局长冯粤、副局长王海军，井湾子街道党工委委员李应飞到体检中心，了解询问参检人员的体检情况。冯粤表示，区民宗局将做好少数民族流动人口服务管理工作，让少数民族群众感受到雨花大家庭的温暖。石建嘱托现场的少数民族群众遵纪守法，规范经营，勤劳致富，用实际行动回馈社会。

（吴文静）

【宗教活动场所安全检查】 2019 年 2 月 1 日，雨花区政府副区长易静，区民宗外侨局局长冯粤、党组书记谢锋检查清泉寺安全管理工作，向宗教界人士和信教群众致以新春慰问。易静一行对场所的房屋安全、消防安全、文明敬香、安保防盗、烟花爆竹燃放管控等情况进行全面检查，提出整改意见。易静要求场所安全管理责任人加强排查，消除隐患，严格按照春节期间的值班安排做好相关工作，严防发生火灾、盗窃、人员伤亡等安全事故。4 月 23 日，谢锋一行开展大安寺安全隐患大排查行动，对场所消防安全、房屋安全、人员安全、活动安全、食品安全等事项逐一进行排查，要求场所负责人加强安全排查，及时处理隐患，有效改善宗教活动场所安全环境。5 月 8 日，市民宗局副局长何水军、张晓鸣调研指导大安寺综治、财务、消防管理工作，何水军、张晓鸣一行对场所消防安全、房屋安全、人员安全、食品安全等事项逐一进行排查，就平安寺庙创建工作召开专题调研会。大安寺负责人释悟心从学习、安全管理、财务管理等方面汇报场所创建情况，张晓鸣肯定大安寺平安寺庙创建工作取得的成绩，要求场所提高风险防范意识，加强节假日安全监管，严格落实值班值守制度，提前做好汛期防范工作。何水军要求场所加强学习，增强爱国爱教意识；规范管理，确保场所安全稳定；做好服务，助力经济社会发展。6 月 3-5 日，冯粤带队到宗教活动场所开展端午节慰问工作，与场所负责人、教职人员、骨干信众进行交谈，了解近期场所开展活动的情况和教职人员、居士的生活情况，送上节日慰问物资。冯粤一行对场所房屋安全、消防安全、食品安全等事项逐一进行排查，要求场所负责人做好节前的安全教育工作和节日期间的安全防范工作。8 月 8 日，冯粤到市清泉寺开展安全生产工作检查，对场所房屋安全、消防安全、人员安全、活动安全、食品安全等事项逐一进行排查，询问场所安全生产工作的宣传和落实情况，要求场所负责人落实安全责任，规范燃香行为，加强日常排查，及时处理隐患，向场所教职人员、信众发放《宗教事务条例》和《中华人民共和国宪法》。 （吴文静）

【宗教活动场所危房排危】 2019 年 11 月 19 日，雨花区委常委、统战部部长成钢召集区发改局、区民宗局、区住房城乡建设局、区资规分局、同升街道相关负责人召开清泉寺危房排危协调会议，会议由区政府办公室副主任黄桦主持。成钢一行现场查看清泉寺大雄宝殿、僧寮房等危房建筑，了解建筑物的受损情况和安全保障情况。相关单位就清泉寺危房排危问题进行协商。清泉寺住持释能云就危房地基下沉、墙体开裂等情况进行说明。同升街道工委委员刘小龙分析清泉寺存在的安全隐患。区民宗局党组书记、局长冯粤介绍清泉寺危房排危方面存在的问题和困难。其他相关职能部门分别对危房排危进行业务指导，表示将全力支持该项工作。成钢表示，与会单位要依法依规推进危房排危各项工作，确保宗教活动场所和信教群众的安全。12月4日，湖南省民宗委监督检查处处长龙毅一行到清泉寺调研危房排危工作。长沙市民宗局党组成员、副局长王自书，雨花区政府副调研员肖集林参加调研。龙毅一行现场查看清泉寺大雄宝殿和僧寮房的受损情况和安全保障情况。清泉寺住持释能云就危房地基下沉、墙体开裂等情况进行说明。冯粤就场所危房排危前期各项工作进展情况进行汇报。王自书表示市、区两级民宗部门将全力指导场所消除安全隐患，切实维护宗教活动场所的安全。龙毅要求场所继续依法依规办理危房排危各项手续，严格做好安全保障工作。（吴文静）

【市民宗局考察雨花区】 2019年10月23日，长沙市民宗局党组成员刘立新、市委统战部民宗处处长王昌伟一行考察大安寺“五进五好”主题活动开展情况。区民宗局党组书记、局长冯粤，跳马镇党委委员文霄乾一同参加。大安寺场所负责人汇报大安寺“五进五好”主题活动的开展情况。王昌伟认为大安寺在弘扬爱国主义精神、践行社会主义核心价值观、传承中华优秀传统文化等方面发挥了积极作用。刘立新要求场所和宗教教职人员进一步深入开展“五进五好”主题活动，提升场所和宗教教职人员的整体形象。（吴文静）

【省民宗委观摩高桥大市场“民族之家”】 2019年12月25日，湖南省民宗委党组副书记、副主任赵仁秀率全省民族团结进步创建“互观互检”观摩团一行现场观摩高桥大市场“民族之家”，参观高桥大市场社区阵地和“民族之家”活动阵地，听取高桥大市场民族团结进步创建工作开展情况汇报，高桥街道与高桥大市场依托少数民族群众服务站和新疆务工经商人员管理服务站，探索形成“党建+管理+服务”工作模式的工作经验。观摩团一致认为，高桥大市场在帮助少数民族群众更好融入市场生活，引导少数民族群众诚信经营等方面取得成效。赵仁秀指出，高桥大市场“民族之家”要彰显企业的责任与担当，创新优化少数民族流动人口服务管理模式，持续深入开展民族团结进步创建活动。省民宗委相关处室负责人，各地州市民宗局分管领导及业务处室负责人，雨花区政府有关负责人和相关单位参加。（吴文静）

2019年12月25日，湖南省民宗委观摩高桥大市场“民族之家”（吴文静 摄）

乡镇·街道

跳马镇

【概况】 雨花区跳马镇地处长株潭三市结合部，浏阳河从其北部蜿蜒而过，东与浏阳市柏加镇、株洲市云田镇相邻，西与雨花区同升街道、天心区暮云街道相接，南与湘潭市昭山示范区、株洲轨道交通产业园毗邻，北邻长沙雨花经济开发区、长沙县黄兴镇，是长株潭两型社会综合配套改革试验区核心区域。镇域东西最大距离17千米，南北最大距离23千米，纳入生态绿心保护区面积172平方千米，占全镇总面积的97%，占全市生态绿心区面积的56%，占长株潭绿心保护区面积的33%。享有全国花木之乡、省级百里花木走廊、国家级生态乡镇、长沙市首届“魅力乡镇”等称号。全镇总面积183平方千米，辖13个村2个社区，423个村民小组，常住人口7.4万人，户籍人口6.9万余人，全镇设16个党总支，75个支部，186个党小组，党员总数2929人；其中机关总支1个，党支部3个，党小组9个，党员111人。2019年，机关内设党政综合办公室、基层党建办公室、经济发展办公室（加挂农业农村办公室）、社会事务办公室（加挂行政审批服务办公室）、生态环境管理办公室（加挂城市管理办公室）、公共安全及应急管理办公室、农业农村综合服务中心、村镇建设服务中心、政务（便民）服务中心（加挂党群服务中心）、财政所（加挂“三资”监管服务中心、审计站）。核定行政编制40名，后勤编制2名，事业编制50名。在职在编人员71人，其中行政编34人，后勤编制3人，事业编制34人。各办所分别设正、副主任1人。镇政府所在地在斑竹塘社区。

2019年，跳马镇党委、镇政府以“打造长株潭生态绿心标杆，建设生态宜居幸福跳马”为工作目标，推进各项工作，“绿心”发展理念严格落实，乡村振兴深入实施，社会秩序和谐稳定，人居环境明显改善。聚焦群众期盼，做好厕改工作，开展农村人居环境整治工作，强化重点片区交通环境整治，推进移风易俗工作。

（刘希贤）

【镇域经济】 2019年，雨花区跳马镇完成财政总收入9577万元；完成规模以上工业总产值1.94亿元，全社会固定资产投资26.4亿元，社会消费品零售额0.13万元，规模以上建筑业产值3.47亿元。湖南星沙农村商业银行股份有限公司跳马支行2019年末存款余额20亿元，较年初净增1.5亿元。贷款余额5亿元，较年初净增2亿元，发放贷款4亿元，其中支农支小贷款占比90%，实现贷款利息收入2000万元，实现经营收入8000万元。长沙农商银行跳马支行各项存款余额4.67亿元，较年初增长3768万元，其中个人储蓄存款2.44亿元；对公及其他存款22304.68万元。首批16家金融便利店投入正常使用，两家物理网点建设完成，杨林支行和冬斯港支行分别于8月8日、11日开业。中国邮政储蓄银行跳马支行网点总资产1.4亿元，其中保险1000万元，理财2000万元，其余为居民存款。（刘希贤）

【乡村振兴工作】 2019年，雨花区跳马镇推进农业现代化、发展全域旅游，着力转变经济增长方式，努力实现经济“高质量”发展。开展“跳马镇花卉苗木提质年”，全面盘点花卉苗木库存情况，研究制定花卉苗木产业精细化种植、专业化经营模式方案，重点培育洞株路两厢精品苗木基地、石鸭公路精品示范园、曹家冲休闲农业花木观赏园。花卉苗木种植面积8666.67公顷（13万亩），销售总额突破13亿元。以花卉园艺特色产业为基础，围绕关公特色文化名片打造关公特色花园式文化乡镇；对石燕湖景区进行改造升级，利用跳马镇“绿心”名片，通过改善服务设施，打造特色网红景点，在保住景区AAAA级资质的同时争创AAAAA；以曹家冲民宿为切入点，以石燕湖景区为依托，以康养+民宿文化，打造生态舒适型民宿，发展面向全国的民宿经济文化圈；发展跳马乡土文化，举办农民文化艺术节、农民趣味运动会等系列活动，丰富农村文化生活内涵。获“湖南省首批十大农业特色小镇”称号。推进民宿与康养、民宿与观光、民宿与文化旅游深度融合，采取政府引导、企业带动、群众参与的模式，推进民宿改造工作。石燕湖、新田村两个试点片区53栋民居申请参加民宿改造，41户完成设计，6户基本竣工，4户实现运营。完成农村户用无害化厕所改造3037座，旱厕同步清零。完成8个新增农村生活垃圾分类减量村创建工作，新田村、关刀新村获评为市垃圾分类示范村。生态治理金屏片区山塘10口，改造周边居民厕所302户，金屏小微水体管护示范片区通过验收。开展“美丽屋场、美丽庭院、洁净庭院”创建活动，打造美丽屋场15个、美丽庭院50个。石燕湖村获评为省秀美村庄、市森林村庄、市美丽宜居村庄，喜雨村获评为省卫生村，跳马村、新田村、关刀新村获评为市卫生村。深化移风易俗，主办区级以上移风易俗主题宣传活动6场，开展文明节俭操办婚丧喜庆事宜宣传、劝导行动，上门劝导364次，成功劝导361户简办红白喜事，主动撤除1158桌。田心桥村获评为市文明村镇，斑竹塘社区获评为市文明社区，新田村获评为市移风易俗十佳村。完成14个改制村的集体经济产权制度改革工作，完成改制方案制定、清产核资、成员身份确认及股权配置、赋码登记及相关财务手续完善等工作，顺利通过各阶段验收。做好土地确权工作，完成农户信息确定1.8万户，土地外业调查4394.39公顷，与农户签订合同18000份，颁发证书14447本。（刘希贤）

【城乡建设】 2019年，雨花区跳马镇集体土地拆迁项目12个，其中续拆项目5个，新启动项目7个。时代阳光大道边坡花卉路—电商路、电商路—川河路扩征、川河路边坡扩征、环保大道东延线项目和圭塘河生态引水工程7.4米5个项目扫尾清零。洞株公路（长沙段）改扩建工程项目、红旗路南延线、昭云大道、浏阳河曙光垸大堤堤防整治工程和电力630攻坚项目完成房屋签约37户，拆除倒地39户，电力塔基113基。洞株公路（长沙段）改扩建工程项目完成老红线范围内的青苗设施调查工作并交付大部分范围给施工单位进场施工，进行新增用地范围青苗设施调查工作。红旗路南延线、昭云大道2个待启动项目建设方办理相关手续。时代阳光大道东延线、川河路、红星大市场一期、红星大市场二期以及环保大道东延线5个国有土地征收项目，涉及企业7家。宏禹水利、长沙管氏食品和雅宜科教3家企业签约，宏禹水利公司全部拆除，长沙管氏食品厂时代阳光大道施工边线范围内的部分全部拆除，雅宜科教公司拆除施工；正味食品、佳宴食品、赛特气体、云昊科技完成数据调查及初步评估工作，组织相关部门上门约谈。白竹安置地一期、白竹安置地二期、跳马安置地、喜雨安置地4处安置地建设稳步推进。跳马镇乡村振兴试点政府性投资项目推进，曹家冲道路提质改造工程完成竣工验收。曹家冲污水支管网工程及污水处理设施工程、道路侧方停车位工程完工。石燕湖村美丽乡村水塘提质改造项目工程，财评出预算报告。白果桥维修加固工程，办理两型准入手续。C451、S210、Y320、C531、X050道路提质改造项目均进场施工，跳宋线和白金路杂草清除、边沟清理等养护工作常态化保持，多次联合区交通局对全镇公交车通车站点建设进行全面现场路况查勘。采用“双投模式”，投入1.5亿元建设农村公路，区交通运输局对跳马镇投入50千米农村公路的修建指标，跳马镇各村、组提供路基，区交通运输局通过招投标确定路面硬化施工队伍，Y320、跳宋线提质改造工程基本完成建设，暮石路进行修建中；杨家桥、团头机台桥、纵木塘桥、昌卜塘桥、土塘寺桥、夏石港桥、贺家桥、何家湾桥、古川桥9座危桥改造进场施工。推行“两站两员”建设（“两站”即乡镇成立的交通安全管理站，重要路段、关口设立的交通安全劝导站；“两员”即乡镇专职交通安全员；行政村聘用交通安全协管员），明确各路段路长人员名单。（刘希贤）

【城乡管理】 2019年，雨花区跳马镇清理整治马路市场，规范管理跳马镇集市，拆除占道经营的小集市，因地制宜在大型集镇开设农贸市场，在小型集镇开设集中摆摊点，消除马路集市。开展为期三个月的跳马白竹片区交通安全及环境专项整治行动，由区生态环境局牵头，对搅拌场、卸土场内的尘土管控和净车出入情况进行督办。将铁路沿线安全环境整治纳入交通顽瘴痼疾集中整治统一调度，加强整改工作调度，确保按阶段目标有序推进整治工作，并依照有关行业标准进行验收。对镇内9处隐患问题进行清单管理，实行隐患整治销号制度。（刘希贤）

【综合治理】 2019年，雨花区跳马镇办理网络来访案件54件、区长信箱收案29件；开展“平安家庭”创建工作，降低发案率；开展“扫黑除恶”法治宣传活动进集市、“国家安全宣传进学校”等活动14次，摸排线索2条，收到区移交线索4条，并全部办结；指导19家重点企业制定企业夯实安全生产主体责任年活动方案，落实安全生产主体责任；对53家烟花爆竹零售门店进行日常检查，实行专项治理和动态监管；发放安全用电用气海报3000份。“6·21”防汛应急期间，有效处置关刀、三仙岭、喜雨、石桥等多处山体滑坡、塘坝垮塌险情，成功转移安置受灾群众108户338人，重建房屋17户；“7·9”防汛应急期间，落实24小时轮班制度，统一调度400余名镇、村（社区）干部投入防汛救灾工作中，使灾害损失降到最小程度。（刘希贤）

【社会事业】 2019年，雨花区跳马镇居家养老服务中心8所，新建1所，团然村和石桥村成功试点长沙市农村社区建设村，关刀新村成功申报长沙市农村幸福社区建设示范村；失能、半失能老人集中供养率77%；高龄津贴覆盖率100%，按月申报、发放高龄老人生活补贴。留守儿童14人（其中新增4人）、困境儿童232人、事实无人抚养儿童2人，残疾儿童52人，每村建设儿童之家，“六一”国际儿童节前夕对留守儿童进行走访慰问。创建7个健康村（社区），开展健康教育活动60场次；组织“我们的中国梦·湖湘文化进万家”等大小群众文化活动10余场。低保、特困供养、低收入对象纳入医疗救助保障。购买城乡居民医疗保险人数50506人，其中低保、五保、精准扶贫对象、重度残疾1558人；城乡居民养老保险缴费人数22783人，缴费445.27万元。异地住院报销71人次，医疗保险信息修改435人次。精神病人药物救助累计912人，累计救助金额110891.6元。发放残疾人证47本。贫困重度残疾人家庭无障碍改造5户。残疾人动态更新录入1215户，为51户残疾人申请辅具54件，1户残疾人申请创业补助，1人申请意外伤害保险赔偿。为127户残疾人申请区残联兜底保障各2400元。为478户享受两项补贴的残疾人申请区残联节日慰问每人400元。联合爱尔眼科医院免费为白内障患者进行手术治疗。为14个残疾人学生及残疾人子女学生申请助学补贴。总投资600万余元，对全镇15所中、小学进行标准化建设。注重话剧、体育、剪纸、书法、美术、社团等方面兴趣的特长生培养。适龄儿童入学率保持100%，辍学率为零；中学巩固率100%，初中生毕业率100%。石燕湖中学成功申报“全国足球示范学校”，湖南省青少年航空航天模型教育竞赛在该校举行，28人次获省市级奖励。金屏小学教师余小妹获评湖南省优秀乡村教师；校长李宏辉获长沙市洋光乡村教师坚守奖，教师杜赛军获长沙市国寿班主任奖。佳兆小学开展“尊重生命，活力绽放”生命教育开放活动，获评2018年雨花区两型社会示范创建单位。跳马中心卫生院门诊量13.9万余人次，较上年增长24%，出院人次4632人次，增长率19%，业务总收入2599万余元。全镇出生人口682人，其中政策内出生673人，政策外出生9人，政策生育率98.68%。孕前优生检测198对；老年人免费体检4887人，参检率89%，对糖尿病、冠心病、高血压等病例实行建档立卡管理，建立健全老年人慢病管理体系。“两癌”普查完成2073人，占任务的125%。预防接种5546人，占总任务的97%，完成0～6周岁儿童在册管理工作5226人，占目标任务的92%。农村奖扶1189人，特别扶助69人，独生子女在册管理1411人，政策资金落实到位。开展政策宣传、《长沙市文明行为促进条例》宣传、义务植树、帮扶帮困、抗洪救灾等为主题的志愿服务活动100余场；开展区级以上精神文明建设活动10次，成立涵盖军鼓、舞龙、太极球、八段锦、乐器表演等16支文艺团队，群众自编自导自演的小品《新政策 新风尚》参加长沙市移风易俗主体文艺节目评比；开展新乡贤、星级文明户、文明家庭、新时代好少年、优秀志愿者等评选表彰活动。（刘希贤）

【基层党建】 2019年，雨花区跳马镇开展“不忘初心、牢记使命”主题教育，学习教育、调查研究、检视问题、整改落实贯穿主题教育全过程。向全镇87个党支部下派43名指导员。向市区简报投稿6篇，被区委主题教育简报采用4篇。镇党政班子成员带头到联点村、社区讲授党课，各党（总）支书记讲授党课140余次。开辟多种形式主题教育专栏。党政班子成员走村入户开展调研，形成基层治理调研报告8个，梳理重点民生实事问题5个。征求意见，检视反思，梳理领导班子的问题清单15条，领导个人的问题清单152条，逐条建立整改清单，制定整改措施。收集整理全镇专项整治突出问题，形成5项重点问题清单，并逐一分解，明确整改任务，开展专项整治。围绕集贸市场整治、农村饮水用水安全、道路安全整治等问题出实招，谋实效。举办为期5天的建党积极分子和村（社区）后备干部培训班，培养入党积极分子53人，选拔村（社区）后备干部31名，其中6人参加区委党校培训班，推进村干部社保补缴和离任村干部生活补助调整工作。创新打造“党建+精准扶贫”“党建+乡村振兴”“党建+全域旅游”模式，推动民宿项目发展及花卉苗木产业升级；发挥党建引领作用，多次围绕扫黑除恶开展主题党日活动。制定意识形态研判和突发舆情应对机制；创建意识形态“学习型”领导班子，召开会议、集中学习12次。邀请专家进行专题辅导讲党课2次，全镇15个村（社区）安排镇班子成员轮流讲党课；全面开展网络意识形态管理工作，及时做好重要节点和敏感时期的舆论监管。专题召开研究或部署党风廉政建设和反腐败工作会议4次。（刘希贤）

【清产核资】 2019年，雨花区跳马镇14个改制村（社区）通过村、支“两委”拟定集体产权改革工作方案，通过村民代表大会议定工作方案并签字通过，镇级审定后报区农林水局审核。镇政府根据各改制村（社区）的实际情况给出相应的回复意见，改制村（社区）对镇审定后的集体产权改革工作方案通过三分之二以上村民签字决定。以2017年12月31日为统一清查登记时点，同时按照村级财务公开要求，对2016年10月至清产核资时点日止，改制村组的收入支出进行全面审计并张榜公布。通过多次培训交流，各改制村（社区）形成一支懂业务、熟悉情况的清产核资队伍，对资产进行实地盘点、账面清查、登记核实。镇“三资”监管中心明确3名专业人员具体指导改制村（社区）逐笔逐项清查资产、资金、资源，清查一项登记一项。14个改制村（社区）全部完成村级集体资产和组级集体资产的清查以及清产核资系统工作，按要求完成清产核资工作。（刘希贤）

【精准扶贫】 2019年，雨花区跳马镇建档立卡贫困户366户1022人，其中脱贫326户970人，未脱贫40户52人。跳马镇收到财政专项扶贫资金395万元（中央财政专项扶贫资金149万元，省级财政专项扶贫资金129万元，区级配套资金117万元），拨付扶贫资金395万元，各村（社区）使用380.73万元，资金使用率达到96.39%。全面落实“两不愁三保障”，扎实推进产业扶贫、就业帮扶等措施，推进果园基地建设、迷迭香种植等产业项目30个，惠及贫困户961人；加强职业培训和指导，对334名贫困劳动力进行480余次职业介绍和172次职业指导，实现240余人稳定就业；对113户C、D级危房进行重建或修缮，101户房屋完成竣工，对存在饮水问题的31户四类人员通过打井或接自来水的方式精准施策，实现安全饮水。对低保、特困供养等兜底保障对象进行100%入户走访和专项清理，兜底保障对象42户52人，其中一类保障对象7人，二类保障对象17人，三类保障对象28人。严格落实特困供养政策，建立定时走访台账，针对部分生活半自理、全护理的特困供养对象，签订“一对一”护理协议，并及时发放护理补贴。（刘希贤）

【生态保护】 2019年，雨花区跳马镇不定期开展退出工业企业常态化监管巡查，136家退出工业企业未发生过一起复产复工现象。开展退出用地处理工作，探索用地转型开发模式，尊重企业业主处理意愿，收回禁止开发区国有土地2宗（占地2.53公顷），自主申报转型24宗（占地49.73公顷）。开展矿山矿坑生态修复，18个矿山矿坑有11个取得绿心准入手续，其中龟坡片石场完成复绿工程施工，通过验收；鑫旺采石场、楠木坡片石场、曹家坪福寿矽沙矿进行客土回填。常态化监管矿山矿坑生态修复启动项目，跟进修复进度，督促施工单位严格按施工方案开展修复，适时组织同类型项目开展技术交流，引导其他未完成的项目科学开展生态复绿。田心桥村烟坡山原柳树塘洗砂矿山地建成跳马镇植树基地，承包给当地农户种植果园，通过还林复绿，达到农户增收和生态修复双赢，组织开展“义务植绿护绿，共建生态雨花”主题志愿服务活动，100余人参加，种植柚子树、板栗树等果树400余棵，为1.33余公顷废弃矿山植上新绿。（刘希贤）

【农产品质量安全】 2019年，雨花区跳马镇对蔬菜规模种植基地和种植大户不定期抽样检测，省、市抽检4批次36个样，合格率为100%，镇农残检测室完成抽检300个样，合格率为100%。全年对23家农资店、5家水产企业及2个蔬菜规模基地，开展每期3天的《中华人民共和国农产品质量安全法》及农业投入品科学管理培训两期，参加人员110人次。农资经营培训涉及《农药管理条例》《农药经营许可的管理办法》《农药标签和说明书管理办法》《限制使用农药名录》等，学习农药进销存系统操作，全部实操合格结业，并与23家农资店全部签订诚信销售承诺书。不定期检查农资店9次104家次，监管蔬菜生产企业10次20家次，现场处理4次，对不合规范的现场整改，开出（市场准出）产地证明24份。全镇无一门店销售禁限用农药、基地无一使用禁限用农药。5家水产企业代表雨花区接受农业农村部水产监管抽样10个批次，蔬菜监管抽样12个批次，接受长沙市农村检测中心监管抽样4次，32个批次，全部呈阴性合格。开展农资打假利剑行动1次，迎接长沙市政府农药行政执法工作督查检查1次。（刘希贤）

【小微水体管护示范片区创建】 雨花区跳马镇金屏片区小微水体管护示范片区涉及金屏社区二虎山组、水竹塘组、石燕湖村芦塘组3个组302户，水塘10口，沟渠约5.2千米，2019年列入长沙市小微水体管护示范区创建，根据“落实管护责任，扎实开展创建，强化氛围营造，加大资金投入”的理念，按照“五无”管护标准（小微水体无垃圾、无违建、无淤积、无损毁、无污染），构建“五治”治理体系（“源头治污、定期治淤、铁腕治违、生态治岸、精准治脏”），改善农村人居生态环境，完成创建工作。跳马镇改厕一体式三格化粪池新增83个，打造隔油池58座，小型人工湿地84个，新增排水管网1800米，砍青除杂2.8万平方米，新建连锁砖护坡1483.6平方米，雷诺护垫2925.68平方米，生态植草砖28.6立方米，石笼护坡490立方米，美化公路两厢补植和升级绿化整理7200平方米，生态渠修缮1.2千米，沟渠疏浚2.3千米，拆除1处违建约40平方米，拆除违章棚架8处。示范区明确片区河长，建立常态化保洁机制，生活垃圾分类处理、及时清运；无各类污水直排水体，农药化肥使用量逐年减少；畜禽养殖污水无直排；居民生活污水通过三加二模式（一体式三格化粪池、隔油池、小型人工湿地）净化处理，实现农村生活污水达标排放；蓄水设施无损毁、无垮塌、无渗漏，对主要山塘采用雷诺护垫、连锁块植草砖、石笼驳岸以及生态绿化驳岸等方式进行处置；通过宣传栏、文化墙等形式，结合“不忘初心、牢记使命”主题开展河长制和农村“五治”等工作宣传。（刘希贤）

【树枝粉碎还田工作】 2019年3月，跳马镇以控烧为重点，创新性地开展“树枝粉碎还田”工作，在关刀新村率先试点，采购树枝打碎机2台、粉碎机1台，组织各村（社区）书记、主任、环保专干在关刀新村现场观摩。机器对废枝进行处理，产生的粉末运输到指定地点进行加工，可以制有机肥，制机制碳、可燃烧颗粒代替原煤，从源头解决树枝焚烧的问题，达到废物利用、绿色环保的效果。在关刀新村成立环保合作社，将树枝粉碎工作在全镇推广，完善树枝粉碎和循环利用机制。4月4日，组织各村（社区）书记、主任、环保专干利用自家私车改装成巡查宣传车辆，在辖区各个角落宣传环境保护、蓝天保卫战相关法规政策，加大宣传巡查影响力度及覆盖面；深入田间地头巡查秸秆禁烧工作，向农户广泛宣传秸秆禁烧常识。（刘希贤）

【邮政电信】 2019年，雨花区跳马邮政支局邮政网点员工9人，正式工4人，劳务工5人。行业业务收入总量210万元。送达函件4万件，收寄包裹1万件，特快1000件，小包揽收3万件。报刊业务征订15万总流转额。年投递党报党刊27万份，快递包裹13万件，平常信函4万封，汇票700张，投递幅射跳马镇全镇每个村组，年收寄各类邮件2万封。跳马镇电信局建设电信社会渠道12个，特设专业维护班组，10人进行全镇网络安全保障；与跳马派出所共同推进“美丽乡村，平安乡镇”以监控进村进户做好联防联控群防群控，新增500个视频监控上云点位。（刘希贤）

【法庭工作】 2019年，雨花区跳马法庭收案405件，结案425件，结案率98.15%，法定审限结案率100%，简易程序适用率89%，当庭宣判率77%，调解率34%，流和有效公开率100%，平均审理天数47天，服判息诉率92%，改发率0.8%，无长期未结案件，无信访投诉现象，能上网文书全部及时上网。提升司法服务，细化立案疏导，深化诉源管理，修定诉服公告，联合村社力量与驻庭公共律师诉前化解纠纷。参与环境资源专项审理工作，开展"5·21"环境资源主题日跳马分会场宣教活动，开展"6·5"环境资源保护等外宣工作。（刘希贤）

【关工委工作】 2019年，雨花区跳马镇关工委积极对接引入社会公益组织开展相关活动，打造一批具有乡镇代表性的公益关爱平台。斑竹塘社区联合雨花区益友会打造"四点半"课堂，是集"课业辅导""兴趣培养""生命教育""国学教育""环保教育"于一体的综合性公益教学平台，课堂配套教室、绿色机房、图书阅览等功能室，为学生安排手工课、音乐课、舞蹈课、国学课等课程，开展"五子登科""绿伞小卫士""小手拉大手·'蓝天保卫战'""家长志愿者培训""家长亲子教育讲座"等一系列活动。新田村完善儿童服务站，该儿童服务站设有图书馆、绿色网吧、活动课堂等功能室，为孩子们提供绘本阅读、心灵关怀、安全健康教育、亲情连线、课业辅导等主题学习活动，聚焦解决儿童亲情缺失、心理失衡、综合能力培养等方面的问题，为儿童提供开阔眼界、感知社会的心灵服务。金屏社区创办"周末课堂"，引进一家社会公益组织对周边金屏小学、佳兆小学、周南石燕湖中学的青少年学生及儿童进行兴趣培养服务，促进中小学生的健康发展。镇关工委组织村（社区）关工委班子摸排核实困境社会青少年30名，严格实行动态化管理。联合民政部门，通过政府助学、社会公益筹资、村（社区）助学活动共下发资金27万元，帮助全镇上百名青少年儿童。（刘希贤）

【"扫黑除恶"法治宣传活动】 2019年4月，雨花区跳马镇开展"扫黑除恶"专项斗争主题宣传月活动，组织各部门单位、各村（社区）开展多种形式的宣传教育活动。发放"扫黑除恶"宣传册8000份，入户卡1.2万份。制作宣传海报500余幅、横幅280余条，按要求悬挂在重要路段、建筑围挡等醒目位置；在镇政府机关、村（社区）服务活动中心、学校、小区，以及石燕湖景区、酒店等行业窗口单位设置宣传栏和宣传展板20余块；辖区内凡是有LED显示屏的单位，每天都滚动播放"扫黑除恶"专项斗争宣传动画、宣传海报和宣传标语；出动"扫黑除恶"宣传车30余辆，每天穿梭在辖区内各个重要路段。镇党政办、综治办联合各村（社区）、部门单位，开展系列宣传教育活动。镇司法所工作人员在集市入口设立法律咨询台，接待群众问询，分发《扫黑除恶专项斗争应知应会宣传手册》等扫黑除恶相关宣传资料400余份，发放《中华人民共和国宪法》《中华人民共和国民法总则》等法治资料300余份，法治环保购物袋200余个，接待群众咨询30余人次。（刘希贤）

【"三下乡"集中示范活动】 2019年1月27日，雨花区文化、科技、卫生"三下乡"集中示范活动在跳马镇文化广场举行，来自跳马镇15个村（社区）的600余名村（居）民参加。区委宣传部、区文明办等8个单位联合在跳马镇开展理论微宣讲、免费法律咨询和暖心义诊服务。长沙商贸旅游职业技术学院教师秦訸兮做"信仰在心，砥砺前行"主题理论宣讲。区司法局、区卫计局等单位设置义诊服务台、法律咨询台，进行各类服务。现场接受义诊服务100余人，接受法律咨询160余人，发放健康、法律等宣传手册400余份。（刘希贤）

【就业培训及招聘】 2019年3月，雨花区跳马镇举办"春风送岗稳就业，精准扶贫惠民生"招聘会，60余家用人单位、200余名求职者参加，活动现场设立就业培训、社会保险、创业贷款、劳动维权等政策咨询台，发放各类宣传资料近千份。6月，跳马镇开办为期10天的中级育婴师培训班，为辖区内50余名妇女提升就业技能。10月，跳马镇举办"就业扶贫助攻坚"高校毕业生专场招聘会，为贫困劳动力和高校毕业生提供岗位1000余个，吸引求职人员300余人，其中近50人达成就业意向。举办育婴师和电脑培训班，为80余人提供技能培训，在育景山庄成立"扶贫车间"，为5名贫困劳动力提供工作岗位，设立22个公益性岗位，为有需求的贫困劳动力提供就业帮扶。（刘希贤）

【乡村振兴、农村人居环境整治工作推进会】 2019年3月15日，雨花区跳马镇组织召开乡村振兴、农村人居环境整治工作推进会，会议由镇党委书记谭爱兵主持，区政府副区长陈怀宇，区农林水局局长陈伟奇，镇相关党政负责人，相关职能部门负责人，各村（社区）党总支书记、主任、爱卫专干、村民小组长以及相关企业代表参加会议。会议组织观看跳马镇农村人居环境暗访视频并发放农村人居环境整治"倡议书"，视频反映跳马镇房前屋后、垃圾分类、黑臭水体、厕所改造等方面的环境问题。镇党委副书记、镇长刘志平就乡村振兴、农村人居环境整治工作进行安排部署。新田村党总支书记吴正伟、关刀新村党总支书记陈自勇作为代表表态发言。谭爱兵表示，全体人员要进一步强化认识；发挥产业优势；确保效果。陈怀宇强调，全镇务必统一思想、抓好落实、巩固成果，齐心协力，确保乡村振兴、农村人居环境整治工作出成效、出特色、出亮点。（刘希贤）

【科技周活动】 2019年5月18—25日，雨花区跳马镇在斑竹塘社区、金屏社区开展以低碳生活、食品安全、节能环保、环境保护、健康科技、公共安全、防灾减害等为主题的知识讲座的科技活动周活动。通过开设义诊、悬挂横幅、摆放宣传展板、现场咨询、发放宣传资料等多种形式进行，现场解答群众咨询90余人，发放宣传资料200余份。（刘希贤）

【育婴师培训】 2019年5月28日至6月6日，雨花区跳马镇在镇文化中心举办为期10天的育婴师技能技

2019年3月15日，跳马镇乡村振兴、农村人居环境整治工作推进会
（刘希贤　摄）

术培训班，50余名妇女参加培训。湖南京鑫职业培训学校的教师通过多媒体、现场操作、现场互动等形式，讲解传授妊娠护理、母乳喂养、产后康复、新生儿护理技能及实操，新生儿常见疾病的护理、婴幼儿早教理论及实操等知识要点；组织开展新生儿护理、抚触等实践演练，让学员们做到理论与实践相结合。区人社局把开展育婴师技能技术培训作为农村转移劳动力就业的重要内容，区就业训练中心的高级讲师对学员进行育婴师职业道德规范的讲解及就业的指导。培训班结束后，区、镇组织学员参加国家职业技能鉴定考试，考试合格者可获得国家统一的育婴师合格证书，助力农村妇女走上正规化的育婴师岗位。爱米家早教中心、家得力家政公司、优服妈妈月嫂中心、慧心公益社工服务中心等用人单位现场达成就业意向34人。　（刘希贤）

【世界环境日主题宣传】　2019年6月5日，雨花区跳马镇在斑竹塘社区、杨林新村、团然村设置“蓝天保卫战，我是行动者”世界环境日宣传点，号召广大群众共同守护蓝天、碧水、净土。工作人员利用村镇赶集日人员密集的特点，将宣传点设置在集市入口处，向群众发放环保宣传资料，宣传“蓝天保卫战”、垃圾分类等方面的知识，提升生态环境保护意识。宣传小组现场接受群众咨询300余人次，发放《坚决打赢“蓝天保卫战”》《湖南环保·审判三湘行（雨花篇）》等宣传手册共1000余份，“六控”“十严禁”宣传举报扇800余把。（刘希贤）

【“法治进校园”活动】　2019年6月21日，雨花区跳马镇在石燕湖中学开展“法治进校园”活动。跳马镇副镇长、司法所长、妇联主席李娜做开讲动员，鼓励同学们加强法律知识学习，要求学校注重在日常教学工作中培养学生的法治意识。湖南道宽律师事务所律师杨勇讲授法律知识课，重点讲述应对校园欺凌现象的法律手段。活动发放《中华人民共和国未成年人保护法》文本、防范校园贷、校园安全法律知识等各类法治宣传资料3000余份、文具礼品200余份。
（刘希贤）

【丰田古寺大雄宝殿及附属工程竣工】　丰田古寺坐落在雨花区跳马镇复兴村梅子湾组，寺内原大雄宝殿因年久失修，地基下沉，墙体开裂，经上级有关部门鉴定为D级危房。该寺主持圣源法师在雨花区、跳马镇两级党委和政府的支持和帮助下，于2017年5月开始拆除原大雄宝殿。拆除后的寺院对后面的山坡进行护坡的加固，修建排水渠道。2018年1月7日，大雄宝殿在原旧址上奠基开工重建。同年7月22日，该寺举行大雄宝殿上梁法会，12月底主体竣工。大雄宝殿主体占地面积400平方米。2019年初，该寺为大雄宝殿开始装修，塑佛像，添置供桌、法器等器具及修建殿外石栏杆。5月开始对前坪进行整坪硬化，铺贴石麻，建围墙、山门、卫生室及搞好寺内的绿化等。该次丰田古寺对大雄宝殿及附属工程投资500万余元，为当地的佛教事业作出一定贡献。2019年12月，丰田古寺大雄宝殿及附属工程历经两年时间全面竣工。　（刘希贤）

【“15分钟便民生活圈”建设】　2019年，跳马镇开展“美丽屋场、美丽庭院、洁净庭院”创建活动，将“一圈两场三道”的建设要求与辖区百姓需求相结合，推动全镇“15分钟生活圈”项目升级，引导村民积极参与，实现整体人居环境改善，56个生活圈全部建设完成。小学生步行15分钟即走到就读的学校；15个村级卫生室配备标准化药房、诊疗室、输液室、观察室等，村民步行15分钟路程即可在村级卫生所就医；遍布村庄的文化设施和文化体育广场，村民在家门口就可参加体育锻炼和文化活动；开通27路、15路、229路等公交线路，公交车通到偏远乡村。　（刘希贤）

雨花亭街道

【概况】　雨花区雨花亭街道地处雨花区“腹地开发”和长株潭三市融城的前沿阵地，北起南二环、劳动东路，西至韶山南路，南抵香樟路，东临万家丽路，是典型的城乡结合地带，是城区建设改造的攻坚区域。2019年，街道辖曲塘、雨新路、路桥、正圆、新星、自然岭、华云、雅塘村、香南郡、麻塘桥10个社区，井塘社区筹委会1个社区筹委会，自然、石马两个集体资产管理委员会，辖区面积8平方千米，常住人口近7.5万人，有政府机关、企事业、驻区单位400余家。内设党政综合办、基层党建办、城市管理办、公共服务办、公共安全办；政务服务中心、网格化综合服务中心；另设财政所、纪工委、人力资源和社会保障

服务站、社会救助工作站、综合行政执法队、司法所。核定机关行政编制16名，其中领导职数11名，后勤服务人员事业编制1名，二级单位事业编制38名。

2019年，街道获评全省司法工作突出单位、长沙市基层人力资源和社会保障平台标准化建设优秀街道，街道财政所获评湖南省级星级乡镇财政所，曲塘、华云社区获评长沙基层人力资源和社会保障平台标准化建设优秀社区。（姚园园）

【街域经济】 2019年，雨花区雨花亭街道实现固定资产投资43亿元，全年新增限上单位13家，完成限额以上社会消费品零售总额9.4亿元，同比增长11.6%。产业项目9个，项目计划总投资81亿元。五江·碧桂园、世茂璀璨、华润·翡翠府3个项目均实现预售，圭塘河城市双修海绵公园项目顺利推进。逐步形成以西南向（韶山路、香樟路）楼宇经济带为龙头，东北向（二环线、劳动路、万家丽路）腹地开发为中心的“一街双向”发展格局。中铝环保（湖南）科技有限公司、湖南红日建筑设计有限公司入驻。年纳税额超4500万元的大型民企湖南天人安装建设有限公司落户。形成以一批特一级建筑业企业为龙头、专业工程高新技术企业为亮点，以省路桥集团、长沙有色院、天人安装为骨干的稳定税源。新增认定高新技术企业7家，路桥集团研发经费投入排名全区企业第5，长沙有色院排名第7，湖南有色冶金劳保院研发经费投入占比主营业务收入指标排名全区第2。

（姚园园）

【城建城管】 2019年，雨花区雨花亭街道征拆项目8个。汽车制造厂宿舍棚改项目占地0.61公顷，涉及住宅7栋154户，7月25日发布征收决定；大吉门窗厂宿舍棚改项目占地0.53余公顷，涉征房屋面积5500平方米，住户86户，7月29日发布征收决定。8月，启动集中签约，在60天集中签约期内，大吉、汽制两个项目240户签约基本清零，同步腾房率均达90%以上。完成长沙市第一福利院项目的征拆工作，拆除私房11栋，腾地0.89公顷，3月清零，6月启动建设。完成长沙市儿童福利院、地铁4号线等8个项目结算，结算交地10.67余公顷。做好新星小学等4所学校的征拆前期工作，环线小学启动征拆。井塘“城中村”改造完成征拆扫尾。处置城管数字化平台市级平台案卷1.1万余条、区级平台案卷3931条，结案率100%。开展“蓝天保卫战”执法行动130余次，出动执法5700余人次，执法检查对象4000余个。新星社区被评为2019年度长沙市“煤改气”清洁能源综合评价示范社区；香南郡社区、麻塘桥社区被评为长沙市“绿色社区”。（姚园园）

【社会事业】 2019年，雨花区雨花亭街道举办现场招聘会7场，提供就业岗位，达成求职意向150余人，有针对性地开展各类弱势群体劳动维权、失业人员技能培训等活动。在全市首推低保户免费体检服务，为低保户、低收入对象发放价值1001元的免费体检卡420余张。协助民工维权7起，追回拖欠的民工工资70万余元。开展迎中秋、庆祝新中国成立70周年等各类文化活动。微地生鲜农贸市场和正圆社区综合文化服务中心顺利接受国检测评。开展食品安全联合整治行动20余次，取缔黑作坊2家。开展全面打击传销排查摸底10余次，开展联合整治行动8次，遣散涉传人员40余人。开展“城市特殊困难群体帮扶”活动，对街域进行网格式摸底走访，走访1665户，帮扶292户，帮扶金额89万余元；对口跳马镇关刀新村37户115人贫困户，将扶贫、扶智相结合。推进提质提档工作，路桥社区被作为经典案例推荐至市社区提质提档办。推进“一圈两场三道”建设，新增体育实事工程项目设施设备8套，香南郡社区老年人活动中心提质成功。推进“最多跑一次改革”“互联网＋政务”等工作，设置AB岗、配备人员到位。加快惠民资金的落实，对各社区惠民资金的使用进行合理规划和严格管理。（姚园园）

【综合治理】 2019年，雨花区雨花亭街道针对信访重点人员、重点个案，对信访人员逐一走访，由党政班子集体研究、分析症结，根据信访人个案制定具体化解方案。完善情报信息网络建设，明确各社区（筹资委）职责。街道司法调解委员会调解矛盾纠纷153起，涉及金额585.52万元。以“情感感化、依法治访”为抓手，有效化解马某魁、张某、徐某美等人信访积案3件。进京非访登记人次总量同比下降94.7%。及时防范处置五江天街小区业主维权、清溪川九号交房、英郡年华物业矛盾、龙吉湾小区物业纠纷等多起群体性事件。通过老兵联络站，解决老兵个案问题10余个。协调职能部门成功处置“美罗国际”群体性事件，妥善处理“汇城·上筑”事件。建立健全覆盖全街重点部位、重点对象的安全巡查整改网络，与辖区高危行业、建筑工地逐一签订“安全生产责任书”。地质灾害预警治理，做到定人定位定责，宣教、巡查、防范、处置“四到位”。雅塘村护坡垮塌事件，危及坡上三栋7层69户210人和坡下三栋民房12人的生命财产安全，街道及时处置，组织召开协调会10余次，稳妥采取巡查防范措施，防范重大安全事故发生。推进网格化工作改革和“12345”市民热线工作，完成阵地建设、网格划分、制度设置、人员配备、宣传发动等任务。处理“12345”市民热线工单2222件，全年满意度超过96%。（姚园园）

【基层党建】 2019年，雨花区雨花亭街道发展党员23名。推选6名基层社区党组织书记参加班子成员、公务员考试，其中1名社区党组织书记考上副科级实职干部，5名社区干部进入社区后备干部精英班。向组织推荐优秀社区书记、机关干部、选调生9人参与副科级干部考察。创新党员教育方法，利用党员干部远教平台，借助“学习强国”“开放雨花”“我的长沙”等APP，通过开展“不忘初心、牢记使命”主题教育、非公党组织培训、社区党建工作推进会等活动，从严落实“三会一课”制度。清查党员违纪违法行为，党纪处分党员2名。开展专项督查9次，上报问题线索12条，通报批评3人，提醒谈话12人。深化党支部“五化”建设，73个党支部中有62个达到“五化”标准，达标率84.93%。推进“三零社区”创建工作，8个社区实现“三零”，创建覆盖率超70%。针对老党员视力不好，曲塘社区党总支开辟“有声课堂”；针对“两新”联合党支部党员学习时间难以统一的问题，党员按需下单，指导员接单安排学习，一对一与党员定时辅导学习；“路桥午间半”广播站每日午间十分钟播放党员志愿者录制的理论金句解读，播音覆盖全小区。正圆社区针对改制移交企业老同事喜欢结伴活动的特点，成立快乐学习小组，组团学。全面铺开街道“大工委制”与社区“大党委制”，构建区域化大党建格局。与长沙市公安局公共交通治安管理分局等5家联盟成员单位签订“雨花亭街道党建联盟共建项目协议书”，通过认领爱心帮扶、志愿服务等共建项目，拓宽街道党员服务渠道。针对雨新路软弱涣散党组织问题，派驻第一书记，以党建引领基层治理创新为突破口，区委常委、纪委书记、监察委主任王清政联点，启动“街道吹哨，部门报道”机制，党组织、业委会、监事会、物业公司和社会组织多方联动，各职能部门全力配合，相关区直部门先后9次进驻社区实地查看，带资金、带项目，解决通程宿舍下水道堵塞、林机小区提质、社区阵地改造等问题。开展干部职工走访慰问群众帮扶活动，为辖区居民办实事、办好事1023件。（姚园园）

【“城中村”改造扫尾项目】 井塘村城中村改造整村扫尾项目是长沙市政府重点督办和考核的项目。井塘村由于拆迁改造历时长，经历拆迁政策多，积累问题矛盾杂、征拆利益冲突大、部分地块手续不齐等原因，面临的情况复杂。雨花区雨花亭街道主动向区人民政府汇报实际情况与工作方案，争取区政府及职能部门的支持，明确按103号令政策由区政府发布公告。由村代政府垫资一次性整体完成政府控规绿地上房屋代征代拆。引导村民从发展增效角度思考问题，树立大局观和发展观。为促进签约和配合拆迁，经村民代表大会的合法程序决议，严格代征代拆程序，做好控规绿地上代征代拆户工作，引导村民主动配合按代拆程序和协议拆迁。18栋代拆户主动协议代拆15户。街道主动外调核清情况，赴岳阳、南县等地，走访调查300余人次，收集各类征拆问题，形成调查资料200余份。化解历史矛盾问题100余个，推动和谐拆迁，解决历史遗留问题，98户栋的整村扫尾完成清零。（姚园园）

【微地生鲜农贸市集】 2019年3月17日，雨花区雨花亭街道路桥社区微地生鲜农贸市集开张，是雨花区“一圈两场三道”的重要建设内容，是雨花区打造的设施先进、功能齐全的现代化新型智慧农贸市场之一。微地生鲜农贸市集占地面积1900余平方米，包括蔬果区、水产区、粮油干货区，特设透明式“加工厨房”，居民购买蔬菜海鲜等，可现场由厨房加工。通过“微地生活”在线集市公众号，实现在线上选购下单，3千米内免费配送，1小时以内菜品配送上门，改变一直没有大型综合性菜市场的状况。雨花亭街道对微地农贸市集及路桥小区、韶山路、竹塘路全方位整治，投入25万余元对市场内部进行提质改造，拆除市场周边存在10年的历史违章建筑，拆违面积120平方米；路桥小区白改黑面积1400余平方米，补损800余处、补绿8000余平方米，增划指示标线260余米，划线车位194个，清理堆物74车，新增灭火器1148个、外箱6个、消防水带244套，小区墙地油污清理153处，公益广告新增及更换80余处；韶山路、竹塘路全面提质，连夜对城中村菜地进行围挡，长度超过300米，沿路划线车位200余个。微地生鲜农贸市场作为雨花区唯一的农贸市场申报点顺利通过全国文明城市2019年度测评。（姚园园）

【五江天街美食文化节活动】 2019年1月27日，雨花区雨花亭街道五江天街美食文化节活动举行。活动以“我们的中国梦·湖湘文化进万家”为主题，将中共十九大精神、社会主义核心价值观贯穿始终，诠释中国梦和新湖南精神实质，注重“送文化”和“种文化”结合，用艺术形式展示中国梦、讴歌中国梦，营造“年味”和文化氛围。活动现场分为主会场、分会场两个板块。在主会场，上演舞蹈《潇湘春色》、旗袍秀等节目；在分会场，举行美食文化节的厨王争霸赛，包括宴长沙潇

2019年9月25日，雨花亭街道群众文艺会演　（姚园园　提供）

湘八道之首“秘制汉寿水鱼”、吃饭皇帝大“柴火稻草鱼”、灌溪村“柳宗元香辣蛇”等菜品。（姚园园）

【雨新路社区趣味运动会】 2019年9月8日，雨花区雨花亭街道雨新路社区在金鹰体育公园举行首届全民趣味运动会。运动会以“健康雨花 你我同行”为主题，吸引300余名社区居民参加。工间操表演拉开趣味运动会序幕。比赛有精准投沙包、趣味保龄球、摸石头过河、赶球跑、乒乓球大转移5个团体项目，集趣味性、娱乐性、协作性和竞争性于一体。该活动有利于居民锻炼身体、愉悦身心，调动居民参与社区活动的积极性，促进社区的邻里团结。（姚园园）

高桥街道

【概况】 雨花区高桥街道位于雨花区东北部，东临浏阳河支流圭塘河，南接劳动东路，西靠京广铁路，北至人民东路，总面积4.71平方千米。下辖高桥、友谊2个集资委和火焰、金环、怡园、高桥大市场、五一、永定、永祥、鑫华8个社区，有省邮政局、长沙海关等驻街单位28家，有高桥大市场、高建市场、高桥汽配城等综合（专业）型市场8个。总人口16万人，其中，常住人口3万人，流动人口13万人。街道设党政综合办、基层党建办、城市管理办（区域建设服务办）、公共服务办（行政审批服务办、优化营商环境服务办）、公共安全办、街道政务服务中心（街道党群服务中心）、街道网格化综合服务中心、纪检监察室、财政所、两保站、退役军人服务站、武装部、综合行政执法队。司法所、市场监督管理所派驻。街道机关工作人员109人：在职在编干部实有42人（其中行政编14人、事业编28人），随军家属2人，挂编学生1人，临聘人员27人，司法所5人，两保人员10人（7人在街道机关），市场监督管理所22人。全街有党员1243人，街道办事处地址在万家丽中路88号。

2019年，高桥街道获评全省计划生育协会工作先进集体；永祥社区获评湖南省综合减灾示范社区、2019年全省城市和谐社区；怡园社区获评2019年“省级两型示范社区”；高桥大市场社区获评市级“全面提质提档先进社区”；金环社区获评长沙市绿色社区；永定社区获评长沙市科普社区。（黄 琼 黄 磊）

【街域经济】 2019年，雨花区高桥街道完成社会固定投资18.18亿元，限额以上社会消费品零售额46.9亿元，完成企业研发费用3100万元。高桥大市场市场采购贸易试点工作顺利推进，3月19日开始正式走单，全年通过市场采购贸易方式出口通关近8000票，实现贸易总额6亿余美元。湖南（高桥）非洲商品展销馆6月29日开馆，作为中非经贸博览会下唯一、长期性线下展示展销平台，标志着中国－非洲优质商品互通互惠的经贸交流平台正式起航。帮助居然之家、五一实业有限公司、广大环球家居广场、尚悦商业广场、神农茶都等项目上报问题和困难，利用区“企业（项目）服务日”集中办公、现场交办，化解项目难题。碧桂园时代广场、正荣悦玺、新城新世界四期、锦湘国际星城五期等产业项目建设进展顺利，高桥大市场全球贸易中心项目完成湖南出口产业集聚区一期、高桥文体用品集聚区的建设，并投入使用。湘林·熙水豪庭项目办理分期报建，营销中心主体工程建设完成。新建锦湘国际、友兴家园、高石坝3家农贸市场和粮师益油、佳百汇2家社区菜店。推动神农茶都招商工作，到湘西地区和福建福鼎市开展招商活动。金鸿宇国际商业广场、华晨双帆、华雅财富等楼宇成功引进9家企业，商务楼宇去库存25240平方米。全面完成全国第四次经济普查工作，共录入上报个体户1708家，录入上报法人单位3837家。顺利完成128户的1‰人口抽样前期摸底和正式调查工作，完成1‰人口抽样的国家质量抽查工作。（黄 琼 黄 磊）

【城建城管】 2019年，雨花区高桥街道推进新城新世界项目地内的8栋房屋已全部拆除，实现拆迁腾地面积4公顷。石坝路（二环线－政修路）拆除合法房屋2栋，完成300米路段腾地，并完成建设。街道涉及到友谊村318栋，拆迁288栋，建成安置房61栋，拆迁对象分房到户，完成率为90%。街道网格员主动上报案卷26730件（含环保类1609条）并及时有效处置，结案率100%；处理市区城管数字化案卷8490条，结案率100%。审批门店广告牌200余块，拆除违规户外广告招牌200余块2000余平方米；拆除新建在建违章建筑22处近600平方米，及时管控并制止友兴嘉园楼顶违建14处。处置和拆除100余个。开展蓝天保卫战主题宣传活动15次，“三级执法两级巡查”行动11次。及时处置环保督察“天天在线”交办问题30件，协办件10件。在区生态环保督察“天天在线”通报的问题清单中，街道无重点件、重复件。开展蓝天保卫战专项整治58次，执法巡查出动5086人次，整治问题87起。全街“撤桶并点”设置1209个干湿垃圾设置点，完成1209套干湿垃圾分类桶和分类指示牌安装。落实河长制工作，做到巡河工作制度化、常态化，做好水资源保护、水环境治理。对在巡河中发现的华雅林语苑小区居民阳台污水直排圭塘河的情况迅速督促整改。经多方协调，街道主动争取区政府支持，投入10万余元，将直排向圭塘河的临时管网全部封堵，转接至山塘路雨水管网，解决污水直排问题。（黄 琼 黄 磊）

【综合治理】 2019年，雨花区高桥街道推进社会治安防控“互联网＋群防群治”工程，构建以专业巡防队伍为主体、保安队伍为补充、平安志愿者队伍为基础、线上线下互动互补的群防群治工作体系。加强街道社区的治安防控能力建设，实现社会治理从“政府管理”向“群众自治”转变，群众自治从“被动执行”向“主动参与”转变。“星城园丁”注册用户5800人，通过APP参与巡逻的群众每天300人，巡防力量由线下1000人扩充到线上6000人，治安和刑事案件比上年减少443起。街道班子成员开门接访，走近百姓下访，轮流排班实时接访和主动回访，做好全国“两会”、中非经贸论坛、庆祝中华人民共和国成立70周年等特殊时期的安保工作，运用科学手段加强防范措施，在全街推广智慧用电系统等技防手段，街道本级带头安装智慧用电、智慧烟感等预警系统。坚持每周四开展安全生产“零点行动”，紧盯隐患较大的商场、饭店、网吧等人员密集场所，党政班子成员带队到联点社区开展常态化检查巡查，及时消除隐患和苗头，联合各职能部门开展烟花爆竹、液化气站点、消防设施等专项整治行动。全年开展大型联合行动11次，检查生产经营单位1837家，下达各类整改文书400余份，查处非法储存危化品1处，转移危化品稀释剂175件。

（黄　琼　黄　磊）

【社会事业】 2019年，雨花区高桥街道以“最多跑一次”改革为突破，梳理政务权责清单，落实街道社区AB岗制度，通过“一站式”服务，实现群众网上办事一次认证、多点互联、“一网”通办。5月，街道政务大厅增设6个市场监督窗口，统一工装，明确要求，强化服务，全年办理各类业务4500余件，无一起投诉。新建锦湘国际、友兴家园、高石坝3家农贸市场和粮师益油、佳百汇2家社区菜店，经营面积4200平方米，新增摊位120余个。新配建高福星小区、高石坝小区、商贸城小区等停车场5个，新增停车位2870个，完成停车位建设数在全区占比超过50%。审核通过社区惠民资金项目31个共160万元。落实“五帮扶”、慈善和社会救助等政策，救助164人130万余元。加强流动人口的管理服务，落实包括妇女病普查、老年人体检在内的14项免费国家基本公共卫生服务项目等卫计政策。依托社会组织和各平台，开展公益救助、关爱保护儿童、居家养老等服务，街道关工委被长沙市评为“五好关工委”。6月，民政部部长黄树贤一行到街道进行调研，对街道和永祥社区的工作给予肯定。

（黄　琼　黄　磊）

【基层党建】 2019年，雨花区高桥街道按照“规定动作一个不少，自选动作讲求实效”的目标，开展“不忘初心、牢记使命”主题教育。梳理问题清单177条并全部整改到位，解决民生实事38件。开展扫黑除恶专项斗争，对全体党员进行违纪违法排查，对社区（集资委）全体“两委”成员进行约谈，确保基层党组织干净可靠。全街65个党支部“五化”建设达标率80%。

（黄　琼　黄　磊）

【张敏调研高桥街道】 2019年5月22日，雨花区委书记张敏到高桥街道金环社区调研基层减负。张敏与社区工作人员深入交流，翻看台账、查看记录，询问困扰基层的形式主义、官僚主义问题和需要减轻的负担，提出意见和建议。6月11日，调研首届中国—非洲经贸博览会涉区筹备工作情况。到建设中的湖南出口产品聚集区和湖南（高桥）非洲商品展销馆，察看项目整体规划、施工进度和外围环境等，询问企业入驻数量、商品供货渠道、安全生产等前期工作进展情况，强调要规范标识标牌，整治市容市貌，体现主题特色，抓好安全生产。

（黄　琼　黄　磊）

【高桥街道与修梅镇缔结友好镇街】 2019年9月30日，长沙市雨花区高桥街道与常德市临澧县修梅镇缔结友好街镇签约仪式在高桥街道会议室举行，临澧县、雨花区两地相关负责人出席签约仪式。两地拉开“优势互补、互惠互利、平等协商、联合发展”的序幕，在经济、社会、文化等方面建立长期友好合作关系。高桥街道利用辖区优质市场资源，为修梅镇相关企业提供对接平台，加大在街域市场集群、企业商户中对修梅特色资源的宣传推广力度，鼓励、引导辖区市场主体增强对修梅镇“红色＋绿色”特色旅游产业的支持、合作、投资意愿，通过中部国际农创园等线上线下一体化交易农业展销平台，进一步宣传和推广修梅农业品牌，为阳光玫瑰青提、黄桃、脆桃、莲子、莲心茶等特色生态农产品的品牌化生产、包装和销售提供针对性帮扶服务，促进产销对接和贸易。修梅镇利用林伯渠故居及林伯渠生平纪念馆等红色资源，为高桥街道提供异地党性教育基地，为高桥街道辖区各单位、企业、学校等机构赴修梅镇开展党性教育、中小学生研学、团队拓展、乡村休闲旅游等活动提供优质服务。高桥街道发挥物流中心优势，修梅镇发挥交通便利区位优势，积极促进市场对接，吸引有实力、有兴趣、有需求的市场主体将修梅镇发展成为高桥市场在湘北地区的物流点，加速两地资源、商品和产业的共同发展。

（黄　琼　黄　磊）

【福鼎市商务考察团考察火焰社区】 2019年11月3—6日，应雨花区高桥街道火焰社区邀请，福建省福鼎市磻溪镇党委、磻溪镇人民政府、磻溪茶业行业协会、白琳茶叶协会以及13家茶企组成福鼎市政企商务考察团到高桥火焰大市场神农茶都实地考察和洽谈，雨花区商务局、高桥街道办事处、火焰社区等单位负责人参加座谈交流、实地考察和合作洽谈。座谈交流会由火焰社区第一书记甘松林主持，高桥火焰大市场现场发布最新招商宣传片——《火焰——众人拾柴火焰高》，回溯创业历程、描绘美好未来；火焰社区主任宋斌介绍社区的基本情况及市场商贸发展的宗旨、理念和历程；高桥街道党工委书记向星就高桥经济发展优势及敬商、亲商、富商的营商环境进行推介，表示会以最好的资源、最强的保障为企业家在神农茶都投资兴业提供最优质的服务；区商务局副局长骆毅重点推介雨花区优越的区位交通、优良的宜商宜业环境、雄厚的商贸产业基础。福鼎市磻溪镇党委书记林有龙、福鼎市白琳茶叶协会书记、执行会长林海、磻溪镇人民政府副镇长张君源、磻溪茶业行业协会执行会长王郑松、磻溪茶业行业协会会长王启兵等先后发言，主要针对白茶文化、市场品牌运营、物业服务提升、资源共建共享等方面进行探讨交流，对市场发展提出意见，双方对携手打造神农茶都福鼎白茶第一街的规划表示信心与期许。考察团一行深入高桥大市场、火焰大市场、神农茶都及长沙主要的商圈、市场进行

2019 年 9 月 30 日，高桥街道与临澧修梅镇缔结友好镇街仪式（黄 磊 提供）

实地考察和调研，了解和掌握更多的第一手市场信息。通过此次考察洽谈，双方达成初步合作意向，加快推进神农茶都福鼎白茶第一街签约和落地。

（黄 琼 黄 磊）

左家塘街道

【概况】 雨花区左家塘街道地处雨花区北部，总面积 7.8 平方千米，系长沙市城区面积最大的街道，办事处驻桂花路 271 号，人口近 18 万人（包含常住、寄住和流口），有物业小区 71 个，开放式小区 144 个，居民户数 68605 户。街道内设党政综合办公室、基层党建办公室、城市管理办公室（区域建设办公室）、公共服务办公室（行政审批办公室、优化环境服务办公室）、公共安全办公室；下辖赤岗社区、长钢社区、曹家坡社区、长岭社区、阿弥岭社区、桂花社区、官塘冲社区、嘉园社区、红花坡社区、湖橡社区、荷叶塘社区、牛角塘社区、曙光社区、树木岭社区、车站南路社区、长铁社区、狮子山社区、王公塘社区、窑岭社区、营山巷社区、左家塘社区 21 个社区。街道党政机关核定行政编制 16 名，领导职数 11 名，核定工勤人员 1 名，核定二级事业单位事业编制 38 名。2019 年，街道机关工作人员 94 人：在职在编干部实有 44 人（其中行政编 15 人、工勤编 2 名、参公编 8 人，事业编 19 人），无编转业士官 7 人、挂编学生 3 人、临聘人员 26 人、两保人员 14 人。

2019 年，左家塘街道聚焦发展、攻坚克难，围绕"党建提标、城市提质、治理提效"工作主题，开创"三个雨花""实力魅力左家塘"新局面。街道获评 2018 年度湖南省计划生育基础群众自治先进单位、全市综治工作红旗街道、全市人口和计划生育工作良好单位、全市文明创建工作先进单位，2019 年长沙市乡镇街道统计站目标管理综合考评一类单位、全市乡镇街道统计站流动观摩活动优秀统计站。（叶 圆）

【街域经济】 2019 年，雨花区左家塘街道完成全口径税收 10.88 亿元；实现全社会固定资产投资总额 4.5 亿元；完成社会消费品零售总额 7.5 亿元，新增"四上"单位 15 家，其中商贸业单位 7 家、服务业单位 4 家、建筑业单位 4 家。重点税源单位湖南温尔登商贸管理有限公司、湖南普博能源发展有限公司等 25 家企业成功入驻街道；在全区楼宇招商竞赛活动中招商 1.4 万余平方米，完成年计划 117.24%。新启动棚改项目 1 个，王公塘 001 栋从发布第一公告起，用时 100 天实现群众意愿率和模拟签约率双 100%。劳动东路 BCD 地块项目按照时限要求顺利推进，维护地铁 3 号线、6 号线现场施工环境。步步高集团、友阿集团接管家润多超市平稳过渡。实行领导帮扶责任制和帮扶联络员制，开启服务企业"直通车"；走访调研企业 120 余次，协助解决人保财险长沙分公司、恒丰银行长沙分行等单位困难问题，协助 10 余家企业申请区域经济发展奖励扶植资金。

（叶 圆）

【社会事业】 2019 年，雨花区左家塘街道收到"12345"市民热线 2348 条，实现满意率 98.21%。完成失业人员再就业 608 人，就业困难人员再就业 292 人，城镇新增就业 1204 人，未出现拖欠农民工工资现象。统一取消 86 项证明材料，在全街范围推广试应用公安电子证照，为群众办事提供便利。车站南路、长铁社区 2 个新建标准化一站式社区服务阵地投入使用。完成"三供一业"提质改造小区 11 个，总投资约 700 万余元，惠及困难群众 1 万余人。打造健康社区 7 个，在登革热疫情防控中，投入 170 万余元有效控制疫情。打造红花坡文体品质生活园、红花坡社区居家养老服务中心，改建赤新农贸市场、曙光路农贸市场。顺利迎接 12 月文明创建国检，承办市、区级精神文明创建活动 26 次，中国文明网要闻上稿 10 篇，地方联播 12 次。全街 4000 余名街管党员全部签订"移风易俗承诺书"，叶沙家庭义捐器官善举得到中央电视台《新闻联播》《新华每日电讯》等中央级媒体的报道。牛角塘社区获评"全国民族团结进步模范单位"，是湖南省唯一一个获此称号的社区。（叶 圆）

【综合治理】 2019 年，雨花区左家塘街道顺利迎接湖南省退役军人事务厅厅长、党组书记唐勇对街道退役军人工作站的调研。在中非论坛、中华人民共和国成立 70 周年等特护期，做好安保工作，组织开展危险化学品、粉尘防爆、烟花爆竹、建设领域、人员密集场所等领域专项整治行动10余次，检查企业142家，其中责令整改24次、立案7起，组织对营山巷社区营山佳苑西侧围墙、官塘冲社区检察院宿舍护坡、桂花社区线材厂宿舍护坡、营山巷社区中意花苑护坡等处进行抢险加固处理，对营山巷城市动力外墙脱落进行应急处理，街道全年未发生一起安全生产责任事故。

（叶　圆）

【城建城管】　2019年，雨花区左家塘街道推进实施“蓝天保卫战”，打好大气、水、土壤污染防治三大攻坚战，共开展联合执法62次，查处违规夜市、露天烧烤84处，整改油烟污染餐饮门店38家，辖区内涉餐饮门店油烟净化设施安装率100%。受理环保督察天天在线交办件52件，协办件7件，均完成办理情况反馈，办结率100%。对王公塘、赤岗、军培巷等重点社区市容环境进行管理和整治10余次，纠正各类乱摆乱占违章经营970余起。拆除历史违法违章建筑2400平方米，发现制止拆除新建违章建筑8处，158平方米。街道数字平台受理各类案件88172件，其中网格化城管案件68748件、网格化环保案7067件。市区数字化平台立案12357件，其中市平台8163件、区平台4194件，结案率100%，2月、8月的城管工作在雨花区月度城市管理考核排名全区第一。全面部署推进垃圾分类工作，发放6万份宣传手册，配备1096套垃圾分类容器以及分类投放指引牌，覆盖居民66393户，21个社区全部初步通过市局考核验收，垃圾分类全覆盖率100%。（叶　圆）

【基层党建】　2019年，雨花区左家塘街道开展“不忘初心、牢记使命”主题教育，成功解决鑫天佳园门楼隐患等民生问题125个。成功创建区级“五化”党支部100个，佳润新都小区支部、湖橡社区党委第四支部等4个党组织获省、市级五化示范党支部。撤销不符合标准的非公支部5个。联合长沙市按摩医院、中国电信长沙分公司等建立区域化党建联盟，实现“共建、共治、共享”的社会治理格局。开展“三零”社区创建，10个社区实现“三零”目标。4次召开工委会议研究意识形态工作，完善意识形态隐患“周排查、月报台”制度和舆情预警研判、风险评估等机制；开展“初心故事会”，结合中华人民共和国成立70周年组织宣讲初心故事100余场次；在市级以上主流媒体上稿300余件，其中，《新闻联播》、新华每日电讯、《光明日报》《经济日报》等中央媒体刊发先进典型事迹和干部工作感悟，《长沙通讯》上刊发《推动老城区街道高质量发展》等报道。推进新时代文明实践中心建设，2人分别获“湖南好人”“长沙好人”等称号。开展大型的参观警示教育基地活动1次，组织机关、社区开展警示教育活动22次，对32人开展廉政谈话提醒，全年立案5宗，结案3宗，对3名违纪党员作严重警告或警告处理。（叶　圆）

【“三湘名博雨花行”观摩】　2019年1月18日，“三湘名博雨花行”网络主题活动实地观摩第二站到雨花区左家塘街道红花坡社区居家养老服务中心、红花坡文化品质生活园，来自全省的网络大V体验左家塘街道的养老工作及文化工作。红花坡文体品质生活园由原长沙阀门厂整体提质改造而成。原阀门厂占地面积3.53公顷，有厂房10间，办公楼2栋，职工400余名，建筑面积2.2万平方米，后经企业改制搬迁至望城。街社两级通过招商引资，盘活闲置厂房，将路面破损、厂房陈旧、环境较差的阀门厂变成拥有篮球馆、游泳馆、瑜伽馆、羽毛球馆、幼儿园等以健身为主，配套生活设施的文体生活园区。红花坡社区居家养老服务中心——乐来龄养护院建筑面积近4000平方米，共5层，设立250张床位，建设日托休息室、医务室、心理咨询室、文娱活动室、读书阅览室、残疾人康复中心、老年大学、文体活动室以及配餐服务等多功能社区居家养老服务中心，社区低保户、三无老人、百岁老人可以在养护院得到免费或特殊套餐照顾。

（叶　圆）

【左家塘街道专场招聘会】　2019年4月28日，雨花区左家塘街道营山巷社区联合曹家坡社区共同举办“春风送岗稳就业，精准扶贫惠民生”招聘会。招聘会吸引12家用人单位参加，涉及技工、普工、服务、销售、内勤、财会、家政、安保等8种就业工种，提供就业岗位200余个，一小时内5人现场达成就业意向。（叶　圆）

【浏阳市考察左家塘街道】　2019

2019年10月1日，左家塘街道庆祝中华人民共和国成立70周年（罗　娟　摄）

年5月9日，浏阳市委两新工委率浏阳市各街道和相关职能部门楼宇商圈党建相关工作人员参观团一行43人到雨花区左家塘街道车站南路街区党群服务中心参观交流两新组织党建工作。区委两新工委副书记、主任周扬及左家塘街道相关负责人参加。参观团一行通过现场观摩，对车站南路街区党群服务中心打造的“一个中心+五个角+十个阵地”的阵地格局，将党建工作阵地建设成为“功能齐全、管理规范、作用明显”的两新党组织党员教育管理新平台的做法给予肯定，对车站南路街区党建工作党员知晓率100%，活动参与率90%的做法和成效给予肯定。（叶　圆）

【优化营商环境主题活动】 2019年5月14日，雨花区左家塘街道长铁社区在芒果雅苑橙天电影院前坪组织开展《聚党建引领优势 让“追梦人”展翅飞翔》暨左家塘街道车站南路街区“优化营商环境、联享零距离”主题活动。区税务局副局长邓明，区委两新工委副书记、主任周扬，左家塘街道党工委书记周建雄，区工商联左家塘商会会长李建波，以及车站南路沿街积分兑换点单位、门店负责人，辖区党员以及居民代表，工商、税务、城管、司法、人社等职能部门人员参加活动。活动现场，车站南路街区参与积分兑换的中小企业用视频的方式展现他们“积分换服务，门店在行动”激情与风采。10家党员积分兑换点代表接受“党员积分兑换点”牌匾，并向消费者公开承诺：诚实守信、文明经营、优质服务，自觉接受群众监督。车站南路雨花段南起劳动路，北至人民路，全长3.3千米，有各类门店企业400余家，为提质车站南路城市品质、助推街区经济发展，左家塘街道党工委将“组织建在街上、支部建在门店中”，成立长沙市首个“街区党总支”——车站南路街区党总支，开展党员授牌管理和认领路段服务，全面参与城市管理和社会治理。为提高党员参与社会公共服务的积极性，车站南路街区党总支实施“积分制管理”，党员主动参加志愿服务、就业帮扶、工作宣传、政策咨询等，就可实时赚取积分。（叶　圆）

【公共法律服务志愿者活动年行动】 2019年5月29日，“法润雨花”公共法律服务志愿者活动年行动在雨花区左家塘街道桂花公园举行。21个公共律师服务志愿点正式入驻左家塘街道21个社区，聚焦居民群众关注的热点、难点问题，通过“志愿律师坐班日”“法律顾问接待日”等形式，让律师和公共法律服务志愿者走进街道、社区，开展法治宣传、人民调解、法律援助、法律咨询等服务，组织开展服务民营企业和农民工的公益法律服务行动，优化营商环境，促进全社会共同参与法治建设。启动仪式上，左家塘街道党工委书记周建雄致欢迎辞，长沙市律师协会党委专职副书记周晓方宣读倡议书，雨花区委常委、政法委书记王维宁为10个“法润三湘”公共法律服务志愿点代表进行授牌，现场举行社区党支部与律师联合党支部结对共建仪式。活动现场播放公共法律服务宣传片和扫黑除恶、优化营商环境的视频、标语，穿插歌舞、小品、普法有奖问答等环节。区司法局、左家塘司法所以及三家区属律师事务所为现场的居民群众提供“一对一”法律咨询服务。（叶　圆）

【庆祝中国共产党成立98周年】 2019年6月28日，左家塘街道举行庆祝中国共产党成立98周年暨区域化党建联席会议。街道全体党政班子成员、七家区域化党建联盟单位负责人、各大办主任、各社区书记和机关支部、离退休支部书记、两新党组织和小区党支部书记代表、社区党建专干代表以及2019年发展的新党员参加会议。新党员进行集中宣誓，街道与区域化党建联盟成员单位互换共建协议书，长沙市按摩医院、市妇幼保健院、中国电信长沙分公司3家区域化党建联盟成员单位作为代表分别进行交流和发言。街道党工委书记周建雄讲话，对2019发展党建工作提出建议。（叶　圆）

【牛角塘社区获评“全国民族团结进步创建示范单位”】 2019年7月3日，“全国民族团结进步创建示范单位”授牌仪式在雨花区左家塘街道牛角塘社区民和亭举行。湖南省民宗委党组副书记、副主任赵仁秀，长沙市民宗局党组书记、局长罗伟，雨花区政府副区长易静，区民宗局党组书记、局长冯粤，左家塘街道党工委书记周建雄出席仪式。赵仁秀为牛角塘社区颁发“全国民族团结进步创建示范社区”牌匾，对创建升级提出要求：要有中华民族共同体意识；完善创新体制；夯实创建基础；增强创建工作的吸引力和影响力，提升创建工作的水平。牛角塘社区是一个由79栋居民楼组成的老旧居民区，由于毗邻繁华商圈，社区商业繁荣，生活便捷，吸引大量少数民族人员在此兴业发展。2019年，辖区内有7个少数民族族别，少数民族居民126人。牛角塘社区全面贯彻民族政策，坚持各民族“共同团结奋斗、共同繁荣发展”的民族工作主题，创新开展“三融模式”，营造社区内各民族平等、团结、互助、和谐的氛围，先后获得“湖南省民族团结进步创建示范单位”“全国民族团结进步创建示范社区”称号。牛角塘社区制作民族文化墙，打造七彩民族风情街，室外民族文化长廊，为牛角塘居民展开一幅各民族大团结的蓝图；建立民族工作室，有民族工作制度上墙与民族服饰展示，设有民族图书角，将民族相关书籍收罗其中。牛角塘社区将民族工作的触角延伸到辖区每个居民楼栋，利用居务公开栏、微信公众号、《牛角塘社区报》等宣传媒介，搭建宣传民族政策和法律法规的多样化平台。组建“五老”宣讲团队，进小区、进楼栋、进企业、进学校开展民族政策法规宣讲，举办民族知识讲座，拓宽民族政策宣传阵地。通过搭建双向服务平台，形成社区为少数民族对象服务，少数民族对象为社区管理建设服务的良性循环，促进各民族互通共融。社区设置少数民族服务站、少数民族服务窗口，通过搭建便民、利民、惠民平台，给各民族居民咨询了解政策、办理各项业务提供便利。为帮扶困难对象，社区广泛发动党员干部与各族群众“结对子、交朋友”，要求每名党员至少与1名少数民族居民结对交友，实现社区126名少数民族居民全部与党员结对。社区加强与少数民族居民的沟通交流，依托塘里塘外议事会、民情岗哨、人大代表回音壁、同心街坊互助微信群等载体，收集少数民族居民反映的需求和问题，为社区建设献计出力。在抗洪抢险、除冰保畅、蓝天保卫战等工作中，少数民族居民主动作为，积极参与。在文明创建中，兰州拉面等少数民族餐饮门店积极响应，带头做好“门前三包”；在2017年长沙的防汛抗洪中，东乡族居民马有奴四带着家人投身到湘江加堤固堤一线，连续奋战5个昼夜。社区于2015年初成立“同心联盟”，下设圣辉代表工作室、“七巧板”青少年素质实践基地、齐石坚绘画室等多个社会组织，成立“四点半课堂”和“少数民族流动人口服务中心”。借助社区系列工作品牌，鼓励和支持少数民族居民参与文体类、服务类等社团组织，加强居民之间的沟通交流，丰富各族居民文化生活。社区注重挖掘优质资源，整合爱心人士力量，为少数民族开展爱心帮扶。社区探索推行民族同心节，组织开展“同心党建互助力，民族团结谱新篇”“粽情端午诗意浓，粽叶酒香醉街坊”等一系列民族文化交流活动。

（叶　圆）

【佛山市委考察雨花区】 2019年10月下旬，《南方日报》联合佛山市委宣传部组建调研组，深入走访长沙市雨花区左家塘街道红花坡社区的红花坡文体品质生活园，感受新时代下老社区的蜕变和创新。红花坡文体品质生活园占地3.53公顷，围绕提高生活品质引进11个体育项目，进驻18家公司，其中备受年轻人欢迎的蹦床主题公园，日人流量能达到800至1200人，成为长沙的网红蹦床主题公园，点击量达600余万。（叶　圆）

【“党建七彩联盟”】 雨花区左家塘街道牛角塘社区以党建引领社区治理，创新方式方法，精细精准服务，以七种颜色区分服务类别：红色倡导党员先锋服务，橙色代表敬老爱老服务，黄色推动扶贫助困服务，绿、金、粉、蓝四色则代表环境保护、关爱未成年人、维护妇女权益、推动民族团结；每种颜色组建相应的志愿者服务队。在党员推动下，社区8处水泵房上演一场“变形计”，成为“民情哨岗”、爱心妈妈工作室、晚霞驿站、新市民服务站，破解管理难题、构筑新型邻里关系。（叶　圆）

侯家塘街道

【概况】 雨花区侯家塘街道东起韶山北路，南至劳动西路，西到芙蓉中路，北抵人民中路，总面积1.78平方千米，辖12个社区，常住人口7万余人，流动人口近3万人。2019年5月，内设机构由7个调整为党政综合办公室、基层党建办公室、城市管理办公室、公共安全办公室、公共服务办公室、财政所6个，所属公益一类事业单位有街道政务服务中心、街道网格化综合服务中心、街道退役军人服务站3个，综合行政执法队1个。街道党政机关核定行政编制15名，核定领导职数11名，核定二级事业单位事业编制36名。街道在职干部（含雇员、“两保”人员）71人，退休干部30人，机关党员57人。

2019年，侯家塘街道坚持党建引领、创新社会治理、提升城市品质、激发城市活力、改善民生福祉，明确重点要办好的六件民生实事，部署“党的建设宏图”“经济发展蓝图”“城市提质美图”“平安稳定版图”“民生事业新图”“社会治理良图”，街域经济社会各项事业再上新台阶。经济总量和单位面积产出贡献率稳居全市前列，主要经济指标位列全区前列。“不忘初心、牢记使命”主题教育中央指导组第一组组长冯健身对侯家塘街道基层治理共建共治共享给予认可。韶山路社区“多渠道增加养老供给”经验做法被中央电视台《新闻联播》报道。《人民日报》以《有了主心骨，幸福更靠谱》为题报道侯家塘社区党建引领社会治理模式。11个社区获评区“三零”社区，街道连续14年蝉联长沙市社会管理综合治理红旗（先进）街道。侯家塘“15分钟生活圈”手绘地图被《长沙晚报》头版头条报道。打造长沙市首家“一站式”退役军人就业创业服务中心。完成全国文明城市测评工作任务，街道获评长沙市文明创建工作先进单位。

（杨梦婷）

【街域经济】 2019年，雨花区侯家塘街道完成营利性服务业8.7亿元，增长18.46%；完成固定资产投资总额3亿元、社会消费品零售总额（限上）26.7亿元，新增“四上”单位10家。新增企业292户，其中注册资金500万以上企业60户。入户普查法人单位1795户、产业活动单位281户、个体4024户。清查房屋出租户988家，清理异地纳税企业69家、重点楼宇企业690家。落地引转国网电力咨询有限公司等企业23家，其中金色家族first city项目黄金之城珠宝有限公司、长沙金果百货有限公司实现转化落地。成功引进中国500强中国邮电器材集团有限公司湖南分公司、美国财富五百强之一的维宁尔（中国）电子有限公司。（杨梦婷）

【城建城管】 2019年，雨花区侯家塘街道整治长塘里马路市场，建立“高峰定点，平峰巡面”工作模式，成立长塘里片区停车管理自治委员会，成功破解长塘里占道经营、堵塞交通、污染环境等开放式管理难题。坚持生态优先，打好“蓝天保卫战”，完成辖区餐饮单位油烟净化380家，门店燃煤清零无反弹，全年空气质量优良率78.6%。配合中央环保督察“回头看”，顺利通过省级环保督察“体检”，巡查解决投诉案件34件，雨花区生态环境保护督察“天天在线”累计排名全区第二。（杨梦婷）

【社会事业】 2019年，雨花区侯家塘街道促进多渠道就业创业，新创企业730家，新增城镇就业人数1242人、失业再就业人数362人。对116户城市特殊困难群体实行“五帮扶”，帮扶金额299750元。基本养老保险征缴金额22万余元，完成医疗互助保险1800余份，位列全区第一；为辖区原红旗大队退养人员城镇居民医疗保险实行全额补贴；组织1559名老年人开展免费体检，辖区1041名居民有家庭医生，和雅医院母婴室上榜全市百家优秀母婴室。深化“幸福家园”失独关怀项目，为110户179人计生特殊家庭提供服务，帮助35名失独对象申请专项补助4万余元。全面摸清退役军人和其他优抚对象底数，筹建退役军人服务机构，“老兵爱心集市”退役军人自主创业进社区获湖南经视和《长沙晚报》宣传报道。水院社区2栋居民楼先后安装7台外挂式电梯并投入使用，成为长沙首批自行安装电梯的老旧小区；协调解决造化塘小区居民用水难问题；对糖酒公司宿舍、建湘综合楼进行自来水改造、路灯安装、“白改黑”提质改造和环境卫生专人管理；推动麻园湾巷棚改信访问题提交区政府相关会议研究；全面摸底调查街域范围老旧小区，将4个老旧小区作为2020—2021年老旧小区改造计划上报区人居环境局。组织参与雨花区庆祝中华人民共和国成立70周年系列活动6次，群众文艺会演活动及比赛项目获银牌2枚、铜牌1枚及优胜奖1次。廖家湾社区举办的网络春晚连续6年获全国网络春晚优秀组织奖。枫树山小学教师梁菲获第七届全国道德模范提名奖。（杨梦婷）

【综合治理】 2019年，雨花区侯家塘街道做好“两节”、全国“两会”、中非经贸会、国庆70周年等特护期工作，完成水电八局围墙抢险改造，解决三重大厦外墙脱落安全隐患，红旗区4片15栋护坡渗水，市挂牌督办的梓园大厦重大消防安全隐患整改取得实质性进展，实现街道全年安全生产责任“零事故”。深化国家食品安全示范城市创建，提质改造小餐饮“透明厨房”50余家，开展“护苗行动”“护老行动”等专项整治，活力生鲜农贸市场排名全区“人民满意农贸市场”建设管理测评综合第一。深化立体防控体系建设，深化“红袖章”平安志愿者队伍作用，开展“扫黑除恶”专项斗争，完成中央扫黑除恶第十六督导组督导和回头看迎检工作。打好禁毒人民战争，新增社区戒毒人员同比下降20%，刑事发案率同比下降33%。（杨梦婷）

【基层党建】 2019年，雨花区侯家塘街道党建工作围绕“标准化、示范化、品牌化”三化开展工作，在阵地建设、组织生活、党员行为上深化标准化；在政治引领、服务为民、党员带头上推动示范化；在品牌单位、品牌个人上打造品牌化；在“守”和“扬”上做好意识形态工作，守好心和口、意识形态阵地和重点人群，扬好文明新风、好人好事和新时代思想。1月18日，侯家塘街道召开2018年度党组织书记抓党建工作述职评议会。会上，街道所辖12个社区书记、“两新”党组织思齐培训学校党委副书记、兴威名座党总支书记、街道机关支部副书记以及离退休支部书记围绕履行基层党建工作责任情况、落实上级有关基层党建重要会议和文件精神情况、推进基层党建重点任务、基层党建问题整改情况、基层党建工作成效和特色亮点以及意识形态工作责任情况等方面依次述职。侯家塘街道按照“党建引领、区域联动、共治共享”的工作思路，将辖区内有影响力的驻街省、市直机关事业单位、非公企业纳入为党建联盟单位成员，定期召开联席会议，搭建资源整合的平台，形成“区域联盟、条块结合、共建联动”区域化党建工作新格局。7月26日，侯家塘街道区域化党建联盟会议召开，联盟单位交接5大共建项目，形成需求、资源、项目清单114项。交接的5大项目分别为：长沙市第十一中学为活力社区中小学生提供“假日课堂”；湖南水利水电职业技术学院为泉塘社区提供“校舍学堂”；雨花区枫树山小学为电院社区小学生提供“四点半课堂”；湖南省木偶皮影艺术保护传承中心向水院社区开放木偶皮影非遗亲子体验馆；国网湖南综合能源服务有限公司为湘农桥社区提供节能环保宣教基地，开展环保宣传。侯家塘街道组织代表们观摩辖区示范楼宇嘉熙中心，参观“三零”社区韶山路社区。（杨梦婷）

【“侯家塘大舞台”主题活动】 2019年1月4日，我们的节日——“我们的中国梦，湖湘文化进万家”“侯家塘大舞台”系列主题活动暨“迎新春，猜灯谜”活动在雨花区侯家塘街道侯家塘社区红旗法治广场举行，街道为居民群众准备300条灯谜。侯家塘街道借助“侯家塘大舞台”系列主题活动载体，发挥政府的主导作用，调动居民广泛参与的积极性，为广大党员、群众营造一个文明和谐、积极向上的氛围，搭建一个交流学习、互帮互助的平台。（杨梦婷）

【区领导调研侯家塘街道】 2019年2月14日，雨花区委书记张敏，区委副书记、区长刘素月，区委常委、常务副区长邹春林现场调研侯家塘街道“一圈两场三道”建设和“最多跑一次”改革工作。在枫树岸社区公共服务中心，侯家塘街道工委副书记、办事处主任刘助斌介绍街道“一圈两场三道”项目建设和“最多跑一次”改革工作整体进展情况。邹春林一行到社区服务大厅，察看政务窗口办事效率、社区综合窗口AB岗设置、错时服务情况等。邹春林指出，要充分利用社区服务阵地，为居民提供更便捷、更贴心、更优质的服务，让更多的居民参与社区活动。在活力便民生鲜市场，工作人员为张敏一行介绍食品快检流程，快检人员把对市场内菜品安全检测的数据上传到市食药信息平台，再通过市场电视系统对居民进行公示，保证消费者餐桌上的安全。市场内配备的高端、智慧型溯源系统能对菜品来源、质量进行管控监督。刘素月表示，食品安全十分重要。张敏表示，小菜篮子关系大民生。4月25日，刘素月带队深入侯家塘街道活力便民生鲜市场和社区卫生服务中心，实地调研“一圈两场三道”建设管理情况，相关区领导、各区直部门单位、街道（镇）负责人参加。在侯家塘社区卫生服务中心，刘助斌介绍街道“一圈两场三道”项目建设整体进展情况。刘素月一行实地察看社区卫生服务中心的中医科、康复理疗科、公共卫生等服务场所。社区卫生服务中心负责人刘红亮对公共卫生服务中心的人员设置、中医特色、经营状况、项目开展情况等项目进行介绍。服务中心面积2000余平方米，有职工58名，覆盖侯家塘街道12个社区居委会，下辖4个社区卫生服务站，为辖区7.2万余居民提供服务。刘素月在活力便民生鲜市场与市场方负责人进行交流，市场从2月开展的促销活动，每天能吸引两三千的客流量进入市场，推行错时经营方式，上午是本地菜商贩卖菜品，下午摊位空出后，城管人员将外来摊贩引入，免费为其提供经营场所。刘素月强调，保障食品安全初心，保持市场干净整洁，才能作出老百姓真正喜欢，愿意来买菜的好市场。侯家塘街道工委书记王青春表示，街道将和市场方继续保持良好沟通，规范经营管理。（杨梦婷）

【侯家塘街道专题招聘会】 2019年3月15日，雨花区侯家塘街道侯家塘社区党委、区政协周湘玉委员工作室在红旗法治广场举办“春风行动”就业招聘会，20余家企业为辖区居民提供120余个岗位，其中包括有针对残疾人群体的爱心岗位。20余家招聘企业将120个岗位需求制成挂标，分门别类地悬挂在招聘桌前，包括钳工、焊工、维修工、养老服务员、保安、保洁员、洗碗工等岗位，吸引200余位求职者前来参加应聘咨询。活动现场，增设食品安全、安全生产、社保政策、创业贷款、法律援助、妇女维权等政策法规咨询台与宣传展板，为群众面对面答疑解惑。（杨梦婷）

【百万签名禁毒宣传活动】 2019年6月26日，侯家塘街道办事处在长沙市第十一中学举行大型“健康人生，绿色无毒”百万签名禁毒宣传活动，侯家塘街道工委副书记、街道办事处主任刘助斌，街道工委副书记、政协联络室主任陈勇，全国十大民间禁毒人士孟繁英，湖南省黎托强制隔离戒毒所民警苏维克以及长沙市第十一中学师生，辖区居民群众共计500余人参加宣传活动。侯家塘街道工委副书记陈勇向全街居民群众、十一中师生代表宣读禁毒倡议书；孟繁英和苏维克进行“抵御毒品诱惑，追寻青春梦想”的主题演讲。其间穿插禁毒知识抢答环节。街道开展多次禁毒宣传活动，发放宣传册1万余册，横幅30余条，橱窗板报、电子显示屏40余块，微信公众号推广禁毒倡议书200余次。（杨梦婷）

【创建“三零”社区主题沙龙】 2019年7月5日，雨花区侯家塘街道的党政领导和街道所辖12个社区的书记、主任齐聚一堂，围绕“构建和谐家园 创建‘三零’社区”的主题，以沙龙座谈会的创新形式开展活动。侯家塘街道工委书记王青春，街道工委副书记、办事处主任刘助斌，街道工委副书记陈勇，街道工委委员田莺及孙雷、刘炯、喻运科等参加座谈会。会上，陈勇就创建“三零”社区做全面的工作部署，从刑事发案、信访问题、安监事故三个方面阐述工作应如何开展，要求大家把握底线、熟悉标准，做到心中有重点、工作在平时。韶山路社区书记欧阳晓琦做经验分享，表示应积极发动律师、民警、物业、辖区企业等多个群体的力量。广济桥社区主任熊灿、电院社区主任杨乐成表示将立足社区实际，学习先进经验，确保实现“三零”。与会的各社区书记、主任就关心的问题展开交流。区信访局副局长陈志刚就怎么做好上访工作发言，区市场监督局大队长沈静就食品安全、电梯安全讲话。王青春指出，社区负责人要做到“三清”，即底数清、责任清、对策清，扎实推进“三零”社区的创建工作。（杨梦婷）

【“15分钟生活圈”Q版地图】 2019年，雨花区侯家塘街道绘制完成全市首张立足街道的“15分钟生活圈”手绘地图。手绘地图由“85后”志愿者谢芬花费两个月时间走街串巷完成绘制。侯家塘街道将近万份“15分钟生活圈”手绘地图，发放到居民小区以及人流密集的商场、路边报刊亭等，用贴心服务为市民提供便利。浅黄、草绿为底色的“15分钟生活圈”手绘地图，描绘公共文化、医疗养老、健身休闲、商业消费等公共服务设施，与之对应的建筑物缩小比例，被卡通化原样“搬”到地图上，域内公交车乘车线路标注清晰。地图上绘制236处公共服务设施，为市民提供细致精准的生活指南。（杨梦婷）

【山西省人大考察基层人大工作】 2019年9月20日，山西省人大常委会正厅级干部李高山率队调研考察侯家塘街道基层人大工作。湖南省人大、雨花区人大相关负责人陪同考察。李高山一行参观侯家塘街道代表活动室，了解街道人大工委机构设置、人员配备、经费保障、活动开展情况及人大代表联系群众，代表议案、建议办理情况。侯家塘街道人大工委主任喻伯正做工作汇报。李高山指出，侯家塘街道人大工委坚持以“三个建设”（制度建设、平台建设、履职能力建设）为抓手，以代表“五联”（代表联选区、联选民、联网格、联办实事、

21019年8月23日，侯家塘“15分钟生活圈”Q版地图（杨梦婷 提供）

联结对帮扶）为重点，凝聚代表合力，引导代表积极参与基层社会治理，助力“三零”街道、“三零”社区创建，值得学习和借鉴。（杨梦婷）

【人大代表调研养老服务工作】2019年9月3日，第十三届全国人大代表长沙小组和部分省人大代表调研雨花区居家养老服务工作，实地视察韶山路社区康乃馨居家养老服务中心及其多功能活动区、医疗服务区、托养区等。社区居家养老服务中心配备社工、护士、护理员等工作人员，为韶山路社区的高龄长者提供全托养护、日间照料、居家上门、老年餐饮及文化娱乐等服务。医疗服务区免费为老年人提供艾灸、按摩、推拿、日间照护，日常保健等服务，提高社区养老服务的水平。在多功能活动区，志愿者为社区居家养老的半失能老人、残疾人、高龄老人等教手操舞。调研组肯定韶山路社区居家养老服务中心的养老服务模式，表示该服务模式可在全市推广。参观后，代表们希望不断推进养老服务工作有效发展，提供更加丰富多元的养老服务内容。（杨梦婷）

【物业管理工作会议】2019年12月30日，雨花区侯家塘街道召开2019年度物业管理工作表彰暨业务学习会议，会议由街道党工委委员杨建立主持，街道人大工委副主任周湘玉出席会议。各社区书记、物业专干、户籍民警，辖区物业服务企业负责人，各小区业主委员会代表共90余人参加会议。会议表彰星级物业企业12家、优秀物业专干5名；湖南华冠物业管理公司（银轩铭誉项目）负责人代表“星级物业企业”发表感言。区住房和城乡建设局科长杨波寄语侯家塘广大“物业人”奋力推进物业管理工作再上新台阶。街道党工委书记王青春总结回顾侯家塘街道2019年物业管理工作所取得的成绩和形成的经验，部署2020年物业管理工作，要求要提高认识，强化责任；提升物业服务水平、服务意识、服务方式、服务能力、服务效率；创新工作思路，破解物业管理难题，依法依规管理。杨建立部署物业小区安全生产工作，要求物业企业定期检查设施设备，做好日常消防、救援应急演练，要求社区户籍民警、专干加强日常督查巡查，规范电动车的停放和充电，严禁私接乱拉充电线，严禁高空飞线。湖南通程律师事务所律师李高翔解析物业管理及相关法律法规知识。街道物业分管负责人喻运科解读《长沙市住宅小区生活垃圾分类集中攻坚行动实施方案》和《长沙市物业小区生活垃圾分类工作实施方案》，要求各物业企业必须按要求实施垃圾分类；解读《2019年长沙市中心城区物业管理工作绩效考核实施方案及评分标准》的各项指标，要求各物业企业切实按要求公示2019年度公共收益使用情况，务必抓好电梯安全。（杨梦婷）

砂子塘街道

【概况】雨花区砂子塘街道地处东塘商圈东南角，沿韶山路和劳动路成扇形打开，一直至环线，面积2.6平方千米，人口7万人。辖区内有曙光南路、韶山南路、劳动东路、新建东路、赤黄路“三横二纵”五条主次干道，有长沙卷烟厂、沃尔玛、中医药大学等驻街单位60多家。下辖砂子塘、桔园、茶园坡、白沙、金地、金科园、梨子山、野坡社区8个社区居委会，其中2个单位型社区、6个纯居民社区。内设基层党建办公室、党政综合办公室、公共服务办公室、公共安全办公室、纪检监察室、城市管理办公室、政务服务中心、网格化综合服务中心。核定编制38人，其中行政编15人，事业编23人，在职干部212人，党员126人。办公地点在曙光南路1号。

2019年，街道以党建为龙头，努力提升社会治理体系和治理能力现代化水平，朝着“砂子塘·幸福家”建设目标锐意进取、奋勇前行，完成各项工作任务。（文　涛）

【街域经济】2019年，雨花区砂子塘街道完成全社会固定资产投资17.23亿元，完成进度345%；完成社会消费品零售总额40.88亿元，同比增速12.56%；营利性服务业营业收入完成3.4亿元，同比增长68%。搭建优化营商环境专项工作班子，建立企业联系机制，组织“同心同行”商务沙龙活动，为企业协调解决劳动中路潇影出入口交通、平安人寿税收代缴费用返还等一系列问题，完成楼宇招商1.83万平方米，其中万博汇·云谷引进中国人寿长沙分公司和麦格思商业管理公司，顺天国际引进中国联通沃阅读和美兆医疗健康体检。（文　涛）

【城建城管】2019年，雨花区砂子塘街道派单处置市区数字化案卷近4.7万条，组织开展执法整治950余次，处罚违规行为230余起。完成全年拆控违工作任务，无新增违章建筑。重点做好垃圾分类工作，上门入户宣传3万余户，发放资料4万余份，组织讲座50余次，粘贴楼栋宣传栏1500余块，制作宣传橱窗120块，投放垃圾分类桶和宣传牌630余组，发放分类垃圾袋2万余个，全街垃圾分类工作全部达到市级验收标准。整改裸露黄土1010平方米，处罚焚烧垃圾4次，劝导违规燃放烟花爆竹16次，收缴煤炉11个，实现燃煤“清零”目标。制定存量餐饮单位引导退出或转型经营工作方案，安装油烟净化器231家，锅炉改造16台。处置“天天在线”和街道环保投诉热线件，整改率100%；联合长沙卷烟厂创新“环境日”互动宣传模式，创建金科园“降噪示范社区”、金地和野坡“绿色社区”。针对市容秩序、楼栋牛皮癣、市政设施损坏、绿化带垃圾等顽疾，制定长效整治方案，自行发现、整改各类问题400余个，完成全国文明指数测评和省未成年人教育测评迎检任务。（文　涛）

【社会事业】2019年，雨花区砂子塘街道完成金科园、白沙“三供一业”移交和改造，落实金科园社区阵地、居家养老中心、金科园停车场等建设工程。完成车站南路建设项目征收工作。推进“家庭健康促进”工程，联合中医附一医院组织“治未病”和“名医进社区”系列活动。完成“一幼”产权移交工作和桔园“心语”幼儿园“私转公”工作，针对砂子塘、稻田、万博汇等学校周边进行整治，净化校园周边环境。指导成立小区业委会8家，超额完成全年任务，开展物业工作调研，加强物业公司专项检查。坚持“就业创业联姻会”品牌，实现新增就业531人，再就业68人，新增创业主体217人。（文　涛）

【综合治理】 2019年，雨花区砂子塘街道推进扫黑除恶专项斗争，广泛动员发动群众，深入摸排问题线索，完成中央扫黑除恶专项斗争16督导组督导与“回头看”的各项工作要求。完善综治中心建设，坚持社区治安形势通报会、“平安夜话”宣传品牌，做好防诈骗宣传、平安家庭创建、社区禁毒、矫正重点人群帮扶等系列工作，全年发案率同比下降26%，全年未发生一起重大刑事案件、群体性事件。抓实安全生产，组织单位和企业代表专题培训3次，开展网格培训4次。组织执法检查企业57家，其中处罚9家，排查隐患300余起，整改隐患点20余个，全年无安全生产责任事故发生。透明厨房改造52家，超额完成全年任务，全年无食药品安全事故发生。（文　涛）

【基层党建】 2019年，雨花区砂子塘街道采取“学习和测试、线上和线下、领学和送学”相结合，实现各级党组织、全体党员学习教育全覆盖。收集民生问题69个，解决61个，形成调研文章10篇，检视查摆各类问题128个。“五化”党组织申报率91.9%。深化网格党建模式，完善“953”责任体系，坚持每季度书记职业化测评。探索“一核多元全兜”工作架构、“1+2+N”工作模式和“553”工作机制。实施“志”汇砂子塘——区域化党建联盟志愿项目，解决“一幼周边道路微循环”等一批群众的操心事烦心事。“三零”社区创建率80%，通过收集“微心愿”，开展“微行动”，彰显“微星光”，做好“微实事”，解决群众诉求200余个。（文　涛）

【创建“三零”社区】 2019年，雨花区砂子塘街道坚持党建引领，把城市社区党建作为贯穿基层治理的一条红线，创新社会管理，推行民情“大走访”工作，推行领导干部联点机制，将党的领导向小区延伸，向物业覆盖，有效推行社区党组织领导下的居民自治，有效解决城市居民关切的一系列问题和常见“痛点”。2019年创建梨子山社区、金科园社区、金地社区、桔园社区、茶园坡社区、白沙社区6个零上访、零事故、零发案的“三零”社区，创建成功率为75%。（文　涛）

【文树勋慰问老红军】 2019年1月21日，长沙市政协党组书记、主席文树勋，市委常委、长沙警备区政治委员曹友华，市政府副市长、市公安局党委书记、局长唐向阳专程慰问雨花区砂子塘街道梨子山社区老红军吴国厚（1921年出生，1937年参加工作，1939年入党）及2名困难群众，送上慰问金和慰问物资，传递党和政府的关怀温暖，致以节日问候。雨花区委书记张敏，区政协主席冯聪龙，区委常委、宣传部部长余宏卿一同慰问。（文　涛）

【砂子塘故事汇】 2019年1月27日，雨花区“党建领航·幸福扬帆”——砂子塘人自己的故事汇在湖南省中医药大学体育馆举行。故事汇分为“党建引领新气象”“奋力改革在路上”“和谐共建幸福家”三个篇章。舞蹈《幸福中国一起走》点燃火热气氛；《改革开放四十年歌曲联唱》通过组合改革开放各个时期的歌曲，引领大家重温光辉历程。小品《特别策划》以砂子塘的普通党员为原型，展示共产党员“爱国爱家也爱你”的生动形象。通过歌舞、情景剧、现场访谈等多种艺术形式，将奋进往事、奉献故事、感人真事搬上舞台，展现砂子塘人爱党爱国爱生活的精神风貌，激励大家同心共建幸福家园的决心和信心。（文　涛）

【区领导调研砂子塘街道】 2019年2月14日，雨花区委书记张敏，区委副书记、区长刘素月一行40余人到砂子塘街道指导调研“一圈两场三道”建设工作，参观白沙社区“五分钟便民服务示范生活圈”，白沙社区作为一个单位型社区，基础配套设施较为完善，街道新建共享书屋、居家养老服务站，打造垃圾分类示范小区。在5分钟内为社区居民提供完备便利的生活和文体服务；考察砂子塘农贸市场，经过提质改造后的农贸市场面积1000平方米，50个摊位，分区合理，标识统一，在建好的同时，街道致力于管好市场，建立管理平台，形成长效机制，市场经营规范有序。（文　涛）

【砂子塘街道学雷锋志愿服务启动仪式】 2019年3月3日，雨花区“培育优良家风，传承雷锋精神”活动暨砂子塘街道学雷锋志愿服务启动仪式在街道赤岗冲游园揭幕，中国好人、全国优秀五星级志愿者傅强发起志愿服务号召，成立砂子塘街道学雷锋志愿服务两新组织志愿服务队、党员志愿服务队、团员志愿服务队、好家风志愿服务队四支志愿服务队伍。（文　涛）

【梨子山社区用科技助推消费维权知识普及】 2019年3月15日，雨花区砂子塘街道梨子山社区联合辖区民意快线服务联盟单位——中国检验认证集团湖南有限公司，组织全体社区工作人员，社区居民和砂子塘二小的小学生共60余人，参观有机类实验室、无机物实验室、光谱分析实验室等各个检验场所，向居民们讲解检测设备功能、演示检验过程，解答问题疑惑，提醒大家要善于购买，鼓励大家要敢于维权，在体验和互动中传授辨别商品真假优劣技巧、普及维权知识，提升维权意识。（文　涛）

【禁毒普法宣传活动】 2019年4月18日，雨花区砂子塘街道联合砂子塘派出所、湖南省麓山枫社会工作服务中心，在雨花区社会组织孵化中心前坪举办“健康人生、绿色无毒”禁毒普法宣传活动。活动中，工作人员结合仿真毒品模型，向群众介绍14种常见毒品和伪装毒品的形状、种类，

并讲解毒品危害，引导居民群众自觉远离毒品。（文　涛）

【职业病防治宣传周活动】 2019年5月10日，雨花区砂子塘街道在赤岗小游园开展职业病防治宣传活动。活动中，砂子塘卫生服务中心的工作人员采取义诊咨询和发放宣传品的方式，宣传职业病防治相关法律法规及相关知识共发放宣传资料600余份，接受咨询100余人次。（文　涛）

【“亮牌子、树新风、展风采”宣传活动】 2019年5月14日，雨花区砂子塘街道在凯德广场举行“提高灾害防治能力，构筑生命安全防线”暨“亮牌子、树新风、展风采”宣传活动，吸引近500名群众驻足观看。区应急管理局局长刘归参与活动并致词。志愿者们发放《长沙市文明行为促进条例》，湖南中医药大学第一附属医院的医生现场传授紧急救援技巧，小朋友用手抄报阐述“守卫文明就是守护安全”的道理。该次活动倡导文明生活理念，普及防灾减灾知识，以文明促成安全，以安全涵养文明，使“守卫文明，安全幸福相与相随”的理念更加深入人心。（文　涛）

【优化营商环境沙龙】 2019年6月4日，雨花区砂子塘街道邀请区委统战部、区发改局、区教育局、区商务局、区金融事务中心、区优化营商环境协调事务中心、区工商联、区经开区规划建设局等区直部门负责人，组织街道相关职能部门和派出所、交警、城管中队等驻街科所主要负责人，在潇影集团文创园举办以“同心同行‘直面问题’，双联双创‘服务发展’”为主题的优化营商环境商务沙龙，辖区16家企业参与。活动中，政企双方针对前期调研形成的楼宇招商及政策扶植、土地规划报建及企业融资、企业税收优惠扶持、新员工子女就学等企业诉求进行交流探讨，形成帮解方案。区委常委、统战部部长成钢为5名“优化营商环境监督员”颁发聘书，传达市委、市政府关于优化营商环境会议精神，通报雨花区投资营商环境评估报告，要求进一步抓好“五个环境”工作任务，落实优化营商环境举措，努力为企业做好服务。（文　涛）

【党建志愿行活动】 2019年7月30日晚，雨花区砂子塘街道在凯德广场前坪举办“‘志’汇砂子塘，生活更美好”区域化党建志愿行活动，发布街道“四微共享”党建品牌——收集“微心愿”，实施“微行动”，做好“微实事”，彰显“微星光”，挖掘和整合区域化党建联盟成员单位资源，实现与群众需求的精准对接，搭建社会各界力量共治共建共享美好家园的广阔平台，区域化党建联盟成员单位负责人、小区党组织书记、党员志愿者、辖区居民近500人参加活动。活动以《点点微星光，照亮砂子塘》宣传短片拉开帷幕，通过一段段奋进往事、奉献故事、感人真事展现街道“区域化党建+志愿服务”取得的成果。活动中，8位区域化党建联盟成员单位负责人各认领一件“微实事”项目，表示将坚决履行承诺，把服务项目做细、做精、做实。分会场上，专家义诊、法律援助、垃圾分类、禁毒宣传等10余项志愿服务活动同步开展。开展党员志愿服务队授旗、在职党员进网格报到、志愿服务宣誓等活动。街道举办党建引领助力儿童友好城市建设论坛暨“儿童守护者联盟”启动仪式。（文　涛）

【和润居家养老中心投入运营】 2019年9月17日，雨花区砂子塘街道金科园社区和润居家养老中心投入运营。该养老中心以“尊严的老年生活”为宗旨，以“身心灵平衡发展”为目标，以“老人为尊、服务为荣”为服务理念，努力为每一位老人打造“家”的温暖。砂子塘街道金科园社区常住人口3900人，其中60岁以上的老人1500余人，80岁以上的老人有近300人。为满足老年人日益增长的个性化需求，金科园社区完善“养老、孝老、敬老”政策体系和社会环境，努力探索养老新路径。金科园社区引进和润养老机构，采取居家养老模式，为老年人提供休闲娱乐，生活照料，保健康复，心理疏导、老年餐桌等服务，同时开设医疗项目，“医养融合”全方位为社区居民服务。中心是一栋红色的三层小楼，室内面积近800平方米，以明亮暖色的装修，随处可见的盆栽绿植和手绘壁画烘托孝老爱老氛围。中心一楼为活动诊疗区，有医生诊室、理疗室、老年食堂、书香吧、邻里客厅、三室艺厅等多个功能室，二、三楼为康复照料区，有12间照料室24个床位。中心引进长沙和乐健康产业有限公司，通过政府购买服务，为老人们提供康复照料、门诊就医、养生课堂、临时托老、老年餐桌、上门家政等全方位服务。（文　涛）

【颐美荟同心联盟成立】 2019年11月15日，雨花区砂子塘街道砂子塘社区联合民建湖南省委、湖南中医药大学第一附属医院、稻田中学、砂子塘小学等8家单位，成立“颐美荟”同心联盟，为社区居民提供法律援助、家门口的医疗服务、家庭困难学生学业指导等服务。社区通过健全“同心社区”创建小组机制、整合社区“颐美荟”志愿服务平台资源、搭建“同心社区”平台，开展颐美书社、颐美沙龙角等一系列举措，打造“党群同心、政企同行、共建共享”的颐美砂子塘。（文　涛）

东塘街道

【概况】 雨花区东塘街道地处东塘广场西南角，四周韶山路、劳动路、芙蓉路、二环线环绕，新建西路、雨花路贯穿其中，三横四纵的路网格初步形成，交通便利。街道辖东塘、省人大、枫树山、牛婆塘、芙蓉南路、浦沅、华银园、政院、新雨、七里庙10个社区居委会。街道内设党政、党建、公共安全、公共服务、优化营商、财政所、政务中心6个部门，建有共青团街道工作委员会、工会、妇女联合会等群众组织。街道核定编制53名，其中行政编16人，实有14人，事业编制36人，实有28人，工勤编制1人，实有0人，街道雇员核定编制33人，实有31人，其中领导职数11名，其中引进人才1人，退休干部18人，入库党员1201人，退役军人服务中心支部委员会1个，中共雨花区东塘街道机关支部委员会1个。办公地点设在雨花区新建西路188号。

2019年，东塘街道紧扣“强化党建引领，攻坚项目建设”主题，围绕“财富、品质、民生、幸福”四个东塘目标，以“五提五快”十大工程为抓手，主动作为，锐意进取，街域经济社会各项事业再上新台阶。（宋彧颖）

【街域经济】 2019年，雨花区东塘街道全社会固定资产投资完成15.05亿元，完成年度任务的300%。社会零售品销售总额完成18.30亿元，较上年增长5%。规模以上营利性服务业完成4.43亿元，较上年同比增长44.05%。深化“最多跑一次”改革，推行“互联网＋政务”一网通式服务平台，拓展开发“智慧东塘·党建超市”，提供法律咨询等174项服务和互动功能。在鑫融国际打造“金领驿站”，推行“楼长制”，开通21项组团式服务，打造全区优化营商环境样板高地。全街入驻企业1500余家，商业门店1000余个，加大鑫融国际、商会大厦等示范性楼宇的培育。建鸿达兴业IEC项目交付使用。（宋彧颖）

【城建城管】 2019年，雨花区东塘街道实现新增违法违建零发生零增长。成功创建新建西路绿色餐饮一条街，实现餐厨垃圾无害化处理。以零容忍态度整治“散乱污”，全街无燃煤现象。城管考核1、3、4、7月区排名第一，四月市排名第三。在全区率先完成社区垃圾分类全覆盖，省人大社区成为湖南省首批垃圾分类城市示范点。“党建＋垃圾分类定点投放”“全链条体系”等经验被《长沙晚报》、人民网等报道推介，住建部城建司及市领导表示肯定。举办市妇联“垃圾分类”现场会，长沙市委副书记、市长胡忠雄出席并讲话。

（宋彧颖）

【社会事业】 2019年，雨花区东塘街道打造浦沅社区15分钟生活示范圈，提质改造社区服务中心阵地2个，综合文化服务中心1个，农贸市场1个，新建停车场2个，人行道11.3千米、自行车道2.4千米。重点部署落实惠民项目39个，培育居家养老服务中心3家，打造老年食堂2家、健康生活馆1家、家庭医生工作室4个，完成“透明厨房”提质改造35家。结合“五提五快”十大工程，抓好“一圈两场三道”建设。成功接受全市“一圈两场三道”现场观摩，经验材料在长沙市调研参考第2期刊登，长沙市委副书记、市长胡忠雄亲自批示在全市推广。（宋彧颖）

【综合治理】 2019年，雨花区东塘街道完成中央扫黑除恶督办件核查办理2件。成立“禁毒轻骑队”、禁毒志愿协会。圆满实现特护期“七个不发生”和“零非访”目标。（宋彧颖）

【基层党建】 2019年，雨花区东塘街道推进区域化党建，街道党工委将19家单位列为区域化党建联盟单位，开出102项共建项目清单。政院社区与国防科技大学前沿交叉学科学院联手，打造300余米的立体文化墙、主题宣教园、雷锋雕像等特色活动场所，为群众提供丰富的社区文化平台；针对楼宇企业、职工实际需求，街道与鑫融国际广场打造“金领驿站”平台，为白领提供健康早餐点、图书室、健身房等20余项“组团式服务”；11月，首创楼宇“三点半课堂”，解决孩子们放学后去哪里的问题。12月，102项区域化党建共建清单全部完成。区域化党建工作被中国新闻网、人民网等主流媒体报道，得到湖南省人大常委会党组副书记、副主任王柯敏，长沙市委常委、组织部部长张宏益等肯定。东塘街道辖区10个社区全部跻身“三零”（零上访、零事故、零发案）社区，街道连续11年蝉联长沙市“社会治安综合治理红旗街道”。街道成立讲习夜校11所，组建学习小组42个，宣讲队伍11支。“老口子”“老首长”“金牌帮女郎”等社会组织品牌提质升级，被红星网报道推介。深化鑫融国际楼宇党建，新建湖南商会大厦楼宇党建示范点，打造“民情快递箱”等小区党建品牌。组织“全民‘廉’动，共享‘清’风”等廉政教育活动，开展关于形式主义官僚主义、违规收送红包礼金问题等专项整治行动。按要求对区委第一巡察组督查反馈的问题全面整改到位。获评两家市级示范化“五化”党支部，全区街道唯一。（宋彧颖）

【寒假安全嘉年华活动】 2019年1月23日，雨花区东塘街道联合长沙市红十字会志愿服务队、东塘街道社会组织发展扶持中心、金牌帮女郎工作室、儿童安全“五防课程”长沙管委会共同启动“新生命课堂·寒假安全嘉年华”活动。课堂内容以生命健康安全课程为基础，为学生和家长提供生命健康安全学习机会。课程持续1个月，每天从上午9时开始，到下午4时结束。分小学1～3年级场7～10岁、小学4～6年级场11～13岁、中学场14～18岁。活动邀请专业志愿者做指导老师，带领孩子们用体验学习的方式，参与安全知识科目，进行体验学习。安全知识项目包含儿童“五防”课程、“第一反应”急救侠课程、心肺复苏、徒手搬运、交通安全、三角巾包扎、绷带包扎、烟道逃生、红十字知识、红十字拼图、急救报警电话体验、救生结绳体验等。通过不同的课程，让不同年龄段的学生在体验中获得生命健康安全的知识。（宋彧颖）

【“五提五快”十大工程】 2019年，雨花区东塘街道紧紧围绕雨花区“强化党建引领，攻坚项目建设”工作主题，秉承“雨花标杆，全市一流”工作目标，为进一步优化发展环境，推动基层社会治理创新，改善为民惠民服务水平，出台《东塘街道推动高质量发展“五提五快”十大工程实施方案》，实施营商环境提升工程、项目建设提速工程、人居品质提质工程、文明素质提标工程、基层治理提效工程、蓝天碧水快净工程、平安守望快线工程、民生实事快办工程、红色引擎快达工程、干部作风快优工程“五提五快”十大工程，对每项工程的主要目标、具体任务、责任单位进行说明，提出工作要求：深化认识，加强

领导；明确任务，狠抓落实；注重实效，加大督查。全面推动街道经济社会各项事业高质量发展。（宋彧颖）

【东塘街道“乐助集市”】 2019年3月4日，“乐助集市”在雨花区东塘街道新雨社区开张，吸引居民前来求助。“乐助集市”就是将有一技之长的党员志愿者聚集一起，现场为居民解决各类难题。集市分工明晰且提供上门服务，包括绿色加油站（传授养花经）、义剪台、快修点（维修小家电）、智能手机教学室（教老人使用智能手机）。区统计局驻新雨社区群工站为辖区困难学生捐赠书籍；湖南省地矿医院党委组团为居民朋友义诊、按摩并发放医疗手册。（宋彧颖）

【“舌尖安全课堂”】 2019年7月5日，“舌尖安全课堂”在雨花区东塘街道省人大社区举行，吸引诸多居民群众参与。活动邀请农产品专家廖振坤传授各种农产品知识，对“什么是无公害农产品”“农产品从田间到市场经历了怎样的监管流程”“日常生活中如何去除蔬果中的农药残留”等问题进行解答。现场演示一台适用于农贸市场、学校、单位等地的农药残留检测仪，短时间内可判断菜品是否安全。（宋彧颖）

【《中国老年报》到政院社区调研】 2019年11月26日，《中国老年报》副总编辑胡平，记者何莹，湖南省委老干局一处三级主任科员廖海涛，长沙市委老干局副局长唐安石一行到雨花区东塘街道政院社区调研老干部工作。雨花区老干局局长蒋多利，东塘街道相关负责人参加。胡平一行实地调研政院社区文化墙、国防教育室、老首长工作室、社区老年大学等硬软件设施建设，听取老首长工作室党支部书记彭忠秋关于老干部发挥余热的情况介绍。座谈交流探讨围绕全国离退休干部“双先”表彰会议，挖掘老同志在新时代发挥余热奉献正能量的先进事迹等。政院社区老首长工作室以党建为引领，把“坚定信仰、发挥优势、弘扬新风、促进和谐”当作责任和使命，克服自身困难，坚持义务为企业、学校、街道、社区的党员群众宣讲党的先进理论，积极参与扶贫助学等各种社会公益活动，以居民的需求为导向，积极组织党员志愿者、社区群众开展一系列特色服务活动，发挥宣传教育服务功能。（宋彧颖）

圭塘街道

【概况】 雨花区圭塘街道地处雨花区区治所在地，东连京珠高速公路，南抵省森林植物园，西临京广铁路，北靠机场高速、高桥大市场。街道面积12.6平方千米，下辖雨花家园、中南院、长重、劳动东路、圭塘、体院路、大塘、美林景园、景程、泰安、金福、升达12个社区，和润、广顺源2个筹备社区，圭塘、月塘、大塘3个经济合作社，户籍人口5.8万余人，常住人口11.6万余人（居住半年以上），流动人口2万余人，法人单位1200家，个体户2300家，中央驻街单位8家，厅、处级驻街单位11家。街道内设党政综合办公室、基层党建办公室、城市管理办公室（区域建设服务办公室）、公共服务办公室（行政审批服务办公室、优化营商环境服务办公室）、公共安全办公室、政务服务中心（街道党群服务中心）、网格化综合服务中心、纪检监察室、人大工委、人武部、工会、共青团、妇联、财政所、两保工作站、长治留守工作站。核定机关行政编制16名，后勤服务人员编制1名，事业编制36名，其中科级实职领导11人，退休干部12人。

2019年，圭塘街道推进“三街”建设，打造令行禁止、政通人和、优质高效、忠诚担当的政治要街；打造营商一流、商机蓬勃、产业兴旺、实力雄厚的经济强街；打造管理有序、生态优美、文明和谐、宜居宜业的品质新街；把握区治所在地优势，坚决落实区委、区政府的指示精神，敢于攻坚克难、担当作为，确保全街各项工作走在全区前列，领跑第一方阵，采取“四个转变”举措，由习惯性突击治标向标本兼治转变，多做打基础、利长远的事；由粗放式管理向规范化精细化管理转变，做到过程与结果并重，在过程中厚植高质量发展基础；由被动应付向主动谋划、未雨绸缪转变，提升手上（谋事的能力）手下（抓落实的能力）两种功夫；由队伍参差不齐向履职能力全面提升转变，全面打造忠诚干净担当的干部队伍，抓党建、促发展、提品质、惠民生、强治理、保安全、转作风，推进政治要街、经济强街、品质新街建设。稳步完成全街机构改革，完成大办组建、人员转隶、部门“三定”等任务，建立健全街道工委对重大工作领导的体制机制；打造“红管家”区域化党建特色品牌，在全街12个社区和3个经济合作社打造“红管家工作室”；开展“不忘初心、牢记使命”主题教育，梳理并办理21项民生事项；推动三村集体经济产权制度改革，成立月塘、大塘、圭塘3个经济合作社，完成三村产权制度改革；着力解决村级遗留问题，推进圭塘村四期安置房分房工作，攻下“钉子户”4个，10月29日，实现储备1号地、2号地的出让摘牌；推进“扫黑除恶”专项斗争，对照中央扫黑除恶督导组督导情况反馈意见，以及中央扫黑除恶督导“回头看”要求，落实各项任务；及时化解大量的矛盾纠纷和信访突出问题，成功化解上级交办的“四重攻坚”“让老人回家”活动的全部积案，完成中央扫黑除恶第16督导组交办件2件；国庆期间平安稳定，进京非访实现“零登记”，8个社区成功创建“三零社区”；完成2019年度全国文明城市迎国检测评工作，被抽中入户调查的金福社区受检满意率100%，街道选定美林景园社区的新时代文明实践站为全区的试点任务；以项目带动片区开发，整合月塘村40.27公顷土地，引进中国民营企业500强前50位的红星美凯龙集团成功进驻，集超品质公寓、超高端住宅、超星级商业集成开发。圭塘街道获评长沙市信访工作“三无”街道称号，圭塘街道团委获评长沙市“青年文明号”称号。（吴　伟）

【街域经济】 2019年，雨花区圭塘街道完成规模工业总产值1.4亿元，同比增长14%；完成社会固定资产投资52亿元，完成目标任务的116%，其中房地产投资40.27亿元，城镇固定资产投资11.73亿元；完成限上社会零售总额14.3亿元，同比增速7.1%；完成营利性服务业营业收入8.25亿元，同比增速1.1%，比年初预计数提高13.5%；全年新增规模法人企业14家，其中服务业5家、房地产3家、商贸2家、建筑业4家，比计划任务超2家；完成11家高新技术企业认定推荐工作。产业项目19个（包含3个政府投资项目），其中新建、在建项目18个，待建项目1个，总建筑面积约385.5万平方米，计划总投资200.8亿元，完成投资34.19亿元。根据“优化营商环境年”“产业项目建设年”“千人帮千企”企业帮扶活动年等要求，制定《圭塘街道2019年“项目帮扶”工作方案》，累计为项目解决困难问题17个，重点解决湘安嘉园高压电线杆及相关配电设施移除、绿篱围挡、协助项目办理前期施工证件并促进项目成功启动施工；中天星耀城西北角零星用地补征、杨子路开出口等项目建设中的问题，协助项目二期证件办理；协助泰禹金融大厦、高正臻园等项目办理前期施工证件；重点帮促合能·枫丹丽舍、中天星耀城、泰禹樾玺、保利大都汇、潇湘名城三期、保利茉莉公馆等多个项目顺利开盘销售。商品房销售20.4万平方米，销售额22.4亿元，中天·星耀城、保利·大都汇项目实现再次开盘销售，湖南省安装公司总部大楼、创元大厦等项目稳步推进。开展打击传销行动30余次，通过群众举报、扫楼排查发现窝点20余处，清退头目及人员60余人。完成防范和打击非法集资知识集中宣传活动6次，9月26日发现疑似非法集资企业——华宇方圆湖南国际物流有限公司在雨花家园小区租赁临时场所办公，街道迅速联合社区协商小区业主与该企业停止双方租赁关系，并于10月12日成功使其停止营业并搬离圭塘街道辖区范围。中航航空大院物业维修改造完成，中南院东西宿舍区维修改造工程进度90%，这两家央企小区物业接管工作均步入正轨。组织全街30多名清查指导员、普查员逐一上单位登记相关经济普查数据，普查3365家企事业社会团体等单位、5800家个体户，完成第四次全国经济普查工作。11月18日，月塘经济合作社、大塘经济合作社、圭塘经济合作社举行挂牌仪式，圭塘街道月塘村、大塘村、圭塘村的集体经济产权制度改革正式完成，开始以合作社机制进行运行。　（吴　伟）

【城建城管】　2019年，雨花区圭塘街道储备2号地项目征地面积17.84公顷，全年拆除2栋合法建筑、4处违章建筑和一个养老院，完成拆迁、交地工作，项目完成招拍挂；香松路项目征地面积0.05公顷，完成拆迁工作。地铁五号线5个站点（圭塘站、板塘冲站、木桥站、雨花区政府站、大塘站）建设项目共0.53公顷，涉及征收户11户，全部完成拆迁工作；湘府路高架桥建设项目征地面积0.25公顷，完成拆迁工作。办理行政处罚件300余个，罚款金额17万余元，其中环保类案件45个，罚款金额6万余元，约谈工地24处30余人次；违停车辆抄牌1000台次，处罚到位250台次，罚款2.1万余元；管控违法建设85处，拆除违法建筑面积2600平方米，规范整改户外广告招牌130处，拆除68处550平方米；办理各类信访投诉件658起，处置“城管110”投诉案件800起。处置市区两级数字化平台执法类案卷1506条，处置率100%。开展校园周边、农贸市场、马路市场市容集中整治55次，取缔各类摊贩和店外经营686处，暂扣各类违章物品数十车。按照周督查、日督促，严格街道机关办公室的垃圾分类工作，创建“垃圾分类示范机关单位”。打造美林景园社区“小蓝屋”等特色品牌。打造党建品牌“红管家工作室”。调动党员积极性，景程社区山水豪园小区由“破烂小区”变成争相学习的“示范小区”。开展文明创建市级活动5场，区级活动23场。开展移风易俗主题宣传活动10次，成立街道新时代文明实践所和各社区新时代文明实践站，完成志愿者服务时长录入工作；整改市、区文明办督查问题82个，整改率100%，组织各单位每月开展4次排队礼让服务活动，完成迎接全国文明城市年度测评工作，入户调查满意率100%。　（吴　伟）

【社会事业】　2019年，雨花区圭塘街道完成免费孕前优生145对，35～64岁妇女“两癌”筛查项目1422人，高龄老人生活津贴签字认证1540人，发放高龄津贴约150万元，为1489名80岁以上高龄老人、重点优抚对象、失独、低保、“三无”老年人申请购买老年人意外伤害保险，对辖区农村留守儿童和困境儿童信息进行摸底，为112名低保、特困人员发放“暖心工程”救助物质，结合“不忘初心、牢记使命”开展“五帮扶”专项活动，帮扶困难群众207人；走访慰问城市特殊困难群众，帮扶1212户，发放慰问金38.6万元；走访慰问低保户、特困家庭、军烈属、残疾人等对象986户，发放慰问金53.3万元；圭塘街道日间照料中心投入运营，景程社区居家养老服务中心、中南院社区居家养老服务中心、大塘社区居家养老服务中心完成标准化验收，雨花家园社区成功申报市级“和谐社区”，成功申报2个新成立社区；圭塘街道被评为市级人社基层平台优秀街道；成功完成鑫天御景湾小区幼儿园产权登记办理，对校外无证办学行为开展3次大的整治行动；成立线上线下青年讲习所，启动“琢玉行动”。10个重点民生实事项目全部按要求完成，46个惠民项目全部完成；区、街共投入约100万元建成雨花区24小时自助图书馆。改善公共服务，街道本级选配AB岗人员8人，社区（经济合作社）选配AB岗人员54人，成立街道帮代办人员31人，办理帮代办服务登记事项30余个，清理政务服务事项94项，“最多跑一次系统”录入事项1.4万项。在主题教育期间，党员志愿服务活动为民办实事办好事1366件。办结12345市民服务热线工单2178条，按期办结率为100%，群众满意率全年维持在96%以上。推进“一圈两场三道”，规范“15分钟生活圈”内的硬件措施。对辖区内3所大中院校、6所小学、28所幼儿园开展疾病防控、生活饮用水、校园卫生的督查检查，及时处理学校聚集性疫情15起。指导监督业主大会和业主委员会的成立和换届选举工作，潇湘名城、湖南医药学校、盐勘小区、泰禹三期、香雨壹品5个小区成立业主委员会并备案，嘉盛华庭、美林景园、湘核佳苑、中城丽景香山、和顺苑5个小区完成业主委员会换届并备案；组织物业小区维修基金外勘33起，验收20起。7月，市物业管理工作半年度考核被抽中代表雨花区参加考核，未出现扣分情况。

（吴 伟）

【综合治理】 2019年，雨花区圭塘街道以综治宣传月为契机，组织集中宣传月活动4次，悬挂横幅1000余条，展板40块，发放宣传资料5万余份，内容涵盖扫黑除恶、平安创建、校园周边治安管理、禁毒、民调等多项内容，形成“上下联动、密切配合、齐抓共管、整体推进”的工作氛围。完善街道“红袖章”平安志愿者义务巡逻队和专职巡防治安队伍，将全街划分为17个平安创建网格，实现“横向到边、纵向到底、全面覆盖”的网格管理体系。全面落实“互联网＋群防群治”，两次组织辖区300名居民群众参加“万人星城巡逻活动”。美林景园、雨花家园、泰安、金福、体院路、景程、长重、中南院8个社区成功创建“三零”社区。完成“两会”“建军92周年”“70周年大庆”等特护期安保工作。召开扫黑除恶斗争专题工作会议11次；悬挂横幅千余条、电子显示屏滚动播放700余次、发放宣传册万余本；聚焦涉黑涉恶问题突出的重点地区、重点行业、重点领域，严格打击各类黑恶势力违法犯罪，对辖区22个工程登记造册，摸清底数，动态掌握情况；定期对二环线立交桥下、洗浴按摩中心等重点场所进行巡防；不定期对商业楼宇的金融领域涉黑涉恶线索进行深入摸排；配合公安部门对辖区出租房屋进行排查，严格“住改商”环节审查，对新型黑恶势力犯罪行为进行依法打击；完成中央扫黑除恶第16督导组交办件2件；建强基层党组织，确保扫黑除恶专项斗争源头治理、长效常治。部署安全生产会议16次，党政领导干部带队检查206次；组织开展行动137次，排查企业数1012家，督促432家企业开展大体检；组织集中执法行动59次，检查生产经营单位635家，排查安全隐患180处，督促整改180处；开展培训教育165次，发放宣传资料3万余份，培训和受教群众9000余人；全年无生产安全事故。对辖区24处建设工地日常检查160余次，对临时发生的商业经营户违规装饰装修问题整治4次，对区住建局派发的住宅小区内业主违规占用公共空间违法建设行为投诉案卷上门调查17次和组织打击整顿5次，对护坡安全巡查50余次，处置建设工地隐患问题4个，协助区住建局排查危房信息7处。完成透明厨房提质改造59家，对29家单位食堂及周边进行食品安全检查。

（吴 伟）

2019年3月21日，圭塘街道党建工作推进会 （吴 伟 摄）

【基层党建】 2019年，雨花区圭塘街道工委理论学习中心组开展专题学习16次，机关党总支、各级党组织将学习覆盖到辖区61个支部、1355名党员；根据区主题教育指导组列出的读书清单，读原著、学原文、悟原理，通过学习找到基层工作的方向和答案；围绕习近平总书记对湖南工作的重要指示精神，抢抓“一带一部”、“中部地区崛起”战略机遇，在“三个着力”“三大攻坚战”等方面全力抓好贯彻落实。落实意识形态工作责任制，强化阵地管理、风险防控等，加强党对网信工作的领导，壮大网络正面宣传，积极应对和稳妥处理网络舆情；开展文艺宣传，丰富文化活动，唱响爱国爱党主旋律，凝聚阳光积极正能量。推进全面从严治党向纵深发展，按照政治建设的考察标准做治体检；强化党建引领，始终把抓党建与促发展、强治理、保稳定、推民生有机结合起来；统筹抓好“两新”组织、辖区单位、机关党建等工作。落实中央八项规定精神，坚决整治形式主义官僚主义，开展“提篮子”“打牌子”、违规收送红包礼金等专项整治。狠抓班子和队伍建设，注重班子整体功能和政治功能的发挥；把干部履职能力建设作为履职尽责的关键问题来抓，开展本级培训300余次，参训4000余人次，外派干部培训7人次；加强对年轻干部培养。 （吴 伟）

【重大政策落实】 2019年，雨花区圭塘街道打赢防范化解重大风险攻坚战，全年开展6次防范和打击非法集资知识宣传活动，活动参与群众1200余人，成功发现一处非法集资据点，联合区金融办将其遣散。打赢精准脱贫攻坚战，由12名党政领导牵头，带领24名机关干部对三仙岭村39名贫困户点对点结对帮扶，送出慰问资金和物资合计50余万元（含上级政府拨款）；加强产业扶贫，对村部31名贫困户输送养殖技术，对20名贫困户进行容器苗扦植培育，对2名贫困户进行养蜂指导，牵头对接街道部分人大代表签订苗木、农产品销售合同。打赢污染防治攻坚战，制定系列方案，行政立案处置33起，处罚金额6.5万元；落实“河长制”，号召党员、志愿者们共同治理水资源。（吴 伟）

【“红管家”区域化党建特色品牌】 2019年，雨花区圭塘街道按照街道主导、社区为主、统一部署、突出特色的思路，重点打造“红管家”区域化党建特色品牌。主要做法包括：把党员“找出来”，在全街所有社区（合作社）打造“红管家”工作室，按照“组织找党员、党员找组织”的模式，将小区“五类党员”尽可能吸纳进“红管家”队伍，并设置“三员八岗”，组织党员选岗认岗；把党员“摆进来”，发动“红管家”灵敏获知群众需求，及时满足群众的需求，齐心协力解决小区小情大事，发挥党员参与基层治理的模范先锋作用；让党员“站出来”，在解决小区矛盾问题时，社区及小区党组织，随时安排“红管家”出面；让堡垒“立起来”，先实现小区党支部全覆盖，建立起“堡垒”，然后通过组建“红管家”工作室，形成大批党员积极活跃在小区治理各个岗位舞台的景象。经过努力，圭塘街道15个社区（合作社）打造“红管家工作室”，共招募“红管家”1374名；“三零社区”成功创建数提升，8个社区榜上有名，同比增加300%；相关活动被《湖南日报·新湖南客户端》、红网、“长沙晚报·掌上长沙”等主流媒体广泛报道，累计报道100余篇；相关经验文章《把党员摆进去 让底色浓起来——长沙市雨花区圭塘街道基层治理探索与实践》被《党报头条客户端》大幅推介；改革项目先后迎接湖南省委第一巡回指导组副组长首建中，长沙市委常委、组织部部长张宏益，市委主题教育第五指导组组长杜中塔和区委书记张敏等省市区负责人调研指导，并给予肯定；被纳入2020年度雨花区“三零社区”创建标准，在全区进行推广；“三员八岗”红管家区域化党建工作机制探索的主题改革项目，获评2019年度雨花区改革创新成果奖。（吴 伟）

【红星·天铂项目】 红星·天铂位于雨花区湘府东路与体院路交汇处东北，东临京港澳高速，南靠湘府东路，西至体院路，北接杨子路，该地块系长沙市土地储备中心储备1号、2号用地，地处长沙高铁新城板块，总地价22.8亿元，预计项目总投资约80亿元，分三期开发，项目建筑面积约70万平方米，包含10万平方米爱情海购物公园、10万平方米高端公寓及写字楼，50万平方米品质住宅。红星美凯龙控股集团为中国民营500强企业，排名前50位，红星地产是红星美凯龙控股集团旗下地产公司。（吴 伟）

【“头雁论坛”平台】 2019年，雨花区圭塘街道工委以“头雁论坛”为载体，以“内容精＋形式活＋重成效”为工作思路，抓好干部学习教育培训中心环节。“头雁论坛”组织学习活动7次。圭塘带班子、抓队伍的“头雁论坛”举措，受到区委书记张敏的肯定。（吴 伟）

【区委项目观摩】 2019年1月17日，雨花区委书记张敏，区委副书记、区长刘素月率领由区四大家领导、园区、区直部门主要负责人和各镇、街道主要负责人等组成的项目观摩团，观摩圭塘街道喜盈门范城盒马鲜生，实地感受企业的经营氛围，了解企业整体情况，为辖区企业更好地发展把脉献策。观摩团走进盒马鲜生，随着企业负责人的讲解，察看各类食品专区，对其全场使用电子价签实时变价、APP在线下单、网上下单周边3千米内30分钟配送到家、采取悬挂链系统智能化拣货、机器自助收银和移动收银设备实现随时自助高效支付等技术询问了解，对企业迅速建成并受到群众欢迎表示肯定。“盒马鲜生”是阿里巴巴集团旗下，以大数据和技术驱动的新零售平台，是集超市、餐饮、物流、线上线下服务为一体的综合型零售业。盒马鲜生（喜盈门店）于2018年12月28日开业，为湖南首家盒马鲜生店，面积约6000平方米，投资1.1亿元。盒马鲜生在建设过程中得到市、区领导和区直各部门的大力帮扶和指导，街道采取“不叫不到、随叫随到、说到做到、服务周到”方式，全力提供服务，协助项目落地开业。（吴 伟）

【圭塘村完成第四期安置房分配】 2019年1月31日，雨花区圭塘街道圭塘村第四期安置房分配现场抓阄大会在圭塘村村部四楼会议室召开，圭塘街道党工委书记肖向东，党工委副书记、办事处主任刘明生及街道党政班子全体成员出席会议。抓阄大会采取全程录像，161户532人共分配房屋784套、车位166个，基本解决圭塘村长达10年的安置问题。该次分房的安置小区（圭塘三小区）位于劳动东路与东二环交汇的东北角，占地面积0.87公顷，有2栋高层，由圭塘村民委员会投资兴建，总建筑面积74933.05平方米，其中商业面积1.1万余平方米。（吴 伟）

【张敏调研圭塘街道】 2019年4月24日，雨花区委书记张敏到圭塘街道调研经济社会发展情况。张敏察看“红管家工作室”创新项目、圭塘村四期安置房农民“两安”项目、湖南省安装公司总部在建项目（湘安嘉园）。在座谈会上，张敏提出“五个担当”要求，要在攻坚项目建设上展示担当；在精细城市管理上展示担当；在推进民生实事上展示担当；在维护平安稳定上展示担当；在加强党的建设上展示担当。（吴 伟）

【庆祝中国共产党成立98周年】 2019年6月25日，雨花家园社区党总支组织辖区党员、“红管家”志愿者到刘少奇故居开展主题党日活动。6月28日，街道工委书记肖向东为大塘经济合作社党员上一堂关于“初心、使命”的集体党课。6月30日，美林景园社区党委举办“七一”专题活动，百余名社区党员收到一份“政治生日”礼包，包括一枚鲜红的党徽、一封温馨的“致全体党员的信”等内容。全体党员重温入党誓词，对优秀党务工作者、优秀党员、优秀红管家志愿者进行表彰，开展看初心分享、党建知识抢答、分发垃圾分类宣传资料等活动。7月1日，辖区非公企业党组织中共湖南万佳惠商业连锁有限责任公司党支部组织开展庆“七一”建党节晨会活动，全体党员学习和重温中共革命历程。金福社区组织开展“全民诵读红色经典，欢庆建党98周年”主题活动。社区文明红管家带领五老志愿者歌唱，为中国共产党成立98周年献礼。（吴　伟）

【省信访局督导信访工作】　2019年7月15日，湖南省政府副秘书长、省信访局局长许忠建带领督查组到雨花区圭塘街道督查指导信访工作。许忠建重点查看街道信访接待室接访制度、领导值班制度和落实情况，了解“三零”街道、“三零”社区创建的相关文件和工作情况。督查人员到街道2018年度“三零社区”体院路社区，查看社区“红管家”工作室，了解社区创建“三零”社区工作，查看社区在落实“让老人回家”化解信访问题专项活动中的工作情况，对社区成功化解辖区一位长期上访老人的信访问题表示肯定。圭塘街道党工委书记肖向东对街道“红管家”工作室与信访积案“百日攻坚”化解行动进行介绍。许忠建对圭塘街道信访工作表示肯定，对基层信访工作中存在的困难和问题给予指导，要求街道要继续做实基层工作，把群众诉求放在首位，推动问题及时解决。

（吴　伟）

【拆除松泉养老院等建筑】　2019年7月19日，雨花区圭塘街道片区拆迁指挥部组织拆除乐建武户、欧阳桉桉户违章建筑，以及松泉养老院跨入湘府路快速化改造项目红线范围内的围墙。8月23日，区人大常委会副主任杨仕斌，街道工委书记肖向东，街道工委副书记、办事处主任刘明生，办事处副主任陈泽等区街领导带领指挥部工作人员合力攻坚近3小时，实现松泉养老院负责人许松泉成功签约。8月30日，拆除松泉养老院门卫室及办公室。9月10日，拆除松泉养老院。9月25日，拆除李双明户合法建筑。10月14日，王元林户签署拆迁协议。10月16日，拆除王元林户合法建筑。（吴　伟）

【主题教育】　2019年9月上旬，雨花区圭塘街道给全街1332名直管党员印发《应知应会手册》等学习资料，安排9名党政领导联点41个党支部，选定46名党员干部担任指导员，督导指导61个党组织的主题教育工作，各指导员下沉到一线与参学单位一起学习，全面督导各支部坚决落实“三会一课”内容；将《习近平新时代中国特色社会主义思想学习纲要》《主题教育应知应会手册》等6本学习资料发到各基层党支部、各小区“红管家”工作室。9月中旬，街道党政班子成员组建5个调研组，确定“党建引领城市基层治理”“优化营商环境，用数字化推动管理高质量”等5个针对性强的调研专题，到13个社区（合作社）蹲点调研。9月18日，组织党政班子成员围绕“明初心、守初心，矢志为民践宗旨”主题，开展研讨交流会。9月底至10月初，党政领导、社区党总支（党委）牵头带队，走访984户，144户被纳入被帮扶对象。10月12日，长沙市委常委、组织部部长张宏益围绕“小区党建引领小区治理”，深入雨花区圭塘街道城市山水豪园小区实地开展调查研究。张宏益与社区基层党组织书记、群众代表面对面交流，听取小区党建引领小区治理方面取得的成功经验、存在的主要问题和对策建议，强调要扎实解决小区党支部在优化小区治理、服务居民群众等方面存在的困难和问题，提升小区党建工作水平，增强城市基层党建引领城市基层治理工作实效。10月22日，召集16个党建专干，开展主题教育应知应会知识的笔试。10月23日，组织党政班子成员开展“守纪律、讲规矩，清正廉洁作表率”主题研讨交流会。10月23日，圭塘街道按照区委要求开展调研成果研讨会，针对调研中发现的普遍性问题，如基层负担重的问题、小区基层治理的问题等，均拿出可操作性的对策措施，推动调研成果转化。10月29日，邀请国防科技大学教授、长沙市“两学一做”学习教育宣讲团成员郑国梁为辖区100余名党员讲授《努力适应全面从严治党新常态》主题党课。10月30日，湖南省委第一巡回指导组副组长首建中率指导组一行到圭塘街道调研指导主题教育工作。指导组深入圭塘街道景程社区，通过现场听取汇报、座谈交流、查看资料等方式，了解圭塘街道主题教育工作开展及落地见效情况。10月31日，长沙市委主题教育第五指导组组长、市人大民族华侨外事委员会主任委员杜中塔带领指导组成员到圭塘街道，督查调研主题教育工作。指导组到圭塘街道城市山水豪园小区，实地察看小区功能型党支部、“红管家”工作室，指导组走进小区、楼栋边看边问，与小区老党员们深入交流，询问主题教育工作开展、为民办实事解民忧的情况。11月13日，组织党政班子成员围绕“履职责、担使命，真抓实干保发展”的主题，开展研讨交流会。11月中下旬，班子检视问题15个，班子个人检视问题97个，普通党员共检视问题1481条，结合学习调研发现的问题、检视出的问题，坚持分类施策、破解难题。12月上旬，全街61个主题教育参学单位开展本单位的组织生活会。12月22日，在区委主题教育第四指导组领导的指导下，圭塘街道工委班子召开专题民主生活会，全体党政负责人开展批评和自我批评。（吴　伟）

黎托街道

【概况】　雨花区黎托街道位于长沙高铁新城核心片区，是长沙东大门入城口，东西北三面为浏阳河、圭塘河环绕，辖区内长沙大道、劳动东路、沙湾路、花侯路、曲塘路等构成纵横交错的交通路网。街道总面积15.5平方千米，辖区人口约5.6万人，其中，常住人口3.5万人，流动人口2.1万人。辖内有广益、东澜湾、体育新城、黎锦苑4个社区居委会，潭阳、川河、合丰、粟塘4个社区筹委会，花桥、大桥、平阳3个集体资产管理委员会（简称“集资委”），以及幸福里社区筹备组。2019年，街道设置党政综合办、基层党建办、城市管理办（区域建设服务办）、公共服务办（行政审批服务办公室、优化营商环境办公室）、公共安全办、政务服务中心（党群服务中心）、网格化综合服务中心、纪检监察室、财政所，街道行政机关编制16名，实际16人；工勤编1名，实际无；事业单位编制36名，实际32人；退休干部27人（含集体退休干部），其中党员15名。全街党员1333人。

2019年，黎托街道紧扣区委区政府“强化党建引领、攻坚项目建设”的工作目标，主动适应新形势，围绕“突出党建引领，加快转型发展，努力开创黎托工作崭新局面”的工作主题，坚定街道征拆扫尾清零、深化转型改革、提质社会管理三项目标任务，坚持全面从严治党，着力稳定发展，深耕群众工作，拓展优化街域发展格局，提档升级城市品质。（陈　月）

【街域经济】　2019年，雨花区黎托街道完成限额以上社会消费品零售总额22亿元；规模以上其他营利性服务业营业收入总额1.3亿元；固定资产投资完成62.7亿元。全年新增规模企业8家，其中新增盈利性服务业企业1家。清查房屋出租户1290户、重点楼宇纳税企业443家、异地纳税企业21家，成功引进重点税源单位一家：世界500强企业区域性总部中铝国际南方工程有限公司落户街道，全程为中铝国际企业总部由山东淄博迁转长沙落户提供服务。组织指导企业开展区产业扶植政策奖励申报工作，18家企业申报21个奖项。全街在建重点项目10个，重大项目投资完成率100%，每月平均两次对重大产业项目进行走访，对接各项目部、武广公司、区资规局、住建局等单位，加快协调解决东旭国际项目内电信机房迁移，配合交警帮助协调解决阳光城青柠苑项目建设道路改道施工，花桥变和东山变两个“630”电力攻坚项目如期完成，川河中学项目早拆迁、早腾地为学校建设提供坚实保障，协调解决粟塘明佳商业周边绿化提质建设和车辆出入口问题。重点楼宇江河湾中心、半山国际中心、保利MALL完成签约面积13626平方米。黎托街道商会获评全市“四好”商会。（陈　月）

【城建城管】　2019年，雨花区黎托街道铺排征拆项目19个，应腾地面积218.18公顷，应拆合法建筑558栋。合法建筑签约241栋，完成量占全区45%，拆除合法建筑231栋，完成量占全区44%。片区6号地、黎托卫生服务站、东山变电站、片区18号地、浏阳河风光带、片区4号地、地铁6号线、片区1号地（火焰路以南）8个地块或项目腾地清零，腾地51.42公顷。黎托街道获评雨花区征地征收棚改工作绩效考核一类单位。安置分房3179套。9月完成黎锦苑47套安置房分房，涉及3个社区筹委会32户安置人口73人。12月完成川河苑分房，分房1398户3132套，单次体量系全区最多。星城新宇·川和苑为黎托街道“103号令”拆迁对象的安置保障住房小区，该苑为高层住宅建筑，共有3154套房屋、4种户型，涉及潭阳、川河、合丰等6个社区、3710安置人口，街道用近半年的时间做好各项筹备工作，有序组织分房对象于12月9日至12日摸顺序号，12月16日至24日摸房号，保证零差错零失误。开展市容环境秩序整治，对辖区进行常态化保洁，清理清运各类垃圾1万余吨，开展20次集中环境大扫除。组建综合治理分队实现全天候全功能全区域管控，严格管控渣土运输，查扣各类违规渣土运输及小型货车74台，罚款13.85万元。接收市、区数字化案卷3万余条，均及时办结。定期对辖区500余家物流企业逐一排查检查，连续两年无安全事故发生。完成国家、省、市重大线路保障及迎检工作170余次。巩固蓝天保卫战成果，突出重心，进行333次联合执法整治。新增防尘网约13.8万平方米，处置渣土扬尘污染80起，罚款26.5万元。完成6家企业19台锅炉燃气低氮改造，其中运达集团一次性改造锅炉14台，为全区锅炉单体改造量最多的单位。落实禁止和限制燃放烟花爆竹，有效燃煤整治；黎托街道在全市“环保世纪行”活动中被评为一类单位。对全街40个生活小区42967户居民进行垃圾分类入户宣传、设施投放、暂存点设置、干湿分类收集转运。强化落实河长制责任，蝉联雨花区“河长制工作先进单位”；在防汛三级响应期间，街道、社区积极投入，确保安全度汛，解除警报。加强智慧巡河网格化管理，将辖区17千米河堤划分为82个网格，街道村级河长在全区率先使用长沙市河湖长APP平台巡河，村级河长系统化巡河336次；处理网格化问题500余件，完成时效率100%；打击非法捕捞行为，收缴各种工具60余件次，及时处理河内非法捕捞各类群众举报20余次。全区唯一的专职巡河员队伍全天候履职，网格化、系统化、规范化不间断巡河。（陈　月）

【综合治理】　2019年，雨花区黎托街道组织物流领域安全生产大培训活动3次，200余名物流门店负责人参加培训。组织各级各类人员培训47次，参加人员共5000余人；组织消防培训及演练40场，消防进小区宣教活动覆盖全街；领导带队安全生产检查160余次；对106家企业基础信息进行登记，对403家企业进行安全生产和应急救援体检，开展综合应急演练32次；新建微型消防站6个，组建10支60余人的应急救援队伍；开展行政执法检查77家次，对16家责令整改，下达整改通知书16份，行政处罚11家，处罚金额1.1万元。开展“大排查、大体检、大整治”“强执法防事故”“打非治违”、地下车库整治等各类专项整治和监督检查，检查单位2842家次，排查整治隐患问题184处，收缴烟花爆竹147件，打击非法存储成品汽油1处，拆除违改车库54处；取缔非法加工黑作坊8处。组织各类安全生产宣教活动60余次，覆盖5000余人次；承办市安委“6·16”安全生产咨询日大型宣教活动；开展互动式社区消防宣传40场；组织各级各类人员参加安全生产培训12次，参加培训人员1500余人。开展“打非治违”各类排查整治行动67次，累计检查单位2842家次，整治隐患问题184处。（陈　月）

黎托街道办事处（陈 月 提供）

【社会事业】 2019年，雨花区黎托街道推进新社区筹建，阳河、明城、幸福里3个居民委员会获批成立。召开3场“失地农民”专场招聘会，现场达成就业意向225人；联合多部门对辖区18个在建工地进行专项检查，处理农民工工资拖欠事件13起，追回工资1300万余元；开展卫生监督专项行动5次，对108家机构进行督查，打击取缔非法行医门店6家；完成万科魅力之城一二四期、明昇壹城幼儿园产权进窗与办理，关停和取缔无证办学行为机构8家，督促3家办学机构办理许可证；加强主流文化推介宣传，开展省市区级精神文化活动12场；完成东澜湾社区综合文化服务中心的建设；将花侯公园打造成市民健康公园；落实城市特殊困难群体帮扶，分批对179人（户）进行“五帮扶”；联点跳马镇新田村开展精准扶贫，对口帮扶18户扶贫对象，组织全体帮扶干部年度内完成平均10次以上的专题帮扶走访活动；动员街道机关支部与新田村小学结成帮扶对子，为新田村小学捐赠书报杂志等读物500余册；发动辖区萤火虫公益组织为贫困家庭募捐助学资金3.6万元，赞助4000元的日用物资，帮助3位贫困家庭小孩圆梦微心愿；拨付17.7万元扶贫专项资金至新田村帮助危房改造、道路维修、产业发展，产业帮扶为帮扶对象创收6万余元。（陈 月）

【基层党建】 2019年，雨花区黎托街道开展街道党工委理论中心组学习13次，举办干部学校2期。对标推进“五化”党支部建设，运用“三看三查四评”基层党建工作机制，开展季度交叉检查4次，开展“五化”专项检查1次，查摆问题130余个，全街五化达标申报完成84%，大桥经济合作社选举产生党组织，潭阳社区筹委会补选党总支委员，配齐班子；软弱涣散党组织整顿工作基本完成。开展廉政学习、警示教育等活动24场次，开展各类督查27次；强化监督执纪问责，全年查办党员违纪案件3起，受理纪检信访案件11件；整改巡察问题，整改到位率91.3%，对需长期坚持及未完成问题，加强跟踪问效整改；完成对4个社区（筹委会）的巡察工作；落实办公用房专项整改要求。率先实施意识形态领域网格化管理，初步构建“一网到底、双线管理、三级网格、四个责任”的体系；围绕庆祝中华人民共和国成立70周年主线、主题教育和街道中心工作、重点工作积极开展正面宣传，新闻上稿近120篇。（陈 月）

【农村经济合作社管理】 2019年，雨花区黎托街道紧盯农村产权制度改制工作任务目标，解决粟塘“60号令”新增人口配股问题、大桥人口认定截止日后新增人口及独生子女配股问题、川河“60号令”与“103号令”利益平衡问题。7个涉农社区改制工作全面完成，8个经济合作社全面挂牌、发证、整章建制。各经济合作社通过合作开发等手段，加快“三资”清理盘活工作，加快推进土地资源资产化，经济合作社发展驶上快车道，传统农村治理模式稳步向农村经济合作社管理全面转型。（陈 月）

【主题教育】 2019年，雨花区黎托街道开展“不忘初心、牢记使命”主题教育，做到全街1333名党员全覆盖，以区委组织部“百堂党课送基层”为载体，组织街道1000余名党员开展集中轮训和专题学习。以主题教育为契机，对各社区（筹委会、筹备组）、集资委开展深入调研，研究解决信访、基层治理、征拆安置、集体经济、干部队伍等制约和影响街道改革稳定发展的重点问题、难点问题。结合社区自查、巡察反馈、调查研究、群众反映等方式，了解民情、掌握实情，建立“为民服务解难题”清单，梳理民生问题61项，逐一研究解决。坚持问题导向，深入开展自我革命，全体党员检视问题3999个，按照“一把手”负责制，聚焦问题逐项整改。（陈 月）

【健步行志愿者活动】 2019年1月24日，雨花区首届“保护母亲河，环保健步行”志愿者活动在黎托街道潭阳社区筹委会举行。黎托街道社区工作人员、全区21所中小学校、200余名家长和学生，沿着潭阳洲浏阳河沿岸，徒步4千米，以实际行动为蓝天、碧水、净土三大保卫战贡献志愿力量。活动主会场启动仪式结束后，全体志愿者有序出发，分类拾捡河道垃圾、“打卡”学习环保知识、宣传禁燃政策、了解当地生态保护等历史文化。在浏阳河一级饮用水水源保护区，志愿者们现场聆听环保讲课。在活动终点潭阳洲古渡口的“两棵树”旁，潭阳社区筹委会负责人作“古韵潭阳”主题宣讲：潭阳洲是浏阳河第六湾所在地，古有“梨江双渡”美景，渡口的两棵古树树龄已有150余岁，被列为市政府古树保护对象。全体志愿者在街道工作人员带领下集体宣誓，为环境保护作出郑重承诺。该次活动将健康徒步、环境保护、生态文化结合起来，有利于增强大家的绿色生活意识，为品质环境作出贡献。

（陈　月）

【安全生产工作】 2019年1月30日，黎托街道召开春节和“两会”期间安全生产工作部署会议。会上总结通报2018年街道安全生产工作，对2019年春节和“两会”期间安全生产工作进行安排部署。会议强调，各党政班子成员、社区、行业必须开展好带队检查；做好宣传引导和提醒工作；制定好春节假日期间值班安排。会上传达1月22日区委常委会（扩大）会议精神，通报5起安全事故，下发春节和“两会”期间安全检查工作方案。3月7日，黎托街道组织召开安全生产培训暨复工复产工作部署会议。培训邀请长沙市应急管理局副调研员冯卫、雨花区安监局局长刘归，区安监局工贸科科长陈长志，湘安消防服务中心讲师吴悔来街道授课。会议通报近期安全事故，对辖区安全生产形势进行分析，对复工复产工作进行再部署。4月1日，黎托街道组织召开第一季度安全生产工作总结暨第二季度工作部署会议。会议总结通报前期安全生产工作，对全街清明前后安全生产进行部署，宣读《长沙市安全生产领域“大排查、大体检、大整治”工作方案》，对下阶段安全生产工作提出要求；传达3月25日全区安全生产工作会议精神，通报3月最后10天全国发生的6起较大以上事故，要求各单位扎实开展隐患排查整治，深入开展“打非治违”行动，从严处重罚企业违法违规行为，全面提升应急处置能力。4月2日，黎托街道组织召开物业管理第一季度交叉检查暨节前安全生产工作部署会。4月4日，黎托街道联合各相关单位打击一非法烟花爆竹存储仓库，收缴并转运烟花145箱。4月24日，黎托街道组织召开“夯实企业安全生产主体责任年”活动部署会。会议对黎托街道“夯实企业安全生产主体责任年”活动进行安排部署，对企业十项工作任务和各社区、行业部门九项重点工作进行解读，明确具体实施步骤和相关要求；就“五一”期间安全生产工作进行安排部署。4月28—29日，黎托街道对辖区160多家物流门店负责人进行集中培训。5月31日，黎托街道组织在广益社区二楼会议室召开安全生产工作交流会。会议对2019年应急管理宣教培训和安全文化建设工作、“安全生产月”工作进行安排部署。参会单位进行交流学习与讨论，查看广益社区安全生产工作资料。6月20日，黎托街道组织开展干部夜校安全生产专题培训。6月28日，黎托街道在体育新城社区开展危化品领域安全生产应急演练。7月2日，黎托街道组织辖区32家物业企业开展半年度安全生产交叉检查。7月9日，黎托街道组织召开第二季度安全生产工作考核暨第三季度工作部署会议。同日，黎托街道召开建筑工地领域安全生产和蓝天保卫战工作部署及业务培训会。街道安委办对参会人员进行安全生产业务培训，要求企业夯实安全生产责任，深化隐患排查治理、教育培训、风险管理、技术装备保障、应急管理等制度，淘汰落后工艺、设备。要求安全生产责任层层压实，各建筑工地要按照企业安全生产主体责任八个方面落实工作，加强巡查监督，对落实安全生产、蓝天保卫工作不到位、屡教不改的严厉处置。

（陈　月）

【区领导调研黎托街道】 2019年2月13日，雨花区委书记张敏，区委副书记、区长刘素月带队调研园博家园拆迁工作。刘素月指出，要突出重点片区、突出产业项目、突出重点工程、突出阳光征拆、突出形成合力。张敏强调，要强力推进阳光征拆，加大资金保障力度，加快推进重点工作。2月14日，张敏到黎托街道考察“一圈两场三道”建设和“最多跑一次”改革工作情况。2月27日，张敏、刘素月带队调研黎托街道河长制工作。4月15日，张敏带队来黎托街道，就街道项目征拆、两安用地开发情况进行调研，听取街道重点工作情况汇报。张敏在川河指挥部，询问各项目征地面积、房屋数量和征拆推进情况，要求街道继续稳妥推进征拆，保障重点项目建设；在平阳两安用地，查看项目情况，了解项目设计与规划，叮嘱开发建设时要保护好生态环境。座谈听取黎托街道重点工作汇报，要求街道要把阳光征拆实施好，切实做好信访工作，守住安全生产底线，加强党建工作，切实加强队伍建设。4月16日，刘素月带队调研园博家园拆迁工作。4月25日，刘素月带队调研黎托街道“一圈两场三道”建设情况。6月26日，张敏实地调研查看黎托街道防汛工作。

（陈　月）

【专场招聘会】 2019年3月7日，雨花区黎托街道在保利MALL前坪举办以“春风送岗稳就业，精准扶贫惠民生”为主题的专场招聘会，为全街女性送上特殊的节日礼物。保利商业地产投资管理有限公司、山姆会员商店、西雅国际大酒店等50余家企业参加，提供1000余个岗位供求职者选择。为失地农民提供仓台员工、叉车司机、夜营运员工、保安员、保洁员等就业岗位，为辖区妇女群众提供前台接待员、人工客服、文员、收银员、销售员等适合女性的岗位。辖区400余名失业人员前来求职，现场达成就业意向45人。活动现场设立政策咨询台，为求职者提供就业创业、创业担保贷款、社保医保、劳动法规等方面政策咨询，专门设立女性就业及法律维权咨询服务台，为妇女群众送信息、送政策、送温暖。活动现场发放用工服务指南、春风行动卡、社保医保等宣传资料2000余份。5月30日，黎托街道在天虹CC.Mall前坪举办“就近工作稳就业，精准送岗惠民生”专场招聘会，共有53家薪酬高、门槛低、离家近、岗位针对性强的优质企业与单位参加招聘，提供岗位800余个，吸引200余名辖区失业人员前来求职。招聘岗位针对失业人员群体量身打造，为失地农民提供保安员、收银员、前台、店员、保洁员等岗位，为辖区高校毕业生提供文案策划、运营总监、新媒体运营、工程维修员、美工等岗位。活动现场设立政策咨询台及宣传资料领取处，为求职者提供就业创业、社会保障卡、社保医保、劳动法规等方面政策咨询及资料。黎托街道社区卫生服务中心为求职人员送上健康“端午礼”，为失业人员进行免费义诊及咨询服务。　（陈　月）

【义务植树活动】 2019年3月12日，雨花区黎托街道联合沙湾公园管理处、保利MALL、体育新城社区，动员辖区党员干部及志愿者200余人，在沙湾公园开展“3·12”义务植树活动。志愿者们自由组队，有序分工，挖坑、填土、浇水。活动吸引一批来沙湾公园踏青的居民加入到植树活动中来。经过3个多小时的劳动，在面积为1000平方米的荒地种植树苗31棵。　（陈　月）

【信访法治宣传月活动】 2019年5月23日，雨花区黎托街道公共安全办联合黎托司法所在保利MALL广场开展“司法行政在身边，公共法律服务伴你行”暨“信访法治宣传月”主题宣传活动。工作人员现场为群众宣讲法律法规，解答与群众生活息息相关的法律难题，为他们提供法律援助，现场开展信访法治知识有奖竞答。活动邀请各社区的法律顾问参加，搭建法治宣传咨询台，设置公共法律服务主题宣传背景墙，悬挂主题宣传横幅10条，设置宣传展板10块，发放宣传资料1000余份，向群众普及公共法律服务的基本内容及网上信访操作流程，重点宣传诉访分离、分类处理等信访改革和法制建设的成果、积极引导群众通过诉讼、仲裁、行政复议等法定途径解决信访诉求，提高广大群众依法理性表达利益诉求的法律意识，改变群众“信访不信法”的错误观念，树立办事依法、遇事找法、解决问题用法、化解矛盾靠法的良好法治向导。　（陈　月）

【庆祝中国共产党成立98周年】 2019年，雨花区黎托街道组织开展一系列庆祝建党98周年活动。黎托街道机关支部组织新发展党员面向党旗庄严宣誓，重温入党誓词。潭阳社区筹建党总支开展“过政治生日，忆入党初心”主题活动，为每位党员送上政治生日贺卡和祝福。川河社区筹建党总支书记方文斌以“树‘四个意识’、拥村级工作、当合格党员”为主题为党员讲党课。合丰社区筹建党总支开展庆“七一”党员大会暨知识抢答赛活动，以各党小组、小区联合支部、志愿服务队组成的11支队伍参赛。粟塘社区筹建党总支开展“七一”走访慰问，为老党员、困难党员送上党组织的关怀和温暖。平阳集资委临时党总支开展“垃圾分类”宣传主题党日活动，宣传“垃圾分类”政策，学习“垃圾分类”标准，引导党员树立垃圾分类意识，自觉养成良好分类习惯。大桥集资委临时党总支联合枫树山大桥小学开展“一棵两棵三棵，棵棵皆成栋梁材”义务植树主题党日活动，种植红桎木20株，四季青20株，红叶石楠20株，桂花树20株，增强党员的环保意识。广益社区党总支邀请长沙市委党校马列教研部副主任陈果以《中国共产党的光辉历程及其现实启示》为题讲党课。东澜湾社区党总支协助长沙市文明办、雨花区文明委举办“我和我的祖国”群众性主题教育之“奋进新时代 共绘澜湾梦”主题活动。活动中，社区少工委、社区新时代文明实践站“老中青”3支志愿服务队授旗成立，“澜湾360便民服务”（每月逢0就是便民服务日，即每月10日、20日、30日为居民提供便民服务）品牌影响力扩大。体育新城社区党总支组织全体党员、发展对象、预备党员和辖区联盟共建单位党员到杨开慧故居参观学习。通过开展庆祝建党98周年系列活动，党员们纷纷表示将在工作、生活中充分发挥党员先锋模范作用，积极进取，主动作为，履行职责，争做新时代合格党员。　（陈　月）

【助学公益晚会】 2019年9月26日，长沙市“户帮户亲帮亲 互助脱贫奔小康”暨雨花区“雨花助学·阳光筑梦”公益晚会在雨花区黎托街道合丰社区举行。晚会上演歌舞《山里人乐得好潇洒》、小品《懒汉脱贫》、手鼓合唱《小宝贝》、朗诵《陪伴是最长情的告白》、舞蹈串烧《青春畅想》、快板《新田人民有奔头》、歌曲《我和我的祖国》等节目。2019年8月以来，街道、社区与萤火虫爱心公益站的志愿者们多次到跳马镇新田村走访跳马镇10余户贫困家庭，收集贫困家庭的“微心愿”，选定点对点帮扶学生。活动现场党员干部和热心群众纷纷积极认领“微心愿”，主办方向困难学生家庭发放助学金。活动现场设置爱心义卖台，帮助新田村民售卖蜂蜜，助推产业扶贫项目发展。爱心企业为新田村贫困户捐赠4000元日用品及2万元爱心助学金；长沙市雨花区合丰萤火虫公益站为彭立新、彭君玉等8户联点贫困户家庭分别捐赠2000元助学金。10月20日，黎托街道办事处副主任张文斌带队到跳马镇新田村开展“点亮微心愿”活动。张文斌一行到扶贫对象家中，将行李箱、学习机、自行车等礼物（前期走访中征集的“微心愿”）——送到扶贫对象子女手中。农商行为扶贫对象送去牛奶、零食等物资，长沙农商行副行长陈萍萍、合丰社区筹委会党总支书记邓建平为扶贫对象家庭送去助学金。　（陈　月）

【打击非法行医专项行动】 2019年12月5—8日，雨花区黎托街道开展打击非法行医“亮剑”专项行动，对全街非法行医进行深入摸查。街道办事处副主任张文斌组织召开打击非法行医专项工作会议，街道公共服务办和各社区迅速展开工作，深入大街小巷，走访群众。经排查，发现辖区存在超范围经营、无证经营、江湖游医等7家疑似非法行医机构，街道联合执法部门，现场取缔石哥中医馆，对其余6家机构进行督查，出具执法文书，要求现场整改。　（陈　月）

洞井街道

【概况】 长沙市雨花区洞井街道是长株潭“两型社会”建设的前沿阵地、“生态绿心”区域和三市一体化的“功能纽带”，东连武广新城，西通湘江生态产业经济带，北融红星商圈，南接雨花经济开发区，是长沙新南城的东南门户，京港澳高速、万家丽路、韶山路、绕城高速、时代阳光大道、湘府路“三纵三横”的路网覆盖全街，长株潭城际铁路在辖区设置洞井站、湘府路两个站点，地铁5号线经辖区，综合交通体系成型；坐拥省森林植物园，圭塘河风光带。街道辖区总面积22.3平方千米，总人口22万余人，辖高升、新城、商贸城、丰园、新裕、湘天、植物园、南庭、龙庭、歇马亭、星苑、天际岭、仙岭13个社区，牛头、洞井、桃花、和平、鄱阳5个社区筹委会，天华、板塘2个经济合作社。街道内设党政综合办、基层党建办、城市管理办、公共服务办、公共安全办、财政所，综合行政执法队、二级机构有政务服务中心、网格化服务中心，街道机关核定编制53人，实际在职在编人数36人，其中行政编制11人，事业编制25人，引进人才1人，随军家属1人。纳入社保的退休人员12人，自收自支退休人员5人。设机关党总支部、离退休干部党支部，共有党员72人。

2019年，洞井街道围绕“强化党建引领，推进高质发展”工作主题和“加快建设实力美丽幸福新洞井”工作目标，积极作为，完成各项目标任务。街道获评2019长沙市文明单位、长沙市人口计生工作优秀单位、长沙市基层人力资源和社会保障平台标准化建设优秀街道；龙庭社区、天际岭社区获评2019长沙市文明社区；新裕社区、南庭、歇马亭、星苑、商贸城、天际岭社区获评长沙市社区全面提质提档示范社区。（张丽云）

【街域经济】 2019年，雨花区洞井街道完成固定资产投资64亿元、限额以上社会消费品零售总额16.5亿元，规模以上其他营利性服务业营业收入4亿元，申报高新技术企业5家，新增“四上”单位12家。有重大产业项目28个，其中11个为市、区重点帮扶项目。建立联点领导负责制，党政班子成员一对一联系重点项目，全年走访企业项目60余次，召开专项工作调度会10余次，解决重大困难问题13件。建立新建项目联席调度机制，新落户街道的重点项目，由党政主要负责人在项目进场前组织相关部门召开会商会，做到工作专人对接、服务主动上门、问题及时解决、项目迅速启动。恒大金融广场、长房明宸府、板塘佳兆业、金地铂锐等新入驻项目顺利启动建设，中海珑庭、金科集美天辰、高升·复地星光天地、中建嘉和城等续建项目实现销售和运营。完成企业清查单位4226家，税收专项清查企业单位2000家，转化异地税源企业10家。完成和包支付推广个人用户5万个、商户用户1560家。（张丽云）

【城建城管】 2019年，雨花区洞井街道完成5个集体土地拆迁项目37栋合法房屋的拆除，腾地3.24公顷。地铁五号线总变电站项目实现腾地；先锋路项目拆迁腾地，拆除合法房屋32栋、违章建筑1.23万余平方米；汽车南站综合交通枢纽C地块项目房屋全部顺利拆除；物流园仓储6号、7号地项目实现清表腾地；板塘储备地代拆项目内12栋房屋进行二轮公示；裕天国际商汇中心二期项目做好拆迁前期准备工作；红星片区天华首开区项目做好用地指标核对、拆迁费用测算、规划方案调整、产业导入、合作协议签订前期准备等具体工作；做好湘府路快速化改造项目的协调服务工作。高升路、洞和路完成建设，先锋路、双塘路进行建设，林科路、豹塘路办理前期手续。完成电力“630攻坚”工作下达的变电站选址和高压塔改造目标任务。辖区空气质量优良天数达237天，全区排名第一。处置违规燃放烟花爆竹行为9起、焚烧垃圾行为17起，共罚款1.3万元。依法拆除金之津物流中心、桂园等区域的历史违章建筑4.6万平方米；绿网覆盖裸露黄土17万平方米；督促辖区600余家餐饮门店安装油烟净化器；受理并办结“天天在线”环保督察主办件62件，办结率100%；深入实施网格化管理，全年处置市、区数字化案卷77661件；严格落实“河长制”要求，加强圭塘河流域综合治理，发现并整改问题20个，确保水质达到Ⅳ类标准，完成和平、鄱阳等社区筹委会农安小区的提质改造。（张丽云）

【社会事业】 2019年，雨花区洞井街道8个村级单位的集体产权改革全面完成，注册成立集体经济合作社，各单位的集体经济年收入均稳定在1000万元以上。完成和平生活安置分房、鄱阳生产安置地项目比选招商，牛头生产安置项目（二期）启动建设，桃花、洞井的生产安置项目按计划推进。完成5个“一圈两场三道”项目建设，新建项目丰园党群服务中心、高升时代广场停车场、瑞景大厦停车场建成并投入使用，鄱阳农贸市场和牛头农贸市场完成提质改造并投入运营。政府服务窗口在“互联网+政务服务”延伸系统平台共录入政务服务事项19058件，总办结量18995件，办结率99.6%，满意率100%。完成21所小区配套幼儿园移交，完成产权办理4所；建立党政领导联点护校，开展校园周边环境综合整治，在各中小学校设立“护学岗”；专项整治11家不规范校外培训机构，增设体育健身器材20处，配合完成狮子山体育休闲公园建设。免费孕前优生检测、适龄妇女两癌筛查、孕产妇免费产前筛查、免费实施新生儿多种遗传代谢疾病筛查、六项奖扶对象资格审查等卫生健康民生项目全面实施，处理群众投诉卫健违法案件16件、一般程序立案查处3起、处理“黑诊所”1家，全年未发生重大传染病疫情流行和重大突发公卫事件。实现城镇新增就业人数1078人，企业养老保险新参保1106人，完成城乡居民养老缴费2628人，完成城镇居民医疗保险缴费23074人。调处农民工工资维权纠纷30起，追回工资377万元。通过全面走访摸排，城市特殊困难群体帮扶活动三批五项共计帮扶216户，发放救助帮扶资金97.7万元。联点帮扶的跳马镇冬斯港村21户58人全部实现脱贫。构建“小区党组织为核心，业主委员会、业主监事会、物业服务企业共同参与”的“四位一体”小区管理体系，促进居民群众在小区治理中依法自我管理、自我服务、自我教育、自我监督。奥林匹克花园、弘欣公寓、颐和家园等住宅小区更换物业企业平稳过渡。完成迎国检工作任务。全年举办精神文明建设活动75场，打造街道文明实践站、社区文明实践所。开展文明创建活动，举办9场市级活动，7场区级活动，开展大小精神文明活动60余场，被央媒中国文明网报道14次；组织召开文明创建专题会议近十场，创建办在辖区督查创建工作10余次，现场交办阵地建设、公益广告、资料台账、环境卫生、交通秩序等问题500余处。完成和平社区（筹委会）、牛头社区（筹委会）、桃花社区（筹委会）惠民资金的申报。（张丽云）

【综合治理】 2019年，雨花区洞井街道收集线索17条，全部完成核查，对涉及的违法违纪人员进行处置，9月份顺利通过扫黑除恶重点整治地区摘牌验收。11月顺利通过治安预警整治重点地区摘牌验收。开展汽车南站周边综合整治，以传销、涉毒黄赌、交通秩序、街头诈骗、偷扒犯罪、中小旅馆及低档次休闲娱乐场所经营秩序等为重点整治对象，集中开展一系列专项整治行动。推出打击整治传销“七步工作法”等措施，开展打击行动40次，清查涉传窝点159个，驱散涉传人员485名，移交公安机关23人，公安机关办案刑事拘留涉传人员41人，治安拘留4人，查封涉传房屋77户，处罚擅自撕扯封条行为3起。开展出租屋摸排行动552次，摸排房屋4834户，登记流动人口信息4123人。组织开展安全生产培训演练70场次，开展领导带队检查行动1715次，“打非治违”行动查处违法违规行为26起，处罚金额1.3万元。及时排除汛期安全隐患，因灾转移安置群众45人；跨圭塘河便桥、垮塌河堤及时修复。60家“透明厨房”改造任务全部完成。全年未发生安全生产责任事故。（张丽云）

【基层党建】 2019年，雨花区洞井街道开展“不忘初心、牢记使命”主题教育，组织党工委理论学习中心组学习12次；派出主题教育基层指导员81名，全面覆盖95个基层党支部；安排34堂党课，指导基层党组织书记讲党课114堂；开展集中学习13次、专题研讨5次、座谈交流7次；坚持问题导向开展调研，撰写调研课题文章4篇，组织召开调研成果交流会议；通过召开多次座谈会广泛听取意见建议、制定下发“征求意见表”200余份；形成领导干部需要整改的问题169个；抓好8个方面突出问题的专项整治，对省委巡视组反馈的党内组织生活不够严肃的问题，整改到位。共收集民生问题32个，解决老百姓迫切关注的民生实事30件。打造党群教育阵地“长沙南红色记忆馆”。街道纪工委办案3件，2人被开除党籍，1人受到撤销党内职务处分。配合区委对鄱阳、桃花、龙庭、新城、湘天等单位开展巡察工作，对巡察组反馈的问题立行立改。街道党政班子对政治建设情况开展自查自评，按要求向上级进行报告。党工委会议3次专题研究意识形态工作，组织党工委（扩大）中心组理论学习12次，在中央及省市主流媒体上发布宣传报道115条，监测报送互联网舆情2000余条，16家清真企业的整改工作完成。完成街道内设机构改革。（张丽云）

【专题招聘会】 2019年2月20日，“春风送岗稳就业，精准扶贫惠民生”专场春风行动招聘会在雨花区洞井街道汽车南站过渡站入站口前坪举行。伟创力国际有限公司、步步高超市、西雅国际大酒店、湖南时代凯瑞酒店管理有限公司、长沙市松花江饮食文化有限公司、湖南汇洋国际劳务有限公司等40家单位，提供管理人员、营销经理、会计、普工、营业员、服务员等314个岗位，涉及工种多、层面广。现场求职签到200余人，达成初步就业意向50余人。招聘现场设立政策咨询台，为群众提供就业服务、创业担保贷款、劳动维权、社保医保等人社政策解答。（张丽云）

【江苏省妇联考察洞井街道】 2019年4月11日，江苏省妇联副主席沈梅，南京市建邺区委常委、副区长夏晓燕一行到洞井街道山水间社区公园参观考察。湖南省政府妇儿工委委员、省妇联副主席卢妹香，长沙市政府妇儿工委副主任、市妇联主席文方，以及市政府妇儿工委办、市妇联、市自然资源与规划局、雨花区政府、洞井街道等单位相关负责人陪同考察。洞井街道新裕社区书记、主任游浪向考察团介绍新裕社区的基本情况，山水间社区公园设计师向考察团讲解公园各区块设计构造以及设计理念。考察团参观社区公园内的菜山书吧，观看山水间的宣传短片。考察团对雨花区建设儿童友好型城市的经验做法、后期规划等方面进行了解。洞井街道推出“校社共建”等一批特色品牌，培育龙庭社区小龙人之家、高升社区德乐园等一批社会组织，打造街道、丰园社区、湘天社区等一批妇女儿童活动中心，建设植物园社区红色展览馆等一批青少年成长教育活动中心，设立枫树山中航城小学阳光等候区等一批爱心设施。（张丽云）

【助残志愿服务活动】 2019年5月21日，“关注残疾人民生，关心残疾人生活”主题志愿服务活动在雨花区洞井街道新时代文明实践站丰园社区举行，近500名社区居民参加活动。活动邀请数名残障人士为居民表演，上演唱歌、手语舞、书法等节目。现场对新时代文明实践站、美善志愿服务联盟团队进行正式揭牌、授旗。“微心愿”认领环节则为社区贫困、残疾家庭实现“小小心愿”，帮助他们解决生活难题。（张丽云）

【保障住房分房】 2019年1月23—25日，雨花区星城新宇桃花苑二期保障住房分房活动开启，安置对象为洞井街道和同升街道拆迁所涉及的未安置户，安置314户780套房屋。5月31日，和平社区筹委会“兴和佳苑”高层安置住房分房工作启动。“兴和佳苑”高层安置房由和平社区筹委会自筹资金建设，投资近3亿元；项目于2016年8月动工，2019年2月竣工，由湖南东方红建设集团有限公司施工建设，2018年6月被评为“长沙市优质结构工程”。该项目有4栋住宅、1栋酒店式公寓、1栋幼儿园，总建筑面积约10万平方米，其中住宅共计590套、总面积5.4万余平方米。（张丽云）

【扫黑除恶工作验收】 2019年8月30日，长沙市委政法委委员王伟锋带队对雨花区洞井街道扫黑除恶专项斗争重点地区挂牌整治工作进行验收。区委办、区政府办及区委组织部、区委政法委、区公安分局、区交通运输局、区扫黑办、洞井街道、洞井派出所、汽车南站等部门和单位的负责人陪同实地检查、参加验收会议。验收组采取“看现场、访群众、听汇报、查资料”的方式，实地检查洞井商贸城治乱工作开展情况、与居民群众进行交谈、开展问卷调查；召开会议听取洞井街道等相关部门和单位的扫黑除恶专项斗争重点地区挂牌整治工作情况汇报。验收组对洞井街道扫黑除恶专项斗争重点地区挂牌整治工作成效给予肯定，要求继续突出问题导向，保持高压态势，建立长效机制，巩固整治成果。（张丽云）

【金之津物流中心拆除】 2019年11月8日，长沙市交通运输局局长杨忠文，雨花区政府副区长陈怀宇、蔡泽敏组织区政府办、区城管执法局、区住建局、区应急管理局、区自然资源与规划分局、区交通运输局、区公安分局、区交警大队、区铁护办、洞井街道等部门单位召开铁路交通安全整治工作调度会，专题研究讨论法院已判决的湖南金之津物流中心拆除工作方案。11月9—13日，区、街组织执法部门对湖南金之津物流中心开展执法行动，清空货物价值2亿余元，拆除违法建筑2.1万平方米。11月14日，住建部、交通运输部、应急管理部、农业农村部考察，对区、街坚决拆除违法建筑、确保道路交通安全的措施和成效给予肯定。（张丽云）

【鄱阳社区筹委会生产安置用地项目签约仪式】 2019年，雨花区洞井街道鄱阳社区筹委会通过“四议两公开”程序，对鄱阳生产安置地进行招商。12月31日，鄱阳社区筹委会与湖南辉创美凯龙置业有限公司在区、街领导和社区筹委会全体代表的见证下，签订《鄱阳社区筹委会生产安置用地项目合作协议》。协议签订后，将出让汇金路以西两块地，建设汇金路以东两块地，村民将得到27.2万平方米的物业，其中商业裙楼11万平方米，公寓部分9.7万平方米，地下室不少于6.5万平方米。商业裙楼承租给合作方经营15年，公寓分到每个村民。（张丽云）

井湾子街道

【概况】 雨花区井湾子街道东临圭塘河，西靠韶山路，南至红星美凯龙，北抵香樟路，扼据长沙东南门户，紧邻湖南省政府新址，距高铁长沙南站6千米、长沙黄花国际机场25千米，长株潭轻轨、长沙地铁纵贯其间。街道下辖冯家冲、赤岗岭、三湘、香樟路、德馨园、井湾子、融城苑、红星村、井湘、井圭路、井巷、井旺、湘莲、农博14个社区，辖区面积9.8平方千米，常住人口近11万人。街道内设党政综合办公室、基层党建办公室、城市管理办公室、公共服务办公室、公共安全办公室。设政务服务中心、网格化综合服务中心、退役军人服务站，城管执法中队、市场监督管理所、司法所派驻。核定街道党政机关行政编制16名，后勤服务人员事业编制1名，街道所属事业编制36名，领导职数11名。党政班子成员11人，其中男10人，女1人，平均年龄46.1岁，研究生学历4人，本科学历7人。机关在职在编干部29人，其中：行政编2人，事业编制26人，后勤服务事业编制1人。随军家属1人，转业士官5人，挂编学生6人，两保人员8人，职业化工会工作者1人，区司法局外派人民调解员3人。机关雇员48人，物业专职社工5人，社区工作人员149人。街道内设立2个党支部，有党员77人，预备党员4人。办公地点设在井湾路与洞井路交汇处东南角（湖南省煤炭科学研究所院内）。

2019年，井湾子街道围绕雨花区“强化党建引领、攻坚项目建设”工作主题，以“强党建、化积案、争一流”为工作目标，以“起跑就是冲刺，开局就是决战”的工作姿态，抓好重点中心工作落实。获评“2019年度优秀等次街道”“湖南省星级财政所”“长沙市先进舆情信息报送点”“长沙市四好商会”“全国第四次经济普查市先进单位”等称号。（唐良云）

【街域经济】 2019年，井湾子街道实现财税收入14.8亿元，完成年度任务的104%，总量和增量排名全区第二；实现社会消费零售总额24.84亿元，同比增长14.2%；引进外资7068.9万美元，占全年任务156%；完成楼宇去库存面积34930平方米，占年度任务的129%，排名全区第一。完成第四次全国经济普查前期准备工作，清查企业5638家，清查个体户13224户。华融湘江银行长沙支行、浙商中拓等入驻。实现中建总部国际项目封顶，仁和医院开工建设，正荣华悦广场复工，红星联合广场项目封顶。成功实现红莲广场项目挂牌出让，实现紫檀一品、中海公寓、红星怡景苑、红莲广场等产业项目竣工收尾。正荣华悦广场成为长沙南城都会新地标；中建总部国际项目成为湖南首个建筑行业总部基地和湖湘建筑产业示范基地。（唐良云）

【城建城管】 2019年，雨花区井湾子街道实现长仪棚改项目拆除腾地，省机械化西地块棚改项目一期签约清零。完成裸露黄土覆盖5.5万余平方米；开展燃煤综合整治50次，专项整治15次，收缴煤炉64个，散煤500余千克；查处露天烧烤、违规夜市油烟直排问题46起；在红星安置小区、交通学院、三福利院、长沙民政学院等19个小区单位安装家庭油烟净化器5391台。拆除违章建筑16处8646平方米。处理“12345”市民热线投诉案卷1245件，其中城管类770件，环保类475件。投入2000万元对洞井路天桥改造，以及洞井路、正塘坡路、卉园路、杉木冲路等路提质，提质面积200万余平方米。投入1000万元对景湾小区进行提质，提质面积30万余平方米。投入400万元在三湘小区新建都市园艺公园。完成对三湘小区、女子监狱提质改造，实施小区道路“白改黑”5万余平方米，新增停车位600个，整治下水管网

1600余米。完成对三湘农贸市场和冯家冲农贸市场提质改造，助推农贸市场提质升级。推进垃圾分类工作，开展大型宣传活动60余次，制作宣传栏、宣传橱窗、路灯宣传广告3400余块，发放倡议书4000份、《投放指南》5万余份；在84个小区投放四分类桶或标准垃圾桶1537套。落实河长制工作，组织巡河220次，清扫面积40万平方米，处理智慧巡河网格化案件50余起，清理垃圾20车。（唐良云）

【社会事业】 2019年，雨花区井湾子街道抓好精准扶贫工作，走访摸排1866户，救助对象125户，金额28.09万元，其中本市户籍79户，非本市户籍46户，包含医疗帮扶33户15.99万元，基本生活帮扶92户12.1万元。联点扶贫跳马镇喜雨村，组织集中走访慰问7次，投入经费及物资25.66万元，为贫困户实施出入道路改造600米；探索养蜂产业扶贫措施，养蜂21户63箱，产出并销售蜂蜜150千克。稳妥推进金盾社区的筹建工作。推动创业就业工作，举办5场招聘会和3场高校毕业生现场招聘会，实现失业人员和就业困难人员就业852人，完成创业贷款任务79万元。发放优抚双定经费33.7万元，完成退役军人帮扶上岗9人。开办育婴师中级培训班一期，帮助42名失业下岗人员取得中级资格职业证。发放城市低保1046户次66.8万元，发放特困供养94户次6.8万元。推进“最多跑一次”改革，“互联网＋政务服务”系统平台受理事项1万余件。做好农民工工资治欠保支工作，成功调处农民工劳务纠纷案件5起。严格执行多孩审批制度，符合政策生育率99.1%。推进55项基本公共卫生服务项目，完成无创检测1128人，产筛1008人，新筛1031人，耳聋基因1021人，0～6岁儿童眼保健3770人，“两癌”筛查2032人。落实计划生育奖励扶助政策和红会工作，发放奖扶资金187.14万元，关怀慰问金15.89万元，红会献血395人。在14个社区设立自助式健康检测点，在辖区食堂、餐厅、酒店等场所，开展“三减三健”活动。全年处理违反计划生育法规线索57条，计生法规立案率100%。推进家庭医生工作室，建立融城苑、湘莲、三湘、井旺、井湘五家家庭医生工作室，服务流动人口家庭3000余户。（唐良云）

【基层党建】 2019年，雨花区井湾子街道实施强书记、强基础、强队伍、强品牌“四强”工程，井巷社区一个支部强引领、一条热线解需求、一个平台优服务的“邻帮一号通”创新党建品牌，吸引湖南省委常委、长沙市委书记胡衡华等实地调研，被《长沙晚报》头版头条专题报道。井湘社区“楼栋十大员”的探索的经验做法被省级媒体宣传报道。赋予融城苑、红星村、德馨园社区等原有党建品牌新的内涵，巩固“一社一特”品牌成果。德馨园等10个社区成功创建“三零”社区。加强党员干部队伍管理，选拔社区后备干部14名，吸收入党积极分子133名，发展预备党员25名。中央电视台新闻频道报道“好人多”粉店、“好人好店一条街”的先进事迹。在湖南省《决策参考》《组工通讯》《长沙通讯》《长沙市决策咨询》上发表经验做法8篇，在《雨花要情》上发表40余篇，向区政务网报送政务信息210条，在人民网、光明网、《湖南日报》、《长沙晚报》等主流媒体共发稿240余篇。（唐良云）

【百家宴活动】 2019年1月22日，雨花区井湾子街道井湘社区在华盛世纪新城开展民意快线服务联盟——“我们的中国梦 湖湘文化进万家”暨第三届“飞梦雨花”文化艺术节系列活动之“幸福井湘盛宴情·和睦华盛一家亲”百家宴活动。活动在开场舞表演中拉开序幕，富有民族特色的歌舞表演轮番上演。井湘社区对“优秀楼栋单元长”“文明家庭”“社区最美餐饮服务单位”以及由居民投票评选的“十佳菜肴”获奖者进行颁奖。（唐良云）

【专场招聘会】 2019年3月1日，以“稳就业 惠民生”为主题的招聘会在雨花区井湾子街道红星步步高超市前坪举行。食食如意酒店，绿城物业，美高纯K酒店，融城花园酒店等30家企业和单位，共提供岗位300余个，岗位涉及普工、技工、文员、行政等10多个工种，工资待遇在2500元至14000元不等，现场16名求职者达成求职意向，发放各类就业宣传资料500余份。井湾子街道现场设置社保咨询台，为来应聘的人员、居民提供居民养老保险、社保、小额贷款、社保补贴等相关政策咨询。6月11日，区人社局联合井湾子街道在长沙民政职业技术学院民政图书馆开展大学生专场招聘会。197家企业现场招聘，提供就业岗位4000余个，6000余名大学生进场求职，800余人现场达成就业意向。招聘企业来自长沙、广州、深圳、上海、武汉、北京等地，提供就业岗位主要涉及软件、物业、医学、社工、殡仪等专业，香樟路社区在招聘会现场设立3个咨询服务台，就社保咨询、就业咨询、政府帮扶、免息创业贷款、工商登记流程等现场进行宣传和解答。6月25日，井湾子街道在韶山南路湘府百货前坪举办2019年“井湾助力·梦想起航”高校毕业生专场招聘会。该次招聘会提供岗位321个，有普工、仓管、业务员、营销员，项目经理、销售经理等。参会的失业人员、大专毕业生等各类求职者200余人。现场工作人员引领毕业生们根据自身实际情况对接用人单位，实现家门口就业，现场初步达成就业意向27人。现场设立政策咨询台，提供就业创业、小额担保贷款、社会保险、居民养老等方面政策咨询，发放创业贷款、社会保险等宣传资料100余份。（唐良云）

【学雷锋志愿活动】 2019年3月4日，“学习好人事，争做雷锋精神传承人”学雷锋志愿助残活动在雨花区井湾子街道湘莲社区举行。“中国好人”肖卓作为居民们带来励志演讲，弘扬雷锋锐意进取、自强不息的创新精神。肖卓作向居民们讲述自己的人生经历，通过一段段感人故事道出新时代践行雷锋精神的重要意义；带领着美人鱼公益服务中心的轮友们表演太极扇。井湾子街道湘莲社区开展微话题讨论、微典型宣传、微活动展示等活动，在微信上广泛宣传学雷锋志愿服务的典型人物事迹和图片。3月6日，井湾子街道德馨园社区组织辖区内各公益组织、广大巾帼志愿者在德馨园读书吧，举办“花艺暖人心 浓情聚德馨”迎“三八”创意插花暨巾帼学雷锋志愿者表彰活动。来自市德馨读书吧、雷锋超市、雅塘书香雅苑、香樟阅读空间、井巷悦读书苑、自然睦邻公益服务中心30余名核心巾帼志愿者参加活动。“中国好人”刘国兴为优秀巾帼志愿者颁发荣誉证书及奖品，并送上节日的祝福。花艺师进行插花表演、教学，巾帼志愿者现场体验和学习。3月15日，学雷锋志愿活动在德思勤城市广场牛津街进行。来自街道、社区、企业、楼宇的党员职工携手爱心机构志愿者们在牛津街集合，通过宣读“传承雷锋精神倡议书”，合唱《学习雷锋好榜样》，传颂雷锋精神。现场分设便民服务站（含党务、工商、就业等政务咨询服务、空调电脑家电维修服务、免费美甲、口腔检查等生活类服务）、家庭医生义诊服务站、儿童绘画作品义卖区三大板块。（唐良云）

【井巷社区“邻帮热线”】 2019年3月4日，雨花区井湾子街道井巷社区开设24小时“邻帮热线”，遇急难事就拨400-9268110，服务力量15分钟内响应，30分钟就能到达现场。帮助服务包括家政服务、法律援助、家电维修、代收水电费用，以及针对空巢孤寡老人、留守儿童等特殊群体推出的精神慰藉、学业辅导等志愿帮扶。200余张浅蓝色的爱心牌亮相楼栋，让“邻帮热线”被更多人知晓；发放给居民上千张红色“邻帮卡”。社区组成一支由社工组织、志愿者团队组成的爱心服务队，近400人加入其中，专解邻里急难事。井巷社区是一个没有物业管理的老旧社区，“邻帮热线”开通的目的，就是让居民遇事有人帮。（唐良云）

【趣味运动会】 2019年3月6日，井湾子街道在万境水岸砂子塘小学举办井湾子街道“巾帼建新功·献礼七十年”主题活动暨全民趣味运动会。大工委警花队（女子监狱）、大工委五矿队（五矿二十三冶）、大工委学院队（民政学院）、红星实业队、砂小万境队（砂子塘小学）、机关首脑队、机关中坚队（街道大办主任）、小巷总理队（社区主职）、青春活力队（街道机关专干）、青春超越队（社区专干）、快乐青春队（社区专干）11个参赛团队，110余名工作人员参赛。运动会设置疯狂龙舟、十拿九稳、财源滚滚、智勇大闯关4个比赛项目。（唐良云）

【食品安全】 2019年3月12日，井湾子街道食安办接到居民投诉案卷清单，反映香樟路风尚158酒店旁边有一家餐馆餐具不干净。街道食药监所副所长池鸿刚带领工作人员赶往现场查看，重点检查经营门店相关证照、从业人员健康证、食品原料进货索证索票台账记录、环境卫生、餐具的清洗消毒等内容。检查发现该门店超范围经营、餐具未进行消毒、食材原材料索证索票不完善、未履行良好行为规范等问题。针对检查出的问题，给该门店下发责令改正文书，要求负责人严格按要求整改到位。3月29日，井湾子街道召开2019年小餐饮“透明厨房”提质改造动员部署会，街道办事处副主任胡祥松，街道市场监督管理所所长曾洪，食安办主任朱红兵，各社区主职及食安专干共30余人参加会议。朱红兵初步解读《长沙市雨花区小餐饮“透明厨房”提质工程实施方案》，对每个社区的任务进行安排。曾洪针对如何引导辖区商户办证办照工作进行解读。胡祥松要求各社区明确好工作职责，落实好会议要求，把握好透明厨房建设标准，全力完成任务。5月15日，井湾子街道香樟路社区对辖区中小学校、幼儿园周边餐饮、流通门店开展食品安全专项检查，发现个别门店有销售不合格食品以及进货台账、消毒记录本记录不规范、索证索票不全等问题。针对问题，要求经营户立即下架停止销售，对于进货台账、消毒记录本记录不规范的情况，现场指导经营者正确填写相关台账，督导其认真落实食品安全主体责任。向各经营门店发放安全生产和食品安全宣传资料，签订“‘护苗行动’食品安全承诺书”。（唐良云）

【社区义诊】 2019年3月13日，雨花区井湾子街道井圭路社区联合井湾子街道卫生服务中心在社区卫生服务站为辖区60多名65岁及以上的老年人进行免费体检，开展健康评估、体格检查、血糖、血脂、肝功能、肾功能、尿常规等项目。医务人员为老年人建立电子健康档案，为老人以后的健康体检提供依据，促进公共卫生服务均等化。4月18—19日，新疆驻湖南省工作组、井湾子街道井湘社区联合信睦门诊开展“民族团结一家亲·健康义诊暖人心”活动。新疆驻湖南省工作组党委书记石建、雨花区民宗局局长冯粤、井湾子街道党工委委员、人大工委主任李应飞等到信睦门诊查看健康义诊活动开展情况。来自新疆籍100多名流动人口、19名和田工作小组成员和30名组织务工带队干部参加健康义诊活动。活动现场，石健询问新疆籍流动人口身体情况和健康状况。5月8日，井湾子街道赤岗岭社区开展“爱心相伴‘救’在身边”为主题的2019年“红十字博爱周”宣传活动，组织红十字会志愿者在上海城科普广场进行宣传，联合长沙信睦全科门诊的医生志愿工作者义务为群众量血压、测血糖、举办健康讲座，普及健康知识。发放各种宣传资料200余份，现场义诊咨询人数100余人。6月25日，井湾子街道德馨园社区联合楚济堂大药房及爱尔眼科医院在社区廉德文化广场开展“爱心义诊”活动，进行视力测试、检查白内障、青光眼、眼底疾病、眼部干涩、不适等各种眼科疾病，宣讲用眼、护眼、预防眼病知识，提高辖区居民用眼健康意识。义诊过程中，医护人员回答居民咨询的各类问题，为他们讲解白内障的成因、症状、治疗方法、术后护理等知识，提醒居民在平时的生活中要注意饮食卫生，防止眼睛受到外部刺激，预防白内障发生。（唐良云）

【区域化党建观摩研讨会】 2019年4月1—3日，中铁十八局集团在湖南长轻置业有限公司举行区域化党建观摩研讨会，中铁十八局集团党委组织部部长李慧川、中铁十八局集团房地产公司党委书记金文红、雨花区井湾子街道党工委书记龙峥嵘，中铁十八局集团房地产公司机关党群所有人员和所属的武汉、重庆、遵化、焦作、张家口、苏州等所属公司党组织负责人、井湾子社区党总支书记等39人参加会议。观摩研讨会重点观摩湖南长轻置业有限公司区域化党建经验做法。2018年5月，长轻置业有限公司党支部兼任街道“大工委”委员职务。在区域化党建框架内，企地共同建立完善交办机制、协调议事机制和协调服务机制，以制度保证“大事共议、实事共办、要事共决、急事共商”，做到组织上、文化上、行动上和制度上的融合。截至2019年4月，湖南长轻置业有限公司与雨花区政府建立三级联动机制，即由1名区委常委、1名街道班子成员和1名社区主职牵头，专线处理企业需要政府解决的各类事项。2018年以来，雨花区政府协调解决涉及长轻置业有限公司有关问题2个，井湾子街道大工委协调议事和交办处理涉企问题3个。邀请湖南省纪委驻人民检察院博士授课，党务知识、道德讲堂宣讲劳模事迹，人力资源业务、工会业务、公文、新闻写作等专业培训，组织与会人员到韶山毛泽东故居、花明楼镇刘少奇纪念馆等活动参观，模拟演练组织生活会召开流程，面对面答疑交流等。（唐良云）

【区领导调研井湾子街道】 2019年4月10日，雨花区委书记张敏深入井湾子街道，就经济社会发展情况、全年工作铺排推进进展等进行调研，并召开座谈会。张敏到红星国际公馆项目建设现场（红星国际公馆项目位于新韶东路与中意一路交接处西北角，集公寓式酒店、写字楼、高端住宅为一体，属综合性高端楼宇），与企业负责人交流项目品质、建设安全，了解项目规划、资金投入、形象进度、存在困难等，叮嘱企业负责人努力打造品牌工程；到井湘社区华盛世纪新城小区，指出要让楼栋党小组成为社区党支部的“帮手”。张敏强调，要把工作做实，把工作做细，把工作做常。2019年4月25日，雨花区委副书记、区长刘素月及相关区领导，区直各部门主要负责人，各镇、街道党政主要负责人对井湾子街道仁和社区卫生服务中心和井湾子农贸市场进行“一圈两场三道”现场视察测评。街道党工委书记龙峥嵘，党工委副书记、办事处主任陈建等陪同。测评过程中，刘素月听取关于街道仁和社区服务中心和农贸市场“一圈两场三道”建设情况汇报，对现场进行查看，询问相关建设发展情况；强调要从居民群众最烦心、最贴心、最关心的事情做起，着力打造宜居宜业、精致精美、人见人爱的“十五分钟生活圈”。（唐良云）

【安全生产工作】 2019年4月22—23日，雨花区井湾子街道办事处副主任胡祥松、安监中心主任曹继一行带队到红星村社区，对湖南德思勤商业管理有限公司、湖南红星井湾子家居广场、中国石化销售有限公司湖南石油高速分公司红星加油站开展安全生产工作检查。检查企业全员安全生产责任制、安全会议制度、隐患排查治理制度、安全生产投入制度、安全教育培训制度、安全风险管理制度、安全技术装备保障制度、应急管理制度、深化班前会制度、淘汰落后设备等落实情况。检查组对照考核标准逐项进行检查，对部分活动未按要求开展、制度未按要求落实、资料整理不到位的问题，要求企业进行完善。5月9日，井湾子街道有限空间作业及消防安全培训会在井湘社区二楼会议室举行，邀请协成消防培训机构教官吕勇授课，街道安监中心全体人员、14个社区安监专干、辖区企业、物业、商场共计100余人参加培训，街道安监中心主任曹继主持会议。学习《2019年长沙市雨花区安全监管“强执法防事故”行动实施方案的通知》《井湾子街道有限空间作业安全生产专项整治行动方案的通知》等相关文件精神。吕勇从防火、灭火、逃生、自救等方面，讲解常见火灾种类、使用消防过滤式自救呼吸器等基本消防知识。5月22日，井湾子街道红星村社区联合金领家族小区物业开展电梯应急预案演练和培训活动，从应急处置原则、注意事项和准备工作、电梯困人救援步骤、紧急操作、机房现场救援方法等方面进行现场操作和讲解。红星村社区要求辖区内电梯使用单位落实预案，定期组织应急演练，夯实企业安全主体责任，做好电梯日常管理和运行维护保养。9月5日，井湾子街道召开校园安全工作专题会议，对进一步做好秋季校园安全工作进行再调度再部署。井湾子街道通过宣传教育、应急演练、联合检查、安保培训等方式，完善安全设施，整改安全隐患，提高应急管理水平，全力保障校园安全。冯家冲社区、三湘社区联合辖区内学校，开展消防演习进校园活动，2000余名师生参加演练。赤岗岭社区、香樟路社区联合相关部门对辖区中小学校园、幼儿园食堂及周边食品安全进行“拉网式”检查。加强巡逻力量，细化应急处置措施，排查安全隐患11处，均整改到位。10月24日，井湾子街道联合区教育局、派出所、市监所等部门，出动7个工作组60余人，开展校园周边安全专项整治行动。检查校外托管机构70余家，下发整改通知书60余份。（唐良云）

【中国母婴健康创新创业财富峰会】 2019年6月9日，雨花区井湾子街道香樟路社区妇联联合长沙民政职业技术学院继续教育学院、湖南金职伟业现代家庭产业发展有限公司在金职伟业创业孵化基地开展2019中国母婴健康创新创业财富峰会，旨在科学推广母婴健康技能标准和规范，打造政府、企业、高校、行业联动的女性就业创业平台。这是第二届中国母婴健康创新创业财富峰会，此次峰会邀请十余位母婴行业专家、母婴行业从业者，现场发布母婴健康服务行业职业能力发展课程标准，依次进行催乳、小儿推拿、产后康复、女性私密项目等专场技术分享。会上，长沙市妇联党组书记、主席文方为金职伟业颁发“湖南省精准扶贫示范基地”荣誉牌匾。湖南省商务厅服务贸易处处长马宏平总结致辞。（唐良云）

【“党建有声图书角”上线】 2019年6月28日，长沙市首家社区24小时公益图书馆“党建有声图书角”上线。该有声图书角由雨花区井湾子街道德馨园社区牵头，利用惠民资金购买服务，依托社会服务组织德馨读书吧，社区24小时公益图书馆联合时下有名的听书平台“喜马拉雅”共同搭建，设有“学党章党规”“党的发展历程”“做合格党员”等党建板块，同时兼顾社区居民的需求，增设有“社科经管”“经典名著”“历史人文”“少儿读物”“艺术”“有声小说”等板块。“党建有声图书角”打破以往党建知识学习的传统“读本”方式，让党建知识随听随学，提高党建工作科学化水平，实现“智慧党建”。（唐良云）

【禁毒教育宣传活动】 2019年7月12日，雨花区井湾子街道三湘社区在社区会议室开展以“健康人生 绿色无毒”为主题的宣传教育活动，活动邀请全国道德模范、长沙市人大代表孟繁英进行宣讲，辖区韶山南路学生300人及学生家长、居民代表等参与。孟繁英向学生、学生家长讲解毒品的概念、毒品的危害、识毒防毒技巧，引导他们正视毒品的危害，自觉抵制毒品，养成健康积极的生活习惯，鼓励居民积极参与到禁毒事业中来。活动现场，社区工作人员发放宣传资料300余份。（唐良云）

【主题教育】 2019年9月12日，雨花区井湾子街道党工委及各支部召开“不忘初心、牢记使命”主题教育动员部署会。井湾子街道结合百堂党课送基层、庆祝中华人民共和国成立70周年主题宣讲，组织广大党员集体聆听来自省委党校、国防科技大学的教授授课。注重发挥本土离退休专家、教授作用，组建讲师队伍，在社区为广大党员进行学习辅导。开展专家党课7场次，参与党员1100余人次。支部书记、党务专干、年轻党员走进社区、企业、商场、老病困党员群众家中，宣讲新思想、新政策、新社情。激发党员利用学习强国、开放雨花APP、红星云公众号等网络平台加强学习。各支部及时向流动党员推送学习资料，在微信群、QQ群开展读书交流、学习研讨、征求意见等活动。针对社区存在的突出问题和群众反映强烈的热点难点问题，党政领导班子、社区主要负责人带头下基层，在一线察民情、知实情、理思路、解难题，在调研实践中学习和总结好经验、好做法，查找工作不足，循着问题抓整改落实。完成调研报告7份，解决群租房拆除、垃圾池除臭等12个群众关心热切的问题。10月30日，雨花区委“不忘初心、牢记使命”主题教育先进典型巡回报告会第二场进社区在井湾子街道井巷社区燕子岭公园开讲。区委宣传部、井湾子街道有关负责人，街道各社区党员、群众代表近200人参加此次报告会。中国好人、高桥街道怡园社区党总支原第一书记游端霞，全国岗位学雷锋标兵、侯家塘街道廖家湾社区党总支书记刘映先，“老首长”工作室金牌讲师，东塘街道政院社区离退休干部党支部书记彭忠秋，砂子塘街道金地社区老党员、老支部书记曹述球，雨花区法院工作人员宁昊杰（讲述全省优秀法官张虎事迹）分别作报告。12月18日，井湾子街道到长沙市廉政警示教育基地开展“不忘初心、牢记使命”廉政警示教育活动，街道党政班子成员、党员干部70余人参加。全体人员重温入党誓词后，在讲解员的引领下，参观包含大型弧幕投影和浅浮雕作品的序厅和以“旗帜”“利剑”“忏悔”“铸魂”“前行”五个篇章组成的主展厅。（唐良云）

【主题宣讲活动】 2019年9月20日，雨花区井湾子街道在龙骧集团三楼会议室举办庆祝中华人民共和国成立70周年主题宣讲活动，国防科技大学退休教授、硕士研究生导师郑国梁以《努力适应全面从严治党新常态》为题，从全面从严治党推进伟大工程、新时代共产党员应有的素质、不断进取为新征程添砖加瓦三个方面作解读。10月25日，“中国共产党为什么能”的主题宣讲在井湾子街道五楼会议室举行。来自国防科技大学的退休教授杨成平与街道80余名党员开展面对面的互动宣讲。杨成平以“中国共产党为什么能”发问，引用大量历史和现实事例回答“中国共产党之所以能”，在于坚持科学理论引领、恪守为民服务宗旨、实行坚强组织领导。井湾子街道自9月份开始，围绕中华人民共和国成立70周年以来，特别是党的十八大以来的生动实践、伟大成就和宝贵经验开展系列宣讲活动。截至10月25日，在街道和各社区开展宣讲20余次，参与干部群众3500余人次。（唐良云）

【文明共建行动】 2019年11月3日，雨花区井湾子街道举行“文明家园，党群共建”行动，街道社区干部、81支志愿者服务队近2000人走上街头，对街域重点部位、盲点区域进行综合性清理、精细化保洁。数十支清扫小分队在社区街巷，清扫主次道路、擦拭公用设施、规范门店经营。2000余名志愿者展开宣传，在井巷社区的3D文化墙前，志愿者为居民们讲述孝道感恩的故事；在德馨园书吧，举行“快乐阅读、幸福人生”青年分享阅读会；在融城苑社区临街店铺，社区工作人员贴上社会主义核心价值观宣传画。2019年，井湾子街道打造文明街区、幸福家园，通过常态化志愿活动、多角度宣传等方式，倡导文明新风。通过微信、QQ群、短信共发送精神文明建设温馨提示短信1.8万余条，在香樟路、圭塘路、木莲冲路、韶山南路等隔离带制作宣传板600块，开展文明创建主题活动10余场。（唐良云）

【德馨园小学扩建工作调度会】 2019年11月5日，雨花区德馨园小学扩建工作调度会在井湾子街道召开。区政府副区长刘江红主持会议，区政府副区长、区公安局局长黄健元出席会议。区政府办、区公安分局、区教育局、市自然资源和规划雨花分局、区公建中心、井湾子街道等相关单位负责人参加会议。会议听取相关单位负责人关于项目建设情况汇报、存在的困难与问题、下一步工作计划及意见建议。会议指出，各有关单位要提高思想认识，强化担当，通力协作，共同加快推动项目建设；要突出

工作重点，尽快办理好各项手续，解决各项困难，争取年底之前开工建设。（唐良云）

【打击传销誓师大会】 2019年11月8日，雨花区井湾子街道召开打击传销誓师大会。街道党工委书记龙峥嵘承诺，将组织街道各方力量，全面进入打击传销决战状态，确保街道年底实现“零传销”目标。会议提出要周密部署，精准打击，加强广场、公园、出租屋等重要场所防控，重点打击“游走式”传销活动，从源头上打击“微商”“网络直销”等以互联网为幌子的传销活动。推行“基层党建+社区警务+网格员+物业”模式的“零传销”文明小区创建工作。实现网上网下同频共振，普及传销常识，提高群众应对传销“免疫力”。井湾子街道打击传销工作组对华盛世纪新城小区开展摸排整治行动，现场捣毁传销窝点1个，查获手机5台以及资料等涉传物品。2019年，井湾子街道严厉打击传销，联合市场监管、派出所等部门共抓获涉传人员239人，捣毁传销窝点32个。（唐良云）

东山街道

【概况】 雨花区东山街道地处长沙东南部，北起劳动路，西靠京珠高速，东到浏阳河，南邻绕城高速，是高铁会展新城的核心区域。劳动东路、新花侯路、香樟东路、曲塘路、北支路、南支路、杜花路以及下穿京珠高速路等形成方格网状城市交通路网系统，武广、沪昆、渝厦3条高铁交汇。街道辖东山镇、南雅、黎郡、黎雅、东恒、高铁新城6个社区，边山、侯照2个社区筹委会，长托、黎托、渔场、东山4个经济合作社。街域总面积14.2平方千米，常住人口2.1万人，流动人口2.3万人。辖区内有雨花区合丰堤委会、星辰农电公司城区分公司雨东供电所、雨花区黎托邮电所、长沙市南雅中学、长沙市雅礼雨花中学、黎郡小学、雨花区农村合作银行社武广支行、雨花区东山街道动物防疫站、东山街道社区卫生服务中心、长沙东广建筑工程有限公司、湖南东山建筑工程有限公司12家企事业单位。2019年，街道内设党政综合办公室、基层党建办公室、纪检监察室、城市管理办公室（区域建设服务办公室）、公共服务办公室（行政审批服务办公室、优化营商环境服务办公室）、公共安全办公室、财政所（“三资”监管服务中心、审计站）、退役军人服务站；设街道政务服务中心（街道党群服务中心）、街道网格化综合服务中心两个全额拨款公益一类事业单位；司法所派驻；设综合行政执法队。核定街道机关行政编制16名，后勤服务全额拨款事业编制1名；核定事业编制36名，其中街道政务服务中心18名；街道网格化综合服务中心18名。实有行政编制15人；事业编制28人；工勤编制1人。其中党政领导10人；在职在编干部44人；机关直管党员62人。街道办事处办公地点位于花侯路黎雅苑东山大厦。

2019年，东山街道紧扣“价值党建引领基层治理，五大聚力缔造四有东山”的工作主题，聚焦“产业项目建设年”“营商环境优化年”，真抓实干，攻坚克难，完成全年各项目标任务。（刘桃红）

【街域经济】 2019年，雨花区东山街道全社会固定资产投资68.4亿元，同比增长106%。限额以上社会消费品零售总额22094万元，同比增长3406%。规模以上其他营利性服务业营业收入15000万元，同比增长6%。新增“四上”单位8家，高新技术企业1家。异地税源转化3家，重点税源引进单位6家，协税护税取得实效。深化“产业项目建设年”，构建党建引领“123”帮扶机制，协助项目解决发展难题。收集项目问题26个，解决10个。物流园5个在谈项目的意向项目用地完成拆迁；物流园路网用地、官寺冲路用地清零腾地；浏阳河国际文化艺术街区意向用地清零；恒大都汇商业广场、佳兆业云顶都汇地块遗留问题解决。开展防范和打击传销工作，对513户出租屋摸底排查，清查流动人口1462人，对4名传销人员进行教育遣返。推动商业楼宇去库存，协助吾悦广场商业中心招商和景园大厦办证招商，实现商业楼宇去库存82054平方米。星光名座商业综合楼正式运营、吾悦广场商业中心开业、盒马鲜生长沙运营总部入驻。公开招标引进深圳彩生活服务集团租赁东山景园经济合作社物业，就太和园小区“20平方米”农民安置生产用房招商签约，实现2017名经济合作社股民的4.3万平方米农民安置物业发挥效益。（刘桃红）

【城建城管】 2019年，雨花区东山街道抓好征拆工作，签约185栋，拆除184栋，完成物流园仓储4号、5号地、长沙市2003年一批次（含官寺冲路）等9个项目清零交地，腾地93.58公顷。流园仓储4号、5号地项目，为2019年雨花区施行阳光新政后启动的第一个项目，项目启动6天实现签约清零，不到半个月拆除清零。长沙市2003年一批次（含官寺冲路）项目，44栋合法房屋8天签约清零，14天拆除清零。片区29号地（边山）项目6天全面签约清零。完成侯家冲路、物流园仓储4号、5号地等22个项目280户、1039人（含独生证107本）保障住房申购对象资料审核工作。完成18户“半边户”、10户“世居非农”的资料报批工作，完成51户4420平方米保障住房回购工作，发放2019年度延期过渡费1420万余元。做实城管环保网格化管理，上报网格案卷2万余条。处置数字化案卷9500余条，市局结案率100%、区级结案率99%；拆除历史违章16万余平方米，新建违章零增长；上报网格城管及环保案卷2万余条。规范设置、投放垃圾分类设施，6个社区实现垃圾分类“全覆盖”。新增园林绿化面积4.5公顷。2月份城管考核街道排全市第3、全区第1。对流动担摊、店外经营、占道经营、违规广告招牌等影响市容秩序行为进行常态化整治，拆除星光名座水会等大型违规广告招牌近320平方米、整治店外经营和占道经营等违规行为2600余起。配合查处乱倒渣土49起，处罚金14万余元。推进“大棚房”专项整治，及时复耕、复绿、复种，通过市区验收。完成市文明办督办问题8个，湘绣路西段、支路九、黎郡新宇便道、太和园小区外环道路停车占道乱象得到根治。落实蓝天保卫战，开展7次专项整治行动，收缴散煤1600千克；关停住改商且无证经营餐饮门店7家；覆绿15.6万余平方米；清除京珠高速西辅道5000余平方米占用绿地的违规菜地并复绿围挡。按时办结环保督察“天天在线”投诉案件7件。加强对空气小微站的管理和维护，辖区空气质量综合指数4.7，全区第二。实行浏阳河大堤每日常态化卫生保洁、垃圾清运。浏阳河风光带建设三标、黎托生态公园、京珠高速东辅道绿化等5个基础设施项目11月份集中开工。（刘桃红）

【社会事业】 2019年，雨花区东山街道发放低保金112万余元、困难救助金17万余元、高龄补贴30万余元、药物救助123人次。城镇新增就业449人，举办招聘会6场，发放创新创业小额担保贷款50万元。街道日间照料中心为老人服务2500余人次，室外搭棚治丧处置率、无坟化治理率、火化率100%。投入91万余元，实施惠民项目8个。摸底上报203户城市特殊困难群体帮扶对象，不定期走访慰问。推进“一圈两场三道”建设，指导黎雅农贸市场手续办理，推进凤凰园农贸市场整治提质。完成7个涉改单位产权制度改革，彩生活大厦（长沙）启动签约招商。免费开展妇幼健康检查720余人，完善“健康社区”“健康步道”建设，完成全国慢性病综合防控示范区创建评审验收。落实脱贫攻坚对口帮扶，4户困难家庭脱贫。开展退役军人信息采集、双拥优抚，发放抚恤金29万余元。完成小餐饮透明厨房提质改造10家，取缔黑作坊3家。（刘桃红）

【综合治理】 2019年，雨花区东山街道抓实矛盾纠纷排查，调处矛盾纠纷。开展危化品、道路交通、建设施工等安全生产专项整治。全年未发生一起安全生产责任事故。完成“3·9”和中非经贸合作论坛期间城市管理应急保障，庆祝中华人民共和国成立70周年和文明创建迎国检期间，对高铁站周边及两点三线的城市管理工作处置到位。推进扫黑除恶专项斗争，派发宣传资料2万余份、悬挂横幅400余条、制作巨型宣传牌5块、入户走访告知400余户等。联合派出所，全面梳理涉黑涉恶信息线索，对群众举报、信访案件等进行重点摸排，约谈2批40余人次，搜集反映线索4条。组织全街党员干部开展扫黑除恶专项斗争应知应会知识测试，签订“不涉黑、不涉恶”承诺书。（刘桃红）

2019年1月17日，绿地城际空间站项目观摩　（刘桃红　提供）

【安全生产】 2019年，雨花区东山街道召开党政专题会以及工作部署会议6次，制定并下发《东山街道安全生产领域“大排查、大体检、大整治”工作方案》。街道组织开展行动202次，出动相关人员503人（次），开展大排查企业770家，开展大体检企业651家，排查安全事故隐患194处。组织200余家企业单位的负责人和安全生产管理人员，共300余人召开东山街道“夯实企业安全生产主体责任年”活动动员大会，对企业负责人和安全生产管理人员进行宣传发动和业务知识培训，6次组织召开会议对开展“夯实企业安全生产主体责任年”活动进行调度。街道（社区）和辖区企业悬挂安全生产主体责任宣传横幅520余条，制作专题宣传美篇26篇，发放宣传彩页共4000余份。组织辖区内所有生产经营单位签订“夯实企业安全生产主体责任承诺书”150余份；开展2019年“夯实企业安全生产主体责任”示范企业创建活动，确定各行业领域25家基础相对较好的企业为夯实企业安全生产主体责任示范企业建设重点培育对象。对106家“夯实企业安全生产主体责任”不到位的单位下达责令整改文书57份，并对18家企业进行行政处罚，累计罚款1.8万元。开展企业警示约谈20余次。翻印安全手册2万余份，悬挂宣传横幅320条，制作安全生产宣传展板80张；印制3000余份“安全生产提示牌”。开展安全生产宣传教育“七进”活动、“6·16”安全生产宣传咨询日、“安全宣传进社区·平安幸福千万家”、“119”消防安全月等系列活动10余场，提升全民安全防范意识，提高全民应急处置和自救互救能力。开展各类安全生产专题培训20余场，2000余人参加培训。开展打非治违行动，组织集中执法14次，出动执法人员356人/次，取缔非法违法生产经营单位12家，排查安全隐患167处且整改完毕。联合相关部门开展有限空间作业、工贸企业粉尘防爆、危险物品、道路运输、电气火灾等专项整治。全街出动安全生产检查人员917余人（次），监督执法检查企事业单位和场所572家，对辖区内企业单位开展各类执法检查358次，行政处罚25起，罚款24050元。开展“五进”（进社区、进学校、进建筑工地、进企业、进家庭）宣传工作，共印制发放宣传手册2万余份，发放宣传纸杯40万余个，悬挂消防安全宣传横幅1400余条，张贴消防安全宣传画册3000张，喷制消防安全警示标语1000余处，出动消防安全宣传车220台次。组织辖区居民、企业从业人员开展消防安全与应急培训76批次，培训3200余人次。全年检查单位1061家次，下达整改通知书645份。以消防安全隐患整治行动为契机，与辖区705家单位签订“消防安全责任状”，督促各企业申报“自查自纠表格”，自查消防安全隐患1233处（项），整改消防安全隐患305处（项）。（刘桃红）

【安全生产活动】 2019年1月21日，雨花区东山街道党工委委员、政协联络处主任李继一行对辖区内人防工程及高铁沿线进行安全生产检查，对高铁沿线的安全隐患进行全面排查，对检查中发现的问题，及时采取措施妥善处理；对铁路沿线单位和群众发放铁路护路宣传资料，就铁路安全知识和注意事项进行温馨提醒。同日，东山街道黎雅社区举行高层安置小区消防安全应急演练。演练由人人居安消防培训中心现场指挥，黎雅社区居民委员会、太和园，黎雅苑物业公司相互配合，部分居民共计150余人参加。3月26日，雨花区东山街道召开清明节期间禁止燃放烟花爆竹专项工作部署会。会议就清明节期间禁止燃放烟花爆竹专项工作进行部署。长沙市殡葬事业管理处副主任朱建波提出，街道安监部门要提前介入，对殡仪馆周边门店进行隐患排查，收缴非法销售的烟花爆竹。4月15日，东山街道安监中心查处距离高铁站铁路路线仅10米的一家非法加油站，及时排除一处高铁周边安全隐患。4月24日，东山街道组织召开“夯实企业安全生产主体责任年”活动动员部署会，对“夯实企业安全生产主体责任年”活动进行安排部署。6月20日，东山街道举行有限空间作业安全专题培训，各社区安全专干和安全协管员、辖区涉有限空间作业的企业负责人和操作人员共70余人参加培训。培训中，区应急管理局工贸科科长陈长志讲解有限空间作业安全生产形势及典型案例分析。6月24日，东山街道组织辖区重点企业负责人、消防安全管理人员、安委办成员单位负责人、东山派出所驻各社区户籍民警，召开电气火灾综合治理工作推进会议，对街道“防风险保平安迎大庆”消防安全执法检查专项行动暨“排雷行动”进行再调度。7月6日，东山街道举办“安全宣传进社区、平安幸福千万家”大型群众安全文化共建共享文艺会演。8月2日，东山街道召开党政会议，专题研究安全生产工作，对贯彻落实“7·26”全国、全省安全生产电视电话会议精神和夏季高温季节安全生产工作进行再调度。8月8日，东山街道安全生产巡查人员在进行安全巡查时，发现辖区高铁沿线有一辆非法加油车并报告街道安委，街道安全执法人员赶往现场进行查处，及时消除一处重大安全隐患。8月20日，东山街道安委办组织区域建设服务办公室、高铁新城社区、绿地集团、成都嘉诚新悦物业管理集团召开会议。各单位表示将采取积极措施，加大整改力度，彻底消除事故隐患，在规定时间进行隐患销号，确保不发生生产安全事故。8月23日，东山街道侯照社区筹委会雷锋志愿服务站组织开展未成年人消防安全教育。9月17—18日，东山街道安委办牵头对国庆特护期辖区范围内重点企业开展安全生产“回头看”工作检查，对辖区企业智慧用电系统安装应用情况进行走访了解。9月23日，东山街道组织各办公室主任、各社区（筹委会、经济合作社）书记、主任召开节前重点工作布置调度会议，传达9月17日全省电视电话视频会议精神，对国庆期间的安全生产工作再次进行部署和调度。9月25日晚，东山街道、东山派出所组织开展忠诚保大庆“大清查、大整治”联合行动。11月6日，东恒社区联合恒大绿洲、恒大国际广场物业公司等单位组织辖区各企业单位及居民群众开展安全生产宣传暨消防应急演练活动。12月5日，东山街道安委办组织各社区（筹委会、经济合作社）等20个街道安委会成员单位挂宣传横幅，搭咨询服务台，与现场72家企业代表和200余名群众进行“面对面、零距离、互动式”的现场咨询服务。12月18日，东山街道组织召开安全生产工作会议，就街道全面开展安全生产集中整治行动工作和分管行业安全生产专项整治工作进行安排和部署。（刘桃红）

【基层党建】 2019年，雨花区东山街道班子成员带头学习，讲党课4次；领办督办2018年述职区委点评问题，专门调度党建30余次。建立班子成员联点制度，严抓党组织书记述职，倒逼责任落实。与中心工作同部署、检查、考核，开展4轮督查并督导解决突出问题。落实组织生活制度，推进支部“五化”建设和软弱涣散组织排查。推行竞聘上岗，民主选用中层干部14名；新发展党员15名，选育社区后备干部12名，完成2个新社区两委首次选举；新建“两新”组织2个。抓实党员积分管理、在职党员进社区报到和“四类党员”兜底管理；跟进做好103号令安置小区居民思想工作。区内率先“阳光征拆”，10个项目清零交地。深化农安小区双重积分管理和“六方协商”机制，创建“三零”社区4个；深化扫黑除恶专项斗争，搜集反映线索4条。推进“1+X”营商党建，建立功能型党支部9个，党组织覆盖率100%。召开区域化党建联盟会议，梳理需求、资源及项目清单120余条，协调推动中建七局无偿捐赠黎郡小学前人行天桥；妥善处理涉及辖区项目建设、企业经营、农民工工资等矛盾纠纷20余起。深化“不忘初心、牢记使命”主题教育，协调推动民生实事加速解决落实。强化“20+5”资产的管理，推动太和园物管大楼招商，化解2017名拆迁户10余年的生产安置困扰。（刘桃红）

【专场招聘会】 2019年2月26日，东山街道“春风送岗稳就业，精准扶贫惠民生”招聘会在黎郡新宇·熙春园举行。招聘会现场，盒马鲜生、天虹、保利MALL、山姆会员店、诺博美誉酒店、希尔顿欢朋酒店等40余家薪酬高、门槛低、离家近的企业现场招聘，为求职者们提供普工、安防、客服、厨师、门店店长、销售经理、顾问、保洁、协警等200余个工作岗位。吸引众多小区及周边失地农民、未就业的高校毕业生及外来流动人口竞相应聘。为提高招聘会知晓率和参与率，东山街道创新宣传方式，上门走访就业特殊困难人员，了解就业意向。同时短信、电话、微信等众多平台同步推广，拓宽宣传途径，吸引更多对口求职者的关注，提升招聘效果及企业知名度。5月5日，在熙春园十栋架空层前坪举办“转变就业观念，提高就业能力”招聘会。（刘桃红）

【南雅社区居家养老服务中心】 雨花区东山街道南雅社区有60周岁及以上老年人口1600余人，辖区凤凰苑、凤凰佳园小区均属于长沙市重点保障房项目，困难群体以及老弱病残人员多，为推动辖区健康养老工作，社区推动居家养老服务中心社会化运营。南雅社区居家养老服务中心以“健康养老”模式为核心，将“家庭医生”嵌入社区居家养老服务中心，南雅社区居家养老服务中心与东山街道社区卫生服务中心签订医养合作协议，引进家庭医生工作室，建立定期医疗巡诊制度，提供居家医疗护理服务。2019年3月21日，长沙市雨花区东山街道南雅社区居家养老服务中心委托运营协议签订，该居家养老服务中心可为辖区的老年人提供日间照料、康复保健、应急救助、文化娱乐、法律援助、精神慰藉等活动。辖区老人在家做饭不便，可到居家养老服务中心就餐，可呼唤社工、志愿者上门送餐；老人身体不适，家庭医生可上门看病；老人独居生活孤独，可前往居家养老服务中心社交。（刘桃红）

【防灾减灾宣传周活动】 2019年5月6—12日，雨花区东山街道联合红十字会针对洪涝灾害开展防灾减灾红十字博爱宣传周活动。该次宣传周活动以“提高灾害防治能力，构筑生命安全防线”为主题。居民学习避灾自救、灾后疾病防控、如何消毒等知识。边山红十字会上门给孤寡老人义诊，宣讲防灾减灾常见知识。南雅、东恒等社区开展灾后急救知识现场培训。东山街道在公共场所悬挂横幅标语，将《灾后卫生防疫指南》《暴雨洪涝期间减灾防病指南》等防灾减灾宣传资料赠送给居民。（刘桃红）

【生态保护宣传活动】 2019年6月4日，雨花区东山街道举行“关爱自然、爱护地球”群众性主题宣传活动。活动吸引近600余名辖区居民参与其中。活动中，东山街道表彰一批环保先进个人和优秀志愿者。东山街道党工委书记杨钦涵表示，街道将进一步整合资源，开展专项整治，构建人人有责、多元治理的生态环保格局。东山街道地处长沙南部，伴随着长沙高铁新城片区的开发，街道陆续完成拆迁腾地、农民安置等工作，为建设生态宜居、绿色幸福的美丽东山，东山街道加强建筑工地现场扬尘治理，改善辖区空气环境质量。（刘桃红）

【广场舞比赛】 2019年6月28日，“庆祝新中国成立70周年”全民健身广场舞大赛暨雨花区“新时代文明实践”主题宣传活动在雨花区东山街道太和园小区广场举行。全民健身广场舞比赛中，来自辖区各社区的13个舞蹈队200余名干部群众表演《美丽的大中国》《爱我中华》《我和我的祖国》等参赛曲目。舞蹈均由各社区民间团体、热心居民自编自演。（刘桃红）

【重阳节活动】 2019年9月30日，雨花区东山街道渔场社区举行第三届“致敬重阳青春行”活动，数百名居民到场庆祝重阳节，以及庆祝国庆节的到来。现场活动包括二人转、狮子舞、杂技、小品等表演，以及知识竞赛、抽奖等活动。（刘桃红）

【“青少年增能吧”活动】 2019年7月22日，雨花区东山街道黎郡社区幸福黎郡系列活动之“青少年增能吧”活动举行。参加活动的青少年分成若干个小组，通过小组游戏互动、分享心得、困境模拟、随机表演等形式，相互交流，更好地认识自己，认识他人。孩子们在社工的帮助下，诉说自己的爱好与梦想，逐渐形成团队，学会如何包容他人、表达自己。黎郡社区是长沙典型的农安小区，居住的大部分是失地农民和外来务工人员，他们大部分工作忙碌，无暇照顾小孩，因此黎郡社区开展该次活动，为孩子们提供一个交流平台，增强其团队协作和交往能力。（刘桃红）

【男子篮球赛】 2019年7月30日，雨花区东山街道第六届“东山杯”男子篮球赛开赛。该活动由东山街道与辖区党建联盟单位联合举办，雅礼雨花中学提供场地资源，由绿地・城际空间站项目认领经费赞助，辖区长沙市第二福利院、黎托强制隔离戒毒所等单位参与，12支参赛队伍展开32场次的角逐。（刘桃红）

【自助图书馆】 2019年7月29日，雨花区高铁片区的首个自助图书馆亮相东山街道。该馆距离长沙火车南站4分钟车程，馆藏3000余册图书。自助图书馆亮相后，东山街道成立公共文化志愿服务队，志愿者们对自助图书馆提供服务和维护，组建包括文艺表演、图书派送等内容在内的小分队，走进街道社区。（刘桃红）

【主题教育】 2019年，雨花区东山街道党工委开展“不忘初心、牢记使命”主题教育，编印资料选编120册，发放书籍读本1000余册，组织班子成员研讨交流2次，全街落实支部书记带头授课、邀请专家辅导近30场次，开展“我和我的祖国”群众性主题宣传教育活动、红色观影活动近20场次。10月15日，东山街道党工委召开“不忘初心、牢记使命”主题教育指导员工作交流会。街道各大办主任、党建办全体工作人员、各社区（筹委会、经济合作社）组织委员、“两新”组织委员参加会议。会议围绕指导员的工作职责、工作要求、主要任务、工作方法和工作纪律等方面进行培训，对后一阶段的指导工作作出具体安排。与会指导员、组织委员对如何做实做细主题教育指导工作进行交流提问。12月13日，长沙市雨花区东山街道开展学习贯彻党的十九届四中全会精神暨“不忘初心、牢记使命”主题教育宣讲。宣讲邀请到党的十九届四中全会区委宣讲团成员、市委党校副教授徐少兵授课，街道全体党政领导、全体机关干部、各社区（筹委会、经济合作社）书记和主任、居民群众代表等200余人参加宣讲活动。徐少兵以《中华民族伟大复兴的强大制度支撑》为主题，阐述中共十九届四中全会作出的《决定》的深刻内涵。徐少兵指出要从加强党对国家制度建设的领导、加强制度理论研究和宣传教育、加强执政能力建设和治理能力建设三个方面将十九届四中全会精神落到实处。（刘桃红）

【政银党建合作】 2019年10月29，雨花区东山街道与长沙农商银行武广支行签订“党建共创·金融普惠”行动合作协议，助推政银党建优势互补、互学互助，标志着街道与长沙农村商业银行武广支行合作共建步入常态化，对全面加强党的基层组织建设，实现党建和金融普惠的有机融合，更好发挥农村金融服务在助推乡村振兴、精准扶贫、就业创业中的作用。（刘桃红）

【区委调研东山街道】 2019年2月3日，雨花区委书记张敏带队到东山街道督查指导节前各项工作，现场查看新城控股吾悦广场项目建设情况，对春节期间仍坚守建筑工地施工的农民工进行慰问，要求做好春节期间不回家农民工节日保障工作；加强安全生产隐患排查；保证重点工程建设质量。2月13日，张敏，区委副书记、区长刘素月实地调研东山街道集体土地征拆情况。张敏强调，各部门单位要以饱满的激情、昂扬的斗志、顽强的精神，迅速掀起全区征拆工作新高潮，力争交出年度征拆工作满意答卷。12月16日，张敏、刘素月带队，分A、B两条线，对东山街道2019年重点帮扶项目绿地城际空间站、长沙高铁吾悦广场进行流动观摩。（刘桃红）

同升街道

【概况】 雨花区同升街道地处长沙市东南角，东与跳马镇接壤，西南与天心区大托镇为邻，北邻洞井街道，绕城高速、京珠高速、武广高铁、沪昆高铁从中穿过，拥有李家塘、绕城互通和万家丽路三个入城口，是长株潭一体化的“桥头堡”和两型社会建设的核心区域，总面积23.3平方千米，是雨花区面积最大的街道。辖白田、洪塘、新兴、同升、金井、桃阳6个社区筹委会，景环、同升湖、古樟树、联盟、新聚园、仙姑岭6个社区，户籍人口2.2万余人，流动人口2.1万余人（不包括学生，春季比亚迪招工人数）。街道内设党政综合办公室、基层党建办公室、城市管理办公室（区域建设服务办公室）、公共服务办公室（行政审批服务办公室、优化营商环境服务办公室）、公共安全办公室、综合行政执法队，财政所，司法所，纪检监察办公室。设街道政务服务中心（街道党群服务中心）、街道网格化综合服务中心2个公益一类事业单位。街道机关核定行政编制16名，领导职数10人，事业编制36名，后勤服务人员事业编制1人。机关工作人员总人数199人，其中，在职在编干部行政编14人，事业编25人，引进人才1人，随军家属无编雇用1人，雇员42人，八大员104人；退休人员12人。街道机关党支部分为3个党小组，党员38人。

2019年，同升街道紧紧围绕“强化党建引领、突出社会治理”工作主题，突出抓好“强化党建引领、破解发展难题、提升城区品质、抓好基层治理、确保平安稳定”五大方面工作，推动街域经济社会实现高质量发展，奋力开创“和谐、秀美、幸福”同升新局面。获评长沙市信访工作“三无”街道、2019年度长沙市无偿献血组织工作先进单位。（陈　岚）

【街域经济】 2019年，雨花区同升街道完成固投资产投资37.66亿元；累计完成社会消费品零售总额49.34亿元，同比增长0.6%，完成重大项目“中建璟和城”投资任务13.35亿元，超额445%完成重大项目任务。营利性服务业营业收入完成2491万元，同比增速1.5%。推出八大主题活动，举办第六届雨花区同升商圈汽车消费节，吸引22家汽车4S店参与，活动期间共实现订销总台数8021台，总销售额18.48亿元，其中“黄谷路汽车6S街区”实现销售额15.3亿元，同比增长36.67%。街道鼓励企业创新营销模式，开展“汽车团购月”“辖区企业员工购房专场会”等一系列活动。帮助企业解决各类问题，解决中建·凤凰台小学配套及林科路建设、中建·璟和城自建小学冠名等问题。（陈　岚）

【城建城管】 2019年，雨花区同升街道在碧桂园、同升湖等小区开展违建整治专项行动，拆除新增违法建筑44处2647平方米；在重要位置严密防控，对新增违建“零容忍”。开展“散乱污整治”等行动，改善街巷面貌。推广垃圾分类，提升小区品质。6月份的城管考核中，同升街道排名全市第二、全区第一，古樟树社区在全市社区考核中排名第一。办理区蓝天办交办环境污染问题31个，办结“天天在线”案件35件；加强对在建工地、露天烧烤、垃圾焚烧等敏感区域、重点问题的巡查，确保动态监管全覆盖，打赢蓝天保卫战。推动同升村“环保路东延线”代征项目，实现“14栋合法房屋6天签约清零”，腾地17.33公顷；做好已完成拆迁的白田变电站、环保大道东延线、保障住房96号地三个项目拆迁扫尾工作。（陈　岚）

【社会事业】 2019年春节期间，雨花区同升街道重点慰问困难家庭19户，发放慰问资金1.9万元。精准扶贫走访跳马团然村23户家庭300余人次，脱贫率100%。街道人大代表、政协委员对辖区困难户、贫困大学生、特殊救助群体爱心捐款共109.51万元。全街完成民生实事46件，其中重大民生实事10件、主题教育民生实事14件、群众民生实事22件。实施“品质”工程，同升湖山庄、白竹水乡两个小区电力“专改公”项目基本完成；在长郡雨花外国语学校北门和南门安装隔离带，确保3000余名学子出入安全；建设新湘小学校“阳光等候区”。实施“便民”工程，利用惠民资金，为同升湖山庄小区群众购买书籍1400册，在湘水郡小区设立流动图书站；为同升湖社区30余只宠物犬免费进行狂犬病疫苗接种；为洪塘佳苑小区居民建立老年人文化娱乐活动中心。同升街道与长沙职业教育基地签订“党建共联、文化共享、文明共建、志愿共帮、产教共融”“五共”协议，开展品牌志愿活动30余次。举办第四届“乡情文化节”，举行“五四爱国情·青春奋斗者”纪念五四运动100周年暨“户帮户亲帮亲”雨花志愿服务实训基地成立大会。修建“智慧健身房”，改建街道文化站，修建白田红色文化公园。5家培训机构中，取缔无证办学行为的机构3家，已办证机构2家，完成率100%，完成2所幼儿园实物移交。开展“五四爱国情 青春奋斗者”等市、区级活动20余场；社区工作人员张双、辖区居民阳光老师家庭分别被评选为“湖南见义勇为好人”先进典型和长沙市文明家庭；对白田小区进行综合整治，5块1.33公顷的未开发建设用地进行全面水泥硬化，划分停车位1000余个，新植3000余平方米的绿化草坪。街道以民意快线服务联盟为平台，将58家单位、社会组织、志愿团队纳入服务联盟，认领70个公益岗位，开展文化活动50余场；街道领导干部与30名余名群众建立结对帮扶关系，定期联系、走访，收集民情民意。利用春节、端午节等节日，走访群众3834人次，收集解决群众切实关心的民生问题151余件，群工站解决群众反映问题300件，化解矛盾纠纷176件。推行“互联网+政务服务”，街道政务服务平台共受理业务3300余件，办结率100%，实现企业、群众办事最多跑一次；办理“12345”热线1400余件，回访满意率97.36%。（陈　岚）

【基层党建】 2019年，雨花区同升街道开展“不忘初心、牢记使命”主题教育。班子成员带头示范，开展学习教育、调查研究、检视问题、整改落实，重点解决民生实事14件。推进党支部“五化”建设，33个党支部通过认定，占比为82.5%；以解决问题为突破口，推进“三零”社区创建工作，完成全区任务考核。丰富“书记讲党课 主任谈社会治理”学习教育，以“同升党校”为载体创新党建培训。利用新修建的白田红色文化公园红色资源点，构建起同升红色教育“资源库”，供党员干部研学；狠抓社会组织建设，打造黄谷路汽车6S街区、新聚园社区“微爱邻里之家”等党建品牌。抓实区域化党建工作，与长沙职业教育基地签订“五共”协议。稳妥处置省委巡视组、市区纪委等交办的17起信访问题线索，本级立案3件，处分3人。全街的会议同比减少40%以上，发文同比减少30%以上。（陈　岚）

【第四届乡情文化节】 2019年1月27日，2019年我们的中国梦·湖湘文化进万家暨第三届飞梦雨花文化艺术节系列活动“红色印象幸福同升”同升街道第四届乡情文化节盛大开幕。同升街道3000余名居民共聚一堂，喜迎新年，现场文艺表演、赏传统非遗展演，吃特色小吃，包括春联送祝福、幸运大抽奖等活动。该次文艺庙会，有利于丰富人民群众春节期间的精神文化生活，营造喜庆祥和的节日氛围。（陈　岚）

【廉政文化节活动】 2019年4月26日，“4·20”雨花区同升街道廉政文化节暨中建信和地产中建·璟和城项目“超英廉洁文化示范点”“廉洁营商共建单位”联创联建活动启动。该次活动由同升街道主办，中建信和城地产有限公司协办。活动现场，中建·璟和城项目各方代表签订“廉洁协议书”。“超英”廉洁文化示范项目、联创联建廉洁文化项目的正式授牌，标志着共建街道、企业、社会三级监管的新模式正式建立。（陈　岚）

【雨花志愿服务实训基地】 2019年4月26日，“五四爱国情·青春奋斗者”纪念五四运动100周年暨“户帮户亲帮亲”雨花志愿服务实训基地成立大会举行，雨花区13个街道镇、相关区直机关、辖区12支青年志愿服务队等400余人参加。长沙市文明办副主任丁德喜为“户帮户亲帮亲”雨花志愿服务实训基地授牌，共青团市委党组成员、青少年宫主任李明为雨花青年志愿者培训基地授牌。（陈　岚）

【区领导调研同升街道】 2019年1月17日，雨花区委书记张敏，区委副书记、区长刘素月带领区重点项目观摩团实地观摩督导同升街道云冷产业园项目（云冷1号）。5月7日，刘素月一行走访调研同升街道社零工作，重点走访奥迪、林肯等6家4S店，听取各汽车4S店经营状况和销售情况，对企业提出的相关诉求进行现场答复，要求相关部门及时回应、限时处理。（陈　岚）

【经济合作社揭牌】 2019年12月5日，雨花区同升街道桃阳经济合作社正式挂牌暨揭牌仪式在同升街道桃阳社区筹委会举行。桃阳社区书记、经济合作社理事长彭特，事务监督委员会主任杨国城共同为桃阳经济合作社揭牌，社区全体支筹两委、事务监督委员会、党小组长、村民组长及妇女组长出席。彭特就近期村务重点、难点工作进行总结和汇报。与会成员对桃阳经济合作社约0.07公顷集体两安用地指标办理落地事宜和用地计划的公告进行互动交流和集中探讨。12月21日，同升街道同升经济合作社举行揭牌仪式。同升街道办事处副主任陈丹丹，同升湖社区党总支书记李琦及同升社区筹委会居民代表，事务监督委员会成员出席活动。陈丹丹率领同升社区筹委会“两委”成员共同为合作社揭牌。同升社区筹委会农村集体产权制度改革工作顺利完成前期准备、清产核资、成员认定、折股量化四个阶段，按照程序由原同升社区筹委会居民代表过渡产生管理委员会和监督委员会，合作社理事长由筹委会主任柳学武担任。（陈　岚）

【庆祝中国共产党成立98周年】 2019年6月28日，雨花区同升街道庆祝中华人民共和国成立70周年暨中国共产党成立98周年“红色印象·幸福同升”七一活动在职教基地汇美馆举行。同升街道全体机关干部、全体党员、群众代表、各社区工作人员等近500人参与。该次活动有三个环节：品——文化盛宴，签——“五共”协议，传——红色精神。活动在开场舞《向党看齐》中拉开序幕，上演快板《同升党建》等节目。与会领导为“先进基层党组织”“优秀党务工作者”“优秀共产党员”等先进单位和个人颁发荣誉证书。同升街道与长沙职业教育基地签订“党建共联、文化共享、文明共建、志愿共帮、产教共融”五共协议，双方按照“共驻共建、资源共享、校社互动、实现双赢”的原则，创新推出“党建共联”，联动基层党建力量，创新探索党建共治。原郊区党史办主任、红军攻打长沙历史研究学者毛步高在场的党员讲解1930年红军两次攻打长沙的历史。湖南好人张双、社区党员刘建溪分别从红色传承，党员榜样等角度倾诉心声。（陈　岚）

2019年4月26日，雨花志愿服务实训基地成立　（陈　岚　提供）

人 物

人物简介

莫志刚

莫志刚，湖南长沙人，1969年10月出生，1991年9月参加工作，2002年4月加入中国民主建国会，本科学历，经济管理学学士。

1988年9月至1991年7月，长沙职业技术师范专科学校工民建专业学习。1991年9月至1992年4月，在长沙市郊区建委工作。1992年4月至1996年6月，在长沙市郊区房产局工作。1996年7月至2002年9月，在长沙市雨花区房产局工作。2002年9月至2008年1月，任长沙市雨花区建设局副局长。2008年1月至2014年9月，任长沙市雨花区市政工程管理局局长。2014年9月至2016年9月，任长沙市雨花区高桥街道办事处主任。2016年9月至2018年9月，任长沙市雨花区农业林业水利局局长。2018年9月至2019年3月，任雨花区住房保障局局长。2019年4月至2019年12月，任雨花区政协社会法制和民族宗教委员会主任。2019年12月，当选为雨花区人大常委会副主任，分管区人大农业与农村委员会、区人大环境与资源保护委员会工作。

（柳 旻）

吴平辉

吴平辉，湖南安化人，1972年8月出生，1991年9月参加工作，2000年6月加入中国共产党，硕士研究生学历。

1991年9月至1995年2月，安化县太平乡中学任教。1995年2月至1996年5月，任安化县公安局黄金派出所民警。1996年5月至1997年8月，任安化县公安局预审股预审员。1997年8月1999年7月，中国人民公安大学治安系（专修部）学习。1999年7月至2001年6月，任安化县公安局梅城派出所副所长，兼刑警中队队长。2001年6月至2003年8月，任安化县公安局法制办副主任。2003年8月至2005年6月，任长沙市雨花区司法局副局长。2005年6月至2007年1月，任雨花区洞井镇党委委员、副书记。2007年1月至2008年1月，任雨花区委组织部副部长。2008年1月至2009年1月，任雨花区委组织部副部长、非公工委书记（兼）。2009年1月至2011年12月，任雨花区高桥街道党工委副书记、办事处主任。2011年12月至2014年9月，任雨花区高桥街道党工委书记。2014年9月至2015年5月，任雨花区火车南站综管办副书记、主任。2015年5月至2019年12月，任雨花区火车南站综管办书记、主任，副县级干部。2019年12月，任雨花区人民政府党组成员、副区长。

2014年以来，吴平辉坚持以旅客为中心，牢固树立站区一盘棋的思想，牵头抓总，干在前头，创新治理，走在前列，形成共商共建共治共享的站区治理格局，站区秩序明显好转，出行环境明显改善，旅客获得感、满意度明显上升，南站地区彻底甩掉了落后的“帽子”，成为全国的标杆示范。吴平辉敢于担当，筑牢防控的“铜墙铁壁”，联合铁路地方98家单位一体协同，建立公安武警“十位一体”联勤联动指挥中心，建设网格化服务管理智慧平台，打造综合治理联勤联动工作模式，在2017年全国综治工作会议上代表全国高铁站区做典型介绍，在全国“雪亮工程”推进会上全面推介。吴平辉坚持依法治理、源头治理、系统治理和综合治理相结合，依法治违，重拳治乱，强力扭转，连续五年实施8个“百日整治”，组织开展“品质站区”等15个专项治理行动，建立“日碰头”“周总结”“月考评”工作机制，启动特护期应对客流高峰，旅客出行体验不断增强，杭州等高铁站专程到站区学习。吴平辉乐于奉献，倾心亲力服务旅客。坚持一线工作法，坚持带领带头干，每天要开展步行看站区，每个月带领站区党员干部做一天志愿者，连续五年节假日都在工作岗位上坚持调度，五年来丈量站区的步数距离可以绕地球半圈，服务2.6亿名旅客，实现安全便捷舒适出行。（凌　敏）

罗　跃

罗跃，湖南长沙人，1970年1月出生。MBA学历，经济师，中共党员。1990年11月至1992年10月，担任长沙市红星村团支部书记。1992年10月至1995年10月，任红星村村委会委员、治保主任。1995年10月至2014年10月，任红星村村委会主任、党委副书记。2006年至2014年10月，任红星实业集团有限公司副董事长、总经理。2014年10月起，任雨花区井湾子街道红星村社区党委第一书记，红星实业集团有限公司党委书记、红星实业集团有限公司董事长。1997年当选雨花区人大代表，2012年当选长沙市人大代表，任长沙市第十四届、十五届人大财政经济委员会委员至今。

20多年来，罗跃和班子成员一道，团结带领广大干部群众强党建、纯民风、抓经济、促发展，提出“强三、优二、引一”“四轮齐转”“三个转变、四个结合、五个拓展”等发展战略，致力于打造“实力红星、品质红星、幸福红星”，全力推动“红星商圈”和区域经济发展，逐步形成“党建引领、公司运作、社区管理、居民参与”四位一体发展的红星模式。截至2017年，红星村集体经济规模突破100亿元，年利润及缴税双双过亿元，村民人均年纯收入达10万元，成为名副其实的“三湘第一村”。村集体企业红星实业集团有限公司，获评“农业产业化国家重点龙头企业”、“首届长沙市民营企业创新成长力100强”“长沙市五一劳动奖状”等荣誉，形成了具有竞争力的企业品牌与显著成绩。罗跃从事基层工作28年，为区域发展、乡村振兴、产业增效、精准扶贫等作出积极贡献。先后获得省委组织部“百姓心中好村官”提名奖，“长沙市优秀人大代表”“区经济建设先进个人”“区安全生产工作先进个人”“区优秀企业家”“区优秀共产党员”“区劳动模范”“区攻坚克难突击手”等省、市、区级荣誉十余项。2018年入选“长沙市改革开放40年杰出民营企业家”，荣膺“2018中国果业年度人物”“中国农产品流通改革开放40年突出贡献奖”；个人事迹在湖南经视“千里共湘江”系列中予以专题报道，被省委组织部收入《红星云》视频学习资料。2019年，获湖南省五一劳动奖章。（凌　敏）

唐博杰

唐博杰，1984年1月出生，湖南涟源人，大专文化，中共党员，2005年参加工作，现任湖南晓光汽车模具有限公司钳调科长，主要从事汽车车身模具的装配、调试、整改等工作。

唐博杰自2007年入职湖南晓光汽车模具有限公司，作为公司成立后第一批骨干员工，他多年来潜心扎根在模具制作的第一线。从一无所知的懵懂青年到能够独挑大梁的模具师傅，他布满老茧的手掌记录了他的成长过程。他潜心钻研，主动挑战高难度模具。公司只要接到高难度订单，他的班组一定是首选。因为他不仅自己技术过硬，对于班组的管理，技艺的传授也有独到之处。他的班组成员在技术水平与素质上，都是公司的佼佼者。他常常说：不怕难度只怕没难度。如今，他肩负重任，面对越来越大的挑战，他迎难而上，发挥共产党员先锋模范精神，带领团队不断前进。在他身上，闪耀着一个优秀制造工人的光芒。2016年获得雨花区第三届“劳动模范”称号，2017年被雨花经济开发区评为“雨花工匠”，2018年荣获长沙市五一劳动奖章。2019年获评长沙市劳动模范，湖南省实体经济企业优秀班组长。（凌　敏）

人物表

长沙市劳动模范、先进工作者

姓名	性别	出生年月	籍贯	学历	政治面貌
刘正安	男	1976年3月	湖南宁乡	本科	中共党员
欧阳晓琦	女	1964年10月	湖南宁乡	大专	中共党员
王宏霞	女	1968年6月	湖南芷江	大专	中共党员
周晓州	男	1979年12月	浙江温州	本科	中共党员
刘洁	女	1964年6月	江西	本科	中共党员

统计资料

表 1　　行政区域一览表

指标	单位	社区居民委员会	社区筹委会	行政村
总计	个	134	15	13
雨花亭街道办事处	个	11	1	0
高桥街道办事处	个	8	0	0
左家塘街道办事处	个	21	0	0
侯家塘街道办事处	个	12	0	0
砂子塘街道办事处	个	8	0	0
东塘街道办事处	个	10	0	0
圭塘街道办事处	个	14	0	0
黎托街道办事处	个	7	4	0
洞井街道办事处	个	14	5	0
井湾子街道办事处	个	15	0	0
东山街道办事处	个	6	2	0
同升街道办事处	个	6	3	0
跳马镇	个	2	0	13

表 2　　经济社会发展主要指标统计一览表

指标	单位	2019 年	2018 年	增长（%）
土地面积	平方千米	292.20	292.20	0
年末总人口（户籍人口）	万人	73.85	72.08	2.4
男	万人	36.23	35.53	2.0
女	万人	37.61	36.55	2.9
城镇人口	万人	69.77	68.01	2.6
地区生产总值	亿元	2057.77	1942.45	7.7
第一产业	亿元	5.35	5.28	–2.2
第二产业	亿元	1118.90	1061.61	6.4
工业	亿元	785.18	747.22	5.5
建筑业	亿元	334.98	314.60	9.2

续表 2

指标	单位	2019 年	2018 年	增长（%）
第三产业	亿元	951.51	875.60	9.4
交通运输、仓储邮政业	亿元	64.43	60.55	6.1
批发业	亿元	70.50	164.40	7.1
零售业	亿元	101.61	95.42	4.2
住宿业	亿元	16.19	14.47	–0.9
餐饮业	亿元	19.84	17.69	9.2
金融业	亿元	140.38	129.78	9.5
房地产业	亿元	116.42	101.51	10.2
房地产开发经营业	亿元	72.28	59.30	13.6
自有房地产经营	亿元	25.73	25.14	5.0
其他房地产活动	亿元	18.41	17.08	5.1
其他服务业	亿元	420.68	391.29	11.3
营利性服务业	亿元	205.70	191.08	14.1
非营利性服务业	亿元	214.98	200.21	8.6
科学技术支出	亿元	1.67	1.35	23.7
认定国家级企业（集团）技术中心	家	0	0	—
省部级以上科技成果	项	36	22	63.6
专利申请	件	4889	4395	11.2
授权专利	件	2845	2733	4.1
签订产学研技术合同	项	571	561	1.8
年技术市场成交合作合同金额	亿元	48.00	33.97	41.3
产学研科技人员服务企业人数	人	13210	13170	0.3
国有企事业单位各类专业技术人员	人	12950	12846	0.8
科研院所服务人员	人	8637	8626	0.1
企业科技服务人员	人	4211	4220	–0.2
人均水资源	立方米	1466	1375	6.6
平均年降水量	毫米	1588	1685.5	–5.8
总用水量	亿立方米	2	2.06	–2.9
人均用水量	立方米	430	448	–4.0
森林覆盖率	%	44.58	44.47	—
完成造林面积	公顷	3	54.7	–94.5
年末实有封山（沙）育林面积	公顷	4400	4300	2.3
开工水利工程	处	72	156	–53.8
水利工程投入资金	万元	9022	6745.25	36.4
水利工程完成土石方	万立方米	22	12	83.3
园内企业个数	个	925	852	8.6
园内企业产值（不含中烟公司）	亿元	380	335	13.4
新签约企业数	个	87	80	8.7
合同签约总额	万元	98241	88426	11.1
登记个体工商户个数	个	13843	12863	7.6
新登记企企业户数	个	13836	9418	46.9
新修市政道路	千米	6.02	8.3	–27.5

续表 2

指标	单位	2019 年	2018 年	增长（%）
基础设施投资总额	万元	36924	66175	-44.2
维修路面及人行道	万平方米	20.9	22.0	-5.0
计划投资立项数	个	215	236	-8.9
备案数	个	180	178	1.1
计划立项总额	亿元	67.6	70.76	-4.5
备案总额	亿元	706.5	681.15	3.7
新改建村组公路	千米	41.1	50	-17.8
年末实有道路长度	千米	343	328	4.6
年末实有道路面积	万平方米	209	187	11.8
社区改造	个	8	18	-55.6
拆违面积	万平方米	12.46	26.23	-52.5

表 3　财政收支情况一览表

指标	单位	2019 年	2018 年	同比增长（%）
一般公共预算收入	万元	1581313	1583062	-0.1
上划中央两税	万元	95856	115911	-17.3
其中：地方一般公共预算收入	万元	613618	546864	12.2
地方一般公共预算支出	万元	916087	849978	7.8

表 4　招商引资情况一览表

指标	单位	2019 年	2018 年	同比增长（%）
进出口总值	万美元	195030	118734	64.3
出口	万美元	182920	108737	68.2
进口	万美元	12110	108737	-83.3
一般贸易	万美元	126015	118256	6.6
加工贸易	万美元	1870	478	291.2
当年新签项目（合同）个数	个	5	5	—
实际到位外资	万美元	81280	74357	9.3
引进市外境内项目固定资产投资	亿元	—	342.96	—
实际利用外资金额	亿美元	10.50	11.87	13
外商直接投资额	亿美元	9.51	10.87	14.3
对外承包工程和劳务合作完成营业额	亿美元	4.45	3.62	22.9
实际引进省外境内资金	亿元	170.90	145.07	17.5

表 5　教育事业基本情况一览表

指标	单位	2019 年	2018 年	同比增长（%）
中等专业学校数	所	0	0	0
普通中学学校数	所	4	4	—
普通高中在校生	人	4195	5277	-20.5

续表 5

指标	单位	2019 年	2018 年	同比增长（%）
普通初中学校数	所	15	15	—
普通初中在校生	人	21674	20555	5.4
小学学校数	所	72	73	-1.4
小学在校学生数	人	88243	82196	7.4
幼儿园数	所	228	200	14.0
幼儿园在园幼儿	人	40170	35970	11.7
教职工数	人	6572	5400	21.7
小学生初中入学率	%	100	100	—
高中阶段毛入学率	%	100	100	—
义务教育阶段合格学校建设	所	2	8	-75.0

表 6　文化体育旅游事业基本情况一览表

指标	单位	2019 年	2018 年	同比增长（%）
艺术表演团体	个	17	26	-34.6
文化馆	个	1	1	—
公共图书馆	个	1	1	—
图书分馆	个	11	9	22.2
放映农村公益电影	场	678	700	3.2
体育场地	万平方米	265	199.9	32.6
体育场	个	16	16	0
体育馆	座	11	11	0
运动场	个	40	40	0
游泳场	个	24	30	25.0
各种训练房	个	369	393	6.5
全区全民健身运动参加人数	万人	60.9	60.5	0.7
全区开展全民健身项目	项次	34	43	-20.9
国内旅游人数	万人次	2920.11	3156.41	-7.5
国内旅游收入	亿元	386.02	372.49	3.6
境外入境人数	万人次	26.02	27.48	-5.3
旅游业总收入（人民币）	亿元	394.4	381.14	3.5
国内旅游收入（人民币）	万人次	368.02	372.49	3.6
旅行社总数	个	73	60	21.7
星级饭店总数	个	8	8	—
其中：五星级	个	1	1	—
四星级	个	3	3	—
三星级	个	4	4	—
二星级	个	0	0	—
星级饭店客房总数	间	1702	1702	—

表 7

卫生事业基本情况一览表

指标	单位	2019 年	2018 年	增长（%）
卫生机构数	个	612	535	14.4
医院、卫生院	个	55	56	-1.8
妇幼保健院（所、站）（区内发证）	个	1	1	—
专科疾病防治院(所、站)(区内发证)	个	0	0	0
医院、卫生院床位数（区内发证）	张	1510	1607	-6.0
卫生技术人员	人	18831	18333	-2.7
执业医师和执业助理医师（区内发证）	人	2623	2718	-3.5
注册护士（区内发证）	人	3261	2829	15.3
疾病预防控制中心(防疫站)(区内发证)	个	1	1	—
疾病预防控制中心（防疫站）卫生技术人员	人	42	39	7.7
卫生监督检验机构（区级）	个	1	1	—
卫生监督检验机构卫生技术人员(区内发证)	人	24	24	—
社区卫生服务中心	个	11	11	—
社区卫生服务中心床位数	张	607	590	2.9
社区卫生服务中心卫生技术人员	人	628	594	5.7

表 8

环境卫生事业基本情况一览表

指标	单位	2019 年	2018 年	增长（%）
收运垃圾	万吨	47.39	49.03	-3.3
清扫街道	万平方米	971	917	5.9
保洁从业人数	人	2002	2131	-6.1
垃圾运输车	辆	149	119	25.2
扫路车	辆	50	50	—
洒水车	辆	194	187	3.7
公共厕所	座	82	79	3.8
本年新建	座	3	4	-25.0
垃圾站	个	137	135	1.5
本年新建	个	2	2	—

表 9

园林绿化基本情况一览表

指标	单位	2019 年	2018 年	增长（%）
园林绿化覆盖面积	万平方米	3705.19	2711.5	36.6
绿化覆盖率	%	44.09	40.77	8.1
绿地面积	万平方米	3368.35	2465	36.6
新增绿地面积	万平方米	903.35	34.55	2514.6
新纳入绿地面积	公顷	34.64		
绿地率	%	40.09	37.07	8.1
公共绿地面积	万平方米	2080.67	1178.9	76.5
公园个数	个	51	46	10.9
公园面积	万平方米	354.33	350.02	1.2

表 10 环境保护基本情况一览表

指标	单位	2019 年	2018 年	增长（%）
工业废水排放总量	万吨	110.63	151	-26.7
工业废气排放总量	万标立方米	268704	157521	70.6
工业固体废物产生量	万吨	6.71	6.68	0.4
工业固体废物综合利用率	%	100	100	—
水质满足Ⅲ类标准的断面比例	%	100	100	—
水质满足Ⅳ类标准的断面比例	%	—	—	—
城市污水处理率	%	96.88	97.7	0.82
空气质量达到二级标准的城市（区）	个	1	1	—
烟尘控制区	个	5	5	—
烟尘控制面积	平方千米	47.6	47.6	—
区域环境噪声功能达到二级标准的城市（区）	个	1	1	0
环境噪声控制区	个	5	3	66.7
环境噪声控制面积	平米千米	29	28	3.6
全省已批准国家生态示范区个数	个	1	1	—

表 11 劳动就业和社会保障情况一览表

指标	单位	2019 年	2018 年	增长（%）
城镇新增就业人员	人	16294	15529	4.9
城镇登记失业人员	人	5229	5816	-10.1
城镇登记失业率	%	2.06	2.06	—
安排下岗失业人员再就业	人	6538	7757	-15.7
大龄就业困难对象再就业	人	2535	3519	-28.0
下岗失业人员再就业培训	人	367	—	—
农村富余劳动力转移就业增加人数	人	210	454	-53.7
农村劳动力转移培训	人	1410	469	200.6
年末企业职工参加基本养老保险人数	人	230063	177948	29.3
在职人员	人	209309	158438	32.1
退休人员	人	20754	19510	6.4
年末城乡居民基本养老保险投保人数	人	65635	67037	-2.1
年末参加工伤保险职工人数	人	180026	130963	37.5
年末参加失业保险职工人数	人	156068	121160	28.8
年末领取失业保险金职工人数	人	3013	2100	43.5
年末参加生育保险职工人数	人	235163	183586	28.1

表 12 人事工作基本情况一览表

指标	单位	2019 年	2018 年	增长（%）
各类专业技术人员总计	人	4617	4519	0.5
工程技术人员	人	37	35	6.7
农业技术人员	人	8	7	14.3

续表 12

指标	单位	2019 年	2018 年	增长（%）
卫生技术人员	人	240	228	5.2
教学人员	人	4347	4264	0.9
会计人员	人	15	15	—
经济人员	人	7	6	16.7
各类专业技术人员构成				
工程技术人员	%	0.80	0.77	5.6
农业技术人员	%	0.17	0.15	13.3
卫生技术人员	%	5.20	5.05	2.9
教学人员	%	94.15	94.36	0.4
会计人员	%	0.37	0.33	12.1
经济人员	%	0.15	0.13	16.1

表 13　民政工作及社会救助情况一览表

指标	单位	2019 年	2018 年	增长（%）
登记结婚数	对	5402	5807	-13.2
登记离婚	对	2869	3272	-12.3
各类收养性社会福利单位床位数	张	1484	1395	6.4
各类收养性社会福利单位收养人员数	人	1095	941	16.4
城镇各种社区服务设施	个	1027	1019	0.8
财政预算安排“低保”资金（区级）	万元	1800	1600	12.5
社会救济总人数	人	5049	5254	-3.9
居民最低生活保障人数	人	4497	4706	-4.6
特困供养人数	人	558	548	1.8
综合性社区服务中心	个	134	126	6.3
十、接受社会捐赠资金	万元	—	83	—
直接接收社会捐赠	万元	—	83	—
十二、销售社会福利彩票	万元	6141	8612	-28.7
十三、筹集社会福利资金	万元	307.05	430.6	-28.7

表 14　档案事业与馆藏情况一览表

指标	单位	2019 年	2018 年	增长（%）
机构数	个	1	1	—
专（兼）职工作人员	人	14	14	—
馆藏档案				
全宗	个	126	126	—
案卷	卷	59601	59601	—
录音、录像、影片	盘	155	155	—
照片	张	6476	6361	1.8
资料数量	册	4220	4220	—
利用人数	人次	2700	3200	-15.6

续表 14

指标	单位	2019 年	2018 年	增长（%）
利用档案	卷次	3527	3850	-8.4
利用资料	册次	19	145	-86.9
利用档案资料	页	20000	4350	359.8
公开出版	种	1	2	-50.0
公开出版字数	万字	103.9	246.8	-57.9
内部参考	种	1	1	—
内部参考字数	万字	24.7	29.8	-17.1

表 15　城乡一体化城镇住户收支调查一览表

项目	单位	附加单位	2019 年	2018 年	增幅 %
调查户月数	户		1080	1080	—
可支配收入	元	人	59374.97	54522.33	8.90
消费性支出	元	人	49202.16	44948.10	9.46
恩格尔系数	—	%	25.1	25.0	—
家庭总收入	元	人	63844.82	59131.8	7.97
可支配收入	元	人	59374.97	54522.33	8.90
工资性收入	元	人	31334.56	28259.31	10.88
经营净收入	元	人	8931.75	8134.70	9.80
财产净收入	元	人	5230.32	4812.78	8.68
转移净收入	元	人	13878.33	13315.54	4.23
家庭人均总支出	元	人	64843.58	64159.30	1.07
消费性支出	元	人	49202.16	44948.09	9.46
食品烟酒	元	人	12355.79	11354.20	8.82
衣着	元	人	3005.75	2734.03	9.94
居住	元	人	9338.00	8502.89	9.82
生活用品及服务	元	人	6303.77	5776.41	9.13
交通和通信	元	人	4488.61	4086.60	9.84
教育文化娱乐服务	元	人	9317.48	8488.39	9.77
医疗保健	元	人	3462.71	3158.17	9.64
其他用品和服务	元	人	930.04	847.40	9.75
财产性支出	元	人	—	—	—
转移性支出	元	人	3704.25	3595.90	3.01
购置资产及非经常性转移支出	元	人	4479.79	9909.10	-54.79
生产经营费用支出	元	人	—	—	—
部分商业保险支出	元	人	452.15	444.10	1.81
借贷性支出	元	人	6637.45	4428.80	49.87
主要消费品拥有量	—	—	—	—	—
汽车	辆	百户	64.44	65.50	-1.61
助力车	辆	百户	18.89	16.40	15.18
洗衣机	台	百户	105.56	106.80	-1.17
电冰箱	台	百户	102.22	103.00	-0.76

续表 15

项目	单位	附加单位	2019 年	2018 年	增幅 %
彩色电视机	台	百户	123.33	125.80	-1.96
家用电脑	台	百户	116.67	120.00	-2.78
摄像机	架	百户	—	—	—
微波炉	台	百户	62.22	63.90	-2.63
空调器	台	百户	267.78	255.20	4.93
淋浴热水器	台	百户	98.89	100.50	-1.60
消毒碗柜	台	百户	—	—	—
健身器材	套	百户	18.89	17.10	10.46
固定电话	部	百户	15.56	14.50	7.28
移动电话	部	百户	263.33	254.10	3.63
接入互联网的移动电话	部	百户	247.78	237.90	4.15
接入有线电视网络的电视机	台	百户	—	118.60	—
接入互联网的计算机	台	百户	114.44	116.70	-1.93
住房情况	—	—			
1. 家庭居住人口	人	户	2.99	3.00	-0.33
2. 现住房总建筑面积	平方米	人	34.40	40.40	-14.85

附 录

聚焦发展 奋力攻坚
为高质量建设财富品质幸福雨花而接续奋斗
——在区委五届二十一次全体（扩大）会议上的讲话

张 敏

（2019 年 12 月 17 日）

同志们：

这次会议的主要任务是：以习近平新时代中国特色社会主义思想为引领，深入贯彻落实党的十九大和十九届二中、三中、四中全会精神，以及党中央和省委、市委决策部署，认真总结 2019 年工作，安排部署 2020 年工作，动员全区上下不忘初心、牢记使命，聚焦发展、奋力攻坚，为高质量建设财富品质幸福雨花而接续奋斗。现在，我受区委常委会委托，向全会报告工作。

一、强化责任担当，坚持真抓实干，2019 年雨花各项工作在重大考验中取得了务实成效

2019 年是庆祝新中国成立 70 周年的大庆之年，也是雨花重大任务集中、大事要事交织的特殊一年。一年来，区委常委会总揽全局、协调各方，以强烈的责任担当，团结带领广大干部群众，推动全区各项工作经受了重大考验、取得了新的成效。重点抓了十件大事：**一是稳步完成全区机构改革。**加强领导，压实责任，严明纪律，完成了区、街道（镇）两级机构组建、班子配备、人员转隶、部门“三定”等任务，建立健全了区委对重大工作领导的体制机制。**二是自觉接受省委巡视、坚决抓好巡视反馈问题整改。**省委第二巡视组对我区开展全面巡视，作出政治生态良好的评价。巡视期间的专项交办问题和交办函问题全部整改到位，巡视反馈问题基本整改到位。**三是深入开展“不忘初心、牢记使命”主题教育。**区委常委会带头示范，带领全区上下一体推进学习教育、调查研究、检视问题、整改落实，切实抓好专项整治等工作，梳理并办结了一批民生实事，得到了省委、市委指导组的充分肯定。**四是持续推进扫黑除恶专项斗争。**按照中央对湖南扫黑除恶督导反馈意见以及“回头看”工作要求，对标对表推动工作、巩固成果。深入摸排问题线索，打掉一批涉黑涉恶组织团伙，群众安全感不断提升。**五是认真落实“两个年”决策部署。**将经济工作向“两个年”集中，将绩效考核向“两个年”聚焦，服务在建项目，发力拟建项目，攻坚闲置项目，推进可开发项目，解决企业发展难题，扎实做好企业“入规、升高、上市、扩面”工作，我区连续三年在全市重大产业项目观摩中排名中心城区第一。积极争取省绿心总规局部优化，雨花经开区拓展发展空间 4.54 平方千米，是全省唯一调出绿心范围的区域。着力优化营商环境，雨花作为长沙样本区成功接受国家发改委测评。**六是为庆祝新中国成立 70 周年营造和谐稳定环境。**全力做好安全生产、信访维稳、巡查防控、应急值守等工作，全国“两会”、国庆和党的十九届四中全会期间进京非访实现“零登记”。**七是切实抓好防汛救灾各项工作。**积极应对6月底连续降雨天气，确保群众生命财产安全。全力开展灾后恢复、隐患整治、涉水工程建设等工作，曙光垸大堤一期基本完工、二期建设加快，防洪能力大幅提升。**八是圆满完成“四经普”任务。**坚持应统尽统、应报尽报，初步核算全区普查总量超过去年快报数，超过量占到全市的近五分之一。**九是协助举办中非经贸博览会、中国中部农博会。**协助举办首届中非经贸博览会，湖南非洲商品展销馆开馆。成功协办第21届中国中部（湖南）农业博览会，品牌影响力持续彰显。**十是扎实办好重点民生实事。**将新增财力重点用于保障和改善民生，跳马脱贫攻坚、城市特殊困难群体帮扶、“一圈两场三道”建设、垃圾分类减量等取得实效，圭塘河井塘段示范公园加快建设，省森林植物园即将免费开放，人民群众幸福感在家门口升级。

一年来，区委常委会统筹全区改革发展稳定工作全局，主要做了七个方面工作：

一是深学笃用习近平新时代中国特色社会主义思想。**突出全面覆盖。**区委常委会、区委理论学习中心组分别开展专题学习20次、16次，推动学习往深里走、往心里走、往实里走；全区各级党委（党组）扎实开展学习，将学习覆盖到每一个支部、每一名党员。**突出学深悟透。**区委常委带头列出读书清单，读原著学原文悟原理，真学真懂真信，通过学习找到基层工作的方向和答案。**突出知行合一。**围绕习近平总书记对湖南工作的重要指示精神，抢抓“一带一部”、中部地区崛起战略机遇，在“三个着力”、三大攻坚战等方面全力抓好贯彻落实，研究制定推进制造业高质量发展三年行动计划，党中央和省市决策部署在雨花高效落实。

二是着力推进经济高质量发展。加强党对经济工作的集中统一领导，以务实举措推动经济高质量发展。预计全年地区生产总值增长8%左右，总量迈上2000亿元历史性台阶；地方一般公共预算收入增长8.3%；固定资产投资增长8.5%；社会消费品零售总额增长8.5%，主要经济指标稳居中部省会城区前列，人民日报发布我区综合实力、工业经济和投资潜力分别跻身全国百强区第29位、20位、14位，工信部发布我区城区综合竞争力排名全国百强区第17位，是全国前二十强中唯一一个非沿海省份城区。**发展动能进一步增强。**完成重大项目投资272亿元，占年度计划的130%。深耕“一主一特”产业链，新能源汽车及零部件产业链产值增长9%，人工智能及机器人产业链营业收入增长27%，其中长步道增长24%、菲尔斯特增长34%、可孚智能医疗增长364%，雨花经开区综合评价位列全省省级园区第一。新增“四上”单位120家、认定高新技术企业107家、和顺石油实现IPO上市、新增市级智能制造试点企业8家。引进盒马鲜生、中铝国际等9个500强项目。商务楼宇去库存35万平方米。**片区开发进一步深入。**高铁新城片区完成10个项目征拆清零，绿地长沙城际空间站、新城吾悦广场等建设顺利。红星片区城市更新稳步推进，步步高星城天地启动建设。雅塘片区与央企签订合作协议，曙光路、洞井路建成通车。跳马片区全域旅游加快推进，洞株路快速化改造稳步实施，民宿示范区初具规模。电商物流园来势良好，普洛斯、红星全球采购中心一期即将投入运营。**营商环境进一步优化。**出台“雨花营商环境25条”，实现企业开办“1110”模式，成为全省开办企业最快的区（县市）。打造全科型政务服务大厅，搭建政企常态沟通平台，开展企业（项目）服务日活动，营商环境持续优化。企业开办改革以来新增企业9099户，增长54.4%。全区市场主体总量达17.7万户，为全市第一。圆满完成电网建设“630攻坚”任务。**发展潜力进一步发掘。**摸清全区“三资”底数，认真分析，夯实举措，着力挖掘经济发展新的增长点，增强发展新动能。

三是高质量打好三大攻坚战。**以更实举措抓风险防控。**消化关注类债务8.08亿元、隐性债务1.9亿元，债务风险总体可控。城投类平台转型以来，区城投公司成为全省首家获评主体AA+信用等级的区县平台公司。统筹抓好金融、社会、外部环境等领域的风险防控。**以更高标准抓脱贫攻坚。**在做好“两不愁三保障”基础上，强化产业扶贫、就业扶贫、教育扶贫等举措，巩固脱贫成果。做好桑植县、龙山县石牌镇和大安乡等对口帮扶工作，获评全省“携手奔小康先进单位”。**以更大力度抓污染防治。**全面落实“六控”“十个严禁”，强化科技手段，加强源头治理，空气质量综合指数排名中心城区前列。落实“河长制”，圭塘河石碑大港智能化末端改造全面完成、劳动路北污水提升泵站主体完工，水质达到Ⅳ类及以上标准。扎实开展农村环境“五治”。稳步推进绿心地区工业企业退出用地处置工作。

四是积极推动社会主义民主政治建设。健全区委定期听取区人大常委会、区政协和“一府两院”党组工作报告制度。支持区人大及其常委会依法履职，行使决定权、监督权和任免权，围绕“优化营商环境”等开展专题询问和专项评议。支持区政协开展政治协商、民主监督和参政议政，围绕化解“典型信访问题”等开展专题协商。切实做好民主党派、工商联、无党派人士、民族宗教界人士、新的社会阶层人士等统一战线工作。统筹抓好工会、共青团、侨联、科协、妇联、残联等群团工作。用心用情做好老干工作。加强党管武装和国防动员，统筹推进军民融合深度发展。

五是切实抓牢宣传思想文化工作。落实意识形态工作责任制，强化阵地管理，做好风险防控。加快融媒体中心建设，推动传统媒体和新兴媒体深度融合。加强党对网信工作的领导，壮大网络正面宣传，积极应对和稳妥处理网络舆情。加快新时代文明实践中心建设。齐心协力抓好全国文明城市创建各项工作。围绕庆祝新中国成立70周年开展文艺宣传，丰富文化活动，唱响主旋律，凝聚正能量。

六是在发展中保障和改善民生。坚持就业优先，新增城镇就业1.6万人。推进社会保障体系建设，完善退役军人服务保障体系。新建扩建学校及幼儿园9所，新增学（园）位4950个，稳妥化解大班额129个，入选首批“全国师德养成教育示范区”。加快实施市政道路等基础设施建设，城管网格化、精细化水平持续提高。开展违法用地、违建别墅专项整治。稳步实施棚户区改造、城中村改造、老旧小区提质改造，人居环境持续改善。打造火车南站“智慧站区”。全力做好非洲猪瘟疫情防控工作。深化“平安雨花”建设，扎实做好安全生产、信访维稳、食品药品监管、社会综治等工作，社会大局和谐稳定。

七是以自我革命精神推进全面从严治党。区委常委会带头坚定政治信仰、强化政治领导、提高政治能力、净化政治生态。扎实开展“不忘初心、牢记使命”主题教育。对全区13个街镇班子开展政治建设考察，对54个党组织开展政治巡察。强化党建引领，把抓党建与促发展、强治理、保稳定、推民生有机结合起来。全区已认定“五化”党支部1071个，占比达83.6%。88个社区（村）实现“三零”目标。统筹抓好“两新”组织、国有企业、住宅小区、楼宇商圈、机关党建等工作，整顿软弱涣散党组织5个，基层党组织全面进步、全面过硬。贯彻新时期好干部标准，一批政治可靠、作风优良、敢于担当的干部得到提拔或重用。稳步实施公务员职务与职级并行。加强干部交流，加大年轻干部培养选拔力度，统筹消化有关单位超配职数，激发干部活力。严格落实中央八项规定精神，坚决整治形式主义官僚主义，开展“提篮子”“打牌子”、违规收送红包礼金等专项整治，查处违反中央八项规定精神问题14起，运用监督执纪“四种形态”处理332人次。

同志们，艰难困苦，玉汝于成。一年来，全区工作之所以在重重考验中取得新的进步，是党中央和省委、市委坚强领导的结果，也是全区上下齐心协力、共同奋斗的结果。在此，我谨代表区委常委会，向关心、支持和参与雨花改革发展的全体区委委员、老领导、老同志，以及全区广大党员干部群众表示衷心的感谢并致以崇高的敬意！

在总结工作的同时，区委常委会深入分析工作中存在的不足，主要体现在：深学细悟习近平新时代中国特色社会主义思想还有差距，创造性落实党中央和省委、市委决策部署还有待加强；发展不平衡不充分问题仍然存在，满足人民群众日益增长的美好生活需要还有大量工作要做；少数党员干部攻坚克难、实干担当精神还不够，部分工作落实见效有待增强；基层党建工作不平衡问题有待进一步解决，基层基础还需持续夯实。对此，区委常委会将采取有力措施，切实加以解决。

二、科学分析研判，保持战略定力，坚定高质量建设“三个雨花”的信心决心

2020年是全面建成小康社会和“十三五”规划收官之年，也是高质量建设“三个雨花”决胜之年，全区上下务必要科学研判，保持定力，坚定发展信心。

要增强风险意识、底线思维，科学应对复杂形势。当今世界正处于百年未有之大变局，经济发展面临的国际国内条件都在发生深刻而复杂的变化。从外部看，世界经济增长持续放缓，仍处在国际金融危机后的深度调整期，世界大变局加速演变的特征更趋明显，全球动荡源和风险点显著增多。从内部看，我国正处在转变发展方式、优化经济结构、转换增长动力的攻关期，结构性、体制性、周期性问题相互交织，“三期叠加”影响持续深化，经济下行压力加大。从雨花看，投资消费快速增长的压力不小，产业转型升级任重道远。但我们更要看到，当前和今后一个时期，国内经济稳中向好、长期向好的基本趋势没有改变。我们要用辩证思维看待形势发展变化，既善于把外部压力转化为发展的强大动力，推动经济保持总体平稳态势；又不断增强风险意识、底线思维，妥善应对可能出现的风险问题。

要勇于开拓创新、担当作为，奋力抢抓发展机遇。随着“一带一路”、长江经济带、中部地区崛起等国家战略深入实施，省委创新引领、开放崛起和市委全面建设现代化长沙等决策部署持续推进，政策效应叠加，机遇大于挑战。跳出雨花看雨花，经济总量突破2000亿元大关，意味着区域经济发展提升了一个量级，也意味着今后一段时期，是雨花在量的积累上实现高质量发展的关键时期，只要我们认真贯彻新发展理念，坚决落实党中央和省市的决策部署，锐意进取，务实担当，雨花的发展就一定能勇立潮头，继续走在前列。

基于以上判断，区委确定2020年全区工作的指导思想是：**以习近平新时代中国特色社会主义思想为引领，深入贯彻党的十九大和十九届二中、三中、四中全会精神，坚决落实党中央和省委、市委决策部署，坚持稳中求进工作总基调，围绕“聚焦发展，奋力攻坚”工作主题，统筹推进稳增长、促改革、调结构、惠民生、防风险、保稳定，不忘初心、牢记使命，砥砺前行、奋发作为，为高质量建设财富品质幸福雨花而接续奋斗。**

主要预期目标：地区生产总值增长7%以上；地方一般公共预算收入增长6%以上；固定资产投资增长7%以上；社会消费品零售总额增长6.5%以上；城镇居民人均可支配收入增长7.5%以上；城镇登记失业率控制在4%以内；节能减排等约束性指标全面完成。

区委确立“聚焦发展，奋力攻坚”工作主题，**一方面，是要坚持以发展为第一要务，坚定不移贯彻新发展理念，推动经济高质量发展。**由“量”向“质”转变，加快建设现代化经济体系，实现更高质量、更有效率、更加公平、更可持续的发展。以供给侧结构性改革为主线，转变发展方式、优化经济结构、转换增长动力，掀起发展热潮，不断增强综合实力。加强生态文明建设，突出宜居宜业，让群众获得感、幸福感、安全感不断提升。**另一方面，是要坚持以问题为导向，一以贯之围绕发展重点和群众期盼，全力以赴攻坚克难。**扭住党的建设“牛鼻子”，强化党建凝心聚力、引领发展作用，坚持问题导向、目标导向、结果导向，聚焦增**强动能、产业升级、片区开发、城市建管、基层治理**等重点领域，奋力攻坚、全面突破。以“钉钉子”精神抓落实，推行“清单管理”“挂图作战”，对看准了、定好了的事情，集中优势力量，一抓到底，说一件、干一件、成一件，不打胜仗不鸣金，不获全胜不收兵。

三、突出精准施策，奋力攻坚突破，不断厚植雨花高质量发展优势

九层之台，起于累土。做好明年工作，关键在落实，全区广大党员干部尤其是党员领导干部必须不驰于空想、不骛于虚声，一步一个脚印，重点在以下五个方面奋力攻坚，务求成效。

一是在增强发展动能上奋力攻坚。把盘活存量资金、资产、资源作为经济工作的重要抓手持续推进，培育发展新的动能。**向资金要活力。**优化预算编制和执行，完善项目预算安排、项目资金使用、结余资金管理等机制，发挥财政资金“四两拨千斤”作用。建立税源清理台账，加大征收力度，加强税源培植，确保应收尽收。加强“三公”经费管理，进一步压减一般性支出，把资金用在刀刃上。**向资产要效益。**对已经外租的国有资产，理顺租赁关系，加强管理，提升效益。对闲置的国有资产，采取对外租赁、拍卖出售等方式进行处置。对位置好、可利用性强的老旧资产进行更新，实现“二次增值”。对国有公司的经营性资产，加大包装推介力度，更好发挥效益。**向资源要后劲。**对未开发土地，由县级领导牵头实行“一地一策”，明确解决方案、工作重点和时限要求，推动早出让、早挂牌、早建设。对闲置楼宇实行“一楼一策”，认真分析原因，高水平做好招商策划，确保招商实效。对烂尾楼进行集中攻坚、重点突破，把“城市包袱”变成“城市财富”。

二是在产业转型升级上奋力攻坚。突出制造业高质量发展。以园区为平台，聚焦“一主一特”，紧紧围绕智能工业型机器人和传感器件，选准“小而特、小而优、小而精”切口，向价值链、创新链、供应链高端发力。做好增量和存量的结合文章，深耕比亚迪、长步道、大族激光等，加快推动大族激光二期、长步道产业基地、可孚医疗产业园等项目投产达效，同时抓好现有产业的数字化、网络化、智能化、绿色化升级改造。发挥机器人研究院、大族激光研究院等作用，提高创新能力，抢占“三智一自主”产业发展制高点。打造智能工厂、智慧物业、智慧物流等应用场景，在智能网联领域取得更多突破。**加快项目落地见效。**以编制“十四五”规划为契机，精心储备、包装一批优质产业项目、基础设施项目和民生项目，争取更多项目进入国家和省市“笼子”。突出园区招商、片区招商、楼宇招商，重点引进国内外500强企业、央企和重点湘商，在项目落地、建设、投产、达效上确保进度和实效。**实现服务业转型发展。**紧盯现代金融、电子商务、文化创意设计等业态，推动总部经济集聚发展，打造更多“亿元楼宇”。以红星大市场、高桥大市场为重点，打造外向型经济高地。推进会展经济、夜间经济等做大规模、放大效应，形成发展新亮点。**培育更多市场主体。**持续推进“入规、升高、上市、扩面”工作，瞄准“四新”经济发展，开展中小企业“拔尖”行动，培育更多“小巨人”企业、“单项冠军”企业、独角兽企业。**持续优化营商环境。**开展营商环境“双对标”活动，深入推进“放管服”改革，实现“一张网、一张表、一个厅、跑一次”，打造“最多跑一次”升级版。深入推行部门联合“双随机一公开”监管，注重企业需求和感受，真正做到不叫不到、随叫随到、服务周到、说到做到。

三是在片区开发建设上奋力攻坚。把片区开发作为经济发展的重要增长极，集中精力，全力攻坚。**坚持目标导向。**高铁新城片区要加快征地拆迁，启动潭阳洲片区规划招商，加快项目建设进度，加强站区管理服务，提升片区品质形象。红星片区要完成首开区出让地块挂牌，稳步推进首开区一期征地拆迁、基础设施建设等工作。雅塘片区要加快征地拆迁、路网建设等进度，确保招商引资取得实质性进展。同时，统筹抓好跳马全域旅游、电商物流园发展等工作。**加大攻坚力度。**对重点片区明确由区委常委挂帅，加强工作统筹、日常调度和问题解决，确保每周有进度、每月有变化。**开展片区竞赛。**把片区攻坚作为检验干部能力和作风的赛场，比进度、比变化、比成效，在比学赶超中实现片区竞相发展。

四是在品质形象提升上奋力攻坚。紧盯城市建设管理“主战场”，打造精致精美的品质形象。**提升城市发展理念。**落实“精明增长”要求，统筹做好“拆、留、改”工作，满足群众需求，留住城市记忆。认真开展“城市体检”工作，精准治理“城市病”。持续打好蓝天、碧水、净土保卫战，让城市生活更加美好。**提升城市承载能力。**配合做好地铁、汽车南站枢纽等省市重点工程建设，加大电网建设攻坚力度，实施城市“微改造”，持续推进“一圈两场三道”建设、市政道路建设、老旧社区改造等工作。统筹实施棚户区改造、城中村改造，做到成熟一个、计划一个、实施一个。**提升城市管理水平。**从小处着眼、从细节入手，持续深化城市常态化、精细化管理。把网格化管理融入城市管理、生态环保等全过程，科学划分网格，梳理入网事项，融合数据，真正做实网格、发挥作用。

五是在社会治理创新上奋力攻坚。把党的领导落实到社会治理各领域各方面各环节，把制度优势转化为治理效能。**完善民生保障体系。**加大对困难群体、特殊人员的保障和帮扶力度。统筹推进就业、教育、文化、卫生健康、医疗保障、食品安全等民生实事，让群众有更多幸福感和获得感。用心用情用力打赢脱贫攻坚战，实现高质量脱贫。**构建群防群治体系。**健全党组织领导的自治法治德治相结合的城乡基层治理体系，发挥群团组织、社会组织作用，拓宽群众参与基层社会治理的渠道，深化“互联网+群防群治”模式，构建共建共治共享的社会治理格局。**筑牢安全防控体系。**进一步推进安全生产能力建设，加强宣传教育，完善安全设施，严格监管执法，提升应急救援水平。持续深化扫黑除恶专项斗争。建立信访维稳会商机制，加大积案攻坚力度，确保社会大局和谐稳定。

四、提高政治站位，夯实党建基础，推动全面从严治党向基层延伸向纵深发展

打铁必须自身硬。推动雨花各项工作全面过硬、全面进步，必须从管党治党严起、从自我革命抓起、从强基固本做起。

一是突出抓好政治建设。推进“不忘初心、牢记使命”制度化，全面加强全区各级党政领导班子建设，引导广大党员干部进一步树牢“四个意识”、坚定“四个自信”、做到“两个维护”。贯彻落实党中央和省市决策部署，推动各项工作在基层落地生根。认真做好省委巡视整改、主题教育专项整治“回头看”，确保常态长效。严肃党内政治生活，深入推进政治巡察和政治建设考察工作。区委将持续发挥总揽全局、协调各方作用，支持和保证区人大及其常委会依法履行职权；支持区“一府两院”依法行政、公正司法；支持区政协进行专题协商和民主评议；抓好宣传思想、意识形态、统一战线、党管武装等工作；支持群团组织改革创新，为雨花发展凝聚正能量。

二是持续强化党建引领。建强党的组织体系，以党支部“五化”建设为抓手，建好基层党支部，让每个党员都有“家”。统筹抓好“两新”党建、小区党建、楼宇商圈党建、机关党建和国企党建等，推进基层党建高质量发展。发挥战斗堡垒作用，严格落实“三会一课”等制度，推动党组织生活正常化、规范化。深化“三零”社区（村）创建、小区治理等，真正发挥党组织在基层治理中的引领作用。发挥党员示范作用，认真开展党员分类管理试点工作，完善党员积分考核评价机制，严格开展民主评议党员，充分发挥广大基层党员先锋模范作用。加强志愿者队伍建设，推动形成党员带头、社会协同、群众参与的良好氛围。

三是着力锤炼干部队伍。坚持新时期好干部标准，严把选人用人政治关，严格落实干部选拔任用条例，把德才兼备、实干实绩、群众公认的干部选出来、用起来。加大年轻干部选拔培养力度，打通选、育、管、用等环节，夯实干部梯队基础。深入推进事业单位改革和综合执法体制改革，激发干部活力，更好地服务群众。大兴实干之风，引导广大党员干部拿出真抓的实劲、敢抓的狠劲、善抓的巧劲、常抓的韧劲，推动工作落实落地。坚持严管厚爱，想方设法为基层干部强保障、提待遇、减负担、卸压力，旗帜鲜明为担当者担当、为负责者负责。

四是深入开展监督执纪。持之以恒落实中央八项规定精神和省市相关规定，持续发力整治“提篮子”“打牌子”、违规收送红包礼金等“四风”顽疾。加强对党员干部的教育管理和监督，发挥审计监督、舆论监督、群众监督等作用，深化运用监督执纪“四种形态”，让守纪律、讲规矩成为党员干部的自觉遵循。保持反腐败“零容忍”的高压态势，坚决整治群众身边腐败问题，加快构建不敢腐不能腐不想腐的体制机制，为雨花发展营造更加风清气正的政治生态。

同志们，雨花的事业阔步向前，发展的重任责无旁贷，我们每一位雨花人都要踏踏实实、兢兢业业、撸起袖子加油干。让我们紧密团结在以习近平同志为核心的党中央周围，在党中央和省委、市委的坚强领导下，不忘初心、牢记使命，聚焦发展、奋力攻坚，为高质量建设财富品质幸福雨花而接续奋斗。

长沙市雨花区人民代表大会常务委员会工作报告

——在长沙市雨花区第五届人民代表大会第四次会议上

区人大常委会主任　龚景顺

2019 年 12 月 26 日

各位代表：

我受区五届人大常委会委托，向大会报告工作，请予审议。

2019 年的主要工作

2019 年，是新中国成立 70 周年，是决胜全面建成小康社会的关键之年。区人大常委会在区委的正确领导下，坚持以习近平新时代中国特色社会主义思想为指导，认真学习贯彻党的十九大和十九届二中、三中、四中全会精神，围绕建设政治机关、工作机关、代表机关、模范机关，依法履职，探索创新，圆满完成了区五届人大三次会议确定的目标任务。全年共召开常委会议 9 次、主任会议 14 次，作出决议决定 12 项，任免地方国家机关工作人员 152 人次，开展专项工作评议 2 次、专题询问 1 次，组织视察和调研 13 次，为建设财富品质幸福雨花作出了新贡献。

一、增强行动自觉，建设好始终坚持党的领导的政治机关

坚持党的领导，是人民代表大会制度的最大优势。常委会提高政治站位，增强政治本领，强化政治能力，自觉将党的领导贯穿于人大工作全过程各方面。

1. 全面加强理论武装。常委会把传达学习贯彻习近平新时代中国特色社会主义思想和党中央、省委、市委、区委的决策部署作为党组会议、主任会议、常委会议的首要议题和首要内容，组织学习活动 10 次，重点学习了防范化解重大风险、全面深化改革、经济工作、人民代表大会制度、初心和使命、民主集中制、意识形态、习近平总书记在庆祝新中国成立 70 周年大会上的讲话、十九届四中全会精神等 19 个专题，增强“四个意识”，坚定“四个自信”，做到“两个维护”。

2. 全面强化政治引领。将习近平新时代中国特色社会主义思想作为人大及其常委会工作的指导思想，围绕贯彻党的十九大精神，开展正确监督、有效监督。主动配合完成省委巡视工作，对标巡视反馈的中心组学习制度不健全和民主生活会质量不高两个问题，制定 7 条整改措施，推动省委巡视反馈问题的全部落实。自觉接受区委的领导，坚持第一时间贯彻落实区委的重要文件精神、重要工作、重大活动，主动参与中心工作，坚持重大事项请示报告制度，全年向区委报告人大工作 4 次，人大工作得到了区委的重视支持。

3. 全面开展主题教育。扎实开展“不忘初心、牢记使命”主题教育，突出学党史上党课强党建，开展集体学习研讨 6 次、警示教育 3 场次，讲党课 6 场，在思想政治上受到新洗礼。聚焦促改革助发展保稳定，撰写调研报告 9 篇，党组班子及成员检视整改问题83个，在攻坚克难上取得新成效。切实接地气察民情出实招，推动解决圭星小学及幼儿园建设等 11 件民生实事，在服务群众上交出新答卷。围绕知敬畏存戒惧守底线，认真学习遵守《中国共产党章程》《中国共产党纪律处分条例》《中国共产党廉洁自律准则》等党章党纪党规，在清正廉洁上展示新形象。

二、依法担当作为，建设好履行宪法法律职责的工作机关

常委会落实决定权、用好监督权、行使任免权，保障了党中央决策部署的贯彻落实，促进了宪法法律的有效实施，推动了雨花高质量发展，回应了群众的美好生活需要。

1. 依法监督支持发展。坚持发展是第一要务，多角度多方式开展监督，推动高质量发展。围绕攻坚项目建设主题，开展“项目推进雨花行”活动，听取区公共工程建设中心关于全区重点工程项目工作汇报，调研圭星小学及幼儿园、红星路、林科路、川河路等重点项目，提出针对性的意见建议，充分激发项目建设在高质量发展中的强劲动力。围绕片区开发战略，视察全市首个海绵城市建设示范项目——圭塘河井塘段城市“双修”及海绵示范公园 PPP 建设项目，支持政府开展圭塘河流域综合治理；视察雅塘冲路、石马文化公园、中城苑等项目，督促雅塘片区综合改造如期推进。围绕棚户区改造工作，听取区棚改工作汇报，察看左家塘街道劳动路 BCD 地块、雨花亭街道雅塘片区汽制和大吉棚改项目建设情况，提出加大保障投入、加快项目进度、改善群众居住环境的建议。围绕优化营商环境，组织 5 个调查组，收集反馈19个方面的问题，对10个区直部门开展优化营商环境专项工作评议，提出强化制度创新、强化整改问效、强化督促落实等审议意见，用更好的营商环境提升雨花的创造力、影响力、竞争力。

2. 依法深化预算监督。将深化财政预算审查监督作为推动经济社会持续健康发展的“重头戏”，听取和审议预算执行、预算调整、决算等报告，指出面对当前经济下行压力增大、财政收入增长困难的不利形势，区人民政府及其部门要坚定信心，树立过“紧日子”的思想，科学统筹财力，合理安排支出，做到稳增长、促改革、调结构、惠民生。听取政府性债务、税收征管、统计工作汇报，督促政府防范债务风险，强化征收调度，依法科学统计，精准服务高质量发展。优化区人大常委会预算联网监督系统，实时动态高效掌握财政收支情况。听取和审议区人民政府关于2018年度审计查出问题整改情况报告和审计查出问题的14个责任单位整改情况报告，并进行满意度测评，实现审计查出问题有效整改。创新建立区人民政府向区人大常委会报告国有资产管理情况制度，实现人大对国有资产监督的法治化、制度化、规范化，推动国有资产更好服务雨花发展、造福人民群众。

3. 依法加强民生监督。被征地农民生产安置、生活安置，事关被征地农民切身利益，事关社会和谐稳定。常委会组织被征地农民“两安”工作专题询问，围绕保障性住房、社保资金、村集体项目开发等方面，向区人民政府及相关部门、街镇提出14个问题，问出了被征地农民“两安”的难点。教育是民生工程，承载着千万家庭的美好未来。在发放调查问卷1876张、收集意见建议86条的基础上，开展教育专项工作评议，指出存在“保障力度不足、队伍建设有待加强、周边环境有待优化”等3大问题，并提出4条建议，助推教育工作高质量发展。听取全区2018年度生态环境保护工作报告，依法呵护蓝天白云、绿水青山。支持区人社局开展农民就业创业工作，举办技能培训2期，提供就业服务1258人次。开展防汛救灾专题询问和基层医疗卫生专项工作评议“回头看”，督促相关问题如期整改到位。视察全区社会救助工作，推动政府提高社会救助保障水平。听取民族工作汇报，持续开展“三湘农民健康行”“民族团结进步行”等活动，增强人民群众的获得感、幸福感、安全感。

4. 依法推进司法监督。今年是中央关于开展扫黑除恶专项斗争承上启下的“治根之年”。主任会议成员调研区公安分局关于扫黑除恶专项斗争工作，提出深挖彻查线索、形成工作合力等建议，推动扫黑除恶专项斗争向纵深发展。建立检察机关提起公益诉讼制度，是党中央回应全社会对环境资源、食品药品、国有财产等领域公益保护的重要部署。主任会议听取区人民检察院关于公益诉讼工作汇报，提出加大部门间线索共享、行动协作力度，护航经济社会发展等建议。配合上级人大完成对《大气污染防治法》《反家庭暴力法》《归侨侨眷权益保护法》等4部法律的执法检查和4部法规决议草案的征求意见工作。审查规范性文件2件，处理涉法涉诉信访案件10件。以“推进刑事案件认罪认罚从宽制度，促进社会公平正义”为主题，推进“司法公正长沙·雨花行”活动。调研全区“谁执法谁普法”责任制落实情况和涉农共性案件审前会商机制，推动法治雨花建设取得新进展。

5. 依法开展人事任免。今年人事任免工作一个新特点，就是支持全面深化改革。常委会坚持党管干部和人大依法任免干部的有机统一，根据机构改革后部门调整变化的需要，任免政府及其部门负责人33人次，为机构改革提供人才保障；贯彻党中央深化司法体制综合配套改革部署，任免区人民法院内设机构负责人45人次；落实新颁布的《中华人民共和国人民陪审员法》，改变过去由法院遴选提名的方式，采取以司法局为主、公安分局和法院配合遴选再由法院提名的程序，新任命人民陪审员61人。此外，共接受市、区人大代表辞职10人、补选9人。

6. 依法决定重大事项。始终坚持议大事决大事的原则，常委会听取和审议预算、审计、财政、环境保护、代表述职、议案建议等工作报告16个，并根据需要作出决议决定，实现了坚持党的领导、人民当家作主和依法治国的有机统一。如听取和审议区人民政府关于旧城改造的有关议案，作出了《关于批准雨花区人民政府将宏大家园旧城改造项目纳入区国民经济和社会发展计划报告的决议》，用法治的力量保障旧城改造顺利进行。

三、强化服务保障，建设好密切联系人民群众的代表机关

常委会坚持尊重代表、依靠代表、服务代表，按照拓展平台、完善机制、促进履职的思路，进一步发挥代表主体作用，确保代表为人民掌好权、履好职、服好务。

1. 做优代表履职服务。升级履职活动平台，指导完成13个街镇人大代表活动室升级改造，实现履职平台建设的制度化、标准化、规范化。创新履职激励机制，出台《雨花区人大代表优秀议案和建议评选表彰办法》《2019年优秀人大代表和先进人大工作者评选活动方案》，评选出25名优秀人大代表和10名先进人大工作者，激发代表履职积极性、主动性、创造性。突出履职宣传工作，《长沙人大》报道了方荣国、李章等代表的先进履职事迹，展示了我区人大代表风采。

2. 做实代表履职活动。落实“双联”制度，常委会领导多次深入街镇，走访省市区三级人大代表248人次。组织55名市、区人大代表分别向区人大常委会和原选区述职，督促代表自觉接受监督。精心组织代表小组活动，围绕破解义务教育阶段“三点半”课后服务难题、营商环境、精准扶贫、社区治理、科技科普、文化创意等主题，开展视察调研56次，为长沙市和雨花区经济社会发展献计出力。拓展履职渠道，邀请代表列席市、区人大常委会议和政情通报会，组织186名代表参加被征地农民“两安”工作专题询问、教育和优化营商环境专项工作评议，保障代表的知情权、监督权、建议权。

3. 做好代表建议督办。推进“领衔督办、重点交办、跟踪查办”工作机制，区五届人大三次会议以来，代表提出的84件建议已全部办结，基本解决或已经解决的A类件占53件，与去年同比增加19.1%，代表建议办理质量进一步提高，解决了一批人民群众反映强烈的重点、难点、热点问题。圭星小学及幼儿园完成整体建设，2020年秋季开学投入使用；区人民政府确定砂子塘街道社区卫生服务中心选址，将投入1040万元进行整体搬迁；开展养老机构服务质量专项整治行动，新建5个社区居家养老服务中心；加大对普惠性幼儿园教师的培训力度，下拨普惠性幼儿园资金2222万元。

四、坚持与时俱进，建设好党委放心群众满意的模范机关

常委会主动适应新时代人大工作的新形势新要求，以时不我待的行动自觉和锐意进取的创新精神，加强自身建设，全面规范履职，让党委放心、群众满意。

1. 切实加强党建引领。区人大常委会党组工作全面加强，全年共召开党组会议13次，研究意识形态、国有资产监督、主题教育等工作，发挥了党组把方向、管大局、保落实的作用。抓实机关党支部工作，领导干部带头落实双重组织生活制度，开展学习活动8次、主题党日活动12次，发挥了党支部的战斗堡垒作用。贯彻全面从严治党部署，强化党风廉政建设工作责任制，组织机关党员干部学习《落实中央八项规定精神政策摘编》等党规知识，驰而不息纠“四风”、正作风，整治不担当不作为不廉洁问题。

2. 切实提升履职能力。重视搭建人大代表和人大工作者多元学习交流平台，用“三个注重”提升履职能力。注重送出去，分两批组织120名人大代表和人大工作者，先后到南开大学、深圳大学开展为期一周的业务学习，提升了履职能力。注重对上联系，组织人大代表和人大干部参加省、市人大举办的学习培训3次，赴南京、武汉等地开展学习考察2次，开阔了履职视野。注重对外交流，完成广东佛山市顺德区人大、河北唐山市丰南区人大、湖北武汉市洪山区人大等23批次来区的考察交流，在互学互鉴中提升履职水平。

3. 切实树立良好形象。组织机关干部到左家塘街道湖橡社区开展“民情大走访、实事大联办”活动，结对帮扶群众30户，慰问困难群众96人。注重理论研究和新闻宣传，《雨花区人大常委会专题询问现场“开考”，18道考题直击防汛救灾难题》获第29届湖南省人大系统好新闻奖，《人民之友》《长沙人大》采用理论文章7篇，区人大常委会门户网站、飞梦雨花等新媒体发布信息160余条。重视对街镇人大工作的指导，召开街镇人大工作联系会议3次。区人大常委会被评为长沙市文明单位。

各位代表！区人大常委会2019年工作取得的良好成绩，得益于区委的正确领导，得益于全体区人大代表和人大工作者的辛勤努力，得益于“一府一委两院”的密切配合，得益于全区人民和社会各界的关心支持。在此，我谨代表区人大常委会，向大家表示衷心的感谢和崇高的敬意！

在总结成绩的同时，我们也清醒地认识到，常委会工作还存在一些不足和薄弱环节，比如监督的实效有待进一步增强，代表的主体作用有待进一步发挥，常委会机关的服务保障能力有待进一步提升，等等。我们将虚心听取意见建议，自觉接受监督，认真加以改进。

2020年的主要任务

2020年是决胜全面小康的关键之年，是进入“十四五”规划发展的起步之年。区人大常委会工作的总体思路是：坚持以习近平新时代中国特色社会主义思想为指导，深入贯彻党的十九大和十九届二中、三中、四中全会精神，全面落实习近平总书记对地方人大及其常委会工作作出的重要指示，牢记坚持和完善人民代表大会制度这一初心和使命，推动雨花人大工作高质量发展，在高质量建设财富品质幸福雨花征程中彰显新作为谱写新篇章。

一、推动雨花人大工作高质量发展，要始终坚持维护核心

党的十九大把“坚定维护以习近平同志为核心的党中央权威和集中统一领导”写入党章，确立了习近平总书记在党中央和全党的核心地位。常委会是党领导下的重要政治机关，更要旗帜鲜明讲政治。

1. 要进一步增强政治定力。坚持党的领导，是做好新时代人大工作的根本保障。要严守政治纪律和政治规矩，坚决维护习近平总书记党中央的核心、全党的核心地位，坚决维护党中央权威和集中统一领导。深入贯彻中央、省委、市委、区委决策部署，通过人民代表大会制度，保证党的路线方针政策在各项工作中全面贯彻落实。围绕区委全会确定的“聚焦发展、奋力攻坚”工作主题，创造性地做好监督工作，凝聚推动经济社会发展和改革攻坚的磅礴力量。

2. 要进一步保障人民民主。宪法确立的人民代表大会制度，是人民行使当家作主权力的根本途径和最高实现形式。坚持以习近平总书记关于人民代表大会制度的重要思想为根本遵循，通过这一制度发展更加广泛更加充分更加健全的人民民主。坚持人民主体地位，依法保障公民的知情权、参与权、表达权、监督权，支持和保证人民依法管理国家事务、管理经济文化事业、管理社会事务。一切地方国家机关都要以保证和发展人民当家作主为己任，坚持以人民为中心，把实现好、发展好、维护好人民利益作为一切工作的出发点和落脚点。

3. 要进一步推进依法治国。贯彻落实党的十九届四中全会精神，坚定不移走中国特色社会主义法治道路，监督宪法法律在我区的全面贯彻实施，支持“一府一委两院”依法行政、依法监察、公正司法，构建全面依法治区的法治体系。支持完善地方行政体制，优化政府职责体系，完善政府组织结构，提高政府行政效能，构建职责明确、依法行政的政府治理体系。以扫黑除恶、垃圾分类、物业管理、食品安全、非法集资、群防群治、禁毒等为监督重点，支持推进基层社会治理，构建共建共治共享的社会治理体系。

二、推动雨花人大工作高质量发

展，要始终坚持突出中心

常委会始终把服从党和国家的中心任务，服务雨花发展大局，保障人民权益作为人大工作的根本职责和首要任务，以实际行动确保人大工作契合大局、顺应大势。

1. 聚焦加快发展强化监督。将推动经济高质量发展作为监督工作的着力点，以“项目推进雨花行”为抓手，督促项目早落地、早投产、早见效。推动片区加快开发建设步伐，提升城市综合竞争力。围绕智能制造、产业扶植、闲置土地、楼宇经济、招商引资、文化创意、乡村振兴等主题，运用调研、视察、评议、询问等方式开展监督，推动建设更高水平开放型经济。听取和审议“十四五”规划编制、预算执行、预算调整、决算、审计、债务等报告，首次听取区人民政府关于国有资产管理情况的报告，用好财政预算联网监督系统，推进人大预算审查监督重点向支出预算和政策拓展改革，促进中央积极财政政策落地见效。听取区交通运输局、市场监督管理局、文化旅游体育局、城市管理和综合执法局、机关事务中心、园林绿化维护中心等部门工作汇报，推动机构改革后的部门提高行政效能，建设人民满意的服务型政府。

2. 聚焦民生改善持续监督。关注生态文明建设，支持推进蓝天保卫战，督促完善环保“网格化”管理体系和建筑工地扬尘在线监控平台建设；调研绿心地区生态补偿工作，推进城乡环境综合整治。回应群众重大关切，听取低保、退役军人安置等工作汇报，监督宗教、侨务、民政、防汛、精准扶贫、社会保障、安全生产、创业就业等工作，视察《健康中国2030纲要》《雨花区“十三五”全民健身计划纲要》执行情况，开展教育和营商环境专项工作评议相关问题整改“回头看”，支持政府提升公共服务水平，解决人民群众的操心事、烦心事、揪心事。持续开展“三湘农产品质量安全行”“三湘环保世纪行”等活动，在改善民生和保护环境上创特色、出品牌。

3. 聚焦厉行法治深化监督。组织“司法公正长沙·雨花行”组委会成员单位，主动围绕基层治理开展工作，推动基层治理体系和治理能力现代化。听取区人民法院关于智慧法院一站式诉讼服务中心建设、区人民检察院关于刑事司法过程法律监督、区司法局关于全区公共法律服务等汇报，为经济社会发展、保障人民权益提供有力的司法保障。配合上级人大开展执法检查和立法调研等工作，实现立良法促善治。办理好涉法涉诉信访案件，切实维护当事人合法权益。加强规范性文件备案审查工作，维护法制统一和权威。

三、推动雨花人大工作高质量发展，要始终坚持把握重心

支持和保障代表依法履职，是做好新时代人大工作的重心所在。常委会将继续在代表履职能力、履职机制、履职方式上下功夫，更好发挥代表主体作用，为高质量做好人大工作提供动力源泉。

1. 强化学习培训，为代表履职注入新动力。制定科学合理的培训计划，丰富学习培训形式，在培训对象上更加重视基层代表，实现本届内人大代表履职学习全覆盖；课程设置上全面涵盖习近平新时代中国特色社会主义思想、宪法法律法规、人民代表大会制度和代表履职知识等内容；难易程度上实现从基础型向提升型转变、由全面向专题过渡；培训方式上实施“走出去＋请进来”战略，既组织代表到一流高校学习，又请高校教授、行业专家、优秀人大代表送课上门，通过系统专业的学习培训，提升新时代人大代表履职整体水平。

2. 强化服务保障，为代表履职创造新条件。完善“双联”制度，组织代表开展履职交流座谈，听取代表意见建议，及时研究解决代表履职中遇到的困难和问题。管好用好代表联系群众活动室、联络站，组织代表定期接待群众，力争每个街镇培育一到两个代表活动室品牌。完善代表调研、视察、列席常委会议、旁听法院庭审等工作机制，为代表履职提供更加优质的服务。落实代表建议跨年度滚动办理机制，对办理“不满意”的建议及时启动代表约见，强化代表建议督办效果与质量，实现代表建议办理从“被满意”到“真满意”转变。

3. 强化组织引领，为代表履职提供新平台。将代表工作融入全区工作大局，与民生需求有机结合，科学谋划代表活动主题，组织代表围绕高质量发展、“三大攻坚战”、民生实事等区委有部署、政府正在做、群众有呼声的工作开展监督，提高代表活动的精准度、有效性。创新基层民主政治建设，探索建立重大民生事项代表票决制，真正实现“百姓的事由百姓作主”。加强对街镇人大组织代表活动的指导，通过代表履职活动观摩会、经验交流会、到外地考察学习等形式，推动代表活动方式载体创新，使代表活动更加有为有味。

四、推动雨花人大工作高质量发展，要始终坚持不忘初心

坚持和完善人民代表大会制度是人大工作的初心和使命。常委会将强化政治意识、责任意识、创新意识，全面加强自身建设，统筹协调各方面积极因素，增强常委会工作整体实效。

1. 突出政治性建设。学思践悟习近平新时代中国特色社会主义思想，把人大工作置于“四个意识”的政治原则中去定向，置于“四个自信”的战略定力中去把握，置于“四个伟大”的宏观视野中去履职。落实建立“不忘初心、牢记使命”的制度，坚持常学习、常调研、常检视、常提升，实现自我净化、自我完善、自我提高。纵深推进常委会及机关党的建设，落实党风廉政建设责任制，充分发挥常委会党组在机关的领导核心作用，保证人大及其常委会依法行使职权，落实各级党委的决策部署。

2. 突出根本性建设。把深学笃行习近平总书记关于人民代表大会制度的重要思想作为人大工作者的根本任务和看家本领，深刻领会掌握其精神实质、核心要义和时代使命，增强做好人大工作的信心和本领。健全完善组织制度、选举制度和议事规则，规范工作流程机制，用足用活监督方式，提升常委会依法履职水平。加强对区人大专门委员会和常委会工作委员会的领导，建立健全工作制度，更好发挥专门委员会的专业优势，提升机关服务保障能力。

3. 突出联动性建设。创新机关党支部工作，开展丰富多彩的工会活动，营造团结紧张、严肃活泼的工作氛围。指导街镇人大全面履行法定职责，定期交流工作经验，结合各街镇特点，形成“一街镇一特色”的基层人大工作品牌。重视意识形态和新闻宣传工作，大力宣传人民代表大会制度、雨花人大工作、代表风采，讲好人大故事、传播人大声音、彰显人大作为。坚持对上联系，重视对外交流，形成推动人大工作高质量发展的强大合力。

各位代表！新时代是奋斗者的时代，是追梦人的时代。我们要有置身大历史的荣光，更要有创造大历史的豪情。让我们紧密团结在以习近平总书记为核心的党中央周围，在区委的坚强领导下，一起拼搏、一起奋斗，在高质量建设财富品质幸福雨花征程中创造无愧于伟大时代的新辉煌。

政府工作报告

——在长沙市雨花区第五届人民代表大会第四次会议上

刘素月

（2018年12月25日）

各位代表：

现在，我代表区人民政府向大会报告工作，请予审议，并请各位政协委员和其他列席人员提出意见。

一、2019年工作回顾

2019年是新中国成立70周年，是打好三大攻坚战、决胜全面小康的关键之年，也是各类大事要事交织、困难挑战叠加的一年。一年来，在市委、市政府和区委的坚强领导下，在区人大、区政协的监督支持下，我们坚持以习近平新时代中国特色社会主义思想为指导，深入贯彻落实党的十九大和十九届二中、三中、四中全会精神，牢牢把握稳中求进工作总基调，自觉践行新发展理念，深入推进产业项目建设年、营商环境优化年，紧紧围绕“强化党建引领、攻坚项目建设”工作主题，凝心聚力，开拓进取，较好完成了区五届人大三次会议确定的各项目标任务。

——经济运行呈现稳中向好态势。地区生产总值突破2000亿元大关（预计数，下同），增长8%左右。完成地方一般公共预算收入61.05亿元，增长11.63%。固定资产投资增长9%。社会消费品零售总额增长8.5%。城镇居民人均可支配收入59048元，增长8.3%。经济发展正由高速增长阶段向高质量发展阶段转变。

——综合实力跻身国内一流行列。人民日报发布，我区综合实力、投资潜力、新型城镇化质量分别排名全国百强区第29位、第14位、第16位。工信部发布，我区工业实力排名全国百强区第20位；综合竞争力排名全国百强区第17位，是前二十强中唯一一个非沿海省份城区。

——营商环境打造雨花样板。圆满完成政府机构改革，行政效能进一步提升，营商环境进一步优化。在全省率先实现企业开办“一日办结”“费用全免”，成为全省企业开办最快的区县（市），雨花作为长沙样本区成功迎接国家发改委营商环境测评。“人人事事处处都是营商环境”已成为全区上下共识。

——市场主体活力充分迸发。“四上”企业[1]达856家，高新技术企业达327家，市级智能制造试点企业达42家，和顺石油IPO[2]上市获证监会审核通过。圆满完成第四次全国经济普查，普查总量超过去年快报数。市场主体总量达17.7万余户，每万人拥有市场主体1913户，均位居全省区县（市）第一。大企业“顶天立地”、小企业“铺天盖地”的格局逐步形成。

——对外开放迈向更高水平。完成外贸进出口总额18亿美元，增长51.6%。高桥大市场市场采购贸易方式出口正式走单，完成外贸出口6.5亿美元，位居中西部地区同类型市场前列。首届中非经贸博览会分会场活动圆满完成，中非经贸博览会唯一长期线下展销平台——非洲商品展销馆正式开馆，湖南出口产品集聚区（一期）基本建成。圆满完成第21届中国中部（湖南）农业博览会，交易额达150亿元。雨花正以更加开放的姿态走向国际、拥抱世界。

——碧水保卫战取得历史突破。圭塘河水质年平均值近十年来首次达到Ⅳ类标准。浏阳河（雨花段）、双溪港、官桥撇洪渠水质稳定达到Ⅲ类。水利部组织14家央媒对圭塘河流域综合治理经验做法进行推介，中央电视台《新闻联播》对我区黑臭水体治理进行采访报道。水清、岸绿、景美的圭塘河正成为雨花一张亮丽的名片。

——绿心地区迎来新的发展机遇。圆满实现绿心规划优化调整，工业企业退出后续工作进展顺利。洞株路快速化改造有序实施，农村公路全面提质，石燕湖村、新田村等民宿产业来势喜人，民宿带动花卉苗木转型发展，助推全域旅游焕发勃勃生机。

——防汛救灾取得扎实成效。面对今年降雨持续时间长、短时雨量大的防汛形势，我们科学应对、群策群力，扎实做好了防汛抢险救灾工作。妥善处置了跳马镇“6·21”全市最强降雨导致的山体滑坡、泥石流等地质灾害，保障了人民群众生命财产安全。全力开展灾后恢复、隐患整治、涉水工程修复等工作，曙光垸大堤综合整治（一期）主体工程基本完成，修复水毁工程46处，防洪防汛能力大幅提升。

——人民群众的幸福感在家门口升级。省森林植物园即将免费对外开放，圭塘河井塘段城市双修及海绵示范公园加快建设，“一圈两场三道”[3]两年行动计划全面完成。入选首批“全国师德养成教育示范区”，国家慢性病综合防控示范区创建顺利通过评审。日益完善的公共服务，让城市更有温度、生活更有温情、市民更有温暖。

一年来，我们主要做了以下工作：

（一）产业升级步伐加快。深化产业项目建设年，认真抓好省、市、区重点项目，完成重大项目投资272亿元，为年度计划的130%，其中产业投资增长25%。全市重大产业项目观摩连续三年排名中心城区第一。持续发力“一主一特”[4]产业链，新能源汽车及零配件产业链实现产值320亿元、增长9%，智能工业型机器人及传感器产业链实现营业收入102亿元、增长27%。比亚迪新能源乘用车生产线智能化改造、湖南工业4.0创新中心、大族激光研究院、可孚智慧医疗（一期）、大捷智能、精一自动化投入运营，长步道（二期）主体工程完工。实施服务业占比提升两年计划，服务业占GDP比重提高1个百分点。长沙高铁会展新城、中国（长沙）创新设计产业园获批全省第三批服务业示范集聚区，湖南商会大厦、万博汇云谷、御溪国际等商务楼宇纳入“三百工程”[5]重点楼宇库，税收5000万以上楼宇达15栋，商务楼宇去库存35万平方米。引进盒马鲜生、中铝国际、红星美凯龙爱琴海购物公园等500强企业（项目）9个。金屏社区、新田村市级乡村振兴示范创建工作有序开展。

（二）营商环境持续优化。出台优化营商环境25条，五大专项行动成效明显。**行政效能不断提速。**在全省率先实行企业开办“一套材料、一窗登记、一日完成、零成本办结”的“1110”模式，新增企业13834户，其中5月份改革以来新增企业10015户，增长59.8%，平均每个工作日新增企业64家。在全市率先打造13个政务服务“全科综合窗”、7个“专科综合窗”，实行无差别受理，全面推进“只进一张门、办成所有事”。**监管执法日益规范。**在全省率先启动部门联合抽查“双随机一公开”[6]改革，覆盖市场监管、生态环境、交通运输、农业农村、文化旅游等重点领域，规范了事中事后监管。在全市率先构建公共信用信息平台，累计发布信用信息4万余条。**服务企业更加贴心。**扎实开展企业（项目）服务日，建立健全企业诉求交办机制，为企业（项目）解决诉求问题200余个。着力解决企业融资、用工等问题，帮助企业争取政策资金2.7亿元、获得金融机构贷款授信200余亿元，为企业发布岗位信息1.9万余个。完善中小企业公共服务体系，区中小微企业公共服务中心获评“2019年度国家中小企业公共服务示范平台”称号。**惠企政策坚决兑现。**为企业减税37.02亿元、节省参保费1.1亿元，兑现区级产业扶植奖励6000余万元、园区产业扶植奖励1600余万元。**企业权益有效保护。**在全省率先成立区总商会商事调解中心，设立全省首个24小时法院。办理知识产权行政执法案件84件、商标侵权案件38件，企业申请专利4061件，企业合法权益保障更加有力。

（三）三大攻坚战取得突破。打好防范化解重大风险攻坚战。消化关注类债务8.08亿元，偿还隐性债务1.9亿元，政府性债务风险总体可控。区属国有企业市场化转型迈出坚实步伐，区城投公司被评为全省区县首家信用AA+级平台公司。坚决打击非法集资，化解非法集资苗头8起。落实“房住不炒”要求，房价保持整体平稳。**打好精准脱贫攻坚战。**全面落实“两不愁三保障”[7]，扎实推进产业扶贫、就业帮扶等措施。发展水果种植、容器苗种植、蜜蜂养殖等项目30个，惠及贫困户961人。加强技能培训和就业服务，实现244人稳定就业。做好桑植县、龙山县石牌镇、浏阳市社港镇和镇头镇对口帮扶，被评为“湖南省携手奔小康先进单位”。**打好污染防治攻坚战。**全面落实“六控十严禁”[8]举措，燃气锅炉低氮改造132台，清理整治“散乱污”企业51家，实施老旧小区餐饮油烟治理1万户，建成园区大气污染防治监控平台，空气质量综合指数排名中心城区前列。全面落实“河长制”，石碑大港智能化末端排口投入使用，劳动路北污水提升泵站主体工程完工，时代阳光大道北幅截污干管扩容工程启动建设，花桥污水处理厂（三期）加快征拆，水环境质量持续改善。

（四）城乡品质不断提升。片区建设扎实推进。高铁会展新城片区10个项目征拆清零，吾悦广场即将满铺开业，绿地长沙城际空间站建设加快推进。红星片区首开区拆迁腾地、合作开发前期工作有序推进，步步高星城天地、华悦广场等项目进展顺利。雅塘片区雅塘冲路（韶山南路至曙光路段）完成建设，车站南路、环线小学加快征拆。南部融城片区提质改造跳茅线、白金公路等县乡道30千米，硬化村组道路42千米。完成农村“五治”[9]无害化厕所改造3037户，打造金屏小微水体示范片区，垃圾分类减量示范村创建达100%，创建美丽屋场10个、美丽庭院50个。**城市功能日趋完善。**地铁4号线开通试运营，地铁5号线即将通车试运行，湘府路快改工程主线竣工通车，汽车南站综合交通枢纽即将正式运营，高升路、侯照路、柳树塘路等13条市政道路完成建设，沙湾路（曲塘路至长沙大道）、梓园路、洞和路、同升湖路等道路完成提质改造。长仪棚改项目实现腾地，汽制、大吉、省机械化（一期）等棚改项目签约清零。提质改造老旧小区10个。新建15分钟生活圈64个，新（改）建农贸市场15个、停车场20个、新增停车泊位8339个，新（改）建人行道58.66千米、自行车道93.5千米、健身步道6.5千米、文化步道1.2千米。建成牛栏山公园（一期）、红一方面军红色文化主题公园等公园5个。圆满完成电网“630攻坚”[10]年度任务。**城市管理更加精细。**做实城管环保网格，依托网格平台处置各类问题46万件。全面推进垃圾分类，完成93座老旧站厕改造，144个社区（筹委会）实现垃圾分类“全覆盖”，完成生活垃圾减（控）量年度目标。火车南站在全国率先开通地铁免检通道、网约车通道、城市航站楼，“智慧站区”建设有序推进。

（五）人民群众获得感日益增强。**社会保障更加有力。**新增城镇就业1.6万人、失业率控制在2%。统筹推进低保提标、城市特殊困难群体帮扶、特困人员供养等工作，落实特困人员住院、门诊等费用兜底保障。进一步完善退役军人管理服务保障体系，落实双拥优抚安置政策。持续推进全国居家和社区养老服务改革试点，新建民办养老机构2家、社区居家养老服务中心6个。川河苑、桃花苑等保障住房项目完成分房。**社会事业全面发展。**新（扩）建学校、幼儿园9所，新增学（园）位4950个，化解“大班额”129个，认定普惠性幼儿园46所，“三点半”课后服务扎实开展，儿童友好型城区建设得到联合国教科文组织充分肯定。新增家庭医生社区工作室25个，在全市率先探索医保基金专业化监管模式。完成省公共文化服务体系三年行动计划任务，打造示范性社区文化服务中心5个，投放全民健身器材72处。**社会大局和谐稳定。**坚持党建引领小区物业管理，物业服务水平进一步提升。食品安全示范城市创建扎实开展，提质小餐饮“透明厨房”600家。深入开展安全隐患专项整治，安全生产形势持续好转。完善立体防控体系，落实“互联网＋群防群治”，刑事发案率连续四年下降。深入开展扫黑除恶专项斗争，积极创建禁毒示范城市，扎实做好信访维稳、综合治理等工作，以安全和谐稳定的社会环境迎接了新中国成立70周年。

（六）**自身建设全面加强。**扎实开展“不忘初心、牢记使命”主题教育，一体推进学习教育、调查研究、检视问题、整改落实，以改革发展稳定的成果检验主题教育的成效。主动抓好省委巡视整改工作，“三大攻坚战”专项巡视32个问题全部整改到位。自觉接受人大法律监督、工作监督和政协民主监督，办理人大代表建议和政协委员提案196件，办复率100%；优化营商环境、教育等工作接受人大工作评议，蓝天保卫战工作接受政协民主评议。围绕重大政策落实、重点项目建设、重点民生资金使用等开展审计监督，完成审计项目12个，挽回（避免）损失9277万元。加快法治政府建设，深入推进“七五”普法，加强重大行政决策合法性审查，审查政府规范性文件、合同87份。严格落实党风廉政建设责任制，出台政府投资项目工程变更、国有公司融资及资金使用、市政道路政企合作建设等管理办法，严防公共资金资产资源等重点领域违法违规和腐败问题，树立政府系统清正廉洁的良好形象。

同时，国防动员和后备力量建设得到加强；人事编制、史志档案、保密、民族宗教、外事、侨务、对台、人防、爱卫、机关事务管理等工作成效明显；工会、共青团、妇联、工商联、残联、侨联、科协、红十字会、老干、老龄、关工委等组织作用有力发挥。

各位代表，一年来，我们在上下同心中奋力拼搏，在众志成城中排除万难。雨花发展有速度、有质量、有成效。这些成绩的取得，是市委、市政府和区委坚强领导的结果，是区人大、区政协监督支持的结果，是全区上下齐心协力、攻坚克难、努力奋斗的结果。在此，我谨代表区人民政府，向在各个岗位辛勤劳动、无私奉献的雨花人民，向给予政府工作大力支持的各民主党派、工商联、无党派人士、人民团体、驻区单位，向各位人大代表、政协委员、老领导、老同志和社会各界人士，表示衷心的感谢，并致以崇高的敬意！

在肯定成绩的同时，我们也清醒地看到，对照高质量发展要求，对标先进城市，还有不少差距和不足。主要是：产业发展质量有待进一步提高，新产业、新业态布局还需进一步加快；营商环境与沿海先进地区相比还有一定差距；空气质量、水环境质量持续改善仍有较大提升空间；城市建管精细化、智慧化程度有待提高；就业、教育、医疗、养老等公共服务与群众期待还有差距；安全生产和社会治理等领域还存在一定风险；干部能力、作风建设仍需进一步加强等等。对此，我们将高度重视，认真研究，采取有效措施切实加以解决。

二、2020年工作重点

2020年是全面建成小康社会和“十三五”规划的收官之年，做好明年的工作意义重大。我们应该看到，我国经济稳中向好、长期向好的基本趋势没有改变，仍处于并将长期处于战略机遇期。中央大力推进国家治理体系和治理能力现代化，更加注重制度创新，为完善基层治理指明了方向、提供了遵循。国家实施积极的财政政策和稳健的货币政策，更大力度推出减税降费、优化营商环境、支持制造业高质量发展、加快“四新”[11]经济发展等措施，为壮大实体经济释放了政策红利。长江经济带发展、中部地区崛起、创新引领开放崛起、长株潭融城一体化、现代化长沙建设等中央、省、市战略实施，为区域协同发展提供了难得机遇。大数据、人工智能、物联网、区块链、5G等为代表的信息技术蓬勃发展，正在引发新一轮产业革命，为加快产业转型升级提供了强大动力。经过多年持之以恒打基础，雨花经济总量迈上2000亿元新台阶、步入高质量发展新阶段。站在新的起点再出发，必须在遵循经济规律、实现经济总量合理增长的同时，把握好存量与增量的关系，追求更高质量、更有效率、更加公平、更可持续的内涵式发展。只要我们坚定不移维护精诚团结、同心同德的良好局面，抓住机遇、用好机遇、创造机遇，就一定能在新的征程中书写新的辉煌。

2020年政府工作的**总体要求**是：**以习近平新时代中国特色社会主义思想为指导，深入贯彻党的十九大和十九届二中、三中、四中全会精神，坚决落实中央、省、市和区委决策部署，坚持稳中求进工作总基调，坚持新发展理念，围绕“聚焦发展，奋力攻坚”工作主题，以供给侧结构性改革为主线，以改革开放为动力，推动高质量发展，坚决打赢“三大攻坚战”，全面做好“六稳”[12]工作，统筹推进稳增长、促改革、调结构、惠民生、防风险、保稳定，不忘初心、牢记使命，砥砺前行、奋发作为，确保全面建成小康社会和“十三五”规划圆满收官，奋力开创财富品质幸福雨花建设新局面。**

2020年经济社会发展主要**预期目标**是：**地区生产总值增长7%以上；地方一般公共预算收入增长6%以上；固定资产投资增长7%以上；社会消费品零售总额增长7%左右；城镇居民人均可支配收入增长7.5%以上；城镇登记失业率控制在4%以内；全社会研发经费投入占地区生产总值比重稳步提升；节能减排等约束性指标**

全面完成。

围绕上述目标，重点抓好以下工作：

（一）着力在推动经济高质量发展上取得突破

做好“三资”存量文章。坚持把盘活存量作为经济高质量发展的重要抓手，做足存量文章，激发“三资”活力，把“城市存量”变成“城市增量”，培育发展新动能。向资金要活力，优化预算编制和执行，完善项目预算安排、项目资金使用、结余资金管理等机制，探索设立产业基金，发挥财政资金“四两拨千斤”作用，撬动更多的社会资本参与投资。向资产要效益，对已经外租的国有资产，理顺租赁关系，加强管理，提升效益。对闲置的国有资产，采取对外租赁、拍卖出售等方式进行处置。对位置好、潜力大的老旧资产进行更新，实现“二次增值”。对国有公司的经营性资产，加大包装推介，更好发挥效益。向资源要后劲，坚持“一地一策”“一楼一策”，加大未开发土地出让、建设力度，高水平做好闲置楼宇招商策划，集中开展烂尾楼攻坚行动，有效盘活存量资源，提高资源利用效率。

强化智能制造引领。落实市委推动制造业高质量发展若干意见。保持定力，聚焦“一主一特”产业定位，深耕比亚迪、长步道、大族激光等企业，加快推动长步道产业基地、中南智能产业园、大族激光（二期）、可孚智慧医疗产业园等项目投产达效。精准发力，紧盯“小而特、小而优、小而精”切口，向价值链、创新链、供应链高端发力，引进一批上下游优质产业链项目，加快培育智能工业型机器人及传感器产业链。持续用力，培育创新生态圈，支持企业智能化、信息化、数字化改造，打造示范应用场景。推动园区集约化、专业化发展，加快腾笼换鸟，提升亩产效益。

推进现代服务业提质。围绕提升服务业比重和质量，继续实施服务业占比提升两年计划。大力培育消费新业态、新模式，加快生鲜电商、智慧零售等总部企业布局，引进一批知名品牌首店、示范体验店，形成消费新热点。推进东塘、高桥、红星商圈转型升级，引导传统零售企业升级改造，培育新零售业态。深入推进示范楼宇创建，培育一批特色楼宇、重点楼宇，引导科技研发、文化创意、现代金融等重点业态向楼宇集聚，打造高端服务业和总部企业集聚区，培育更多的亿元楼宇。大力发展夜间经济，挖掘夜间消费潜能，重点引导文旅健康、购物休闲、特色餐饮等消费业态发展，打造圭塘河夜间经济示范带，培育夜间经济特色品牌。

促进都市生态农业增效。在保护中发展绿心产业，在发展中保护生态绿心。出台跳马产业扶持政策，加大对跳马产业扶持力度，发展壮大新型村集体经济。加快花卉苗木产业转型升级，走高端化、精品化的路子，拓宽线上线下销售渠道，引导花卉苗木产业焕发新活力。推动全域旅游发展，以石燕湖为龙头，以民宿为抓手，打造一批乡村民宿示范项目，形成旅游消费新的增长点。

（二）着力在打好三大攻坚战上取得突破

坚决打赢精准脱贫攻坚战。围绕如期全面完成脱贫攻坚目标，全面落实“两不愁三保障”，深入开展脱贫攻坚“回头看”，逐村逐户全面排查，及时整改问题短板，做好返贫人口和新发生贫困人口监测和帮扶，巩固提升脱贫成果。加大产业扶贫、就业扶贫力度，精准谋划产业扶贫项目，搭建产销对接平台，拓宽消费扶贫渠道，加强贫困户就业培训，合理开发公益性岗位，确保贫困户稳定、高质量脱贫。广泛发动辖区企业、社会组织开展结对帮扶，凝聚脱贫攻坚合力。扎实做好对口帮扶工作，与对口帮扶地区携手奔小康。

全力打好污染防治攻坚战。坚持方向不变、力度不减，突出精准治污、科学治污、依法治污，推动生态环境质量持续好转。打好蓝天保卫战，严格落实“六控十严禁”要求，紧盯工地扬尘、餐饮油烟、汽车尾气、非道路移动污染源等重点难点，依靠科技手段、专业力量、信息支撑，进行精准监测、精准溯源、精准指挥、精准治理，持续改善空气质量。打好碧水保卫战，加快花桥污水处理厂（三期）建设，完成圭塘河井塘段城市双修及海绵示范公园主体工程，启动石碑大港片区雨污分流及截污干管工程，确保圭塘河年度水质稳定达到Ⅳ类标准、浏阳河（雨花段）水质稳定达到Ⅲ类标准。强化噪音污染防治，抓好辖区建筑工地、高速公路、城市干道等噪音综合治理。加强绿心地区违法违规用地常态监管，持续推进矿山矿坑修复，坚决保护好长株潭生态绿心。

突出抓好防范化解重大风险攻坚战。按照“控增量、调结构、守底线”要求，严格债务限额管理和预算管理，积极争取债券资金，加快平台公司市场化转型，探索混合所有制改革，确保政府性债务风险总体可控。落实“反炒房”工作要求，促进房地产市场平稳健康发展。加强金融领域风险防控，深入开展“网络贷”“套路贷”“校园贷”等专项整治，严厉打击传销、非法集资等涉众型经济犯罪。

（三）着力在推动开放创新上取得突破

打造一流营商环境。对标世界银行标准和先进城市做法，重点围绕与市场主体密切相关的企业开办、工程建设项目审批、企业注销、纳税、水电气报装等事项，先行先试改革探索，最大限度地减事项、减环节、减材料、减时间，刷新政务服务“雨花速度”。深入推进“一件事一次办”[13]，深化“综合窗”改革，推行“前台综合受理、后台分类审批、综合窗口出件”模式，实现“一窗受理、集成服务”。深化“双随机一公开”监管，依托“信用雨花”平台开展信用核查，构建以“双随机一公开”监管为基本手段、以重点监管为补充、以信用监管为基础的新型监管机制。常态开展“企业（项目）服务日”和县级领导联点帮扶，发挥营商环境特约监督员作用，建立健全营商环境评价机制。依法保护企业家合法权益，让企业在雨花安心经营、放心投资、专心创业。

持续扩大对外开放。充分发挥临铁临空优势，深度融入“一带一路”，紧盯世界500强、中国500强、民营500强等优质企业，探索产业链招商、产业引导基金招商、资源补缺式招商、收购兼并式招商、资本注入式招商等方式，提高招商专业化、市场化水平。深化市场采购贸易方式试点，深度对接区域特色市场，加快采购商联络站、境外营销中心建设，深化与电商企业合作，加快构建市场采购贸易营销体系，形成良性发展格局。支持本土企业“走出去”，抢占市场先机，加快网点布局，拓展行业份额，形成规模效应。发挥农博会、中非经贸博览会等平台作用，提升雨花影响力和美誉度。

强化创新驱动发展。紧盯新技术、新产业、新业态、新模式，抢先布局，抢先应用，抢占制高点。培育、认定一批高新技术企业，支持创新基础好、发展潜力大的科技型小企业发展壮大，培育一批“独角兽”企业[14]、“瞪羚”企业[15]和“隐形冠军”企业[16]、“单项冠军”企业[17]。加快建设创新平台，全力支持企业申报国家重点实验室、工程技术研究中心，充分发挥中国（雨花）创新设计战略联盟作用，促进企业与高校、科研院所共建协同创新平台；大力培育一批双创示范基地、众创空间、专业孵化器。着力营造创新环境，抓好省知识产权强区建设，支持企业申请专利，强化知识产权创造、保护、运用全链条服务。

（四）着力在优化人居环境上取得突破

攻坚片区建设。将重点片区作为区域发展的主战场，强化组织领导，集中力量攻坚，形成比进度、比变化、比成效的浓厚氛围。全面提速高铁会展新城建设，主动服务征拆和招商工作，加快绿地长沙城际空间站、浏阳河风光带建设，推动浏阳河国际文化科创基地等项目建设。启动红星片区首开区回迁房、市政基础设施配套项目建设和圭塘河植物园段综合整治。加快雅塘片区车站南路建设，实现环线小学项目清零交地，完成儿童福利院主体建设，完成雅塘村社区棚改地块招商工作。完善电商物流园基础设施，加快万纬物流、红星全球采购中心二期等项目建设。南部融城片区加快洞株公路快速化改造、红旗路南延线建设，稳妥推进绿心地区退出工业用地处置，完成金屏小镇控规和城市设计，提质改造暮石线等道路。

提升城市品质。坚持规划引领，高起点、高标准编制国土空间规划，形成布局合理、集约高效、支撑有力、协调可持续的国土空间发展蓝图，引领城市高质量发展。完善城市功能，加快紫薇路、川河路、官寺冲路等道路建设，启动双塘路、林科路、豹塘路等道路建设，推进3座人行过街设施建设。全面完成电网建设“630”攻坚三年计划，启动智慧电网建设，加快5G网络布局和建设。推动城市更新，坚持共建共享理念，围绕“菜食住行购、教科文卫体、老幼站厕园”等重点，打造“一圈两场三道”升级版。抓好65个集体土地扫尾清零，启动省机械化（二期）、王公塘（二期）等棚改项目征收。持续推进合丰、花桥等10个城中村改造，推动景湾、长重等10个老旧小区提质改造，启动麻园湾等社区危旧房改造。

加强精细管理。扎实开展“清洁长沙”行动，提升环卫保洁、市政维护、园林养护水平，推动全覆盖、全过程、全天候精细化管理，让城市“见底色、见本色”。开展火车南站、汽车南站、商圈广场、主次干道、背街小巷、城郊结合部等区域综合治理，加强户外广告、渣土运输、乱搭乱建、乱停乱放等专项整治。打好垃圾分类“攻坚战”“持久战”，健全前端分流、干湿分类、全程管控、奖惩并举的模式，完善湿垃圾分类投放、储存、运输、处理全链条，强化湿垃圾量考核，提高干湿垃圾分类投放准确率。

（五）着力在增进民生福祉上取得突破

完善社会保障体系。加强普惠性、基础性、兜底性民生建设。坚持就业优先，聚焦被征地农民、高校毕业生等重点群体，抓好就业培训和服务，确保新增城镇就业1.6万人以上。完善特困救助供养、临时救助、医疗救助等社会救助体系，落实城乡低保、孤寡老人和失独家庭等兜底保障措施，抓好城市特殊困难群体帮扶。维护妇女儿童合法权益，扎实开展残疾人康复救助工作。做好退役军人安置、管理、服务工作。加快东升家园、园博家园、中城苑等保障房建设，切实保障被征地农民利益。

提升公共服务水平。推动教育优质均衡发展，推进全国师德养成教育示范区建设，新（改）建长郡雨外、七里小学、璟和小学、雨花实验小学、德馨园小学等5所中小学，办好普惠优质学前教育，全面化解“大班额”，做优“三点半”课后服务。深化全国居家和社区养老服务改革试点，新建养老机构2家、社区居家养老服务中心9个，开展老年人助餐配餐服务试点。加快健康雨花建设，进一步提升基层医疗卫生服务能力，推进异地就医联网直接结算工作，完成砂子塘社区卫生服务中心建设。支持非遗文化事业发展，深入推进全民阅读，积极开展全民健身。

创新基层社会治理。完善网格化治理模式，按照“党建引领、全网覆盖、一网打尽、人网联动”的思路，整合优化网格单元，科学确定入网事项，选优配强网格队伍，构建“网格吹哨、部门报到”工作机制。深化“三零”街镇、社区（村）[18]创建，强化出租屋和流动人口管理。深入推进国家食品安全示范城市创建，继续实施“明厨亮灶”、小餐饮“透明厨房”提质改造，抓好食品、药品、保健品安全监管。加强和改进信访工作，完善社会矛盾纠纷多元化解机制，集中攻坚化解一批信访积案。积极回应群众关切，抓好“12345”市民服务热线工单办理，不断提高办结率和满意率。加快“雪亮工程”[19]建设，推进平安乡村视频、二维码标准地址、出租房屋智能门锁建设，深化“互联网＋群防群治”，提升立体化治安防控能力。深入开展扫黑除恶斗争、禁毒人民战争。扎实开展校园及其周边、铁路沿线、交通运输、建筑施工、物流市场、消防等区域领域安全隐患专项治理，确保社会大局安全稳定。

三、努力建设人民满意的服务型政府

民之所望，政之所向。我们必须坚持为人民服务、对人民负责、受人民监督，持续加强和改进政府工作，全面提升政府治理体系和治理能力现代化水平，努力建设人民满意的服务型政府。

加强政治建设。把“不忘初心、牢记使命”作为永恒课题，持续推动习近平新时代中国特色社会主义思想往深里走、往心里走、往实里走，自觉用党的创新理论武装头脑、指导实践、推动工作。严格遵守政治纪律和政治规矩，切实增强“四个意识”、坚定“四个自信”、做到“两个维护”。坚决贯彻中央、省、市和区委的决策部署，破除本位主义，提高政治站位，自觉从政治高度、全局视野想问题、办事情、做决策、抓落实，确保政令畅通、令行禁止。

加强法治建设。全面落实法治政府建设实施纲要，加快法治雨花建设步伐。深入推进“七五”普法，增强广大干部尊法学法守法用法意识，切实提高依法行政水平。加强政府合同法律审查，充分发挥法律顾问作用，落实行政负责人出庭应诉制度，更加有效地防范法律风险。全面推行行政执法“三项制度”[20]，严格规范公正文明执法。主动接受人大法律监督、工作监督和政协民主监督，认真办理人大代表议案建议和政协委员提案。全面推进政务公开，自觉接受群众监督、舆论监督，让权力在阳光下运行。

加强能力建设。提升科学决策能力，认真落实《重大行政决策程序暂行条例》，严格规范“三重一大”[21]决策程序，深入调研、摸清实情，集思广益、充分论证，不断提高决策科学化水平。提高狠抓落实能力，对中央、省、市的决策部署，对区委定下来的工作，雷厉风行、马上就办，久久为功、善作善成，以钉钉子的精神落实落细落地，着力解决落实“最后一公里”的问题。提高攻坚克难的能力，发扬“逢山开路、遇河架桥”的精神，不推诿，不绕道，以“新官理旧账”的担当解决历史遗留问题；敢啃硬骨头，勇挑重担子，以“踏石留印、抓铁有痕”的韧劲解决改革发展堵点难点。提高防范化解风险的能力，强化底线思维，树牢忧患意识，科学研判，防范未然，见微知著，处早处小，有效化解各类风险。

加强作风建设。严格落实中央八项规定精神，大力精简会议文件，倡导“四不两直”督查考核方式，力戒形式主义、官僚主义；强力整治“提篮子”“打牌子”“收送红包礼金”等作风顽疾。把权力关进制度的笼子，坚决执行政府工程变更管理办法，遏制工程随意变更；推行“不见面审批”，减少行政审批过程中的廉政风险；深化“双随机一公开”监管，减少人情执法和选择性执法；强化村集体用地合作开发监管，有效防范村集体资产流失风险。树牢“过紧日子”的思想，严控“三公”经费和一般性支出，把每一分钱都用在刀刃上，重点保工资、保运转、保基本民生，同舟共济、共度时艰。坚持严管厚爱，健全激励和容错纠错机制，关心基层、关爱基层，旗帜鲜明为担当者担当、为负责者负责，让主动担当成为习惯，让奋勇争先成为常态。

各位代表！雨花已经站在高质量发展新的历史起点上。让我们更加紧密地团结在以习近平同志为核心的党中央周围，在市委、市政府和区委的坚强领导下，不忘初心再出发，昂首阔步新征程，为建设财富品质幸福雨花，打造中部领先国内一流的现代化强区继续奋斗！

名词解释

[1] **“四上”企业：**即规模以上工业企业、资质等级建筑业企业、限额以上批零住餐企业、国家重点服务业企业。

[2] **IPO：**即首次公开募股，是指一家企业或公司（股份有限公司）第一次将它的股份向公众出售。

[3] 一圈两场三道：一圈即15分钟生活圈；两场即停车场、农贸市场；三道即人行道、自行车道、历史文化步道。

[4] **一主一特：**即雨花经开区重点发展的新能源汽车及零配件主导产业、智能工业型机器人及传感器特色产业。

[5] **三百工程：**100栋重点楼宇、100个重点项目、100家重点企业。

[6] **双随机一公开：**即在监管过程中随机抽取检查对象，随机选派执法检查人员，抽查情况及查处结果及时向社会公开。

[7] **两不愁三保障：**“两不愁”即不愁吃、不愁穿，“三保障”即义务教育、基本医疗、住房安全有保障。

[8] **六控十严禁：**六控即控尘、控车、控排、控烧、控煤、控油。十严禁即严禁渣土车、混凝土搅拌车、运砂车等各类车辆带泥上路，严禁违法倾倒渣土，严禁工地裸露黄土，严禁重污染天气下土石方施工，严禁燃烧散煤，严禁露天焚烧垃圾，严禁露天烧烤，严禁露天焚烧秸秆，严禁拖拉机等高排放车辆进城，严禁在禁燃区域、时段燃放烟花爆竹。

[9] **五治：**即治厕、治垃圾、治房、治水、治风。

[10] **“630攻坚”：**市委、市政府决定，从2017年6月30日起，计划用三年时间，建成一批、开工一批、储备一批电网工程项目，实现城区电网充分保障、园区电网适度超前、农村电网安全稳定。

[11] **“四新”经济：**指“新技术、新产业、新业态、新模式”的经济形态。

[12] **六稳：**即稳就业、稳金融、稳外贸、稳外资、稳投资、稳预期。

[13] **一件事一次办：**“一件事”是指企业、群众需办理的一个事项，既可以是单独的“一件事情”，也可以是需到多个部门办理或多件相关的“事”“一揽子事”，经过梳理整合、流程再造后，变成企业、群众眼中或窗口统一办理的“一件事”；“一次办”是指一次告知、一次表单、一次联办、一次办好，线上一次登录、一网通办，线下只进一扇门、最多跑一次。

[14] **独角兽企业：**一般指成立时间不超过10年、估值超过10亿美元的未上市创业公司。

[15] **瞪羚企业：**指以科技创新或商业模式创新为支撑进入高成长期的中小企业。

[16] **“隐形冠军”企业：**指那些不为公众所熟知，却在某个细分行业或市场占据领先地位，拥有核心竞争力，其产品、服务难以被超越和模仿的中小型企业。

[17] **“单项冠军”企业：**指专注于制造业某些特定细分产品市场，生产技术或工艺国际领先，单项产品市场占有率位居前列的企业。

[18] **“三零”街镇、社区（村）：**

即零上访、零事故、零发案的街镇、社区（村）。

[19] **雪亮工程**：指以县、乡、村三级综治中心为指挥平台、以综治信息化为支撑、以网格化管理为基础、以公共安全视频监控联网应用为重点的“群众性治安防控工程”。

[20] **行政执法“三项制度”**：即行政执法公示制度、执法全过程记录制度、重大执法决定法制审核制度。

[21] **三重一大**：即重大事项决策、重要干部任免、重要项目安排、大额资金的使用。

守初心 担使命 聚合力 促发展
为财富品质幸福雨花建设再作新贡献

——在政协长沙市雨花区第五届委员会第四次会议上

冯 聪 龙

（2019 年 12 月 24 日）

各位委员，同志们：

我受政协长沙市雨花区第五届委员会常务委员会委托，向大会报告工作，请予审议，并请列席的同志提出意见。

2019 年工作回顾

2019 年是中华人民共和国成立 70 周年，也是中国人民政治协商会议成立 70 周年。一年来，区政协常委会坚持以习近平新时代中国特色社会主义思想为指引，在省市政协的大力指导和中共雨花区委的坚强领导下，牢牢把握新时代人民政协新方位新使命，坚持以人民为中心，务实创新、奋力作为，合力服务发展大局，全力践行责任担当，为建设高质量的财富品质幸福雨花作出了积极贡献。

一、党建引领，践行初心的思想政治基础更加牢固

1. 以习近平新时代中国特色社会主义思想武装头脑。落实党中央决策部署和省市区委具体要求，扎实开展“不忘初心、牢记使命”主题教育，开展学习教育活动 30 多次，形成调研报告 3 篇，收集意见建议 64 条，狠抓了检视问题的整改落实。始终将政治学习作为区政协的政治任务，通过政协理论中心组示范学、主席会议集体学、政协常委会专题学、选派委员培训学、全体委员集中学、机关党员带头学等形式推动主题教育走深走实。邀请省委党校专家给全体委员专题授课，组织委员收看全国政协宣讲团报告会。在中国海洋大学举办政协履职能力提升班，撰写心得 60 多篇。举办了庆祝“人民政协成立 70 周年”座谈会，学习习近平人民政协成立七十周年讲话精神，区委张敏书记莅临讲话，增进了全区政协系统及社会各界对中国共产党和中国特色社会主义的政治认同、思想认同、理论认同、情感认同。

2. 强化党对政协工作的全面领导。区委高度重视政协工作，区委常委会两次专题研究，听取汇报，明确要求。区政协切实增强“四个意识”，坚定“四个自信”，做到“两个维护”，确保党中央大政方针和决策部署在区政协贯彻落实。坚持党组把方向、管大局、保落实，严格执行党组向区委请示报告制度，切实把党的领导贯穿于政协工作的各方面、全过程。全面落实“两个责任”，狠抓廉政教育，发挥党建工作的政治引领作用。落实联点责任，帮扶软弱涣散基层党组织整治。常态化开展机关党支部“三会一课”、主题党日等活动。坚持“党建＋履职”，落实外出培训、重大活动等设立临时党组织的要求。加强意识形态工作，建立制度，落实领导责任制，强化意识形态工作对委员的全覆盖。

3. 充分发挥政协各界作用。13 个街镇党（工）委高度重视政协工作，全力支持政协联络处工作。全年开展专委会、街镇委员活动 100 余次，委员参与 1500 多人次。全区 27 个界别活动丰富，各民主党派、工商联、残联和经济、教育、科技等界别积极开展城市环保监督、圭塘河保护与巡查、扶贫帮困志愿服务、就业创业帮扶、公益宣传、防汛抗灾、化解信访矛盾纠纷等活动，涌现出了一大批实干作为的政协委员。全区政协人以实际行动立足岗位、立足基层、立足界别，在推动区域经济社会发展、服务民生事业等方面作出了表率。推选出井湾子等 7 个“三好”政协联络处和吴建安、邹异明、陈明等 22 名“六优”委员。争创“三好六优”[1]氛围浓厚，进一步凝聚了基层政协组织的履职共识。

二、忠诚履职，服务发展的政协担当更加有为

1. 政治协商“商”出工作实效。我们充分发挥专门协商机构作用，务实协商。**重点课题协商发力精准。**领导班子成员带头抓好调研协商，“化解典型信访问题，助推和谐社会治理”作为区政协年度重点调研协商课题，历时 3 个多月深入 20 多个区直部门、街镇调研，围绕区 10 大类信访问题召开 20 多次专题座谈会，学习兄弟区县及外地信访工作经验，提出了“六抓六提升”（深抓思想统一，提升积案化解共识；力抓机制创新，提升规范运行水平；狠抓源头治理，提升初信初访处置能力；精抓科学铺排，提升治理攻坚效能；实抓协同配合，提升共管共治合力；硬抓综合保障，提升管理服务质量），56 条建议在专题协商会上协商，区委、区政府高度重视、高度肯定，不少建议已通过社情民意等渠道得到转化和落实。同时，对往年重点课题“回头看”，助推了高铁会展新城建设高质量发展，“筹改居”[2]工作纳入全区改革重点内容，区“两馆一中心”[3]等现代公共文化服务体系建设扎实推进。**视察协商全力落实。**主席会议、常委会议先后围绕城市更新、圭塘河生态引水、湘府路快改、园区“一主一特”产业链[4]发展、绿心保护与发展、“最多跑一次”改革、“一圈两场三道”[5]建设、招商安商、检察院司法责任制改革、减税降费、残疾人保障、基层医疗、扫黑除恶等工作开展调研视察18次。积极参与市政协“聚焦企业关切问题，营造一流营商环境，促进实体经济高质量发展”专题调研协商，主席会议成员带队走访企业30余家，把协商会开到了企业现场。40位政协委员担任“雨花区营商环境特约监督员”，助推了行政效能提升。各专委会就全区交通安全、卫生与健康、水环境保护、乡村振兴、智能产业链建设等工作开展对口协商、界别协商。各街镇政协联络处结合实际，组织委员开展监督视察协商96次。**基层民情协商[6]奋力惠民。**我们更加注重群众的真意愿、真表达、真满意。跳马镇政协联络处组织了今年首场关于农村居民建房问题的基层民情协商会，政协委员、职能部门、基层干部和特邀专家与10多名群众代表一起现场交流汇集意见10条，迅速以社情民意、提案等形式上报，《关于绿心地区分类施策执行村民建房问题的建议》等2条社情民意得到市政府、市政协领导高度重视。各街镇发挥政协联络处与“和”系列智慧委员工作室的平台作用，围绕小区自治、民生服务、圭塘河人行道修复等20多个问题召开民情协商会，解决了一批民生难题。“三级六步”[7]“四微”[8]等工作方法，完善了协商机制，拓展了协商优势。《加强和改进县级政协协商，促进基层协商民主建设》工作经验在全省政协推介，入选了湖南省“习近平总书记关于加强和改进人民政协工作的重要思想”研修班培训教材。

2. 民主评议“议”出监督合力。今年我们把“蓝天保卫战”重点、难点、热点问题作为评议内容，将协商与监督、参与和合作有效融合，公益组织参与、专家联动、委员集中查看、新技术监测、现场网络测评等多种方式助力民主评议。动员益友会、绿色湘军等10多家公益组织及湖南师大专家等社会各界400余人共同参与。全年组织200多名政协委员、政协之友现场督查环保重点问题整改落实情况，聚焦问题78个，助推解决63个，提出建议50多条。创新搭建社会联合协商平台，被评议单位与委员面对面交流，十余家环保企业和专家介绍绿色先进环保技术，为政府决策提供参考。进一步完善现场讲评和线上测评，被评议的6个环保重点责任部门的评议结果现场发布，并提出30条针对性建议，民主监督“蓝天保卫战”经验得到市区领导点赞，湖南日报、长沙晚报等媒体推介，政协系统媒体深度报道，成为省政协云平台热度最高的话题。

3. 参政议政“提”出政协智慧。委员活跃起来了，政协参政议政水平“水涨船高”。**提案提办质量大提升。**区委、区政府领导高度重视提案办理，全年共征集提案129件，立案85件，现已全部办复，对办理态度满意和基本满意率为100%，对办理结果满意和基本满意率为98.8%。区党外知识分子联谊会和陈志刚、陈勇、刘翔委员提出的《关于制定 < 雨花区推进家庭医生签约服务工作方案 > 进一步做实做优家庭医生签约服务工作的建议》《关于规范“进校园”活动的建议》《关于加快绿心地区废弃矿山矿坑生态修复的建议》等3件被列为重点提案，带动解决了一批人民群众最关心、最直接、最现实的问题。向省市政协提交《关于用“点状供地”政策破解跳马全域旅游建设用地难问题的提案》等多项建议，推动了乡村振兴和城市化建设。协同省政协人口资源委及省政协委员专题考察调研圭塘河生态环境情况，助力我区海绵城市建设。**社情民意展示大视野。**今年共收到委员社情民意122篇。《加强基层“微协商”的建议》《设立退役军人关爱援助专项基金的建议》《< 中华人民共和国治安管理处罚法 > 第五十条修法的建议》（加大对阻碍应急救援行为处罚修法）等3篇被全国政协采用，在国家级层面参政议政发出了雨花声音，是雨花区政协社情民意工作历史上的最好成绩。黄晖、彭谱诚、王东华等委员撰写的《延伸处方促进医联体落实》《多措并举，帮助老年人融入互联网时代》《尽快出台对既有建筑安全管理制度》等10多篇信息被省市政协采用并转办，受到了省市有关部门的重视，许多问题得到有效解决。**微建议发挥大作用。**通过一年多的实践，政协云[9]平台的“三微联动”功能被激活，微建议、微协商、微监督越来越多地走进委员的履职和生活，全年委员网上提交微建议200多条。刘强武等委员提出的《关于加强高铁建设、运营、管理的系列建议》受到各级高度重视，全国政协副主席杨传堂批示，省政协主席李微微亲自召开现场督办会。周湘玉委员工作室协同省政协委员政协云线上值班，开展省市区三级政协网上专题联动协商。邓子云、何新海、张瑷等委员提交的《建议在长株潭地区建设中小运量轨道交通》《左家塘曙光中路水管爆裂》《职业资格与职称评定挂钩》等微建议转至省长信箱、12345市民服务热线等，迅速得到解决和答复，微建议的转交、办理、答复、回头看等机制走向制度化、常态化。

三、创新奋进，贡献社会的委员情怀更加彰显

1. “和”系列智慧委员工作室[10]服务群众有口碑。广大政协委员怀有一颗关注社会、关爱民生的真心、诚心，越干越有味、越干情更真。驻室委员与省政协委员在“和馨园”智慧委员工作室现场互动，网上网下同步值班，推动“三级联动”服务走向基层、走向深入。“和”系列智慧委员工作室促成解决了黎雅苑垃圾站的改扩建、商贸旅游技术学院东门修建过街天桥、原省农机公司造化塘24户居民用水难等问题。全区委员工作室顺应民生关切，共接待居民群众1000多人次，反映问题300余个，居民群众真切感受到了政协温度。“四微活动”、“帮女郎”[11]志愿服务、讲习服务等特色品牌的影响力不断扩大。今春大雪吴军委员生日当天临时退票放弃旅行，带领企业员工加入救灾行动；曾建勋委员利用专业优势和公司优势参与“蓝天保卫战”；彭拥军委员投入大量时间精力带领民间河长义务巡河，保护圭塘河水环境；左立人、罗炜豪、任洪斌等委员积极参与社会综合治理、信访矛盾化解、区总商会商事调解中心建设等。建立了第一个省市区三级社会法制委员会委员履职实践基地、第一个新农村建设“和育”智慧委员工作室。广大驻室委员在反映民情、建言资政、基层协商、团结联谊等方面作用凸显，“和”系列智慧委员工作室在人民群众心中的地位更高了、分量更重了。省政协李微微主席安排专题调研，并就省政协研究室《关于雨花区“和”系列社区智慧委员工作室的调研报告》予以批示，充分肯定和推介雨花经验。

2.“真情五助 +”[12]活动引领公益服务新时尚。我们持续开展助老、助残、助学、助业、助困等“真情五助 服务社会”活动。全区政协系统共开展活动65场次，捐赠金额338万元，帮扶对象4877人次，提供服务就业岗位1607个。井湾子街道政协联络处服务高校毕业生，举办环保类企业专场招聘会；黎托、圭塘街道政协联络处持续关注困难群体就业，举办“真情五助・财富雨花”暨“春风送岗稳就业，精准扶贫惠民生”专场招聘会。一批委员正成为全区、全市乃至全省、全国的公益明星。仓萍委员组织了多场“沁心幸福大讲坛”公益讲座，为广大市民提供免费优质的心理服务。李运良委员举办书法讲座、进行作品义卖，将活动所得全部捐助帮扶困难家庭。特别是刘雄委员多年捐建中山希望书屋，陈旭委员带领帮女郎团队，长期致力于扶贫帮困，分别获评2019年“长沙市十佳爱心个人”和全国“助人为乐中国好人”。

3.“脱贫攻坚”对口帮扶有作为。我们进一步发挥政协资源优势，与桑植县、龙山县石牌镇开展“同心互助・携手奔小康”活动，主席会议成员与爱心委员、公益人士一起“同心助困・助学・助业”，捐建同心绿色书屋、改善文体设施、帮扶贫困家庭、对接企业农博会参展等。全区政协系统对口捐款捐物144万元、捐书4.8万册。陈容委员出资组织100名贫困学子到长沙、北京开展公益研学。龙燕委员组织500名农民来区培训先进苗木种植技术。东塘、区教育局等单位、益友会等公益组织与刘雄、陈旭、李湘伟、张恩深、廖劲等委员和政协之友积极参与对口帮扶，为全区对口扶贫贡献了政协力量。

四、团结奋进，凝心聚力的共建氛围更加浓厚

1.认真组织委员参加庆祝建国70周年暨人民政协成立70周年系列活动。专题制作“雨花区政协庆祝人民政协成立70周年宣传片”，“庆祝人民政协成立70周年宣传专栏”，组织“美丽雨花”书画摄影展，协助编撰《长沙政协70年史事纪要》，集中展示历届雨花政协人砥砺奋进的生动实践，回望历史、总结经验、继续前行。委员优秀文章入选长沙市政协《庆祝人民政协成立70周年理论证文选编》。雨花经验入选《湖南省习近平总书记关于加强和改进人民政协工作的重要思想研究课题成果汇编（2019）》。全体委员集中听取全区政情通报。省市区三级政协委员联动开展“感恩70周年”双庆活动。委员们积极参加庆祝建国70周年文艺汇演、老侨重阳节活动、群众合唱比赛等，组队参加市级乒乓球、羽毛球、篮球、摄影等比赛活动，展示雨花政协人蓬勃向上的精神风貌，营造了政协事业发展的良好氛围。

2.新平台汇聚新人气。我们在和＋共享图书馆创建了“雨花政协读书会”，由吴尚、朱移生等委员牵头，“三晨会”[13]“巾帼读书会”[14]“政协课堂”等活动人气旺盛，“文化字信视听汇”[15]“《道德经》读书会”[16]“和＋阅读马拉松”[17]等特色读书活动不断吸引政协委员、政协之友和社会各界人士热情参与，平台人气越来越旺。同时，政协之友、委员兴趣小组、同心汇论坛及各类协会活动丰富，持续开展专题座谈、主题沙龙、理事议政会与调研协商、民主监督等活动，充分释放了委员履职热情。学习强国、政协云等网上平台不断聚集委员人气，“云宝早自习”等重要资讯文章定期推送到各委员群。政协云平台全面接入“飞梦雨花”官微[18]和“开放雨花APP”[19]，编发动态资讯270多条，畅通了委员咨情明政渠道，增进了雨花发展共识。

3.广泛交流扩大政协“朋友圈”。一年来，我们坚持走访慰问困难群众、退休党员干部、退役军人等特殊群体，与民主党派、残联、众焱公益组织等开展联谊、联智、公益展览、公益拍卖系列活动，加深了友谊，凝聚了共识。参与服务第一届中国—中非经贸博览会，架设中非经贸合作新“高桥”，助力中非商贸合作。一年来，我们先后接待上海、重庆、天津等30多个省市区级政协组织来区考察交流。省政协机关全体干部专程来我区考察基层社会治理等工作，促进了交流联谊，展示了雨花好形象。

在总结成绩的同时，我们也清醒地看到，与党和人民对政协工作的期望相比，与新形势、新任务的要求相比，我们的工作还存在许多不足，主要是：学习习近平新时代中国特色社会主义思想还有待进一步深学笃行，政协党建工作有待进一步加强，建言资政和凝聚共识的双向发力工作机制有待进一步健全，民主监督的力度有待进一步加大，委员履职的责任意识有待进一步增强，政协机关的服务效能有待进一步提升等。这些都需要在今后工作中认真对待，努力改进。

2020年工作部署

2020年是全面建成小康社会和“十三五”规划的收官之年，也是建设“三个雨花”的攻坚之年，更是人民政协事业新发展的重要之年 做好全区政协工作责任重大、影响深远。全区政协工作指导思想是：以习近平新时代中国特色社会主义思想为指引，深入贯彻落实党的十九大及十九届二中、三中、四中全会精神，深刻领会习近平总书记在中央政协工作会议暨庆祝中国人民政治协商会议成立70周年大会上的重要讲话精神，全面加强党对政协工作的领导，牢牢把握新时代人民政协的新方位新使命，坚持团结和民主两大主题，突出建言资政和凝聚共识双向发力，紧扣“聚焦发展、奋力攻坚”工作主题，全面、创新、科学履行政治协商、民主监督、参政议政三大职能，不忘初心、牢记使命，凝心聚力、同心奋进，为建设财富品质幸福雨花再作新贡献。

一、坚持党的全面领导，广泛凝聚思想政治新共识

1. 全面加强党的领导。习近平总书记强调，人民政协是党领导的政治组织和民主形式，人民政协工作是党的工作的重要组成部分。推进新时代国家治理体系和治理能力现代化，必须加强党对人民政协工作的领导。**坚持**党的全面领导，把牢正确政治方向。**坚持**依照宪法法律和政协章程把握性质定位、完善政协职能，把政协制度优势转化为国家治理效能。**坚持**大团结大联合，广泛凝心聚力。**坚持**发展社会主义协商民主，推动实现广泛有效的人民民主。**坚持**围绕中心、服务大局。**坚持**以人民为中心履职尽责。年度工作部署、专题协商和调研计划等重大事项都要事前向区委报告，重要工作、重大问题及时向区委专题请示，重要会议、重要活动主动邀请区党政领导参加，每半年向区委汇报一次党建工作。

2. 切实加强思想政治引领。人心是最大的政治，共识是奋进的动力。在做好政治协商、民主监督、参政议政的同时，把凝聚共识作为政协重要职能，使人民政协成为重要阵地、重要平台、重要渠道。**要**积极探索将思想政治引领寓于协商议政、调查研究、视察考察等履职实践中，正确处理一致性和多样性的关系，求同存异、聚同化异、共同进步，厚植民意基础和政治基础。**要**充分利用重大庆祝活动、重要时间节点加强思想政治引领，引导各党派团体和各界人士树立正确的历史观和大局观。**要**持续发挥政协之友的作用，继续开展专题走访、主题沙龙、“雨花精英献良策”等系列活动，在广泛联谊中增进大团结促进大和谐，在服务发展、服务民生中贡献力量。

3. 不断凝聚雨花发展共识。我们要讲好雨花故事，凝聚各界人士支持雨花、爱护雨花、帮助雨花、奉献雨花。坚定不移服务全区发展大局，全力配合区委、区政府持续推动经济高质量发展、打好三大攻坚战、产业升级、片区开发、城市建管、基层治理、优化人居环境、增进民生福祉等工作。主席会议、常委会议及各专委会要针对高铁会展新城建设、红星片区和雅塘片区开发建设、禁毒、打击传销、营商环境、“一主一特”产业建设、夜间经济、跳马花卉苗木产业、商贸市场建设、圭塘河治理等重点开展视察。就乡村振兴、村规民约、垃圾分类、教育医疗文化事业等热点、难点问题开展调查研究、对口协商、界别协商，积极建言献策。

4. 守正创新做好政协系统党建工作。认真落实中央和国家机关党的建设工作会议精神和中央、省、市关于加强新时代人民政协党的建设工作的要求，继续开展**“红心向党·务实为民·助力雨花”**[20]主题活动。**要**创新形成“区政协党组＋机关党支部＋街镇政协联络处党支部＋临时党支部”的组织体系，建立党组成员联系街镇政协联络处党支部和党外委员、党员委员联系党外委员制度，每名党组成员联系5名党派团体、无党派、宗教界代表人士和5个左右街镇政协联络处党支部，每名党员委员联系1–2名党外委员，加强委员间联系，做好政治思想引导、政策宣传、履职指导等工作，确保党的工作覆盖到所有工作领域和工作对象。**要**将全体党员委员分组编入街镇政协联络处党支部，接受双重管理，参加双重组织生活，3天以上的政协会议、学习培训和视察调研活动要成立临时党支部，确保党的组织对所有党员委员的全覆盖。**要**发挥机关党支部的战斗堡垒作用，科学推进“五化党支部”建设，创新开展机关主题党日活动，组织举办委员红色教育专题培训班。

二、强化政协责任担当，展现政协履职新作为

1. 充分发挥专门协商机构作用，“专”出特色、质量和水平。打破惯性思维，强化一线意识，树立一线标准，锤炼一线作风，体现一线担当，突破时间限制，从“等事协商”向“因事协商”转变，从“定时协商”向“即时协商”拓展，以协商方式的改进增强协商实效。**要**完善以全体会议为龙头，以专题议政性常委会和专题协商会、远程协商会等为重点的协商议政格局，更加灵活常态地开展专题协商、对口协商、提案办理协商。**要**围绕区委、区政府工作重点、群众生活难点、社会治理焦点，通过高质量专题协商提出更实、更好的举措和建议，推动解决各类重点问题，不断提高群众的获得感、幸福感、安全感。**要**积极探索建立以18个“和”系列智慧委员工作室为平台的**履职实践基地**，以和＋共享图书馆、非遗馆、德思勤24小时书屋、石燕湖拓展基地、智能制造园区为依托的**培训交流基地**，以高铁南站、跳马绿心地区扶贫帮困、民间河长工作为载体的志愿服务基地。

2. 创新民主监督方式，助推社会治理不断改善。面对新形势新任务，必须进一步发挥人民政协民主监督的独特优势和重要作用。创新民主监督形式，变单一指定参与为委员自主报名参与，单兵出发和小组协同方式结合提升委员参与度。注重抓好网上“微建议”“微监督”，及时将“微建议”转化为提案监督、视察监督、专项评议监督的议题，提高监督的质效。着眼于长效常态机制建设，继续开展第三年民主评议“蓝天保卫战”，组织全区政协委员和政协之友开展集中监督活动，搭建部门、企业、专家联动协商平台，成立**“雨花环境保护助力营”**，对区政协三年民主评议工作进行梳理，建立民主评议生态环境的长效监督机制。

3. 提高参政议政质量，推动建言资政成果转化。坚持问题导向和目标导向，把提质增效、协商民主贯穿提案工作始终，以提案协商推动部门协商、界别协商，实现领导领办、政协促办、主责承办、部门合办、社会协办、制度管办、群众监办的有力协同，不断提高提案提办质量。创新提升制度化、规范化、信息化水平，真正让提案工作新起来、实起来、活起来。成立社情民意工作小组，加强调研与交流，不断提升社情民意信息质量，共同推动政协智慧有效转化为党委政府决策重要参考和部门工作有力举措。

三、打造雨花政协服务品牌，彰显政协奉献新形象

1. 做优“和”系列智慧委员工作室。加强委员驻室的履职管理，使工作室在百姓家门口有作为、实作为，以协商民主的“柔性操作”，春风化雨、润物无声地纾解社会矛盾、凝聚人心共识、汇聚智慧力量。要设立**委员驻室工作日制度**，每月一次轮流值班，收集民生诉求，由各街镇政协联络处负责组织邀请省市区委员在工作室开展基层民情协商、调研视察、慰问帮扶等活动，让委员“唱主角”，为群体解难题，为发展建真言。要充分发挥工作室微协商、微建议、微讲堂、微帮扶、微监督等“五微”作用，加强对接公益活动，不断传播正能量。要把政协云网上委员工作室与“和”系列智慧委员工作室同步活动。

2. 做精“真情五助 +”活动。继续做好团结群众、联系群众、服务群众的工作，紧密结合“三进三助”聚力行动，坚持“真情五助 服务社会”，进一步在助老、助残、助困、助学、助业活动中创新形式、精准服务、提升效果，带动更多的社会力量踊跃参与。结合脱贫攻坚战，继续开展“同心助困·携手奔小康”攻坚行动，精准关注，延伸“同心绿色书屋”等项目帮扶范围，助力全区对口桑植县、龙山县石牌镇帮扶工作。

3. 做实基层民情协商。要广泛邀请省市区委员参与基层民情协商，组建专家、学者智库。要坚持基层民情专题协商由各街镇政协联络处主办，“和”系列社区智慧委员工作室承办，委员为主体、政协之友和广大群众及相关单位多方参与合办，按照“四议四不议”的原则选定协商课题。委员与街镇、社区协同收集群众诉求，采取民情恳谈会、现场议事会、决策听证会、居（村）民论坛、观点“面对面”等形式进行“座谈式”协商，广泛吸纳各方建议，形成高质量协商意见，抓好结果落实和跟踪反馈。

4. 走好网上网下群众路线。习近平总书记指出，人民政协要探索网络议政、远程协商等新形式，提高协商实效。要借助互联网、大数据、区块链等现代科技手段，把政协云作为发挥专门协商机构作用的重要平台、落实双向发力要求的有效载体，作为网上群众工作站，组织区政协系统全面使用政协云。要充分运用政协云资讯功能，及时发布区政工作动态、转发外地创新经验、上传文史学习资料、分享委员履职心得、发布委员履职典型案例等，将政协云打造成全区政协委员知情明政平台、学习提升平台和风采展示平台。要积极使用政协云掌上提案系统、社情民意系统和微建议系统，引导委员“线上 + 线下”同步履职，形成“现场协商 + 远程协商”模式，让委员履职进入“掌上新时代”，将运用情况综合成“委员履职大数据”，并作为委员履职考核的重要依据。

四、激励委员积极作为，展示新时代委员新风采

1. 突出强化界别履职。汪洋主席多次强调，各专委会要更加灵活、更为经常地开展协商议政活动，完善对口协商和界别协商。要加强和改进界别工作由虚向实转变，依托“和”系列智慧委员工作室开展协商，实现界别工作有人办事、有财力物力办事、有场所办事。要落实界别“六个一”工作职责，抓好一次集中学习，提交一件高质量的界别提案，组织一篇界别大会发言材料，开展一项高质量的界别调研协商，反映一条高质量的社情民意信息，开展一项有成效的为民服务活动，推动界别工作出实效、出成果、有影响。要按照“向区委请题、邀界别选题、与部门商题”的方式，根据调研内容和专业侧重点把协商课题分配到各个界别，由各界别组织落实。

2. 充分发挥委员主体作用。习近平总书记强调，要加强委员队伍建设，教育引导委员**“懂政协、会协商、善议政、守纪律、讲规矩、重品行”**。广大政协委员要坚持为国履职、为民尽责的情怀，把事业放在心上，把责任扛在肩上，坚持目标导向、问题导向、效果导向，认真履行委员职责。要不断提高思想水平和认识能力，广泛学习各方面知识，准确把握政协履职方式方法，努力多深入基层、深入界别群众，要让身心融得进，让群众信得过，真正深入知晓民声、深度了解民情、真实反映民意，切实当好区委、区政府与人民群众联系的纽带。要充分发挥每一名委员特长和优势，通过走访调研、视察协商、委员工作室特色活动等方式，广泛深入宣传党的路线方针政策，竭诚尽智促进凝聚共识。广大政协委员要主动积极撰写政协提案、社情民意、微建议等。增加协商会现场“问、答、辩”等互动环节的比重，委员在协商现场积极提问、一问到底，深度交流，促成问题真解决真落实，让群众真满意真高兴。

3. 切实加强委员履职管理。优化委员履职管理，提高委员履职能力。实行**委员述职制度**，常委每年向主席会议述职，其他委员向街镇政协联络处委员会议述职。抓实委员考核工作，通过对参加政协会议和调研视察活动次数、撰写提案和社情民意篇数、参与基层民情协商次数、为民解决民生实事数量等方面进行量化打分，得分高者作为评选“六优”政协委员的重要依据，履职不合格者进行通报批评或劝退。要更多举办委员讲坛、委员沙龙、“雨花政协读书会”等活动，扩大社会参与面，发挥桥梁纽带作用，展示新时代委员风采。

4. 扎实推进政协组织建设。发挥政协党组会议在组织建设上的核心作用，进一步发挥政协主席会议、政协常委会集体领导作用，发挥政协常委的履职带头作用。加强专委会组织建设，充分发挥协调和纽带作用。依托各专委会和界别组，开展委员兴趣小组活动，组织好全市政协系统“同心杯”篮球赛等文体活动。加强对基层政协联络处的指导，更多呼吁和做好基层政协联络处工作保障，继续开展“三好”政协联络处评选，激发基层政协组织更好履职作为。

各位委员，同志们，新时代、新方位，新使命、新担当。区政协将以习近平新时代中国特色社会主义思想为指引，在中共雨花区委坚强领导下，不忘初心、牢记使命，凝心聚力、同心奋进，在助推“三个雨花”建设中再展新作为、再做新贡献！

名词解释

[1]“三好六优”：雨花区政协组织创先争优的活动，基层政协联络处争创“三好”，即组织好委员活动、履行好委员职能、服务奉献好社会；政协委员争当“六优”，即政治过硬素质优、履职积极成果优、服务大局奉献优、促进和谐作用优、爱岗敬业成绩优、热心公益形象优。

[2]“筹改居”：原行政村城市化过程中设立社区筹委会，随着社区职能凸显，社区筹委会向社区居委会转变。

[3]区“两馆一中心”：雨花区图书馆和文化馆、全民健身中心。

[4]园区“一主一特”产业链：雨花经济开发区被授予“国家新型工业化产业示范基地（汽车产业）”和全省唯一的“机器人产业集聚区”，重点打造以比亚迪为代表的新能源汽车及零部件、以机器人产业集聚区为代表的机器人及智能制造等“一主一特”产业链和产业集群。

[5]“一圈两场三道”：长沙市政府为民办实事内容，一圈即15分钟生活圈；两场即停车场和农贸市场；三道即人行道、自行车道和历史文化步道。

[6]基层民情协商：雨花区政协开展的特色活动，以政协委员为主体，由各街镇政协联络处主办，依托“和”系列社区智慧委员工作室开展，是在党委领导下，基层干部群众、各方代表等围绕基层公共事务或共同关心的问题，以合适的方式依法依规进行协商活动。该活动得到省市政协充分肯定推介。

[7]“三级六步”：雨花区砂子塘街道政协联络处梨子山社区工作实践中形成的基层民主协商工作法，即三级平台：议事协商会、联动协商会和听证协商会；六个步骤：确定议题、审查议题、公示议题、协商、备案和结果公示。

[8]“四微”：雨花区侯家塘街道侯家塘社区周湘玉委员工作室坚持立足社区、深入居民，反映社情、服务民生，以“四微”（微协商、微建议、微讲堂、微帮扶）为抓手，基层治理卓有成效，带动形成省市区三级政协委员共同履职的格局。

[9]政协云：湖南省政协基于“云技术”开发而成的履职应用系统，涵盖委员履职服务、提案办理、社情民意、多方互动、学习培训、重点专项工作、远程协商、大厅展示、综合服务助手客户端、政协门户网站、互联展示数据接口等12个管理系统，形成全方位覆盖的履职流程、全环节管理的履职链条、全天候参与的履职载体，打造“不落幕的政协会议”平台。

[10]“和”系列智慧委工作室：雨花区政协根据省、市政协关于智慧政协委员工作室工作的安排部署，在原有基础上，汲取“和”文化思想基因，在全区各街镇分别重点建设1个以“和”为命名规则的社区委员工作室，主要用于委员之间的学习交流、政策宣讲、矛盾化解、民意收集以及委员利用个人专业和资源优势为人民群众解决实际问题和困难。每个工作室分为线下实体工作室和线上平台两个部分。省政协李微微主席批示在全省予以推介。

[11]“帮女郎”：湖南公共频道首创“帮女郎团队”，荣获“全国三八红旗集体“称号。雨花区政协委员陈旭是湖南公共频道推选的帮女郎冠军，因此得名“帮女郎”。

[12]“真情五助+”：雨花区政协结合省市政协“三个一”（一名政协委员资助一名贫困家庭在校学生完成学业、结对一个贫困家庭增加收入、帮助贫困家庭一名成员解决就业）扶贫行动，面向全区政协系统和社会各界推出了真情“助老、助残、助学、助业、助困”公益活动，随着活动的发展，帮扶范围不断拓展，帮扶主题不断延伸。

[13]“三晨会”：和+共享图书馆为基地，由雨花区政协委员朱移生、吴尚牵头成立，动员居民群众在清晨进行晨读、晨练，周末共享晨茶活动，参与志愿活动，打造共享好书共享美好生活平台。

[14]“巾帼读书会”：雨花区妇联组织，和+共享图书馆承办，专为女性打造、专业老师讲授、每月一主题的文化交流平台。

[15]“文化字信视听汇”：雨花区政协委员朱移生与宋旦汉字艺术博物馆联合创办的文化公益活动，以赏看、听讲、体验、互动、分享等多形式呈现汉字魅力，传播中华文化。

[16]“《道德经》读书会”：以中华文化经典《道德经》为读本，由益友会国学老师讲授，读者共同交流的读书交流平台，旨在学习经典，领悟道法自然的智慧，寻找幸福真谛。

[17]“和+阅读马拉松”：号召居民放下手机六小时，在和+图书馆共享阅读一本书的时光，并进行读后交流。该活动自2018年开展以来，深受读者们的欢迎。

[18]“飞梦雨花”官微：雨花区委宣传部独家运营的官方微信公众号，定位有用、有趣、有料，是雨花宣传推介的主阵地之一，跻身“湖南微信公众号影响力排行榜”政务类前列。

[19]“开放雨花”APP：雨花区委宣传部开发的一款新闻资讯平台，旨在为广大用户提供政务、党建、新闻资讯和便民服务等一系列服务内容。

[20]“红心向党·务实为民·助力雨花”：2017年开始，雨花区政协坚持党建引领，结合全国、省市政协工作会议和区委要求，在全区政协系统开展以红心向党、务实为民、助力雨花为主题的系列活动。

2019年中共雨花区委
雨发〔2019〕文件目录

▲雨发〔2019〕2号 关于长沙市雨花区区级党政机关机构设置的通知

▲雨发〔2019〕3号 印发《关于省委第四巡视组巡视长沙反馈意见的整改方案》的通

▲雨发〔2019〕4号 关于转发《政协长沙市雨花区委员会2019年工作要点》的通知

▲雨发〔2019〕5号 关于印发《雨花区庆祝中华人民共和国成立70周年活动总体方案》的通知

▲雨发〔2019〕6号 关于印发《省委第二巡视组关于巡视雨花区的反馈意见》和蔡亭英同志讲话及张敏同志表态讲话的通知

▲雨发〔2019〕7号 关于印发《省委第二巡视组巡视雨花区反馈意见整改方案》《关于落实“三大攻坚战”专项巡视反馈意见整改方案》《关于意识形态工作责任制巡视反馈意见整改方案》的通知

▲雨发〔2019〕8号 印发《关于开展“不忘初心、牢记使命”主题教育的实施方案》的通知

▲雨发〔2019〕9号 关于建立区人民政府向区人大常委会报告国有资产管理情况制度的意见

2019年雨花区政府
雨政发〔2019〕文件目录

▲1号 关于《长沙市2017年度第四批次（物流园仓储4号地）项目侯照社区筹委会征地补偿安置方案》的批复(1月4日)

▲2号 关于《长沙市2017年度第四批次（物流园仓储5号地）项目侯照社区筹委会征地补偿安置方案》的批复(1月4日)

▲3号 关于《长沙市2017年度第四批次（物流园仓储4号地）项目边山社区筹委会征地补偿安置方案》的批复(1月4日)

▲4号 关于《湘府东路快速化改造红旗路立交（28号地、32号地、35号地内）边山社区筹委会征地补偿安置方案》的批复(1月17日)

▲5号 关于《湘府东路快速化改造红旗路立交（28号地、32号地、35号地内）侯照社区筹委会征地补偿安置方案》的批复(1月17日)

▲6号 关于《长沙市雨花经开区拆迁农民安置房用地（二）项目同升社区筹委会征地补偿安置方案》的批复(1月17日)

▲7号 关于《长沙市白田220千伏输变电工程项目同升社区筹委会征地补偿安置方案》的批复(1月17日)

▲8号 关于《环保大道东延线（振东路—红旗路，同升村段）项目同升社区筹委会征地补偿安置方案》的批复(1月17日)

▲9号 关于2018年度促进区域产业发展政策兑现的决定(1月23日)

▲10号 关于印发《长沙市雨花区人民政府法律顾问管理办法》的通知(2月1日)

▲11号 长沙市雨花区人民政府公告2019年第1号(2月3日)

▲12号 关于《杨子路（川河路—长沙县边界）项目侯照社区筹委会征地补偿安置方案》的批复(2月22日)

▲13号 关于同意成立长沙雨花经开创新投资有限公司的批复(3月2日)

▲14号 关于《雅塘冲路（石马村段）项目石马社区筹委会征地补偿安置方案》的批复(3月25日)

▲15号 关于同意对金凤滩家园重大火灾隐患进行摘牌的批复(3月25日)

▲16号 关于《长沙市2003年一批次（含官寺冲路）

项目黎托社区筹委会征地补偿安置方案》的批复（4 月 1 日

▲ 17 号　关于《长沙市 2015 年第二批次（石马文化公园及长沙保卫战纪念园）项目石马社区筹委会征地补偿安置方案》的批复（4 月 15 日）

▲ 18 号　关于《黎托片节约集约试点项目 6 号地（核心区）川河社区筹委会征地补偿安置方案》的批复（4 月 20 日）

▲ 19 号　关于《雨花区城投公司保障住房 4 号地项目长托社区筹委会征地补偿安置方案》的批复 (5 月 13 日）

▲ 20 号　关于《黎托片节约集约试点项目 4 号地（合丰片区，阳光城整合项目）项目合丰社区筹委会征地补偿安置方案》的批复 (5 月 14 日）

▲ 21 号　关于《黎托片节约集约试点项目 4 号地（合丰片区，阳光城整合项目）项目平阳社区筹委会征地补偿安置方案》的批复 (5 月 14 日）

▲ 22 号　关于将相关经营性资产注入长沙市雨花城市建设投资集团有限公司的决定 (5 月 17 日）

▲ 23 号　关于长沙市雨花区应急管理局 2019 年度安全生产监督检查计划的批复 (5 月 17 日）

▲ 24 号　关于长沙市雨花区发展和改革局 2019 年度雨花区能源工作监督检查计划的批复（5 月 17 日）

▲ 25 号　关于长沙市雨花区公安消防大队 2019 年度消防监督检查计划的批复（5 月 17 日）

▲ 26 号　关于长沙市雨花区教育局 2019 年度安全生产监督检查计划的批复（5 月 20 日）

▲ 27 号　关于长沙市雨花区卫生健康局 2019 年度安全生产监督检查计划的批复（5 月 20 日）

▲ 28 号　关于长沙市雨花区文化旅游体育局 2019 年度“安全生产主体责任年”监督检查计划的批复(5 月 20 日）

▲ 29 号　关于长沙市雨花区市场监督管理局 2019 年特种设备监督检查（执法）工作计划的批复（5 月 22 日）

▲ 30 号　关于长沙市雨花区交通运输局 2019 年度安全监督检查计划的批复（5 月 23 日）

▲ 31 号　关于长沙市雨花区农业农村局 2019 年度安全生产监督检查计划的批复（5 月 23 日）

▲ 32 号　关于长沙市雨花区住房和城乡建设局 2019 年度雨花区住建系统安全生产监督执法检查计划的批复（5 月 23 日）

▲ 33 号　关于《花桥社区生活安置用地项目花桥社区筹委会征地补偿安置方案》的批复（5 月 23 日）

▲ 34 号　关于《长沙市 2016 年度第四批次（花桥村安置用地）项目花桥社区筹委会征地补偿安置方案》的批复（5 月 23 日）

▲ 35 号　关于《花桥社区生活安置用地项目合丰社区筹委会征地补偿安置方案》的批复（5 月 23 日）

▲ 36 号　关于《黎托片节约集约试点项目 29 号地边山社区筹委会征地补偿安置方案》的批复（5 月 24 日）

▲ 37 号　关于同意对泰禹家园三期重大火灾隐患进行摘牌的批复（5 月 29 日）

▲ 38 号　关于《长沙市第一社会福利院（置换地）项目石马社区筹委会征地补偿安置方案》的批复（6 月 5 日）

▲ 39 号　关于《湘林置业项目高桥社区筹委会征地补偿安置方案》的批复（6 月 5 日）

▲ 40 号　关于同意对长沙市雨花区和一商务酒店管理有限公司重大火灾隐患进行摘牌的批复（6 月 14 日）

▲ 41 号　关于《长沙市 2017 年度第五批次地块一（物流园仓储 6、7 号地）项目边山社区筹委会征地补偿安置方案》的批复（6 月 22 日）

▲ 42 号　关于《长沙市 2017 年度第五批次地块一（物流园仓储 6、7 号地）项目侯照社区筹委会征地补偿安置方案》的批复（6 月 22 日）

▲ 43 号　关于《长沙市 2017 年度第五批次地块一（物流园仓储 6、7 号地）项目牛头社区筹委会征地补偿安置方案》的批复（6 月 22 日）

▲ 44 号　关于《黎托片节约集约试点项目 1 号地花桥社区筹委会征地补偿安置方案》的批复（6 月 27 日）

▲ 45 号　关于《黎托片节约集约试点项目 1 号地合丰社区筹委会征地补偿安置方案》的批复（6 月 27 日）

▲ 46 号　关于《黎托片节约集约试点项目 4 号地合丰社区筹委会征地补偿安置方案》的批复（6 月 27 日）

▲ 47 号　关于《黎托片节约集约试点项目 4 号地平阳社区筹委会征地补偿安置方案》的批复（6 月 27 日）

▲ 48 号　关于《合丰垅浏阳河风光带项目合丰社区筹委会征地补偿安置方案》的批复（7 月 9 日）

▲ 49 号　关于对中城 · 丽景香山重大火灾隐患单位实行挂牌督办整改的通知（7 月 15 日）

▲ 50 号　关于《长沙市支路 12–3（官寺冲路—京珠辅道）项目黎托社区筹委会征地补偿安置方案》的批复（7 月 29 日）

▲ 51 号　关于授权长沙市雨花区城市人居环境局审核雨花区棚户区改造安置补贴资格工作的批复（8 月 2 日）

▲ 52 号　关于对龙吉湾小区、茂华国际湘小区重大火灾隐患单位实行挂牌督办整改的通知（8 月 14 日）

▲ 53 号　关于《香松路（坝湾路—沙湾路）项目月塘社区筹委会征地补偿安置方案》的批复（8 月 22 日）

▲ 54 号　关于《黎托片节约集约试点项目 18 号地川河社区筹委会征地补偿安置方案》的批复关于进一步规范全区集体土地征拆工作的通知（8 月 26 日）

▲ 55 号　森林防火禁火通告（9 月 3 日）

▲ 56 号　关于实施社区环境综合提质改造工程的通告（9 月 6 日）

▲ 57 号　关于《长沙轨道交通 4 号线一期工程车站附属用地项目自然社区筹委会征地补偿安置方案》的批复（9 月 20 日）

▲ 58 号　关于红星实业集团有限公司资产积累认定及集体经济组织成员生产安置补偿有关事项的批复（110 月 22 日）

▲ 59 号　关于对香颂国际商厦等 8 家重大火灾隐患单位实行挂牌督办整改的通知（10 月 21 日）

▲ 60 号　关于长沙市雨花现代物流中心开发建设有限公司、长沙市雨花区城中村改造投资有限公司股权划转相关事宜的批复（10 月 24 日）

▲ 61 号　关于龙吉湾小区、华雅花园延期整改火灾隐患的批复（11 月 1 日）

▲ 62 号　关于《黎托片节约集约试点项目 2 号地花桥社区筹委会征地补偿安置方案》的批复（11 月 15 日）

▲ 63 号　关于同意对中江国际花城重大火灾隐患进行摘牌的批复（11 月 19 日）

▲ 64 号　关于对湖南仁善养生保健有限责任公司重大火灾隐患单位实行挂牌督办整改的通知（11 月 20 日）

▲ 65 号　关于雨花区 2019 年度贫困退出的公告（11 月 28 日）

▲ 66 号　关于同意圭塘河和双溪港管理范围划定方案的批复（11 月 29 日）

▲ 67 号　关于龙吉湾小区、华雅花园延期整改火灾隐患的批复（12 月 1 日）

▲ 68 号　关于返还湖南成功新世纪投资有限公司投资自然村城改项目本息的批复（12 月 9 日）

▲ 69 号　关于雨花区杜家冲林场林业生物能源木油一体化示范基地“4·12”有限空间作业中毒事故调查报告的批复（12 月 19 日）

▲ 70 号　关于圭塘河和双溪港河道管理范围的公告（12 月 20 日）

2019年新闻存目

时间	媒体	作品
1月1日	央广网	长沙冰雪天感人一幕：早餐店免费为铲雪的环卫工人提供早餐
1月4日	CCTV13新闻《中央新闻联播》	创新服务模式，多渠道增加养老服务供给（报道长沙市韶山路社区）
1月5日	《三湘都市报》	地铁站放“电影”，尽览长沙40年
1月10日	中新网	【央媒看湖南】长沙重拳打击“反炒房”成效明显
1月12日	《工人日报》	【百城百县百企调研行】凡人之光照亮幸福长沙
1月12日	红网	政府干部上门送“锦囊” 雨花企业迎发展红利
1月15日	湖南经视《经视新闻》	奋发2019：每天投下近亿元 雨花智造谋大业
1月21日	红网	三湘名博雨花行丨这厢“藏”着的改革故事 网络大V刚好看到
1月25日	人民网	2018年长沙市雨花区预计完成地区生产总值1330亿元
1月25日	《长沙晚报》	6000万元重奖经济功臣，雨花区今年推进196个重点项目建设 创新举措优化营商环境
1月29日	新华每日电讯	破旧“阵痛”之后——湖南探索经济高质量发展观察
2月1日	《经济日报》	长沙雨花区：重奖建设功臣　贴心服务企业
2月3日	星辰在线	新春走基层·文明村（社区）里过大年④丨牛角塘社区，隐藏在繁华商圈里的“文明桃花源”
2月12日	湖南电视台公共频道《帮女郎大视野》	湖南雨花非遗馆：传统民俗活动热闹非凡，现场“红包雨”下不停
2月13日	湖南电视台卫星频道《湖南新闻联播》	长沙雨花经开区：规模工业力争增速超20%
2月14日	《经济日报》	长沙外向型经济迈大步
2月19日	长沙文明网	长沙：开学典礼遇上元宵节 校园里传统味儿“别样浓”
2月26日	星辰在线	雨花经开区建成大气污染监控平台 将覆盖全园区
3月2日	《潇湘晨报》	雨花区今年推进重点项目197个
3月3日	新华每日电讯	叶沙妈妈“烘焙坊”中的温暖传递
3月9日	长沙新闻频道《长沙新闻》	雨花区：打造人民满意农贸市场
3月11日	中央电视台新闻频道《两会特别报道》	让老年人拥有幸福晚年
3月17日	湖南电视台卫星频道《湖南新闻联播》	优化营商环境 长沙：为企业发放1600万元政策“红包”
3月17日	湖南电视台都市频道《都市1时间》	长沙雨花区空气质量监测小微站全覆盖
3月17日	《长沙晚报》	矿坑“变脸”记，雨花区对位于长株潭“绿心”的18个废弃矿坑进行生态修复，预计2025年前全面完成 记者走进施工难度为“全省之最”的龟坡片石场废址，揭秘70米高岩壁重长花草的过程，感受“矿坑整容师”的艰辛
3月26日	人民网	他为非遗安一个家：“让传承在这里继续”
4月2日	《经济日报》	“个体户”在家门口“卖全球”——湖南高桥大市场见闻

时间	媒体	作品
4月3日	《人民日报》	湖南长沙探索党建引领城市基层治理，解决群众操心事、烦心事，有了主心骨 幸福更靠谱
4月3日	《工人日报》	长沙市雨花区人民检察院依法对一位民企负责人作出的不起诉决定释放暖意——“保护民营企业已经成了我们所有人的共识”
4月3日	掌上长沙	市场采购贸易在高桥大市场试点首月 报关24单货值逾131万美元
4月12日	湖南文明网	长沙市雨花区以排队礼让日为契机 打造57个文明示范点
4月12日	《长沙晚报》	让城市社区党建更有温度 雨花区开展“党建惠民”活动，以党建工作引领社会治理，使居民有了更多获得感和幸福感
4月13日	星辰在线	面对面解决企业实际困难 雨花区让企业家吃下“定心丸”
4月18日	《长沙晚报》	红色热土上书写创新创业新篇
4月21日	湖南电视台卫星频道《湖南新闻联播》	攀岩种草 70米深矿坑峭壁会“变脸”
4月26日	红网	从“孔雀东南飞”到“企业老板回家”——看雨花经开区营商环境“春意盎然”
5月2日	湖南电视台经济频道《经视新闻》	雨花区环卫工人加班加点 只为还您干净舒适
5月3日	中央电视台新闻频道《新闻直播间》	青年大能手 邹彬：“小砌匠”的大舞台（中建五局总承包公司质量管理员）
5月15日	中新网	湖南首次实现企业开办“零成本”“1日办结”
5月15日	湖南电视台公共频道《帮女郎大视野》	长沙华盛世纪小区试点楼栋“单元长”：热心“单元长”走家串户，邻里关系更和谐
5月18日	红网	“人桥”变天桥 党建一张网兜起民生大小事
5月19日	湖南电视台卫星频道《湖南新闻联播》	优化营商环境到长沙雨花区开办企业，一日即可办结
5月25日	央广网（电台）	奋力开创中部地区崛起新局面——习近平总书记在推动中部地区崛起工作座谈会上的讲话为中部地区发展指明方向（采访张敏书记）
5月27日	中央电视台《新闻联播》	湖南长沙：全力构筑营商环境新高地
5月29日	湖南电视台经济频道《经视焦点》	沿河风光带二期工程全面完工，圭塘河上演“变身记”
6月4日	《潇湘晨报》	非洲顶级咖啡红酒等你来买，高桥大市场将设非洲商品展销馆，中非经贸博览会期间开业
6月5日	人民网、新浪网	湖南启动“文化和自然遗产日”活动 好看好玩还好吃
6月12日	新华网	“大学堂”里求知热：长沙雨花区打造特色“学习品牌”
6月12日	长沙电视台新闻频道《长沙新闻》	打造“15分钟生活圈”雨花区：便民生活全覆盖，软件硬件同提升
6月13日	《湖南日报》	今朝更秀美——看垃圾分类的雨花实践
6月13日	《长沙晚报》	一窗“百事通”服务“全科式”，雨花区创新推出“一口受理”集成服务，办事人员减少3/4，工作效率却大大提升
6月20日	《湖南日报》	雨花区井湘社区推出单元长
6月26日	中新网	党旗飘扬在一线 灾后自救暖人心

时间	媒体	作品
7月2日	《湖南日报》	雨花区党建联盟送上6大“民生大礼包”
7月6日	长沙电视台新闻频道《长沙新闻》	高桥非洲馆开馆一周销售金额达200多万
7月15日	星辰在线	闻“汛”而动丨干群连心防汛抗灾 东山街道筑牢安全堤坝
7月16日	中国文明网	长沙：5位中国好人为《文明条例》代言 助推城市文明
7月23日	中国文明网	【画说道德模范】梁菲：一声承诺，一生践行
7月23日	湖南电视台卫星频道《湖南新闻联播》	湖南工业4.0创新中心投入运营
7月31日	《长沙晚报》	8项实事帮解居民难题，雨花区砂子塘街道举行区域化党建志愿行活动，驻街单位联手助民
8月4日	新华网	中国“火炉城市”的高温经济
8月4日	湖南电视台都市频道《都市1时间》	长沙圭塘河管理办法“二十二条”发布
8月10日	《光明日报》	“在他身上，看到了共产党人的初心”——余元君先进事迹在全国各地产生强烈反响（采访湖南省妇联兼职副主席、长沙市雨花区东塘街道工委书记黄金）
8月17日	湖南电视台经济频道《经视新闻》	长沙枫树山社区：“师傅”带“徒弟”垃圾好分类
8月27日	光明网	长沙：群众文艺会演献礼新中国成立70周年
9月4日	红网	行政审批“冲刺跑” 不断刷新“雨花速度”
9月9日	长沙电视台政法频道《政法报道》	这就是长沙！⑨：湖南高桥大市场
9月12日	央广网	湖南长沙雨花区扎实开展“不忘初心、牢记使命”主题教育（于中国之声《新闻与报纸摘要》头条播出）
9月12日	红网	不忘初心 牢记使命丨雨花区：推动主题教育开好局、起好步
9月14日	《湖南日报》	湖南雨花非遗馆联合长沙非洲文化馆举办“中秋话团圆”文化交流活动
9月16日	长沙电视台新闻频道《长沙新闻》	雨花区：工程建设项目实现“一窗受理”16部门6个办事窗口整合为3个综合窗
9月21日	新华每日电讯	感悟伟大历程 在新时代努力奋进——文献专题片《我们走在大路上》引起社会各界热烈反响（湖南省长沙市雨花区左家塘街道长岭社区党总支书记陈涓涓结合自己的工作，谈起观看专题片的感受）
9月26日	《潇湘晨报》	雨花区启动“双随机、一公开”检查
9月27日	湖南电视台公共频道《帮女郎大视野》	长沙新聚园社区：党员志愿者当先锋，清理小区卫生迎国庆
10月7日	湖南电视台经济频道《经视新闻》	长沙雨花区：检查不复杂，只上一次门
10月8日	《湖南日报》	带着问题学 奔着成效改 长沙火车南站“三联”模式强服务
10月10日	湖南电视台卫星频道《湖南新闻联播》	湖南：机器人“送来”一个千亿产业

时间	媒体	作品
10月10日	湖南电视台都市频道《都市1时间》	长沙雨花区启动老旧社区免费改造
10月12日	长沙电视台新闻频道《长沙新闻》	雨花经开区高质量发展再添“利器”
10月13日	光明网	湖南圭塘河治理开良方 昔日“绿带”再现美丽星城
10月13日	湖南电视台卫星频道《湖南新闻联播》	长沙雨花非遗馆：文旅相融，传承非遗
10月24日	《长沙晚报》	10天建成一条“生命安全通道” 雨花区出台“42件民生实事清单”，用心为群众解决“急难愁盼”问题
10月29日	星辰在线	雨花区：基层典型代表进校园讲述初心故事
11月12日	长沙电视台政法频道《政法报道》	不忘初心牢记使命 雨花区：多管齐下出实招，着力解决“停车难”
11月16日	长沙电视台新闻频道《长沙新闻》	清洁长沙在行动 雨花区：“精细化”清扫，让城市见底色 见本色
11月18日	法制网	雨花区法院：打造诉讼服务四张“新”名片
11月23日	《人民日报》	经济增速领跑 发展质量向好中部崛起势正劲（位于长沙市雨花区的高桥大市场，去年被列为全国市场采购贸易方式试点主体，湖南产品“卖全球”由此更加便捷）
11月25日	《长沙晚报》	截瘫妈妈早产 星城大爱守护
11月26日	中央电视台新闻频道《新闻直播间》	从一碗“好人粉”到一条“好人街”，好人多粉店“爱心米粉”免费吃
11月29日	新华社日本专线	湖南省とブラジル、新たな貿易プラットフォームを開設（湖南高桥大市场和巴西开设新的贸易平台）
12月1日	《光明日报》	如何治理城镇小区配套幼儿园——重庆、长沙攻坚经验谈（鑫天御景湾小区杰特乐幼儿园为例，介绍了长沙市雨花区开展城镇小区配套幼儿园治理的工作成效。）
12月2日	《湖南日报》	不向老百姓交空账交“糊涂账” 雨花区高标准整改民生实事
12月3日	红网	智慧工厂丨跟着5G“穿越” 未来工厂“读懂人心”（雨花经开区）
12月6日	《三湘都市报》	一条热线解急难 串起大小百姓事
12月14日	中央电视台综合频道《新闻联播》	为全面建成小康社会而奋斗——中央经济工作会议精神在各地干部群众中引起热烈反响（采访长沙雨花区委书记）
12月14日	《工人日报》	圭塘河的讲述
12月19日	《经济日报》客户端	湖南长沙：走出南方丘陵地区水生态建设新路子（圭塘河昔日“龙须沟”变成“风景线”）
12月21日	长沙文明网	湖南长沙：身边榜样树新风 社区睦邻节有温度更有人情味
12月22日	新湖南	雨花区：创新方式 推动理论宣讲入脑入心
12月26日	《潇湘晨报》	雨花区明年将加强城市精细管理
12月28日	新华社客户端	贴上“机器人湘军”的产业标签，长沙雨花在努力

索　　引

说明：

1. 本索引采用分析索引方法，按索引词首字汉语拼音顺序排列（阿拉伯数字开头的索引词转成对应的汉语再按拼音顺序排列，首字母音序相同者，按第二音序排列，依次类推。
2. 类目、分目、人名作索引词的用加粗宋体字标明。
3. 索引词后的阿拉伯数字表示内容所在页码，拉丁字母 a、b、c 表示左、中、右栏。
4. “大事记”“统计资料”“附录”中内容未作索引。

A

B

T